ジャーナリストの現場

もの書きをめざす人へ

岩垂弘

同時代社

はじめに

マスメディアの劣化が指摘されるようになって久しい。が、マスメディア自身による改革は遅々として進まず、マスメディアへの信頼はますます低下しつつあるようにみえる。このままだと、新聞の読者は減り続け、テレビ離れも一段と進むのではないか、と思われる。一九五八年から一九九五年まで三十七年間全国紙の記者として働いた者としては、まことに残念な事態だ。マスメディアには、ぜひ、かつてのような活況を取り戻してもらいたいと願わずにはいられない。

マスメディアの世界を支えているのは、昔も今も、第一線の記者だ。だから、マスメディアが読者や視聴者の信頼を取り戻すためには、何よりも第一線の記者諸君の奮起と奮闘にかかっていると言ってよい。記者諸君の奮起と奮闘に期待するところ大である。

新聞社を定年退職後、友人で元出版社社員の土井俊生氏から「長い間新聞記者をやってきた経験から、若い記者諸君やジャーナリストを志す若い人に伝えたいことを書いてもらえないか」と頼まれ、同氏が主宰するホームページ「イーコン」に、『もの書きを目指す人びとへ――わが体験的マスコミ論』のタイトルで書かせていただいた。それは、二〇〇四年八月から二〇〇九年六月まで、一五五回に及んだ。

「もの書きを目指す人びとへ」などと高みから若い人を見下ろすような姿勢で始めたものの、私自身、顧みれば世紀のスクープも傑出した記事を書いたこともなく、これではとても他人様に説教をたれる資格はないと、日を追う毎に気恥ずかしさが増していった。結局、終わってみれば、記者としてこれまで何を書こうと努力してきたかという回顧談と失敗談の数々と反省だった。ただ、先輩、同僚に優れた記者がいたことは紹介できたように思った。これからジャーナリストを目指す人にとって何らかの参考になれば、と思う。

「イーコン」に書いた『もの書きを目指す人びとへ』は、「続編を書きます」と約束したものの、その後、そのままになっていた。が、それに加筆して刊行したいと私をして思わせたきっかけは、「3・11東日本大震災」に伴う東京電力福島第一原子力発電所の事故であった。それをめぐる報道で痛感させられたのはマスメディアの劣化ぶりだった。これでは、読者や視聴者の信頼を一層失うのではという思いを禁じ得なかった。

本書には、『もの書きを目指す人びとへ』の大半と、新聞社退職後、新聞社・通信社・テレビ局OBらと五年前から始めたブログ「リベラル21」に執筆したものの中から、マスメディアに関して書いたもののいくつかを収めた。

取材でお世話になった方々と、五年間にわたって執筆の機会を与えてくださった土井俊生氏に改めて御礼を申し上げる。

二〇一一年七月

ジャーナリストの現場――もの書きをめざす人へ／もくじ

第1部　駆け出し記者として

第2部　社会部記者の現場から

第3部　編集委員として

第4部　フリーの視点

第1部

駆け出し記者として

1958年4月当時の朝日新聞盛岡支局

支局1階フロアには6角机とだるまストーブがあった。
私たちはここでよく話し合った（1959年、盛岡支局で）

第1回
最初の赴任地は東北だった

「こごた」「こごた」「こごた」……

鼻にかかったずうずう弁のアナウンスで目が覚めた。一九五八年（昭和三十三年）四月十四日未明、国鉄東北本線の急行の車内。目をこすって窓外を見ると、列車は、まだ薄暗い田舎の駅の構内に停車していた。ホームに目をやると、「小牛田」の文字が目に飛び込んできた。宮城県北部の小牛田駅だった。「そうだ、東北にきたのだ。とすると、盛岡はまもなくだ」。私は、これから見ることになる新しい土地と、そこで始まる新しい生活を思いやって、いささかの不安と緊張感を覚えた。

私は前夜の四月十三日午後八時一〇分上野発青森行きの夜行の急行に乗った。行き先は岩手県盛岡市。同市にある朝日新聞盛岡支局に赴任するためだった。この年三月に大学を卒業した私は同社に新聞記者として採用され、四月一日に入社、盛岡支局勤務を命じられたのだった。

私は長野県諏訪で生まれ、高校時代まではそこで過ごし、大学は東京だったので、上野から北へは行ったことがなかった。したがって、東北はまだ足を踏み入れたことのない土地。だから、東北と聞いても、「農村地帯らしい」「宮沢賢治と石川啄木を生んだ地」くらいしか思い浮かべることがなく、全く未知の世界だった。

それだけに、「盛岡支局勤務を命ず」との辞令をもらった時、これからどんな自然、風物、人びとに出会えるだろうか、とまだ見ぬ世界への期待と好奇心で胸が高鳴った。

一九五八年といえば、今から四十六年前である。当時は、上野から東北に向かう鉄道といえば、まだ新幹線はなく、東北本線だけだった。それもまだ特急は走っていなかった。だから、最も速い列車は急行で、それでも上野から盛岡まで十二時間から十三時間もかかった。盛岡は、東京からは遠隔の地であった。

私の乗った列車は四月十四日午前九時三十分、盛岡駅に滑り込んだ。ホームに降り立つと、身を切られるような冷たい風に思わず立ちすくんだ。肌に痛いほどだった。信州、それも信州では最も寒い諏訪の育ちだから、寒風にはなれているつもりだったが、四月半ばになってもなおこの寒冷ぶりとは、と諏訪の四月の気候との違いを感じざるをえなかった。「なんたって、東北は緯度的には信州よりはるか北に位置するところだものな」と、私は自分に言い聞かせた。

ホームを歩き出して、思わず目を見張った。ホームの左前方に、雪に覆われた、まるで富士山のような形のよい山がそびえ立っていたからだ。山頂からなだらかな麓まで、全山雪に覆われていて、それが朝日に照らされて輝く。紺碧の空を切り取ったような雄大な白銀の山。その荘厳さに思わず息をのんだ。寒風はその山の頂から吹き下ろしてくるかのようだった。

ああ、これが岩手山なんだ。私は、そう思った。すると、とっさに石川啄木の短歌が思い出された。

ふるさとの山に向ひて　言ふことなし　ふるさとの山はありがたきかな

汽車の窓　はるかに北にふるさとの山見え来れば　襟を正すも

口に出して反復しながら、まさに啄木が詠んだ通りだと思った。「山に向ひて　言ふことなし」。啄木の心情が分かるような気がした。

改札口を出ると、一台の四輪駆動車が停まっていた。そこから、中年の男性と青年が降り、私の方に歩み寄ってきた。斎藤貞美支局長と、四輪駆動車を運転する支局の原稿係（新聞記者の支局員をサポートする係を当時そう呼んでいた）だった。二人とも長靴。それが、北国の長い冬を感じさせた。

二人のにこやかな出迎えに、それまで私の心の奥底に漂っていた一抹の不安も吹き飛んだ。私たちは四輪駆動車に乗り込み、市の中心部にある盛岡支局へ向かった。

こうして、私の新聞記者生活はスタートしたのだった。

（二〇〇四年八月二十四日記）

第2回　とんまなスタートにあわてる

朝日新聞社盛岡支局に赴任し、新聞記者としてのスタートをきった私の初日は、全くあわただしい一日だった。

盛岡市街の中心地には、岩手県庁、県議会議事堂、県立図書館、盛岡地方裁判所、盛岡市役所、盛岡警察署などの官庁が集中していた。いわば、岩手の霞ヶ関といった趣だった。岩手県庁の裏手に不来方《こずかた》通りという車だと一方通行の狭い道があり、盛岡支局はそのなかほど、通りに面したところにあった。

支局は、木造モルタルの二階建て。一階が支局事務所、二階が会議室。一階の玄関わきに支局専用車のジープのガレージがあり、支局事務所の奥は支局長住宅となっていた。

支局事務所のフロアの真ん中にはストーブが燃えさかっていた。薪ストーブだった。そのわきに大きな六角のテーブルがあり、その上には電話機や鉛筆立て、灰皿、電話帳などが雑然と置かれていた。来客用の応接セットもあった。

私以外の支局員は四人と聞いていた。私が、駅まで出迎えてくれた支局長と原稿係とともに支局に着いた時、そこにいた支局員は一人。すでに午前十時ごろだったが、他の支局員はまだ出社していなかった。岩手は朝刊だけで夕刊がない地域なので、支局員の出社時間は夕刊がある地域の支局に比べて遅かったのだ。それに、下宿から取材先に直行する支局員もいたから、当時の盛岡支局は、午前中は閑散としていたというわけである。

私の最初の仕事は、下宿を訪ね、あいさつすることだった。幸い、支局に出入りしていた朝日広告社の社員が私のために下宿を探しておいてくれたので、その社員の案内で家主を訪ねた。あいさつもそこそこに支局に戻り、赴任前に支局に送り預かってもらっていた布団や、衣類、書物などを下宿に運び込んだ。そして、再び支局にとって返した。

夕方。支局員が支局に上がってきた。原稿を書く支局員、それに手を入れる支局長（記者の書いた原稿に手を入れるのは通常はデスク＝次長の業務だが、当時の盛岡支局は少人数のため、その業務を支局長がしていた）。それを東京本社に専用電話で吹き込む支局員、現像・焼き付けしたばかりの写真を電送する原稿係……。いっとき、それは戦場のようだった。

それは、熱気が立ちこめ、しかも緊迫感に満ちた、極めてエキサイティングな光景だった。私はなすすべもなく、ただ眺めるしかなかった。が、自分もその場の雰囲気に次第に飲み込まれ興奮気味になってゆくのを感じていた。

夜八時すぎ、八幡という盛岡一の繁華街にある料亭「小原家」で、私の歓迎会があった。支局長と支局員全員が私のスタートを祝ってくれた。先輩記者たちの心遣いが心にしみた。よし頑張ろう、という気概がみなぎってくるのを感じた。

みな、したたかに酔った。午前零時近くにお開きになると、タクシーに分乗して帰途についた。私も先輩記者と一緒にタクシーに乗ったが、朝からの疲れからか、睡魔に襲われ、運転手の「お客さん、次はどこですか」という声に目が覚めた。車内には私一人。先輩記者はそれぞれ下宿前で降りてゆき、私だけが取り残されてしまったのだ。

が、はたと困った。昼間、下宿を訪ねた時、その詳しい住所を聞くのを忘れたからだった。下宿にたどりつけないとなると、支局に泊まる以外ない。で、タクシーに支局まで送ってもらった。ところが、支局の玄関は閉まっていて、入れない。昼間、支局が閉まっている時の入り方を教えてもらっておくべきだったのだが後の祭り。

やむなく、私は盛岡駅まで行き、駅前の旅館に泊まった。朝起きると、酒酔いでまだ頭が痛い。旅館にいてもしょうがないので、駅の待合室へ行き、時間をつぶしていた。

その時である。消防車のサイレンがけたたましく鳴り響き、市の中心部に向けて突進してゆく。それについて駆けてゆくと、繁華街でキャバレーが燃えていた。

支局に電話をかけた。一刻も速く知らせた方がいいと思ったからだ。「火事です」。電話に出た先輩が畳み込んできた。

「どこなんだ」。前日この町にきたばかりの私には、即答することができなかった。新聞記者としては落第だ。支局に行くと、「岩垂君、ただ火事だといわれてもなあ」と、先輩に笑われた。そうだ。新聞記者になったんだから、火事見物の野次馬に「ここは何町ですか」と聞いてから、支局に通報すべきだったのだ。

なんともとんまな記者生活のスタートだったが、私は一つの教訓を学んだ。新聞記者としてどじを踏まないためには、多忙な中にあっても、絶えず神経を張りつめて自分の存在を客観視し、自分が置かれている状況を正確に把握していなくてはならないと。

（二〇〇四年八月二十五日記）

第3回　体で覚える

盛岡支局に赴任したのは一九五八年四月十四日だったが、新聞記者としての仕事は翌十五日から始まった。

仕事はサツまわり（警察まわり）だった。サツまわりといっても、警察だけを回るわけではない。警察のほか、検察庁、裁判所も回らなくてはならない。つまり、すべての事件・事故が取材の対象なのだ。それを一人で担当する。「私のような者でも果たして務まるだろうか」。不安と緊張感を覚えた。

初日は、それまでサツまわりをしていた先輩記者が、私を引き回してくれた。先輩の後について県警本部、盛岡警察署、盛岡地検、盛岡地裁を回った。行く先々で、先輩記者が私を「新人ですからよろしく」と、警察官や検察官や裁判所書記官に引き合わせてくれた。私はそのたびに名刺を渡し、頭をさげた。翌日からは、独りで回らなければならない。不安と緊張感は増すばかり。

かくして、私は入社二週間で取材の現場に出されたのだった。入社前、私はかなり長期の研修期間があり、それから地方支局に出されるのではと予想していた。なぜなら、まだ右も左もわからない新聞記者の卵なのだから、新聞記者としての取材の仕方や原稿執筆のＡＢＣを最低限度身につけさせてから取材の第一線に派遣するのではないかと思っていたのだ。が、現実は違っていた。

地方支局赴任前の東京本社（東京・有楽町）での研修期間は実質十日間だった。研修は十人で受けた。この年四月に朝日新聞社に入社した編集関係の社員は二十三人だったが、うち東京本社に配属されたのは十人だったからだ。

初日が編集局長と社会部長の話と社内見学。二日目が特信部長、外報部長、通信部長の話。特信部とはラジオや電光ニュース用の原稿を書くところ。外報部は国際ニュースを扱うところで、海外支局を統括する部署だ。通信部とは地方のニュースを扱い、地方の支局や通信局を統括する部署である。

三日目と四日目は、新聞用語に関するレクチャーに写真部見学と写真撮影の実地訓練。写真撮影の実地訓練では新聞社所有のカメラを貸与され、それで有楽町周辺の風物を撮し、出来上がった写真について写真部員が手取り足取り講評してくれた。報道写真とはこんなものだ、という基本を学んだ。

五日目は、新聞用語についてのレクチャーに通信部デスクの見学、それに入社式。六日目は、新聞用語についてのレクチャーを受けたあと、羽田空港へ行き、空港の一角にある朝日新聞航空部で新聞社所有の飛行機を見学した。

七日目は用語についてのレクチャーと校閲部の見学。八日目から十日目までの三日間は連絡部の見学だった。連絡部とは東京本社の各部で書かれた原稿や連絡事項を大阪、西部、名古屋の各本社（西三社といった）に流したり、西三社や地方の各支局からの原稿や連絡事項を東京本社の関係各部に伝達する部署。人間でいえば、いわば血液や神経のような役割を果たすところだ。

これで研修は終了。旅費を支給されて、日曜日の夜、上野発青森行きの急行に飛び乗ったというわけだが、研修が終わった時の通信部長の訓話をいまでも覚えている。それは「諸君としてはもう少し研修を積んでから支局での仕事を始めたいと思っているだろうが、会社としては早く支局に行ってもらうことにした。というのは、五月に総選挙が予定されており、支局は早急に人手を必要としているから」というものだった。

支局員の定員は一定している。新しい支局員が赴任するということは、その支局に一人の離任者（転勤者）があったということだ。だから、新しい支局員が支局に赴任するまでは一人欠員というわけだ。まして、ネコの手も借りたいほど多忙な総選挙が間近。本社が一日も早く新入社員を支局に派遣したいというのもそんな事情があったのだ。

が、時がたつにつれて、私は、新米記者を一日も早く地方支局へ出すという本社の方針には総選挙が近いという理由のほかに、実はもっと別な狙いがあり、その方が編集幹部のほんとうの腹のうちではなかったか、と思うようになった。

それは、こういうことだ。新聞記者は机上で「ああだ、こうだ」、あるいは「ああだろう、こうだろう」と頭で考えて記事を書くようなことはやめろ。それよりも、まず現場に飛べ。そして、自分の目で事実を確かめてから記事を書け。百聞は一見に如かず。要するに、新聞記者には頭でっかちの観念的な理屈など必要ない。想像で原稿を書くな。伝聞で原稿を書くこともやめよ。あくまでも自分の体を現場に運び、事実を確認してから書け。

編集幹部としては、こうした考えから、新人研修でレクチャーを長々と続けるよりは新米記者を一日も早くニュース取材の第一線に放り込みたかったのではないか。

新聞社の新人記者教育はきっとそういうものなんだろう、

と私なりに理解した。だから、ある時、支局の先輩記者が私に「体で覚えるものなんだよ、新聞記者は」と話しかけてきた時、私はその意味するところをたちどころ理解できたのだった。

（二〇〇四年九月四日記）

第４回　サツまわりこそ記者の基本

私の新聞記者生活は、赴任翌日のサツまわり（警察まわり）から始まった。

午前九時。官公庁の業務開始時間だ。そのころを見計らって、県警本部に行く。当時、県警本部は木造二階建ての県庁舎の一角にあった。まず、一階の警ら課、交通課を訪れる。「何かなかったですか」と次席に尋ねる。次いで二階に上がり、捜査課、防犯課、秘書課の順で回る。ここでも、各課次席に「何かなかったですか」ときく。

これらの課をひと通り回り終えると、盛岡警察署へ。県警本部のすぐ近くにあり、歩いて行けた。次長席に寄り、尋ねる。「夕べから今朝にかけ、何かなかったですか」県警本部でも盛岡署でも、何か事件に関する発表があれば、メモ帳に書き留める。後ほど、支局に上がった時、それをもとに原稿を書く。

警察を回ったあとは、毎日ではないが、盛岡地方検察庁に検事や副検事を訪ねる。大事件となると、検察庁が警察を指揮するので、いつでも取材できるようやはり顔を売っておかなくてはならない。

毎日ではないが、やはりたびたび盛岡地方裁判所に足を運び、書記官と話を交わす。その際、いまどんな裁判がおこなわれているか、これからどんな裁判があるのか、教えてもらう。裁判がある日は、傍聴席で裁判を取材する。

夕刻。役所の退庁時間直前に再び県警本部各課と盛岡署を回る。

ところで、正直言って、サツまわりは、私にとってなんとも気が進まない仕事であった。なにしろ、警察はそれまでまったくおつき合いがなかった役所であったから。出入りすることもなかったし、お世話になったこともなかった。もちろん、お世話になりたいと思ったこともなかった。最も敬遠してきた役所だったし、できれば付き合いたくない役所だった。警察とは庶民を取り締まる、おっかないところというのが、警察に対する小さいころからのイメージだった。

そればかりか、「警察は市民の敵」といった見方さえ、私のなかで醸成されつつあった。私の大学時代は学生運動が盛んで、私もよくデモ行進に参加した。デモ隊の警備に出動してきた警官隊はみるからに高圧的、強圧的で、反発や敵愾心を覚えたものだ。

その警察が取材対象で、毎日何回か訪ね、警察官と会話をかわし、事件について聞き出さなくてはならない。考えただけで気が重かった。が、そんなことを言っておれない。私は意を決して、警察の各部署の扉を次々と開けていった。

ともあれ、盛岡支局では、新米記者がくると、まずサツまわりをさせるというのが慣例になっていた。それを卒業すると労働・鉄道担当。次いで教育担当。最後が県政担当という順だった。時として産業担当記者もいた。あるいはまた「遊軍」という、なんでもこなす無任所の記者がいることもあった。いずれにせよ、新米記者が最初にくぐるのは警察の門と決まっていて、最初に言葉を交わす取材先の人は警察官であった。

新米記者にとどまらない。他の支局から盛岡支局に移ってきた記者も最初に担当するのはサツ、すなわち警察だった。

こうした慣例は、当時、全国的なものだったようだ。私は、盛岡支局から浦和支局（埼玉県）に転勤となったが、そこでまず最初にやらされたのはサツまわり。そればかりでない。その後、私にとって三つ目の支局であった静岡支局から東京本社社会部に転勤になった時、最初に担当させられたのはやはり所轄署まわりであった。いわゆる「川向こう（隅田川より東の地域で、当時記者の間ではそう呼ばれていた）」の、墨田、江東、江戸川、葛飾、足立の五区十一署をもたされた。警視庁第七方面本部傘下の警察署だった。

それにしても、新聞社はなぜ勤務地に赴任した記者をまずサツまわりから始めさせるのだろうか。それは、まず、警察には社会のあらゆる情報が集中しているからだろうと思う。事件、事故に関する情報はもちろん、地域社会のさまざまな出来事、人の動きに関する情報も集まっている。それに、警察による情報収集は他の役所に比べて断然速い。情報収集を生命とする新聞社にとって警察はまさに「情報の宝庫」なのだ。そこに記者を配置して、記者としての基本を身につけさせる。そういう狙いがあると思われる。

それに、新聞社としては、記者に取材活動に必要な土地勘を身につけさせるには、サツまわりが最善、と考えたのではないか。事件、事故の取材に携わると、おのずと自分の担当地域の町名、地名を覚えてしまう。いつの間にか、頭の中に地図が刻印される。これは、事件、事故以外の取材にも役立つ。

それから、もう一つ、サツまわりをこなすことができれば、警察以外の取材は極めて楽、ということだろう。

当時は情報公開制度なんていうものはない時代だから、警察は極端な秘密主義で、警察官は口が堅かった。交通事故でさえ隠す始末で、なかなか教えてくれない。それに新聞記者の目からみると、警察官はおしなべてとっつきにくく、付き合いづらかった。だから、警察官から取材できるまでになれば、他の分野の取材は朝飯前という感じ。
それだけに、新聞社としては、記者をまず一番取材が難しいところに投げ込んで鍛錬する、という狙いもあるのではないか。

（二〇〇四年九月十一日記）

第５回
先輩記者に学べ

初日のサツまわりは前任者（先輩記者）が取材先を引き回してくれたが、二日目からは独り。
取材先では、他社のサツまわりとよく顔を合わせた。毎日新聞、読売新聞、産経新聞、河北新報、共同通信、ＮＨＫ、それに地元紙の岩手日報。これら各社のサツまわり記者でつくる警察記者クラブといったものがあり、私も入れてもらった。毎日のクラブ加盟記者は古川記者といい、東京本社から転勤してきたとのことだった。読売は中村慶一郎記者で、私より一年前に盛岡支局に赴任していた。盛岡がスタートとのことだった。がっしりとした体つきの明るく快活な記者で、いつも人なつっこい笑みを浮かべていた。彼はその後、読売本社の政治部に移り、やがて三木武夫首相の報道担当秘書官となった。いまは政治評論家として活躍中。テレビにもよく登場する。共同通信は松見記者で、すらりとした長身。その後、共同本社に移ったが、後年、同社の盛岡支局長を務めた。岩手日報は村田源一朗、志田諭の両記者。

最初に新聞に載った記事は火事の原稿だった。
当時、朝日新聞の朝刊は十二ページ。最終ページにあたるところが地方版で、岩手県内に配られているのが岩手版であった。支局員はもっぱら、この岩手版用の原稿を書いていたわけである。岩手版も東京本社で編集・印刷されていたから、原稿は東京本社に送った。大事件や全国的な話題になると思われるニュースは本紙（全国版のこと）用として、これも本社に送った。
初原稿である火事の記事は四月十八日付の岩手版に載った。サツまわりを始めてから四日目。「紫波町では料理店」という見出しの、五行のベタ記事（一段扱いの記事）だった。

紫波郡紫波町日詰、料理店吉田次郎さん（二九）の北側便所付近から十六日夕方六時半ごろ出火、住居一むね約十七坪を焼いた。損害七十万円。

短い初原稿だったが、すらすら書けたわけではない。長い時間を費やしてようやく書き上げた原稿だった。

取材先から支局に上がってきて、六角机の片隅で原稿執筆にとりかかった。今日、新聞記者はパソコンで原稿を書くが、当時は、縦約十八センチ、横約十二センチのざら紙に鉛筆で書いた。そこに、五字三行ずつ書いてゆく。当時、新聞記事は一行十五字だったからだ（現在は活字が大きくなって、一行十二字）。つまり、原稿用紙一枚で記事一行という計算。だから、書かれた原稿用紙の枚数を数えれば、その原稿が何行ぐらいの原稿か見当がつく。

六角机の周辺には先輩記者がいたが、みな、私に対しては無言。だれひとり、原稿の書き方を手取り足取り指導してくれるわけではない。自分で工夫して書け、といわんばかりだ。「そうだ、先輩記者の原稿を参考にしよう」。そう思った私は、岩手版のスクラップから先輩記者が書いた火事の記事を捜し出し、それをお手本に見ようみまねで火事の原稿を書いた。もちろん、消しゴムで何度も何度も書き直した。

入社前、新聞社のデスクはおっかない存在で、出来の悪い原稿を出そうものなら、たちどころにそれを両手でまるめて、くずかごへ投げ捨てると聞いていていた。

が、先輩記者の一人に目を通してもらった後、私がデスクの支局長におそるおそる出した原稿は、くずかごへは直行せず、少し手を入れられて、東京本社に送られた。「よかった」。初原稿の〝合格〟に思わずほっとしたものである。

以後、毎日のように火事や交通事故など簡単な事件・事故の原稿を書くことになり、そのたびに先輩が書いた記事を参考にしたわけだが、こうした作業を続けるうちに、この種の記事には一つのパターンがあることを知った。それにあてはめて書けば、それなりの原稿が書けるのだった。

私は、ここでも、また一つ学んだ。新米記者といえども、ここでは一人前に扱われるのだ。だから、赤ん坊に対するように、手取り足取り面倒をみるようなことはしない。あくまでも、自分の頭で考え、自分の力で仕事をなしとげよ、ということなのだ、と。そして、原稿を書くにあたっては、先輩の書いたものに目を通し、それをまねなさい、と。

七カ月後、支局長が交代した。新しい支局長は東京本社から赴任してきたが、しばらくすると、折にふれて支局員にこう話した。「先輩記者が書いた記事の中には新聞記事として優れたものがある。それをよく読むように」。そして、論説委員や外国特派員の名前をあげた。それらの記者の記事が紙面に出ると、丹念に読んだ。

新聞記者は、先輩記者の仕事を模倣することによって真の一人前の記者に育ってゆく。私が仕事を通じて得た確信の一つである。


（二〇〇四年九月十八日記）

第6回
抜かれたら抜き返せ

新米記者である私のサツまわりは、これといった事件も起こらず、まずは平穏な日々が続いた。

「東北は、事件が少ないんだな。東京のように都市化が進んでいないからだろうか」。内心、静かな日々がもっと続いてくれるよう願いつつ、私は警察の各部署を回りながら、どうしたら顔を覚えてもらえるだろうかと苦闘していた。

ところが、である。なんとサツまわり開始から四日目の四月十八日、私は突如、驚天動地のただ中に投げ込まれた。凶悪な一家三人殺人事件に遭遇したからである。

この日午前七時ころ、盛岡駅に近い新馬町で、調理師（六〇）、その妻（五四）、養子（一八）が、いずれものどを鋭利な刃物で切られて死んでいるのが発見された。隣人が調理師宅の裏口に外側からカギがかかっているのを不審に思い、盛岡署に届けたのだった。

同署に捜査本部が設けられた。現場検証、刑事による聞き込みと、捜査が始まった。なにしろ、殺人事件などめったに起きない県都盛岡でのことである。それも、三人同時に殺されるとは。この残虐な事件は盛岡市民に衝撃を与えた。私たちサツまわり記者はがぜん忙しくなった。

数日後、地元紙の岩手日報を見て、仰天した。容疑者が全国に指名手配された、と報じていた。容疑者は盛岡市内の信用金庫支店の集金係（二三）で、遊興費に困って得意先の調理師宅を訪ね、定期預金証書を預かったうえ、三人を殺し、定期預金を下ろして高飛びした疑いがあると伝えていた。

特ダネを書いたのは、同社の村田源一朗記者だった。当時、社会部のサツまわり記者の一人。バイタリティあふれた敏腕記者で、その後も優れた記事を書いた。それからずっと後のことだが岩手日報社の社長に就任し、いまは同社会長である。

地元紙に抜かれたのだ。

新聞界では、報道にあたって他社に先んずることを「抜く」という。反対に他社に先んじられることを「抜かれる」という。とくに他紙全部に先んじて報じた記事を「特ダネ」といい、「特ダネ」をものにすることを「スクープ」と呼ぶ。それにひきかえ、他紙が全部報じたのに、一紙だけ遅れをとることを「特落ち」という。「特落ち」は不名誉なこととされている。

要するに、私は抜かれたのだ。

村田記者は地元出身だから、なんたって顔が広い。警察官にも地元出身者が多いから、おそらくシンパ（共鳴者）も多いはず。それにひきかえ、私は他県人で、盛岡にきてまだ一週間にもならない。盛岡署の刑事の名前さえまだ覚えられない駆け出し記者だ。これではかなうはずがない。そう自分を慰めてみたが、読者や世間はそんなことは知らないし、知ろうともしない。負けは負けだ。抜かれた悔しさをとことん味わった。とともに、報道合戦の厳しさが身にしみた。

容疑者は事件から約一カ月後の五月十四日、東京でつかまり、犯行を自供した。容疑者は捜査員に連れられて翌十五日夜、列車で盛岡駅に着いたが、犯人をひと目見ようとヤジ馬約三千人が駅に押し寄せ、大混乱。事件に対する市民の関心の高さをうかがわせた。

遅れをとったのはこの事件ばかりでない。八幡平《はちまんたい》遭難者の捜索でもにがい思いをした。この年七月、岩手・秋田県境の八幡平で、前年暮れにここに登って消息を絶っていた盛岡鉄道管理局員ら六人のものと思われる遺留品が発見された。このため、盛岡から捜索隊が派遣され、私は同行取材を命じられた。

遭難者二人の遺体が捜索隊により発見された。同行記者はそのことをそれぞれの支局に知らせるべく、遺体発見現場から、電話機のある山小屋に引き返した。当時は携帯電話などない時代だったから、山小屋にある一台の電話が唯一の通信手段であったのだ。

ところが、遺体発見現場は深い沢で、山小屋までは丈の長い草が茂る急斜面。登山経験のほとんどない私はほとほとへばってしまい、しかも足を滑らせて山小屋に着くのが遅れた。これに対し、「毎日」の記者は大学の山岳部に籍をおいたこともある山登りのベテランで、私が山小屋に着いた時は、すでに原稿を送り終わっていた。下山して支局に戻ると、先輩記者に「『毎日』の方が早かったな」といわれた。

抜かれて落ち込んでいた私に、支局の別の先輩記者がこう話しかけてきた。「抜かれたら抜き返せ。そうすればいいんだよ」

サツまわりは九カ月で終わったが、この間、他社に先んじて書いたことが一回あった。岩手郡の農協組合長の自宅が業務上横領容疑で捜索されたという事件である。岩手版に三段で載った。ささやかな初めての「特ダネ」であった。

（二〇〇四年九月二十六日記）

第7回

特ダネは寝て待て

盛岡支局に赴任して半年たった一九五八年十月、大学の先輩の結婚式が東京であり、その披露宴に出席するため、数日間の休みをもらって東京行きの列車に乗った。支局に赴任以来、初めての東京だった。

披露宴に参加したあと、有楽町の東京本社に立ち寄った。日ごろお世話になっている岩手版編集者の久志卓也氏にあいさつしようと思ったからだ。

本社編集局の通信部整理課を訪ねると、久志氏がいた。あごがしゃくれたように長い長身の人で、各県版の編集用机が並ぶ一角に座り、盛岡支局から届いた原稿に目を通していた。かたわらに立って名前を告げると、「おう、岩垂君か。いま、どこを回っているんだ」と問いかけてきた。「警察です」と答えると、久志氏はすかさず言い放った。「特ダネは寝て待てだな」

その時、その意味が分からなかった。「この先輩は妙なことを言うな」と、しばし相手の顔を眺めたほどだ。「足でせっせと歩いて情報収集するのが新聞記者。何もしないで寝ていたら、特ダネはおろか、ごくありきたりのニュースさえキャッチすることができないではないか」

それにしても、妙に印象に残る久志氏の言葉だった。盛岡に帰ってからも気になり、いったいどういうことなんだろうと考え続けた。その結果、その意味するところが次第に分かってきたのである。

――とにかく、徹底的に取材先を回れ。回って回って回りまくれ。それも誠心誠意の態度で。そうやって、取材先との人間関係を深めよ。そうすれば、いつかは相手の信頼を得ることができる。そうなれば、もう安心だ。こちらが寝ていても、何か起きれば、先方から、こんなことがあるよ、と知らせてきてくれるはずだ――久志氏の言葉を私なりにそう理解したのだった。

以来、私は折りにふれて自身に「特ダネは寝て待て」と言い聞かせた。

新聞記者の世界には「夜討ち朝駆け」という業界用語がある。取材先の人物の自宅を夜に訪ねたり、早朝に訪れることをいう。役所では口の堅い人物も、自宅だと心を開いてくれる。だから、自宅まで出かけて話をきこう、というわけである。

大事件が起きると、捜査会議を終えた捜査員が自宅に帰るころを見計らって、捜査員の自宅にまで出かけてゆき、捜査状況を聞き出す。居間まで上げてくれる捜査員もいれば、「話すことはない」と玄関先で記者を追い返す捜査員もいる。それゆえ、取材が深夜に及ぶこともある。これが、「夜討ち」だ。そればかりでない。早朝、捜査員が自宅を出る前に、捜査員宅を襲って取材を敢行する。こちらが、「朝駆け」である。

捜査員にとってみれば迷惑このうえもないことに違いない。だから、露骨に不快感を示す捜査員もいる。が、記者としてはなんとしても「特落ち」は避けたいし、できれば「特ダネ」をものにしたい。いまはどうかしらないが、私が現役記者のころは、新聞社間の激烈な報道合戦は、こうした形で行われていた。

さて、話を盛岡支局時代に戻せば、久志氏の忠告以後、私は「夜討ち朝駆け」はともかく、「朝まわり」に励んだ。午前七半から八時ごろにかけ県警本部と盛岡署の宿直室を訪ね、前夜から宿直をしていた警察官と話し込むのだ。当時の宿直室は畳敷き。畳まれたばかりの布団のかたわらで、アンダーシャツとズボン姿の警察官と雑談を交わす。昼間、執務室で顔を合わせる警察官とはまた別の素顔がそこにあった。

もっとも、「朝まわり」で何人かの警察官と親しくなったが、「こんなことがあるよ」と先方からひそかに極秘情報を知らせてくれることはついになかった。期間が短かったせいかも知れない。あるいは、努力が足りなかったのか。とにかく、にわかづくりの「朝まわり」は「朝起きは三文の徳」というわけにはまいらなかったのである。


「特ダネは寝て待て」とともに、いまひとつ、忘れられないフレーズがある。盛岡支局の先輩記者からの忠告だったが、フレーズの内容はこういうことだった。

「新聞記者として一番肝心なことは、君が転勤で赴任地を離れる時、君との別れを心から惜しんでくれる人が何人いるかということだ。その数によって、赴任地での君の仕事がどんなものであったかが決まる」

盛岡支局を離任して盛岡駅から列車で転勤先の浦和支局に向かったのは一九六〇年八月六日。窓外を流れるように遠ざかる盛岡の街に目をやっていると、取材で世話になった人々の顔が浮かんでは消えた。送別会を開いてくれた人、餞別をくださった人、記念品を届けてくれた人……。その人たちを指折り数えながら、そのフレーズを思い出していた。「仕事の内容はともかく、この街で少なからぬ人びとの信頼を得ることができたのは確かだ」。そんな思いが私を満たした。

盛岡で知り合った人びとのうちすでに亡くなった人も多い。健在の人びととのお付き合いは、四十六年後の今も続いている。


（二〇〇四年十月三日記）

第8回
足で書け

最初の赴任地の盛岡支局に勤務したのは二年四カ月だったが、この間、徹底的にたたき込まれたことといえば、「足で書け」ということだった。

もちろん、足の親指と人差し指で筆をくわえて紙に向かえ、ということではない。一言でいえば、電話による取材に頼るな、それよりも可能な限り現場を踏み、人に会って直接話を聞き、それに基づいて原稿を書け、ということだ。

現に、支局勤務中、私は支局長や先輩記者にこうハッパをかけられたものだ。

「電話で取材するより、まず現場に飛べ」

「人の話を聞くんだったら、電話で聞くよりも、その人に直接会って話を聞け」

なぜ電話による取材は避けた方がいいのか。

先輩記者たちはその理由をくどくどと説明してはくれなかった。が、仕事を続けてゆくうちに私なりに到達した理由づけは、次のようなものだった。

まず、電話による取材だと間違いが生じやすいということだ。もちろん、電話取材であっても、取材する側としては納得のゆくまで相手の話を聞き、事実を知るための最大限の努力をする。しかし、なにせ相手の顔が見えない。どうしても詰めの甘さが残る。そこから、思い違いが生じる。一番間違いやすいのが人名だ。

その点、取材相手と直に向き合って取材する場合は、相手の話したことに分からないところや疑問点があれば、すぐさま相手にそれをぶつけて解明し、正確を期すことができる。とにかく、取材相手に会えることができれば、時間の許す限り自分が納得するまで取材することができるわけで、直接取材によって得られる情報の量と質は、電話取材によって得られるそれを上回る。

それに、取材相手に直に会って取材することの利点はまだある。〝副産物〟が期待できるという点だ。

通例、取材相手に会って特定のテーマでインタビューした後は、雑談となる。天候の話から、家族、趣味、出身校、土地の名産品にまつわる話など、雑談の話題はその時々で違うのはもちろんだ。すると、インタビュー中緊張していた相手も緊張がゆるんで、口も軽くなる。そんな時、相手の口からポロッと、インタビューのテーマとは別の話が飛び出すことがある。これが、なんとも面白いニュースだったり、目新しい話題だったりする。いわば、思わぬ〝副産物〟が転がり込むことがあるのだ。

私も、支局在任中、あることの取材である人を訪ね、こちらが予定していた取材を終えた後の雑談中、その人の話から、まだあまり知られていない事実をキャッチし、それを記事にしたこともある。町ダネ（町の庶民が主役の話題）に出合ったこともあった。

こんな時は途端にうれしくなり、人に会うことの楽しさを実感したものだ。そして、人に会うことが、いわば特権的に許容されている新聞記者という仕事がますます好きになっていった。先輩記者が教えてくれた「足で書け」とはこういうことだったのか、と納得したものである。

もっとも、電話取材を全くするな、ということでは決してない。原稿の締め切り時間直前に情報を収集したり、事実を確かめなくてはならない時は、やはり電話を駆使してそうした作業をスピーディーに遂行しなくてはならない。そんな時、現場に飛べば、かえって原稿が締め切りに間に合わず、ニュースが新聞に載らなくなってしまう。

だから、先輩記者はこう言ったものだ。「そんな時は、まず電話で事実を取材し、不十分であってもそれを原稿にして出せ。つまり、第一報だ。その後、すみやかに現場に飛んで、可能な限り取材し、第一報よりも充実した原稿を出せ」

それにしても、新聞記者を取り巻く環境はすっかり変わった。情報化時代といわれるようになり、記者は情報の海の中で日々情報という波濤にほんろうされている。とくに記者クラブ詰めの記者は当局側から発表される洪水のような情報の処理に追われている。とても、クラブを出て、街の中を歩き、その中からニュースをくみとるといった余裕はない。ある現役記者は「足で書こうと思ってクラブを空けようものなら、発表ものをフォローできなくなり、特落ちをしてしまいますよ」と話す。

もちろん、電話への依存度は以前よりも増している。ハイテク時代とあって、取材用の機器も便利になる一方だ。

このためだろう、昨今の新聞では、いかにも記者が巷をしこしこと歩き回って拾ってきたといった感じの町ダネにはほとんどお目にかかれない。

でも、私はいまなお信じている。「ジャーナリズムの基本はやはり『足で書く』ではないか」と。

（二〇〇〇年十月十日記）

第9回
つらくても逃げるな

先輩記者からたたき込まれた新聞記者の基本の一つが「足で書け」であったことは前回触れた。それを肝に銘じていたから、事件・事故を察知したら、私はできるだけ現場を踏むように心がけた。

盛岡支局に赴任してサツまわりを始めた直後のことだ。夜、支局にいたら、消防車が鳴らすサイレンが響きわたった。火事だ。消防署に電話すると、盛岡市内の太田というところで民家が燃えているという。

自転車で支局を飛び出した。運転免許がなかったから、支局の車は使えなかった。

太田といえば、盛岡市の中心から西方の郊外だ。盛岡市街を過ぎると、田園地帯になった。行けども行けども真っ暗な田んぼである。そのうえ砂利道だ。小石をはじき飛ばしながら自転車のペダルをこいでもこいでも火事らしい現場は見えてこない。地元の人に聞こうにも、人ひとりっこ通らない。

疲れ切って、暗い路傍に何度も立ち止まった。そして、「来なければよかった」と悔やんだ。第一、夜の、とっくに岩手版の締め切り時間を過ぎた時刻での火事だったから、明日、盛岡署に電話をかけるか、同署まで出かけて、火事の概要を聞けばそれで事足りるはずであった。ここで引き返しても、だれかにとがめられることもない。

引き返そうと何度も思った。しかし、その度に、私を引き留める声があった。

「現場に行こうと飛び出してきた以上、どんなことがあっても現場までたどり着くべきだ」

「目標を定めた以上、逃げてはいけない」

「つらいからといって途中であきらめるのは新聞記者として落第だ」

思い直してなお自転車を走らせると、ようやく火事現場が遠方に見えてきた。もう火焔は消え、煙だけが全焼した家屋から立ちのぼっていた。

煙るだけの、さえない現場写真を撮り、帰途についた。支局に着いた時は午後十時を過ぎていた。支局に残っていた先輩記者に「太田に火事があったので行ってきました」と報告すると、彼は「太田まで自転車で行ってきたのか」と驚いた。

調べたら、火事現場は市の中心部から片道六、七キロの距離。自転車ではちょっとしんどい距離だったことは確かだった。

その後、三十七年間にわたる記者生活の中で、取材に向かう途中、「しんどいから引き返そうか」と迷ったことが何度もあった。そのたびに、盛岡支局時代の、火事現場に向かうためひたすら自転車を走らせた時のことを思い起こし、「引き返すな、前に進め」と、自らを叱咤激励したものだ。あの暗い夜の体験が、新聞記者としての私の原点となっていたのだった。

ともあれ、現場を踏むことでいろいろな経験をした。

ある夜、盛岡市内を通る国鉄山田線で人身事故があったというので、現場に駆けつけた。二本の線路を駅構内の街灯が淡く照らしている。その灯りを頼りに目をこらすと、線路にそって何かが散乱している。近づいてみると、足や腕だった。列車に飛び込み、切断された人の遺体の一部だった。

それまで、そうしたものを見たことがなかった。それから数日間というものは、マグロの刺身を口にすることができなかった。

北上川の濁流も忘れられない。支局に赴任した年（一九五八年）の七月、台風十一号が東北地方一帯に豪雨をもたらし、岩手県内でも北上川が増水した。「北上川が氾濫しそうだ」というので、盛岡駅前の開運橋まで見に行った。茶色の濁流がごうごうと音をたてて流れ下ってゆく。もう少増水すると、川岸からあふれそうだ。

このころの北上川の流水は平日でも茶褐色だった。上流にある松尾銅山の鉱毒が流れこんでいたからだ。それが、怒濤のように荒れ狂いながら、流れてゆく。幸い、盛岡では溢水しなかったが、北上川支流の雫石川で堤防が決壊したり、下流の県南地方では田畑が冠水する被害が出た。

それまで、大きな河川の増水など見たことがなかった。それだけに、雨による大河川の増水のすさまじさ、凶暴さに圧倒された。水害というものの一端に触れた思いがした。

いま顧みると、現場を踏むと、必ず新しい「発見」があったという気がする。刑事にとって、犯罪の犯行現場は犯人を割り出すための手がかりを見つけだせる宝庫といわれるが、新聞記者にとって現場は新しいことを知るための宝庫と言えるようだ。

（二〇〇四年十月十八日記）

第10回 広く浅く

「岩垂君、新聞記者に必要なのは〝広く浅く〟だ。もっとも、〝広く深く〟ならもっといいが」

盛岡支局に赴任したばかりのころ、先輩記者の一人はある時、さとすように私に言った。要するに、新聞記者にとって肝要なのは、狭くて深い専門的な知識ではない。それよりも幅広い分野に対する素養を身につけるべきだというわけである。

先輩がそう助言してくれた理由は、支局勤務を続けてゆくうちに次第に分かってきた。

なにしろ、新聞記者はすぐに何でもこなさなくてはならない。森羅万象、まさにあらゆることに突然出くわしたり、持ち込まれることがある職業である。地方支局勤務の場合はとくにそうだ。

だから、「それは私の専門外だ」とか「そのことには私は素人なので」とか「それは私の好きな分野ではないので」などと言っておれない。限られた時間の中で取材し、読むにたえる原稿に仕上げることが要求される。それゆえ、どんなことに遭遇しても、それに対応できる一定の知識を身につけていることがどうしても必要なのだ。

幅広い知識を身につけるにはどうしたらいいか。やはり、勉強する以外にない。

勉強にもいろいろあるはずだ。本を読むこともその一つだろう。が、自分は学者でなく新聞記者なんだから、フィールドワークで見聞を広めることにしよう。
まず、仕事の舞台である岩手県をもっと知らなくてはならないと考えた。で、できるだけ各地を訪ねてみることにした。独身だから、休日は時間があった。だから、休日を利用して出かけた。

最初に訪ねたのは「渋民」である。わずか二十七歳で夭折した明治の歌人・石川啄木の故郷だ。

盛岡駅から北へバスで四十分。田んぼのなかに貧しい感じの農家が点々とする寒村の停留所で降りると、そこが渋民だった。かつては渋民村といったが、町村合併で岩手郡玉山村渋民となっていた。バスが通るメインストリートも未舗装。いまでは観光客が必ず訪れる石川啄木記念館もまだ建っていなかった。

北上川の川岸に建つ石川啄木の歌碑（わきに立つのは筆者。1958年8月、岩手県玉山村渋民で）

バス停から三十分ほど田んぼの中の道を歩くと、北上川を見下ろす断崖の上に歌碑が立っていた。

「やはらかに柳あをめる　北上の岸辺目に見ゆ　泣けとごとくに」

啄木を慕う村人や全国のファンによって建立された。その前に立って思わず目を見張った。碑の西方に雄大な山麓を広げる岩手山の雄姿、東方に優美な姫神山が望まれたからだ。まさに絶景であった。

碑文を見ていると、「石をもて追はるるごとく」ふるさとを出た啄木の望郷の念と愛着が、私胸を満たした。渋民を訪ねたことで、啄木と彼を生んだ岩手への理解が少しばかり深まったような気がした。

次いで訪ねたのが、平泉*だ。いわずと知れた藤原三代（清衡、基衡、秀衡）によって建立された寺院群である。

平泉は岩手県の南部、宮城県境に近いところであり、盛岡から列車で二時間余もあった。時間がなかったから、初代清衡が建てたとされる中尊寺だけを見学した。薄暗い杉の並木の奥に金色堂があった。平安時代に、京都から遠隔の地であったこの地に一世紀にわたって栄えた藤原三代の栄華に感嘆した。

金色堂のわきに芭蕉の句碑があった。

「夏草や兵どもが夢の跡」

＊平泉　岩手県南西部の平泉町一帯には平安時代末期、奥州藤原氏が栄えた時代の寺院や遺跡が多数残っており、そのうち五件（中尊寺、毛越寺など）が「平泉―仏国土（浄土）を表す建築・庭園及び考古学的遺跡群」の名で、二〇一一年六月に国連教育科学文化機関（ユネスコ）の世界文化遺産に登録された。日本における世界文化遺産としては十二番目。

小岩井農場も訪ねた。一八九一年（明治二十四年）、日本鉄道会社副社長の小野義真、三菱社社長の岩崎弥之助、鉄道庁長官の井上勝の三人によって創業された農場で、三人の頭文字をとって命名された。盛岡の西の岩手山麓に広がる九〇〇万坪。高いポプラ並木に延々と続く牧草畑。そこで草をはむ乳牛の群れ。私の郷里・信州ではみられない、壮大にして広大な農場に私は声を失った。まるで日本離れした風景を見るようだった。

宮沢賢治はここを舞台にいくつかの作品を書いた。その舞台を実際に踏みしめたことで、賢治の作品世界に一層興味を覚えた。

各地を訪ね、岩手の自然、風土、そこに住む人びと生活をこの目で見ることと併せて心がけたのは、できるだけ多くの人に会って話を聞くことだった。

自分の持ち場で知り合いができたら、その人から話を聞く機会をつくる。役所の人だったら、その人のデスクのわきに座り込んで、仕事の内容、最近はその仕事でどんなことが課題となっているのか、などを聞く。街の中で知り合った人なら、自宅を訪ねて、その人の仕事について、あるいは街の歴史や当地の習慣や風俗について話を聞く。

こうして、私は実に多くの人に実に多くのことを教わった。まさに「耳学問」であった。「新聞記者だ」と名乗れば、たいがいの人は会ってくれる。これは新聞記者だけに許された特権である。私は、この特権により、さまざまな知識を得ることができた。それはうれしく、楽しく、わくわくするような興奮をともなう経験であった。

「新聞記者を三日やったら辞められない」。先輩記者が、酒の席でもらした言葉だったが、私もまたそう思うようになった。

（二〇〇四年十月二十六日記）

第11回
裏をとれ

新聞記者になって、まず先輩記者から手ほどきを受けたことの一つが「裏をとれ」ということだった。

裏をとれ。情報をキャッチしたら、それが本当のことであるか、つまり事実であるかどうかを必ず確認せよ、ということだ。逆に言えば、伝聞や推測で記事を書いてはいけない、ということである。「裏」とは、おそらく「裏付け」の「裏」ではないか、と当時、思ったものだ。

「事実を確認する」。事実の報道を目的に掲げる新聞にとって、そんなこと、当たり前のことではないか。支局赴任当初はそう思った。しかし、新聞記者の仕事を続けるうちに、そう楽なことではないと分かってきた。

一九五〇年代はまだテレビがそう普及していなくて、マスコミの世界では新聞が王座を占めていた。新聞の生命は速報性にあった。だから、各社ともニュースの報道にあたって、速報を競っていた。他社より一歩先んずれば、それが特ダネにつながった。

それゆえ、なんとしても速報を、という意欲、あるいは焦りから、時には誘惑に負けて、つい事実の確認を怠ったまま報道し、結果的に誤報となるケースがあった。

誤報は、速報性とともに正確性を要求される新聞社にとって致命的なミスであり、場合によっては読者の信用を失い、経営面でも大打撃を受けかねない。誤報となると、「訂正」を出さなくてはならない。これは新聞にとって不名誉なこととされている。

「速報」ということがそう簡単でないのは、新聞には原稿の締め切り時間というものがあるからだ。ある情報を伝える原稿を新聞に載せるためには、あらかじめ設定されている時間までに新聞制作の部門に提出しなければならない。それに間にあわなければ、その原稿は紙面に載らない。

取材と執筆に十分時間があれば、問題はない。しかし、現実には、たいがいの場合、記者は締め切りに追われる。時計に目をやりながら、気が気でない。焦る。心臓が高鳴り、頭の中はパニック状態となる。こんな時、ついつい確認がおろそかになる。

係争中の問題の取材となると、問題の当事者は複数になる。言い分が対立している場合は、双方から話を聞かなくてはならない。一方だけの取材で原稿を書くのはなんとしても避けなくてはならない。ダブルチェックが絶対に必要だ。

とりわけ、心温まる話題ものを取材し、記事にする時はこちらも心が和むが、特定の団体、個人に対し批判的な記事を書くとき、あるいは書かなくてはならない時は気が重い。当事者の談話をとったり、言い分を聞かなくてはならないわけだから、なんとも気が進まない。電話でなく、直接会って談話をとらなくてはならない時はなおさらだ。だが、ともすれば「できれば会いたくないなあ」と逡巡《しゅんじゅん》する自分の気持ちを振り払って、会いにゆかねばならない。

さらに、特ダネを書きたい、という記者の功名心が誤報を生むこともある。先輩記者が「わが社でも、こんなことがあったんだよ」と教えてくれたのは、「伊藤律架空会見記」だ。

一九五〇年九月二十七付の夕刊朝日新聞と二十七日の朝日新聞朝刊に「伊藤律会見記」が載った。伊藤律は当時、日本共産党の幹部で、他の幹部とともに地下にもぐり、団体等規制令違反で全国に指名手配されていた。その伊藤と神戸支局員との単独会見記だった。

だが、これは神戸支局員の捏造記事で、同支局員は退社処分となった。

先輩記者によれば、これは「戦後の三大誤報の一つ」とのことだった。「朝日新聞社史」をひもとくと、事件後、当時の同社社長は職制を招集しての会議で「思想的なものもなく、金をもらって謀略にかかったのでもない。功名を立て、同僚を見返したい、特種をつくりたいということだ」と説明している。

また、同社史は「この事件の背景には、追放された伊藤律が神戸方面にいるらしいという情報が流れ、治安当局が必死に捜査、調査活動をおこなっており、各新聞社もこれに関するはげしい『特ダネ』競争をしていた、という事情があった」としている。

確認、確認、また確認。これが新聞記者の原則。これをきちんと守らないと、新聞社にとっても記者個人にとっても命取りになりかねないということだろう。

幸い、盛岡支局在任中は一度も「訂正」を書かずにすんだ。

（二〇〇四年十一月二日記）

第12回
「デッド・ライン」

入社前、新聞社には、原稿の締め切り時間というものがあるだろうとは思っていた。が、盛岡支局に赴任して驚いたのは、その時間の早いことだった。

支局員はもっぱら、地方版（岩手版）の原稿を書いていたわけだが、当時岩手版の締め切り時間は確か午後四時二十分だったと記憶している。しかも、これは、私たち支局員がデスク（支局員が提出する原稿を添削し、完全原稿に仕上げる人。机＝デスク＝でそうした業務を行うことから、デスクというネーミングになったと思われる。通常、支局長に次ぐ次長が務めるが、当時の盛岡支局には次長はおらず、支局長がデスク業務をしていた）に原稿を出す際の締め切り時間ではない。デスクが東京本社に原稿を送り終わらなくてはならない時間であった。

したがって、私たち支局員は、支局長が原稿に目を通す時間を考慮に入れて、その前の午後三時ぐらいまで、どんなに遅くても三時半までには原稿を書き終わらなくてはならなかった。

支局長が見終わった原稿は、支局員の一人が支局と東京本社を結ぶ専用電話で東京本社の連絡部に送った。専用電話の受話器に向かって原稿を読むことを「吹き込む」といった。それも、ただ原稿を読み上げるのではない。「電話送稿の手引き」に従って、文字を説明しなくてはならない。例えば、「学院」は「学問の病院」、「漁協」は「スナドリのリッシンベンの漁協」、「ア」は「あさひのア」、「サ」は「さくらのサ」、「井」は「むずかしい井戸の井」と説明する。

とにかく、大声で吹き込むと、汗が出て身体が熱くなった。

吹き込まれた原稿を専用電話で受けるのは連絡部の速記係だった。だから「速記さん」と呼ばれていた。速記さんは、原稿を翻訳して通信部整理課に回す。地方版の編集をするところだ。そこを通った原稿は工場に降ろされ、印刷されて新聞となる。そして、出来上がった、岩手版の載った新聞は上野駅に運ばれ、夜行列車で岩手まで運ばれてくるのだった。早朝、駅に着いた新聞は販売店の手で読者宅に配達される。

こうした新聞制作の行程を逆算して設定されたのが、締め切り時間だった。東北は東京から遠隔の地であり、しかも、岩手県はその中でも青森県や秋田県とともにその北部に位置していたから、新聞社としては朝に新聞を読者のもとに届けるためには、前夜、それも早い時間に岩手行きの新聞をつくらなければならなかったわけである。このため、当時、社内では、岩手版は「早版」と呼ばれていた。

それにしても、「午後四時二十分」という締め切り時間は、原稿を書く身にとってはつらかった。なにしろ、午後から始まる各種団体の会議とか集会は、たいがい、その時間には終了していない。終了を待って原稿を書くと、会議や集会の記事は翌日の新聞には入らず、翌々日の新聞に載ることになる。これでは二日後の報道となり、まさに「旧聞」となってしまう。地元紙より二日遅れ。これでは勝負にならない。

だから、私は時々、「会議の結末はこうなるだろう」という見通しをたて、それに基づいて原稿を書いた。見通しが狂うと、誤報になる。このため、見通しをたてるにあたっては、判断の材料となる情報をできるだけ豊富に集めるなど、慎重を期すよう心がけた。いずれにしても、「早版」地域にいたおかげで、新聞記者にとって事態や事象の推移について見通しをつけること、すなわち、ものごとの行く先を見極めることの重要さを学んだ。

ところで、すべての原稿を電話で送ったわけではない。そんなことをしようものなら、膨大な時間を要す。それに速記さんの負担も過重だ。そこで、専用電話で吹き込んだのは「日付もの」といって日付のある原稿である。例えば「〇〇日、盛岡市で火事があり……」、「県教育庁は〇〇日、教員異動を発表した」といった類の原稿だ。

これに対し、日付がない不急の原稿は「このほど原稿」と呼ばれた。「県農林部はこのほど△△計画をまとめた」とか「盛岡鉄道管理局はこのほど△△について検討を始めた」といった類のものだ。こうした原稿は「書き原《げん》」とも呼ばれ、電話でなく、列車で東京本社へ送った。

支局員は「書き原」を夜、支局で執筆した。出来上がると、支局長が夜十時ころから手を入れ、完全原稿に仕上げた。それを社名のついた原稿袋に入れ、車で盛岡駅に届けるのは支局員の仕事だった。上野行き急行列車は確か午後十一時半か午前零時三十分発だったと記憶している。執筆が長引いてこれに間に合わないと、午前二時半か午前三時発の列車に原稿袋を託した。

同じ年に入社して、関東の支局に配属された同僚に会ったら、「岩手は締め切り時間が早くていいだろう。早めに原稿を送ってしまえば、夜はたっぷり遊べるんだから」といわれた。しかし、私たちは、深夜まで、時には明け方まで岩手版を埋める原稿の執筆に四苦八苦していたのだ。

どんなに内容の優れた原稿でも、締め切り時間に間に合わなければ、新聞に載ることはない。締め切り時間を守ってこそ日の目をみるのだ。いうなれば、締め切り時間は、新聞記者にとって「デッド・ライン」である。締め切り時間を絶対に守ること。これは、もの書きにとって最も重視されている原則なのだ。

（二〇〇四年十一月九日記）

第13回

企画記事で読まれる紙面に

新支局長の挑戦 1

私が盛岡支局に赴任したのは一九五八年四月だが、同年十一月に支局長が代わった。新しく着任したのは松本得三氏。東京本社連絡部次長からの異動だった。当時、四十三歳。東京に妻子をおいての単身赴任だった。

この松本支局長の着任が、県版の岩手版に大変化をもたらすことになる。

岩手版の原稿締め切り時間（岩手版用の原稿を東京本社に送り終える時間）が、当時は午後四時二十分であったことはすでに述べた。あまりにも早い。これでは、夕方に起きた事件はもちろん、夕方まで続く集会や会議の決定内容を翌朝の新聞に入れることができない。締め切り時間が遅く、深夜の事件まで朝刊に入れることができる地元紙にはとても太刀打ちできない。しかも、地元紙「岩手日報」は夕刊をもっていた。

速報という点では勝負は目に見えていた。

そこで、松本新支局長が打ち出した岩手版づくりの新機軸は、内容で勝負しよう、ということだった。具体的には、企画記事（続きもの＝連載記事）に力を入れようということだった。もちろん、雑報（一般記事）に手を抜こうということではない。雑報にも力をいれるが、読者に読まれる、魅力ある企画記事に挑戦してみようという試みだった。

かくして、岩手版には、次々企画記事がお目見えしていった。

松本得三氏（1976 年撮影、61 歳）

まず、県内の著名人によるエッセー『岩手さまざま』。作家、歌人、英文学者、演劇集団座長、公民館長、図書館長、大学教授、高校教員、小学校長、雑誌編集者、保健婦、主婦、農民、酪農家、野球審判らを登場させ、自由に書かせた。これは、二十三回に及んだ。

「面白い」と好評だったが、支局員が県内のことを理解する上でも役立った。

次いで『岩手のくらし』。各分野の人物を取り上げて、その仕事と暮らしを紹介する囲み記事であった。第一回は公民館の職員、二回目は漁業無線局長。

一九五九年二月には『身近な裁判』という続きものを七回連載した。これは、当時サツまわりだった私が担当したものだが、第一回の書き出しにはこうだった。

「わたくしたちは、法律はむずかしいもので、生活とは、無縁なものと考えがちだ。だが、法律に対する無知から思わぬ損をする場合もあるものだ。そこで最近の盛岡地裁の判決のなかからひとごととは思われない例やおもしろい例をひろってみた」

そして、慰謝料、和解、「私生児」、婦女暴行事件などの問題を取り上げた。

企画ものはまだまだ続く。人間にとって幸せとは何かをさぐった連載『オラがしあわせ』。「政治家とお役人とが、日教組との取り組みに夢中になっているかげに、忘れさられしまったようないくつかの教育問題がある」として、高校通信教育や、養護学級、長欠児童などの問題に目を注ぐよう訴えた『日かげの教育』。四月一日に職場生活のスタートをきった少女たちを紹介した『少女のスタート』。地方選挙に向けて議員や首長の実態をあばいた『その生態』。選挙戦を追った『選挙スナップ』。

五月には、県内著名人が県内各地を訪ね、その感慨をつづった紀行エッセー『旅情』。岩手大学創立十周年にあたって、同大学で行われていた研究の中から、とくに県民生活に身近なものを紹介した『身近な研究』。県内各地の小中学生に書かせた『わが家の農繁期』。共稼ぎの夫婦を追った『共かせぎ』。

八月には、敗戦の日の一九四五年八月十五日生まれの子どもたちのその後と現況を紹介した『8・15生まれ』。岩手県民の暮らしを分析した『岩手の貧しさ』。県内労組のリーダーを紹介した『岩手の労組』。秋が近づくと、各地の神社のお祭りを紹介した『祭り　あちこち』。

十月の新聞週間には、新聞をめぐる話題を取り上げた『しんぶん雑話』。その後は、各界の達人を紹介した『この道この人』。著名人による文学エッセー『文学随想』。辺地の学校の実情を報告した『教育行政の忘れもの』。赤い羽根の季節には『買わされた赤い羽根』。勤労感謝の日の前後には、額に汗して働く人たちの手を写真で紹介した『手』。岩手の農業の問題点を追った『豊作の裏側』。そして、暮れには、支局員全員による『町で拾った話』の連載だった。

明けて一九六〇年は、まず、岩手の女性像を浮き彫りにする『いわて　おんな』。二月には、農協の実態を解明した『農協診断図』。これは二十回という長期連載で、私が一人で担当した。三月には『足りない教育費』。四月には、新しく就職した若者を紹介する『職場の一年生』……。

まだある。とても全部は紹介できない。いずれにしても、これらの企画記事により、岩手版は活気づいて光彩を放ち、朝日ファンも増えた。とにかく、私たち支局員にとっては、まるで目から鱗が落ちるような新鮮な経験だった。

多くは、松本支局長の発案だった。支局長になる前は、東京本社政治部員としての期間が長かった。だから、ものごとを全国的な視野から見てゆくという姿勢、習慣が身についており、それが岩手版という地方版づくりにあたっていかんなく発揮されたのだと思われる。また、それまで本紙（全国版）の紙面づくりにタッチしてきたわけだから、その経験が地方版づくりに生かされたのだろう、と私は思った。

でも、支局長が独裁的に決め、支局員に命令して書かせたというわけでは決してなかった。支局長と私たち支局員は、夜、毎晩のように支局の六角机の周りで、あるいはだるまストーブの周りで、茶わん酒を酌み交わしながら（支局長はあまり飲めなかったが、支局員に付き合った）、岩手版づくりについて議論した。議論は尽きず、飲み屋に席を移し、そこでさらに議論を続けた。

そこでは、さまざまなアイデアが出た。支局長が言い出すこともあれば、支局員が提案することもあって、たいがいの場合、「よし、それは面白い。やろうじゃないか」ということになった。

こうした盛岡支局の雰囲気が東京本社にも伝わり、一部の編集局関係者から、盛岡支局は「松本学校」と呼ばれるようになった。このことが、その後、さまざまな波紋を広げることになる。

（二〇〇四年十二月十六日記）

第14回 名もない人々のつぶやきを聞け

新支局長の挑戦 2

盛岡支局長に着任した松本得三氏は、支局がつくる県版（岩手版）に大変革をもたらした。その目の覚めるような紙面の変わりようの一端を前回紹介したが、松本氏の赴任は紙面を根底から変えたばかりでなく、支局員のものの見方、取材の仕方に決定的な影響を与えた。

松本支局長は私にとっては二人目の支局長であった。前任の支局長には約七カ月仕えたわけだが、その間、新聞記者のあり方、つまり、新聞記者がよって立つべき考えとか視点とかいうような点について、その口から具体的に諭されたことはなかった。私は、それを「仕事を続ける中で、自分で体得してゆきなさい、あるいは先輩記者の言動から学びなさい、ということだな」と理解した。だから、ひたすら先輩記者から学ぼうと努めた。

その一方で、朝日新聞綱領を読んだ。

一、不偏不党の地に立って言論の自由を貫き、民主国家の完成と世界平和の確立に寄与す。
一、正義人道に基づいて国民の幸福に献身し、一切の不法と暴力を排して腐敗と闘う。
一、真実を公正敏速に報道し、評論は進歩的精神を持してその中正を期す。
一、常に寛容の心を忘れず、品位と責任を重んじ、清新にして重厚の風をたっとぶ。

さすがに歴史と伝統のある新聞社の綱領だ。読むたびに報道に携わる者の責任を痛感して身が引き締まる思いがした。が、駆け出しの新米記者としては、とてもこんな高邁《こうまい》な立場に立てそうもない。しかし、志して新聞記者になった以上、これにそうよう努力しなくては、と思ったものだ。

そんな時に支局にやってきた松本新支局長は、新聞記者のあり方に関しさまざまな語録を私たち残すことになる。支局員を集め、記者のあり方について講義したわけではない。私たちが書いて提出した原稿を添削する時、あるいは雑談の中で、あるいはまた酒席で、記者のあり方について触れたのだった。

その語録で、私が真っ先に思い出すのは「背広を着てネクタイを締めた人たちの発言よりも、ジャンパーを着て長靴をはいた人たちのつぶやきに耳を傾けよ」というものだ。つまり、県庁の役人や大組織の幹部の発言に注目することも大切だが、土まみれになって働く農民や日雇い労働者の声に耳をすませ、という意味だった。

このことに関し、私の後にサツまわりを担当した当時の盛岡支局員の一人、木原啓吉氏（その後、朝日新聞編集委員を経て、千葉大学教授、江戸川大学教授を歴任）は『目にうつるものがまことに美しいから―松本得三氏追想・遺稿集―』（一九八二年刊）の中でこう記している。

「そのころ盛岡地裁の刑事法廷で、野良着姿の老人や婦人が七人、被告席に並んで、聞きとりにくい東北弁で懸命に訴えている姿を目撃した。県北の山村、小繋《こつなぎ》の住民たちで、山地主に対し父祖三代にわたって入会権を主張しつづけている人々だった。入会山の木を伐ったところを森林盗伐の容疑で逮捕、起訴されたのだという。

松本さんはすぐにも小繋にいって取材せよ、といわれた。現地で古老にきくと話は江戸時代の入会慣行にまでさかのぼり、法律問題もこみいっていて、これは手ごわい取材だなと思った。明治のはじめの地租改正で南部藩の藩有林の一部が集落の入会山になったものの、代表者が村人にだまってその山林を山地主に売ってしまった。大正四年、集落に大火があり、人々は家を建てるために木を伐り出しにいって山地主に妨害され、初めて山が他人の手に移っていることを知った。以来、入会権存在の確認を求める民事訴訟が度々提起されている。住民は地主派と反地主派に分裂した。その経過と進行中の刑事裁判との関係、人々の暮しぶりを調べて私は連載記事の形にまとめた。

ところが原稿に対する松本さんのダメ押しはきびしく、私は何度も返答に窮した。松本さんはもう一度確かめてこいといわれ、私は再び小繋に行き補足取材をした。こうして書き直した原稿についても松本さんは一行一行吟味し、ようやく明け方四時、盛岡発の列車便で東京に送った。

あの夜の松本さんの言葉を私は今も忘れない。『ネクタイをしめた人の理路整然とした発言よりも、こうした名もない人々のつぶやきのなかに、時代の転換を予告する光り輝く言葉がある。ジャーナリストたるもの、常にアンテナをシャープにして聞きのがすことのないよう心しなければならない』と。それから十年たって全国各地で環境を守る住民運動が起った。その取材にあたるたびに私は、松本さんのこの言葉をかみしめていた」

この記述からも分かるように、松本支局長の言葉は、海綿に水がしみ通るかのように若い支局員の心に浸透していった。

（二〇〇四年十二月二十三日記）

第15回 権力を監視せよ

新支局長の挑戦 3

松本得三支局長が、「背広を着てネクタイを締めた人たちの発言よりも、ジャンパーを着て長靴をはいた人たちのつぶやきに耳を傾けよ」と、新聞記者のあり方について語ったことは前回述べた。それは、役人ら権力側にいる人たちの言説をフォローすることも大切だが、市井の庶民の声にも耳を傾けよ、という意味だった。当時は、「市民」という言葉はまだジャーナリズムでは一般化しておらず、いわゆる今の一般市民を指す言葉としては、「庶民」とか「民衆」といった表記が使われていた。

要するに、松本支局長が言わんとしたことは、報道に携わる者は、社会を支配する人間の側の視点に立つよりも、支配される側の人間の視点に立て、ということだったと思う。したがって、支局長の権力機関を見る目は厳しかった。そこには「新聞記者たるもの、絶えず権力を監視しなくては」という姿勢が感じられた。

こんなことがあった。

一九五九年二月。サツまわりをしていた木原啓吉記者が「県警本部が出している雑誌に選挙の事前運動とまぎらわしい広告が載っている」と支局の会議で切り出した。県警本部教養課編集の『岩手の警察』二月号に、近く実施される参院選挙地方区に立候補が予想されている某氏（当時、全国的に注目を集めていた通信機器メーカーの経営者で県経済界の大物）の会社広告が掲載され、これを見た現場警官から、時が時だけに非常識ではないか、という声が出ている、というのだ。広告には、立候補予定者が経営している会社の写真と並べて本人の顔写真、本人の名前が印刷されているという。

松本支局長は、それを記事にするよう促した。その結果、二月二十日付の岩手版に「『岩手の警察』にまぎらわしい広告」「〝事前運動〟の解釈も」「現場警官から批判の声」という三本見出しのトップ記事が載った。県警本部長の「この会社の広告は以前にも掲載されており、単なる営業広告だが、時が時だけにやはりまずいことをしたと思っている。こちらの配慮が足りなかったので不用意に掲載されたものだ」との談話も掲載されていた。

警察批判は、これだけにとどまらなかった。

この年一月、県警本部教養課が編集した『岩手の重要犯罪――その捜査記録』という本が刊行された。警察内部で売られたばかりでなく、市販もされた。それは、明治以来、岩手県下で起こった五十六の重大犯罪を選び、捜査記録や当時の捜査官の体験談、公判記録などを参考にそれぞれの犯罪を解明したものだった。序文には、正確な資料に基づいた本県の犯罪史を残すとともに、事件の捜査にあたった警察官の労苦を一般に知らせようというのが刊行の趣旨、と述べられていた。

ところが、そこに出てくる犯人は本名または本名に近い名前で書かれていた。このため、本名に近い名前で書かれた元殺人犯は苦境に追い込まれた。というのも、彼はすでに刑期を終えて出所し、今は刑務所時代に身につけた仕事を生業として静かに暮らしている。結婚もし、子どもは小学校に通っている。なのに、この本のおかげで、彼の過去を知る人が現れ、周囲から白い目で見られるようになったからだった……。

そんな情報をつかんできた木原記者に、松本支局長は言った。「たとえ殺人犯でも刑期を務めあげた以上、それなりに罪をつぐなったのだし、このままでは人権侵害になる。本は直ちに回収されるべきだ」

木原記者は取材を始め、原稿にした。それは、この年三月四日付の岩手版に載った。「県警出版の本に批判の声」「〝旧悪をあばく恐れ〟」「犯罪者の本名を使って」という三本見出しのトップ記事だった。

「あのときの松本さんの、肩書きのない、ただの人に寄せる心の深さと、権力の座にある人に対するきびしい目には身のひきしまる思いがした」

木原記者は後年、前掲『目にうつるものが……』の中でこう書いている。

これには、後日談がある。東京本社社会部が盛岡支局にこう言ってきたのだ。「盛岡支局と県警本部の関係がうまくいっていないようだが、トラブルの原因は何か。心配した警察庁担当記者が仲直りのあっせんをしてもいいと言っているが」。破顔一笑、松本支局長がこれを笑い飛ばしたのは言うまでもない。

松本支局長の目は、警察とか役所とかの公的な権力機構だけに向けられたわけではなかった。民間の大組織にも向けられた。

一九六〇年三月、水沢市で「常盤小問題」が表面化した。市立常盤小学校で校長以下教員全員が異動させられたからだ。同校で教頭的な地位にいた教員の教育方針に不満をもった父母が、この教員を異動させるよう教育委員会に働きかけていた。

この教員は卒業式で、児童に「蛍の光」を歌わせる代わりに日教組選定の国民歌「緑の山河」と「しあわせの歌」を歌わせたり、学校に町の名士がきてもいちいち玄関まで出迎える習慣をやめるなど、いわゆる進歩的教育の実践者だった。父母の一部がこれに反発して追い出し運動を起こし、教委はこれを受けて、結局、教員全員異動という措置をとったのだった。

岩手版はこの問題を何度も取り上げ、「教員が教員組合の組合員であったにもかかわらず、教組がその教員を守らなかったのは問題ではないか」といったトーンの批判的記事を展開した。

当時の岩手県教職員組合（岩教祖）は日教組を支える御三家の一つといわれたほど強力な労組で、県内では「泣く子も黙る岩教組《がんきょうそ》」と言われた存在。そう言われたのも、教員人事について強い発言力をもち、岩教組にそっぽを向かれたら、教委の行う教員人事もストップしてしまうからだった。この問題に関する岩教組の見解は「父母に背を向けられたら教育はおしまい。せっかくの進歩的教育も意味はなくなる。何度も注意したんだが……」というもので、こじれた問題の解決を全員異動に求めたのだった。

ともあれ、ここにも「労働組合たるものは組合員の人権と利益を守るべきだ」という松本支局長の理念が貫かれていたように思う。支局長は、民間の自主的組織といえども、ジャーナリズムが絶えず監視していないと官僚化が進み、組織構成員の利益よりも組織温存に走るおそれがあると危惧していたのだ。

常盤小問題を報道したために、盛岡支局と岩教組の関係は悪くなった。しかし、支局長は意に介さなかった。

（二〇〇四年十二月三十一日記）

第16回
少数派を励ます
新支局長の挑戦 4

松本得三支局長は、支局員にさまざまな語録を残したが、中にはこんなのもあった。

「社会的な少数者を励ますこと、それも新聞の役割の一つだよ」

それまで、新聞のあり方に関して上司や先輩記者から聞かされたことといえば、「新聞はいかなる場合でも中立的立場を保つべきだ」というものだった。だから、松本支局長の発言は、私にはなんとも斬新なものに思え、永く忘れられない語彙となった。

松本支局長のこうした考え方は、岩手版づくりの中で具現化されることになる。

盛岡市内では、一九五八年五月から、中小企業や零細企業で労働組合の結成が進んだ。県内の総評系労組の集まりであった岩手県労働組合総連合（岩手県労連）が、中小企業や零細企業に働く人たちの労働条件が低いのに目をつけ、その向上を目指して、労組づくりを働きかけたからである。

まず、中小企業や零細企業の従業員が個人の資格で、しかも匿名で加入できる「盛岡地区一般合同労組」をつくった。そして、各職場で組合員が増え、その企業で過半数に達すると支部をつくらせるという行き方をとった。

その結果、呉服店、洋服店、酒造店、醤油店、食料店、スーパーマーケット、タクシー会社で次々と労組が産声をあげた。一年後の一九五九年五月には、十五支部五百五十人の組合員を擁するまでになった。まさに〝合同労組旋風〟といった感じだった。

なかでも、盛岡市民の注目を集めたのは、五十有余年の古いのれんを持つ松屋デパート（社長は自民党参院議員）で、合同労組松屋支部が結成されたことだった。この年一月二十日の夜、同デパートの従業員八十人が突如、市内の旅館に集まり、労組結成を宣言したのである。当時、盛岡のデパートは二つ。その中でも松屋は老舗だったから、市民も驚いた。

相次いで生まれたこれらの労組の要求をみると、「恋愛の自由を認めよ」「私生活に干渉するな」「身体検査をやめてほしい」「週休制にしてほしい」「生理休暇、年次有給休暇をもらいたい」「休憩時間は自由に使わせて」「ガミガミ怒らないで」などといったもので、いずれも労働基準法以前の要求であった。いわば、「人権要求」と言ってよかった。

松本支局長が盛岡に着任したのは五九年十一月。翌十二月に支局員の配置換替えがあり、それまでサツまわりだった私は、労働・教育担当になった。

県労連や盛岡地区労を回っているうちに、合同労組が急速に成長していることを知った。「これはニュースだ」と思い、支局長に報告すると、すかさず、こう言われた。「そうした動きは積極的に報道するように」。そこで、私は合同労組支部の結成を丹念にフォローし、記事にした。

ところが、この合同労組報道が思わぬ波紋を生む。というのは、盛岡市内の朝日新聞販売店、毎日新聞販売店にも合同労組が生まれたからだ。両販売店の労組加入従業員で一つの支部をつくり、各販売店はそれぞれ分会とするという位置づけだった。

私は、五九年一月三十一日付の岩手版「月間報告」欄で、「伸びる合同労組」と題するまとめ記事を書き、その中で、このことに簡単に触れた。自分が勤務する新聞社の販売店に組合ができたことを記事にすることには、正直言って私の中でためらいがあったが、結局、それを振り切って記事にした。なぜなら、それまでの一連の合同労組誕生の記事はすべて具体的な企業名を挙げて書いてきたので、新聞販売店における労組結成だけ書かないとなると、報道の公正さを失う、ひいては新聞の信用を失いかねない、と思ったからだ。

「毎日」だけ書いて「朝日」は書かないというわけにもいかない。支局長も「朝日の販売店のところだけ削れ」とは言わなかったし、私の原稿を手にした時も、その部分を削除せず、そのまま出稿した。

支局が労組結成を記事にするようだと察知した朝日新聞販売店は、記事にしないでほしいと支局に言ってきた。しかし、支局長は態度を変えなかった。

翌朝、岩手版が東京から届くと、販売店の御曹司が血相を変えて支局にやってきた。「なぜ、載せたのか」という抗議だった。が、支局長は動じなかった。御曹司がなお抗議すると、支局長は「編集方針への介入だ」として、御曹司の支局への出入りを禁止してしまった。

こうしたやりとりをかたわらで聞いているうちに、私の中で次第に強くなってゆく思いがあった。「潔癖なほど筋を通す人だな、この支局長は」。支局長に対する畏敬の念と信頼感が増して行った。

松本支局長は、私たち支局員に「社会的な少数者を励ますこと、それも新聞の役割の一つだ」と言い、それを編集方針の一環として岩手版づくりを進めたが、こうした方針はまた、新聞として社会的弱者にも目を向ける、という方向につながるものだった。

第17回 女性と子どもを登場させる

新支局長の挑戦 5

当時の社会的弱者といえば、女性と子どもであった。今の時点で考えると信じがたいことだが、四十数年前の、一九五八年から六〇年のころは、女性と子どもの社会的地位はとても低かった。

なにしろ、女性大臣（中山マサ厚相）が初めて誕生したと騒がれたのが一九六〇年である。また、三淵嘉子さんが女性初の裁判所長（新潟家庭裁判所）になって話題になったのは七二年のことだ。さらに、大城光代さんが初の女性高裁判事（福岡高裁那覇支部）、寺沢光子さんが初の地方裁判所長（徳島地裁）にそれぞれ就任して新聞ダネになったのが七四年のことである。

松本支局長も「新聞はいかなる場合でも中立的立場を保つべきだ」という新聞のあり方を否定していたわけでは決してない。日本の社会では、ほおって置けば、少数派に属する人たちに発言の機会が与えられることはほとんどない。だから、民主的な社会を実現するためには、新聞は少数派にも発言の機会を与え、その活動を報道しなくてはならない。つまり、新聞は個々の係争事案には中立的立場をとらなくてはならないのは当然だが、世の中にある多様な意見や動きをすくい上げ、紹介して行くことも大切だ――松本支局長の言わんとするところはそういうことなのだと、私は理解したのだった。

（二〇〇五年一月十三日記）

そして、男女雇用機会均等法の成立は八五年まで待たねばならなかった。それればかりでない。男女共同参画社会基本法の施行はつい最近のこと（一九九九年＝平成十一年）である。

とにかく、私が記者生活をスタートさせたころは、女性の社会的地位はひどく低かった。勤めをもつ女性はまだ少なかったし、その勤労女性も結婚すれば退職させられるし、同一労働であっても男性よりも賃金が低いというのが当たり前だった。当時の日本は、まさに男女平等は名ばかりの、男中心の社会といってよかった。

子どもについても、児童福祉法というのがあったが、多くの子どもが劣悪な環境に置かれていた。

新聞は「社会の鏡」といわれる。こうした社会的現実を反映して、当時の新聞は一般的に極めて男性中心であった。紙面に登場するのは圧倒的に男性であって、女性や子どもが登場する機会は少なかった。第一、記事を書いている新聞記者そのものの圧倒的多数が男性であって、女性記者はごくわずか。これでは、女性の視点から書かれた記事が少なくなるのは当然だった。

松本支局長は岩手版に女性と子どもを積極的に登場させた。まず、五九年四月一日付から始めた『少女のスタート』。この日から社会生活を始めた女の子たちを写真入りで紹介した連載もので、銀行員、バス車掌、ウエートレス、裁判所速記者、理容師、マッチ製造工場労働者、農民らを登場させた。

この年六月には参院選があったが、岩手版では、それに先立って県選出議員候補者を『候補者との三十分』と題するインタビュー記事で紹介した。候補者は五人だったから、聞き手をつとめたのも五人で、うち二人が女性。主婦と文化団体事務局員だった。

この年秋の「新聞週間」では、女性三人（文化団体事務局員、婦人少年室長補佐、証券会社社員）を招き、新聞への注文を語らせた。

岩手版で連載したエッセーの寄稿者選定にあたっても、主婦ら女性を積極的に登用した。

極めつけは、六〇年早々から始めた『いわて　おんな』だろう。「岩手の女性像を浮き彫にしたい」というのがこの企画の趣旨で、各界の著名人に魅力的な女性を推薦してもらった。かくして、毎朝、大判の女性の写真と、著名人の推薦文が載った。

登場したのは主婦、県職員、三味線教授、県議会議員、婦人団体会長、短大助教授、バー勤務、大学生、農民、店員、教師、電話交換手、洋裁学校経営者、茶・華道師範らだった。これまで新聞には登場したことのなかった女性の素顔が垣間見られ、好評だった。

子どもに関する企画記事も盛りだくさんだった。まず、五九年六月に連載した『わが家の農繁期』。県内各地の小中学生に書かせた、農家の農作業に関する作文である。これは二十一回に及んだ。

次いでこの年八月には『8・15生れ』という企画を読者に届けた。敗戦の日の一九四五年八月十五日に生まれた子どもは、この時、満十四歳。中学二年生になっていた。「その成長した表情を拾ってみよう」と、該当する県内各地の中学生十三人を写真付きで紙面に登場させ、語らせた。

六〇年五月、チリ地震津波が三陸沿岸を襲い、死者が出たり、家屋が倒壊するなど大きな被害が出た。岩手版は災害の実態を報道するとともに、『こども歳時記　津波のあと』と題する写真付きの企画記事を連載し、子どもたちへの津波の影響を指摘した。

また、その後、『こども歳時記　季節保育所』という企画記事を連載した。季節保育所とは、農繁期に農作業に追われる親から子どもを預かる臨時の保育所で、毎年、市町村が設けた。連載では、季節保育所のお寒い実情を伝え、県や国からの手厚い援助を訴えた。

女性・子どもの登場で、岩手版はがぜん、精彩に富む紙面となった。それまでの堅い、武骨な感じの紙面が、庶民的な感性も併せもつ親しみやすい紙面となった、と私は感じていた。変わったのは紙面だけではなかった。支局の空気もまた華やいだ。支局長が、支局員行きつけのスナックの若い女性、ナナちゃんを可愛がり、彼女が時折、支局に遊びに来て笑みをふりまいたからだ。ナナちゃんはその後、岩手医大病院の医師と結婚した。

（二〇〇五年一月二十日記）

第18回　憲法は守られているか

新支局長の挑戦 6

新聞の全国紙には、たいがい、県版というものがある。すなわち、地方版だ。主として、その県内のニュースを収録するページである。岩手県だったら、岩手版がそれで、そこに掲載されるのは主として同県内のニュース。それを取材し、記事にしているのが県内の通信網だ。

私が赴任したころの岩手県では、盛岡支局員と、一ノ関、釜石、宮古、北上、水沢の各市に配置されていた通信局長、それに、大船渡市、久慈市、福岡町（現二戸市）の三カ所に駐在していた記者が、岩手版の原稿を書いていた。

新聞界では、昔も今も、県版は、ただひたすらその地方の人々の生活に密着した、いわば〝泥臭い〟ニュースをきめ細かく載せていればいいんだ、という考え方が根強い。そうすればするほど地元の人たちに歓迎され、読者も増えると信じられている。

松本得三氏は、そうした従来からの県版づくりの考え方にとらわれなかった。いや、むしろ、それとは全く異なった県版づくりを進めた。一言でいえば、地元に密着したニュースを載せるのはもちろんだか、同時に全国的視野から県版をつくるというものだった。

そうした視点からの企画記事がいくつもあったが、とくに忘れがたいのは、日本国憲法に関する続きものである。それは、一九六〇年の憲法記念日（五月三日）から始めた十回にわたる続きもの『山のこなた　憲法の日によせて』だ。当時の新聞としては珍しく、署名記事だった。

第一回は「元自衛隊員の〝念仏〟」。筆者は轡田隆史記者（その後、東京本社社会部を経て論説委員を歴任。現在、テレビ朝日系番組のコメンテーター、エッセイスト）。農家の三男坊に生まれた男のモノローグ。三男坊なので家では農地をもらえず、就職しようとしたが、働き口がなく、やむなく自衛隊へ。が、そこになじめずに辞め、職安の世話で職工見習いになった。「自衛隊では砲班員だったから大砲の引き金引いたことがある。年四回の実弾射撃訓練。一回の訓練で一発三万円の弾丸が二百七十発、土の中に消えていった。今、オラの月給は七千円だ」

第二回は小林隼美記者の「金魚の死」。小学校四年のある学級で、みんなが大切にしていた金魚鉢の水が真っ黒に変わり、金魚が死んでいた。誰かが墨汁を流し込んだためだが、犯人はクラスのジロ君だった。ジロ君は母子家庭の子で、兄が就職しようとしたところ、お父さんがいないことを理由に断られた。「くそっ、にいちゃんがなにして悪いんだ」と怒り狂ったジロ君の仕業だった……。

第三回は笠原清臣記者（一ノ関）の「スイセン花」。幼稚園に通う途中、交通の激しい、狭い国道を横切ろうとしてトラックにひかれて亡くなった四歳の女の子の話。「人間を大切にすることを忘れたいまの世の中を象徴したような、痛ましい死であった」と同記者は書いた。

第五回は高橋錬太郎記者（北上）の「『母の日』のない女」。戦争中、「軍属」の名のもとに慰安婦として狩りだされ、大陸を点々とした女性の物語。故郷に帰っても、ろくに働けない体とあって物乞いして他家の門に立つよりほかなく、流れ流れて、ついに市の老人養護施設に引き取られる。なんとも悲しい女の一生で、記事についた見出しの一つは「まだ消えぬ戦争の傷跡」。

そのほか、ここで取り上げられていたのは、村のボスにいじめられる農民、岩手山麓に入植したもののコロコロ変わる政府の〝ネコの目農政〟のためにほんろうされる満蒙開拓の生き残り、酔っぱらいで怠け者の父親に虐待される三歳十カ月の女の子、貧乏のため三畳一間のボロ家に住む八人家族など。〝えらい人〟には思いやりのある処置をしながら庶民には厳しい態度で臨む検察官の話も登場する。

憲法に関する続きものでありながら、憲法の条文は一つも出てこない。その代わり、極貧の暮らしや人権侵害にあえぐ底辺の人々が紹介されていた。

この続きものは支局長の発案だった。支局長は、続きものを通じておそらくこう言いたかったのだろうと私は思う。――憲法第二五条には「すべて国民は、健康で文化的な最低限度の生活を営む権利を有する」、同一四条には「すべて国民は、法の下に平等であって、人種、信条、性別、社会的身分又は門地により、政治的、経済的又は社会的関係において、差別されない」とあるが、この規定とはほど遠い現実が私たちの周りにある。そのことを、憲法記念日を機に考えてみたい。

当時、憲法に対する関心は今ほど高くなかった。朝日新聞本紙（全国版）で見ると、五月二日付の朝刊三面に松下圭一・法政大助教授の寄稿「新憲法の感覚」を、五月三日付朝刊二面に「憲法秩序の創造」と題する社説と伊藤正巳・東大教授の寄稿「憲法記念日に思う」、同日付夕刊一面に「憲法記念日を祝う　東京は数カ所で」という三段の雑報を載せている程度だ。日本の社会の現状を憲法の条文に照らして斬る、といった企画記事はない。まして憲法に関する続きものなど見当たらない。

なのに、岩手版は憲法を物差しに日本の現実を考える企画記事に挑戦した。それも続きもので。そうした県版は当時、他紙を含めほかには皆無だったように私は記憶している。

松本支局長と政治部で同僚だった熊倉正弥氏も書いている。「（当時）私は各県版をみて、話題を拾って毎週一回かこみものとして『地方報告』というタイトルの記事を書かされていた……憲法記念日には岩手版が『憲法は守られているか』だったか、タイトルはよく覚えていないが（『くらしと憲法』というタイトルだったかも知れないが）、つづきものをのせた。憲法記念の特集などする地方版はまれであったので、私はここにも松本君の存在を感じた」（前掲『目にうつるものが……』）

（二〇〇五年一月二十八日記）

第19回 見出しをつけにくい原稿を書け

新支局長の挑戦 7

一九五八年に朝日新聞記者になった私が経験した地方支局は、盛岡、浦和、静岡の三支局である。その三支局で四人の支局長に仕えた。その経験からすると、当時の支局長には大まかに言って二つのタイプがあった。

一つは、その地の有力者や著名人との付き合いや、自社がからむ催しなどにこまめに顔を出すなど、対外的・渉外的な仕事に積極的なタイプ。もう一つは外部との付き合いはほとほどにして、むしろ紙面（地方版＝県版）作りや支局員の教育に熱心なタイプだ。

松本得三氏は後者のタイプだった。それも、徹底して後者のタイプだった。


支局員の仕事は、二つに分けられる。取材と、原稿を書くこと（執筆）だ。その二つの面に松本支局長はどう対応したか。

取材に関しては、「こうしろ、ああしろ」とか「これを書け、これは書くな」と命令、あるいは指示することはなかった。支局員はそれぞれ担当分野が決まっていて、その分野に責任をもつことになっていたが、担当分野以外のことを書いてはいけない、ということはなかった。つまり、極めて自由だった。「支局員には思い切り自由にのびのびと取材させる。もし問題が起きれば、支局長が責任をもって対応する」というのが、松本支局長の基本方針だったように思う。

何を取材するかは支局員に任せていたが、その一方で、こう付け加えることを忘れなかった。「問題意識をもって書くこと」「読者が立ちどまって考えるような言葉が文章の中に一行あるかどうかが、その記者の評価を決める」

一方、支局員の原稿に対しては、「実によく見る（読む）支局長」だった。

この件に関し、当時盛岡支局員だった轡田隆史氏（前出）が次のように回想している。

「昭和三四年春、朝日新聞に入社したわたくしは盛岡支局に赴任し、一年一ニカ月にわたって、松本さんに原稿をみていただくことになったが、実は、それ以来、今日まで、ほとんどすべての原稿を、『わたくしの内なる松本さんあて』に書いてきたのである。もちろん松本さん自身ご存じないことで、あくまでこちらだけの心づもりなのだ。わたくしにとって『推敲』とは、例えば一行を書く、すると脳裏にある『松本さん』がそこを読んでウーンとうなってパイプに火をつける、で、わたくしは、これじゃダメだな、と自ら悟って書き改める（支局での松本さんは、実際にも、そうだった）」（前掲『目にうつるものが……』）

当時の支局の雰囲気が、ビビッドに伝わってくる。


支局員は「書き原」（前出）をもっぱら、夜、支局で書いたが、それが出来上がるまで、支局長は支局のデスクで待っていた。原稿の出来上がりが深夜に及ぶこともあったが、支局長はそれまで待っていた。その間、本を読んいた。

出来上がった原稿に対するチェックは厳しかった。当時の支局員、木原啓吉氏（前出）は「（小繋事件に関する原稿の執筆にあたって）原稿に対する松本さんのダメ押しはきびしく、私は何度も返答に窮した。松本さんはもう一度確かめてこいといわれ、私は再び小繋に行き補足取材をした」（同）と書いている。

また、やはり当時の支局員の辻謙氏（その後、東京本社社会部を経て論説委員を歴任）もこう回想している。

「私のルポルタージュ原稿は、一語一語きびしくチェックされ、ところどころ書き直しを求められた。出来上った記事は、著者の（取材対象者に対する）好意的な気持ちは陰にかくされ、きわめて客観的な文章だった、と記憶している。『この公平さと冷静な目が新聞記者なんだな』と私は教えられた」（同）

こんなこともあった。ある時、デスク席にいた松本支局長が支局員に向かってこう言ったのだ。「新聞記者は見出しをつけにくいような原稿を書かなくては」。私は一瞬、わが耳を疑った。なぜなら、私は入社以来、上司から「見出しをつけにくいような原稿を書いてはいかん。すぐ見出しがつけられるような、分かりやすい原稿を書け」と言われ続けてきたからだ。なのに、この支局長は「見出しをつけにくい原稿を書け」と言っている。逆ではないのか。私は思わず、支局長の顔を眺めてしまった。

しかし、私は、その意味を次第に理解していった。それは、こういうことだったのである。――新聞記者たるもの、取材にあたっては予断を排し、幅広い視野から取材対象に迫らなくてはいけない。世の中のことは、何事もそう単純に割り切れるものでなく、複雑だ。取材対象の実像が多面的なものであったら、それをできるだけ正確に原稿に反映させることが大切だ。原稿執筆にあたっては、事実をできるだけ正確に伝えなくてはいけない。つまり、原稿執筆にあたっては複眼的な視点をもつように――いわば、反語的表現だったわけである。

いずれにせよ、私にとっては、忘れられない語彙となった。

（二〇〇五年二月四日記）

第20回　松本学校が生んだ意欲作

新支局長の挑戦 8

松本得三氏は、私たち支局員に対し〝記者教育〟を施した。若い支局員に記者としての基礎を身につけさせようとしたのだ、と私は思う。

もっとも、教育といっても、いちいち支局員をつかまえて説教するというのでは決してなかった。むしろ、自らの行動、生き方を示すことによって、支局員が自ら記者としての基礎を体得してゆくようにし向けた、と私には思えた。

そんな当時の支局の雰囲気の一端を、当時の支局員の一人、沼口好雄氏（その後、東京本社経済部員を歴任）は次のように活写している。

「支局では夜ともなると、薪ストーブを囲んで支局員が茶わん酒をくみ交わし、人生や政治などいろいろの問題について議論を展開した。そんなとき、あまり酒の強くなかった松本さんも必ず加わり、温顔に微笑を浮かべながら、支局員たちの意見に耳を傾け、ときどき的確な助言でわれわれの心をひきつけたものだった。そのころから、朝日新聞社内で盛岡支局を指して〝松本学校〟という呼び名が生まれたが、毎夜のような支局での団らんは、さしづめそのセミナーといえたかもしれない」（前掲『目にうつるものが……』）

〝松本学校〟は「東京の編集局内では知らない者がないくらい」（岡田任雄・元政治部長、元出版担当）になった。

「いい県版をつくりたい」という支局一丸となった熱意は、岩手版を変えた。その変容ぶりの一端はすでに紹介したが、紙面が活気を帯びただけではなかった。当時の他紙県版と比べてもユニークな記事が岩手版を飾った。筆者の側が自分たちの記事について云々するのは気がひけるが、それを許していただけるならば、記者の問題意識をうかがわせる積極的な報道が少なくなかったと私は思う。印象に残る記事のいくつかを紹介する。

まず、支局員の最長老だった辻謙記者（後に論説委員）の「江刈《えかり》酪農」をめぐる一連の報道だ。

岩手県北部に葛巻町江刈地区（旧江刈村）という農村があり、江刈酪農はそこの酪農民が自ら出資して設立した乳業工場だった。その中心的な役割を果たしたのが中野清見氏。同氏は江刈村の出身。東大経済学部を卒業後、旧満州に渡るが、補充兵で応召し、敗戦後引き揚げてきて、村長を務める。その時、地主の支配下にあった村民の貧しさ、みじめさに義憤をかきたてられ、農地改革の先頭に立つ。結局、数人の地主が所有する山林・草地を小作農家に解放させた。地主勢力の抵抗には体を張った。

終戦直後の農地改革では、農地は解放されたが、山林はてづかずだった。だから、江刈村における山林解放は全国的にもまれなケースだった。

次いで、酪農の民主化に情熱を燃やす。当時、この地方の酪農農民は大企業の乳業メーカーのいいなりだった。そこで「農民の、農民による、農民のための酪農」を掲げて一九五二年に設立したのが江刈酪農で、「中野氏は、さしずめ風車に立ち向うドン・キホーテのようなもの」（辻謙記者）だった。

でも、同社は経営不振に陥り、一九五八年に操業休止に追い込まれる。中野氏は再建に奔走する。辻記者はその再建の動きを積極的に報じた。「若かった私は理想を追い求める中野氏の姿に感激した。その情熱に夢中になり、何度も遠い山の中まで出かけて行った」と書いている（前掲『目にうつるものが……』）。

が、結局、同社は大手の乳業メーカーに吸収され、中野氏の試みは挫折する。「大手乳業メーカーが農民の一人一人を切り崩すことによって、別な言葉でいえば農民の裏切りによって、中野さんは敗北した」（辻記者）のだった。

私は先輩記者の書くルポを関心をもって読んだ。なぜなら、中野氏の著作『新しい村つくり』（新評論社、一九五四年）を読み、氏の理想と情熱に共感するものがあったからである。これは、山林解放闘争から江刈酪農創設までを書いた自伝であった。

後年、社会部記者となった私は、朝日新聞が本紙で連載した企画『新人国記』岩手県編で、中野氏を取り上げた。この連載で岩手県を担当したからだ。一九八一年のことで、その時、中野氏は県北部の一戸町の町長をしていた。町役場を訪ね、初めて会った。「この人が山林解放闘争や酪農会社創設を主導した人か」。盛岡支局で辻記者のルポを読んでから二十二年がたっていた。

その一戸町に小繋《こつなぎ》という地区がある。ここで起きたのが、小繋山の入会権《いりあいけん》をめぐる争いが生んだ小繋事件だ。入会権とは、山林原野の一定地域を地区全体の所有として地区住民が立ち入り、たきぎなどを採取する権利のことで、封建時代から続いた慣習上の権利とされる。

事件は、明治の初め、地租改正を機に、それまで入会山だった小繋山について地区の有力者の所有名義で地券が発行されたことに端を発し、その後、小繋山が転売されたことで山の所有権を得た人（地主）が地区民（農民）の山への立ち入りを拒否したことから紛争が生じた。それまでどおり、山に入って材木や薪を切り出した農民ら九人が森林法違反、窃盗容疑で逮捕された。農民にしてみれば、入会権があるのだから木を伐るのは当然のことであり、材木や薪は生活必需品だったのだ。一九五五年のことである。

一九五九年、盛岡地裁は小繋山には入会権ありとし、森林法違反については無罪とした。しかし、仙台高裁はこれをくつがえし、最高裁も一九六六年、高裁の判決を支持し農民らの有罪が確定する。

事件は、三代にわたる入会権紛争であったうえ、都立大教授の戒能通孝氏がその職をなげうって農民側の弁護に立ったこともあって、全国的な関心を集めた。

盛岡地裁での判決の前から、事件のあらましと問題点を詳細に岩手版で報道したのが、支局員の木原啓吉記者（その後、編集委員を経て千葉大学教授、江戸川大学教授を歴任）である。木原記者が事件に着目したいきさつはすでに紹介したが、同記者の記事が、雑誌『世界』（岩波書店）の編集者の目にとまり、同誌が積極的にこの事件を取り上げた。こうして、木原記者による報道が、小繋事件が全国的に知られる一つのきっかけとなった。

（二〇〇五年二月十一日記）

第21回 続・松本学校が生んだ意欲作

新支局長の挑戦 9

松本支局長が着任してからの盛岡支局は、岩手県内の諸問題に対し積極的な報道をおこなった。辻謙記者の「江刈酪農」をめぐる報道、木原啓吉記者の小繋事件をめぐる報道についてはすでに紹介したが、小林隼美記者の「東磐井のタバコ耕作組合をめぐる紛争」に関する一連の報道も私の記憶に残るものだった。

岩手県の南部に東磐井郡《ひがしいわいぐん》という地域がある。農村地帯だが、私が盛岡支局員だった一九五八年ら六〇年にかけては、東山葉という葉タバコの産地として知られていた。タバコ耕作農民は約七千三百人にのぼるといわれた。

五八年春から耕作農民の間で紛争が生じた。新しく成立したタバコ耕作組合法によって新しいタバコ耕作組合が設立されることになったが、耕作農民が郡一組合派（専売公社派）と町村別組合派（反専売公社派）に二分され、争いとなった。町村別組合派にいわせると、郡一組合では地域が広すぎてまとまった総会が開けず、民主的な運営ができないという。

専売公社は職員を動員したり、旧タバコ耕作組合の有力者と結んだりして、町村別派農民の抱き込みをはかった。しかし、農協青年部を中心とする町村別派は自主的な葉タバコ耕作を実現する好機として「東磐井タバコ耕作を守る会」をつくって対抗した。この問題は再三、衆、参両院の大蔵、農林委員会でも取り上げられた。

一年にわたる紛争の末に、結局、両派が県の調停案をのみ、解決に向かった。それは「一組合をつくり農協ごとに支部設置」という内容で、組合数では郡一組合派の主張が通り、一方、単位農協ごとに支部を置くこと、支部に運営委員会を設け、自主的に活動させる点では町村別派の言い分が通った。

五九年七月一日付朝日新聞岩手版の解説記事「解決した煙草耕組紛争」は、見出しで「立ち上った〝物いわぬ農民〟」「今後の相手は専売公社」とうたい、「この事件は〝物いわぬ農民〟がさけび立ち上ったもので、自主的な農村民主化運動である」と位置づけていた。

こうした一連の先輩記者の仕事に私は大いに刺激された。私も何かテーマに出合ったら、十分な取材に基づいて積極的な報道を心がけなくては、と思った。

警察担当、労働担当、教育担当を終えて農業担当になった私が、まず直面したのは「余マス問題」だった。

農業担当といっても、農業に関しては全くの素人。農業の経験はなかったし、農業について学んだこともなかった。だから、農業関係団体や県の農政課などを丹念に回らねばと思った。盛岡市内にあった岩手県農村青年連盟にあいさつに行ったら、そこの役員が「これから余マス制度廃闘争だ」という。

「余マス制度」とは農家が米を売り渡す際、一俵あたり三百〜四百グラムの米を余分につめるというもの。米が消費者に渡るまでの持ち運びの途中、目切れしないように採用されていた制度だが、県農青連は、一俵の余マスはごくわずかだが、数万俵ともなると農家の負担は大きいとして廃止すべきだと考えたのだ。この制度は強制的ではなかったが、当時の食糧事務所（農林省）が産米改善協会を通じて余マスを入れるよう業務指導していた。

私は、さっそくこれを記事にした。五九年九月三十日付岩手版のトップに「余マス制度全廃を」「農青連　食糧事務所に近く申し入れ」という見出しで掲載された。反響は大きかった。農青連が食糧事務所に申し入れる一方、各地で「余マス拒否」の実力行動に出るに及んで、この問は県農業界の大問題となる。

それればかりでなかった。国会でも取り上げられるまでになった。結局、同年十一月十三日、福田赳夫農相（のちの首相）が参院農林水産委で社会党議員の質問に答えて「いわゆる余マスは今後行わないように指導する」と政府見解を述べ、解決に向かった。

農青連側の勝利といってよかった。こうした一連の展開の中で、私は、自分の書いた記事がある動きを生み、それを報じた記事がまた新たな動きを生むといった具合に急速に波紋を広げてゆく手応えを感じていた。

「ジャージー牛問題」についての記事も反響を呼んだ。農林省は酪農振興のために一九五三年からオーストラリアやニュージーランド産のジャージー種乳牛を全国の酪農地帯に導入しはじめ、岩手山麓の農家にも導入された。が、この牛に不良牛が多い、という声を耳にした私は岩手山麓を歩き、そうした農家の声を集めて原稿にした。それは、六〇年四月八日付の「朝日」全国版に載った。この記事も県内外で関心を集め、結局、農林省も不良ジャージー牛については補償対策を打ち出さざるを得なかった。

農業のあり方に関心を深める中で、私は県北部の松尾村に全国でも珍しい、徹底した農業共同化を進める集団があるのを知った。「前森山集団農場」といい、子ども三十九人を含む二十七世帯九十四人が、生産と生活の両面にわたる全面共同化を進めていた。中国から引き揚げてきた人たちが一九五四年に前森山中腹の、標高六〇〇メートルの国有林地帯を切り開いて集団入植したもので、酪農を主体とする農場建設に挑んでいた。

私は雪を踏んでここを訪れ、六〇年三月、岩手版に三回にわたってルポ「前森山集団農場を訪ねて」を連載した。さらに、雑誌『世界』(岩波書店)の求めに応じて、同誌の六一年十一月号に「諏訪弘」のペンネームで「前森山集団農場の歩み」を発表した。これには十ページにわたるグラビアが添えられていたが、それは写真家・川島浩氏の作品であった。


先輩記者の意欲的な記事も、私の記事も、農業ならびに農民に関するものだったという点で共通している。当時の岩手県は農業県だったから当然といえば当然だが、次のような事情もあったのではないか、と私は考える。

戦前、地主の前で言いたいことも言えなかった小作農民が、戦後の農地改革で小作から解放され、自作農になった。その農民たちが、ようやく自分たちの権利に目覚め、要求を掲げて自ら声をあげ始めた。物言わぬ農民から物を言う農民へ。私たちが盛岡支局で働いたのは、ちょうどそういう時期だったのではないか。

私たちは、戦後日本の農村の転換期に立ち合うという機会に恵まれたのだった。


(二〇〇五年二月十八日記)

第22回 妥協によって勝つよりも堂々たる敗北を

新支局長の挑戦 10

岩手版を一変させた松本得三氏は、一九六一年二月一日、名古屋本社報道部特信課員に転勤となった。支局長在勤二年三カ月であった。私はそれに先立つ六〇年八月に盛岡支局から浦和支局に移っていたので、支局長の異動を浦和支局で聞いた。

それは、私にとって衝撃的なニュースだった。いや、盛岡支局員や、松本氏を知る記者にとっても同様だったに違いなかった。なぜなら、だれが見ても不当な降格人事、要するに左遷だったからである。

朝日新聞政治部員だった太田博夫氏が書いている。

「当時、名古屋本社には、出稿部としては報道部がただ一つで、そのなかに特信課があった。支局長までやった松本さんが部長で特信課長を兼任していた。支局長までやった松本さんは、ただ一人の特信課員であった。名古屋管内では、朝日新聞の地元ニュースを流すラジオ・テレビ局がなかったので、仕事といえば、電光ニュースの原稿を書くぐらいのものだった」「三十七年の春、私は突然、名古屋本社特信課長へ転任を命じられた。『六〇年安保』のころ、政治部で首相官邸、自民党のキャップとしてはなやかにマスコミに乗っていただけに、大きなショックだった。……重要な課といいながら、先輩の松本さんが課員で、後輩の私が特信課長になって、やっと二人で、しかも、仕事らしい仕事はない状態であった。いわば〝島流しの二人組〟であった」（前掲『目にうつるものが……』）

どうして、こんな人事が行われたのだろうか。

当時盛岡支局員だった伊藤源之氏（その後東京本社特信部、学芸部を経て「声」編集長を歴任）は、その間の事情をきわめて簡潔かつ的確に書いている。

「昭和三十四年暮れの朝日労組九十六時間スト、翌年の安保報道をめぐる社内規制などを通じて暗い雰囲気が社内をおおい始めた中で、松本さんは三十六年初め、名古屋本社の特信課員に転勤となった。支局長として、誠実に岩手版作りに励んでおられた松本さんにとって、どうみても左遷であり、時の権力に楯突くものへの見せしめとしか思えなかった」（前掲『目にうつるものが……』）

伊藤氏も指摘しているように、松本氏の異動には、当時の「朝日」の社内事情が影響していた。

一九五九年（昭和三十四年）十一月二十八日から、朝日新聞労働組合による全面ストが行われた。ベースアップ要求を掲げての闘争で、ストライキは九十六時間に及んだ。

朝日新聞労働組合編『朝日新聞労働組合史』（一九八二年発行）によると、「スト後の数年間、会社の組合に対する姿勢は『力』そのものであった」。そして、「組合に加えられた数多くの『力』とその結果を整理してみると」、「1　東京・編集局を中心に進められた不当人事。まず組合活動家がねらわれ、次いで対象は、いわゆる良識派とみられる人たちまでひろがり、さらに印刷局を含め典型的な〝アカ狩り〟となった。2　全社を横断した大がかりな組合分裂の動き。刷新協議会が中心となった。3　会社が直接、または一部職制を通して組合へ介入し、〝ゴキブリ人種〟がわがもの顔に動き回った」という。

そのうえ「こうした三つの流れは社内のすみずみにまで浸透していった。その結果、脅しと懐柔、密告と追従がはびこり、職場の空気は暗く、とげとげしくなり、そしてどんよりと沈んでいった」

組合役員が地方などに飛ばされただけではなかった。「現状に対し批判的な原稿は『偏向』のラク印を押されてボツになり、記者の自己検閲も進んでいった」。「物価問題はタブー視され。値上げ反対のキャンペーンはもちろん、記事もあまり出なかった」。「平和、貧しさ——といった問題は『硬い』『暗い』との理由で、歓迎されなくなった」

こうした当時の東京本社編集局の動向を一部の社員たちは〝木村旋風〟と呼んだ。この時期の人事や紙面制作が、木村照彦編集局長の主導によって推進されていたからだ。

『労働組合史』は書く。「そんな中で山林地主と農民をめぐる入会権問題や労働者の人権問題を正面から採りあげ、継続的にニュースとしていた岩手版は、当時の社内にあって〝目立った存在〟だった」

松本氏は当時、労組役員でも活動家でもなかった。左翼的な組織のメンバーでもなかった。一九三八年、京都大在学中に京都三条河原町のカトリック教会で洗礼を受けたクリスチャンであった。

松本氏にはソ連抑留体験があった。朝日新聞に入社後、召集を受け、旧満州（中国東北部）で敗戦を迎え、一九四七年に帰国するまでの二年余、ソ連に抑留された。ソ連から帰国した抑留者の中には、共産主義を礼賛する人や、反ソ・反共になった人がいたが、松本氏はそのどちらでもなかった。ソ連の体制には厳しい見方をしていたが、ロシアの民衆には親近感を抱いていた。

「松本さんはあまりにも心優しく、人間愛に燃えていたがために、恵まれない人や虐げられた人たちを見下したり力で抑えつけようとする人間を、見逃すことができなかったのだ。だから、松本さんは反権力感情が極めて強く、草の根民主主義を尊重し、それを岩手版の紙面づくりにも大きく反映していった」。盛岡支局員だった沼口好雄氏の松本評である。当時の支局員に松本評を語らせれば、みな同じように答えただろう。

九十六時間スト後の「編集局の右旋回」（『朝日新聞労働組合史』）の中で〝目立った存在〟となっていた岩手版づくりが問題にされての左遷とみるほかなかった。

人間、意にそわない境遇に投げ込まれると、えてして、愚痴をこぼしたり、やけくそになったり、はたまた早くそこから抜け出そうとして卑屈になったり、自分をそういう境遇に陥れた相手方に泣訴したりするものである。が、松本氏は異議を申し立てることもなく、いつもの笑みをたたえた顔で平然と、いや凛として新しい任地に赴いた。そして、名古屋本社の片隅で独り電光ニュースの原稿を書いた。

松本氏が在籍した政治部の後輩で論説副主幹を務めた今津弘氏は、書く。

「松本さんは、世俗的な駆け引きや原則を捨てた妥協によって勝つよりも、堂々と敗北を選ぶ人だった。よしとする道義的目的のためには、政治的敗北を辞せず、満身創痍になることで、かえって人々を勇気づける人だった」（前掲『目にうつるものが……』）

（二〇〇五年二月二十六日記）

第23回 他人には優しく己には厳しく

新支局長の挑戦 11

名古屋本社報道部特信課員に「左遷」させられた松本得三氏だったが、そうした不遇の時代が六年近くも続く。が、一九六六年十一月、ようやく復権する。東京本社内政部長への異動が発令されたからである。朝日新聞社として地方自治に関する報道に力を入れることになり、それを担当する部として内政部が東京本社編集局内に新設され、松本氏がその初代部長に抜擢されたのだ。

五九年の朝日新聞労組による九十六時間ストを契機に、朝日新聞社内では、労組の活動家が不当に配転させられたり、新聞紙面が「右寄り」になるといった異常な事態が続いていた。そうした状態もようやく正常化に向かい、その中で松本氏も復権したといってよかった。

内政部長に就任した松本氏は、住民自治を発展させるための報道に奮闘したようだ。当時、内政部員だった坂本龍彦氏(その後編集委員)は「松本さんが創り上げた草創のころの内政部には、この中央集権の日本に、草の根民主主義の道を切り開いていこう、という気迫が溢れていたように思う」と回想している(前掲『目にうつるものが……』)。

翌六七年に大阪本社編集局次長。六九年四月には論説委員(大阪在勤)となる。同年十二月、定年を前に五十四歳で退職し、横浜市参与となった。当時の飛鳥田一雄・横浜市長に請われての転身だった。それにともない、大阪から妻幸子さんとともに神奈川県相模原市に移り住む。

まもなく横浜市都市科学研究室長に就任。都市問題・都市計画・自治体問題の科学的調査研究というのが同研究室に課せられた命題だったが、当時の研究室員によると、在職中の松本氏の関心は、ただ一点、「市役所は、市民の問題を、どこまで市民の立場で考えることができるか」だったという。

朝日新聞社在職中、絶えず松本氏の心を占めていたもの。それは、突き詰めていえば、市民の立場に立った報道ということだったと思われる。横浜市では、市民の立場に立った市役所になるにはどうしたらいいか、に心を砕いた。新聞記者から自治体幹部へと転身しても、松本氏の問題意識は一貫していたと見ていいだろう。

七六年、飛鳥田市長から「相模原市長選に立候補してほしい」と懇請される。固辞するが、度重なる要請に横浜市を辞し、社会党・共産党推薦、公明党支持で立候補する。が、自民・新自由クラブ・民社支持の前市助役に敗れる。

その直後、体調を崩し、八〇年、直腸がんと診断され、手術を受ける。その後、入退院を繰り返し、八一年七月十日、相模原市の北里大学病院で死去。六十六歳だった。葬儀はカトリック町田教会で行われた。

ところで、朝日新聞でも、横浜市役所でも、松本氏とつきあいのあった人たちの松本評は一致する。一言でいうならば「他人に優しく、自分には厳しかった」ということになろうか。こうした生き方は最期まで貫かれた。

松本氏が亡くなってまもなくの十月三日付の朝日新聞「声」欄に「忘れられない『ありがとう』」というタイトルの次のような投書が載った。

「看護婦になって三年目。これまで何十人の人をみとり、お別れしてきたことでしょう。どの人も、どの人も思い出深い人でした。そして、Mさん、あなたも、その例外ではありませんでた。

もう動くことができず、体中に痛みがはしり、目をあけていることさえ苦痛で、家族と話をすることもつらいときに、あなたは、私たちに『ありがとう』をいい続けて下さいました。

体の向きをかえただけで、氷まくらをおいただけで、力を振りしぼって『ありがとう』といって下さいましたね、Mさん。私に、それができるかといえば、とても自信がありません。どんなに思い直しても、少しずつ自分中心の考えにひき寄せられていく不思議さに、どういいわけしてよいのかわかりません。それだけに、あなたの強さを感じずにはいられませんでした。

いつの時でも、感謝の気持ちを持ち続けられたMさん。少しでも、あなたに近づくことができるよう努めたいと思います」

投稿者は砂塚雅子さんといい、職業は「北里大学病院看護婦」とあった。「Mさん」が松本氏であることはいうまでもない。松本氏はいまわのきわまで他人に優しかったのだ。

一年後、松本氏を慕う人たちによって追想・遺稿集『目にうつるものが……』が刊行されたが、それに助川信彦・元横浜市公害対策局長が「秋霜の人」と題する詩を寄せた。そこには、こんな一節がある。

「人に接するに春風をもってし
己れに対するに秋霜をもってのぞむ」
これは――
中国から渡来した格言だが
君を見ていたら
そんな言葉が
脳裏を去来した

どこまでも「外柔内剛の人」であった。

八二年から毎年、命日の前後にかつての盛岡支局員、朝日新聞社員、横浜市職員らによる「松本得三さんを偲ぶ会」が開かれ、それは二〇〇二年まで続いた。計二十一回。一人の新聞人を偲ぶ集まりとしては異例の長さと言っていいだろう。

（二〇〇五年三月四日記）

第24回　岩手・忘れ得ぬ人びと①　鈴木善幸

一九六〇年八月六日、私は盛岡駅から列車で埼玉県浦和市（現さいたま市）へ向かった。浦和支局に転勤になったからである。かくして、私にとって最初の赴任地であった盛岡支局勤務は二年四カ月で終わりをつげた。

この間、取材先で実に多くの人びとに出会うことができた（直接会うことがなくても、近くで垣間見ることができた）。そして、実に多くのことを学んだ。これも、新聞社の名刺を出せばだれでも会ってくれる新聞記者という職業がもつ特権のおかげだったとつくづく思う。

どの人も忘れがたい。その中から、とくに印象に残る人たちについて書いておきたい。

盛岡市街の中心に岩手県庁があった。当時は木造二階建てで、なかなか風格のある建物だった。正面玄関に向かって右手の部分のどんづまりの一階に記者クラブがあり、各社の記者がつめていた。そこには、机や電話のほか、麻雀用のテーブルもあった。

盛岡支局に赴任した五八年の、夏か秋の午後のことだったと思う。サツまわりだった私は、県政担当の先輩記者に教えをこいたいことがあり、記者クラブを訪れた。

四人の男たちが、麻雀卓を囲んでいた。中に長身であごのしゃくれた中年の男がいた。「新聞で見たことのある顔だな」と思って眺めていると、先輩記者が「鈴木善幸だよ」と耳打ちしてくれた。「彼は、岩手に帰ってくると、よくここに顔を出すんだ」。相手をしているのは各社の県政担当記者らしかった。

鈴木善幸。当時、岩手一区選出の衆院議員（四人）の一人で自民党。その時の印象は「さえない感じの政治家だな」というぐらいのものだった。その政治家が二十二年後に総理大臣になるなんて、その時思ってもみなかった。

三陸沿岸の山田町に生まれた。生家は水産加工業。農林省水産講習所（現東京海洋大）卒。漁協活動に携わるが、郷土を貧しい辺地から救い出そうと政治家を志す。一九四七年、社会党公認衆院議員に初当選。その後、民自党（後の自民党）に転じ、連続十六回当選を果たす。

一九六〇年、第一次池田勇人内閣に郵政相で初入閣。六四年には第三次池田内閣の官房長官となる。その後、厚相、自民党総務会長、農相などを歴任。官僚出身者が多かった池田派・大平派で党人派として活躍し、大平正芳内閣の実現に尽力した。

八〇年七月、大平首相の急死にともない、第七十代総理に就任する。党内では「和の政治」を説き、調整役に徹していただけに、首相就任を予想した人は少なかった。それだけに、首相就任に対し、マスコミで「善幸？　ＷＨＯ」と書かれた。その在任中、政治部記者が「彼は暗愚の帝王だよ」と評するのを聞いたこともある。しかし、私は岩手県庁の記者クラブで麻雀卓を囲んでいた鈴木を想い出し、ひそかに親近感を覚えたものだ。総裁再選が確実視されていたのに、八二年十月、突然、総裁選への不出馬を表明し、退陣した。

とくに印象に残っているのは、「同盟関係」をめぐる発言だ。八一年に訪米、日米共同声明に「日米同盟関係」との表現が初めて盛り込まれた。ただ、鈴木首相は「日米同盟には軍事的な意味は含まない」との解釈を示し、「軍事的関係を含む」とする外務省と対立、伊東正義外相の辞任という事態を招いた。

これについて、鈴木の死去（二〇〇四年七月十九日）後の七月二十日付朝日新聞に載った評伝で、中島俊明・元論説副主幹・北海道支社長は「鈴木氏は『西側の一員』をみとめたが、米国の戦略とは極力、距離をおこうとした」と述べている。そして、こう続ける。

「首相辞任後、しばらくたって、後継となった中曽根康弘首相の対米協調路線を批判して『超大国の核戦力の前に通常兵器をどんなに充実させても、力には限界がある。それよりも、平和を求める第三世界の声の先頭に立って、軍縮を求めて行くべきだ』と語った。共同声明をめぐる混乱の中で強調したかったのは、このことだろう」

歴代の首相の中ではハト派だったのだ。昨今の小泉首相の発言と比べると、その違いが際だつ。これには、鈴木が生まれ育ったところが三陸海岸の貧しい漁村であったことや、「護憲」を掲げる社会党に一時籍を置いていたことなどが影響しているのではないか。これまで、私はそう思ってきた。

今度、鈴木が首相在任中の八二年六月九日に第二回国連軍縮特別総会でおこなった演説を改めて読んでみたら、こんな箇所があった。

「私は、戦火の廃墟の中にあって、政治に志を立、我が国の憲法の理想とする戦争のない平和な社会の実現を目指して国民と共に努力してまいりました。爾来三十五年、平和のために一身を捧げたいと思う私の信念は、今なおいささかも変わるものではありません。私は、この壇上から、世界の人びとに対し、日本国民の核廃絶と平和への願いを強く訴えるものであります」

「議長。私は、若い頃、海に親しみ、しばしば船上から夜空にまたたく無数の美しい星を眺めては、神秘の感に打たれたものでありました。我々の宇宙には、何千億もの星が存在していると言われます。しかし、我々の知る限りこの星の中で生命の宿っているのは唯ひとつ我々の住むこの地球のみであります。我々は、祖先から受け継いだこのかけがいのない地球を、愚かな選択によって破滅に追いやることは許されないのであります。繁栄か滅亡かは、かかって我々の双肩にあります」

鈴木は演説の直前まで演説の文案に手を入れていたという。ここには、確かに鈴木の本音が表出されている。私の推論は間違っていなかった、と納得した。

八二年十二月十三日、国連総会本会議で核不使用決議案に対する採決があった。日本政府は過去二年間、この決議に反対してきた投票態度を変更し、棄権した。外交政策上の重要な変更であった。

鈴木首相退陣直後のことだったが、鈴木沙雄氏（元朝日新聞論説委員）によれば、これは「ハト派志向の善幸さんの置き土産」だったという（『平和運動と日本外交』（朝日新聞社調査研究室の社内報告、一九八九年）。

当時の岩手県選出の保守政治家としては、小沢佐重喜も印象に残る。岩手二区選出の自民党代議士。県南の水沢市が地盤だった。運輸相、郵政相、建設相などを歴任。彼の三男は今、民主党の実力者、小沢一郎氏である。同じ選挙区に外相、自民党副総裁を務めた椎名悦三郎がいた。こちらも水沢市を地盤としていたので、総選挙ともなると、小沢と椎名が激しい選挙戦を展開したものだ。

（二〇〇五年三月十二日記）

第25回　岩手・忘れ得ぬ人びと②

北山愛郎、鈴木東民、伊藤猛虎

私が盛岡支局に勤務したのは一九五八年から六〇年にかけてだ。そのころの岩手県選出の衆院議員といえば、自民党が圧倒的に多かった。確か、岩手一区、二区とも定員が四人で、社会党議員は各区にそれぞれ一人だったように記憶している。

二区選出の社会党議員が北山愛郎だった。花巻市の木炭商の子に生まれ、東大政治科を卒業して東京市役所へ。が、中国の魅力にひかれて中国に渡り、日本側の貿易統制機関で働く。敗戦後引き揚げ、戦後初めての市町村長選挙に社会党から出馬して花巻町長に。五三年に社会党代議士となり、以後、当選十回。理論家、政策通として知られ、政策審議会長を経て党副委員長となる。八三年に引退。二〇〇二年に死去、九十六歳だった。

きまじめな人柄。静かな身のこなし。穏やかな話ぶり。それに、偉ぶらないところからか、地元では人気があった。詰めえりの国民服がトレードマーク。中国の人民服とそっくり、と言われた。

社会部記者時代の八一年、副委員長の北山にインタビューしたことがある。話が日本の現状に及ぶと、一転、語気が鋭くなった。

「今の世の中、金がオールマイティー。政治はもちろん、教育も裁判所も金に蝕まれている。これでは民主主義でなく金主主義。いまこそ人間を拝金思想から解放しなくてはならない」

当時に比べ、日本人の拝金思想はいっそう強まり、日本社会を覆い尽くした感が強い。金のための殺人、強盗は日常茶飯事。振り込め詐欺なんていうのも横行している。まさに「金がすべて」の世の中。北山が存命だったら、今の日本をどう評するであろうか。

五八年か五九年だったと思う。岩手県庁内の廊下を歩いていたら、長身でがっしりした体軀の初老の男性とすれ違った。目鼻立ちがはっきりしていて、彫りも深く、日本人離れをしているというか、一見、ヨーロッパふうの風貌である。一緒に歩いていた先輩記者が言った。「鈴木東民だ。奥さんはドイツ人だよ」。私は思わず振り向いてその後ろ姿を目で追った。なぜなら、私は新聞記者になる前から、その名を知っていたからだ。

鈴木東民《とうみん》。戦後まもなく、日本の新聞界を震撼させた読売争議の立役者である。

読売争議とは何か。『戦後史大事典』（三省堂、一九九一年）から引用する。

「戦後初期の代表的な労働争議。一九四五年（昭和二〇）九月、読売新聞社の社員有志は、社内民主化を掲げて争議に入り、一〇月の全従業員大会は正力松太郎社長をはじめ全重役の戦争責任を追及し退陣を要求した。争議指導者が解雇されたため、従業員側は生産管理に入り、鈴木東民組合長を責任者として、新聞の自主生産を開始した。一二月に正力がGHQにより戦犯容疑者とされたため、争議は、社長以下の退社と経営協議会設置など、組合側勝利でいったん妥結した。翌四六年六月、GHQ新聞課のプレス・コード違反指摘から、編集権をめぐって読売社内で再び争議が起き、組合長兼編集局長の鈴木ら組合幹部の解雇がなされ、被解雇者の出社には警官隊が出てこれを強制的に排除した。他企業の支援ストもあったが、結局一〇月に組合幹部の依願退社・退職で妥結した」

一八九五年（明治二十八年）、岩手県三陸沿岸の唐丹《とうに》村（現釜石市唐丹町）に生まれた。東大を卒業後、朝日新聞社に入る。その後、日本電報通信社（現電通）の派遣でドイツに留学。帰国後、読売新聞の外報部長、論説委員となる。が、横浜事件（太平洋戦争下の一九四二年に起きた神奈川県特高警察による言論弾圧事件。拷問による死者を出したが、いまでは、でっち上げ事件であったことが確定している）に連座し、東京から追放される。戦後、読売新聞に復職し、読売争議を指導する。

読売を追われた後は郷里に帰り、五五年、釜石市長に当選する。六十歳になっていた。その後、三期十二年、そのポストにあった。私が岩手県庁内で彼とすれちがったのは五八年か五九年のことだったから、その時、彼は市長一期目か、二期目の初めだったということになる。おそらく、県に陳情にきていたのだろう。

当時、釜石市といえば、釜石製鉄（富士製鉄釜石製鉄所。その後、日本製鉄と合併して新日本製鉄釜石製鉄所となる）の城下町といわれた。市長となった鈴木は製鉄所の高炉から出る煙害や排水を規制するなど、企業による公害の防止に全力投球する一方、教育や商業の振興に取り組んだ。四期目の市長選で釜石製鉄労組出身の候補に敗れると市議選に立候補してトップ当選を果たす。が、二期目の市議選に落選して釜石を去る。七九年に死去、八十四歳だった。

私は、盛岡を去っても鈴木の消息が気にかかり、その後も彼にかかわる情報を得るよう努めた。市長選に落選した彼が市議選に打って出、トップ当選したと聞いた時は、七十歳を超えてもなお釜石製鉄に対する闘いを続ける彼の執念をみた思いだった。

世間からすっかり忘れ去られていた鈴木が再びクローズアップされたのは、八九年に刊行された鎌田慧氏の著書『反骨―鈴木東民の生涯』（講談社）によってだ。同書は九〇年度新田次郎賞を受賞した。余談だが、新田次郎は私が出た高校（長野県立諏訪清陵高校）の先輩である。

私の新聞記者生活は三十七年に及ぶが、この間、取材先でもらった名刺は今もすべて手元に保管している。最初の勤務地、岩手県でもらった名刺の中に「岩手県岩手郡西根村村長伊藤猛虎」というのがある。

伊藤猛虎。この名前を聞いてもどういう人か知らない人が大半だろう。が、日本共産党の歴史やゾルゲ事件に詳しい人なら、もしやあの人物では、と思い当たることがあるかもしれない。

盛岡支局に赴任してまもなくのころだった。支局の先輩記者からだったか、取材先の人からだったか記憶があいまいだが、「戦前に伊藤律を取り調べた警視庁の特高・伊藤猛虎が県北で村長をしている」と聞かされた。伊藤律の名前を知っていたので、その時、私は「へえー」と驚いた。

伊藤律は戦前の一九三九年、共産党再建活動をしたとして治安維持法違反容疑で逮捕された。共産党によれば、この時の供述が、ゾルゲ事件発覚のきっかけとなったという。この時の取調官が警視庁の伊藤猛虎・警部補だったとされる。

戦後、伊藤律は共産党の政治局員兼書記局員にまで昇進するが、五〇年に突然姿を消し、五三年、「スパイ挑発者」として党から除名される。ところが、八〇年になって、中国で生存していることが三十年ぶりに確認され、日本に帰国した。八九年没。

私が伊藤猛虎に会ったのは盛岡支局勤務中の六〇年のことだ。国策によってオーストラリアやニュージーランドから岩手山麓に導入された「ジャージー種乳牛」に不良牛がある、との情報で岩手山麓の酪農家を訪ね歩いていて、行政の見解も聞いてみようと西根村役場に立ち寄った。その時、村長との名刺交換で手にしたのが「伊藤猛虎」の名刺であった。やや背の低い、みるからに精悍ながっしりした体軀の村長だった。ああこの人が話にきいていた元特高か、と奇しき出会いにいささか興奮したことを覚えている。

伊藤律の帰国に先だって、私は八〇年八月二十八日付の朝日新聞解説欄に「埋められるか『昭和史の空白』」「帰国する伊藤律氏に期待」という見出しの記事を書いた。伊藤律個人やゾルゲ事件をめぐるナゾを明らかにしたつもりだった。原稿を書きながら、二十年前に会った伊藤猛虎を想い出し、「あの時、伊藤律取り調べについて聞いておけばよかった」と思ったものである。

なお、九三年に刊行された渡部富哉著『偽りの烙印――伊藤律・スパイ説の崩壊――』（五月書房）は、伊藤律は決してスパイではなかったとしている。

（二〇〇五年三月二十日記）

第26回 岩手・忘れ得ぬ人びと ③

三國連太郎、千昌夫

「三國さんですか。朝日新聞の者です。おさしつかえなかったら、宿までお送りします」

一九六〇年一月のある日、盛岡駅の降車用改札口。列車から一人で降りてきた長身の男性に声をかけると、男性は立ち止まってじろりと私の方を見た。私が重ねて「宿までお送りします」と軽く頭を下げると、男性は無言のまま歩き出し、私に従って駅前のタクシー乗り場まで足を運んだ。

私たちはタクシーに乗り込んだ。男性に「どこの旅館ですか」と尋ねると、男性はぶっきらぼうな口調で市内にある旅館の名を言った。その後、タクシー内ではお互いに無言。タクシーが旅館の前に止まり、男性が旅館の玄関に入ってゆくのを確かめると、私はそこから離れた。そして、思わず心の中で叫んだ。「やったぞ。やっぱり映画で見たとおりの顔、体つきをしていたな」

「三國さん」とは俳優の三國連太郎氏である。その三國氏を盛岡駅から宿泊先の旅館まで私の手で送り届けることができたのだ。

岩手県の中央を横断する鉄道がある。山田線という。盛岡を出て三陸沿岸の宮古へ向かい、そこから三陸沿岸を南下して釜石に至る。全長一五七キロ。北上山地の急峻な山間部を切り開いて通した鉄道（当時は国鉄）だけに、私が盛岡支局に勤務していたころは、豪雨や大雪が降ったりすると沿線で土砂崩れや雪崩が起き、長期間にわたって不通になることが多かった。数カ月も不通などということも珍しくなかった。

この山田線を舞台に、六〇年一月中旬から約一カ月、劇映画『大いなる旅路』のロケが行われた。監督は関川秀雄、脚本は新藤兼人氏。

一九四四年（昭和十九年）三月十二日朝、下り貨物列車が平津戸―川内間の鉄橋にさしかかったところ、橋脚が雪崩のために谷底に傾いていたため、機関車は脱線して閉伊川に転落。重傷を負った機関士は、かろうじて歩ける機関助手に「早く事故の報告を」と指示し、機関助手は平津戸駅にたどりついて救助を求めた。機関士は救助隊到着を見届けると息を引き取った。

映画はこの実話をもとにして、国鉄機関士の英雄的な活躍を描いたもので、三國氏がその機関士に扮した。

三國連太郎主演で山田線沿線で映画ロケが行われるという記事を地元紙で読んだ私は、ぜひ彼に会ってみたいと思いたった。そして、彼が盛岡駅に下車するのを待ちうけ、幸運にも彼をつかまえることができたのだった。ロケでは、本物の機関車を転覆させて貨物列車の事故現場を再現するという熱の入れようだった。

なぜ、私が三國連太郎氏のファンになったのか。それは、私が彼と〝共演〟したことがあるからだった。

長野県の諏訪に生まれ、育った私は一九五一年四月、長野県立諏訪清陵高校（旧制県立諏訪中学校）に入学した。入学早々、学校で松竹映画のロケがあった。木下恵介監督の『少年期』だ。児童心理学者・波多野勤子の長男が戦時中、東京から諏訪に疎開し、諏訪中学で学んだ。母勤子と交わした往復書簡が戦後に刊行され、ベストセラーとなった。それを原作につくられたのが『少年期』で、母勤子に田村秋子、長男に新人・石浜朗が扮した。

つまり、わが母校でそのロケが行われたというわけだが、私も映画の一シーンに登場する。石浜朗をいじめる役だ。学校で映画撮影があるというので、野次馬気分で見学に行ったら、日当つきのエキストラの一人に採用され、思いもかけず映画に登場するはめになった。木下監督の演出はことのほか厳しく、度重なるNGに泣いた。あまりにも下手くそな演技で自己嫌悪に陥り、私は長いこと、『少年期』の再上映があっても観るのを避けてきたほどだ。

この映画に三國氏も出演した。母校でのロケ現場には姿をみせなかったが、私は出来上がった映画の中で彼をみた。石浜が諏訪に疎開するまで通っていた東京の中学の国語の教師というのが三國氏の役どころで、戦争に疑問を持ちながらも戦地におもむき戦死するという悲劇的な役まわりだった。

当時の日本人にしては珍しい均整のとれた長身。ギリシャ彫刻を思わせる端正な顔立ちの美男子で、私はすっかりそのファンとなってしまった。

本名は佐藤政雄。群馬県太田市の生まれ、静岡県で育つ。徴兵で中国に渡るが、そこで敗戦を迎える。復員後、いくつかの職を転々とし、五〇年、松竹大船の研究生となる。そこで、木下恵介監督に見出され、映画『善魔』の主役（社会部記者）に抜擢される。「三國連太郎」はその時の役名である。『少年期』への出演は俳優デビュー二作目だった。

『大いなる旅路』でブルーリボン賞新人賞、ＮＨＫ映画賞男優主演賞。その後も、私は三國氏の出演作品をたびたび観てきたが、とくに『飢餓海峡』（六五年）での演技は名演と思う。八八年からは、シリーズ『釣りバカ日誌』を欠かさず観ている。ご存知のように、ここに出てくる鈴木建設社長のスーさんが三國氏だ。二三年生まれというから、当年八十二歳。俳優の佐藤浩市氏は長男である。

岩手出身の芸能人では、千昌夫氏が印象に残る。朝日新聞が連載した『新人国記』の取材で、八一年、東京・新宿の新宿コマ劇場の楽屋で会った。ここでロングラン公演中で、そのうちの一日、公演前に時間をさいてインタビューに応じてくれた。ファンから届けられたランなど華やかな花で埋まった楽屋。当時、三十四歳。

岩手県南部、三陸沿岸の陸前高田市に生まれた。八歳の時、左官屋の父が出稼ぎ先で病死。このため、兄は高校進学をあきらめ、左官になる。自分も左官になるつもりだったが、兄の稼ぎで高校に進学する。が、二年で中退して東京に出、作曲家の遠藤実氏に弟子入りして歌手を目指す。

「おふくろや兄の苦しみを見るにつけ、何かこう、有名になって家族を幸せにしなくては、と思った。若い者にできて簡単に金になるものといえば、芸能界かスポーツだった」だが、言葉のなまりがひどく、最初の曲のレコーディングでは、中止寸前までいった。「苦しかったですね。でも、そのうち、ぼくはね、なまりを直すよりも表に出してやってみようと思ったんです」。方言を直すよりも、逆に方言を売り物にしてみよう。まさに居直りだった。そして、これが功を奏して、大ヒットが生まれる。『星影のワルツ』に『北国の春』。「二曲とも、もう国民歌謡ですよ」

インタビューをする前、正直言って私にはある先入観があった。「芸能人だから、ちゃらちゃらした、はすっぱな一面もあるのではないか」。テレビの画面から受ける印象も、そう思わせた。しかし、千氏は私の質問に真正面からきちんと答え、ちゃかしたり、はぐらかすということはなかった。はすっぱなところはいささかも感じさせず、むしろ、それまでの苦労を内に秘めた、思慮深い、礼儀をわきまえた青年、という印象を受けた。テレビが映し出す「千昌夫」と素顔の「千昌夫」とは違っていた。

「世間は表面しか見ないんですよ。とくに芸能人に対しては」

別れ際に彼がもらした一言が、いつまでも印象に残った。

その後、彼が不動産投資に失敗して莫大な借金を背負ってしまったというニュースが芸能週刊誌をにぎわせた。それを見るたびに、私は新宿コマ劇場で見た彼の顔を思い出してはひそかに心配したものだ。が、昨夜、テレビ朝日で『星影のワルツ』『北国の春』を歌う元気な千氏を久しぶりに見て、安心した。

（二〇〇五年三月二十八日記）

第27回　岩手・忘れ得ぬ人びと④

教員組合幹部

盛岡支局時代、報道関係者の間ではやっていた言い方の一つにこんなのがあった。

「泣く子も黙るがんきょうそ」

「がんきょうそ」とは「岩教組」のことであり、岩手県教員組合の略称である。小、中学校の教員を主体とする労働組合だが、その組織力、闘争力が極めて強力だったことから、こういう呼び方が生まれたものと思われる。「がんきょう」という言い方に岩教組の「岩教」と「頑強」という文字がだぶって思い起こされ、なかなか面白い言い方ではないか、と思ったものだ。

当時、組合員は約一万人。もちろん、岩手県最大の労組だった。専従者が三十六人もいた。日教組（日本教職員組合）内では高知県教組の強力な組織力と並び称され、「南の高知、北の岩手」といわれた。「日教組ご三家の一つ」ともいわれた。

なにしろ、そのころは「岩手には二つの教育行政機関がある」とまでいわれたものだ。一つはもちろん県教育庁だが、もう一つが岩教組。とくに教員の人事異動に強い発言力をもち、「岩教組が反対すると、人事異動を発令できない」とまでいわれていた。

私も取材を通じて、その闘争力に接することがあった。支局に赴任した直後、岩教組が勤務評定問題での交渉を求め組合員が徹夜で県教育庁庁舎に座り込んだことがあった。排除のために警官隊が出動し、激しいもみ合いとなり、けが人が出た。サツまわりだった私も動員されたが、岩教組の動員力、統率力に目を見張ったものだ。

そうした印象をいっそう強めたのは、五九年六月に文部省が同県花巻温泉で開いた技術・家庭科北海道・東北地区研究協議会に対する岩教組の阻止闘争だ。これは、中学に技術・家庭科を新設するための、北海道・東北の指導主事らを対象とする講習会だったが、岩教組はこれを教育課程の改悪として組合員を動員し騒音戦術などを展開した。音を上げた文部省は会場を変更したり、日程を切りつめざるをえなかった。私は当時、教育担当だったから、この阻止闘争の一部始終をこの目で見た。

岩教組の強さを支えていたものの一つは、その経済力だった。当時、県内各地に十五の教育会館をもっていた。また、互助部には当時の金で一億円を蓄えていた。山林十二ヘクタールをもつ山林地主でもあった。こうした財政力があったから、各種闘争に資金を投入することができたのだ。

それに、岩手の僻地性も作用していたろう。僻地校が多く、教育環境も教員の労働条件も極め劣悪だった。だから、教員たちは、それらを解決するためには、自分たちの組織に結集して団結力を示す以外に道はなかった。

当時、岩教組を率いていた委員長は小川仁一。東和町の出身で、小学校教諭を務めたあと、組合活動に転じた。粘りっこい岩手弁で、言いにくいことも歯に衣着せずずけずけ言う。押しも強く、ときにはそれがふてぶてしい印象を与えた。このため、敬遠される向きもあったが、率直で、温かみのある人柄が愛され、人気があった。彼我の力を慎重に見極めて入念に戦術を練る戦略家といった感じのリーダーだった。

これに対し、書記長の千葉樹壽《たつし》氏は、堂々たる体軀の、見るからに闘士といった感じで、いうなれば猪突猛進型活動家のイメージ。音楽の先生、と聞いたことがある。他に、教文部長の佐藤啓二氏、情宣部長の千葉直氏、執行委員の柏朔司氏らが印象に残る。また、岩教組は当時、日教組に役員（中央執行委員）を出しており、当時は小田一夫氏だった。

ところで、私が盛岡を去った後、小川は二度にわたって全国的な出来事の主役となり、脚光浴びる。

六一年十月二十六日、文部省による全国一斉学力テストが行われた。中二、三年を対象にしたもので、学習指導の改善や教育的諸条件の整備のため、とされた。これに対し、日教組は「教育の国家統制の強化を企図するもの」として阻止行動を指示。結局、大半は混乱なく学力テストが行われ、実施率は全国平均で九一％だった。しかし、岩手県は八一％の学校で学力テストが実施されず、平常授業が行われた。

その直後、小川、千葉樹壽、佐藤、千葉直、柏氏ら岩教組執行部九人が地方公務員法違反容疑（禁止されている争議行為をそそのかし、あおったという容疑）で逮捕される。裁判は最高裁まで持ち越され、七六年、そこで有罪の判決（執行猶予付き懲役刑）がくだされる。「学テ闘争をやったことを今も誇りに思っている。学テは世論に押されて五年で終わり、国民の判定はとうに出ている」。判決を聞いた小川の談話である。

二回目の脚光を浴びた舞台は、八七年三月に行われた、売上税が争点となった参議院岩手選挙区補欠選挙だ。小川は社会党公認で出馬し、自民党公認候補と一騎打ちとなったが、「売上税反対」一本にしぼった小川が四十二万票対十九万票で圧勝。小川が語った「中曽根さんのおかげです」は流行語になった。中曽根内閣は売上税法案を廃案にせざるをえなかった。

当選直後、参院議員会館の小川の部屋を訪ねた。「おお、岩垂君、元気かね」と笑顔で迎えてくれた。やはり岩手弁であった。

八九年の参院選で再選される。二〇〇二年に没。八十四歳だった。

岩教組本部の事務所は盛岡市街の中心、盛岡城址きわに建つ教育会館内にあったが、同市内には高校の教員でつくる岩手県高等学校教職員組合（県高教組）の事務所もあった。そこでは、よく情宣部長の澤藤禮次郎に会って話を聞いた。長身で端正な感じの論客だった。彼はやがて委員長になり、その後、出身地の北上市を地盤に旧岩手二区から社会党公認で衆議院選に打って出て、当選した。その彼もすでに故人だ。

（二〇〇五年四月七日記）

第28回　岩手・忘れ得ぬ人びと⑤

農村文化懇談会のメンバー

大型書店には、「岩波新書」の書棚を設けているところがある。その前に立って、書棚を埋めた新書の書名を目で追う。ある書名に出合うと、私の脳裏に四十数年前の記憶がよみがえる。

その岩波新書の書名は、岩手県農村文化懇談会編の『戦没農民兵士の手紙』。

盛岡支局に勤め始めてから二年目、五九年の暮れのことだ。取材先の石川武男・岩手大学農学部助教授（農業土木学。その後、教授、農学部長）を訪ねると、石川が言った。「戦没農民の手紙を集めて刊行することになったんだ」。戦没学生の手記『きけ　わだつみのこえ』の農村版という。

「これはニュースになるぞ」。私の脳裏にひらめくものがあった。

『きけ　わだつみのこえ』が日本戦没学生手記編集委員会編で東大協同組合出版部から刊行されたのは四九年のことであ

る。私もそれを読んでいた。その農村版とは、なんとも興味深い発想ではないか。新聞記者としての好奇心がうずいた。そこで、石川に「もっと詳しい話を」と頼んだ。

石川によると、岩手県農村文化懇談会という文化サークルがある。農民、公民館主事、教員、農協職員、農業改良普及員、保健婦ら主に県内の農村に住む人たち約百人の集まりで、年一回集まっては農村の生活や文化活動について話し合っているという。

第三回の集会がしばらく前に開かれたが、そこでは農村に残っている戦争の傷跡のことが話題になった。とくに、ジャーナリズムでは戦没学生のことが華やかに取り上げられ、その手記がいくつも出版されるのに、戦没した農民のことはほとんどかえりみられないことが問題にされた。その結果、「農民だって喜び勇んで戦場に行ったのではないはずだ」「農民は妻や子どものほかに農業という生産の場を残しての出征だっただけに、学生たちとはまた違った深刻な悩みがあったのではないか。農村に再び戦争の悲劇をもたらさないために、戦没農民の手紙を貴重な文化遺産として残そう」という提案があり、満場一致で決まったという。

石川はさらに言葉を継いだ。「戦争の犠牲になったのは、学生だけではない。大部分は農村出身の兵士たちだった。兵士たちはふるさとの肉親のことや田畑のことを心配しながら、死んでいったと思う。そうした兵士たちの死をむだにしないために、戦没農民の記録をみんなで考えてみたい。そうすれば、戦争をもっと身近に感ずることができる」

私は、これを記事にした。それはこの年の十二月十二日付の岩手版に載った。それに目をとめた東京本社の学芸部記者が取材にきた。こうして、岩手県農文懇の計画は全国に知られることになる。

全国から集まった手紙は、七二八人分、二八七三通。岩手県内のものが多かった。厳しい検閲を得たものが大部分だったが、戦地から日本に帰る戦友や看護婦に託した非合法の手紙もあった。

かくして、このうちの約百五十通を収録した『戦没農民兵士の手紙』が、六一年に岩波書店から刊行された。戦没農民の手記がまとめられたのは全国初の試みだった。

手紙は「国のため、君のため、笑って散ります」といった類のものが多かった。農文懇は同書の「あとがき」で書く。「学徒兵たちが、その戦争に疑いをもち、批判を抱きながら死出の旅路に出たのにくらべ、せめて救われるような感じ、と同時に、逆に戦争の持つ意味も知らずに、知り得る機会を与えられに、それ故に自ら進んで死地に赴いたであろうその健気さ、あわれならざる戦死などあろう筈がないにしても、このような、わが身のあわれさをあわれさとも知り得ず死んでいったあわれさ、こんなみじめな死に方がどこにあろう」

編集にあたったのは農文懇の世話人だったが、そこには石川のほか、伊藤利己（県農蚕課）、大島孝一（岩手大学助教授）、大牟羅良（雑誌「岩手の保健」編集者）、川村光夫（地域劇団「ぶどう座」主宰者、演出家）、斎藤彰吾（詩人）、澤田勝郎（岩手紫波福祉事務所長）、矢崎須磨（盛岡婦人職業訓練所長）、吉光先男（公民館主事）の各氏らがいた。

世話人の方々とのおつきあいはその後も続いた。大島氏はその後、東京に移り、女子学院院長、日本戦没学生記念会（わだつみ会）常任理事、日本キリスト教協議会靖国神社問題特別委員会委員長を務めた。『戦争のなかの青年』（岩波ジュニア新書）の著書もある。大牟羅は岩手の農村と農民の実情を伝える『ものいわぬ農民』（五八年）、戦争で夫を失った農婦からの聞き書き『あの人は帰ってこなかった』（九六四年）、農村医療の実態を明らかにした『荒廃する農村と医療』（七一年）を次々と発表（いずれも岩波新書）、全国的な注目を集めた。『荒廃する…』は菊地武雄氏、『あの人…』は菊池啓一氏との共著だ。澤田は大牟羅の後を次いで「岩手の保健」編集者になった。

川村氏が率いる「ぶどう座」は湯田町（現西和賀町）を本拠とするが、演出家の千田是也や劇作家の木下順二氏らに注目され、全国に知られるようになった。また、川村氏の、地元の民話を題材とした創作劇『うたよみざる』は全国各地で上演されている。吉光氏は東京で出版事業に携わった。

『戦没農民兵士の手紙』は八九年までに十七刷りを重ねた。累計で八万三千部。その後、絶版となっていたが、九五年、戦後五十年を機に「アンコール復刊」された。

そして、私にとっては意外なことであったが、『戦没農民兵士の手紙』と『あの人は帰ってこなかった』の二冊を原作とした朗読劇『あの人は帰ってこなかった』が、東京の劇団文化座によって創作され、二〇〇三年十二月二十一日、東京の滝野川会館で上演された。イラク戦争に自衛隊が派遣されるなど、日本の世相がきなくさくなってきたことから、劇団文化座が「再び戦争への道を歩んではならない」と、この両作品を取り上げたのだった。

客席から、悲痛な戦没農民兵士の声が流れる舞台を眺めながら、私は『戦没農民兵士の手紙』が再び脚光を浴びるに至った時代の到来に何か不吉な予感と不安を感じていた。歴史は繰り返すという。が、戦没農民兵士の手紙が再び編まれるようなことがあってはならない、と思った。

（二〇〇五年四月十四日記）

第29回 盛岡から浦和へ

一九六〇年八月六日、私は列車で岩手県盛岡市から埼玉県浦和市（現さいたま市）へ向かった。浦和支局へ転勤になったからだ。

浦和支局は岸町の静かな住宅街の中にあった。「これが新聞社か」と思わず目を丸くしてしまったほどの、木造平屋建ての古びたしもた屋だった。左半分が支局の事務所、右半分が支局長住宅。両者を仕切っていたのは木の扉一枚だった。

陣容といえば、ここも盛岡支局と同じく支局長に支局員五人。盛岡支局と違う点は、夕刊地帯の支局ということだった。当時、朝刊と夕刊がセットで配られていたのは、東京本社管内では関東平野各県と静岡県、それに北海道の札幌市周辺。甲信越や東北の各県、北海道の大部分は朝刊みの配達であった。夕刊用の原稿締め切り時間は正午、朝刊用のそれは午後十時半ころだったと記憶している。もちろん、支局員の主たる仕事は、県版である埼玉版用の原稿を書くことだった。

まず、サツまわりを命じられ、次いで教育担当、遊軍（いわば無任所）をやらされた。取材の仕方、原稿執筆の要領など、記者としての基本的なことは前任地で身につけたは、というのが転勤者を受け入れる側の前提だったから、すぐ持ち場を与えられ、特別の研修や教育をほどこすということはなかった。

新しい土地だったから、若干の不安もあった。そこで「最初の赴任地、盛岡支局で学んだことをここで生かせばいいんだ」と自分に言い聞かせると、心が落ち着いた。

朝、下宿から県庁舎内にあった記者クラブに向かい、取材をすませると記者クラブで原稿を書き、夕方近く支局から記者クラブにオートバイでやってくる原稿係に原稿を渡す。その後、ころあいを見て支局にあがる、というのがここでの通常の勤務パターンだった。

余談だが、当時の原稿係は内田潔君といい、支局に近いところに住んでいた。住宅の隣に土蔵があり、内田君によれば、終戦直後、それを若き日の水上勉に貸していた。そのころの水上はまだ不遇で、ここで『フライパンの歌』を書き上げる。これが、水上の作家デビュー作となった。

六〇年八月といえば、戦後最大の大衆運動といわれた六〇年反安保闘争の直後だ。闘争が盛り上がりをみせたのは五月から六月にかけてだったが、そのころ岩手にいた私としては、高揚した闘争の余韻が東京やその周辺にまだ残っているのでは、との思いがあった。が、浦和でみる限り、街にはダルな空気がよどんでいて、すでに反安保闘争をしのばせる緊張感はなかった。闘争の熱気は急速に去ってしまっていた。

それに、浦和とその周辺の町々の印象を一言でいえば、東京の近郊に位置する、東京通勤者のベッドタウンという言い方かぴったり。そのせいか、浦和とその周辺の町々はおしなべて特徴がなく、取材の舞台としてはつまらなかった。豊かで奥深い独自の文化をもっていた岩手の町々との違いを改めて痛感したものだ。

そんな中で、埼玉在住の前衛書道グループ「蒼狼」と出合えたのは救いだった。岡部蒼風、今井萬里といった人びとである。今井は埼玉県庁秘書課にいて、知事ら県幹部のあいさつ文や県知事名で授ける賞状などを揮毫していた。それに、自宅で書道塾を開いていた。その作品は前衛的で、とても女性とは思えない、大胆でエネルギーあふれる筆致だった。このグループとのつきあいの中で、絵画への関心が芽生えた。グループの面々との語らいの中、画家の名前が出てきたからだ。瑛九《えいきゅう》、池田満寿夫、菅井汲《すがいくみ》といった名前を知ったのもこのころである。これらの画家は当時はあまり知られていなかったが、その後、著名な画家になった。以後、絵画鑑賞が私の趣味の一つとなった。

浦和支局時代のもう一つの収穫は、ここでも優れた同僚に恵まれたということである。

ここで一緒に仕事をしたのは松下宗之、和田俊、三浦真、早房長治の各氏らだった。松下はその後、政治部に移り、政治部長、東京本社編集局長、専務、社長という道を歩んだ。社長在勤中、病を得て早世した。和田は外報部員、パリ支局長、欧州総局長、論説副主幹、テレビ朝日「ニュースステーション」のコメンテイターを務めたが、彼もやはり病いに倒れ早世した。三浦氏は新潟支局長などを歴任したあと、新潟テレビ21の役員を務めた。早房氏は経済部員、論説委員、編集委員を歴任し、現在、地球市民ジャーナリスト工房代表。

私たちは実によく飲んだ。私たちのうち、妻子がいたのは松下だけで、あとの四人はいずれも独身だったから、仕事がすむと、つるんで飲み屋に直行した。みな若かったから、いくらでも飲めた。そして、人生について、世界と日本について、政治と経済、はたまた歴、哲学、文学、美術、音楽について、新聞のありかたについて、夜がふけるのもいとわず果てしなき議論を続けた。

ある夜、私たちは浦和駅近くで飲んだ。私は、したたかに酔った。自転車のペダルをこいで下宿に向かった。駅前から県庁に向かう道路を下る。このあたりは坂道で、自転車もスピードが出る。気がつくと、埼玉会館前のコンクリートの電柱に自転車ごとぶつかり、道路に投げ出されていた。が、どこも痛くない。起きあがり、自転車を引いて下宿まで歩いた。

翌朝、目が覚めると、片方の目が見えない。手をやると、額がはれていて、ずきずきする。さっそく眼科医院に行く。電柱に衝突した際、片方の眼窩の少し上のあたりを打撲し、腫れ上がったのだった。支局に行くと、支局長が叫んだ。「おい、いったいどうしたんだ。まるでお岩の顔のようだぞ」

以来、私は飲んだら、自転車に乗らないことにした。そればかりでない。酒づきだから車の運転免許をとらないでいようと思い、ついに今日まで免許をとらないまま過ごしてきた。

（二〇〇五年四月二十三日記）

第30回「精神の貴族主義」を

一九六〇年から六一年にかけて浦和支局にいた私たちは、実によく飲み、かつ議論した。私たちとは、松下宗之、和田俊、三浦真、早房長治の各記者と私。みな、二十代だった。

同じ職場のサラリーマン同士の飲み屋での話題といえば、昔も今ももっぱら人事の話だ。上役の評価、上司への悪口、恨み、つらみ、要領のいい同僚へのねたみや、やっかみをはき出し合い、日ごろのうさを晴らす。

「朝日」の場合も、記者たちが飲み屋に集まれば、まずは人事の話、というのが当時のお決まりだった。しかし、私たちの場合はそうではなかった。人事の話もしたが、それが主要な話題ではなかった。議論の対象は、内外情勢、歴史、政治、経済、思想、芸術、文化、ジャーナリズムなど、あらゆる領域、分野に及んだ。

「日本に社会主義革命は起こるだろうか」「日本に民主主義は定着するだろうか」といったテーマをめぐって議論を続けたこともあった。当時は、戦後最大の大衆闘争といわれた六〇年反安保闘争の直後であり、反体制運動が高揚していた時期であった。さらに、社会主義体制の総本山といわれたソ連がまだ健在なうえ、日本でも社会主義を掲げる社会党が国会で三分の一の勢力を誇っていたから、ジャーナリズムでも、社会主義や民主主義への関心は高かった。私たちにとっても、それは関心事の一つだった。

仲間うちで議論するだけではもの足りなかった。私たちは、仕事の後、当時浦和市内に住んでいた粟屋豊・埼玉大学教授（哲学）を訪ねては、話を聞いた。教授はビールをふるまいながら、私たちの質問に応じてくれた。

そのころの私たちを突き動かしていたのは、旺盛な知識欲だったと思う。「勉強せねば」という共通の意欲が、私たちを精神的に結びつけていた。

なかでも、とくに和田の知的なものへの傾倒ぶりが記憶に残る。彼は、議論中、よくこう言ったものだ。「精神の貴族主義を目指そうじゃないか」

『大辞林』によれば、貴族主義とは「少数の特権階級や、一般の人々よりすぐれた能力をもつ者が指導的地位に立つことをよしとする思想」とある。

和田が目指そうとしていたのは、政治的、社会的な特権階級になることや、政治や社会での指導的地位につくことではなかった。高踏的な立場から、一般大衆を見下そうということでもなかった。それよりも、精神面で、つまり知的な面で高いレベルの人間になろう、ということだったと思う。いわば真の知識人になろう、ということだったと私は類推する。

その後の和田の軌跡を見ると、そんな思いを強くする。彼は浦和支局在任中にフルブライト留学試験に合格して米ミネソタ州セント・ポール市の世界新聞研究所に留学する。彼にしてみれば、「精神の貴族主義」への第一歩だったのだろう。もっとも、この留学は東京本社編集局幹部の不興を買い、帰国後、浦和支局に復帰できず、熊本支局に転勤させられる。

和田はその後、外報部員となり、パリ支局長、欧州総局長を務める。その経験の中から生まれたのが『ヨーロッパを織る』（中公新書、一九八八年）である。ヨーロッパの人びとのものの考え方、生活スタイルを考察したものだが、ヨーロッパ文明や歴史に対する彼の博識、洞察の深さに感嘆させられた。

彼は書く。「この種の書物を手にとる方々は、どちらかといえば、ヨーロッパになんらかの愛着を持つ人々が多いのではないかと思われる。そして、その方々はあるいは筆者に『君もまたわが同志であるならば、愛着をもつゆえんのものはなにか』と、問われるかもしれない。筆者にして、その答えをいま一つあげるならば、おそらく『ヨーロッパにある個人主義的な雰囲気こそ、なにものにもかえがたい貴重品である』ということになるかと思う」

彼にしてみれば、「精神の貴族主義」に至るには、まず、一人ひとりが個を確立してゆくことがなんとしても不可欠であった。そのことを、彼はヨーロッパでの仕事を通じて確信したものともの と思われる。

八六年、『欧州知識人との対話』を朝日新聞社から出版する。文化人類学者のクロード・レヴィ＝ストロース、映画監督のアンジェイ・ワイダ、作家のミヒャエル・エンデら二十人との対談集だ。まさに「精神の貴族主義」に到達したヨーロッパの「知の巨人たち」の世界を紹介したものといってよかった。

十年に及ぶヨーロッパ勤務を終えて帰国した和田に会った時、彼があきれ果てたといった表情で発した言葉を鮮やかに思い出す。「日本では、商売でもなんでも、一人あるいは一社が成功すると、たちどころに他の者や他社が同じことをやり出す。いうならば、どっと同じことに殺到する。付和雷同というか、集団主義というか。こんなことはヨーロッパにはない」

日本の知識人にも違和感を感じたようだ。それは、痛烈な批判となって噴出した。

「日本では最近、知識人の影がとみに薄くなっているようだ。知識人という呼称から、尊崇の香気が消え、なにかしら空虚な響きが伝わってくる。知識人と呼ばれてみても、いっこうに有り難い後光が射してこないのである。……外国からわが国を眺めていると、ある一つの特殊日本的な現象に気がつく。それを比喩的にいうと、社会全体の『芸能人化』と形容できようか。どうみても飲み屋での猥談としか読み取れぬ代物が、才能ある小説家の対談として活字になったり、大学の先生が漫才的なテレビ番組に出て喝采をはくするという現象は、その一つの例証であろう。とはいえ知識人の存在が、タレント化することによって明瞭になるという傾向は、やはり日本独特であって、まだヨーロッパには出現していないように思われる」（『欧州知識人との対話』）

とにかく、和田からは知的な刺激を受けることが多かった。が、酒ばかり飲んで怠惰に過ごしてきたから、ついに「精神の貴族主義」を体得しないまま今日まできてしまった。恥じ入るばかりだ。

和田は、二〇〇二年十月、食道がんで死去、六十六歳だった。マスメディア界ではまれにみる「知性」が失われたというのが私の実感であった。その早すぎる死が惜しまれる。

（二〇〇五年五月一日記）

第31回 浦和から校閲へ

浦和支局員だった私は、一九六一年十二月二日、支局長に呼ばれた。

「おい、転勤だ。本社の校閲部だ」

その瞬間、全身から力が抜けてゆくような虚脱感に襲われた。私にとっては意外な異動先を告げられたからだった。

私が盛岡支局に赴任したのは一九五八年だが、そのろ、四月に入社した新人記者の人事異動については慣例のようなものがあった。それは、定期入社の新人記者については二つの地方支局を経験させるというものだ。最初、夕刊地帯（朝刊と夕刊を配達している地域）の支局に配属させられた記者は、次に統合版地帯（朝刊のみを配達している地域）の支局を経験させる。逆に最初に統合版地域に行った記者は、次に夕刊地帯の支局経験させる。二つの支局を経験した記者は東京本社に引き上げ、編集局内の政治、経済、外報、社会、運動といった出稿部に配属する――というものだった。この間、四年から五年。本社としては、これを教育期間と考えていたようだ。

自分が盛岡支局から浦和支局に移ったのもこうした慣例による異動だろう、と私は思っていた。だから、次に上司から申し渡される異動先は、おそらく編集局の出稿部の一つだろうと予想していた。

しかるに、校閲部とは。校閲部とは、出稿部の記者が書いた原稿を校閲する部署。いうなれば、原稿を書く部署から、他人が書いた原稿をチェックする内勤の部署への異動であった。「入社以来、自分としては一生懸命、原稿を書き続けてきたが、ライターには不向きと認定されたのか」

私が異動の内示に落胆したのもこうした事情があったからだった。が、支局長は言葉を続けた。「一生、校閲部にいろ、ということではないようだ。編集局長の意向で、こんど、人事異動の方が変わった。新人記者を本社にあげるにあたっては、必ず校閲部を経験させ、それから各部に配属するとのことだ。狙いは、文章を書くにあたっての基本をそこで身につけさせることだそうだ」。それを聞いて、私は、いくらか気を取り直した。

十二月七日から、東京・有楽町の東京本社三階の編集局にあった校閲部に出勤した。部員約七十人という大世帯だった。明るい光線の下に向き合った机が二列に並ぶ。そこに座って、原稿を校閲する部員たち。

校閲をするための道具は、赤鉛筆一本といってよかった。一階下の工場（活版部）から、記者が原稿用紙に書いた手書きの原稿と、活版部員がそれを見ながら拾った活字をざら紙に印字した小ゲラが一緒に上がってくる。原稿と小ゲラを照らし合わせて、原稿通りに活字が拾われているかチェックする。間違っていれば、赤鉛筆で直す。原稿そのものに間違いがないかにも目を配り、あれば、直す。

小ゲラの校閲がすむと、大刷りが上がってくる。新聞一ページ大の紙に、見出しを付けた小ゲラが組み込まれている。赤字を出したところがちゃんと直っているかどうか確かめる。

こうした校閲を行うために、校閲部員は二冊のハンドブックを持たされた。会社がつくった「赤本」と「黄本」だ。赤本の正式名は『朝日新聞の用語の手引』で、表紙がえんじ色だったことから「赤本」と呼ばれた。音訓引き漢字表、現代仮名遣い、送り仮名の付け方、外来語の書き方などがその中身だ。

一方、黄本の正式名は『取り決め集』で、表紙が黄色だった。中身は、死亡記事の書き方、訂正記事の書き方、仮名報道の対象、避けたい表現、敬称の扱い方などだった。つまり、この二冊は校閲をするにあたっての物差しであり、指南書であった。ルール表、バイブルと言ってもよかった。私はこれを机の上に置き、それと首っ引きで校閲のＡＢＣを学んでいった。

「赤本」と「黄本」だけに頼っておればいい、というわけではなかった。原稿に人名や会社名など固有名詞が出てくると、それが正しく書かれているかどうか人名辞典や会社名鑑にあたって確認する。

原稿が順調に流れてくるのはまれだった。多くの場合、締め切り時間の直前に殺到した。そんな時は一人で小ゲラを処理できない。隣の人と二人一組となり、相棒に原稿を読んでもらい、こちらは小ゲラに目を走らせる。それでも、間に合いそうもない時は、汗だくになり、頭がパニック状態となった。

教員異動時の地方版（県版）は大変だった。県版ほとんどが教員名で埋め尽くされる。校閲が追いつかない。このため、時には誤字があるまま印刷されて配達されたケースもあった。地方版や文化面など、動きのない紙面の校閲はまだ余裕があったが、絶えずニュースが飛び込んでくる社会面や一面などは、全く息つく暇もなかった。

それに、校閲は紙面制作の最終過程だから、作業は深夜が多かった。夜明けの帰宅もあった。

校閲は紙面制作の最後の関門である。ここで誤字、脱字や事実の間違いが直されないと、そのまま印刷されて購読者に配られる。極めて重要な仕事なのに、よくやって当たり前、ミスを見逃せば責任をとらされる。まさに、華やかな脚光を浴びることのない縁の下の力持ちだった。そうした人たちによって新聞発行が支えられていることを知ったのは、私にとって貴重な経験だった。

私は校閲の仕事を通じて、多くのことを学んだ。校閲の人たちに負担をかけないためにも、原稿は早く出さなければいけない。原稿を出す前に必ず読み返して誤字、脱字、事実の間違いがないよう心がけること。そのためには、記者の側も原稿を書く時は、かたわらに「赤本」「黄本」を置いて活用することが肝要だ、等々である。

別な言い方をするならば、自分の書いた原稿を客観的に眺めてみることの大切さを知ったということだった。それは、他人の原稿を読むという校閲の仕事をやってみて初めて得られたものだった。

（二〇〇五年五月八日記）

第32回 思いもよらぬ転勤、静岡へ

東京本社校閲部に転勤となって十カ月たった一九六二年九月二十五日、私は突然、静岡支局への転勤を命じられた。私にそれを告げた校閲部長は「私が上申した異動ではない。編集局長室からの通告だ。校閲にきたばかりの君がどうしてまた地方へ行かなくてはならないのか、私にも分からない。仕

事でミスがあったわけでもないのに」と言い、目をパチパチさせた。部長にとっても意外な人事であったことは、その表情からもうかがえた。

当時、四月に定期入社した記者は地方支局を二カ所経験すると、東京本社に引き上げられ、編集局や出版局の各部に配属される、というのが慣例だった。私はすでに盛岡、浦和の両支局を経験し、東京本社に移っていた。校閲部勤務は一種の研修期間で、いずれは編集局の他の部に配属する、と申し渡されていた。しかるに、三度目の地方支局勤務。部長が驚いたのも当然だった。当時の社内常識からみて異例の人事だったのだ。

が、私には、思い当たることがあった。ある先輩部員の要請を断ったことがあったからだ。

しばらく前のことだ。勤務中に部員のAに「お茶を飲もう」と誘われた。喫茶室について行くと、Aが切り出した。

「職場委員を引き受けてくれないか」

職場委員とは労組の一番末端のポストだ。当時、朝日新聞労組には、全社的な組織として本部執行委員会があり、その基に各本社ごとに支部執行委員会が設置され、その下に各部の職場委員がいた。職場委員は各部選出の本部執行委員、支部執行委員をサポートする係。職場の声を集めて執行委員に伝えたり、執行委員会の決定を組合員に伝達する、いわば職場のまとめ役であった。校閲部にも複数の職場委員がいた。その一人になってくれ、というのだ。

私は「職場委員には不向きです」と即座に要請を断った。なぜか。それは、Aの言動に信頼がおけなかったからである。それは、当時の朝日新聞の社内事情と密接な関連をもつ。第22回での記述を再録する。

一九五九年（昭和三十四年）十一月二十八日から、朝日新聞労働組合による全面スト　が行われた。ベースアップ要求を掲げての闘争で、ストライキは九十六時間に及んだ。

朝日新聞労働組合編『朝日新聞労働組合史』（一九八二年発行）によると、「スト後の数年間、会社の組合に対する姿勢は『力』そのものであった」。そして、「組合に加えられた数多くの『力』とその結果を整理してみると」、「1　東京・編集局を中心に進められた不当人事。まず組合活動家がねらわれ、次いで対象は、いわゆる良識派とみられる人たちまでひろがり、さらに印刷局を含め典型的な〝アカ狩り〟となった。2　全社を横断した大がかりな組合分裂の動き。刷新協議会が中心となった。3　会社が直接、または一部職制を通して組合へ介入し、〝ゴキブリ人種〟がわがもの顔に動き回った」という。

そのうえ「こうした三つの流れは社内のすみずみにまで浸透していった。その結果、脅しと懐柔、密告と追従がはびこり、職場の空気は暗く、とげとげしくなり、そしてどんよりと沈んでいった」。

組合役員が地方などに飛ばされただけではなかった。「現状に対し批判的な原稿は『偏向』のラク印を押されてボツになり、記者の自己検閲も進んでいった」。「物価問題はタブー視された。値上げ反対のキャンペーンはもちろん、記事もあまり出なかった」。「平和、貧しさ――といった問題は『硬い』『暗い』との理由で、歓迎されなくなった」

こうした当時の東京本社編集局の動向を一部の社員たちは〝木村旋風〟と呼んだ。この時期の人事や紙面制作が、木村照彦編集局長の主導によって推進されていたからだ。

労組を会社のいいなりになる組合にしようと、会社による組合への介入が行われたということだろう。そうした会社の先兵となったのが〝ゴキブリ人種〟であった。

校閲部にもそれと思われる部員がいた。Aら数人のグループがそうだった。彼らは横暴だった。例えば、校閲部から出す労組執行委員の選挙。私が当時、この目で現認したところでは、Aらのグループが特定の部員を候補に推し、その氏名を彼らの見ている前で投票用紙に書くよう部員に求めた。投票の秘密性さえ彼らは無視していた。

こんなことがあったから、私は彼らのグループに入るのを拒んだ。が、彼らの目には私の態度は反会社的と映ったのだろう。彼らが会社側にご注進に及んだものと思われる。静岡支局への転勤が発令されたのはそれからまもなくだった。

十月六日、私は東海道線で東京駅から静岡へ向かった。静岡駅で下車し、県庁や市役所、静岡中央警察署などが集中する市一番の繁華街の一角に立つ静岡支局のドアを開けた。

わずか十カ月という短い校閲部勤務だったが、ここにも印象に残る部員がいた。とくに二人の文学関係者は忘れがたい。まず、松村文雄。詩人の北村太郎である。当時、すでに著名な詩人で、私もその名を知っていた。直接、言葉を交わしたことはなかったが、他の部員が話してくれたところでは、奥さんと子どもを海水浴場での事故で亡くした、とのことだった。

寡黙な、涼やかな目をした人だった。そう思って見るせいか、その涼やかな目はいつもこころなしか悲しげだった。それは、肉親をすべて失うという耐え難い不幸を背負っていたからだろうか。それとも、自己の出世のために〝ゴキブリ人種〟になりさがってしまった同僚のいる職場の現状を憂えていたからだろうか。

もう一人は、木村久迩典。文芸評論家である。『樅ノ木は残った』の作家・山本周五郎の研究家として知られ、私が校閲部を去った後、次々と山本周五郎に関する著作を発表した。

そういえば、明治の歌人、石川啄木も朝日新聞社の校正係だった。一九〇九年（明治四十二年）、啄木が二十四歳の時である。

（二〇〇五年五月十七日記）

第33回 労組幹部にも“ゴキブリ人種”がいた

静岡支局に着任した日の夜、支局長に飲み屋に誘われた。しかめっ面をした支局長の酒の相手を務めていると、支局長が言った。「私は、人づくりの名人といわれているんだ」

当時は池田勇人内閣が「所得倍増」をかかげて高度経済成長政策を推進中で、そのため施策の一つとして人材養成、つまり「人づくり」を打ち出していた。その言葉が流行語となっていた。そして、静岡支局長は当時の東京本社編集局長にうけのよい支局長と言われていた。転勤してきたその日に、その支局長からその言葉を聞かされた私としては、「お前の性根を鍛え直してやる」といわれたように思ったものだ。

また、支局長に「君は〝松本学校〟の一員だったんだな」ともいわれた。〝松本学校〟とは、五八年から六一年にかけ盛岡支局長をしていた松本得三氏と当時の支局員を総称した、東京本社編集局内の呼び方で、松本氏の地方版（岩手版）づくりを快く思っていなかった人たちがこの呼称を使う時、それは非難を意味した。

どうやら、私に関するよほど悪い情報が編集局長室から支局長に届いていたものと思われた。

翌年（六三年）春のことだ。朝日新聞労組本部の役員（地方対策部長）が静岡支局にやってきた。恒例の地方オルグだ。春闘を前にして、組合の方針を地方勤務の組合員に説明したり、地方勤務者の要求を聴くためだ。

役員は支局に組合員を集めて会議を行い、終わると、帰っていった。しばらくすると、私に電話がかかってきた。「今、静岡駅前の喫茶店にいる。話したいことがあるので来ないか」。私は出かけていった。その役員は東京本社通信部整理課勤務。通信部は地方支局を統括する部、整理課は地方版を編集するところで、その役員は岩手版の編集者をしていたこともあったから、私は静岡に赴任する前からその役員とは顔見知りだった。

役員が言った。「君も本社に上がったと思ったらまた支局勤務で不本意だろう。本社に帰りたかったら、支局員の思想傾向についてレポートを書き、おれに送れ。そしたら希望をかなえてやる」。これが組合本部役員の言うことか、と驚くばかりだった。

彼もまた会社の意向に迎合する〝ゴキブリ人種〟の一人だったのだ。私はただ黙ってきいていたが、こんな話に乗らなかったのはいうまでもない（後年、この役員と東京本社の食堂で顔を合わせる機会があったが、彼は私のそばに寄ってくると、小声で「あの話はなかったことにしてくれ」と言った）。

ところで、静岡支局では、あまり大事件や大事故に出合わなかった。事件といえば、静岡、清水両市内でニセ千円札が発見された事件ぐらいだ。大騒ぎになったが、行使犯人はついにつかまらなかった。

むしろ、記憶に残るのは海の向こうの事件だ。六三年十一月二十三日早暁、前夜からの泊まり勤務で支局の宿直室で寝ていた私は、本社からの電話でたたき起こされた。ケネディ米大統領暗殺のニュースだった。支局長を起こし、張り出し（当時は大ニュースがあると、それをビラにして支局前に掲示するのがならわしだった）や、号外発行に追われたことをいまでも鮮やかに覚えている。

支局在勤中、私はもっぱら、遊軍（いわば無任所）で過ごした。他の記者が回らない静岡大学、県立中央図書館葵文庫、静岡市中央公民館など文化関係を回った。

静岡大学は、大岩町という市街北部の閑静な住宅街にあった。旧制静岡高校が戦後、新制の大学になったもので、二階建て校舎がひっそりと建ち並んでいた。

大学取材でとんだへまをしたことがあった。ある日の午前のことだ。三笠宮が文理学部の教室で古代オリエント学に関する講義をされた。冒頭の一部が報道陣に公開されたので、私もその取材にあたった。本紙（全国版）夕刊用に送るべく、支局に帰ってカメラからフィルムを取り出すと、なんと教壇に立つ三笠宮の姿が写っていない。フィルムの入れ方にミスがあったため、シャッターを切ってもフィルムが空転していたのだ。

「もう一度行って来い」という支局長の命令で、大学の教室にとって返した。道々、「三笠宮は果たして再取材に応じてくれるだろうか」と、気が気でなかった。締め切り時間も迫ってくる。おそるおそる「もう一度写真を」とお願いすると、快く応じてくれた。まさに冷や汗たらたらの取材だった。

中央公民館では、市教育委員会社会教育主事の坂本五十鈴さんらが立案した「婦人文学教室」が人気を集めていた。その講師の一人が高杉一郎・静岡大学教授だった。英文学専攻。戦前、改造社の編集部員で、雑誌『文藝』の編集に携わったが、一九四四年に応召、中国東北部（旧満）のハルビンで敗戦を迎える。その後、四年間、シベリアに抑留され、帰国後、その体験をつづった『極光のかげに』が注目を集める。同教室の取材を通じて高杉氏の知遇を得、氏の自宅を訪ねる機会にも恵まれた。氏は現在、九十六歳。健在である。*

＊高杉一郎　本名小川五郎。静岡県出身。東京文理科大学卒業。改造社に入社するが召集され、中国東北部（旧満州）の部隊に配属される。敗戦によりソ連のシベリアに抑留され、一九

四九年に帰国。抑留体験をつづった『極光のかげに』がベストセラーとなる。静岡大学教授、和光大学教授のかたわら多数の著作、翻訳、評論を発表する。二〇〇八年一月九日死去、九十九歳だった。

葵文庫はニュースの宝庫だった。ここで提供された情報をもとに歴史や文化に関する記事をいくつも書いた。ここの職員には実にいろいろなことを教えてもらったが、印象に残る一人に甲田壽彦がいる。

黒々とした髪、色黒。みるからに向こう気が強そうな感じ。県児童会館の職員だったが、県上層部と衝突して図書館に飛ばされてきたというわさだった。訪ねて行くと、閑職に追いやられたのが我慢ならないといった風情で、県政、県の為政者の姿勢を嘆いた。県東部の吉原市（その後、富士市）から通勤していたが、そこは当時、大昭和製紙の本拠地。大小の製紙工場が集中していた。甲田は「近くの工場から、硫酸ナトリウムが雨のように降ってくるんだ」と、製紙工場による公害を憤った。

私が静岡を去った後、甲田は全国的な脚光を浴びる。県東部の駿河湾田子の浦港に製紙工場からの排出物がヘドロとなって堆積し、七〇年から、社会問題化したからだ。甲田は富士市公害対策市民協議会会長として、ヘドロ公害反対の住民運動の先頭に立った。メディアに登場する甲田を見ながら、私は慚愧《ざんき》に堪えなかった。県立図書館の薄暗い事務室で彼が製紙工場による公害を必死で訴えるのを聞きながらも、さして気にもとめず、結果的に彼の訴えを聞き流してしまったからである。

それればかりでない。私が静岡支局在勤中、静岡県下では、東海道新幹線と東名高速道路の建設が急ピッチで進められていた。工業化も急テンポだった。私たち支局員は、県版でこれらを「無限の発展を約束」「運んでくる『豊かな生活』」などと手放しで賛美した。開発がもたらしつつあったひずみに目を向けることはなかった。林立する工場の煙突から出る煙を、社会発展の証と思い込んでいたのだ。

ジャーナリストはすでに顕在化しつつある社会現象から、時代の変化をいち早く読みとらなくてはいけない、といわれる。なのに、静岡では、私は「先」を読めなかった。そんな悔いが残る。

（二〇〇五年五月二十四日記）

第34回
待てば海路の日和あり

静岡支局にきて一年四カ月たった一九六四年一月三十一日、

異動の内示を受けた。「二月一日から東京本社社会部員とする」。思いがけない、突然の転勤命令であった。異動の理由は告げられなかったし、その後もこの人事について会社側から説明を受けたことはなかった。

本社の編集局内で何か重大な変化が起きつつあるのだろうか。それをうかがわせる異常事態が、この時期、もっと上、すなわち、会社のトップレベルで進行しつつあった。

「朝日新聞社史」によると、前年の六三年十二月二十四日、株主総会が開かれ、村山長挙社長が役員改選にあたって永井大三常務の再選を拒み、永井常務は退任となった。永井常務は長期間にわたって業務の最高責任者を務めてきたため、全国の朝日新聞販売店がこれを不満として新聞代金を納めない、との態度を固めた。つまり、納金ストも辞せず、との強硬な態度を打ち出した。このため、村山社長は年明けの六四年一月二十日の役員会で退任し、代表取締役に広岡知男・西部本社担当らが就任して異常事態は収束に向かった。が、社主・村山家と経営陣の対立はその後も長く続く。

この時の販売店による納金拒否の先頭に立ったのが、静岡県内の販売店の集まりである「静岡県朝日会」だった。静岡市の販売店が静岡支局の隣にあり、当時、その店主が支局に来て、「納金拒否だ」と息巻いていたことを思い出す。

ただ、会社の上層部で何か重大な異常事態が起きているらしい、との気配は感じたものの、地方支局にはそれに関する詳しい情報は全くもたらされず、地方にいる者には本社でいったい何が起きているのか、社内事情はうかがいしれなかった。

それだけに、自分自身の異動がそれと関係あるのか、ないのかも全く分からなかった。もしかすると、社内が希望がもてる方向に少しずつ変わりつつあるのかもしれない。そう思うしかなかった。

ともあれ、盛岡支局時代の同僚、浦和支局時代の支局長、それに私より先に社会部に配属されていた同期入社の仲間らから電話がかかってきた。いずれも「よかった」という祝いの電話だった。私の心は躍った。

二月十一日。午後零時二分静岡駅発の特急列車で東京へ向かった。列車が興津を過ぎると、右手に駿河湾が見えてきた。まだ冬であったが、海は波静かで、陽光を浴びた海面が光って見えた。窓外に広がる穏やかな海面に目をこらしていると、ふと、こんな言葉が脳裏に浮かんできた。「待てば海路の日和あり」

荒天に見舞われても、根気よく待てば、航海にいい日和の日もやってくる、という意味だ。わが身に即していうなら、東京本社校閲部から静岡支局への転勤はさしずめ〝荒天〟であったろう。しかし、じたばたしないで仕事に専念しているうちにおのずと道が開けてきた、という思いがあった。

東京へ着けば、そこから社会部記者の仕事が始まる。それは、全国が舞台だ。舞台は飛躍的に大きくなる。とすると、これまで、盛岡、浦和、静岡という三つの地方支局でやってきたことはいったい何だったのか。それは、一言でいえば、一人前の新聞記者になるための「心構え」、あるいは「心得」を学んだということではなかったか。私には、そう思われた。

同期で入社し、東京本社に配属された新米記者十人のうち、地方支局を三つ経験したのは私ともう一人の計二人だけ。が、私は三つ目の支局を経験することで新たに多くの人々を知り、新たな事実に出合った。いわば新聞記者としての〝財産〟を増やすことができたのだ。これらは私を豊かにしてくれるはずで、きっと今後の仕事にも役立つに違いない。私は、そう思った。

それにしても、地方支局での勤務を通じて、地方には、本社にあがる機会も与えられず、地方勤務で終わる記者がたくさんいることを知った。地方支局だけを回っている記者もいたし、家族をともなって県庁所在地以外の地方主要都市を転々とする一人勤務の通信局長もいた。退職までに十数カ所の通信局長を務める記者も珍しくなかった。

さらに、当時は、特約通信員という記者もいた。今でいう契約社員である。雇い主は支局長で、社員と同様の仕事をしながら、その身分は極めて不安定だった。この特約通信員制度はその後廃止され、この人たちも社員になった。

新聞はこうした人々によって支えられていることを、私は知った。

東京駅が近づいてきた。列車が有楽町付近を通過する時、右手に本社ビルが見えた。最初の勤務地の盛岡支局に赴任したとき二十二歳だった私は、この時、二十八歳になっていた。

（二〇〇五年六月二日記）

第2部

社会部記者の現場から

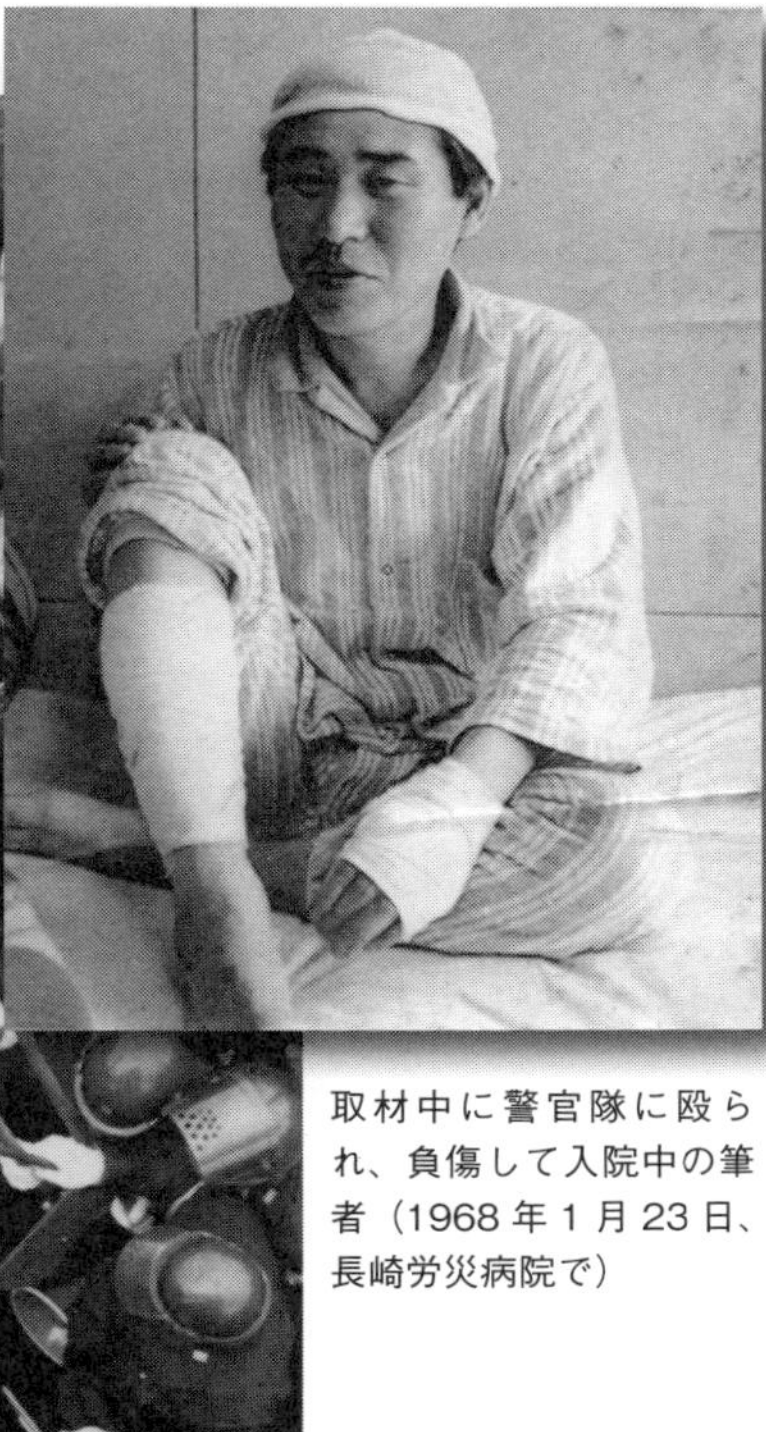

取材中に警官隊に殴られ、負傷して入院中の筆者（1968年1月23日、長崎労災病院で）

エンタープライズ佐世保入港阻
に集結した学生たちを制圧する
（1968年1月17日、佐世保市民

第35回
スタートは事件記者

一九六四年二月十一日夕方、私は、東京・有楽町にあった東京本社に到着した。エレベーターで三階の編集局に上がり、「社会部」という表示がつり下がった一角に進んだ。人影はまばら。窓側に近いところに大きな六角机があり、その一端に大柄ないかつい感じの中年の男性が座り、忙しそうに原稿をさばいていた。

「静岡からきた岩垂です」と名乗ると、男性は顔をあげて言った。「おう、岩垂君か。ご苦労さん。君は七方面担当だ。すぐ、警視庁クラブに行ってくれ。そこで、詳しい説明があるから」。そして、すかさず六角机にぶら下がっていたハガキよりやや大きめの紙を引きちぎってサインすると、さっと私の方に差し出した。

後で知ったことだが、六角机に座っていたのはその日の当番デスク（次長）。紙は車に乗るための伝票で、デスクによるサインは、社用による乗車を許可する、という印だった。

社会部に到着する前、私は新たに社会部員になった者への部の対応をあれこれ想像していた。私が担当することになるポストについて、しかるべき人による説明があるのだろうか。それとも、しばらく部の机に座って、社会部の仕事の概要を覚えろ、とでも指示されるのだろうか……。

が、こちらが着任を告げると、間髪を入れず「すぐ、警視庁にいってくれ」だった。そこに漂っていた、快いぐらいの、きびきびとしたテンポとスピード感に「社会部に来たのだ」という実感がわいてきた。

一階の運輸部の窓口に伝票を差し出し、正面玄関で待っていると、目の前に黒塗りの乗用車がすべるようにやってきた。前部には、かつての海軍旗のような社旗がはためいていた。それに乗り込み、桜田門の警視庁に向かった。座席に身を沈めると、「きょうから社会部記者なんだ」という緊張感と高揚感が、体中を駆けめぐった。

警視庁記者クラブ（七社会）は警視庁（改築前の旧警視庁ビル）の二階にあった。記者クラブの一隅が、書棚などで囲まれた朝日新聞のブース（区画）になっていて、数人の記者がたむろしていた。あいさつすると、キャップと名乗る記者が、私の担当を説明してくれた。

私がやることになった仕事は、俗にいうサツまわり（警察まわり）。このころ、社会部にきた者の最初の仕事は、例外なく、このサツまわりだった。

当時、社会部のサツまわりは八人だった。八人は警視庁の各方面本部ごとに配置されていた。第一方面本部の丸の内署、

第二方面本部の大崎署、第三方面本部の渋谷署、第四方面本部の淀橋署（今の新宿署）、第五方面本部の池袋署、第六方面本部の上野署、第七方面本部の本所署にそれぞれ警察記者クラブがあり、社会部は第一方面から第六方面までに各一人、第七方面に二人を配置していた。第七方面だけ複数となっていたのは、この方面がとりわけ事件・事故が多発する地域だったからだ。

　私が配属されたのは、この七方面だった。本所署内にある記者クラブを拠点に、墨田、江東、江戸川、葛飾、足立の五区十一署を同僚記者と二人でカバーすることになったのだ。十一署とは本所、向島（墨田区）、深川、城東（江東区）、小松川、小岩（江戸川区）、本田、亀有（葛飾区）、千住、西新井、綾瀬（足立区）の各警察署だ。

　当時、この広大な東京の五区は、新聞記者の間で〝川向こう〟と呼ばれていた。ここでいう川とは隅田川のことである。また、江東地区とも呼ばれていた。「江」がやはり隅田川を指していたのはいうまでもない。さらに、この地域は「下町」とも呼ばれていた。

　二月十四日、私は、墨田区の国鉄総武線両国駅の近くにある本所署内の記者クラブへ初めて出勤した。

　記者クラブは同署の中庭に面した別棟の建物の二階にあった。外から階段がかかっていて、それを昇るとクラブだった。狭い部屋に各社の記者がつめていた。この記者クラブが「本所署記者クラブ」とか「下町記者クラブ」、あるいは「墨東記者会」と名乗っていることを知った。「墨」とは隅田川の意だ。

　クラブ加盟社は「朝日」の他に、毎日、読売、産経、東京、共同通信、ＮＨＫなどだった。ほとんどの社が二人の記者を常駐させていた。ＮＨＫはカメラマンも常駐していた。全員、男だった。

　私の相棒は、佐藤国雄記者だった。まもなく、佐藤記者は警視庁クラブに移り、彼の代わりに広本義行記者がきた。私はこの七方面担当中に結婚し、文京区のアパートで世帯をもったので、そこから本所署に通った。

　当時、ＮＨＫテレビの人気番組の一つに『事件記者』というのがあった。事件を追いかける警視庁クラブ詰めの記者の活動を描いた集団ドラマだった。映画にもなった。事件を追う新聞記者の存在が、これらの作品を通じてようやく世間に知られつつあった。

（二〇〇五年六月二十二日記）

第36回
共存の中の競争

本所署の記者クラブでの勤務時間は午前十時から午後十時までだった。

午前十時にクラブに到着したら、直ちにわが社の警視庁記者クラブに電話して出勤したことを告げ、指示を仰ぐ。それから、警視庁第七方面本部傘下の十一署に電話して、前夜から朝にかけて事件、事故がなかったかどうか、問い合わせる（これを、警戒電話を入れる、と言った）。あれば、電話で取材し、夕刊用の原稿にして、これまた電話で社会部に送る。

夕刊には午後一時半まで原稿が入るので、そのころまで記者クラブで待機する。もちろん、この間、管内に大事件や大事故が発生すれば、車で現場に駆けつける。場合によっては、写真部に連絡してカメラマンに来てもらわなくてはならない。

午後一時半以降は、朝刊のための待機となる。例えば、警視庁記者クラブ詰めの記者から「△△署管内で火事が発生したようだから現場に飛べ」「▽▽所管内で交通事故が起きたから、現場へ行け」と連絡がくると、直ちに車でそこに向かう。夕方には、また十一署に電話して、午後から夕方にかけて管内で事件、事故がなかったがどうか聞く。

時には、社会部に連絡して社の車を記者クラブに回してもらい、それで各署を回る。各署では署長や次長と話し込む。こうして、こちらの顔を売り込む。

夕方から夜にかけ、これらの取材で得た情報を朝刊用原稿にまとめる。短いものは電話で社会部に吹き込み、長文の原稿は社会部に持ってあがる。

社会部にあがらなかった時は、午後十時に警視庁クラブに電話し、「これから帰ります」と報告して帰宅の途につく。

もっとも、朝早く自宅（アパート）を出て毎晩十時まで記者クラブにつめているというのは正直言って楽ではなかった。そこで、時には十時前に帰路につき、自宅近くにきてから十時きっかりに公衆電話で「これから帰ります」と警視庁クラブに連絡したものだ。後ろめたい気持ちに駆られながら。

私が本所署記者クラブにいた時に多かった事件・事故といえば、強盗、かっぱらい、盗難、詐欺、交通事故、火事、子どもの水死などだった。これらを警察や消防署、それに地元の人から取材し、記事にするのが私の仕事だった。

たまに殺人事件も起きた。すると、所轄の警察署に捜査本部が設けられた。こうなると、警視庁クラブ詰めの一課（捜査一課）担当記者の管轄で、私たちサツまわりがやることといえば、捜査本部にやってきた一課担当記者を手助けすることだった。

具体的には、刑事ばりの聞き込みをすることだった。被害者宅の周辺の家々を訪ねては「犯人らしい人物を見なかったか」とか、「被害者の交友関係は」などと聞いて回るのだ。その結果を一課担当記者に報告すると、彼は「ご苦労さん。これでいっぱいやってくれ」と、なにがしかの飲み代をくれた。おそらく、社会部から引き出した取材費の一部だったのだろう。

本所署記者クラブに行くまで、私は、そこでは各社記者による「抜いた、抜かれた」という激烈な報道競争が繰り広げられているのでは、と予想していた。だから、「負けてなるものか」と身構えて記者クラブの一員になった。

が、そこでの日常は、予想とは違っていた。和気あいあいとまではいえないが、記者クラブ内では互いに共存しようではないかという暗黙の了解がそこにはあった。

第一、当時の記者の通信手段は電話だけ。携帯電話もＦＡＸもまだなかった。その電話にしても、記者クラブにある電話といえば、警電（警察専用電話）と電電公社の公衆電話各一本だけだった。社会部や警視庁クラブからの連絡も、これにかかってくる。他社の場合も同様だ。だから、電話が鳴るので出てみると、他社の記者への連絡だったりする。そんな場合は、他社の記者にとりつがねばならない。つまり、通信手段は限られているから、お互いに他社の世話にならざるをえない。

それに、各社それぞれがこの二つの電話を使って取材しようものなら、順番が回ってくるまでにはとてつもなく時間がかかる。ならば、一社がこの電話を使って代表取材をし、他社に教えればいいではないか、ということになる。

要するに、記者クラブの条件を考え、共存共栄でいこうじゃないか、ということだったと思う。特オチ（自分の社だけ紙面に載らない）だけは避けたいという新聞記者特有の防衛本能が生んだ一種のルールだったかもしれない。

現に、午前十時に記者クラブに出勤すると、すでに出勤して来ていた他社の記者が警戒電話をし終わっていて、取材したネタを教えてくれたこともしばしばだった。これには、ほんとうに助かった。

それに、私たちは夕刊用の仕事がすむと、よく管内の各署を回ったが、時には、一つの社の車に各社の記者が乗り込んで一緒に各署を回ったこともあった。また、連れだって一つの車で飲み屋に行ったり、うまいものを食いに行ったり、有名な庭園や公園に遊びに行ったりもした。こうしたことを通じて、他社の記者とのつきあいも深まった。

もっとも、競争がなかったわけではない。それは、事故をめぐる報道によく表れた。

こんなことがあった。子どもが川に落ちて水死した。各社一斉に現場に向かった。翌日の紙面を見ると、各紙で扱いが違っていた。私が送った原稿は社会面のベタ（一段記事）だったが、ある社は、社会面トップになっていた。「やられた」と思った。

なぜ、こんなことになったのか。私は、よくある子どもの事故だとしか思わなかったが、他紙のそれは、水死の背景まで突っ込んで書いていた。川に柵がなかったとか、家計が苦しく、母親が働きに出ていて子どもは一人で遊んでいたとか。

そうだ。私の原稿は突っ込みが足りなかったのだ。事件・事故の取材にあたっては、その背景にまで目をこらさなくてはいけない。そして、複眼的な取材に徹しなくてはいけない。要するに、新聞の記事を書くには、単なる事実の羅列でなくて、切り口が大切なのだ。いわば、「ひねり」が求められているのだ。つまり、「質」の競争といってよかった。私はそうしたことを、各社記者との競争の中で学んだ。

（二〇〇五年七月二日記）

第37回 ひょうたんから駒が出る

一九六四年二月から私が担当することになった警視庁第七方面本部管内（東京の墨田、江東、江戸川、葛飾、足立の五区）は、事件・事故が多発していた地域だった。だから、この地域をフォローする本所署記者クラブには、加盟各社のほとんどがそれぞれ二人の記者を常駐させていた。

殺人、強盗、かっぱらい、盗み、スリ、脅し、とばく、短銃発射、誘拐、放火、火事、爆発、水死、自殺、交通事故、ひき逃げ……。事件記者として、ありとあらゆる犯罪や事故に出合った。社会の現実とじかに向き合う多忙な日々だった。が、一日中、朝から深夜までのべつ幕なしに事件・事故に追いまくられていたわけではない。時によっては事件・事故のない平穏な日もあった。まして雨降りの日などは、管内の盛り場や名所に遊びがてらに出かける気にもなれず、狭くて暗い記者クラブで時間をつぶすほかなかった。昼食で短時間外に出ることがあるものの、午前十時からから夜十時までそうやって過ごすのは退屈きわまりなく、記者クラブ員は本を読んだり、居眠りをしたり、他社の記者と麻雀卓を囲んだりして、時を過ごした。クラブにテレビはなかった。

夏が去り、九月に入ったころだったと思う。その日も事件がなく、クラブ員は暇をもてあましていた。とりとめもない雑談にあきたころ、毎日新聞の瀬下恵介記者が叫んだ。

「倍賞千恵子さんに来てもらおうじゃないか」

倍賞千恵子さんといえば、当時、新進の若手女優であり、歌手だった。『下町の太陽』という歌が大ヒット。彼女主演

本所記者クラブ員と懇談する倍賞千恵子さん（その右は筆者）＝1964年10月1日、本所署長室で

で映画化もされた。今ふうにいえば、人気上昇中のアイドルといってよかった。

「下町記者クラブとして感謝状を贈ろうじゃないか。彼女、下町の出身でもあるし」と瀬下記者。クラブ員はみな仰天した。彼の、その突拍子《とっぴょうし》もない発想というか、思いつきに、である。が、「こんなむさくるしい所にくるわけがない」と、だれも相手にしなかった。

そんな中で、瀬下記者は記者クラブの隅にあった公衆電話に硬貨を入れ続けながら、どこかに電話をかけた。いったん切ると、またかける。いずれも随分長い電話だった。そして、彼はついに叫んだのである。

「おーい、みんな、倍賞千恵子がくるぞ」

おちょぼ口をして満面笑みをたたえた瀬下記者のその時の表情はいまでも忘れられない。瀬下記者によれば、倍賞さんの父親や松竹本社に電話し、倍賞さんを表彰したいから派遣してくれるよう頼んだ。相手側は最初、難色を示していたが、どうしてもとねばったら、ついに「行かせましょう」と言ってくれたという。

「都民の日」の十月一日、彼女は本所署に一人でやってきた。私たちは署長室を借り、彼女を招き入れた。

私たちはコーヒーとケーキで彼女と懇談した。クラブとして感謝状を渡したが、そこには「あなたは、『下町の太陽』で、下町の良さを全国に知らしめた」といった意味のことが書かれていたと記憶している。それに、太陽をかたどったガラスの盆を贈った。それは、何を贈ろうかと思案したあげく、他のクラブ員と私が、両国駅近くのインテリア専門店の倉庫内を物色中に見つけたものだった。もちろん、みんなで金を出し合って買った。

当時、彼女は二十三歳。それはそれは美しかった。「きれいだな。こりゃ、掃きだめに鶴だ」。クラブ員から、そんな声がもれた。

彼女自身も驚いたようだ。後にもれ聞いたところでは、本所署を訪ねる前、「わたし、何も悪いことをしていないのに、どうして警察に行かなくてはならないのかしら」と周囲にもらしていたという。

本所署記者クラブのこの〝壮挙〟は、他の警察記者クラブに波紋を広げた。「おれたちは吉永小百合を招くんだ」などという威勢のいい声が聞こえてきた。しかし、結局、女優さんを招くことができた警察記者クラブは他には一つもなかった。

それに、これには後日談がある。九年後、私たちは倍賞千恵子さんと再会することになる。

すでに本所署記者クラブを去っていた、私たちかつてのクラブメンバーから、「また、倍賞さんに会いたい」という声が起こり、私たちが、映画『男はつらいよ』シリーズのヒットを祝って、寅さんの妹さくらを演じていた倍賞さんを招いたのだ。こんどは、すぐ承諾してくれた。私たちは、山田洋次監督、フーテンの寅さん役の渥美清さんも一緒に招いた。

七三年十二月十六日、銀座のレストラン「三笠会館」。あの「下町の太陽」娘はいまや大スターに変身していたが、本所署署長室での初対面で感じさせた庶民的で清楚な雰囲気を失ってはいなかった。この時の楽しいひとときは忘れ難い。

以来、私は『男はつらいよ』は欠かさず見てきた。スクリーンに「さくら」が登場すると、私は本所署での、次いで、レストランでの倍賞さんを思い出しては当時を懐かしみ、心の中で彼女に声援を送った。

私は、本所署記者クラブでの珍事から一つのことを学んだ。人間、時には、とっぴょうしもないことを考えてみるものだ。そして、あれこれ思案するだけでなく、思いついたら、失敗を恐れず果敢に挑戦してみることだ。そしたら、思いがけない道が開けるかもしれない。瀬下記者の挑戦は、そのことを教えてくれたような気がする。

瀬下氏は、その後、ニューズウイーク日本版発行人を務め、今は東京・神田にあるマスコミ人養成塾「ペンの森」の主宰者である。

（二〇〇五年七月九日記）

第38回 下町情緒にはまる

東京本社社会部員になった私は、本所署にあった記者クラブを拠点に東京東部の五区（墨田、江東、江戸川、葛飾、足立の五区）に起きる事件・事故の取材に明け暮れたが、サツまわり記者は事件・事故だけを追いかけておればいいというわけではなかった。社会部からは、町ダネ（地域に根差したニュース、話題）も書くよう求められていたからだ。

そんなこともあって、事件・事故のない時は、会社から車を記者クラブに回してもらい、それで管内を回った。

東京東部の五区は「下町」といわれる地域。もっとも、「下町」はこの五区にとどまらない。山の手と下町との境界は、赤羽―上野―芝―品川の線で続く台地末端の崖ということになっているから、上野、浅草という盛り場をもつ台東区も下町だ。

その台東区は私の持ち場ではなかったが、時々、そこへも足を伸ばした。というのは、国鉄上野駅前に上野警察署があり、そこに記者クラブが置かれていたからだ。そのころ、「朝日」では、上野署記者クラブに常駐していた記者が休日の時は、隣の本所署記者クラブにいた私たち二人のうち一人が、上野署記者クラブにつめることになっていた。こうしたカバー関係にあったため、台東区内をも回ることができたのだ。おかげで、下町とされる大半の地域で見聞を広める機会に恵まれた。

新聞記者になる前、私は東京で学生生活をおくったが、下宿も大学も山の手にあった。時おり、下町に足を踏み入れることもあったが、それはごく限られた場所であった。だから、私にとって下町は初めての土地同然といってよかった。そこを回るうちに、私はすっかり下町が好きになってしまった。

私が惹かれた下町の魅力は、まず、下町がもつ歴史と文化だった。

東京は江戸を下地に発展してきた町。その江戸では社寺の占める位置が高く、江戸時代の政治や文化に大きな影響を与えた。とりわけ、上野寛永寺と浅草観音（浅草寺）の存在は大きかった。二つとも、下町にあった。

とくに浅草寺には近隣から多数の参詣者が集まるようになり、浅草は江戸随一の行楽地、盛り場として栄えた。それは明治維新後にも引き継がれた。一九二七年（昭和二年）に開通した日本最初の地下鉄が浅草と渋谷を結ぶものであったことからも、そのことはうかがえる。

浅草寺の周辺には、数え切れないほどの社寺や、ゆかりある建造物、墓地、歌碑、句碑、顕彰碑、記念碑の類いが存在する。それらを見て歩くのは、とても楽しく、歴史や文化の勉強になった。かつて映画館や劇場、寄席が軒を連ねていた浅草六区はすっかりさびれていたが、それでも昔の面影を残していて、あきなかった。

浅草ばかりでない。上野にも名所旧跡が多く、私を魅了した。そのほかには、柴又帝釈天（葛飾区）、向島百花園（墨田区）、木場（墨田区）、隅田公園（台東区）、旧吉原（台東区）などなど。

食い物にも名物が多く、どれもうまかった。

まず、墨田区向島の隅田川河畔の「言問だんご」。皿に盛られた三色のだんご。明治元年の創業とかで、在原業平の歌「名にしおはば　いざ言問はん都鳥」にちなんで命名されたという。その近くで、もう一つ、高名な和菓子を売っていた。「長明寺櫻もち」である。私たち記者クラブ員はよく連れだって、だんごや櫻もちを食べに行った。

墨田区の森下町には、馬肉を食わせる店があった。信州で生まれ、育った私には馬肉は幼いころからの好物だったから、よく食べに行った。その近くの高橋には、どじょうを食わせる店が、錦糸町駅の近くには、クジラを食わせる専門店があった。隅田川にかかる両国橋のたもとには「もゝんじや」があり、ハンターに射止められたイノシシがぶらさがっていた。「しし鍋」の材料であった。

浅草では、「染太郎」に行った。仁丹塔に近い国際通りを少し西に入ったところにあるお好焼き屋だ。戦前の一九三七年（昭和十二年）の開業。店名は経営者である女主人の夫君の芸名で、夫君は浅草全盛期にならした漫才師だった。店の常連客だった作家の高見順が名付け親で、彼の代表作『如何なる星の下に』で店の名が広く知られるようになった。天井は油煙で黒光りし、壁には著名人の色紙がかかっていた。

喫茶店「アンヂェラス」にも行った。浅草仲見世通りから二筋ばかり西に行ったところにある喫茶店だ。うまいコーヒーと欧風洋菓子が売り物。戦後間もない一九四七年の開店で、新聞記者のほか、サトウ・ハチロー、武田麟太郎、高見順、久保田万太郎らがよく出入りしたという。私が訪ねたころは、創業者の澤田要蔵さんが健在だった。

だが、私を引きつけたのは、なんといっても、下町で暮らす人たちの気風であった。気さくで、飾らず、開けっぴろげで、親切。私のそれまでの経験では、山の手の人はどちらかというと、とりすましたところがあり、そのうえ近所づきあいもあまりせず、「隣は何をする人ぞ」といった雰囲気が濃かった。下町の人たちはそうした山の手の人たちとは対照的で、いわば極めて庶民的だった。田舎に育った私には、そうした下町の人たちの気風が心地よかった。

人情味豊かな下町の人たちには心なごむものがあったが、

その人たちが住む環境は、当時、かなり劣悪な状況に立ち至っていて、私の心を暗くした。隅田川は、どぶ川と化していた。赤黒い濁流がまるで油のようにねっとりと流れ、河畔を歩くと、臭気が鼻をついた。経済の高度成長につれて、上流から工場排水や生活排水が流れ込み、川を汚染してしまったのだ。隅田川の名物だった「両国の花火」も早慶レガッタも、一九六二年から中止となっていた。そんな川を達磨船や、おわい船が上下する。「早く清流をとりもどしてほしい」と切に思ったものだ。

地盤沈下も進んでいた。墨田区や江東区では、河川や運河の水面が陸地より高いところが目についた。いわゆる天井川である。そんな川にかかっている橋は、太鼓橋だった。急速な工業化による地下水のくみ上げが沈下の一因にちがいない、と考えた。「大雨が降ったり、高潮が来たりすると、水が溢れるのではないか」。下町が好きになっただけに気になった。

下町はその後、大きく変貌した。が、私の下町に対する愛着は変わらない。だから、いまでも下町を訪れると、心が落ち着く。

（二〇〇五年七月十七日記）

第39回
対象は森羅万象

東京東部の事件・事故取材を担当するサツまわりから始まった社会部記者生活だったが、サツまわり中、忘れられない取材経験がある。それは、東京オリンピックの取材だ。

東京オリンピックは一九六四年十月十日から十月二十四日まで、東京を中心に開催された。九十四カ国から七〇〇〇余人の若者が集まった。アジアで初めてのオリンピックとあって、日本中が沸きに沸いた。

社会部は、運動部、写真部、連絡部とともに、文字通り総がかりでこの祭典の取材にあたった。このため、私たちサツまわりも動員された。

第十二日の十月二十一日。調布市飛田給の甲州街道の道路際に立つよう命じられた。この日は、陸上競技の華、マラソンが甲州街道をコースとして行われ、飛田給付近が折り返し点になっていた。そこにいて、だれが先頭で通過していったかを社会部に直ちに連絡せよ、というわけである。

夕闇迫る街道際で選手たちを待っていると、まず、長身でちょび髭をたくわえた、黒のランニングシャツ、赤いパンツの男性が現れ、私の前を通過していった。エチオピアのアベベ選手だった。彼を見たのは一瞬のことだったが、ややうつむき加減の彼の風貌は、まるで修行僧のようだった。前回のローマ・オリンピックで優勝した時は裸足だったが、この日はシューズを履いていた。

彼は結局、2時間12分11秒2の五輪新、世界最高記録で優勝。連覇だった。

第十四日の十月二十三日には、女子バレー決勝戦の取材を命じられた。取材といっても、試合の結果とか経過、つまり、試合の本記書きではない。雑観書きだ。雑観とは、選手の表情とか、観客の反応とか、あるいは試合にまつわるドラマとか、いうなればサイドものである。

決勝戦は日本対ソ連。ソ連の女子バレーは当時、世界最強といわれていた。対する日本チームは急速に力をつけ、「東洋の魔女」と呼ばれていた。会場は駒沢オリンピック公園内の駒沢屋内球技場。満員の球技場内で始まった試合は、予想通り息詰まる接戦となり、ついに日本チームが勝った。

日本女子の金メダル獲得は一九三六年のベルリン・オリンピックの女子水泳平泳ぎで優勝した前畑秀子選手以来。日本中が興奮し、この時のテレビ視聴率は八五％に達した。

勝利してコートに並んだ日本選手たちのほおに涙が光っていた。敗れたソ連選手たちの反応を取材すべく、私は選手控え室に向かった。すると、扉が半開きになった部屋から「ウオー」という爆音のような号泣が聞こえてきた。私はたじろぎ、しばしそこに立ちつくした。

ところで、ここらで、当時の朝日新聞東京本社社会部の陣容を紹介しておこう。

部員はざっと九十人。編集局最大の大世帯だった。当時の部内配置と部内異動は次のようなものだった。

社会部に来た者は、まず、例外なくサツまわりをやらされた。その勤務実態はすでに述べてきた通りだ。それが済むと、警視庁クラブ、裁判所クラブ、東京版、立川支局のいずれかに配属された。それらを〝卒業〟すると、各省庁のクラブ詰めか、あるいは遊軍となる。その〝上〟はデスク（次長）だ。

警視庁クラブは、事件・事故を追っかけるところ。当時は一課（捜査一課）担当、二課（捜査二課）担当、公安担当、防犯担当、交通担当があった。裁判所クラブは、最高裁、東京高裁、東京地裁にかかっている裁判と検察庁による捜査の取材を担当するところ。

東京版は都内版用の原稿を書く部署で、東京二十三区を数人で担当していた。立川支局は多摩版を担当するところで、多摩地方の自治体のほか、事件関係（警察関係）の取材も併せて担当していた。

各省庁のクラブ詰めとは、文部省、厚生省、労働省、運輸省、建設省、農林省、警察庁、国税庁、気象庁、都庁、国鉄、羽田空港、国会などに設置されていた記者クラブに常駐する記者のこと。遊軍とは特定の記者クラブに属さない、いわゆる無任所の部員のことで、主として企画ものや続き物を担当した。

もちろん、省庁の記者クラブの中には、他部も部員を常駐させているところもあった。例えば、文部、厚生、労働省などのクラブには政治部も部員を派遣していたし、農林省には経済部が部員を派遣していた。全社的な傾向を言えば、政治関係の記者クラブには主として政治部が、経済関係の記者クラブには主として経済部が部員を常駐させていた。各部の記者がだぶって常駐する記者クラブでは、それぞれ担当分野を決めてすみ分けていた。

省庁のクラブ詰めや遊軍には、ベテラン記者が多かった。サツまわり、警視庁クラブ、裁判所クラブ、東京版などを歴任した記者をそれらに配置したからだ。

当時の一般的な傾向をいえば、社会部員にとって、省庁のクラブ詰めや遊軍は、あこがれのポストだった。もちろん、すべての記者がそこにゆけたわけではない。社会部員の異動は激しく、サツまわりや東京版をやっただけで他部や地方支局、他の本社（大阪、西部、名古屋の各本社）へ転勤してゆく記者も少なくなかったからである。

それにしても、こうした社会部の人員の配置を知ると、社会部は、まさに、ニュースが出るところ、出そうなところにまんべんなく記者を配置しているんだなという印象を受けた。要するに、台風、地震など天変地異の自然現象から、政治、事件、事故、犯罪、暮らし、税制、福祉、医療、労働行政、労働運動、各種の社会運動、教育、交通、運輸、建設、住宅、河川、農業、漁業、農政、都政、区政……まで、人間の社会生活全般、ありとあらゆるものを絶えずフォローする態勢にあり、何が起きても直ちに対応できるようになっていた。

社会部にきたばかりの私には、社会部の取材対象の幅の広さに圧倒されたものだ。

「社会部というところは、森羅万象が取材対象なんだな」と目を見張った。それは、まさに広い視野と豊かな知識、そしてスピードを求められる職場だった。

その後、新聞記者を目指す若い人からよく質問された。「新聞記者になるためにはどんな資質が必要ですか」と。これに対し、私はこう答えたものである。「まず体力。第二に好奇心が旺盛なこと。第三に雑学の大家となることですね」

（二〇〇五年七月二十四日記）

第40回 「抜いた、抜かれた」の世界

東京・本所署の記者クラブを拠点にサツまわりをしていた私は、一九六四年十一月に警視庁記者クラブに移った。

警視庁記者クラブは、事件・事故の取材を担当する記者の詰め所だ。東京・桜田門の旧警視庁ビルの二階にあった。正式名称を「七社会」といい、朝日新聞のほか、毎日新聞、読売新聞、日本経済新聞、東京新聞、共同通信など七社が記者を常駐させていた。各社とも夜は泊まりの記者をクラブに配置していたから、各社とも、いわば二十四時間態勢で事件・事故の警戒にあたっていたわけである。

ちなみに、警視庁にある記者クラブは七社会だけではなかった。NHKや産経新聞、時事通信などが加盟する「警視庁記者クラブ」、民放各社が加盟する「警視庁ニュース記者会」というのもあった。

サツまわりをやっている間、私には、次の部内異動では警視庁クラブには行きたくないな、という気持ちが強かった。それまでの記者経験から、自分は事件取材には向いていない、できれば、事件以外の分野で仕事をしたいな、という思いが次第に強くなってきていたからだ。

それに、激烈な取材競争の現場には行きたくない、という思いにとらわれていたからである。当時、私たち新聞記者の間では「各社間の最も激しい報道合戦が行われているのは警視庁記者クラブと裁判所クラブだ」と言われていた。つまり、報道現場で「抜いた、抜かれた」の競争が最も激しく展開されているのは警視庁と裁判所・検察庁での取材だ、という意味だ。まさに、〝仁義なき闘い〟の場であった。「そんな恐ろしい修羅場には、できれば行きたくないな」というのが、私の偽りのない気持ちだった。

しかし、社命とあらば、行かざるをえない。

警視庁クラブにおける「朝日」のブースはクラブの一角にあった。天井まで届くような背の高い本棚や衝立てようのもので他社のブースと仕切られていた。中に入ると、真ん中に丸いテーブルとイスがあったが、数人が座ると、ひざが触れるほど狭かった。電話機や社会部との専用電話、テレビなどが置かれていた。泊まり勤務用のベッドもあった。窓からは皇居のお堀が見えた。

クラブの中央には、各社共通で使用できるテーブルやソファがあり、麻雀の卓もあった。壁にスピーカーがあり、突発の事件・事故や火事があると、警視庁や東京消防庁から速報がくるようになっていた。

わが社の陣容は確か九人であったように記憶している。キャップは長谷川一富・次長（その後、航空部長。故人）、一課担当三人、二課担当二人、防犯担当、公安担当、交通担当各一人という内訳だ。二課担当の一人、相田猪一郎（故人）がサブキャップを兼ねていたように思う。長谷川、相田はともに「朝日」東京本社内では事件記者として名がとどろいていた。

　私はキャップから「一課担当をやってもらう」と申し渡された。「いよいよ来たか」と、思わず緊張したことを覚えている。

　一課担当の持ち場は、捜査一課と捜査三課だった。捜査一課は強力犯を捜査するところ。つまり、殺人、強盗、強姦、放火など凶悪犯罪が対象だ。捜査三課は盗犯、すなわち盗みやスリが対象。

　一課担当は、猛烈に多忙だった。午前十時前にはクラブに出勤し、捜査一課、捜査三課を回る。取材の相手は課長か課長代理だ。事件があれば、そのあらましを聞いて夕刊用に社会部に電話で送る。何もなくても、課長や課長代理と会話を交わす。両課の幹部や広報課員がクラブに出向いてきて、事件に関する発表をすることもあった。

　夕方の警視庁閉庁間際にも、捜査一課、捜査三課を回る。その後は、クラブで過ごし、夜九時過ぎともなると、会社から車を呼んで「夜まわり」に出る。主として捜査一課の課長代理、係長、主任クラスの自宅を訪ね、捜査中の事件の進展状況を聞く。時には、ウイスキーなど手みやげを持参する。が、こちらが一課担当としては新米だったから、居間まであげてくれる捜査員はまれ、たいがいは玄関での立ったままの対応だった。

　それから、車で自宅に帰る。当時、これら捜査一課捜査員の自宅は立川とか八王子といった、都心から遠いところが多かったから、そうしたところを夜まわりして、文京区のわが家（アパート）に帰ると、すでに深夜だった。それから少し寝て、朝、また警視庁クラブに出勤する。

　殺人事件が起きると、所轄の警察署に捜査本部が設置された。それを指揮するのは警視庁捜査一課。私たち一課担当も捜査本部に詰め、捜査状況の発表を待つ。発表は捜査会議の後だから、夜の九時からとか、十時から、というケースが多かった。

　が、その後が勝負どころ。捜査員が自宅に帰るころを見計らって、「夜討ち」を敢行する。「犯人が特定されたかどうか」を捜査員から聞き出すためだ。容疑者の割り出しが、報道陣にとって最大の関心事だったからである。捜査員がまだ帰っていない時は、その自宅近くの暗がりにひそんで帰宅を待つ。帰宅の気配を感ずると、玄関のベルを押す。時には、他社の記者と鉢合わせになる。

　捜査員にとってはこの上ない迷惑だったろう。朝からの捜査で疲れ切っているのに、深夜、自宅にまで押し掛けてくる各社の記者に応対しなくてはならない。多くの場合、捜査員は不機嫌で、露骨にイヤな顔をして、面会を断る捜査員もいた。しかも、一様に口が堅かった。捜査上の秘密など漏らすわけにはいかない、ということだったのだろう。

何の情報も聞き出せないまま、車でわが家に帰る。夜がしらじらと明けてくることもあった。

とにかく、捜査本部が設置されると猛烈に忙しかった。だから、家にいる時間は限られ、家族は「母子家庭」並みの生活だった。私自身、子どもが生まれた時はいつも事件取材で家におらず、妻の出産に立ち会ったことはない。引っ越しも妻任せだった。

それでも、事件をめぐってこうした夜討ちが続いていたのは、やはり、各社間の激烈な競争があったからだと思う。何としても他社を抜きたい、あるいは他社に抜かれまいという思いが、記者を夜討ちに駆り立てていたのだ。加えて、何度も何度も夜討ちを敢行すれば、相手もこちらの熱意にほだされて、捜査上の秘密をも語ってくれるのでは、との期待があったからだと思う。

他社との競争という点では、一課担当はまだ恵まれていたのではないか、と今にして思う。なぜなら、一課担当は、事件が起きてから、それを起点に「よーい、ドン」となる。だから、どちらかというと、事件が起きてから頑張ればよい。

しかし、汚職とか詐欺とかの知能犯の取材を担当する二課(捜査二課)担当の場合は、もっと残酷だ。というのも、これらの犯罪は突発的な事件でなく、捜査は深く、静かに潜航している。どこかの社が書けば、それで事件が社会的に明らかになり、報道面での勝敗も明白となるからだ。つまり、スタートラインのない、ゴールのみの競争といってよい。したがって、取材は、ゴールを目指した、水面下の潜航取材となる。極めて緊張に満ちた、神経をすりへらす取材の日々。そのためだろう、各社の二課担当記者の顔は、いつも青白く、疲労の色がにじんでいた。

他社との競争にいかに気を遣っていたかは、こんなことからも想像していただけるかもしれない。私が警視庁記者クラブの「朝日」のブースに詰めるようになってまもなく、先輩記者から「声が大きいぞ」とたしなめられた。ブース内では小声で話さないと、こちらの声が天井に反射して他社のブースにもれる、というわけだった。「すごいところだな」と思ったことを覚えている。

(二〇〇五八月一日記)

第41回　事件記者落第

警視庁記者クラブで一課（捜査一課）担当を命じられていた私は、一九六五年五月、防犯担当に代わった。一課担当はわずか六カ月に過ぎなかった。この間、いくつかの殺人事件はあったが、記憶に残るような大事件に出合うことはなかった。

ストレートに一課担当から防犯担当になったわけではなかった。五月の連休明けに警視庁記者クラブに出勤すると、キャップに「君には、こんど、公安担当をやってもらうことになったから」と告げられた。

「他の担当に代えていただけませんか」と、私は即座に言った。公安担当だけは避けたいなと思っていたからだ。公安担当とは、警視庁公安部の捜査を報道するのが仕事である。大学在学中、学生運動に加わっていた私としては、そのころ、公安警察になじめないものを感じていたので、そこを仕事で担当することに気が進まなかった。それに、先輩記者の例をみると、いったん公安担当になると、その在任期間がとても長かった。それだけに、「公安担当を長くやらされるのはかなわんな」という気持ちもあった。

「もう決まったことだから」と、キャップは私に翻意をうながしたが、私がなおも「他に代えていただませんか」と粘ると、キャップは「そんなに嫌か。なら、防犯担当だ」と言ってくれた。

社会部員になって、私が上役から指示された部内異動（部内の配置換え）に異議を唱えたのは後にも先にもこの時だけだ。

警視庁防犯部には、当時、防犯課、保安課、麻薬課、少年一課、少年二課などがあった。密輸などの経済事犯や、麻薬犯罪、風俗業界の犯罪、少年犯罪などを取り締まる部署だった。そこを一人で担当することになった。一課担当は複数（三人）だったから、正直言って、頭の隅のどこかに他の担当者に寄りかかろうとする依存心があった。が、こんどは頼る人もなく、一人で全責任を負わなくてはならない。思わず身が引き締まるのを覚えた。

ところがである。防犯担当になった途端、大事件に出くわし、あわを食う日々となった。大事件とは、相撲界の短銃（ピストル）所持事件である。

警視庁保安課は五月六日、元大関・若羽黒を銃刀法違反容疑で逮捕した。ピストルを不法に所持していた疑いだった。私は、発表に基づいてこれを記事にしたが、事件はこれだけにとどまらなかった。同月十一日には、日本相撲協会理事の九重親方（元横綱・千代の山）がピストル一丁と実弾五発をもって警視庁に出頭し、銃刀法違反容疑で任意の取り調べを受けた。

こうした発覚を受けて、私は夜になると、保安課幹部宅に出かけた。いわゆる「夜討ち」だ。が、防犯担当になったばかりで、いわば初対面に等しい新米担当記者が捜査員に相手にされるはずもなかった。

五月十三日は「泊まり勤務」で、警視庁記者クラブに泊まった。翌朝、十四日付の毎日新聞を見て、仰天した。社会面に三段扱いの、次のような見出しの記事が載っていたからだ。

「川に捨てた　大鵬、柏戸」
「関取のピストル、警視庁に報告」

記事によれば、日本相撲協会が横綱・大鵬、横綱・柏戸がピストルを所持していたことを、十三日に警視庁に報告した。大鵬は一九六四年に米国に巡業に行った際に銃一丁と銃弾を、柏戸は一九六二年にハワイに巡業した際に銃一丁と銃弾をそれぞれ買ったという。警視庁がピストルの摘発に乗り出したためこわくなり、二人とも銃と弾を隅田川に捨てたという。

当時の大相撲は、いわゆる「柏鵬」時代で、大鵬と柏戸の活躍が大相撲人気を支えていた。その角界を代表する二人がピストルを不法所持していたなんて、大ニュースである。それは「毎日」の特ダネだった。ということは、抜かれたのだ。

「やられた」と、あたふたしていると、社会部の夕刊担当デスク（次長）から電話がかかってきた。「おい、どうなっているんだ。とにかく、夕刊用の原稿を早く送れ」。

事実を確かめようにも、保安課の幹部はまだ登庁してきていない。「毎日」の記事を拝借して記事を仕立てることも可能だが、そんなことをすると、もし「毎日」の記事に誤りがあったら、こちらの記事もまちがってしまい、恥の上塗りになる。あれやこれやで、私の頭はパニック状態になったが、なんとか原稿をまとめ、夕刊用に送った。

事件は、さらに拡大した。柏戸と大鵬が警視庁に出頭、その供述に基づいて隅田川の川ざらいが行われた。東前頭三枚目・北の富士、西前頭二枚目・豊国もピストル不法所持で取り調べを受けた。取り調べを受けた力士・元力士は結局、七人にのぼった。

防犯担当になったばかりの事件で、夜回りなどを通じて捜査員にこちらの顔を売り込む時間もなかったことに加え、角界にはまったく縁がなかったため、取材には苦労した。

大相撲は、私にとってとくに興味のあるスポーツではなかったし、第一、国技館に行ったこともなかった。テレビで観戦するだけで、要するに、よく分からない世界であった。もう少し勉強しておくべきだった、と思ってみても、しょせん後の祭り。他社の記事をみていると、大相撲の取材を担当している運動関係の部が、社会部に協力している気配を感じさせたが、わが「朝日」の場合、この事件では他部から情報が提供されるというようなことはなかった。

結局、一人で夜回りに精を出す以外にない。まさに孤立無援。これが新聞記者の世界だ、と思い知らされた。「特ダネが得られるんだったら、捜査員に土下座してもいい」。そんな思いに駆られたものだ。

結局、この事件の取材では、「毎日」のスクープ以後、抜かれることはなかったが、特ダネをものにすることもなかった。

ただ、にがい思い出は他にもある。別の防犯関係の事件でも抜かれたからだ。この年の八月、警視庁は金の密輸で十二人を逮捕したが、これも「毎日」のスクープだった。

八月末、キャップに申し渡された。「岩垂君、きみは来月から東京版だ」。わずか四カ月の防犯担当。キャップは「ご苦労さんでした」と言ってくれたが、私は「抜かれてばかりいたからな。まあ、事件記者落第ということだろう」と受け止めた。かくて、警視庁クラブでの勤務は十カ月で終わった。一生懸命やったが特ダネを書くことはできなかった、という無念さが残る一方、これで報道界で最も激烈な競争の現場から解放されるんだという、なにかほっとした気分もあった。

健康には自信があった私だが、警視庁記者クラブ勤務の直後、病気になった。痔を痛めたのだ。それまで痔病はなかったから、明らかにこの時期の仕事が影響していると、私は思っている。すなわち、長時間にわたるハードな労働だったうえに、夜間、寒風が吹きすさぶ屋外で捜査員の帰りを待つという「夜回り」が、体内の血液のめぐりを悪くし、痔病を招いたと考えるのだ。この時期の大酒のみも影響したかもしれない。二年後、手術のため、私は十二日間、入院した。長い社会部勤務の中で、病気で休んだのはこの時だけである。

（二〇〇五年八月十日記）

第42回　吉展ちゃん事件のことなど

警視庁記者クラブに在籍したのはわずか十カ月に過ぎなかったが、いまなお記憶に鮮やかなことがいくつかある。

まず、伊豆・大島の大火だ。

一九六五年一月十一日。年初めから事件のない平穏な日が続き、都内にはまだ正月気分が漂っていた。

私はこのころ、警視庁クラブの一課担当で、この日は「泊まり」だった。クラブの「朝日」のブースに詰めていた私は、時計の針が零時を回り、日付が十二日になったので「そろそろ寝る準備でもするか」と、ベッドメーキングにかかった。その時だ。クラブに設置されているスピーカーから、あわただしい音声がクラブ内に響き渡った。「伊豆・大島で火災発生。ただいま延焼中」。

私は、ベッドから飛び起きて、警備部へ走った。現地の大島警察署からの情報はまだ乏しく、もちろん全容は分からなかった。が、警備部からは、現地からの情報として、火災の模様が断片的ながら刻々と発表された。どうやら大火らしく、被害も大きいことが次第に分かってきた。

当時の朝刊用原稿締め切り時間は午前零時半ごろだったと記憶している。だから、私は入手した情報を片っ端から、クラブと社会部とをつなぐ専用電話で社会部に送った。原稿にする暇などなかったから、メモを片手に頭の中で原稿を書き、送話器に吹き込んだ。当時、私たちの間で「勧進帳」という言い方で通用していたやり方である。つまり、いまでいう「原稿なしの現場中継」のことだ。

こうして送った私の原稿は、十二日付朝刊最終版の一面トップを飾った。そこでは、「大島元町で大火」「四百戸焼き延焼」「強風、繁華街ひとなめ」「負傷者多数か」といった、四本見出しが躍っていた。

出火は十一日午後十一時五十分。当時、伊豆・大島町は三千二百世帯で人口は一万二千人。火事は長時間燃えさかり、結局、五百六十七戸が焼失した。

この火事で、大島と東京を結ぶ電電公社の電話が不通となった。大島警察署と警視庁を結ぶ警察電話も不通になった。このため、大島警察署と警視庁通信司令室を結ぶ無線電話がただ一つの通信連絡手段となり、これを通じて、現地の被害状況が警視庁にもたらされたのだった。

私は、この伊豆・大島大火の記事で社会部長賞をもらった。「迅速な送稿」が評価されたのだった。もっとも、その後、長い社会部生活をおくることになるが、定年退職まで、ついに賞というものには無縁だった。ちなみに、私が在社中にあった社内表彰制度には、編集局長賞、社長賞、社賞といったものがあった。これらは、傑出した記事を書いた社員や、新聞、出版の製作と業務面で業績をあげた社員、新聞製作技術の発明、改良、または企画事業で功績のあった社員に贈られた。

吉展《よしのぶ》ちゃん事件をめぐる報道合戦のことも忘れられない。

一九六三年三月三十一日夕、東京都台東区入谷町の建築業、村越繁雄さんの長男、吉展ちゃん（当時、四歳）が、自宅近くの公園で遊んでいたいたところを誘拐された。その後、犯人から身代金を要求する脅迫電話が村越さん方にかかり、犯人は捜査陣のすきを突いて身代金五十万円を奪い、逃走した。これが、吉展ちゃん事件である。いまでこそ幼児をねらった誘拐事件は珍しくなくなったが、当時はまれに見る極悪非道の誘拐事件として社会的に大きな反響を呼んだ。

警視庁捜査一課の捜査で、脅迫電話のなまりなどから、福島県生まれの元時計商、小原保に対し容疑が深まった。そこで、捜査一課は事件直後から二回にわたって小原を取り調べるが、小原は頑強に犯行を否認し、そのたびに釈放される。が、捜査一課はあきらめず、六五年五月、別件の盗みで前橋刑務所に収容されていた小原を東京拘置所に移し、「警視庁随一」といわれた平塚八兵衛部長刑事ら四人の刑事が任意の取り調べをおこなった。四人の刑事の追及に任意捜査期限切れ直前の七月三日、小原が「定職がないため金に困り、そのうえ借金の返済を迫られていた。金欲しさにやった」と犯行を自供、吉展ちゃんは荒川区南千住の寺の墓地から遺体で発見された。

各紙とも、一面と、社会面の大半を費やしてこのニュースを伝えた。小原は当時、三十二歳。こうして、吉展ちゃん事件は発生以来二年四カ月で解決をみたのだった。

小原に対する三度目の取り調べが始まると、報道合戦は激烈を極めた。なかでも、わが「朝日」の報道と毎日新聞のそれは極めて対照的だった。一言でいえば「毎日」は終始、小原クロ説で通した。これに対し「朝日」は、長期にわたる任意取り調べは人権上問題があるのではとにおわすなど、小原真犯人説に懐疑的な紙面づくりだった。

結果は、「毎日」の完勝だった。この時、私は警視庁記者クラブではすでに一課（捜査一課）担当を外れ、防犯担当となっていたが、一敗地にまみれてしょげかえる同僚の一課担当記者の顔を身近でみるのはつらかった。

そんな中で、意気軒昂な先輩記者がいた。高木正幸記者だ。この時、高木記者は社会部の遊軍だったが、吉展ちゃん事件が起きたときは警視庁クラブの一課担当の一人だった。

捜査一課が小原に対し一回目の取り調べをおこなっていたころの六三年十二月十三日付の「朝日」朝刊社会面に「声がそっくり　重要参考人に福島県生まれの住所不定無職Ｏ（40）　関連を追及」という二段の記事が載った。

これを書いたのが高木記者だった。Ｏが小原であったのはいうまでもない。他社に先駆けて小原に言及した記事だった。が、扱いが小さかったばかりでなく、その後、「朝日」の紙面から「Ｏ」は消えてしまう。

高木記者によれば、このころ、「朝日」の一課担当の間で意見が分かれたのだという。高木記者は「小原クロ説」だったが、もう一人の一課担当記者は「小原シロ説」。捜査陣の見方も分かれていたということだろう。二人は当時、社会部きっての事件記者として知られていた。二人とも、事件取材強化のために東京本社社会部が西三社（大阪、西部、名古屋の各本社）の社会部からスカウトし警視庁クラブに放り込んだ記者だった。両記者の間に挟まったキャップがシロ説に傾き、以後、「朝日」としては、そうした方向に進んだ、と私は高木記者から聞いた。

「あれ、特ダネだったんだ。あの時、キャップがおれの説をとっておれば『毎日』に負けずにすんだのに」。高木記者は、酒を飲むと、私によくそう言って悔しがった。

高木記者はその後、新左翼問題や同和問題を専門とする編集委員となったが、すでに故人。「小原シロ説」をとったもう一人の一課担当記者もこの世の人ではない。


警視庁記者クラブといえば、あの人も忘れがたい。

毎晩、九時過ぎになると、決まって一人の中年の女性がクラブにやってきた。大きな風呂敷包み背負って。その中には、おむすびやパン、駄菓子、乾き物などが入っていた。その女性は、やおらそれらをクラブの片隅に並べて店を開く。

当時、警視庁の周りには、飲食店がなかった。だから、各社とも「泊まり」勤務の者は夕食を自ら確保しなくてはならなかった。警視庁の食堂に行き、当直警察官用の夜食を食べる手もあるが、多忙な時はクラブを離れられない。で、各社の泊まり勤務者を狙って、女性が食い物を売りにきていたのだ。「おばさん、次にくる時はこれ買ってきてよ」と頼む記者もいた。当直の警察官も買いにきた。もう常連だったから、彼女、警視庁の玄関はフリーパスだったようだ。

彼女、いつも笑みをたたえ、寡黙だった。今、どこで何をしているだろうか。


（二〇〇五年八月十八日記）

第43回 東京版から遊軍へ

警視庁記者クラブをお払い箱になった私は一九六五年九月に東京版担当になった。

当時、朝日新聞朝刊の最終ページは地方版となっていて、東京二十三区に配られる朝刊の最終ページは「東京版（都心）」といった。東京都政関連のニュースのほか、二十三区内のニュースを掲載するところだった。都政に関する取材は都庁記者クラブ詰めの記者が担当していたが、二十三区内のニュースは東京版担当がフォローすることになっていた。

東京版担当は四、五人だったような気がする。各人がいくつかの区を分担したが、私は台東区だけをもたされた。台東区は話題の多い上野、浅草という盛り場をかかえていたから、台東区だけで一つの取材エリアとなっていた。

台東区は、社会部員になったとき、最初にやらされたサツまわり（警察まわり）でたびたび訪れたところだった。こんどは本格的にここを担当することになったわけで、心がはずんだ。

当時、台東区役所企画室に内山隆羅夫さんという広報主査がいた。区の歴史や区内の事情に詳しい広報マンで、まさに台東区の生き字引的存在だった。内山さんの勧めにしたがって区内のあちこちを訪ね歩き、さまざまな人と出会い、下町情緒を堪能した。

東京版担当は、自分が担当する区だけをフォローしておればいい、というわけではなかった。全都的なテーマを取材するのであったら、どこへ行っても自由だったから、私も台東区以外の地域へ出かけていった。

東京版担当中、私が積極的に報道したテーマの一つは「無認可保育所」だった。

このころは、日本経済が高度な成長を遂げている最中で、働く女性が飛躍的に増加しつつあった。すなわち、共稼ぎ世帯が急速に増えつつあった時期で、それにつれて保育所の不足が深刻化しつつあった。保育所に入れない幼児をかかえた働く女性たちは、やむにやまれず自分たちで間借りするなどして保育所をつくり、保母さんを雇い、そこに子どもを預けて出勤した。いわゆる「無認可保育所」の誕生であった。無認可だから、当然、公的な補助はない。で、どこも苦しい経営、劣悪な保育環境を余儀なくされていた。そうした苦境を、私は文京区や世田谷区の例を紹介しながら東京版で訴えた。

その後、美濃部都政*になってから、こうした無認可保育所にもようやく公的な援助措置が実現する。

＊美濃部都政　一九六七年四月の東京都知事選で、社会党、共産党が推す美濃部亮吉候補（経済学者・元東京教育大学教授）が、自民・民社両党が推す松下正寿候補らを破って当選。これを機に社会、共産両党が推した候補が首長を務める革新自治体が全国に広がった。美濃部都知事は「都政に憲法を」「東京に青空を」をスローガンに福祉重視政策を進め、一九七一年に再選、七五年に三選されたが、七九年に退任し、参院議員を一期務めた。

この時期、なぜ無認可保育所に関心を抱いたのか。結婚して子どもができたばかりだったので、若い母親や幼い子どもが置かれている社会的環境に私の関心が向かったのだろうと今にして思う。保育所不足に悩む母子に対する同情が、私を突き動かしていたのだ。それに、窮状を自分たちの力で解決してゆこうという市民の自主的、自立的な試みに何か新しい社会的な胎動を感じていたのだと思う。「市民の間に芽生えている新しい動きをいち早く伝えてゆくことは新聞記者の務めの一つ」。記者八年目の私はそう思うようになっていた。

十カ月の東京版担当の後、一九六六年七月から遊軍になった。

遊軍とは、特定の記者クラブに属さない、無任所の記者のことだ。何でもこなす、オールラウンドの記者といってもよい。もっとも、当時の遊軍記者には二通りあった。まったくフリーの記者と、何でもこなしながら、同時に特定のテーマを担当する記者だった。どちらの記者も、社会部として企画した記事や続き物の要員とされていた。

だれもが遊軍になれたわけではない。サツまわり、各省庁の記者クラブ、東京版担当などを歴任した部員の中から指名された。俗っぽい言い方になるが、遊軍とは社会部のベテラン記者の集団、と言ってよかった。

遊軍記者は特定の記者クラブに所属していないから、通常は、社会部に直接出勤した。夕刊帯は、社会部にいて、出先の記者（記者クラブ詰めの記者や、事件現場に行った記者）が電話で送ってくる原稿を原稿用紙に書き取る。受けた原稿はデスクに渡す。

夕刊帯が過ぎると、自分自身の取材のため社外へ。夕方から夜にかけて社会部にあがり、また出先記者からの原稿を受けたり、遊軍仲間で企画の相談をしたり、といった日々だった。


私がその一員になった時の遊軍には錚々《そうそう》たる花形記者がいた。疋田桂一郎（すでに故人）、深代惇郎（同）、辰野和男氏といった人びとである。

三氏はその後、いずれも一面のコラム「天声人語」の筆者（論説委員）となった。このコラムの筆者には、歴代、朝日新聞きっての名文記者が抜擢されるのが慣例だ、と私たち社会部記者の間で言い伝えられてきたが、私たちの予想通り、三氏は次々とその筆者になった。

疋田記者の名前を耳にすると、当時、私たち若手の記者はすぐ、ある記事を思い浮かべたものだ。疋田記者が担当した『新・人国記』の「青森県」の書き出しだ。


雪の道を角巻きの影がふたつ。

「どサ」「ゆサ」

出会いがしらに暗号のような短い会話だ。それで用は足り、女たちは急ぐ。

みちのくの方言は、ひとつは冬の厳しさに由来するという。心も表情もくちびるまでこわばって「あらら どちらまで」が「どサ」「ちょっとお湯へ」が「ゆサ」。ぺらぺら、くちばしだけを操る漫才みたいなのは、何よりも苦手だ。


『新・人国記』は六二年十月から、全国の朝日新聞で連載された大型企画。各県の多彩な指導的人物を紹介したものだったが、疋田記者が書いたものは「見事な文章」と社内でも評判になり、名文記者としての地位を不動のものとした。

さらに、疋田記者の名声を高めたのは『世界名作の旅』だ。これは六四年十一月から朝日新聞日曜版で始まったルポルタージュ。世界的な文学作品の舞台を記者が訪ねるという企画で、当時は、一般市民にとってはまだ海外旅行もままならない時代だったから、読者の共感を呼んだ。

疋田記者が訪ねたのは、「イーリアス」（ホメーロス）、「オデュッセイア」（ホメーロス）、「罪と罰」（ドストエフスキー）、「シベリアの旅」（チェホフ）、「夜間飛行」（サン・テクジュペリ）、「外套」（ゴーゴリ）などの舞台。私は、その端正な文章に魅了された。とくに「夜間飛行」について書いたルポにはしびれた。その書き出しをいまでも覚えている。

「雨があがった。満月であった。午後十一時、双発機がプロペラを回しはじめた。ブルターニュ行ＤＣ３機である。続いて南仏ポー行の四発ＤＣ４機が。月光に洗われて、ふとい胴体が、にぶ色にひかった。郵便機は、次々に夜空に突入していった」

深代記者も『世界名作の旅』で読者を引きつけた。深代記者が訪ねたのは、「チボー家の人びと」（マルタン・デュ・ガール）、「風とともに去りぬ」（マーガレット・ミッチェル）、「怒りのぶどう」（スタインベック）などの舞台だった。その情感豊かで華麗な文章を、私は繰り返し読んだものだ。なかでも「チボー家の人びと」の書き出しを私はいまでもそらんじている。

「手にとると、軽い、純白なわた毛だった。プラタナスの実からはじけた綿だと、教えてくれた人がいた。それが、いつ降り出したのか、無数に、吹雪のように、セーヌの川岸を乱れとんでいた。手のひらにのせ、フッと吹くと、また吹雪の中に帰っていく。その下で、ジュラニウムの花が炎のように、真赤に咲いていた。パリの夏。ジュラニウムのにおい。そのなかを歩きながら、私は『チボー家の人びと』の主人公、ジャックの青春を思い浮べた」

深代記者はその後、「天声人語」執筆中の七五年、急性骨髄性白血病で急死する。四十六歳だった。その才能と早世を惜しんで、朝日新聞社は東京・築地本願寺で盛大な葬儀を営んだ。

ともあれ、これらの花形記者に社会部にきたばかりの私は畏敬の念を抱いていた。いわば、私にとっては、近寄りがたい、まぶしいような存在だった。そんな先輩記者がいる遊軍の一員になる。「果たしてつとまるだろうか」。私は、不安と、身が引き締まるような緊張感を覚えた。

（二〇〇五年八月二十八日）

第44回 定点観測船に乗る

九月一日は「二百十日」だった。立春から数えて二百十日目にあたる日だが、ちょうどこのころが稲の開花期にあたり、しかも一年のうちで台風襲来が最も多い時期にあたるところから、農家にとっては「二百十日」は厄日、台風に警戒心を高める日となっている。今年もすでにこの日を中心にいくつもの台風が日本列島に襲来した。

私は、この日を迎えるたびに社会部遊軍時代の経験を思い出す。

社会部で遊軍になった途端、小林英司・デスク（当時次長、その後、社会部長、編集局次長を歴任）にこう言い渡された。

「君には、定点観測船に乗ってもらうから」

遊軍になったら、どんな仕事をやらされるかな、と期待していたのだが、思ってもみなかった仕事を言いわたされてびっくりしてしまった。

社会部では、この年（一九六六年）二月から、夕刊一面で新しい企画を始めていた。「生活記録シリーズ」で、記者が寝食と労働をともにしながら、過酷な自然条件と社会環境に耐えて働く人びとの生活と人間性を描き、そこに浮かびあがる問題を社会に提示しようという続き物だった。

第一回は本多勝一記者、鳥光資久写真部員による『北洋――タラ独航船の記録』、第二回が畠山哲明記者、同写真部員による『ダム』、第三回が有馬真喜子記者、工藤五六写真部員による『海女』。第四回が『定点観測船』で、その取材が私と古川治写真部員に回ってきたのだ。

社会部がこのシリーズで定点観測船を取り上げた意図は何か。社会部が作成した企画書にはこうある。少し長いが引用する。

「定点観測船観測員の生活を取り上げたいと考える。定点観測船は台風観測の最前線にあって台風や前線の動きを監視し、観測資料を気象庁に送ることを任務としている。毎年五月上旬から十一月上旬まで四国沖南方約四五〇キロの海上定点（北緯二九度、東経一三五度）に海上保安庁の巡視船『おじか』『のじま』の二隻が約三週間の交代で観測員を乗り込ませて配置につくが、観測員のこの間の勤務の苦労は、地上と違って言語に絶するものがある。小さな船、オンボロ計器、待遇は悪く、船医もいない。荒天と怒濤にもまれ、血ヘドを吐きながら苦闘する観測員を支えているのはただ国家的使命感だけである。極めて悪条件に直面するだけに、これまで定点観測船に新聞記者が同乗したことはないが、台風シーズンを控え、あえて同船に乗り組み、台風にもまれながら観測員と起居行動をともにし、その生活と意見、苛烈な生活環境などを強い実感のもとに描き出すことは読者にとっても興味深いものと考える」

血ヘドを吐くほどの気象観測の最前線に記者を派遣する。何で私が選ばれたのか、社会部からは説明がなかったが、おそらく、まだ若くて体が丈夫だから指名されたのだろう、と私は考えた。「これは大変な取材になりそうだな」と緊張したが、その一方で、「人生って、不思議な巡り合わせもあるもんだな」との感慨にふけったものだ。というのも、気象観測はそれまでの私にとって縁の深い分野だったからである。

私は中学校のクラブ活動では「気象班」に属し、気象観測に没頭した。高校に進むと「天文部」に入り、気象観測に携わった。したがって、定点観測船の存在は知っていた。それに乗船することになるとは。

古川写真部員と私が乗った塩釜海上保安部所属の巡視船『おじか』はこの年七月二十九日、東京を出港。『おじか』は八六一トン。乗組員は海上保安庁から和田実船長以下五十二人、気象庁から鶴岡保明気象長以下十六人、合わせて六十八人。もちろん、男ばかり。私たちのほかに、ドクター代理として慶應大学医学部のインターン学生、中野碩夫君が乗船した。

翌三十日に〝台風銀座〟といわれる潮岬南方五百キロの海上の定点に到着。ここに漂泊して気象観測を続け、八月十六日、東京からやってきた僚船『のじま』と交代し、帰途につく。翌十七日、東京港に帰着した。

乗船期間は二十日間。この間の見聞と取材結果は九月十二日から十回にわたって、夕刊一面で連載した。タイトルは『定点観測船　台風とたたかう』。私にとっては、本紙（全国版）での初めての連載だった。

連載で何を書いたのか。各回の見出しは①台風接近　進んでシケの中へ　②シケの恐怖　船酔いなど序の口　③定点ボケ　暑さで調子が狂う　④海は単調　まるで水上刑務所　⑤トド船長　責任感の強い豪傑　⑥サレコウベの歌　遠く家族をしのぶ　⑦ドクター不在　急病人にお手あげ　⑧オンボロ計器　軽いシケでもダメ　⑨測候精神　刻一刻が真剣勝負　⑩帰港　二十日ぶりの陸地、だった。

見出しから連載の中身を想像していただけると思うが、私としては、厳しい自然条件下でお粗末な計器類を武器に気象観測に挑む気象庁職員と、それを支える海上保安庁職員の苦闘を伝えたつもりだった。世間は、華やかなことや時流に乗る人ばかりに目を向ける。が、社会を支えているのは目立たない地味な存在の人たちの下積みの労働であることを訴えたつもりだった。

三十九年前の新聞を引っ張りだして、自分が書いた連載や当時の写真をながめていたら、乗船中の体験が鮮やかに甦ってきた。

台風接近に伴う、すさまじいばかりの船のピッチング（縦ゆれ）やローリング（横ゆれ）。深い波の谷間で船が木の葉のように翻弄され、体ごと壁にぶつかったこともあった。そうかと思うと、一転して、とろりと水銀を流したようなベタなぎの海。それに、猛烈な暑さと湿気。強烈な日差しはまるで過熱した白金のようで、肌がひりひりしたっけ。観測が終わりに近づいたころ、むしょうに生鮮野菜を食べたくなったな。そういえば、新聞もテレビもなかった。ただ海と空と太陽だけの単調な生活。なのに、船内では飲酒は厳禁だったなあ……。ある夜更け、中年の観測員がつぶやいたっけ。「水上刑務所ですよ、ここは」と。

こうした体験も、いまとなっては懐かしい思い出となって甦ってくる。しかし、その一方で、当時の「苦しみ」も甦ってきて、胸を圧迫し、私を重苦しい気持ちの中に引きずり込む。

「苦しみ」とは、原稿が思うように書けないことから来る苦しみだった。なかなか思うように書けない。何度も書き直すが満足できない。頭は鉛を詰められたかのように重くなるばかり。が、締め切りが迫ってくる。ようやく、初回の原稿を書き上げておそるおそる小林デスクに提出すると、「こんなじゃだめだ」と、つっかえされた。自分の無能ぶりに絶望し、「連載を降りたい」と思った。が、今さら降りることもできず、また原稿用紙に向かった。

当時、池袋駅の近くのビルの一角に社会部の城北支局があった。私はその一室を借りて原稿を書いていたのだが、筆が進まないまま、深夜に及んだ。気がつくと、私はひとり室内をぐるぐると歩き回っていた。まるで、熊のように。ビルの外を歩いていた通行人は、室内を歩き回る黒い人影を見て、何をしているんだろうと、けげんに思ったにちがいない。

書き直しの原稿に目を通した小林デスクが言った。「大分、よくなった」。合格だった。その時、小林デスクが言い添えたことを今でも鮮やかに覚えている。

「新聞の続き物では、第一回、第二回でいかに読者の目を引きつけるかだ。つまり、第一回、第二回が勝負なのだ。そこで、読者をつかまえることができれば、第三回以降は惰性で読んでもらえる」

その後、私は続き物を担当するたびに、小林デスクのこの時の発言を反芻したものだ。

定点観測船は八一年十一月に廃止となった。富士山頂に気象観測用レーダーが設置されたり、気象衛星「ひまわり」の運用開始によって、気象庁職員の手作業による南方定点上の観測が必要でなくなったからである。こうして、一九四七年に就航した定点観測船は三十四年間に及ぶ歴史に終止符をうった。

（二〇〇五年九月五日記）

第45回
民主団体担当となる

一九六六年九月。定点観測船乗船ルポを書き終わって社会部の遊軍席でぼーっとしていると、伊藤牧夫部長が近づいてきて言った。「岩垂君、きみにも特捜班に入ってもらうから」

伊藤氏は私が社会部に来てから四人目の部長だった。この年の七月、社会部次長から部長に昇進したばかり。新しく部長ポストについた人はだれでも意欲的な新機軸を打ち出してみたいらしく、伊藤部長も例外でなかった。その新機軸の一つが「特捜班」の創設だった。

当時の社会部はあらゆる事件、事故、問題に対応できるよう部員を配置していた。つまり、何が起きても即座に対応できるような態勢を常時、敷いていた。そうした態勢は社会部として絶対欠かせないものであったが、そのことは半面、特定の問題を重点的かつ徹底的に掘り下げるという点では薄手、ということでもあった。そこで、伊藤部長としては、少数の遊軍記者で特別捜査班みたようなグループをつくり、彼らをして特定のテーマを深く掘り下げさせる。そのことによって社会面をより活発化かつ重厚なものにしたい、と考えたようなのだ。

伊藤部長は、社内では、遊軍記者時代に底辺労働者が集まる東京・台東区山谷《さんや》の簡易旅館街に泊まり込み、その実情をルポしたことで知られていた。私には、特捜班をつくって特定のテーマを重点的に掘り下げるという行き方は、いかにも伊藤部長らしい好みに思われた。

特捜班のメンバーに指名されたのは遊軍記者五人だった。高木正幸（その後、編集委員。故人）、角田昌和（同、西部本社通信部長、長崎文化放送会長などを歴任）、中川昇三（同、社会部長、名古屋本社編集局長などを歴任。故人）、下田尾健（同、アサヒタウンズ社長）の各記者と私。担当デスクは竹内広・次長。

それぞれが担当分野をもたされた。高木記者は大学関係、角田記者は人権問題、中川記者は政界の〝黒い霧〟事件だったように記憶する。私は「民主団体」をカバーするように命じられた。

「民主団体」。今ではすっかりすたれてしまった言い方だが、当時は、革新系の大衆団体のことをそう呼んだ。「革新系」という呼称もいまや死語となってしまい、理解できない人も多いにちがいない。となると、「革新系」から説明しなくてはなるまい。

当時、日本社会党（社民党の前身）、同党と友好関係にあった、労働組合のナショナルセンターの総評（日本労働組合総評議会。すでに解散）、日本共産党などをひっくるめて「革新」、あるいは「革新勢力」「革新陣営」と呼んだ。

革新の中核は社会党と総評だった。両者をひっくるめて「社会党・総評ブロック」といった。社会党を人的にも財政的にも支えていたのは総評だったから、社会党は「総評政治部」とさえ言われていた。なにしろ、「むかし陸軍、いま総評」とまで言われた総評である。それほど、その影響力は強大であった。

その社会党は六三年の総選挙では四六七議席中一四四議席を獲得し、衆院で三〇％の地位を占めた。一方、共産党のこの時の獲得議席は五つだった。

要するに、こうした社会党、総評、共産党を中心とした勢力の傘下にあった、あるいは友好的な関係にあった大衆団体を「民主団体」と呼んだのだった。

具体的には、労働団体、平和運動団体、国際友好団体、学生・青年団体、婦人団体などのうち、革新系とみられる団体をそう呼んだ。当時はまだ「市民団体」という呼称はなく、「市民団体」の呼称が一般化するのはずっと後のことである。

ともあれ、私が足を運ぶことになった「民主団体」は、原水爆禁止日本協議会（原水協、共産党系）、原水爆禁止日本国民会議（原水禁、社会党・総評系）、核兵器禁止平和建設国民会議（核禁会議、民社・同盟系）、日本原水爆被害者団体協議会（日本被団協）、日本平和委員会、憲法擁護国民連合（護憲連合）、沖縄返還要求国民運動連絡会議（沖縄連）、日中友好協会、日朝協会、日ソ協会、日ソ親善協会、日本ベトナム友好協会、ベトナムに平和を！市民連合（ベ平連）、日本アジア・アフリカ連帯委員会、全日本学生自治会総連合（全学連）など。

つまり、核兵器禁止、被爆者救援、反戦平和、日米安保条約反対、基地反対、沖縄返還、憲法擁護、国際連帯などの運動を進める大衆団体の取材を一手に引き受けることになったのだった。

それればかりでなかった。伊藤部長にこう指示された。「共産党も回るように」と。

それまで、「朝日」で共産党に関する記事を書いていたのは、専ら警視庁記者クラブ詰めの公安担当記者か、警察庁記者クラブ所属の記者だった。記者が、いわゆる「公安情報」に基づいて書いていたのだ。これは、「朝日」だけでなく、他の新聞社も似たり寄ったりだったと思われる。つまり、そのころの新聞界には「共産党担当記者」はいなかったのだ。

なぜ、こんな不正常なことがまかり通っていたのか。報道側の姿勢にも問題があったが、戦後の日本共産党の軌跡も影響していたとみていいだろう。

日本が連合国の占領下にあった一九五〇年一月、コミンフォルム（ヨーロッパ各国共産党の情報連絡機関）が戦後の日本共産党の指導理論であった「占領下平和革命論」（野坂理論）を「マルクス・レーニン主義とは無縁」で「占領者アメリカ帝国主義を賛美するもの」と非難する論評を発表した。同党政治局はこの論評をめぐって意見が対立。宮本顕治、志賀義雄氏は論評受け入れを主張したが、徳田球一、野坂参三らはこれに反対し、結局、多数決で「論評は受け入れがたい」との「所感」を発表。ところが、その後の拡大中央委員会で論評受け入れを決め、野坂は「自己批判」を発表した。

対立は、この年六月に連合国軍最高司令官マッカーサーが同党中央委員二十二人全員を追放したことで決定的になる。徳田、野坂ら主流派（所感派）の中央委員が宮本氏ら反主流派（国際派）を置き去りにして地下にもぐってしまったからだ。かくして中央委員会は分裂。これが、いわゆる「五〇年分裂」である。

分裂のなか、主流派は第五回全国協議会（五全協）を開いて「日本共産党の当面の要求――新綱領」（「五一年綱領」）を採択する。それは、当面の革命を「民族解放民主革命」とし、それを「平和の手段によって達成されると考えるのはまちがい」としていた。いわば、暴力革命唯一論に立ったものだった。こうした極左冒険主義に基づき、主流派は全国各地で火炎びん闘争を繰り広げる。しかし、こうした過激な闘争は国民の反発を買い、四九年の総選挙で三十五議席を得ていた同党は五二年の総選挙でいっきに議席ゼロになってしまう。国民から見放されたのだ。

こうした経緯から、同党は分裂以来、ジャーナリズムの上では「取り締まられる団体」に位置づけられてしまい、同党に関するニュースは、専ら警視庁公安部を担当する記者や警察庁を担当する記者が書く、といった事態が続くことになってしまったのである。共産党側も新聞を「ブル新（ブルジョア新聞）」と呼び、相手にしようとしなかった。いや、むしろ、「新聞は権力の手先」と敵愾心を燃やしていたようだ。

伊藤社会部長は言った。「共産党もれっきとした政党の一つだ。としたら、ちゃんと正面からじかに取材すべきで、警察の情報に基づいて書くというのはおかしい」

伊藤部長がそう思うようになった背景には、共産党の活動に変化があり、部長自身もそれを感じ取っていたのではないか、と思う。すなわち、分裂から五年後の五五年に第六回全国協議会（六全協）が開かれ、同党は統一を回復する。私が同党をフォローするよう命じられた時、その六全協から十一年もたっていた。この間、同党は五八年の第七回大会で宮本顕治氏を書記長に選出、六一年の第八回大会では宮本書記長の主導で新綱領を採択するなど、同党は「宮本体制」を確立していた。すでに紹介したように衆院の議席も五人に回復していた。

そんなニュー共産党の取材を私は命じられたのだ。

ところで、政党といえば、共産党だけに出入りするようになったわけではなかった。東京・三宅坂にあった社会党の国民運動部もよく訪ねた。また、国鉄浜松町駅近くの大門にあった総評の国民運動部にも足を運んだ。すでに述べたように、どちらも、革新系の大衆団体と関係が深かったからである。

（二〇〇五年九月十二日記）

第46回
共産党取材事始め

社会部で特捜班が発足し、その一員に指名されて民主団体担当になった私は、一九六六年九月、東京・千駄ヶ谷にある共産党本部を訪ねた。「こんど、共産党を担当することになったからからよろしく」とあいさつするつもりだった。

みるからに古い木造の二階建て。その玄関を入ると、来客用の待合室のようなやや広い部屋があった。受付で来意を告げると、受付にいた本部勤務員らしい人物がけげんそうな顔をした。一般紙の記者が訪れてくるのは珍しかったにちがいなく、それに政治部記者ならともかく、社会部の記者なので不審に思われたのかもしれない。

随分待たされた。トイレに行きたくなったので、トイレのありかを聞いて入ると、本部勤務員らしい男性が私についてきた。私が立って用をたしている間中、男性も用をたすふりをしていた。いや、実際に用をたしていたかもしれない。いずれにしても、その男性の動作から、私は彼に監視されているように思われた。

このころの共産党が党外の人に抱いていた警戒心の一端をみた思いだった。党創立以来、この党が受けてきた過酷な「弾圧の歴史」が、同党をして外部に対し極度の警戒心を抱かせるに至ったのだろうと、私は思った。

最初の共産党に関する取材は、第十回大会の取材だった。大会はこの年十月二十四日から三十日まで、東京の世田谷区民会館と大田区民会館で開かれた。大会初日のみ報道陣に公開され、また、毎日、党による記者会見があった。各社の記者が連日つめかけた。「朝日」からは政治部の記者と私が会場につめた。

大会の模様を伝える本筋の記事、すなわち「本記」は政治部記者が書いたが、私にも出番が回ってきた。大会三日目の二十六日、大会場の世田谷区民会館に盗聴器が仕掛けられているのが発見されたからだ。「これは米日反動勢力のスパイ活動であり、民主主義の権利をおかすものだ」と、大会は総理大臣、警察庁長官などにあてた抗議を決議した。ところが、二日後にもまた盗聴器が見つかり、騒ぎが広がった。私はこれらの事件を記事にした。これらの犯人は結局、判らずじまいだった。

大会後、大田区民会館に近い料亭の池上苑で記者会見があった。大勢の報道陣がつめかけた。会見に臨んだのは野坂参三議長、宮本顕治書記長と岡正芳、土岐強、浜武司の各中央委員。専ら宮本書記長が話し、質問に答えた。

がっしりとした体軀。いかつい顔。ぶっきらぼうな口調で、にこりともしないで、必要なことだけを論理的に語る。いかにも精力的で、一度こうと決めたらてこでも動かない頑強な意志の持ち主といった感じ。敵にまわしたら手強いだろうな。それが、宮本書記長から受けた印象だった。当時、五十八歳。「この人物が宮本顕治か」。初めて宮本書記長の風貌に接した私は、大いに関心をそそられた。

五〇年代に学生運動にかかわった者なら、当時、「宮本顕治」という名前を聞くと、共産党員や共産党シンパでなくても、畏敬の念かそれに近い感慨を覚えたはずだ。そのころ、世間に知られた共産党の指導者といえば、徳田球一、野坂参三、志賀義雄、宮本顕治氏らだったが、学生や知識人の間では宮本氏の声望がとみに高かった。

それには、理由があった。まず、戦前、プロレタリア文学運動での著名な文芸評論家であったことだ。戦前の一九二九年（昭和四年）、総合雑誌『改造』が文芸評論の新人を発掘しようと懸賞募集を行った。三百余編の応募の中から一等に選ばれたのが『「敗北」の文学』で、筆者は当時、東大経済学部在学中の宮本氏だった。当時、二十歳。二年前に自殺した作家・芥川龍之介を論じたものだった。ちなみに、二等は、後に「批評の神様」と言われるようになる小林秀雄の『様々なる意匠』であった。

第二は、「非転向の闘士」であったこと。宮本氏は一九三一年に非合法下の共産党に入り、天皇制打倒、侵略戦争反対のために活動するが、一九三三年、スパイ査問事件にからんで逮捕、投獄される。が、黙秘、非転向を貫き、日本敗戦にともない、一九四五年に釈放される。獄中十二年。この間の、獄外の、妻で作家であった宮本百合子との往復書簡は戦後、『十二年の手紙』として刊行された。拷問を伴う厳しい取り調べに転向を余儀なくされた党員も少なくなかっただけに、「非転向・宮本顕治」は左翼陣営では際だった存在として注目を集めた。

それに、いわゆる「五〇年分裂」で共産党が「所感派」（主流派）と「国際派」（反主流派）に分裂したとき、宮本氏が「国際派」のリーダーだったことである。この分裂で、学生組織も二派に分かれた。学生組織の全国組織である全学連の中央グループ、東大、早大、都立大、法政大、中央大などの各大学細胞が「国際派」にはせ参じた。これらのグループ、大学細胞には宮本氏を信奉する党員が多かったからと思われる。一九五五年の第六回全国協議会（六全協）以後は、宮本氏らの国際派が党の主導権をにぎる。

というわけで、五〇年代以降、宮本氏は学生や知識人の間ではすでに伝説的な人物であった。

この時の記者会見での宮本発言で忘れられない発言がある。報道陣からの最後の質問だったと思うが、こんな質問が飛んだ。「一九七〇年の日米安保条約改定期を革命の高揚期とみる見方があるが……」。私と同じ「朝日」の社会部からきていた、警察庁記者クラブ詰めの鈴木卓郎記者からの質問だった。

宮本氏の答えはこうだった。「革命は予め時間を決めてやるものでないし、またできるものでもない。国民大衆の大部分がいまの政府に不満を持ったとき、初めて革命への条件が出てくるのだ」

今からみれば、ごく当たり前のことをいったに過ぎないではないかと思われるだろうが、当時としては新鮮に思えた。六全協から十一年もたっているとはいえ、「五〇年分裂」直後の同党の極左冒険主義に基づく火炎びん闘争の記憶はまだ完全に払拭されていなかったからである。私は思った。「宮本体制」の同党は、今は決定的な対決の時期ではないと考えているな、むしろ、極めて長期的な展望の中で革命を考えているな、と。

では、共産党が目指す革命とはどんなものだろうか。宮本書記長が主導して作り上げたとされる党綱領（一九六一年の第八回大会で採択）を読んでみた。そこには「日本の当面する革命は、アメリカ帝国主義と日本の独占資本の支配――二つの敵に反対するあたらしい民主主義革命、人民の民主主義革命である」とあり、「国会で安定した過半数をしめることができるならば、国会を反動支配の道具から人民に奉仕する道具にかえ、革命の条件をさらに有利にすることができる」としていた。

私の記憶では、この議会重視の方針は第十回大会以後、一気に強められてゆく。そのためだろう、党を挙げて「党勢拡大」への取り組みが強化されていった。その中で重視されたのが、党の路線、政策を広く大衆に知らせること、すなわち、「大量政治宣伝」だった。そのための最大の武器は、もちろん、自らの党機関紙「赤旗」だったが、一般のマスコミを〝活用〟することにも積極的になって行ったように思う。「赤旗」紙上から「ブル新」という呼び方が姿を消した。代わって「一般新聞」あるいは「商業新聞」という呼び方が登場した。

六七年五月からは、宮本書記長による定例記者会見が始まった。月一回、党本部で行われた。ただ、警察担当の記者だけはオミットだった。

そして、六八年五月一日には、共産党取材の拠点として「共産党記者クラブ」が創立された。党本部内にクラブ室が設けられた。クラブ創立に動いたのは共同通信政治部の横田球生（後に株式会社共同通信社常務取締役、故人）、毎日新聞政治部の志位素之、読売新聞政治部の飯塚繁太郎（後に政治評論家・日大教授）、朝日新聞政治部の松下宗之（後に社長。故人）の各記者と私。それに東京新聞政治部記者もいたが、氏名を思い出せない。党側の窓口は宣伝部（のちに広報部と改称)。

このころ、新聞記者の間で強くなってきていた「共産党を、公安情報に頼ることなく、じかに取材したい」という思いと、「そろそろマスコミともちゃんと付き合おうか」という党側の思惑とが一致し、それが記者クラブ誕生をもたらしたと言っていいだろう。

共産党記者クラブは、その後、思わぬ副産物を生む。

(二〇〇五年九月二十一日記)

第47回 日中両国共産党が激突へ

「一枚岩の団結」「鉄の規律」

共産党について語られる時、必ずついて回った語句だ。私が大学生、次いで駆け出し記者だった一九五〇年代のことである。大学の先輩は私にこう語ったものだ。「共産党は敵と闘うために何よりも党内の結束、団結を最優先にしているんだ。党内が乱れていると、敵に乗ぜれるからな。そのために、党員には党の方針には無条件で従えという厳しい規律を求めているんだよ」。その先輩は当時、あるいは党員だったかもしれない。

「一枚岩の団結」。それは国内の党組織ばかりでなく、各国の共産党間でも貫徹している原則だと、その先輩は言った。つまり、国際共産主義運動でも貫徹されるべき原則とのことだった。「各国の共産党は、もともとコミンテルン(共産主義インターナショナル)の支部として創立されたものだし。共産党のスローガンも言っているじゃないか。万国の労働者！　団結せよと」

そんな経験があったものだから、社会主義国同士のソ連と中国がけんかを始めた(いわゆる「中ソ論争」)と聞いたとき、とても信じられなかった。これは米国政府による謀略宣伝にちがいない、と思ったほどである(後になって分かったことだが、一九五七年ころから、両国共産党間で意見の対立が始まっていた)。

したがって、共産党取材を始めた一九六六年九月、日本共産党と中国共産党が対立関係にあると知った時、とても驚いた。にわかに信じられなかった。なにしろ、共産党同士は「一枚岩の団結」で堅く結びついているに違いないと思っていたし、ましてや日本共産党が日本帝国主義の中国侵略には一貫して反対したこともあって日中両党は戦前から深い付き合いがあり、戦後もとても友好的な関係にあったからである。このころ、日中両国はまだ国交を正常化しておらず(正常化が実現したのは一九七二年)、中華人民共和国成立以来、日中両党を結ぶパイプが、日中友好を促進するうえで重要な役割を果たしてきたと言ってよかった。

それは、私が担当することになった「民主団体」の分裂という形で表面化した。

まず、日中友好協会がこの年十月二十五日開かれた常任理事会で、日本共産党支持派の「日中友好協会」と中国支持派（日本共産党から除名されたり、離党した人たちや社会党左派が中心）の「日中友好協会正統本部」に分裂した。

次いで、日本アジア・アフリカ連帯委員会でも、中国支持派と日本共産党支持派が対立し、中国支持派が脱退して「アジア・アフリカ人民連帯日本委員会」を結成。また、日本ジャーナリスト会議では、小林雄一議長と一部会員が脱退して「日本ジャーナリスト同盟」を結成した。日本共産党系とみられていた新日本婦人の会でも、両派が対立、中国支持派が飛び出した。

さらに、大衆団体ではないが、中国系の通信社が日本共産党系の社員を解雇したり、別の通信社で中国支持派の社員が退社して別の通信社をつくるといった騒ぎが続いた。社団法人中国研究所は、平野義太郎・前理事長ら九人の所員を「反中国的な行動があった」として除名した。日中貿易にも波及し、日本共産党系の商社の北京駐在員が中国側から退去を求められた。つまり、日中貿易から閉め出されたのだった。

事態はさらに〝事件〟にまでエスカレートする。

六七年三月一日から二日にかけて、東京都文京区の善隣学生会館で、在日中国人学生と日本共産党支持の「日中友好協会」系の人々が衝突、双方にけが人が出た。騒ぎは警視庁機動隊が出動したことで収まった。

同会館は在日中国人学生の住居や日中友好団体の施設として使われていたのだが、会館の一角に「日中友好協会」の事務局があったことが騒ぎの原因。中国人学生側が「中日友好を妨害するものが会館にいることは道理に反する」との壁新聞を張り出すと、協会側が撤去を要求し、激しくやり合った。その後、籠城中の協会員に連絡を取ろうとした日本共産党系の集団と、これを阻もうとする中国人学生が、竹ザオや鉄棒で乱闘、重軽傷者三十人を出す惨事となった。

「日中友好協会正統本部」は「これは反中国活動を強化している日本共産党の計画的、組織的な暴力である」との声明を発表すれば、「日中友好協会」は「中国人学生と、これに盲従する日中友好協会の脱走分子が事務局に押し入り、事務局員を不法監禁し、暴行を加えたのが真相」と反論、対立は深まった。

善隣学生会館にも取材に行った。かつて親密な友好の絆で結ばれていた「日中」の関係者が険しく敵対しているのを見て、なんとも気が重かった。

民主団体の分裂や、善隣学生会館事件は、いわば前哨戦だった。これを機に日中両党は一気に公開論争に入る。善隣学生会館事件から一週間後、中国側の北京放送と人民日報は「日共修正主義分子は善隣学生会館になだれこみ、華僑青年と日本の友人を殴打する流血事件をつくりだした」「事件は完全に日共修正主義分子が計画的、組織的につくりだしたもの」と非難。これに対し、日本共産党側も「事件は中共の極左日和見主義、大国主義分子による計画的、組織的な干渉と破壊活動のしくまれた一環」と反論した。ちなみに、当時、中国では「文化大革命」が始まり、紅衛兵の登場とその行動が世界の注目を集めていた。

その後も日中の応酬が続き、この年八月には、日本共産党が北京に駐在していた同党代表と「赤旗」特派員を帰国させる。同党の発表によると、その際、二人は北京空港で紅衛兵らから集団暴行を受けたという。かくして、両党関係は完全に断絶する。

論争の中で、中国側が日本共産党をアメリカ帝国主義、ソ連修正主義、日本反動派と並ぶ「四つの敵」の一つと規定するに至る。一方、日本側は「(中国の)毛沢東一派は、わが党と日本の民主運動をかれらの大国主義的支配下におき、日本国民の運命をかれらのもくろみに従わせようとする野望があった。毛沢東一派の大国主義的野望は、新植民地主義の一種であり、さしずめ〝社会植民地主義〟とでもいうべきもの」(六八年四月五日付「赤旗」)と断じた。

両党による論争はまことに激しかった。まさに、「すさまじい」の一語に尽きた。原理原則を重視する共産党同士のけんかだからか。それとも、人間の世界では、それまで親密な関係にあった者同士がいったん不仲になると、それまでの友好関係が深ければ深いほど、相手方への憎しみも深いものなのか。そんな思いに駆られたものだ。

(二〇〇五年九月三十日記)

第48回
自主独立路線に至る道

それにしても、友好関係にあった日中両国共産党がなぜ関係断絶に至ってしまったのだろうか。その背景には、中ソ対立とベトナム戦争が濃い影を落としていたと言っていいだろう。

社会主義陣営の二大巨人、ソ連と中国の団結にひびが入ったのは一九五七年ころと言われている。仲が悪くなった原因は核問題だったとされる。その後、中ソ関係は極秘のベールに包まれたまま悪化の一途をたどる。

六〇年にはモスクワで八十一カ国共産党・労働者党代表者会議が開かれ、国際共産主義運動の方向を示す「モスクワ声明」が採択された。ここでも中ソの意見の違いが露わになり、「声明」そのものが中ソの妥協の産物だった。

が、対立はこれでも収まらず、翌六一年のソ連共産党大会でフルシチョフ第一書記がアルバニアの指導者を「わが党の路線に反対した」と非難、これを不満とした中国共産党代表の周恩来副主席が席を蹴って帰国する。これにより中ソの対立が初めてだれの目にも明らかになった。

その後、論争は激化する。テーマも、戦争は可避か不可避か、核兵器、帝国主義との闘争、平和共存、社会主義への移行の形態など、国際共産主義運動のあり方にかかわるものとなってゆく。その結果、ついに中国共産党がソ連共産党指導者を「修正主義者、分裂主義者」と決めつけ、一方、ソ連共産党は中国共産党指導部を「小ブルジョア的、民族主義的、ネオ・トロツキスト的偏向」とやり返す。世界は対決の激しさに驚き、国際政治が不安定になるのではないかとおそれた。

こうした中にあって、各国の共産党・労働者党は中ソどちらかにつくことを余儀なくされた。中国派とソ連派に分かれさせられたのだ。しかし、ベトナム共産党、朝鮮労働党（北朝鮮）、日本共産党などごくわずかの党は、どちらにもつかず、中ソ論争に「不介入」の態度をとり続けた。

しかし、その日本共産党も中ソ論争の激浪に巻き込まれる。

きっかけは部分的核実験禁止条約問題だった。この条約は六三年八月に米英ソ三国により調印されたもので、大気圏内の核実験を禁止するものだった。地下核実験は除外していた。中国は条約反対を表明。日本共産党も反対を決めた。

なのに、ソ連共産党が日本共産党に条約支持を求めたことが、両党の対立を招いた。そのころ、私はまだ共産党の取材を担当していなかった。後年、日本共産党の西沢富夫・常任幹部会委員は私に語ったものだ。「ソ連側が条約への支持を、わが党とわが国の民主運動に押し付けてきた。これが、両党の関係が悪化した原因だった」

両党会談が行われたが、もの別れとなった。ところが、六四年五月、衆院本会議で同条約批准案の採決があり、共産党議員のうち志賀義雄議員（当時、幹部会員）だけが党の決定に従わず賛成票を投じた。その夜のモスクワ放送は志賀議員の声明を放送。これに対し、日本共産党は中国に滞在中だった宮本顕治書記長が急きょ帰国し、中央委を開いて志賀議員と、参院で賛成投票すると表明した鈴木市蔵・幹部会員を除名処分とした。

これを機に、日ソ両党は公開論争に入る。ここに両党の関係は断絶する。このあおりで日ソ協会が分裂し、ソ連支持派は日ソ親善協会を発足させる。両党が和解するのは、四年後の六八年二月のことである。

一方、日中両党の対立のきっかけは、ソ連をベトナム支援の「反帝国際統一戦線」に加えるかどうか、をめぐってだった。

当時はベトナム戦争が激化しつつあった時期。ベトナムは南北ベトナム両国に分かれていて、南ベトナム解放を目指す南ベトナム民族解放戦線と、それをバックアップする北ベトナムが、アメリカと南ベトナム政府を相手に戦っていた。六五年には、米軍機による北ベトナム爆撃が始まり、ベトナム戦争はさらに拡大の一途をたどる。「中ソ論争」下にあったソ連も中国も、それぞれ別個に北ベトナム・南ベトナム解放戦線への本格的な援助に乗り出した。

日本共産党は六六年二月から四月にかけて、宮本書記長を団長とする代表団を北ベトナム、中国、北朝鮮へ派遣した。目的は、ベトナム支援の国際統一戦線の構築を各党に呼びかけるためだった。その国際統一戦線の陣立てについては「ソ連がアメリカの侵略に反対し、ベトナムを支援する立場にたつならば、ソ連を国際統一戦線、統一行動にふくめるのは当然」（日本共産党中央委員会出版局が二〇〇三年に発行した『日本共産党の八十年』）との立場に立っていた。

ベトナム共産党、朝鮮労働党との間では合意に達したが、中国側とは合意に達しなかったばかりか、公然対立を招くことになる。

『八十年』によると、中国の党との会談では、まず劉少奇を団長、鄧小平を団員とする代表団が出てきて、米国とソ連を共同の敵とする路線を主張し、ソ連を含めて全世界の反帝勢力の団結をはかる考え方に反対し、意見の一致はえられなかった。が、その後、中国側から共同コミュニケを作成したいとの提案があり、再度、会談が行われた。この時、中国側の代表団長は周恩来に代わっていた。会談の結果、一致点にもとづく共同コミュニケが作成された。

ところが、三月二十八日、帰国直前の日本共産党代表団と会談した毛沢東が、共同コミュニケがソ連を名指しで批判していないことなどをあげて、共同コミュニケやそれに同意した中国側の会談参加者を非難し、コミュニケの書き換えを求めた。日本側はこれに同意せず、反論。その結果、共同コミュニケは毛沢東によって破棄されたという。

後年、宮本書記長の口から、会談の内幕を聞いたことがある。六八年六月五日の記者会見での席だ。「最終段階になって毛沢東からいちゃもんがつき、だめになった。毛沢東の方が、何もなかったことにしてくれ、といった。共産党代表会談では前例のないことである。周恩来は小回りがきく。変わり身の早い男だ」

この会談に同席した日本共産党代表団の一人によると、会談の席上、毛沢東は「北京の連中は軟弱だ」と述べたという。この日、毛沢東は「資本主義復活の道を歩む実権派打倒」の名のもとに紅衛兵を動員して党と政府の指導部を転覆し、毛沢東派の専制支配を目指す闘争を始めた。その後中国を十三年にわたって動乱の巷と化す「文化大革命」の発動であった。

当時、この会談決裂の事実は公表されず、両党とも沈黙を守っていた。しかし、やがて、この会談決裂——意見の対立が、原水爆禁止運動や日中友好運動、日中交流の舞台で噴き出し、ついには両党による公開論争、関係断絶へと進んでいった。

「世界の数ある共産党の中でも、ソ連と中国という二つの大きな党と正面きってけんかしたのはわが日本共産党だけ。弱い党だったら、とうにつぶされていますよ」。当時、「赤旗」記者だった党員が私にもらした感想だ。

毛沢東との会談が決裂してから約七カ月後、中国共産党との対立がまだ公然化していなかった六六年十月に開かれた日本共産党第十回大会は、党規約を改正して「すべての党員は……日本革命に責任を負う自主独立の党、その一員としての立場を堅持し」との新たな一節を加えた。いわば、同党として自主独立路線を明確にしたといってよかった。以後、新聞記者の間では「日本共産党は第十回大会で、他の国の共産党の言いなりにならない自主独立路線を確立した」と言われるようになる。

日中両党の対立と断絶は日中友好運動に深刻な影響をもたらした。両党の関係が正常化されたのは九八年のことである。宮本・毛沢東会談以来、実に三十二年ぶりのことだった。

（二〇〇五年十月十日記）

第49回 共産党幹部の素顔

マスメディアに門戸を閉ざしていた日本共産党も、共産党記者クラブが出来たことで、党幹部もその素顔を次第にマスコミにさらすようになった。

共産党記者クラブの設立総会は一九六八年五月一日午後四時から、東京・千駄ヶ谷の共産党本部で行われた。この日が選ばれたのは、この日が第三十九回メーデーにあたったからだと記憶している。

クラブには新聞、通信、放送二十二社の五十二人が加盟した。総会後、共産党側からの参加者を交えて設立記念パーティーが開かれた。

共産党からの参加者は二十三人だった（肩書きはその当時のもの）。

宮本顕治・書記長、袴田里見・常任幹部会員、岡正芳・常任幹部会員、春日正一・幹部会員、米原昶・幹部会員、下司順吉・幹部会員候補、藤原隆三・幹部会員候補、市川正一・書記局員、茨木良和・書記局員候補（選挙対策部長）、上田耕一郎・書記局員候補（第一政策委員長）、金子満広・書記局員候補（統一戦線部長）、諏訪茂・書記局員候補、豊田四郎・書記局員候補（宣伝部長）、浜武司・書記局員候補（赤旗編集局長）、不破哲三・書記局員候補（第一政策委員会副委員長）、宮本太郎・中央委員候補（宣伝部副部長）、松本善明・代議士、紺野純一・赤旗編集局政治部長、樋口見治・赤旗編集局日曜版編集長、五明英太郎・国会議員団事務局長、小笠原貞子・婦人部副部長、ほかに宣伝部員ら二人。

当時の共産党で、党運営の実権を握っていたのは常任幹部会だった。メンバーは、野坂参三議長、宮本書記長、袴田里見氏、岡正芳氏の四人。

野坂議長は、新聞記者の間では党の象徴的存在といわれていたから、常任幹部会の実質的なメンバーは宮本書記長を頂点に、袴田、岡の三氏だったといってよい。その三人が記者クラブ設立記念パーティーに姿をみせた。共産党が、記者クラブの発足を重視していたことの表れ、とみていいだろう。

また、宮本書記長は第十回党大会（六六年十月）で、三十代から四十代の若手を積極的に幹部に登用した。この時、理論・政策面、選挙対策、労働組合対策、他党や他団体との統一戦線といった重要な部門の要職に新たに登用されたのが、市川正一、茨木良和、上田耕一郎、金子満広、諏訪茂、浜武司、不破哲三の各氏らだった。

共産党が、これらの若手のほとんどを記者クラブ設立記念パーティーに出席させたたところにも、共産党の記者クラブに寄せる期待の大きさを感じさせた。共産党側には、これらの若手を共産党の次代を担う幹部として報道機関に売り込みたい、という狙いもあったろう。

六九年一月には、東京・代々木の料理屋で共産党記者クラブの一部クラブ員と共産党幹部との懇親会があった。党側からの出席者は宮本書記長、不破書記局員候補、浜赤旗編集局長、豊田宣伝部長ら五人だった。

さて、記者会見や共産党記者クラブとの付き合いを通じてマスコミにその素顔をさらすようになった同党幹部から受けた印象はどんなものであったか。

野坂参三議長は、当時、七十代半ば。オールバックのロマンスグレー。わずかに口ひげをはやし、太いフレームの眼鏡をかけていた。ハイカラな慶應ボーイの面影を残した風貌で、いかにもインテリの紳士という印象を与えた。しかも、身なりはいつもきちっとしていて、「端正な」という表現がぴったり。終始、穏やかな物腰で、話す時も、静かに、諄々と説くような口ぶり。「戦前からの共産党の闘士」というイメージからは遠かった。「ああ、この人が、敗戦直後、中国から帰国したおりに国民から熱狂的な歓迎を受け、さらに、〝愛される共産党〟を唱えたことから人気を集めた野坂参三か」。野坂議長を間近に見ることができた私は、そう思ったものだ。もっとその波乱に満ちた生涯を知ってみたいと思い、自伝の

『風雪の歩み』（新日本出版社刊）を購入して読んだ。

それだけに、野坂氏が九二年に党から除名されたのには心底から驚いた。当時、百歳。『日本共産党の八十年』には「ソ連解体後、ソ連共産党の秘密資料が公開され、かつて党指導部にいた野坂参三にかかわる一連の疑惑が報じられました。調査の結果、野坂が、戦前、コミンテルンで活動していた山本懸蔵らを敵につうじた人物とする立場の告発をおこなって、無法な弾圧に加担したこと、そして、戦後、日本に帰国した後も、ことの真相を隠す工作までおこなって党と国民をあざむいてきたことがあきらかとなり、野坂もこれらの事実をみとめました」「ソ連側の資料によって、野坂が日本への帰国にあたってソ連共産党への内通となっていたこともあきらかになりました」とある。

マスコミに弁明の手記を発表することなく、翌九三年に亡くなった。

宮本書記長の初印象はすでに述べたが、共産党記者クラブ発足のころ、私とともに共産党を担当していた政治部の記者が、当時、私に語ったことをいまでも覚えている。「日本の政治家で政治家としての迫力を感ずるのは、佐藤栄作と宮本顕治だな」。宮本氏は当時、六十歳直前。気力、体力のほか、政治家に不可欠な判断力、洞察力、決断力、情報収集力といった面で充実していたということだろう。

常任幹部会員の袴田里見氏は、ちょびひげがトレードマークで、色浅黒く、痩身。高小を卒業後、労働運動に入り、やがて非合法下の共産党の活動へ。宮本書記長とは戦前からの盟友で、いわゆるスパイ査問事件で宮本書記長とともに逮捕され、敗戦まで獄中にあった。戦後、共産党が「宮本体制」と呼ばれるようになってからは、実質的にナンバー2の地位にあって、党内ににらみをきかせてきた。当時、六十代前半。

その袴田氏が後年、なんと党を除名になったのだから、私は驚いた。七八年初頭のことである。

『日本共産党の七十年』（新日本出版社刊）によれば「袴田は、七六年十二月の総選挙直後の常任幹部会会議で、突然、党と党指導部を攻撃したが、まもなく、規律違反問題が明らかになってきた。調査過程で、袴田が以前から党にたいする誹謗中傷を無規律におこない、党中央に反対する同調者をつくる分派活動をおこなっていた事実、さらに重大な規律違反として、党にかくれて七七年一月、ソ連共産党中央委員会（当時、日本共産党への覇権主義的干渉の全面中止と両党関係の回復をめぐって緊張した交渉がおこなわれていた）に個人的使者を送っていた事実などがあきらかとなった。党は古い幹部である袴田に反省の機会をあたえ、その晩節をまっとうするよう努力をつくしたが、袴田は、党に打撃をくわえようとして、七七年十二月、ついに反共週刊誌に党を誹謗する〝手記〟を発表するに至った」という。

反共週刊誌とは「週刊新潮」のことだ。手記のタイトルは

『昨日の同志』宮本顕治―真実は一つしかない―』

袴田氏の言い分はこうだった。「僕はあくまでも正しい党の発展を願っているんだが、党内は意見を発表する場を奪われてしまった。残された方法は、僕の怒りや反論を公表して一般党員や働く大衆の判断を仰ぐことしかない」「おととしの十二月の党常任幹部会で僕が発言した時から、宮本との意見の食い違い決定的に党内で表面化したんだが、あの時、おろされても構わないと思って僕は意見を言った」「宮本が『赤旗』拡張一本ヤリであるために、党員は疲れ切って足が重くなっている。……足が重くなると大衆運動に力が入らなくなる。……共産党が依拠しなくてはならない勢力のなかで、われわれへの信頼が減っている、という事実がある」「今の宮本体制に党内民主主義はありません。僕よりも宮本のほうこそ党規約を尊重していない。踏みにじっている」（七八年一月十七日付朝日新聞の「わたしの言い分」）

袴田氏が手記の中で、スパイ査問事件に触れ、「スパイ小畑を殺したのは、宮本である」と述べたことも反響を呼んだ。スパイ査問事件とは、共産党が非合法時代だった一九三三年（昭和八年）に、宮本、袴田氏らが小畑達夫ら二人の党員を警察に通じているスパイとして査問し、小畑が急死した事件。共産党はこれを「内因性の急性心臓死とみられる不幸な急死」（日本共産党中央委員会『日本共産党の七十年』）としてきたが、袴田氏はこれを否定、査問の状況を説明して、宮本氏が小畑を殺した、とした。これに対し、共産党側は「彼が病的に逆上していることを示すだけで、まともにとり上げるほどのものではない」「反共的妄想」と反論した（七八年一月二十六日付「サンケイ」）。

「赤旗」による袴田批判はすさまじかった。それを読みながら、戦前からの長い盟友関係の決裂は、共産党の組織原則である「民主集中制」に起因するものか、それとも当事者それぞれの人間性（個性）によるものなのか、と考え込んでしまった。

常任幹部会員の岡正芳氏は、当時、健康がすぐれないとかで、党外にあまり顔を出さず、いわば奥に引きこもった形だった。新聞記者からみると、地味でとっつきにくいタイプだったが、党内では理論や政策立案の面での専門家として評価が高かった。同党が綱領をつくる時、宮本書記長のもとにあって功績があったとされ、そんなこともあって、新聞記者たちは同氏を〝綱領の番人〟と評した。東大在学中から無産運動に入ったというから、活動歴は長い。

幹部会員の春日正一氏は当時、六十代前半。引き締まった体軀で、色浅黒く白髪。笑顔はにこやかだが、その風貌は芯の強さを感じさせ、いかにも風雪に耐えてきた老闘士といった印象を与えた。それもそのはず、労働者の出身で、戦前の一九二八年の入党、同年の３・１５事件（共産党への大規模な弾圧事件）で検挙されたという経歴の持ち主だった。

同じく幹部会員の米原昶氏は物静かな巨漢。おうようとした身のこなしは育ちのよさをうかがわせた。聞くところによると、鳥取県の大地主の御曹司とのことだった。旧制一高在学中に学生運動を理由に退学処分となる。戦後、共産党の中央委員、書記局員となり、一九五九年から六一年まで、チェコスロバキアの首都プラハに派遣される。そこで、国際的な共産主義運動の雑誌『平和と社会主義の諸問題』の編集にあたった。『嘘つきアーニャの真っ赤な真実』で大宅壮一ノンフィクション賞を受賞するなど大活躍中の作家、エッセイストの米原万里さんは、長女である。

（二〇〇五年十月十七日記）

第50回 続・共産党幹部の素顔

戦後の日本共産党で、宮本顕治氏が党の実権を握るのは、一九五八年の第七回党大会からと見ていいだろう。この大会で、宮本氏は書記長に選出されている。そのころの共産党では、最高クラスのポストといえば中央委員会議長、書記長だったが、実質的なトップは書記長だった。三年後の六一年の第八回党大会では、宮本書記長の主導により党綱領が採択され、宮本氏の地位は不動のものとなる。いわゆる「宮本体制」の開始であった。

かくして党の実権を握った宮本書記長は、さらなる党勢の拡大・強化をねらって、六六年の第十回党大会で三十代から四十代にかけての若手を重要ポストに抜擢する。今風の言い方をするならば、さしずめ〝宮本チルドレン〟ということになろうか。それは、以下のような人たちだった（肩書きは第十回大会直後のポスト）。

市川正一・書記局員（労働組合部長代理）、茨木良和・書記局員候補（選挙対策部長）、上田耕一郎・書記局員候補（「前衛」編集責任者）、金子満広・書記局員候補（統一戦線部長代理）、諏訪茂・書記局員候補、浜武司・書記局員候補（「赤旗」編集局長代理）、不破哲三・書記局員候補（中央機関紙編集委員会）、工藤晃・中央委員候補（経済調査部長）

市川正一・書記局員は旧制工専卒で、国鉄労組出身。選挙対策部長を二期にわたって歴任するなど、選挙対策のベテラン。腰が低く、だれにも如才がなかった。京都府生まれのせいか、柔らかい関西弁が印象に残る。

茨木良和・書記局員候補は旧制大分高商卒。九州や中国、関西で活動していたが、党本部の選挙対策部へ。市川正一選挙対策部長のもとで副部長をつとめ、地方議会における共産党進出の立役者と言われていた。

上田耕一郎・書記局員候補は、東大経済学部時代は学生運動に従事。卒業後は、結核で療養のあと、東京・中野区の共産党系の地域紙「中野新報」の記者となる。五五年の六全協（第六回全国協議会）後、大月書店から『戦後革命論争史』を出版し、左翼論壇にデビューする。これは、実質的に弟の不破哲三氏（本名・上田健二郎）との共著で、左翼論壇で大いに注目を集めた（もっとも、上田氏はこれを「全体として党活動と党史を清算主義的にみる誤りをおかした」として、六四年の第九回党大会後に絶版措置をとる）。以来、党内外で理論家として知られるようになり、六四年から党本部勤務となる。第十回大会当時は三十九歳。

金子満広・書記局員候補は群馬県の生まれで、国鉄の機関車の機関士をしていた。戦後に入党し、同県下で活動していたが、六一年に党本部の統一戦線部副部長に抜擢された。

諏訪茂・書記局員候補は東京都庁に給仕として就職し、都職労の役員をつとめた。あまり表面に出たがらず、地味な印象を与えたが、事務能力に長けた実務家、との評判だった。党の庶務的なことをやっているようだった。

浜武司・書記局員候補は逓信講習所卒。京都の郵便局、大阪の中央電信局に勤務した後、全逓信従業員組合中央執行委員として活動するが、レッドパージにあう。小柄。まるで豆タンクのような体軀で、気さくで人なつっこいタイプ。後に東京都委員長。

不破哲三・書記局員候補は、東大理学部出身。東大では、学生運動にかかわったが、卒業後は鉄鋼労連の書記をつとめた。その後、理論家としての実績を買われ、党本部勤務となる。第十回大会で中央委員・書記局員候補に抜擢されるが、その時、三十六歳。若い貴公子然とした風采で、新聞記者たちは〝代々木のプリンス〟と評した。「代々木」とは日本共産党のことで、党本部が国鉄代々木駅の近くにあったことから、新聞記者の間ではそう呼ばれていた。山登りが趣味、と聞いた。

工藤晃・中央委員候補は東大理学部卒。もの静かな学者タイプで、経済通といわれていた。専ら党の経済政策の立案にあたっていたようで、マスコミに登場することも多かった。

これらの若手は、その後、党のリーダーへの階段を登る。なかでも不破氏は宮本氏の後継者としての道を歩む。第十一回大会（七〇年）で新設の書記局長（書記長の宮本氏が幹部会委員長に就任したために新たに設けられた）に選出されるが、その時、四十歳。異例の昇進だった。当時、共産党担当の新聞記者の間では「宮本氏のインテリ好み・エリート好み人事」と言われたものだ。第十六回大会（八二年）で幹部会委員長。そして、第二十回大会（二〇〇〇年）でトップの中央委員会議長に登りつめた。

兄の上田氏は幹部会副委員長に就任。かくて、日本共産党は上田兄弟が実権を握る党となる。兄弟の父はアナキスト系統の教育評論家だった。

金子氏は書記局長、幹部会副委員長を歴任する。

当時、五十を過ぎていたから若手とは言い難いが、豊田四郎・書記局員候補についても紹介しておきたい。慶應義塾大学経済学部の助教授（専攻は経済学）を辞し、中央労働学院講師、民主主義科学者協会評議員などを経て、党本部の宣伝部長となった。宣伝部は共産党記者クラブの窓口だったから、各社の記者は豊田氏と接する機会が多かった。その誠実な応対ぶりは記者の間でも評判がよかった。

ところで、共産党記者クラブができる前の、六八年の三月か四月だったと思う。社会部の遊軍席にいたら、Y部長（この年三月に伊藤牧夫部長の後任として着任）に「岩垂君、ちょっと」と呼ばれた。部長席に行くと、部長は声をひそめて言った。「君は共産党本部に出入りしているようだね。警視庁記者クラブの公安担当から、そういう報告が私にあった。気をつけてもらわないと」

私は、仰天してしまった。そこで、すかさず説明した。「伊藤部長に共産党も取材するように言われた。いわば業務命令で出入りしているんです」。部長はそれで納得したようだったが、私には「公安情報によっても私が担当先をよく回っていることがわかったわけだから、むしろ、良くやっているなと、ほめてもらいたいくらいだ」との思いが残った。と同時に「警察当局は共産党本部に出入りする人物を絶えずウオッチしているんだな」と知った。

六六年九月にスタートした社会部の「特捜班」は六八年三月に自然消滅した。特捜班を創設した伊藤部長が退任したためだった。が、特捜班がなくなっても、私は引き続き民主団体担当で、仕事の内容はそれまでと変わらなかった。

（二〇〇五年十月二十五日記）

第51回
原水禁運動の熱気に圧倒される

民主団体担当記者として最も時間を費やしたのは、原水爆禁止運動の取材だった。そうなったのも当然だったと考える。なぜなら、昔も今も、原水爆禁止運動はわが国で最大の大衆運動だからである。運動の期間の長さにおいても、運動に加わった人数においても、そしてまた運動に注ぎ込まれた人々のエネルギーの量においても、これに勝る運動はない。

原水爆禁止運動とは何か。読んで字のごとし。原爆や水爆、すなわち核兵器の全廃を求める運動のことだ。最近は、「核兵器廃絶運動」とも呼ばれる。ひところは「反核運動」とも呼ばれた。

この運動が始まったのは一九五四年だが、それ以来、社会部にとっては重要な取材対象の一つで、取材を担当する記者がいた。私は、六六年九月に遊軍の石川巌記者（退職後、軍事リポーター）から担当を引き継いだ。

取材を引き継いだ時、運動はすでに三つに分裂していた。なぜそうなっていたのか、簡単に運動の流れをみてみよう。

五四年三月一日未明、太平洋のビキニ環礁で一発の水爆が爆発した。米国による核実験の一環だった。当時は、朝鮮戦争で休戦協定が成立した直後だったが、世界は米ソ二大超大国による東西冷戦のまっただ中で、米ソは激烈な核軍拡競争を繰り広げていた。その最中の、より強力な核爆弾の開発を求めての水爆実験であった。

この実験により、放射能に汚染された「死の灰」が生成され、広範な地域に降り注いだ。爆発地点から東北へ百六十キロ、危険区域外の海上で操業中だった、静岡県焼津港所属のまぐろ漁船・第五福竜丸（二十三人乗り組み）が、この「死の灰」を浴び、乗組員は急性放射能症になった。周辺のマーシャル諸島の住民や観測の米兵も「死の灰」を浴びた。これが、ビキニ被災事件である。

焼津に帰港した乗組員たちは、東京の東大医学部付属病院と国立第一病院に収容されるが、無線長の久保山愛吉さんが同年九月に死亡する。そのうえ、太平洋で獲れたまぐろは放射能に汚染されているとして廃棄処分となり、食卓からまぐろの刺身が消え、寿司屋もあがったり。雨に放射能が含まれているから外出時には傘を携行した方がいい、との忠告が広がるなど、日本列島はパニック状態に陥った。

世の中が騒然となる中で、東京・杉並区の主婦たちの読書グループ「杉の子会」（指導者は安井郁・法政大学教授）が「水爆禁止署名」を始めた。家族の食卓を預かり、子どもの健やかな成長と健康に最も敏感な家庭の主婦が、真っ先に核兵器開発がもたらす危険性に目覚め、立ち上がったのだった。いわば台所からの告発であった。これが区ぐるみの運動となり、「水爆禁止署名運動杉並協議会」が発足する。事件から二カ月後の同年五月のことだ。

この運動はまたたくまに全国に波及する。やがて署名の趣旨は「水爆禁止」でなく「原水爆禁止」となる。禁止要求の対象に原爆も加わったのだ。

どうしてか。それは、ビキニ被災事件をきっかけに、日本国民の目が初めて、九年前の、広島・長崎の原爆被害に向かったからだった。すなわち、敗戦とともに進駐してきた米軍「プレスコード」（米軍は検閲制度によって米軍に都合の悪い報道を禁じた）によって隠蔽されていた原爆投下による悲惨極まる被害の実態を、米軍撤退後に起きたビキニ被災事件を契機に国民大衆が初めて知るところとなったからだった。「こんなにひどい被害だったのか」。衝撃と憤りが、人々を署名運動に駆り立てた。

同年八月には、原水爆禁止署名運動全国協議会が結成される。これにより署名運動は国民的な盛り上がりをみせ、三二〇〇万人を超す。こうした高揚を背景に、翌五五年八月には広島で第一回原水爆禁止世界大会が開かれた。

大会で採択された宣言は「私たちは、世界のあらゆる国の人々が、その政党、宗派、社会体制の相違をこえて、原水爆禁止の運動をさらに強くすすめることを世界の人々に訴えます」と述べていた。

大会後、署名運動全国協議会は、原水爆禁止日本協議会（原水協、安井郁・理事長）に衣替えし、以後、世界大会を毎年、主催するようになる。原水協には、労組、農民団体、平和団体、宗教団体、青年団体、学生組織、婦人団体、文化団体、著名な学者文化人が加わり、まさに超党派的な色彩が濃かった。


しかし、国民的な規模にまで達した運動にも亀裂が生じる。導火線となったのは日米安保条約の改定問題だ。原水協が「安保反対」に傾き、社会党や総評が主導する安保改定阻止国民会議に加わったことで、自民党が原水爆禁止運動を「偽平和運動」と決めつけるに至り、保守系の人々が離れた。

さらに、民社党、全日本労働組合会議（全労。八七年に解散した全日本労働総同盟の前身）系の団体が「原水協を中心とした運動はソ連と中共を平和勢力とし、西欧を帝国主義、戦争勢力とみなす基本的あやまりをおかし、原水禁運動を容共反米運動の一環にしており、冷たい戦争を激化させることに片棒をかつぐものとなっている。われわれは真に人道主義的な立場にたって、全国民を包含する正しい運動を展開する」として、核兵器禁止平和建設国民会議（核禁会議）を結成する。六一年のことだ。これには、自民党系の人々も合流する。

そのうち、原水協が真っ二つとなる。六一年にソ連が核実験を再開したことから、原水協内にきしみが生ずる。原水協に影響力をもつに至った共産党がソ連の核実験を支持する一方、社会党がこれに抗議したからである。その後、六三年の第九回原水爆禁止世界大会をめぐって、共産党系と社会党・総評系が激突し、社会党・総評系は世界大会をボイコットして別の大会を開き、原水協を脱退する。

対立点は二つ。一つは「いかなる国問題」。社会党・総評系が「いかなる国の核実験にも反対する」を世界大会の基調にすべきだと主張したのに対し、共産党系は「『いかなる……』には賛成する立場も反対する立場もあるという表現を基調とすべきだ」として譲らなかった。

もう一つは、部分的核実験禁止条約に対する評価。これは世界大会の直前に米英ソ三国によって仮調印された条約だったが、社会党・総評系が「核兵器全面禁止への第一歩となるから、世界大会で支持しよう」と主張したのに対し、共産党系は「地下核実験の禁止が除外されている条約を認めることは、米国の核戦争準備を野放しにし、アメリカ帝国主義と戦っている諸国人民の手をしばることになる」として、反対した。つまり、「絶対平和主義」の立場をとる社会党・総評陣営と、「反帝国主義」の立場をとる共産党陣営の激突だった。

原水協を抜けた社会党・総評系は六五年、原水爆禁止日本国民会議（原水禁）を結成する。かくして、原水協では、共産党が圧倒的な影響力をもつに至る。原水爆禁止運動は三つの潮流に分裂してしまう。背景にはけわしい東西冷戦、激化する中ソ対立があったと見ていいだろう。

すでに述べたように、私がこの運動の取材を引き継いだ六六年九月には、運動団体は原水協、原水禁、核禁会議の三つに分裂していた。とくに原水協と原水禁の対立は激烈で、そのすさまじさにはただただ驚嘆するばかりだった。

例えば、お互いに自分たちの運動方針の方が正しいと主張し、相手を非難したが、とりわけ、原水協に影響力をもつ共産党の原水禁攻撃はまことに熾烈で、原水禁を「分裂主義者」、原水禁の大会を「分裂集会」と呼んだ。

「協」も「禁」も、それぞれ同じ時期に世界大会を開催したが、同一人物が双方の大会に参することを認めなかった。これは海外代表にも適用され、このため、戸惑う海外代表もあった。海外体表のなかには「協」「禁」の違いがわからず、参加する大会を取り違えるケースもあった。

対立は、報道陣にも及び、中立的な立場で公平に報道しているのに、どっち寄りだと勘ぐられる始末。私の場合、原水禁の事務局に行くと、よく「君のところは原水協寄りの報道だもんな。われわれの主張もちゃんと報道しろよ」と言われものだ。

ともあれ、各団体とも、毎年、八月六日、同九日を中心に東京、広島、長崎を結んで世界大会や集会を開いたが、一年のうちでも最も暑さが厳しい時期にもかかわらず、世界大会や集会にはうだるような酷暑のなかを全国から参加者がつめかけ、体育館やサッカー場など広い会場を埋め尽くした。参加者が入りきれず、会場外に溢れたことも。

原水協の世界大会の参加者には、総評反主流派（共産党系）の労組員、日本民主青年同盟（民青）の同盟員、新日本婦人の会（新婦人）の会員らが目立った。一方、原水禁の世界大会は総評主流派（社会党系）と中立労働組合連絡会議（中立労連）傘下の労組員が、核禁会議の集会は全労の労組員が中心だった。

このころの会場はどこも冷房がなく、まるで蒸し風呂のようで、みな、汗みどろだった。それでも、会場には、ほとばしるような熱気とエネルギーが満ちあふれ、「原爆許すまじ」の歌声がこだました。炎天下を行く平和行進にもおびただしい人々が加わった。

私は、原水爆禁止を願う国民の熱意に圧倒された。そして、次第にその熱気に引き込まれていった。

（二〇〇五年十一月一日記）

第52回 生き方を決めた被爆写真

ごくささいなことが、人の一生を決めることがある。私の場合は、数葉の被爆写真だった。

社会部で「民主団体担当」となり、原水爆禁止運動をフォローすることになった私は、一九六七年八月八日、同じ社会部の村上吉男記者（その後、アメリカ総局長、外報部長など歴任）と長崎へ出張した。そこで開催される原水爆禁止世界大会長崎大会を取材するためだった。

前年に「民主団体担当」になったものの、原水爆禁止世界大会を取材するのはこの年が初めて。当時、原水爆禁止運動は三つの潮流に分裂していて、原水協（共産党系）、原水禁（社会党・総評系）、核禁会議（民社・同盟系）が、それぞれ毎年、「広島原爆の日」の八月六日、「長崎原爆の日」の八月九日を中心に東京、広島、長崎を結んで世界大会や集会を開いていた。だから、私もこの三つの団体の大会や集会を取材しなくてはならなくなったわけだが、一人ではとても手がまわらない。そこで、社会部は、もう一人の記者をその取材のためにさいてくれた。それが村上記者だった。

本来なら、私たち二人は東京—広島—長崎と移動するはずだったが、この年は原水協、原水禁とも東京に大会の主眼をおいたので、その取材に追われて広島へは行けずじまい。結局、私たちは東京から直接、長崎に飛んだという次第だった。

当時の長崎は被爆から二十一年。街並みは見事に復興していて、被爆の惨状を如実に示す建造物はほとんど見ることができなかった。せいぜい、浦上駅に近いところに残る「片足鳥居」くらいだった。

そこで、取材の合間に爆心地に近いところにあった「長崎国際文化会館」を訪ねた。被爆十周年の五五年に建てられたもので、被爆した物品が展示されていた（その後、九六年に建て替えられ、名称も「長崎原爆資料館」と変わった）。

そこには、被爆してボロボロになった衣服や、爆発時の熱線で焼けただれたり、変形してしまった瓦、異常な高熱で溶けてしまったガラスのびんなどが展示されていた。

なかでも、私をその場に釘付けしたのは被爆直後の写真であった。その大部分は山端庸介（故人）の撮影によるものだった。山崎は当時、陸軍報道班員で、九州の博多にあった西部軍から長崎に派遣された。原爆投下翌日の八月十日に長崎に入り、カメラのシャッターを押し続けた。

見渡す限りすべてが破壊し尽くされ、焼き尽くされた長崎の街。まさに原子野と化した、音のない、時間が静止したような荒涼たる光景。そこに転がる、炭化した焼死体。爆死した母子。馬の死骸。まだ救援の手も届かず、半ば死んだように、うつろな表情で横たわる被爆者たち……それらの写真は、原爆被害の一端を伝えてあますところがなかった。

山端の写真はどれも衝撃的で、私にとって終生忘れがたいものとなったが、他にも長く印象に残る写真があった。原爆投下直後の八月下旬に朝日新聞社のカメラマンだった松本栄一（故人）によって撮影されたものだ。

肉親の遺体を、生き残った家族らが焼いているのだろうか。積み上げられた材木が炎をあげ、そのわきで学生服の少年二人と、もんぺ姿の女性、ゲートルをつけ戦闘帽をかぶった男性が、炎を見つめて茫然と立ちつくす。四人は身じろぎもしない。まるで、放心したよう。時は夕暮れであろうか。四人の背後に広がる焼け野原はすでに暗く、遺体を焼く炎だけが明るい……

私は、その写真からしばらく目を離すことができなかった。原爆を被った人々の、言語に絶する深い、深い悲しみが切々と伝わってきて、胸が痛くなった。原爆被害の悲惨さを伝えてやまない写真であった。

私は思った。こんな残酷な、悲惨極まることがこれまで果たして人類史上にあっただろうか。こんな惨劇をもたらした行為が人道上許されるだろうか、と。そして、こう思った。こんな出来事は絶対に忘れ去られてはならない。むしろ、地球の果てまでいついつまでも広く伝えてゆかなくてはならない、と。

では、報道に携わる者としてはどうしたらいいだろうか。そうだ、ヒロシマ・ナガサキを忘れないためには、そして、ヒロシマ・ナガサキを自らの仕事を通じて世の人に伝えてゆくためには、毎年、八月六日と八月九日に被爆地の街角に立ち、全国から結集してきた人々の反核への熱い思いを報道してゆけばいいのだ。

そう考えた私は、翌六八年夏も広島、長崎へ出かけていった。次いで、翌々年も。当時の社会部では、二、三年もすると、持ち場（担当）が変わったものだが、原水爆禁止運動関係の取材をやってみたいという部員は他に名乗り出なかったから、私の原水爆禁止運動担当はついつい長くなった。

一度、社会部長から「労働担当をやってみないか」と異動を打診されたことがあったが、私は「引き続き原水爆禁止運動を含む平和運動の取材をやってみたい」と断った。結局、原水爆禁止運動の取材は、定年で朝日新聞社を退職する九五年まで続いた。

もっとも、途中、七〇年代半ばの三年間、内勤の仕事（デスク）に携わったので、原水爆禁止運動の取材に携わったのは実質的には二十六年間であった。もちろん、この間は毎年、夏には広島、長崎へ出かけていった。

定年退職後もずっと、毎年、八月六日には広島の、八月九日には長崎の地を踏んでいる。そんなわけで、今年（二〇〇五年）は三十六回目の旅だった。私の広島・長崎詣ではこれからも続きそうだ。

（二〇〇五年十一月八日記）

第53回 『原爆の子』に見たヒロシマの心

一九六七年夏、長崎市の「国際文化会館」で出合った、長崎原爆の惨状を伝える被爆写真が、その後の私の生き方を決めた。要するに、その時、それらの写真は私に「悲惨極まる原爆被害をもたらした核兵器の非人道性を広く伝えてゆくことは、報道に携わる者の責務ではないか」と決意をうながし、結局、私は記者生活を終えるまで、長期にわたって原爆問題に関する報道に携わることになったのだった。

それほど、被爆写真の訴える力が強かったわけだが、その一方で、私の方にも被爆写真が投げかける訴えを受け止める素地のようなものが、すでに私の心の奥深いところに醸成されていたのではないか、と今にして思う。だから、被爆写真が発する訴えに、私の心が直ちに共鳴したのだと思うのだ。

国際文化会館に展示されていた被爆写真に出合う前に私に影響を与えたものの一つに、広島で原爆を体験した少年、少女の手記を収録した『原爆の子』がある。五一年十月、岩波書店から刊行された。編者は当時、広島大学教授の長田《おさだ》新《あらた》。スイスの教育家、ペスタロッチの研究家として知られ、日本教育学会会長を務めていた。

被爆者だった長田は、医師から死を宣告され、四カ月余りも死地をさまよった後、一命を取りとめ、その時以来、「日本文化平和協会、ユネスコ、ピース・センター、等の平和教育運動に専念し、『平和のための教育』の研究に余生を捧げることを生涯の一つの悲願として」（『原爆の子』あとがき）きた。その長田が、原爆を体験した少年・少女たちの手記を集めて「今日世界の教育にとって最も重要な課題の一つである『平和のための教育』研究の資料として、これを整理し、且つ人類文化史上における不朽の記念碑として、これを永久に遺したい」（『原爆の子』序）と思い立ってまとめたのがこの本だった。集まった千余編の手記の中から百五編を選んだ。小学生四十二人、中学生三十五人、高校生十八人、短大・大学生二十人という内訳だった。

この手記集が刊行されたのは、すでに述べたように五一年十月のことである。この刊行時期に注目したい。この時期は、日本はまだ米軍の占領下で、日本が独立するのは翌五二年の四月のことだ。占領下の日本では、米軍を主体とするＧＨＱ（連合国軍総司令部）が「プレスコード」を発令して、原爆に関する報道を禁止していた。だから、占領下では原爆関連の本はほとんど日の目をみ・なかった。そんな中での『原爆の子』の出版だったわけだが、これには、その直前の同年九月に、サンフランシスコで日本を独立させるための対日平和条約が調印されたことが影響していたと思われる。つまり、すでに実質的にはＧＨＱのプレスコードはなくなっていたから、『原爆の子』の出版が可能だったのだろう。

ともあれ、『原爆の子』は、それまで占領軍によって隠蔽されていた原爆被害の実態を伝える画期的な出版となり、反響を呼んだ。

この本が刊行された時、私は長野県立諏訪清陵高校（諏訪市）の一年だった。その私がなぜ、発売されたばかりのこの本を手にしたか。それは、この本が学校の先輩の手によってつくられたからだった。

長田新は諏訪郡豊平村（現茅野市豊平）の生まれで、諏訪清陵高校の前身、諏訪中学を一九〇一年（明治三十四年）に卒業した。私が入学したころは、伝説的な先輩としてその名が校内にとどろいていた。先輩によく聞かされたのは次のような伝説だった。

――豊平村から中学までは往復六里（二十四キロ）もあった。長田は歩いて通学したので、勉強の時間がない。そこで、授業が終わって帰途につくと、歩きながら英語の本を開いて勉強を始め、単語を一つ覚えると、そのたびに小石を拾って服のポケットに入れた。家に着くと、両方のポケットが小石でいっぱいになっていた――

「優れた先輩がつくった本だから読んでみなくては」。そんな思いが、私を突き動かしたのだった。

ついでにいえば、岩波書店の創業者、岩波茂雄も諏訪中学の卒業生である。

この本によって、私は原爆による被害の一端を知った。それは、まさに目をおおわしめる惨劇であり、原爆という兵器がもつ非人道的な残忍さ、凶暴さがなまなましく伝わってきた。そうした兵器を非戦闘員の市民の頭上に予告もなしに投下した米国の戦争指導者に強い憤りを覚えた。

それとともに、もう一つの衝撃が私をとらえた。それは、この本に収録されている中学校三年（被爆当時小学校三年）の田中清子さんの手記である。その中に、こんな記述があった。

「メガホンをもってさけんでいる人がいました。ひがいを受けた者は皆似の島に行けということでした。私達も、そこへ行くことにして、川から船に乗りました。

お母さんのすわっている前に、私と同じ年くらいの女の子がいました。その女の子は、体中にやけどや、けがをしていて、血がながれていました。苦しそうに母親の名ばかり呼んでいましたが、とつぜん私の母に、

『おばさんの子供、ここにいるの？』

とたずねました。その子供は、もう目が見えなくなっていたのです。お母さんは、

『おりますよ。』

と返事をしました。すると、その子供は
『おばさん、これおばさんの子供にあげて。』

と言って、何かを出しました。それはおべんとうでした。それは、その子供が朝学校に出かける時、その子供のお母さんがこしらえてあげたべんとうでした。お母さんが、その子供に
『あなた、自分で食べないの？』

と聞くと、

『私、もうだめ。それをおばさんの子供に食べさせて。』

と言ってくれました。私たちは、それをいただいた。しばらく川を下って船が海に出た時、その子供は
『おばさん、私の名前をいうから、もし私のお母さんにあったら、ここにおるといってね。』

と言ったかと思うと、もう息をひきとって死んでしまいました。私は、その子供がかわいそうでかわいそうでなりませんでした。私はお母さんと一しょに泣きました」


私も涙せずにはおれなかった。そして、未曾有の惨劇の最中にあっても、光り輝くような崇高な人間性が発揮されていたことを私は知った。瀕死の重傷下にあってもなお他人を思いやる優しい心。原爆といえどもそれを絶滅させることはできなかった。そのことに深い感動を覚えた。私は、そこに「ヒロシマの心」を見た思いだった。

『原爆の子』によほど感銘を受けたのだろう。当時、私は学友会（生徒会）発行の雑誌『清陵』に「『原爆』を呪う」と題する感想文を発表している。


こんなことがあったものだから、『原爆の子』に出合ってから十五年後、長崎の国際文化会館で被爆写真に向き合った時、この本を読んだころの記憶が私の脳裏に甦ってきたのである。そして、新聞記者ならば、原爆の惨禍と、その原爆にも屈しなかった「崇高な精神」を人々に伝えてゆかなくては、との思いに駆られたのだった。

（二〇〇五年十一月十六日記）

第54回 「原爆被害者」だった義父・靉光

報道に携わる者として原爆問題にかかわってゆきたいと思い立った動機は、ほかにもある。それは、私事に関することだが、結婚を機にはからずも私の義父となったある画家が、ある意味で「原爆犠牲者」と言えるのではないか、との思いが私の中で強くなっていたからである。

ある画家とは靉光（あいみつ、本名・石村日郎）である。

三省堂発行の『コンサイス日本人名辞典』（改定新版）にはこうある。

「１９０７〜46（明治40〜昭和21）昭和期の洋画家。出生地広島県。１９２４年（大正13）大阪に出て天彩画塾に学ぶ。翌年上京、太平洋画会研究所に入り、井上長三郎・麻生三郎らと知る。'26二科展に入選。翌年〈一九三〇年協会展〉に入選、同協会奨励賞受賞。『洋傘に倚る少女』つづいて『キリスト』『盲目の音楽家』など一連の前衛的作品を描いた。'34（昭和９）上海を中心に中国旅行をし、東洋画へのふかい関心を示す。'35「シシ」で中央美術展賞をうけ、しばらくライオンのモチーフに執心し、'37「ライオン」が独立美術展に入選。このころからシュールレアリズム的画風をつよめ、'38「眼のある風景」が独立美術展に入選。その後『花園』『鳥』などの作品でシュールレアリズムと宋元画との融合を示す。'42友人と新人画会を結成、日中戦争中、同会展の開催に努めた。'43年３回目の中国旅行をし、帰国後『自画像』を制作。同年徴兵で大陸戦線に送られ、'46上海で病没した」

戦前から戦中には、一般にはほとんど知られていなかった、いわば「無名の画家」。が、戦後、一部の美術評論家によってその画業、生き方注目され、紹介されたことから、その名が美術界に広まった。三十八歳、陸軍一等兵で中国で戦病死するまで、独特な画風から画壇の主流には属さなかったことから「異端の画家」と呼ばれたり、戦争中、多くの画家が、戦争を讃えたり、国民の戦意高揚を狙った、いわゆる「戦争画」を描いた中にあって、戦争画を一枚も遺さなかったことから、「抵抗の画家」「暗い谷間の画家」とも呼ばれるようになった。

その後、年を経るごとに、その画業に対する評価が高まり、「戦争で犠牲になった芸術家の象徴的存在」（東京・練馬区立美術館が一九八八年に発行した『靉光—青春の光と闇—展図録』）といわれるようになった。いまでは、「日本の近代美術に関心のある者ならば、靉光の名を知らない者はいないだろう。靉光は昭和戦前期の前衛美術に、最も存在感のある作家のひとりとして異彩をはなっている」（徳島県立近代美術館学芸員・江川佳秀氏）とされる。とくに『眼のある風景』は「日本におけるシュールレアリズム絵画の記念碑的な作品のひとつ」（徳島県立近代美術館が一九九四年に発行した『靉光　揺れ動く時代の痕跡』）と位置づけられている。

私が靉光に〝出会った〟のは、一九五九年のことだ。当時、私は朝日新聞社に入社して二年目、岩手県の盛岡支局員だった。私はここで美術家グループと懇意になったが、この人たちが岩手にゆかりのある二人の画家の遺作展を計画していることを知った。

一人は、盛岡市出身の松本竣介。もう一人が靉光だった。靉光は岩手県出身ではない。広島県壬生町（現在は北広島町）の生まれだ。画家への道を目指して東京に出たあと、岩手県日詰町（現在は紫波町）出身で東京聾唖学校の教師をしていた桃田キヱと知り合い、結婚する。一九三四年（昭和九年）のことである。

靉光は一九四四年に召集を受け、広島の宇品港から中国へ。キヱは三人の子どもとともに靉光の郷里の広島に転居するが、原爆投下前に自分の郷里の岩手県日詰町に移る。夫の死の通知はここで受け取る。

盛岡の美術家グループが遺作展を計画した狙いの一つは、長く病床にあったキヱとその一家を励ましたいということにあった。松本竣介は靉光の親友で、二人はともに新人画会のメンバーだった。

私はこの計画を記事にした。それは、「不遇の画家の遺作展」「遺族の慰めかねて計画」の見出しで、五九年四月十一日付の岩手版に載った。

この計画の取材を始めるまで、私はこの画家を知らなかった。しかし、取材の過程で、その絵を見る機会があり、その画風に衝撃を受けた。メッセージ性の強い絵で、彼の訴えが胸に迫ってきた。その短い一生にも興味を覚えた。

記事執筆後もさらにこの画家について調査を続ける中で、遺族とのつきあいも深まった。五年後、私は東京でこの画家の長女と世帯をもった。

靉光の作品は極端に少ない。とくに油彩は少なく、現存するのは六十五点ぐらいとされる。それは、まず、三十八歳という若さで戦病死したから制作期間が非常に短かったということがある。それに、出征前夜、自分の作品を自宅のストーブで燃やしてしまった、ということもある。

加えて、原爆である。広島に投下された原爆によって、当時、広島にあった靉光の絵は灰燼に帰した。おびただしい人間の生命を奪ったばかりか、人類の文化遺産ともいうべき絵画までも破壊し尽くした原爆。それを使用した戦争指導者に怒りを覚えた。

それればかりでない。靉光の養父母も原爆で被害を被った。靉光は広島県壬生町の農家の六人きょうだいの次男として生まれたが、七歳の時、父の弟の石村梅蔵、アサ夫婦の養子となった。夫婦に子どもがなかったので、養子にと請われたようだ。梅蔵はしょうゆ会社の杜氏で、梅蔵夫婦は広島に住んでいた。そこで、靉光も広島市内へ移り住んだ。

養父母は原爆に遭い、即死は免れたものの、梅蔵は二年後に、アサは四年後にそれぞれ亡くなった。死因はいずれも原爆症といわれている。

私は、新婚旅行の行き先に広島、長崎を選んだ。広島を選んだのは、義父の郷里を見てみたいという思いからだった。妻が幼少の一時期を過ごした広島の地に立ってみたいという思いもあった。そして、初めて広島の地を踏んでみて、義父もまた原爆の〝被害者〟であったと改めて実感したのだった。

そこから長崎まで足を伸ばしたのは「被爆地広島を訪れるのなら、同じ被爆地の長崎まで行ってみよう」という思いつきからだった。

二〇〇七年は、靉光生誕一〇〇年にあたる。これを記念して、この年に毎日新聞社による「靉光展」が計画されている。*

＊靉光展　毎日新聞社、東京国立近代美術館主催の「生誕一〇〇年　靉光展」が、二〇〇七年三月三十日から五月二十七日まで、東京・竹橋の東京国立近代美術館で開かれた。同展はその後、宮城県美術館、広島県立美術館でも開かれた。

（二〇〇五年十一月二十四日記）

第55回　「ヒロシマの心」再考

前々回、長田新編『原爆の子』（岩波書店）を紹介する中で「ヒロシマの心」について述べた。それは、原爆投下がもたらした未曾有の惨劇のさなか、ひん死の重傷下にあってもなお他人への優しい思いやりを失わなかった人間愛のことだった。

その「ヒロシマの心」について、もっと述べてみたい。

「ヒロシマの心」とは、瀕死の重傷下にあっても失わなかった他人への思いやりにとどまるものでなく、原爆投下という未曾有の惨劇が人間にもたらした心情や思考であって、それは極めて多面的な面をもつ。現に、私は、長年にわたって広島詣でを続けるうちに、マスメディアや広島原爆を語る人々の口々によく登場する「ヒロシマの心」とは、いったいどういうものかと考えるようになっていった。

広島・長崎の被爆者からこれまで何回話を聴いただろうか。四十年近くも広島・長崎詣でを続けてきたから、数え切れないくらいだ。その被爆者の証言だが、いつ聴いても、何度聴いても粛然とさせられる。私はそのたびに絶句し、深い沈黙に引き込まれる。

何度も被爆者の証言を聴くうちに、気づいたことがある。それは、おびただしい人々が原爆生命を落としたのに自分だけが生き残ったことに、後ろめたさというか、ある種の申し訳なさみたいな気持ちを内心深く抱いている被爆者が少なくないことである。とくに、原爆による劫火に焼かれてゆく肉親を助けることができず、後ろ髪を引かれる思いでその現場から逃れ、自分だけが助かったという経験をもつ被爆者にそれが著しいような気がする。

『原爆の子』にも、広島の街を覆った火焔の中でついに死に行く肉親を見捨てざるをえなかった光景を描いた手記が収録されている。高校三年（当時、小学六年生）の武内健二君は、家屋の下敷きになった母の最期を次のように書いている。

「父がようやくはい出てきたが、母の姿がみえないので呼んでみると、つぶれた家の一番下の方から声がして『タンスに足をはさまれている』というのだ。父と姉が木片をかきわけていくと、タンスの上に大きな柱がたくさん重なりあっていて、びくともしない。父はすぐ姉を大芝公園に逃がし、近所のおじさんたち四、五人をよびあつめ、丸太をさしこんで柱を動かそうとしたが、微動だにしない。そのうち火勢はどんどんひろがってきて目前にせまり、火の粉が父のところまでふってきて、いつの間にか父一人になってしまった。その時母は、すき間から手を出して、

『わたしはもう助かりません。もうだめ。だからあなたは、どうしても逃げてちょうだい。』

と悲痛な声でいった。その時父は、

『何をお前はいうのか。お前を捨てて逃げられるか。お前が救われないなら、おれもここでお前と一緒に死ぬ。』

といって、柱を押しあげるべく最後の努力をしていた。すると母は、

『あなたまで死んでしまったら、後に残る子供がどうなるんです。おねがい。どうか早く逃げてちょうだい。』と父をさとした。

そこへ丁度兵隊二十名余りをつれた将校が通りかかった。

『妻が下敷きになっています。どうか救ってやって下さい。』と父は地べたにひざまずいてたのんだが、将校は返事一つしないで行きすぎてしまった。もう火がまわってきて、パチパチと木が焼け落ちる音がする。父は万事休す、死のうと思った。だが、母の言葉を思いかえし、

『子供のために、子供のために。』

と号泣しながら、母の許をはなれて行った」

こうした光景が、被爆直後の広島ではいたるところであった。被爆体験記を読むと、こうした光景が描写されていて、読むたびに心が痛む。

肉親を救えなかった人たちは、自分を責める。それればかりでない。長期にわたって自責の念にさいなまれる。井上ひさしの戯曲『父と暮せば』の主人公は、たった一人の家族だった父親を広島の原爆で失った図書館勤めの女性だ。女性は、生き残った自分に負い目を感じている。図書館を訪れた青年に惹かれるが、「うちは幸せになってはいけんのじゃ」と、心を閉ざし、恋から身を引こうとする……。二〇〇四年に黒木和雄監督によって映画化されたこの作品では、宮沢りえがこの女性を好演した。

肉親を失った深い深い悲しみ。肉親を助けられなかったという自責の念。被爆者はそうした内面の自己と向き合きあって生きるうちに、こんな心情に到達する。「私のこの悲しみ、苦しみを他の人々に味わわせたくない」

自分の悲しみ、苦しみは自分だけでもう十分。我が子や親しい人をはじめ他のもろもろの人たちにはこんな悲惨なことは経験させたくない。それには核兵器を二度と使わせてはならない。そのためには、核兵器は廃絶されねばならない――被爆者が内面の自己との長い対話の末に到達するに至った心情とはそういうものだった。原爆を落とした者への憎しみ、恨みをつのらせ、原爆を落とした者に報復を誓うよりも、原爆そのものをなくそうという精神。これが「ヒロシマの心」の神髄ではないか、と私は思うようになった。

ここにも、原爆を落とした者に対して憎しみをかきたて、報復を誓うことをしなかったヒロシマの心がある。

一九五二年から七〇年にかけ、広島で、いわゆる「碑文論争」があった。

爆心地に近い平和記念公園に「原爆慰霊碑」がある。広島市によって五二年に建立されたが、そこに「安らかに眠って下さい　過ちは　繰返しませぬから」と刻まれている。この碑文の文案を考えたのは、当時広島大学教授の雑賀忠義で、当時の浜井信三・広島市長が即決で採用した。

が、除幕直後から、碑文に対する反対の声が相次いだ。それは、碑文の内容がなんともあいまいだから改めるべきだという主張であった。つまり「『過ちは繰り返しません』では『過誤は我にあり』ということになる。これでは何の過ちもない犠牲者は安らかに眠れない。残虐極まりない原爆を落としたのは米国人である。むしろ、米国の原爆投下責任を追及すべきだ」というわけだ。これに対し、「碑文は、原爆の惨事を二度と繰り返してはならないという全人類の願いと決意を表現している」と、碑文を支持する意見も寄せられ、論争が続いた。

結局、七〇年に山田節男市長が「私も世界連邦主義者であり、人類共通の願いを表した『安らかに眠って下さい　過ちは　繰返しませぬから』の碑文は変えるべきでないと思っている」との市長の公式見解を発表、碑文存続が決まった。以後、これが市民の間に定着し、その後、論争はない。

ここにも、原爆を落とした者に対して憎しみをかきたて、復讐を誓うよりも、人類の生存という普遍的視点から原爆をとらえ、原爆投下という人類の「過ち」を二度と繰り返すまいとする決意の表明がみられる。「私が経験した悲しみ、苦しみを他の人々に味わわせたくない」という被爆者の心情と通い合うものがある。そこに共通するもの、それはヒューマニズムの精神といえようか。

二〇〇一年九月十一日に米国で起きた「同時多発テロ」以後、世界は新しい段階を迎えたといわれる。「攻撃には報復を」が米国政府の世界戦略となり、世界各地で米国の軍事行動が続いている。

これに対し、広島市は二〇〇三年の「平和宣言」で「『力の支配』は闇、『法の支配』が光です。『報復』という闇に対して、『他の誰にもこんな思いをさせてはならない』という、被爆者たちの決意から生まれた『和解』の精神は、人類の行く手を明るく照らす光です」と訴えた。報復は、報復の連鎖を生む。だから、「報復でなく和解を」というわけである。

「目には目を、歯には歯を」が行動規範とされる欧米人には、こうした被爆者、広島市民の発想はなかなか理解しがたいところもあるようだ。しかし、昨今の世界情勢は、これからの世界は「ヒロシマの心」を基本とする以外に道はないことを明確にしつつあるといっていいだろう。

（二〇〇五年十二月四日記）

第56回

第一次羽田事件の衝撃

七〇年闘争の幕開け

新聞社の編集局は、日曜日は閑散としている。夕刊はないし、取材先の官公庁や企業は休みだから、記者の大半は出社してこないからだ。しかし、その日の編集局、とりわけ社会部周辺は騒然としていた。一九六七年十月八日のことだ。

この日、私は埼玉県春日部市の自宅から東京郊外の多摩湖畔に向かった。ここで日本共産党主催の「赤旗まつり」が開かれるので、それをのぞくためだった。これは、同党機関紙「赤旗」読者を中心とする年一回の恒例行事で、ピクニックスタイルの家族連れが、にわかづくりの舞台で繰り広げられる演芸や踊りを楽しんだり、さまざまなテーマの展示を見たり、弁当を広げたり、といった催しだ。この日は雲一つない秋晴れとあって、約八万人の参加者でにぎわった。

昼過ぎ。私はそこから都心の京橋へ向かった。大学時代、下宿で知り合った友人の結婚式の披露宴に出席するためだった。披露宴中、「羽田で学生と警官隊の衝突があったようだ」

というニュースが会場内に伝わった。「そうだ。きょうは、佐藤栄作首相が羽田空港から東南アジア歴訪に出発する日だ。きっと何か事件が起きたに違いない。社会部に上がらなくては」。とっさにそう思った私は、披露宴もそこそこに有楽町の本社に急いだ。

社会部に着いたのは、午後四時近かったろうか。社会部デスク周辺に部員が群がっていた。電話が鳴る。受話器を手にしっぱなしの部員がいる。社会部は慌ただしい雰囲気に包まれていた。

「大事件だな」と私は思った。聞けば、羽田で佐藤首相の出発を阻止しようとした反代々木系（反日共系）の学生たちと、これを阻止しようとした機動隊が衝突し、学生一人が死亡したという。とっさに私の脳裏にひらめいたのは、反安保闘争の最中の六〇年六月十五日、全学連（全日本学生自治会総連合）主流派＝反代々木系＝による国会構内突入で東大生樺美智子さんが死亡した事件だった。

私は悔やんだ。事件の現場に居合わせなかったことを、である。というのも、私は、当時、民主団体担当として学生運動もカバーしていたからだ。学生が大挙して羽田に集結するという情報を前夜にでもつかんでいたら羽田に直行したものを、と悔やんだ。

事件の概要はこうだ――この日午前十時三十五分、インドネシア、南ベトナムを訪問する佐藤首相を乗せた日航特別機が羽田空港を出発したが、これを阻止しようと全国から集まった反代々木系全学連の学生約二千五百人（警視庁調べ）が、空港入り口の海老取川にかかる三つの橋付近で、特別機が離陸する直前から、警備の機動隊約二千人に角材でなぐりかかったり、投石したり、警備車に放火したりし、約三時間にわたって学生と機動隊の衝突が繰り返された。

橋の一つ、弁天橋上の衝突で、京大生山崎博昭君（一八歳）が死亡。警視庁の発表では、警官六百四十六人、学生十七人が重軽傷を負い、警備車七台が放火されて炎上した。学生ら五十八人が放火、公務執行妨害の現行犯で検挙された。

警視庁の発表では、警官側の負傷者数の多さが目立つ。警備当局としては当然、事前に学生側の動きを察知して万全の警備体制を敷いていたはずだ。しかるに、警察側のこの被害の大きさ。おそらく、警備当局は、学生側の動員がこれほど大規模なものになるとは予想していなかったのではないか。つまり、学生側の〝戦力〟や戦術を見誤ったからではなかったか。

当時の社会部の公安担当記者・周郷顕夫氏も次のようなレポートを社内誌に書いている。

「十月八日午前四時三十五分。羽田空港へ通ずる弁天橋上に学生たちの姿は、まだなかった。夜はまだ深く、わずかに海老取川の川上の木橋付近で黒い人影がせわしげに動いていた。なじみの紺の出動服姿であった。ものものしく有刺鉄線が張られ、バリケードが築かれつつあった。やがて、空港ターミナルのむこうで、東の空はひっそりと紅をさし、日曜の朝はすがすがしく明けた。

沖釣りの船が客を乗せて、橋のたもとから海に出る。『ひょっとすると、肩すかしかな』。警視庁の公安担当として、多くの同僚といっしょに警戒、取材に来たのだが、日曜で、夕刊もなし、ぼくは高見の見物をきめ込むことにした。それが数時間後、あのような騒ぎになろうとは――

午前十一時二十七分。ぼくは弁天橋のたもと、学生と橋をはさんで対じする機動隊の側にいた。それに先立つ三時間前、学生の一部が空港へ通ずる高速道路上に突如、降ってわいたので、あわてて車を飛ばし、帰ったときにはすでに三つの橋は警備車で閉ざされ、対岸に無数の旗が揺れ始めていたのだった。やがて穴守、稲荷橋方向で黒煙があがりだした。高見の見物どころではなくなった」

ともあれ、この事件が世間に衝撃を与えたのは、なんといっても学生側の過激な行動だった。学生たちは、ヘルメットをかぶり、角材、こん棒を手にし、これで機動隊になぐりかかった。そればかりでない。学生たちは舗道のコンクリート敷石を砕き、鉄工場の材料置き場から鉄片を運び出して投げつけた。警備車に放火もした。

敗戦以来、日本では、さまざまな街頭示威運動（街頭デモ）が行われてきた。それに参加した人たちの行動スタイルといえば、基本的に素手だった。つまり、武器らしいものは何ももたず、警備の警官に丸腰で立ち向かった。これに対し、警官側はデモ参加者に対して警棒を行使することを辞さず、五六年の立川基地拡張反対闘争（砂川闘争）や六〇年の反安保闘争では、デモ参加者に多数のけが人が出た。

素手から、角材、こん棒を手にした実力闘争へ。これらで厚く強固な警備の壁を突破しようというわけだった。街頭行動が質的に変わり、新しい段階にエスカレートしたといってよかった。マスコミも既成の大衆団体もこれには厳しい目を向け、「暴力」をいさめた。反代々木系の過激な行動に走る学生に対して「暴力学生」という非難が巷に登場するのはこのころからである。

しかし、反代々木系の学生たちは約一カ月後の十一月十二日、羽田で再び同様の行動に出る。訪米の旅に出る佐藤首相に対し訪米阻止の実力闘争を繰り広げて機動隊と衝突、多数の負傷者と検挙者を出した。これにより、マスコミは十月八日の衝突を第一次羽田事件、十一月十二日の衝突を第二次羽田事件と呼ぶようになった。

この時期、どうしてこのような出来事が突発したのか。それには、当時の内外情勢から説明しなくてはならないだろう。

六七年の世界は、東西冷戦の真っただ中にあった。核超大国の米国を盟主とする西側陣営と、やはり核超大国のソ連を総本山とする社会主義陣営とが激しく対立していた。もっとも、その社会主義陣営では、ソ連と中国が対立していた。

東西冷戦の戦場はベトナムだった。すなわち、このころのベトナムは南北に分かれていたが、そこでは、米国・南ベトナムと、北ベトナム・南ベトナム民族解放戦線が戦っていた。ソ連と中国が、それぞれ北ベトナム・南ベトナム民族解放戦線を支援していた。これが、「ベトナム戦争」の構図だった。

ベトナム戦争は、二年前から激化の一途をたどっていた。エスカレーションのきっかけは、米軍機による北ベトナム爆撃（北爆）だ。六五年二月七日のことである。これを機に「米国は南ベトナムから撤退せよ」というベトナム反戦運動が世界各地で燃えさかった。

米国内でも反戦運動が起き、六六年八月にはワシントン、ニューヨークなどで大規模な反戦デモが行われた。さらに、六七年四月には、ニューヨークとサンフランシスコで総勢五十万人にのぼる反戦デモが行われた。

日本でも、佐藤内閣が米国の「北爆」を支持したことから、ベトナム反戦運動が広がった。社会党系、共産党系の労働組合、民主団体が反戦の声をあげたのはもちろんだが、六五年四月には、一般市民による「ベトナムに平和を！市民連合（ベ平連）」も発足し、反戦運動は盛り上がりをみせた。

そうした中で、反戦陣営は、佐藤首相による南ベトナム、米国訪問は「米国のベトナム侵略に日本が一層加担することになる」と受け取った。そして、反代々木系全学連はこれを実力で阻止しようと羽田に集結したのだった。

この時期、いま一つの大衆的運動が盛り上がりつつあった。沖縄における祖国復帰運動である。

対日平和条約によって日本から切り離され、米国の施政権下に入った沖縄の人たちは、過酷な異民族支配から逃れようと六〇年に沖縄県祖国復帰協議会（復帰協）を結成し、日本復帰運動を始めた。ベトナム戦争の激化によって、沖縄の米軍基地はベトナム戦争のための支援・補給基地となり、それにともなって基地災害、米軍犯罪が増した。このため、沖縄の人たちの、米軍支配のくびきから脱出し日本へ復帰したいという願いは熱気をおび、復帰運動は激しさを増した。これに呼応したのが本土の、社会党、共産党、総評などの革新陣営で、復帰協と結んで沖縄返還運動にエネルギーを注いだ。

さらに、この時期、革新陣営が掲げたものに安保破棄（日米安保条約破棄）があった。日米の軍事同盟である同条約は、革新陣営による戦後最大といわれる大規模な反対運動にもかかわらず、六〇年に改定された。その新安保条約は十年後の七〇年に改定期を迎えることになっていた。だから、革新陣営は、七〇年には条約の自動延長を阻止し、今度こそ破棄に追い込もうと態勢を整えつつあった。

要するに、この時期、革新陣営には「ベトナム反戦」「沖縄返還」「安保破棄」という三つの課題があったのだ。しかも、この三つの課題は相互に関連していた。すなわち、日本政府が米国のベトナム政策を支持し、在日米軍基地がベトナムで戦う米軍の後方基地になっているのも日米安保条約があるからであり、沖縄で基地災害、米軍犯罪が増加しているのもベトナム戦争が日ごとにエスカレーションしているからだった。その沖縄で、人々は「軍事基地の存在を認めない平和憲法をもつ日本のもとに復帰したい」と声をあげていた。それだけに、革新陣営にとっては、安保条約はなんとしても破棄されねばならなかったのである。

このため、革新陣営の運動は「七〇年」を目指して動き出していた。そんな中で、反代々木系学生は「七〇年」を「階級決戦」（革命）の時ととらえ、十月八日の羽田闘争を「第一決戦」と位置づけ、全国動員で臨んだのだった。

まさに「七〇年闘争」の幕開けであった。この日を境に日本は激動の日々を迎える。

（二〇〇五年十二月十二日記）

第57回

新左翼諸派の潮流

佐藤栄作首相の南ベトナム、米国訪問を実力で阻止しようと羽田空港に集結し、警備の機動隊と激突して第一次羽田事件（一九六七年十月八日）、第二次羽田事件（同十一月十二日）を起こした反代々木系学生とは、どんな集団か。

それを知るには、戦後日本の学生運動の歴史をたどる必要がある。

学生運動で指導的役割を担った各大学の学生自治会の全国組織である全日本学生自治会総連合（全学連）が結成されたのは四八年九月十八日のことだ。

東京で開かれた結成大会には、百四十五校の代議員二百五十人が参加し、六項目のスローガンを採択した。それは①教育のファッショ的植民地再編成反対②学問の自由と学生生活の擁護③学生アルバイトの低賃金とスキャップ反対④ファシズム反対、民主主義を守れ⑤青年戦線の即時統一⑥学生の政治活動の完全な自由、といったものだった。

本部は東大構内に置かれた。参加校は国公私立の計二百六十六校に及び、傘下の学生は二十二万人といわれた。

初代委員長は日本共産党東大細胞のリーダーで東大自治会委員長の武井昭夫氏。ほかの幹部にも共産党員が多かった。このことからも分かるように、結成当時の全学連は、共産党の影響力が極めて強かった。

結成直後の全学連が取り組んだのは基地反対闘争など反戦平和のための闘いだったが、最もエネルギーを投入したのは「反レッドパージ闘争」である。レッドパージとは、一九五〇年に勃発した朝鮮戦争と相前後して、占領軍の連合国軍総司令部（ＧＨＱ）によって強行された共産主義者やその同調者の公職や民間企業からの追放である。共産党幹部のほか、官公庁から約千二百人、民間企業から約一万一千人が追放された。

レッドパージの嵐は学園にも及んだ。これに対し、全学連は「反レッドパージ闘争」を組織し、各大学で試験ボイコットやゼネストなど強力な闘争をおこなった。このため、文部大臣もついに大学内のレッドパージを断念せざるをえなくなり、学生たちの〝勝利〟となった。反レッドパージ闘争に参加した広汎な一般学生を突き動かしていたのは「平和と民主主義を守れ」という思いだったが、闘争を引っ張った全学連の幹部を指導していたのは共産党だった。

私は五四年から五八年まで早稲田大学に在学したが、この間、学内の運動を主導していたのは日本民主青年同盟（民青）の活動家だった。民青は、日本共産党の青年組織。要するに、そのころは、「左翼」といえば、イコール共産党のことであった。つまり、共産党以外の左翼なんて考えられなかったのである。

が、全学連と共産党の関係に亀裂が生ずる。きっかけは「スターリン批判」と「ハンガリー事件」だ。

スターリン批判とは、五六年二月にソ連共産党大会で同党のフルシチョフ第一書記が、三年前に死去したスターリン元首相を批判したことをさす。批判の中心は、党内民主主義の抑圧、集団指導のじゅうりん、民族政策の誤り、己への行き過ぎた個人崇拝など。それまで全世界の共産主義者の最高指導者として神格化されていたスターリンへの批判は、全世界に、とりわけ共産主義者に衝撃を与えた。

スターリン批判は、当時、西側から「ソ連の衛星国」と言われていた東欧の社会主義国に波紋を広げた。この年の十月、ハンガリーのブダペストで、民衆による民主化要求デモが起こり、軍隊や官僚までがこれに参加するに至った。イムレ・ナジ政権は民衆の要求を入れようとしたが、ソ連は武力でこれを鎮圧し、親ソ的な政権を樹立した。これが、ハンガリー事件である。

日本では、スターリン批判を機に全学連を指導していた学生党員に、ソ連共産党が主導する国際共産主義運動に対する懐疑、批判が生じた。それは、日本共産党がハンガリー事件でソ連の介入を支持したことから決定的になった。五八年には、日本共産党を除名された学生活動家によって「共産主義者同盟」（ブンド）が結成された。五九年のブンド第三回大会で採択された規約は次のようなものだった。

「同盟の目的は、ブルジョアジーの打倒、プロレタリアートの支配、階級対立にもとづくブルジョア社会の止揚および階級と私的所有のない新しい社会を建設することにある。同盟は、一国の社会主義建設の強行と平和共存政策によって世界革命を裏切る日和見主義の組織に堕落した公認の共産主義指導部（スターリン主義官僚）と理論的、組織的にみずからをはっきりと区別し、それとの非妥協的な闘争を行い、新しいインターナショナルを全世界に組織するために努力し、世界革命の一環としての日本プロレタリア革命の勝利のためにたたかう。同盟は、民主集中制の組織原則に貫かれる日本労働者階級の新しい真の前衛組織である」

日本共産党に代わる〝真の前衛党〟を目指そうというわけである。当然、資本家階級とともにソ連や日本共産党も打倒の対象となった。

この時期、いま一つ、反共産党組織が誕生した。五七年に結成された「日本トロツキスト連盟」だ。同連盟はその後、「日本革命的共産主義者同盟」（革共同）と改称する。その後、革共同は、革共同革マル派と革共同中核派とに分裂する。

革共同のスローガンは「反帝・反スタ」。すなわち「反帝国主義・反スターリン主義」であった。具体的には、米英など帝国主義国とソ連と中国に代表される既成の社会主義国と共産党を打倒して（つまり、もう一度革命を起こして）真の労働者国家の樹立を図るというものだった。

こうして見てくると、ブンドの理論にも革共同のそれにもトロツキズムからの影響が読み取れる。トロツキズムとは、ソ連の革命家だったトロツキーの永久革命論を中心とした思想とされる。その永久革命論は、プロレタリアート（労働者階級）が政権を取った場合、社会主義革命に進まなければならないが、後進国ロシアは人口の大部分が農民なので、この任務が阻害される。したがって、プロレタリアートはヨーロッパの先進国の革命を助け、その協力を得なければ革命は成功しない——と説いた。そして、ロシア革命が世界的規模で成功しなかったのは、スターリンの「一国社会主義論」がソ連共産党を支配し、スターリンが世界革命を裏切ったからだ、とする。

スターリンとの権力闘争に敗れ、国外追放されたトロツキーは、反スターリン活動を続けるが、潜伏先のメキシコで暗殺された。

これに対し、日本共産党はトロツキーを「反革命分子」、トロツキズムを「反革命的な理論」とし、「トロツキズム（トロツキー主義）は、マルクス・レーニン主義に敵対する、『理論』と行動の花を『咲かせ』ようとしたものの、誤っていたがゆえに失敗し、かなり以前に歴史の舞台から投げおとされ、多くの人びとからも忘れ去られていたものである」とした。ブンド、革共同などに対しても「スターリンの全面的抹殺をはかったり、その論敵トロツキーの全面的復活をはかったりするのは、まったく笑止といわなければならない」とし、その理論を「反社会主義、反産党の反革命的本質があざやかに露呈されている」と決めつけた（榊利夫著『現代トロツキズム批判』、六八年、新日本出版社刊。榊氏は当時、共産党の理論家）。

日米安保条約の改定に反対して展開された六〇年の反安保闘争は戦後最大の大衆運動といわれたが、この時、全学連主流派は、社会党、総評、共産党が中心の安保改定阻止国民会議のデモを「お焼香デモ」と批判し、自らが率いる学生デモ隊を国会構内に突入させるなど激しい闘争を繰り返し、内外の注目を浴びた。この時、全学連主流派を主導していたのはブンドだった。六月十五日にも全学連主流派のデモ隊が国会構内に突入して警官隊と衝突、デモに参加していた東大生・樺美智子さんが死亡したが、樺さんはブンドの活動家だった。

そして、六七年の第一次、第二次羽田事件。事件を引き起こしたのは「三派全学連」だった。三派とは、革共同中核派の学生組織の日本マルクス主義学生同盟中核派（マル学同中核派）、ブンドの学生組織の日本社会主義学生同盟（社学同）、それに社会党の青年組織、日本社会主義青年同盟解放派の学生組織の全国反帝学生評議会連合（反帝学評）だった。

これら三派が「全学連」と称する組織をつくったので、マスコミはこれを「三派全学連」と呼んだ。これら三派は日本共産党と敵対する立場をとっていたから、マスコミは三派に結集する学生を「反代々木系学生」、「三派全学連」を「反代々木系全学連」とも呼んだ。日本共産党の本部が国鉄代々木駅近くにあったことから、マスコミでは「代々木」が日本共産党をさす業界用語となっていたからだ。三派全学連の委員長は秋山勝行氏（横浜国立大）。秋山委員長はがぜん、マスコミ上のヒーローとなった。

この時期、全学連は「三派全学連」だけではなかった。革共同革マル派の学生組織、マル学同革マル派も「全学連」を名乗った。そればかりでない。日本共産党系の学生組織も「全学連」を名乗っていた。要するに、この時期、三つの全学連が並立していた。

三派全学連の秋山委員長に取材したことがある。彼はこう語ったものだ。「われわれ学生には、危機の到来を告げる警鐘乱打の役割と、腰の重いプロレタリアート本隊をひっぱってゆく牽引車の役割が課せられているのだ」と。これに対し、第一次羽田事件を日本共産党が「警察が意図的にトロツキスト分子をあばれさせた〝茶番劇〟である」と断じたため、反代々木系学生と同党の対立は深まった。

ところで、羽田事件のころ、マスコミで「反代々木系学生」と呼ばれた学生たちは、その後、マスコミで「新左翼」と呼ばれるようになる。その新左翼は分裂を繰り返し、さまざまな党派（セクト）が誕生し、消滅した。六〇年代末から七〇年代にかけての最盛期には五流十三派もあるといわれた。

そのうちの一部は、やがて武装闘争など過激な路線に突っ走る。そのピークが、七二年の、連合赤軍による浅間山荘事件だ。このため、一部の新左翼はマスコミで「過激派」と呼ばれるようになる。

（二〇〇五年十二月二十日記）

第58回 われ炎となりて

あるエスペランチストの抗議

南ベトナム派遣の軍隊を増強し、北ベトナムへの爆撃に踏み切った米国。その米国のベトナム政策への支持を打ち出した日本政府。それへの抗議から、日本でもいっきにベトナム反戦運動が広がりをみせる。その中で、佐藤首相の南ベトナム訪問を実力で阻止しようと羽田空港に全国から集結した反代々木系学生によって引き起こされたのが第一次羽田事件だが、その直後にも、ベトナム戦争をめぐる事件や出来事が連続的に突発し、日本社会を揺り動かす。

　その日、都心は騒然としていた。一九六七年十一月十一日。翌十二日に沖縄返還交渉のための佐藤首相の米国訪問が予定されていたことから、羽田空港でこれを阻止しようと全国から反代々木系学生約三千人が都内の大学に集結しつつあったからだ。そればかりでない。革新陣営による訪米反対デモが永田町の首相官邸周辺に波状的に押し寄せていた。警視庁も街頭に警官を配備するなど警備態勢をしき、都心には緊迫感がただよっていた。

　私はこの日夕方から、車で法政大学、中央大学、早稲田大学を回った。これらの大学に反代々木系学生が刻々と集結しつつあったので、その状況をつかむためだった。その日は泊まり勤務（宿直）だったので、午後九時前に有楽町の本社へ上がった。

　社会部周辺がざわめいていた。首相官邸近くで老人が焼身自殺を図ったという。重体で、虎の門病院に収容されたとのことだった。とっさに私の脳裏をかすめたのは、南ベトナムでの僧侶の焼身自殺だった。ベトナム戦争が激化するにつれて、南ベトナムでは、米国のベトナム政策と南ベトナム政府の仏教徒弾圧に抗議して僧侶が焼身死するケースが後を絶たず、その火焔に包まれた僧侶の映像が日本にも伝えられていたからだ。「ついに日本でも……」。私は、ベトナム戦争と日本の距離が急に縮まったような衝撃を受けた。

　病院に収容されていた老人は翌十二日午後三時五十五分、死亡した。横浜市保土ヶ谷区在住の弁理士、由比忠之進さん。七十三歳。死因は気道熱傷閉塞と肺水腫とされた。

　由比さんは十一日午後五時五十分ごろ、首相官邸前の交差点わきの歩道で、胸にガソリンをかけ、マッチで火をつけた。一瞬、全身、炎に包まれ、仰向けに倒れた。通りかかった人や近くにいた警官が通りがかったタクシーの消火器や官邸備え付けの消火器で消し、近くの虎の病院に運んだが、頭、顔、胸など上半身に大やけどをしていた。上着は焼けてボロボロ。髪はほとんど燃え尽きていた。

由比さんがもっていたカバンの中には「内閣総理大臣佐藤栄作閣下」とボールペンで書かれた首相あての抗議書があった。そこには、こう書かれていた。

「佐藤総理に死をもって抗議する。政治資金規正法の答申は尊重すると何度言明されたことか。しかるに案が出るや自党の圧力に屈して廃案とし、恬として恥じない首相は、私の如き一介の庶民が何を訴えても何の効果も期待できないことは百も承知しながらもはやがまんできない。

首相の米国行きが迫るにつれ、沖縄、小笠原返還要求の声が小さくなってきた。米国の壁が厚くて施政権の返還は望めない。できるだけ早期返還の意思表示をとりつけたら成功となってしまった。はじめから拒絶を予期する交渉なんて全くのナンセンスである。私は佐藤首相の第二回東南アジア出発の前に出した抗議書にも書いたが、日本の要求事項をまず決定し、それに基づいて粘り強く交渉することを要望した。

またベトナムの問題については米国の北爆拡大に対する非難の声が今や革新陣営だけでなく、国連総会においてもスウェーデン、オランダ、カナダからさえ反対意見が出ているにもかかわらず、首相はあえて南ベトナム訪問を強行したのみでなく、オーストラリアでは北爆支持を世界に向かって公言された。毎日毎日、新聞や雑誌に掲載される悲惨きわまる南北ベトナム庶民の姿。いま米軍の使用している新しい兵器の残虐さは原水爆のそれにも劣らない。ダムダム弾は国際条約によって禁止されているが、それよりもはるかに有力で残忍きわまるボール弾を発明し実戦に使用、大量殺戮を強行することはとうてい人間の心を持つ者のなし得るところではないのである。

ベトナム民衆の困苦を救う道は、北爆を米国がまず無条件に停止するほかない。ジョンソン大統領と米国に圧力をかける力を持っているのはアジアでは日本だけなのに、圧力をかけるどころか北爆を支持する首相に深い憤りを覚える。私は本日、公邸前で焼身、死をもつて抗議する。戦争当事国、すなわちベトナム、米国民でもない私が焼身死することは、あるいは物笑いのタネかもしれないが、真の世界平和とベトナムの早期解決を念願する人々が私の死を無駄にしないことを確信する」

沖縄返還問題への弱腰と「北爆支持」への、死をもっての抗議であった。

福岡県前原市の生まれ。東京の蔵前高等工業（現東京工大）電気科を卒業後、電線会社の従業員、家具屋、放送局勤務などを経て、一九三八年に中国・南満州の紡績会社に入社する。敗戦後、中国による日本人技術者登用に進んで応じた。一九四九年に引き揚げ、名古屋で特許事務所を開く。晩年は長男が働く横浜の会社の技術嘱託をしていた。

エスペランチストであった。それも、わが国では長老格の一人。

エスペラントは十九世紀末に帝政ロシアの支配下にあったポーランドの眼科医ザメンホフによって考案された、民族間の差別や対立をなくすための国際語だ。その普及を目指すエスペラント運動の根底にあるのは諸民族間の平和、すなわちインターナショナリズム（国際主義）といってよい。

由比さんがエスペラントを学び始めたのは一九二一年（大正十年）。一九三二年（昭和七年）には名古屋エスペラント会の創立にも参加。戦後は原水爆禁止運動に加わり、被爆者の体験記をエスペラント語訳して海外に紹介した。焼身の日直前まで、朝日新聞に連載された、本多勝一記者のベトナム戦争ルポ『戦場の村』をエスペラント語訳するためにタイプライターに向かっていたという。

日本政府への憤りが焼身抗議という極限の形態にまで登り詰めたのには、米国のアリス・ハーズ夫人からの影響があったのでは、との見方がある。

アリス・ハーズ夫人は一九六五年三月、米国のデトロイト市で、ジョンソン大統領のベトナム政策に抗議して焼身自殺したエスペランチスト。絶対平和主義で知られるキリスト教の一派のクエーカー教徒だった。彼女の死後、彼女が生存中、芝田進午・法政大教授にあてた書簡が同教授の編訳で『われ炎となりて』としてまとめられ、青木書店から刊行された。エスペランチストの由比さんもこれを読んでいたろう、というわけである。

由比さんの死は多くの市民に衝撃を与えた。一カ月後の十二月十一日夜には、由比さんを偲ぶ会が、芸術院会員土岐善麿らが発起人となり、東京・三宅坂の社会文化会館で開かれた。エスペラント学会員、政党関係者、一般市民ら五百人が集まった。私はここで、本多勝一記者からの追悼の言葉を代読した。本多記者が出張か何かの用で参列できず、市民の立場で参加した私に託したからである。

しかし、由比さんの「死をもっての抗議」は、人々の記憶から急速に薄れていった。とりわけ、七二年に沖縄の本土復帰が実現し、七三年にベトナムで戦火がやむと、由比さんはすっかり忘れ去られた存在となった。

由比さんの死から二十五年たった九二年十月、由比さんの長女、蔵園正枝さんと話をする機会があった。由比さんを含む三人のエスペランチストについて書くよう月刊誌『軍縮問題資料』の編集部に勧められ、その取材のために訪れた。蔵園さんは東京・練馬区に住んでいた。インタビューできたのは短時間だったが、彼女はこう語った。

「もうそんなにたちましたか。父の死が無駄だったとは思いません。父が願っていたベトナム戦争の終結も、沖縄返還も、結局実現しましたから。父は正義感が強く、弱い者の味方で、そのうえ、いつも少し先を行っていた。父らしい生き方でした」

それから、さらに十三年の歳月が流れた。なのに、私には、三十八年前の由比さんの問いかけは今なお光を失っていないのではないか、と思えてならない。

まず、国連決議がないまま、世界の多くの民衆の声の無視してイラク攻撃を強行したブッシュ政権。開戦の根拠とした「大量破壊兵器の存在」が間違いであったことを自ら認めざるを得なくなったのに、今なお軍隊の駐留を続ける米国政府。それを支持し、自らもイラクへの自衛隊派遣を続ける日本政府。そして、沖縄には今なお巨大な米軍基地が存在し、基地の撤去、あるいは縮小を求める沖縄県民の声はいよいよ高い。由比さんが身をもって抗議したころと、状況は基本的に変わっていない、と私には思える。

近年、由比さんのことを今一度思い起こそうという人たちが現れてきたことは、なんとも心強い。東海大学出版会発行の雑誌『望星』に二〇〇三年十二月号から三回にわたって「いま、よみがえる老エスペランチスト由比忠之進の問い」が載った。ジャーナリスト・吉田敏浩氏のルポで、多くの示唆を受けた。

また、沖縄在住のジャーナリスト・比嘉康文氏は、ここ数年、由比さんの評伝を書くべく、資料収集に奔走している。「由比さんは、沖縄にとって忘れられない人だから」という。一日も早い完成が待たれる。

（二〇〇五年十二月二十八日）

第59回　米空母イントレピッドからの脱走兵

一九六七年十一月十三日午後五時すぎ。東京・神田一ツ橋の学士会館の一室には、緊迫感と熱気がみなぎっていた。一室を埋めていたのは内外の報道陣で、ざっと百二十人。「横須賀に停泊していた米空母から、四人の米兵がベトナム戦争に反対して脱走したので、その件について発表します」というべ平連（ベトナムに平和を！市民連合）からの連絡で急きょ集まってきた記者やカメラマンだった。

会見に現れたのはべ平連代表で作家の小田実、同志社大教授の鶴見俊輔、評論家の栗原幸夫、べ平連事務局長の吉川勇一の各氏ら。

べ平連によると、北ベトナム爆撃作戦に参加していた米空母イントレピッド（四、二〇〇〇トン）が十月十七日に横須賀に入港、同二十四日出港したが、この間に四人の航空兵が同艦から脱走した。四人が最初に接触したのは日本人のベトナム反戦運動関係者だったが、その人からべ平連に連絡があり、べ平連のメンバーが東京で四人に会ったという。

「四人の米兵がベトナム戦争に反対し、言葉でなく行動で示した動機を映画を通じて説明します」。早口の小田氏がこうまくしたてると、会場にセットされていた映写機が回り始めた。にわかづくりのスクリーンにモノクロの画面が写しだされた。

まず、小田氏が英字紙の紙面を示す。十月三十一日に行われた故吉田茂・元首相の国葬の写真が掲載されているから翌十一月一日付の紙面と思われた。続いて胸に名札をつけた四人の米兵の姿。みな気楽な服装だ。脱走後に軍服を破棄したのだという。いずれも十九歳から二十歳。そのせいか、まだあどけなさが残る顔つきで、目をしきりにしばたたく。みるからに不安そうだ。

画面に合わせて録音テープが回る。四人はそれぞれ声明文を読み上げる。「ベトナム戦争を支持する側に身をおいたことは道徳に反し、まったく非人間的だったと思う」「私はアメリカ人。二度と戻れないだろうと思えば、友人や家族から離れることは心痛む」……

録音は小田氏との一問一答に移る。「後どのくらいで除隊になるのか」との問いに「二年二カ月」「八カ月」などと答える。四人の背後には、撮影場所をさとられないためにか、暗幕が張りめぐらされていた。

フィルムは約四十分。会場が明るくなると、すかさず報道陣から質問が飛んだ。「映画とテープは本物か」と外国人記者。小田氏はじろりとにらみつけて「本物だ」と一言。「四人は日本にいるのか」との問いには「知らない」。「当局が四人を引き渡せと言ってきたらどうするのか」との質問には「日本国憲法の精神に基づいて行動するまでだ」と切りかえす。

矢継ぎ早の、しかも、しつような質問に、小田氏らの回答は極めて慎重かつ細心だった。なにしろ、米軍から集団脱走した米兵を、政治亡命を認めない日本で、日本人がかくまうなんてことは前例のないことであり、したがって米軍や日本の捜査当局から引き渡し要求があるかもしれず、脱走米兵の身の安全を最優先しなければならないべ平連としては、慎重を期さざるをえなかったということだろう。鶴見氏が言った。「小田は、このことに生命をかけているんだ」

脱走した四人はどこにかくまわれているのか。さまざまな憶測がマスコミで渦巻く中、十一月二十一日、四人が突然、ソ連のモスクワ・テレビに登場し、世界に衝撃を与える。四人はソ連人のインタビューに「われわれは平和運動をするた

べ平連のデモ（東京都内で。小林やすさん提供）

めにどこか中立国へ行く途中、ソ連援助を期待してここにきた」と述べた。

「彼らはいったいどんなルートでソ連に渡ったのか」。マスコミは、今度はそのルートの取材に追われたが、十一月十一日に横浜を出港し、十三日にソ連のナホトカに入港したソ連船「バイカル号」に乗船したのでは、との観測が強かった。とすれば、当然、彼らの乗船を手助けした人たちがいるはず。それはだれなのか、どんな組織がかかわっているのか。マスコミはまたその解明に躍起となったが、ついに確たることは分からずじまいだった。

その後、四人は十二月二十九日、スウェーデンのストックホルムに到着し、三度世界を驚かす。

この脱走兵援助により、べ平連はがぜん、有名になった。脱走兵援助に関する報道を通じて「べ平連」の名前が人々の間に広く浸透したからだった。「べへーレン」という耳慣れない略称も人々の関心を呼んだ一因だったろう。

べ平連が結成されたのは六五年四月二十四日のことだ。米軍機による北ベトナムへの爆撃（北爆）が始まり、ベトナム戦争が一段とエスカレーションした同年二月七日直後のことである。

この日、小田実、鶴見俊輔、作家の開高健各氏らの呼びかけで、ベトナムの平和を要求する人たち約千五百人が東京・清水谷公園に集まり、デモ行進の後、発足した。この日、参加者に配られたパンフレットには小田氏が次のような一文を寄せていたが、それがべ平連の性格を端的に語っていた。

「私たちは、ふつうの市民です。ふつうの市民とは、会社員がいて、小学校の先生がいて、新聞記者がいて、花屋さんがいて、小説を書く男がいて、英語を勉強している青年がいて、つまりこのパンフレットを読むあなた自身がいて……その私たちが言いたいことはただ一つ、ベトナムに平和を！」

発足時は「ベトナムに平和を!市民・文化団体連合」と名乗った。やがて「ベトナムに平和を!市民連合」と改める。

スローガンは三つ。「ベトナムに平和を！」「ベトナムをベトナム人の手に！」「日本政府は戦争に協力するな！」。これに賛同する人ならだれでも参加できるとされた。したがって、会員制度ではなかったし、規約も会費もなかった。「おれがベ平連だと名乗れば、それでもうベ平連なんですよ」「ベ平連は組織というよりは運動体です」。ベ平連関係者は当時、取材に行った私にそう語ったものだ。最盛期には、全国にベ平連を名乗るグループが四百もあった。

事務局長だった吉川勇一氏は、その著『市民運動の宿題』（一九九一年、思想の科学社）の中で、こう書いている。

「参加者の思想的な立場は、マルクス主義、プラグマチズム、アナーキズム、社会民主主義、自由主義、戦闘的キリスト教、良心的日和見主義（?）、大衆運動主義と実にさまざまだった。職業や専門分野も、作家、哲学者、数学者、ジャーナリスト、弁護士、高校の歴史教師、失業者、学生といった具合で、そういう顔ぶれがベトナム戦争やデモに限らず、森羅万象を取り上げて、甲論乙駁した」

それまで大衆運動を取材対象としてきた者の目には、べ平連の登場は実に新鮮に映った。まず、「市民」の連合、という点だった。それまでの平和運動は、労働者を主体とする労働組合や民主団体が中心。それにひきかえ、べ平連は個々の市民が主体の運動だった。そのこが、従来の平和運動とは基本的に違うという印象を与え、新鮮さを感じさせたのだった。

そもそも、「市民」という言葉そのものが、このころ、極めて新鮮だった。当時は、「市民」という呼称がまだ日本社会に定着しておらず、社会の構成員をさす言葉としては専ら「庶民」「住民」「人民」「民衆」などが使われていた。そして、「市民」に対しては、一般的に西欧の社会を形成している人々、つまり、貴族、僧侶など封建社会の支配層を打倒した商人、企業家、職人らのことをさすと理解されていた。

こうした歴史的経緯から、「市民」とは、権力とか権威から独立し、あくまでも個人の自由な判断に基づいた自主的な行動を尊重する人々のことだ、とイメージされていた。が、日本はブルジョア革命（市民革命）を経験していない。したがって、「市民」は不在とされていたわけである。

なのに、「市民の連合」を掲げる平和運動体が登場した。だから、「新しい運動」という印象を与えた。日本でも、経済の高度成長にともない、地域や職場を基盤とする共同体から自立した人々による「市民社会」が六〇年代になってようやく形成されつつあったということだろう。

運動のスタイルも、それまでの平和団体とは全く違っていた。

まず、米国のニューヨーク・タイムス紙に一ページのベトナム反戦広告を掲載（六五年四月）。ついで、戦争と平和を考える徹夜討論会（同年八月）。同年九月からは、毎月一回の定例デモを始めた。その後も、米国の平和活動家を招いて日米市民会議を開いたり、フランスの哲学者サルトル、ボーボワールを交えて反戦討論会を開いたり、米国の歌手、ジョーン・バエズを招いて反戦の夕べを開いたり……。そして、米艦からの脱走兵援助。次々に打ち出されたこうした斬新な発想と行動が世間の度肝を抜いた。

それまでの労組や平和団体による平和運動は、まず、指導部が方針を決め、その実施のために組織や団体の構成員を動員し、構成員は指導部の指示に基づいて行動するというパターンだった。これだと、自ずと、いわゆる「スケジュール闘争」になる。これに対し、べ平連の運動は、個人が自分の判断で自主的に参加するという行き方。こうした多様な市民個人の自発性と創意、自主性に基づく運動だったからこそ、世間の度肝を抜く斬新な運動スタイルを生み出し得たのだと私は思う。

ともあれ、この年十一月は十一日にエスペランチスト、由比忠之進さんの焼身自殺、翌十二日に反代々木系学生が佐藤首相訪米阻止を狙って引き起こした第二次羽田事件、そして十三日には、イントレピッドから米兵が脱走したとのべ平連の発表。どれもベトナム戦争がらみ。私にとっては、まさに息つくひまもない「激動の三日間」だった。

（二〇〇六年一月七日記）

第60回　脱走米兵と暮らす

「特ダネを書きたい」。新聞記者なら、だれでもそう思う。私もそうだった。世間が関心を示す事件や問題が発生した時にはとくにそう思ったものだ。

「脱走米兵にインタビューしてみたい」。

一九六七年十一月十三日、べ平連（ベトナムに平和を！市民連合）から、横須賀に入港中だったベトナム作戦従事中の米空母イントレピッドから航空兵四人がベトナ戦争に反対して集団脱走した、との発表があり、世間に衝撃を与えた。四人はその後、ソ連の首都モスクワのテレビに姿を現し、十二月にはそろって北欧のスウェーデンに入国した。

騒ぎはそれだけにとどまらなかった。日本に休暇で滞在中のベトナム帰還米兵が次々と脱走したのだ。そのたびに、べ平連によってその事実が公表された。べ平連が、米兵たちに積極的に軍離脱をうながし、脱走してきた米兵をかくまい、海外に脱出させているのは明らかだった。

米軍や日本の警備当局もこれには神経をとがらせるに至ったようだ。元べ平連事務局長の吉川勇一氏によると、六八年の暮れ、米軍のスパイが脱走兵だといってべ平連関係者に接触してきた。この人物の密告から、脱走兵を乗せた車を運転していた青年が北海道で逮捕されたり、関連してべ平連の仲間がピストル不法所持という虚偽の容疑で家宅捜査を受けたりしたという。

脱走兵の続出に私の中の「特ダネ意識」が頭をもたげた。「一度、脱走兵にじかにインタビューしてみたい」

七〇年三月、吉川事務局長にその旨を伝えた。すると、「JATEC（米反戦脱走兵援助日本技術委員会）のメンバーに会うように」と一人の人物を紹介された。小中陽太郎氏（作家）だった。小中氏の自宅を訪ねて希望を伝えると、「わかった。会わせましょう」との返事。ただ、条件があるという。「脱走兵を会わせるとなると、そのために何人かの人が動かなくてはならない。経費がかかるから、取材協力費をいただきたい」。提示された額は十五万円だった。高いな、とも思ったが、即座に私は「払います」と伝えた。

当時、社会部には、社外連絡費というのがあった。取材上の必要から取材相手に経費なり謝礼を払う場合は、この社外連絡費が充てられていた。ただし、事前に上司の承認を得る必要があった。しかし、いったん会社に戻って承認を得る時間もないし、それではなんともかっこう悪い。で、私は独断で約束した。

会社に戻って上司に報告すると、上司は「高い。十万円にしてもらえ」という。しかし、すでに約束してきたことだから、いまさらまけてくれとは言えないし、どうしてもやりたかった。私は、上司が認めた額に自分のポケットマネーを上乗せして支払った。

小中氏から「三月十八日夜七時三十分に赤坂のＴＢＳ本社近くの喫茶店まで来てほしい」との連絡があった。私たちはそこへ行った。私たちは二人だった。連れ合いは当時、社会部の同僚だった伊藤正孝記者（その後、アフリカ支局長、朝日ジャーナル編集長などを経て編集委員。故人）。私は語学がだめだったから、英語のできる伊藤記者に助っ人として同行してくれるよう頼んだのだ。

定刻きっかりに若い男性が現れた。私たちはそこから車に乗った。車は大都会の闇の中を走り出したが、南西の方角だ。男性は無言。ひっきりなしにタバコを吸った。時折、後ろを振り向いては目をこらす。尾行が気になるのだろうか。

車は二時間以上走り続けて、広い道路ぞいのごく普通の木造二階建ての民家の前にとまった。東京都下の町田市の住宅地だった。

屋内には明るい電灯が輝く。が、窓という窓には厚いカーテンがかかっていた。応接室に外国人が一人。紺のセーターにネズミ色の背広と黒いズボン。赤茶けたボサボサ髪に長く伸びたあごひげ。黒縁の眼鏡の奥から、薄茶色の目がのぞいていた。「米国西部の生まれ。農場主の長男で二十二歳」と名乗った。背広のポケットから取り出したＩＤカードには、米陸軍の四等特技兵とあった。

彼が語ったところによると、大学に在学中に徴兵を受け、一九六九年六月、衛生兵として南ベトナムに派遣された。まもなく、戦闘で右足に負傷し、神奈川県座間市の米陸軍病院に入院。全治後、同病院に衛生兵として勤務していたが、同年暮れに脱走、病院近くの日本人女性のアパートにひそんでいた。一度ＭＰと日本人警官に踏み込まれたが、押入に隠れて逮捕を免れた。その後、ＪＡＴＥＣのメンバーの訪問を受けたという。

それ以後は、学生、広告業者、教師などの日本人家庭を転々とし、いまの隠れ家が十一軒目。隠れ家から隠れ家への移動は車か電車。ＪＡＴＥＣのメンバーがつきそってくれる。「脱走の動機は?」との問いには「以前から政府のベトナム政策には疑問を感じていたが、ベトナムで同僚の悲惨な死を見、自分も負傷してみて、あらゆる戦争がいやになった」と語った。

私たちは三日間にわたってこの米兵と生活をともにしたが、米兵は暇をもてあましていた。朝起きて夜寝るまで、ほとんど応接室のソファに腰を沈めたままだった。「彼専用の部屋として書斎を提供したんですが、寝るとき以外は足を踏み入れません。一人でいると不安なのでしょうか」と隠れ家の奥さんは言った。三度の食事は隠れ家の家族といっしょに食べた。どんな日本食も口にしたが、いつも小食だった。運動不足ゆえか。

食事と食事の間は本を読んだり、隠れ家の子どもを相手にトランプに興じたり、ときにはＪＡＴＥＣに買ってもらったというギターをかなでながら即興の歌をくちずさんだ。なんとも悲しげな歌だった。何もすることがなくなると、放心したような目つきで窓の外をながめていた。

「いま一番やりたいことは」と尋ねたら、「大声で叫びたい」。そして「街の中を思いきり歩きたい」と付け加えた。「こんな生活をいつまで続ける気なのか」と聞くと、「時々絶望的な気持ちに襲われる時がある。遠い将来のことは考えていない。いまは、とにかく平和な日本で暮らしたい」と語った。

三日目の昼前、私たちは、米兵に別れを告げ、隠れ家を離れた。隠れ家の周りには畑が広がり、路傍にはオオイヌノフグリが淡青色の小さな花をつけていた。戸外はもうすっかり春の気配。隠れ家に閉じこめられた形の緊張続きの三日間だったせいか、春めいた外の空気がひどくここち良かったことをいまでも鮮やかに覚えている。

数日後、私は神田の出版社を訪ねて行った。隠れ家の主人の勤め先で、主人に会って感想を聞くためだった。その人は五人家族だった。妻と三人の子ども。前年から脱走兵を受け入れており、私たちが会ったのは四人目。一人につき一週間から十日ぐらい。

脱走兵受け入れの動機を尋ねると、笑いながら言った。「昔から窮鳥懐《きゅうちょうふところ》に入れば、という格言もあるじゃありませんか。困っている人があれば助けてやるのが当然」「私だってマイホームづくりに没頭したいですよ。でも、他人の城を守ってこそ自分の城も守れるのではないか。原爆が落ちるようなことがあったら、マイホームもパアだからね」。もっとも、不安もあるという。「しかし、心配しだしたらきりがない。腹をすえなくちゃあ、こんなことはできませんよ」

私の脱走兵インタビューは、三月二十四日付朝刊の「朝日」社会面に載った。トップ記事。「脱走米兵と暮した3日間」「町を思いきり歩きたい」「転々として十一軒」「戦傷で戦争がイヤに」などの見出しと写真つきだった。

JATECには、さまざまな人々がかかわっていた。多くの知識人が関与していたが、一般の市民も多くかかわっていたようだ。日本人が脱走米兵に便宜を与えても、処罰されることはない。だが、刑事特別法によると、米軍は脱走兵の逮捕を日本の警察に要請することができ、要請を受けた警察は日本人の住居に立ち入って捜索ができる。さらに、関係者を参考人として取り調べることができ、これを拒めば一万円以下の過料を課されるとされていた。吉川氏によれば「一九、二〇歳の若者、生身の人間と二四時間、しかも警察の目を逃れてつきあうのである。一見、スマートな活動のように思われたかも知れないが、実際は精神も肉体もズタズタになるような活動であった」(『市民運動の宿題』)のだ。にもかかわらず、こうした活動に少なからぬ市民が進んで加わった。

なぜだろうか。おそらく「困っている人があれば助けてやるのが当然」という素朴な人間愛、すなわちヒューマニズムがこの人たちを突き動かしていたのだろうと思う。加えて、ベ平連運動の論理が、反戦のための実践をうながしていたのではないか。

ベ平連が掲げたスローガンの一つに「日本政府は戦争に協力するな」というのがあった。日本政府は米国のベトナム侵略に加担している。その日本政府を支えているのは日本人である。だから、ベトナムにおける戦争には日本人も責任がある。したがって、日本人一人ひとりも、日本政府への抗議を含め戦争をやめさせるために自ら行動を起こさなければ――ベ平連の論理はそういうものだったのではと私は思う。

他の平和団体が、この時期、「ベトナム人民支援」を掲げ、運動を専らベトナム人への「援助」と位置づけていたのと対照的であった。それにひきかえ、ベ平連の運動は、人間として個人の「戦争責任」に向き合った市民の運動だったからこそ、脱走兵援助といった〝危険〟な活動にもひるまなかった人々を生み出したのではないか、と私は考える。

ベトナム戦争が終結してから二十六年たった二〇〇一年六月、私は東京・新宿の紀伊国屋ホールで、斎藤憐作の『お隣りの脱走兵』を観た。ＪＡＴＥＣによる脱走兵援助をテーマにした芝居だった。それを観ながら、脱走兵援助もついに芝居になったのか、との感慨を抱くとともに、あのいっしょに暮らした米兵は今、どこで何をしているのだろうかと思った。

（二〇〇六年一月一六日記）

第61回　エンプラ闘争で警官隊になぐられ負傷

それは、一瞬のことだった。私は黒い津波のような警官隊にコンクリート壁に押しつけられ、警棒の乱打を浴びた。頭皮がやぶれ、血潮が飛んだ。私はよろよろと立ち上がり、病院の方に歩き始めた。何が起きたのかわかるまでにしばらく時間がかかった。「そうだ。警官隊にめった打ちにあったのだ」。一九六八年一月十七日、長崎県佐世保市でのことである。

ベトナム戦争が激化の一途をたどっていた六七年暮れから六八年の正月にかけ、日本は米国の原子力空母「エンタープライズ」の日本寄港をめぐって世論がふっとうしていた。核燃料を推進力とする世界最大の攻撃型航空母艦で、基準排水量七五、七〇〇トン。全長三三六メートル。幅四〇メートル、艦載機は七十から百機。乗組員は四、〇〇〇人以上。六二年に完工、六五年から第七艦隊に配属され、ベトナム作戦に参加していた。「動く核基地」というのが異名だった。

六七年九月に米国政府から外務省に「乗組員の休養と物資の補給のために日本に寄港させたい」と申し入れがあり、同年十一月、佐藤栄作内閣は寄港承認を米側に通告した。社会は「エンタープライズの寄港承認は、米国のベトナム侵略への佐藤内閣の協力、加担がさらに強まったことを示す。北爆の拡大に重要な役割を持つ原子力艦隊を入港させることは、日本がベトナム侵略の直接の基地化することを意味する。社会党は広範かつ強力な寄港阻止のたたかいを展開する」との声明を発表した。

同年暮れには、「佐世保寄港説」が強まり、年が明けると、社会党系、共産党系の団体、労働組合の全国組織・総評の加盟組合、市民団体などが佐世保に集結を始めた。反代々木系学生も「佐世保を第三の羽田に」と活発な動きを見せ始めた。

佐世保は西日本有数の良港といわれ、戦前は軍港として名をはせた。戦後は米海軍基地が設けられた。そこが、戦争にからんで再びクローズアップされるに至ったのだ。人口は約二十五万。

マスメディアも空前の取材体制を敷いた。朝日新聞は一月十四日、佐世保支局に取材本部を設置した。数々の原稿送稿装置、臨時電話、ニュースカー、ラジオカー、ジープ、オートバイ、ヘリコプターなどなど。総勢約八十人。取材本部の指揮をとったのは西部本社社会部次長の後藤龍介氏。狭い支局事務所ではとてもまかないきれず、田中哲也支局長は家族を市内の旅館に疎開させ、家族用の部屋を取材本部用に充てたほどだった。

約八十人のうち、三人は東京本社社会部からの応援組だった。警察庁担当の鈴木卓郎記者、遊軍の高木正幸記者、それに同じく遊軍の私。

私が佐世保入りしたのは一月十三日。十五日には福岡市へ飛んだ。「エンタープライズ入港阻止」を掲げる反代々木系の三派全学連が全国各地から九州大学に集結しつつあったが、福岡県警察本部がこれを大量に検挙して、佐世保には行かせない方針だ、との情報が入ったためだ。

結局、福岡県警は学生の大量検挙に失敗、九州大学に泊まり込んでいた学生たち約八百人は十七日朝、国鉄博多駅から急行「西海」で佐世保へ向かった。私もこれに同乗して学生たちを追った。学生たちはヘルメットにタオルの覆面。途中の駅で角材を積み込んだ。

午前九時四十七分、「西海」が佐世保駅に到着すると、学生たちはプラットホームから、米軍用の引き込み線伝いに米海軍基地に向かって走りだした。私も走ってその後を追った。駅ら米海軍基地までは約一キロ。学生たちが基地に近い、佐世保川にかかる平瀬橋に着いたのは午前十時ごろ。

橋の上や引き込み線の鉄橋の上には、すでに有刺鉄線、板サクなどによるバリケードが築かれていた。その後ろに放水車、さらにその後方に多数の警官隊の姿が見えた。警察側は、学生らの行動に備えて全国各地から集めた警官約三千二百人を佐世保市内に配置していた。

学生たちがバリケードを突破しようとしたことから、攻防戦が始まった。学生側は石を投げ、角材とロープを使ってバリケードを壊そうとする。警察側は放水、催涙ガス筒、催涙ガス弾などで対抗した。

こうした攻防戦が約二時間続いた。午前十一時四十五分ごろだったろうか。私は、平瀬橋上流の佐世保川沿いの道路を、警官隊が平瀬橋に向かってくるのに気づいた。「いよいよ実で学生を排除か」。そう思った私は学生たちの群れから離れて、平瀬橋際にある市民病院の橋寄りの角に移動した。学生の中にいたのでは、乱闘になった時、巻き込まれるおそれあると思ったからだ。まわりを見ると、各社の記者やカメラマンがいた。そこは「見物」にはもってこいの場所だったから、一般市民も多かった。

その時の学生たち。一部は鉄橋の上のバリケードにロープをひっかけて引っ張っていた。一部は平瀬橋上で放水の中をバリケードに向かって突っ込んでいた。ごく少数が、橋の上流から近づいてくる警官隊に気づき、角材を持ち直して橋のたもとに集結しつつあった。

その時である。警棒を振り上げた数百人の警官隊が突如、基地と反対側、すなわち学生たちの背後に現れ、学生たちに襲いかかった。不意をつかれた学生たちは角材を拾って態勢を整えるひまもなく、右往左往。ほとんど同時に、基地側の警官隊もバリケードを踏み越えて押し寄せてきた。橋の上流から近づきつつあった警官隊も学生たちに突っ込んだ。三方から挟み打ちにあった学生たちは逃げ場を失った形となり、一部は市民病院玄関に殺到した。

これらのことは一瞬の出来事で、私が事の重大さに気づいたときには、警官隊が眼前にきていた。警棒を振り上げ、投石よけの盾を構えた警官たち。「あぶない」。私は市民病院に逃げ込もうとした。他の報道関係者も、市民も、病院の玄関に向かって走った。が、警官たちは逃げ遅れた私たちを突き飛ばし、警棒でなぐりかかってきた。とうとう、病院の壁に押し付けられた。もう逃げるところがない。そこで、また警棒の乱打。私は、壁に押しつけられた学生、報道関係者、市民の塊の一番外側にいた。

私の服装は、背広の上にエンジ色のマフラーとオーバーコート。左腕に新聞社の腕章をしていた。頭にはヘルメット。が、そのヘルメットはすでにどこかへ飛んでいた。「ブスッ」「ブスッ」。警棒がうなる下で「新聞記者だ」と何度も叫んだ。「殺されるかもしれない」。そんな思いが一瞬、頭の中をよぎった。とにかく、ここを逃れなくては。私は目の前の警官のまたをくぐって出ようとした。と、また背中に警棒の一撃。ようやく、はって警官隊による包囲から脱出した。振り返ると、警官が倒れた学生を足げにしていた。ホッと息をついたとき、何かなま温かいものが頭から首筋やほおに伝わってきた。鮮血だった。

早く治療を受けなくてはと、私は市民病院に入ろうとした。その瞬間、私の身体は後ろに飛びのいた。玄関の中で警官二人と学生一人が、警棒と角材で渡り合っていたからだ。警棒にうちすえられたばかりの私の身体は、警官を見て、まるで条件反射のように本能的に飛びのいたのだった。私はわが目を疑った。病院に逃げ込んだ学生までも追いかけて、病院内で警棒をふるうとは。戦争といえども、病院は絶対に暴力がふるわれてはならない「聖域」だというのに。

病院内はまるで野戦病院のような騒ぎだった。私は、止血の応急手当てを受け、病室内のベッドに横たわっていると、若い男性がそっと近づき「お名前を」と話しかけてきた。なんと、「朝日」の記者で、負傷者の取材にきていたのだ。私は東京本社社会部員と名乗り、「朝日」の取材本部に私の所在を伝えてくれるよう頼んだ。

とにかく、取材本部に戻らなくては。私は痛む足をひきずりながら、佐世保支局まで歩いた。支局に着くと、時計は午後一時を少し回っていた。東京本社社会部の伊藤牧夫部長に電話で報告すると、部長は早口で言った。「なぐられた状況をすぐ原稿にして送れ」

私は右手も負傷し、包帯を巻いていたが、その手で原稿用紙に向かった。そして、夕刊締め切り時間（午後一時三十分）ぎりぎりに東京への送稿を終えた。それは「事前の警告もなく」「機動隊　市民もなぐる」「激突の渦中で本社記者手記」という見出しで夕刊最終版に四段扱いで載った。名古屋、大阪両本社発行の夕刊にも載った（ただ、西部本社版にはこの手記がなぜか載らなかった。このため、事件現場である佐世保のほか九州の読者は私の手記を読むことができなかった）。

その後、支局近くの小西外科病院で治療を受けた。頭をさわった医師は「コブだらけじゃないか」と驚いた。頭のてっぺんに長さ四センチの打撲挫創で三針縫った。右頭部にも一センチの打撲挫創。こちらは一針ですんだ。鼻の下にも挫創。左手の甲に打撲傷、右手の人さし指と小指に挫傷、右足のすねに打撲傷。全身七カ所に負傷し、治療十日間と診断された。ズボンは警官の靴で蹴られたせいかビリビリに破れていた。

頭部をやられているところから、後遺症を心配した分部照成・長崎支局長のはからいで、その夜、佐世保市郊外の長崎労災病院に入院した。レントゲン検査の結果、頭の骨には異常なく、まずは廃人になることだけは免れた。この時、年輩の医師が語ったことを覚えている。「昔の海軍はよく水兵をなぐったものだが、決して頭だけはなぐらなかった。警官はなぜ頭をなぐるのだろう」

十七日付の朝日新聞夕刊によれば、「正午前、警察部隊に逮捕命令が出た。それまで投石に耐えていた部隊の指揮官が『逮捕せよ』と指示した」とある。しかし、現場で演じられたのは一斉逮捕というよりは、警棒による激しい制圧であった。そのことは、この日の逮捕者が二十八人であるのに対し、負傷者が九十二人というアンバランスな数字に何よりもよく表れている。負傷者九十二人の内訳は学生六十七人、警官十人、鉄道公安職員八人、報道関係者四人、一般市民三人。けがの程度は重傷二十人、軽傷七十二人。

報道関係者の負傷者四人のうち最も重いけが人が私であった。

（二〇〇六年一月二十四日記）

第62回 エンプラ闘争への過剰警備が問題に

六八年一月十七日。米原子力空母エンタープライズの入港をひかえた長崎県佐世保市で、「入港阻止」を掲げる反代々木系三派全学連の学生たちが米海軍基地への突入を図り、これを阻止しようとした警官隊と衝突。これを取材中だった私は警官隊による警棒の乱打に会い、頭、顔、手足の七カ所に傷を負った。

私が被害を受けた模様は、NHKテレビによって全国に放映された。その間のことを、当時の朝日新聞佐世保支局長・田中哲也氏（故人）が記録している。当時、同支局に朝日新聞の取材本部が設置されていたので、田中氏は現地の責任者としてエンタープライズをめぐる全局面を掌握できる立場にいた。同氏は書く。

「一月十七日午前十一時半ごろ、私は取材本部のなかにいた。テレビジョンに映し出される平瀬橋周辺での学生と警官との衝突の実況放送を見ていた。そのころ警官隊は四方から学生たちを囲み、叩き、蹴飛ばしながら橋のたもとの佐世保市民病院の方に追いつめていた。オーバーコートを着た一人の男が警棒で打ちのめされている場面が大写しにされた。両手で頭をおおって耐えている男の顔が横を向いたとき私は息をのんだ。それは私たちの仲間で東京本社社会部からきていた岩垂弘記者だった。間もなく頭と両手に包帯を巻いた彼が取材本部に現われた。『ひどいなあ』とひとことうめくように言うと、彼は隅っこの机にすわり、血のにじんだ包帯の手を動かしはじめた。手記を書こうというのである。その夜、彼は佐世保市内の長崎労災病院に収容された。私たちは彼を病院に訪ねた。冷たいコンクリートの部屋に彼は横たわっていた」（『佐世保からの証言』、一九六九年、三省堂新書）

佐世保市消防局に設けられた救護対策本部によると、この日の負傷者は九十二人。これには、報道関係者四人、一般市民三人が含まれていた。

負傷者が多かったこと、とりわけ、報道関係、一般市民にけが人が出たことで、革新団体は一斉に「過剰警備だ」と抗議の声をあげた。マスコミも警察の警備のあり方を問題にし始めた。そのせいか、一転、それまで「暴力学生」と非難を浴びていた三派全学連の学生たちに市民の間から同情や共感の声が出始めた。

こうした警察の警備への批判の高まりに、北折篤信・原子力空母寄港警備本部長（長崎県警本部長）は記者会見で「けが人を出さないようにという警備方針だったが、結果的に命令や方針が部下に徹底せず、報道のマークがありながら迷惑をかけるケースも出た。申し訳ない。けが人に対してはできるだけのことをしたい」と述べた。

木村俊夫内閣官房長官も夕方の記者会見で「学生、警官隊の双方にかなりの負傷者を出したが、報道人を含めた一般市民にけが人が出たことは非常に申し訳ない」と述べた。

こうしたことも影響していたのだろう。翌一月十八日の入港反対運動は高まりをみせた。私は入院中で取材に行けなかったが、新聞によると、この日午後、市営球場で開かれた、社会・総評系の米原子力艦隊阻止全国実行委員会と共産党系の安保破棄諸要求貫徹中央実行委員会共催の「アメリカのベトナム侵略反対、沖縄小笠原即時返還要求、原子力艦隊寄港阻止佐世保大集会」には主催者発表で四万七千人（警察推定二万六千人）が集まった。集会後、参加者はデモ行進に移ったが、先頭には社会党の勝間田清一社会党委員長、野坂参三共産党議長、堀井利勝総評議長らがいたという。

前夜、福岡市の九州大学に泊まり込んでいた三派全学連の学生約五百五十人も佐世保駅着の急行でやってきて、大集会の会場に入った。デモ行進にも参加したが、途中でデモ隊と離れ、米海軍基地に近い佐世保橋に向かった。そのころ、学生の集団は千人以上にふくれ上がっていた。この中には、反代々木系の労組員の組織、反戦青年委員会のメンバーの姿もみられた。学生らは角材を手にしていなかった。

やがて、学生らは佐世保橋に殺到。ここに放水車やガス弾で阻止線を張っていた警官隊と衝突した。この日も警官隊は警棒を行使したが、前日のようには深追いしなかった。二時間後、学生らは現場から引き揚げたが、この日の衝突で、学生十五人が逮捕され、六十人が負傷した。負傷者の内訳は学生二十五人、警官三十一人、労組員四人であった。

入港反対の声をあげたのは社会党系、共産党系、反代々木系団体ばかりでなかった。十七日には公明党が佐世保市内で寄港反対集会を開き、延べ二万人が参加した。公明党としては初めての大衆行動だった。

佐世保市内に抗議の声が充満する中、十九日朝、エンタープライズが入港した。原子力駆逐艦トランクストン、ミサイル駆逐艦ハルゼーを同行させていた。そして、二十三日、これらの艦艇は佐世保を去った。

この間、社会党、共産党、反代々木系団体による抗議集会や抗議行動が連日あった。そればかりでない。二十二日には、佐世保市内で、民社党・同盟系の核基地化抗議集会が開かれ、主催者発表で約七千人が集まった。集会は「全学連の不法行為は許せないが、無抵抗の者や市民への一方的な警棒使用は行き過ぎだ」などとする警察への抗議と、「エンタープライズの寄港は核持ち込みにつながる。国民を核の恐怖から守るために日米間に核持ち込み禁止条約を結べ」という政府への要望書を採択した。

その後、二月十二日には佐世保べ平連が生まれた。同月十九日には、市内の公園から一つのデモ行進が出発した。主婦、教師、商店主、サラリーマンら約百四十人。先頭には「エンタープライズが佐世保を汚した日、一緒に歩きましょう」と書かれた幕が掲げられていた。佐世保ペンクラブ会長・矢動丸広氏ら文化人の呼びかけで生まれた「19日佐世保市民の会」で、その綱領には「平和を愛する佐世保市民の集いです」とあった。

戦前は日本海軍、戦後は米海軍に経済的に依存するところが大きかった佐世保では、それまで市民による反戦平和の運動はほとんどみられなかった。そこに、エンプラ寄港をきっかけに、市民による反戦平和運動が芽生えたのだ。その後、長期間にわたって、毎月十九日、「19日佐世保市民の会」による行進が続けられた。

ところで、私自身のけがのことだが、経過が良好という診断で、入院から十一日目の一月二十七日に退院した。病院からタクシーで福岡空港に向かった。東京から一緒に出張してきた社会部の高木正幸記者が付き添ってくれた。福岡空港から羽田空港へ。

退院したものの頭からはまだ包帯がとれなかった。そこで、しばらく自宅から東京・大森の東京労災病院に通った。

佐世保労災病院に入院中、長崎県警の警部と警部補が事情を聴きにきた。負傷した時の様子を話してくれ、ということだった。事情聴取は分部照成・長崎支局長の立ち会いのもとで行われ、調書がつくられた。警部らの話では、調書に基づいて、私を負傷させた者を捜査するとのことだった。

三月に入ってからだったと記憶している。弁護士の来訪を受けた。佐世保でけがをした反代々木系学生の救護にあたっている弁護士で、「限度を超えた実力行使で学生、労組員、市民に傷を負わせた警官を特別公務員暴行陵虐《りょうぎゃく》罪と同致傷罪で地検に告発するから、あなたも加わってほしい」とのことだった。

社会部長（部長の交代があり、三月から新しい部長だった）に相談すると、「加わらない方がいいだろう。君のことは、社にまかせてくれ。社としては今、警察に犯人捜査を要求している」と言う。だから、告発には加わらなかった。

しかし、警察側の対応は、最終的には新井裕・警察庁長官が東京本社を訪れ、田代喜久雄編集局長に遺憾の意を表するというものだった。「岩垂記者をなぐったのは大阪府警が佐世保に派遣した警官隊らしいというところまではわかったが、なぐった警官を特定できなかった」。新井長官が言明した内容はそういうものだったという。それを、私は社会部長から聴かされた。私への直接の説明ではなかった。かくして、警察からは謝罪も補償もなかった。私のけがは結局、労災ということで処理されただけだった。

こうした経緯から、私のなかでこんな思いが強くなっていった。「企業というものは従業員の人権を守ることに積極的でない。であれば、従業員の人権は自分自身で守らなくては」

社内外からいろいろな声が寄せられた。過剰警備を批判するものが大半だったが、「お前が学生集団の中にいたからだ」と、なぐられても当たり前といわんばかりのものもあった。が、私は学生集団の中にいたわけではない。むしろ、取材上の必要から学生と警察双方がよく見えるところ、それも最も〝安全〟とみられた病院の玄関に近いところにいて被害を受けたのだった。

エンタープライズが再び佐世保に入港したのは、それから十五年後の一九八三年三月二十一日のことである。すでにベトナム戦争は終結していた。私はまた、佐世保に向かった。革新団体による寄港反対集会を取材するためである。こんどは第一回寄港のような混乱はなかった。私は、私が負傷した市民病院周辺の〝戦場跡〟を歩いたり、佐世保港に停泊している巨大なエンタープライズを見ながら思ったものだ。「エンタープライズが十五年間も佐世保に姿を現さなかったのは、やはり、十五年前のあの激しい反対運動が影響しているのではないか。つまり、米国政府も日本政府もあの反対運動を無視できなかったということではないか」と。

私の書斎の机の引き出しの中に一枚の腕章がある。佐世保でなぐられた時に腕につけていた、「朝日新聞」の文字と社旗の入った腕章だ。当時はブルーの布地のところどころが赤く染まった血染めの腕章であったが、いまでは、その部分が色あせて、かすかな赤に変色している。が、私の記憶の中では「佐世保」はまだ色あせていない。

（二〇〇六年二月一日記）

第63回 ベトナム戦争の余波は王子にも

ベトナム戦争の激化は、日本にさまざまな余波をもたらした。一九六七年十月から、わが国で連続的に起きた第一次羽田事件、老エスペランチストの焼身自殺、横須賀港に停泊中の米空母イントレピッドからの米兵脱走、米原子力空母エンタープライズの佐世保入港とそれへの抗議行動……といった事件や出来事は、いずれもベトナム戦争と深くかかわっていた。

余波はこれらの事件や出来事にとどまらなかった。六八年早々、王子野戦病院問題が持ち上がる。佐世保でのエンタープライズ寄港騒ぎのほとぼりがまだ冷めやらない一月二十四日、東京都北区の小林正千代区長は区議会で「米軍側から、北区内の米軍王子キャンプに、近くベトナム傷病兵用の野戦病院を開設するとの連絡を受けた」と発表したからだ。

当時、米軍王子キャンプは北区十条台にあり、広さは約十二万二千平方メートル。米陸軍極東地図局があったが、これが六六年にハワイに移ってからは、空き家となっていた。米軍側の説明では、そこを改装し、そこに埼玉県入間市のジョンソン基地にある米陸軍第七野戦病院の一部が移転してくるのだという。ベッド数は三百五十から四百。二月半ばごろまでに移転を終え、三月初めに開院の予定との説明だったという。

東京二十三区内に米軍の野戦病院を設置されるのは初めてだった。当時、日本各地に米軍の野戦病院があり、ベトナム戦線からそこへ運ばれてくる傷病米兵は月に四千人以上にのぼる、といわれていた。戦争の激化でその数が増え、これに対処するため米軍としては野戦病院の増設を図ったものと思われる。

北区としては、もともと極東地図局が移転した後の王子キャンプを区に返還してほしいと望んでいた。六七年十二月には、区議会が返還要求を決議した。そこへ、野戦病院が来る。なにしろ、王子は住宅の密集地帯であるうえ、キャンプの近くには中学校、女子高校、大学などの学園地区があった。それだけに、社会党、共産党、区労連などの革新団体からはもちろん、保守系区議、町内会、ＰＴＡ、商店連合会などからも反対の声が上がった。「野戦病院が設置されると、汚水、汚物の処理、伝染病などの問題が起きないだろうか。入院米兵の外出で風紀上の問題も派生しかねない」というわけである。

米軍野戦病院設置が北区民ならびに都民からいかに歓迎されなかったかは、三月二十一日に都議会が超党派で病院廃止運動を行うと決めたことからもうかがえる。

この問題は、「ベトナム反戦」を掲げて佐藤首相の南ベトナム訪問阻止（第一次羽田事件）、同首相の米国訪問阻止（第二次羽田事件）、米原子力空母エンタープライズの佐世保入港阻止といった過激な実力闘争を繰り返してきた反代々木系学生にとって、格好の標的となった。北区長の開設発表直後から、王子キャンプ周辺で反代々木系学生による開設反対デモが続発する。

二月二十日夜には、北区労連が主催した反対集会に反代々木系学生約九百人が合流し、うちヘルメットをかぶった約四百人が警備の機動隊に角材をふるってぶつかったり、投石を行い、三十六人が公務執行妨害の現行犯で逮捕された。

三月八日夜には、いくつもの反代々木系学生集団が、それぞれ王子キャンプに向けてデモを始め、各所で警備の機動隊と衝突した。東十条駅を降りた一団約二百人は王子キャンプ東側のコンクリート壁を乗り越えてキャンプ内への突入を図った。キャンプ内に待機していた警官に阻まれると、角材でコンクリート壁を破壊した。王子駅前で集会を開いた後にデモを始めた別の一団約四百人は、都電の軌道内をデモ行進し、都電もストップ。王子本町交差点付近では、学生約六百人が機動隊に投石を繰り返し、機動隊が学生たちの排除にかかると、学生たちは交差点付近に集まった数千人の群衆の中に逃げ込み、そこから投石を続けた。群衆の一部も「ポリ公帰れ」と機動隊にくってかかり、交差点は混雑を極めた。「王子　学生デモ大荒れ」。翌朝の新聞は社会面トップで報じた。

三月三十一日には、区内の公園と神社の二カ所で野戦病院に反対する市民集会が開かれた。公園で開かれた集会には約五百人が集まったが、主婦が多かった。神社で開かれた集会は町内会の主催で、商店主、主婦、子ども約三百人が加わった。

四月一日夜には、反代々木系学生約七百人が王子本町交差点付近で機動隊と衝突、パトカー一台が学生に放火されて炎上、さらに交番が襲われ、キャビネットが持ち出されて中の書類が焼かれた。この日も数千人の群衆が集まったため、機動隊は催涙ガスを使って群衆整理にあたった。この夜の衝突で百五人が暴力行為などの現行犯で逮捕され、警官、学生ら約二百五十人が負傷。商店街や住宅にもガラスが壊されるなどの被害が出た。

四月十五日夜には、東京護憲連合が区内の公園に約九百人を集めて「野戦病院反対都民総決起集会」を開き、王子キャンプに向けてデモ行進をしたが、反代々木系学生約七百人がこれに合流し、キャンプ正面ゲート前で激しく投石し、角材をもってゲートに突っ込んだ。数千人の群衆がこれを取り巻き、一部が投石に加わった。警視庁はこれを実力で排除したが、学生三十八人が公務執行妨害などで逮捕された。この夜の衝突による負傷者は四十九人。内訳は警官十七人、学生八人、一般人二十四人。

地元住民、革新団体、反代々木系学生らの反対にもかかわらず、米軍側は四月十五日までに王子キャンプへの野戦病院の移転を完了した。

佐世保市でけがをして労災病院に入院中だった私が、退院して埼玉の自宅に帰ったのは一月二十七日。五日間自宅で療養し、会社に出勤したのは二月二日。その私を待っていたのは王子野戦病院問題だった。

反代々木系学生が王子キャンプに向けてデモを繰り返すたびに、私は王子へ向かった。このころの私は、まだ頭部の裂傷が完治せず、頭部に包帯を巻いたままで、東京労災病院に通院中だった。が、反戦運動は私の取材分野であったし、それに、野戦病院開設をめぐって何が起きるかをこの目できちんと見届けねば、との思いが強かったためだ。もちろん、警視庁クラブ詰めの記者やサツまわりなど多数の記者が反代々木系学生デモの取材にあたり、私もその一員にすぎなかったが。

王子キャンプ周辺は住宅の密集地帯だったが、それも軒の低い平屋建てや二階建てが多かった。路地は狭く、加えて、それらが入り組んでいた。まるで迷路のようだった。夜になると、王子キャンプの正面ゲート前でこうこうとライトが照らされている以外は、一帯には街灯も少なく、暗かった。そこで、角材と石をもった学生集団と、投石よけのジュラルミン製楯と催涙ガス銃を携えた機動隊との衝突、攻防が繰り返された。それは、まるで闇夜での〝市街戦〟だった。催涙ガスのにおいが路地にただよい、目がちかちかして痛んだ。

学生集団が突進する。すると、機動隊がそれを阻もうと前進する。すると、学生集団が狭い路地を一目散に逃げ回る。逃げ場を失った学生の一部は民家の敷地内に飛び込み、その家の屋根によじ登って機動隊の追跡から逃れようとする。中には、屋根から屋根へと飛び移る学生もいた。

佐世保で機動隊による警棒の乱打をあびて負傷したばかりの私は、機動隊の動きにすっかり過敏になっていた。「二度とけがをしたくない」。だから、機動隊が学生集団の排除にかかかる気配をみせると、私はいちはやくその場から離れ、安全な場所に移ろうと心がけた。が、路地が行き止まりだったりして、逃げるところを失ったこともあった。そんな時は、申し訳ないなと思いながらも、やむなく、民家の屋根に逃れた。頭部の包帯を手で押さえつつ屋根から屋根に飛び移りながら、「これじゃあ、まるでネズミ小僧次郎吉だな」と苦笑したものだ。

それにしても、米兵がたたずむ米軍施設の前で、日本人同士が激しく争い、互いに傷つけ合うのを見るのはつらかった。なにか、とても悲しかった。

米軍は、六九年十一月、王子野戦病院を閉鎖した。ベトナム戦争の縮小にともない、日本に運ばれてくる傷病兵が減ったためだろう、との見方が日本側には強かった。

これにより、米軍王子野戦病院問題は解決し、王子の街は平穏を取り戻した。が、私は、問題はほんとうに解決したんだろうか、との思いをいまなお禁じ得ない。というのも、ベトナム戦争終結後も、いや、東西冷戦が終わっても、日本には引き続き米軍基地が存続し、周辺住民との間で摩擦を起こし続けているからだ。二〇〇五年からは、米国政府の世界戦略から在日米軍の再編問題が浮上し、沖縄、岩國、神奈川などの基地周辺住民や関係自治体に「米軍基地の機能が強化され、基地公害がいっそう増すのではないか」との懸念を生じさせている。

王子野戦病院問題は、決して遠い過去のものではないのだ。

（二〇〇六年二月九日記）

第64回 流血の成田空港反対闘争

米軍王子野戦病院開設問題と並行する形で、この時期、取材に追われたのは成田空港問題だ。まさに「きょうは王子、あすは成田」といった日々だった。

成田空港問題の発端は、一九六六年七月三日の佐藤栄作内閣による閣議決定だった。新東京国際空港を千葉県成田市三里塚町を中心とする地区に建設するという決定である。

政府は「羽田空港が飽和状態になった」として、六二年から、新しい大型の国際空港を建設する用地をさがしていた。六五年には、千葉県富里地区に内定したが、現地住民が強く反対し、建設を強行すれば流血の惨事も予想される情勢になった。このため、佐藤首相の裁断で富里地区に隣接する三里塚案に変更、空港の規模も当初計画の半分以下に縮小した。

新空港の面積は一〇六〇ヘクタール。内訳は成田市九七二ヘクタール（九二％）、芝山町七三ヘクタール（七％）、大栄町一五ヘクタール（一％）。買収という手続きが必要ない国有地と県有地が、合わせて三二％を占める。このことも、三里塚が新空港の建設地に適しているとされた理由だった。が、民有地にある約二百五十戸の移転が必要、とされた。また、民有地の六〇％が畑なので、政府は農業を続ける人のために代替地をあっせんすると発表した。

新空港には四〇〇〇メートル、二五〇〇メートルの滑走路が一本ずつ建設される。完成は五年後の七一年三月。七〇年度中には少なくとも四〇〇〇メートル滑走路一本を完成させる、とされた。

これに対し、地元住民から「地元に相談もなく一方的に決めるとは。われわれは先祖伝来の農地を手放したくない」との声が上がり、地元の約一〇〇〇戸、約三〇〇〇人の農民によって「三里塚・芝山連合新東京国際空港反対同盟」（戸村一作委員長）が結成された。

本格的な工事は六七年十月十日から始まった。この日明け方、新東京国際空港公団は警官隊千五百人の出動を求めて空港敷地内に外郭測量用のクイを三本、打ち込んだ。これに対し、反対同盟側は社会、共産両党の地方議員団、労組員、農民ら約千百四十人がクイ打ち阻止を図ったが、警官隊に排除され、測量隊によりクイが打ち込まれた。

クイ打ち作業にあたって、報道各社は大規模な取材態勢を敷いた。朝日新聞は、前夜から東京本社の社会、写真、連絡、航空、運輸、編集庶務の各部や千葉支局、近隣の通信局から計約六十人を現地に送り込んだ。成田市三里塚の大竹旅館に取材本部が設けられた。私も前夜から取材本部につめた。

広大な空港予定地。見渡す限り、落花生や野菜の畑だ。いかにも肥沃な農地という感じ。そこを、入り組んだ農道が縦横に走る。反対派はクイ打ちが予定される地点に至る農道に集結していたが、そこに警官隊と測量隊が到着し、もみあいになった。排除された農民らは土や小石を投げて抵抗した。このため、警官側にけが人が出た。

別のクイ打ち予定地点では、老人たちが地面に座り込んでいた。三人一組の警官が、一人ひとりを抱えて運び出し、クイが打たれた。お題目を唱える老婆、「おれたちの土地を……」と地面にしがみつく老人。老人たちの目には涙があった。悔しそうな老人たちの表情が忘れられない。

公団は、三本のクイを打ち込んだが、実際は一本でも打ち込めれば成功と考えていた。それだけに、三本とも打ち込めたことを「予想外の成功」と受け取り、「空港建設への突破口が開けた」と、幹部の表情も明るかった。しかし、こうした楽観的な展望も、短期間で一転する。反対同盟が反代々木系学生との提携に踏み切り、反対闘争を強めることになったからである。

反対同盟と反代々木系の三派全学連の初めての共闘は六八年二月二十六日に成田市営球場で行われた「三里塚空港実力粉砕二・二六現地総決起集会」だった。これには、約千六百人（警察調べ）が参加。集会後のデモ行進で、学生多数が高台にある成田市役所と公団成田分室に突入を図り、警備の警官隊と衝突、警官側に三百六十人、デモ隊側に三十三人のけが人がでた。これには、頭に重傷を負った戸村一作反対同盟委員長も含まれていた。

戸村は無教会派のクリスチャンで、農機具商を営んでいた。農民らに請われて反対同盟の委員長になった。戸村の負傷は、反対同盟員に衝撃を与え、同盟員をいっそう結束させた。戸村は、自宅わきに巨大な看板を建てた。そこには、警官隊に殴打されて頭から血を流している戸村の絵が描かれていた。この看板は、反対同盟にとって成田闘争のシンボルとなった。

三月十日には、やはり市営球場で、反対同盟と反代々木系の労働者組織、反戦青年委員会共催の「成田空港反対三・一〇集会」が開かれ、約四千五百人（警察調べ）が集まった。うち三派全学連の学生約千人が角材や投石で公団分室への突入を図り、警官隊と衝突して百九十八人が逮捕された。負傷者は双方で約五百人にのぼった。

三月三十一日には、三里塚第二公園で、反対同盟と三派全学連共催の「成田空港反対三・三一共闘集会」が開かれ、約二千四百人（警察調べ）が集まった。うち学生千人が成田市役所・公団成田分室に向かってデモ行進し、市役所前に警官隊がつくった阻止線（バリケード）と向かい合った。学生の一部はバリケードを破って、市役所・公団分室への突入を図り、これを阻もうとした警官隊と激しく衝突した。学生五十一人が公務執行妨害罪などで逮捕され、四十三人が負傷した。負傷者の内訳は警官二十三人、学生十九人、報道関係者一人。

この日夜、埼玉の自宅に帰り、着替えのためズボンを脱ごうとして、右足のすねのあたりが破れているのに気づいた。脱いでみると、ズボンの裏側にねっとりとした黒いタール状のものがこびりついている。乾いた血のりだった。で、右足のすねを見ると、穴があいている。穴の中に赤い肉が見えた。

とっさに、私は「そうだ、あの時だな」と思い至った。そういえば、成田市役所前の、学生と警官隊の攻防戦を取材中、前方から大小の石が雨あられと飛んできたのだ。

この日、バリケードを挟んで学生集団と警官隊が激しい攻防を繰り返したが、私は、警官隊の後方にいた。佐世保での米空母エンタープライズ寄港阻止闘争の取材では、規制された学生の側にいて警官隊による警棒の乱打を浴び、負傷したことから、この日は警官隊の後ろにおれば、警官隊による実力行使に巻き込まれることはあるまいと考えたからである。しかし、学生たちが警官隊に向かって投げた石が前方から飛んできた。私は身をかわしながら、それを避けていたのだが、一つが私の右すねに当たったのだった。仕事に夢中だったからだろうか、その時は気がつかなかった。痛みも感じなかった。

翌朝、近くの医院へ行った。二針縫った。鋭く尖った石塊だったのだろう。ズボンを引き裂いたうえ、すねに突き刺さり、肉をえぐりとったのだった。が、石が骨に当たらなかったのは不幸中の幸い。もう数ミリそれていたら、骨折は必至だった。

このけがのことは、上司には報告しなかった。「お前、またけがをしたのか」と言われるのがいやだったからである。「佐世保で警官に殴られたことによるけががまだ完全に治っていないのに、こんどは学生にやられた。まさに満身創痍。報道の第一線で働くということは、時として危険極まりないことなんだ」。そんな感慨にひたったものだ。

右足がひどく重かったが、一日も休まず、現場取材に出かけて行った。成田でけがをした翌日も、王子で反代々木系学生による米軍野戦病院開設反対デモがあったからである。

いまでも、右足のすねに傷痕がある。

ところで、反対同盟が反代々木系の学生や労働者の戦闘力に注目して彼らとの提携を強めるにつれて、反代々木系と敵対関係にある共産党は反対同盟から離れ、社会党も距離を置くようになった。そして、反代々木系勢力はその実力闘争を一段とエスカレートさせていった。

彼らにとって、成田での行動は自分たちの土地を守ろうとする農民への支援闘争であるばかりでなく、軍事空港阻止の闘いでもあった。当時、反代々木系学生集団のリーダーが語ったものだ。「日本では、民間空港といえども、いったん出来てしまえば、日米安保条約がある限り、米軍によって軍事的に利用されかねない。であれば、なんとしても開港を阻止せねば」

関西の大学在学中に反代々木系学生の一人として成田闘争に参加し、公務執行妨害罪で逮捕されたことのある、いま機械メーカー勤務の男性が語る。「あのころ、ぼくの耳にはベトナム人の叫びが聞こえていた。彼らは、民族の独立を求め、侵略してきた米国軍隊の高性能の近代兵器に対し小銃で立ち向かっていた。それも、サンダルばきで。いたたまれない気持ちだった。一人の人間として、彼らと連帯しなくてはと思った」

エスカレートする成田空港反対闘争にも、ベトナム戦争が濃い影を落としていたのである。もちろん、彼らにとっては、反体制運動、反権力闘争の一環でもあったが。

（二〇〇六年二月十八日記）

第65回　ボタンの掛け違いから欠陥空港に

一九六七年十月十日から本格的に始まった新東京国際空港（成田空港）の建設工事は、遅々として進まなかった。必要な用地の買収が、土地所有者である農民の組織、三里塚・芝山連合空港反対同盟とこれを支援する反代々木系各派の強い抵抗によって難航したからだ。

このため、新東京国際空港公団は用地の強制収用に着手する。

まず、建設用地内に残る反対派の土地に対する千葉県の第一次強制代執行が七一年二月二十二日から三月二十五日にかけておこなわれた。対象は第一期工事区域内の四〇〇〇メートル滑走路北端にある一坪運動共有地六件で、計一五〇〇平方メートル。一坪運動共有地とは、多数の人が一坪ずつ共同で所有する土地のことで、行政による土地収用手続きを複雑化、遅延化させるためにあみだされた戦術だった。

千葉県は延べ二万五千二百人の警官に守られて強制代執行の作業を進めたが、反対同盟は農民、反代々木系の学生、労働者ら延べ二万八百人（警察調べ）を動員、対象地点にとりでをつくってたてこもったり、地下につくった壕にひそんだり、身体を立木にしばりつけるなどして抵抗した。千葉県はこれら反対派を排除して強制代執行を終えたが、この期間中、連日のように警備の機動隊と学生・労働者が衝突し、四百八十七人が逮捕され、反対派、警官合わせて七百七人がけがをした。

さらに、千葉県はこの年九月十六日から、第二次強制代執行を始めた。対象は第一期工事区域内に残る反対派の三つの団結小屋と一坪運動共有地の四カ所で、計四三四五平方メートル。

この日、千葉県は早朝から四カ所にブルドーザー、クレーン車などを出して反対派が築いたバリケードの排除にかかった。警備のために出動した警官は五千三百人。これに対し、反対派は農民、学生、労働者ら三千二百人を動員し、団結小屋にたてこもったり、ゲリラ活動を展開するなどして抵抗し、各所で機動隊と衝突した。

この第二次強制代執行に報道各社は大規模な取材態勢を敷いた。朝日新聞も社会部や写真部を中心に大量の取材陣を送り込んだ。私もその一員として、前夜から三里塚の旅館に設けられた取材本部につめていた。私の役割は、取材本部にいて、各所に配置した記者から送られてくる情報をまとめることだった。

午前十一時すぎだったろうか。出先の記者から、取材本部に連絡が入った。「機動隊員三人が学生集団に襲われて死亡したらしい」。取材本部にいたデスクや記者たちは総立ちになった。「本当か、それは」。何人かの記者が取材本部から駆けだして行った。確認のためである。

機動隊員が死亡したのは成田市東峰地区。神奈川県警の機動隊員二百五十人がヘルメットをかぶった約五百人の学生に取り囲まれた。学生たちは火炎びんを投げ、角材をふるって襲いかかった。この衝突で機動隊員の三人が死亡し、三人が重傷、十八人が軽傷を負った。成田空港建設にからんで死者が出たのは初めてだった。

「逃げ遅れた機動隊員が手錠をはめられ、角材でメッタ打ちにされた」

「火炎びんで火だるまになった機動隊員もいた」

刻々と出先の記者から入ってくる情報を受けながら、私は暗い気持ちにひきずりこまれた。あくまでも空港建設を阻止しようとする反対派と、これを力で押さえつけようとする、むき出しの国家権力との激突を見た思いだった。「まるで戦争だな、これは」。その日の朝日新聞夕刊は「成田で機動隊員3人死ぬ　第2次代執行　最大の流血」と、一面トップでこの惨事を伝えた。

衝突はその後も続き、千葉県が第二次強制代執行を終えたのは九月二十日だった。結局、第二次強制代執行での逮捕者は四百七十一人。死者は三人(殉職した機動隊員)、負傷者は警官、反対派合わせて百八十三人にのぼった。

第二次強制代執行によって第一期工事区域内にあった団結小屋など反対派の拠点をほぼ撤去した空港公団は、空港の建設をいそぐ。が、反対派の抵抗で工事は難航し、ようやく空港の開港にこぎつけたのは七八年五月二十日のことだ。当初の計画では、政府は閣議決定から五年後の七一年三月に開港させる予定だったが、それが十二年後にずれ込んだ。しかも、四〇〇〇メートル滑走路一本での開港だった。

それに、開港もスムーズに進んだわけではなかった。開港を間近にひかえた七八年三月二十六日、反対同盟を支援する反代々木系政治党派の一つ、第四インターの活動家を中心とする赤いヘルメットのグループが、完成したばかりの管制塔に乱入、占拠し、管制機器を破壊した。百五十六人が逮捕されたが、この事件により、開港は二カ月遅れた。

四〇〇〇メートル滑走路一本だけでは、激増する航空便をさばききれない。国際空港としては欠陥空港である。そこで、空港公団は第二期工事として、第二の滑走路、二五〇〇メートル滑走路の建設に着手する。しかし、また、用地の買収が難航し、工事はなかなか進展しなかった。

やがて、政府、反対派双方から「話し合い解決」の機運が生じる。政府側には、工事の遅延からくる深刻な手詰まり感があり、一方、反対派側には、反対派農民の減少、支援勢力の衰退化、活動家の高齢化といった問題が生じてきていた。こうした事情が、双方に「歩み寄り」を促したものと思われる。

学識経験者グループのあっせんで、九一年十一月二十日、成田市で政府と反対派の一部住民とが直接対話をするシンポジウムが開かれた。席上、奥田敬和運輸相は「位置決定で地元に理解を得るための努力が十分でなかった。強制収用をめぐり流血の事態が発生し大きな溝をつくってしまった」と陳謝した。成田空港問題で、国の代表が反対派住民に陳謝したのは初めてだった。

これを受けて、九三年には、国、千葉県、反対派住民らによる「成田空港問題円卓会議」が発足。九四年の最終報告には、第二滑走路の建設の必要性、話し合いによる用地取得などが盛り込まれた。しかし、その後、具体的な話し合いは進まず、九六年に至って政府は「二〇〇〇年度末までに第二滑走路を建設する」と表明する。サッカーのワールドカップ日本・韓国共同開催に間に合わせたいというのが理由だった。反対派はこれに反発し、用地買収問題は再び暗礁に乗り上げる。

第二滑走路は二〇〇二年四月十八日から使用が始まった。でも、全長二一八〇メートル。当初計画の二五〇〇メートルには少し足りない。政府は、あくまでも二五〇〇メートル滑走路の建設をめざしているところから、「暫定滑走路」と位置づけている。

閣議決定から、すでに四十年。なのに、いまだに当初計画の実現をみない成田空港。世界港史上でもあまり例をみない欠陥空港といっていいだろう。そして、この間に流されたおびただしい血のことに思いをはせると、暗たんたる気持ちに襲われる。

それもこれも、混乱は、空港建設にあたり、問答無用とばかり地元住民の意見を聞くこともなく、一方的に建設強行に走った政府のやり方に端を発しているとみていいだろう。公共施設の建設にあたっては、当該地域の住民との合意が優先されなくてはならず、反対があった場合は、行政側は誠意をもって対応し、話し合いで解決をはかるべきだ――成田空港問題は、私たちにそんな教訓を残したと言えるのではないか。そうした教訓を得るまで払わされた償はあまりにも大きかったが。

成田空港を利用するたびに、私は一人の人物を思い起こす。英文学者で評論家だった中野好夫（一九八五年没）だ。中野は、反対同盟の戸村一作委員長が「空港建設反対」を掲げて一九六八年の参院選挙全国区に立候補した時、推薦人に名を連ねた。そして、存命中は決して成田空港を利用しなかった。

中野が成田空港問題で発言したことがあるかどうか、私は知らない。私自身は中野の口から、そうした発言を聞いたことはない。が、こうした行動によって、中野も成田空港の建設に反対していたのだ、と知った。中野は戦後のあらゆる平和運動にかかわったが、そのかかわり方は、一市民の立場で、しかも必ず実践を通じてかかわるという行き方だった。成田空港問題でも、そうした行き方を貫いたのだ、と私は理解している。

成田空港問題では、多くの知識人がさまざまなやり方でかかわった。が、中野好夫のようなやり方で反対を貫いた人は極めて少ない。

（二〇〇六年二月二十六日記）

第66回 新宿騒乱事件の背後にも「ベトナム」

思わず、息をのんだ。まるで廃墟のようなすさまじい光景だったからだ。

一九六八年十月二十一日夜の東京・新宿の国鉄新宿駅構内。各線の発着ホームには瓦礫のような大小の石が無数に転がり、砕けたガラス片が散らかっていた。ホームの屋根の下につり下げられていた、電車の行き先を示す方向指示板のガラスは無惨にもことごとく破壊され、粉々になったガラスがホーム上に落ちていた。ホームのわきには無人の電車が止まっており、窓ガラスが壊されていた。

そのうち、駅の外から次々と群衆がホームに入り込んできた。ホーム上を行ったり来たりし、立ち去ろうとしない。群衆の数は増える一方で、やがて、ホームから溢れんばかりの人数となった。駅員の姿は全く見当たらない。

東口駅前の広場に出てみると、そこは大群衆で埋め尽くされていた。その中心あたりを、学生の集団がジグザグデモを繰り返す。夜がふけ、機動隊が学生集団や群衆の排除と検挙にかかった。学生や群衆の一部は駅前のビル街に逃げ込み、機動隊が引くとまた広場に集結する。まるで無警察状態のような騒動と混乱は、二十二日未明まで続いた。

警視庁は二十二日午前零時十五分、騒乱罪適用に踏み切った。騒乱罪容疑で学生ら三百五十二人が逮捕された。一九七〇年前後に全国各地で展開された大衆的な闘争で騒乱罪が適用されたのはこの時だけ。このため、新宿駅での学生や群衆による破壊行為は、新宿騒乱事件と呼ばれる。

新宿騒乱事件を引き起こしたのは、反代々木系各派の学生たちだった。

反代々木系各派の学生はこの日、中央大、法政大、早稲田大などで集会を開いたあと、夕方から夜にかけて各派ごとに国会、防衛庁、新宿駅に向けてデモを敢行した。新宿駅を目指した約千人は御茶ノ水駅付近で集会を開いた後、国電に乗り込んで代々木駅で下車し、ホームから線路伝いに新宿に向かい、新宿駅構内に突入した。そして、警備にあたっていた機動隊に投石、さらに、駅の施設や設備、電車を次々と破壊した。私は目撃していないが、翌日の新聞によれば、学生の一部は電車の中のシートを持ち出して火をつけたという。また、枕木が炎を上げて燃える写真が載っていた。私が駅構内で見た惨状は、この時の破壊、放火の跡だったのだ。

なぜ、学生たちは国会や防衛庁のほかに新宿駅を目指したのだろうか。それは、前年に新宿駅構内で起きた事故がからんでいた。

一九六七年八月八日未明、新宿駅構内で、同駅を出ようとしていた下り八王子行き貨物列車（二十両編成）に同駅に入ってきた上り新宿駅行き貨物列車（十九両編成）が衝突した。下り貨物列車はガソリンを、上り貨物列車は砕石を広くそれぞれ満載していた。衝突と同時に上り貨物列車の電気機関車が脱線し、はずみで機関車の機械室から出火。その火が、下り貨物列車のタンク車に引火した。タンク車はガソリンで満タンだったから、タンク車は大音響とともに爆発し、前後のタンク車にも燃え移った。衝突のはずみで線路づたいにこぼれたガソリンも燃え上がり、約三百メートルにわたって火の手が上がった。一時は燃えさかる高さ約二十メートルの火柱が、夜空を焦がした。

この事故で、電車一一八五本が運休し、一一一本に遅れが出た。影響は首都圏の通勤客ら二百万人に及んだ。衝突事故の原因は上り貨物列車の機関士、機関助士によるブレーキ操作のミスだった。

事故を大きくしたのは、タンク車に満載されていたガソリンだったが、その正体は、八月八日付朝日新聞夕刊によると、米軍の航空燃料だった。引火点は四〇～五〇度。わずかの衝撃でも爆発する。こんな危険物を積んだ列車が、乗降客数日本一の新宿駅構内を分単位の過密ダイヤの合間をぬって運行されていたのだ。このことは、一般の市民には知らされていなかった。未明の列車衝突事故が、この事実を白日のもとにさらけ出したのだった。

この事故を機に、マスコミも国鉄による米軍航空燃料の輸送に目を向け、それが日本の市民生活に及ぼす危険性を警告した。

私もこの輸送に関心をもち、その実態を明らかにしたいと思い立った。国鉄当局は口が堅かったから、国鉄労組を訪ねた。労組の話から、おおまかな実態がつかめた。それは、次のようなものだった。

――神奈川県横浜市浜安善地区に日本屈指の石油基地があり、その中に米軍の貯油施設がある。そこから、ジェット機用燃料を積んだタンク車を連結した米軍専用列車が毎日、出てゆく。行き先は東京都の横田、立川両米軍基地。両基地へのコースは二つあり、一つは南武線―青梅線経由のコース、もう一つは山手線―中央線経由のコース。新宿駅構内で事故を起こしたのは山手線―中央線経由の列車だった。

国労に頼んで、南武線―青梅線経由の列車に乗せてもらった。安善駅から立川駅まで。時速三〇キロのノロノロ運転で、ざっと二時間の行程だった。機関士が言った。「南武線沿線は人口急増地帯のうえに無人踏切が多いんです。ですから、踏切のたびに気が気でない」

国労によると、ベトナム戦争の拡大につれて輸送量が増えた。関係者によると、輸送は在日米軍と国鉄が結んだ協定に基づいて行われているが、そうした両者の協力は日米安保条約による地位協定に基づくもの、とのことだった。

朝日新聞は六八年の年始めから、一面で「日本の中のベトナム戦争」という連載を始めた。ベトナム戦争の激化が日本にもたらした影響を紹介したものだった。私もその筆者の一人となったので、そこに、米軍専用燃料列車の同乗記を書いた。

ともあれ、こうした実態が明らかになったことから、「ベトナム反戦」を掲げる反代々木系学生としては、新宿駅を標的の一つとしたのだった。つまり、日本を後方拠点にしてベトナム戦争を続ける米軍と、その米軍に加担する国鉄当局への抗議の行動だったわけである。が、駅の施設を破壊し、電車の運行をまひさせるというやり方が駅を利用する一般市民から支持されるはずもなく、むしろ、激しい非難を浴びた。十月二十一日夜も、新宿駅前では、帰宅の足を奪われたらしい中年のサラリーマンふうの男性が、学生たちに「君たちは駅を壊してどうするんだ」と詰め寄る光景がみられた。

それに、「十月二十一日」そのものが、ベトナム戦争と深く結びついた日であった。

当時、世界的な関心を集めていたベトナム戦争が新たなエスカレーションの階段を登ったのは、六六年六月二十九日の米軍機による北ベトナムのハノイ、ハイフォンへの爆撃だった。ハノイは北ベトナムの首都、ハイフォンは同国の主要港だっただけに、それへの爆撃は全世界に衝撃を与えた。

日本では、当時、労働組合のナショナルセンターであった日本労働組合総評議会（総評、連合の前身）が米国政府に対し抗議の声をあげ、労働組合として統一して抗議のストライキを行うことを決めた。そして、同年十月二十一日には、総評加盟の五十四単産がベトナム反戦統一ストをおこなった。総評の発表によれば、全国で五百四十七万人が参加した。ベトナム戦争に反対してこれだけ多くの労働者がストライキをしたのは世界で初めてだった。

そんな経緯から、その後、十月二十一日が「国際反戦デー」に設定され、毎年この日に世界各地でベトナム人民支援の国際統一行動が行われるようになった。日本では、総評と中立労働組合連絡会議（中立労連）が中心となった集会とデモが続く。

この年も、この日に東京、大阪をはじめとする全国六百カ所で総評、中立労連共催の、ベトナム戦争に反対し沖縄返還を要求する集会とデモが行われ、労組員ら八十万人が参加した。反代々木学生の、国会、防衛庁、新宿駅をターゲットにした闘争も、いわばこれに便乗した行動だったわけである。

ところで、新宿騒乱事件を生んだ六八年は、私自身にとっても、ベトナムがらみで忘れられない年となった。早稲田大時代の同級生、酒井辰夫が南ベトナムのサイゴン（現ホーチミン）で殉職したからである。彼は日本経済新聞のサイゴン特派員だったが、この年八月二十二日未明、支局兼自宅のアパートで就寝中、南ベトナム民族解放戦線が発射したロケット砲弾がアパートに命中、その破片が頭に当たり、死亡した。当時、三十三歳。ベトナム戦争中に殉職した日本人記者としては二人目だった。

サイゴン解放から十年後の一九八五年、サイゴンを訪れる機会があった。私にとっては初てのサイゴンであったが、戦火が遠ざかって平和を感じさせる街を歩きながら亡き友の冥福を祈った。

（二〇〇六年三月六日記）

第67回　出張先で十勝沖地震に遭う

羽田、佐世保、王子、成田、新宿……と、一九六七年から六八年にかけ、私はベトナム反戦、沖縄返還、日米安保条約廃棄といった要求を掲げて展開された大衆運動の取材に明け暮れたが、社会部記者としては、そうした政治的な課題だけを追っかけておればいい、というわけではなかった。事件、事故が起きれば、即座に対応しなければならなかった。

六八年五月十六日。私は青森駅から、午前八時五十分発上野行きの東北本線急行「三陸」に乗った。青森県南地方の三沢市に向かうためで、そこでは、参院選用の企画記事を取材する予定だった。

この年、七月に第八回参院選挙が予定されていた。そこで、社会部は社会面で参院選挙に向けての続き物を掲載することになった。遊軍で話し合った結果、有権者に政治のあり方について考えてもらうための材料、つまり政治的に解決を迫られている諸問題を現地ルポによって提供しようということになった。

私は、東北の農業問題を取り上げたい、と思った。入社して最初に赴任したのが岩手県。そこで仕事をするうち、農業に対する政治の貧困を痛感していたからだ。とりわけ、政府の農業政策がしょっちゅうくるくる変わるため、そのあおりをくう農民から「農政はネコの目農政だ」という嘆きを聞いていたからである。

結局、青森県南地方の「ビート問題」を取り上げることにした。ビートとは別名砂糖ダイコンで、砂糖の原料。東北の畑作地帯向けの換金作物として政府が農家に栽培を奨励したが、糖価の下落で売れなくなり、収穫したビートは畑に捨てられた。農民には借金だけが残った――そう伝えられる実態を、現地で取材しようと思い立った。

五月十五日、青森に一泊。翌朝、ビート問題の中心地とされる三沢に向かった。

乗車後一時間ほどした午前九時五十分ごろたったろうか。列車が野辺地駅を出て間もなく、突然グラグラときた。前後左右に激しく揺れ、列車が何かに乗り上げたような強烈なショックに見舞われた。手すりにしがみつく者、立ち上がる者、窓から逃げ出そうとする者など、列車内は大混乱に陥った。子どもの悲鳴が聞こえ、網棚から荷物がころげ落ちた。

いったい何が起きたのかわからなかった。窓から外を見と、電線が波打つように揺れている。電柱がグラグラ揺れ、田んぼの水がゆっくり傾いて揺れている。初めて地震とわかった。震動は長く続いた。揺れがおさまったころ、多くの乗客が列車外に飛び出した。まだ地面が揺れている。列車は止ったままだ。

間もなく車掌から「列車の前後のレールが曲ってしまい、列車は動けません。前方の鉄橋も落ちました」とアナウンスがあった。「いつ動き出すのか見通しはつきません」との説明に、乗客たちは線路伝いに野辺地駅へ向かって歩き出した。私も、それに従った。

野辺地駅構内では、線路がいたるところで曲りくねったり、ポイントが故障していた。線路は数メートルにわたって陥没、線路わきの水道管が破裂して水が噴水のように噴き上げている。駅員も何から手をつけてよいのかわからない、といった表情。ある駅員は「曲がった線路を取り替えなくっちゃ列車は走れない。開通はいつになるかなあ」と、ぼうぜんと線路を見つめている。

駅舎の被害もひどい。待合室の窓ガラスもほとんど割れている。売店も商品が散乱して、まるでトラックに突込まれたよう。駅前商店街は軒並みショーウインドーの窓ガラスが割れている。ブロックべいは倒れ、道路に亀裂が生じている。酒屋では、一升ビンやビールビンが割れ、床は酒びたし。印刷屋では活字が棚からくずれ落ちている。石屋では、石塔が横倒し。道路ぎわの照明灯も傾いている。一般の民家でも、茶わんなどが棚から転げ落ちている。

間もなく駅前商店街の一角から火の手が上がった。商店一軒を半焼で消しとめたが、グラグラときたとき暖房器具が倒れ、燃え広がったらしい。

「ひどい被害だ」。私はこの時、どこか遠くで大地震が起き、その余波がこのあたりにも及んできたのだろう、と思った。いずれにせよ、早く本社と連絡をとり、指示を仰がなくては。で、電話はないかと捜したが、すべて不通となっていた。携帯電話などない時代だ。「こうなれば、最寄りの支局にたどりつく以外にない」。そう考えた私は駅前で車を捜した。ようやく一台のタクシーが通りかかった。「青森まで急いでやってくれ」。聞けば、四十数キロの距離という。

青森に向かう国道を運転手は飛ばしに飛ばしたが、いたるところに大きな亀裂ができていた。車はそのたびに徐行運転を余儀なくされた。国道わきの東北本線の道床もいたるところ崩れていた。沿線では、住民が数人ずつひとかたまりになって海の方をながめている。みるからに不安な顔つきだ。津波の襲来を警戒していたのだろう。

青森支局に着いたのは正午近く。支局では、田中守義支局長と支局員一人が殺到する電話の応対に追われていた。支局員の大半はすでに被災地に散っていた。田中支局長によると、地震の震源地は十勝沖で、とくに被害が多いのは青森県の八戸から、三沢、野辺地にかけての県南地方と、北海道の道南地方らしいという。なんと、私は、被害が最も多かった地域にいて地震に遭遇したのだった。

社会部に「地震に遭いました」と報告すると、デスクが叫んだ。「すぐ原稿を送れ」。私は急いで原稿用紙に向かった。社会見たままを書いた私の地震体験記は夕刊に間に合った。社会面に五段扱いで載った。「私は見た　その瞬間」「すごい揺れ、悲鳴」「急行『三陸』列車内は大混乱」の三本見出しで。

もうビート問題の取材どころでない。青森支局の地震被害取材を手伝うことにした。被害が最も多いのは八戸市らしいというので、同市へ向かった。そこにはすでに支局からの先発隊到着していて取材を始めていた。八戸には通信局があり、記者一人が駐在していたが、そは狭いうえに余震が来ると危ないということで、私たちは小学校の教室を借りて「朝日」の前線本部とした。

同夜は前線本部で夜を明かしたが、絶え間なく余震があり、グラグラと来るたびに、私たちはあわてて机の下にもぐりこんだ。天井が落ちてくるとやばい、と思ったからだ。ほとんど眠れなかった。余震の怖さと不気味さをとことん味わった。

この地震の震源地は襟裳岬南南東約百二十キロ、深度約四十キロで、地震の規模はマグニチュード七・八。関東大震災に匹敵するとされた。被害は青森、北海道を中心に死者四十五人、行方不明五人、家屋の全半壊一万三千二百棟、山ぐずれ四十五カ所、道路の損壊二百七十六カ所にのぼった。気象庁により「十勝沖地震」と命名された。

地震の被災地に偶然居合わせて、地震体験記をいち早く送ることができたのは、新聞記者として「幸運」だったと思う。が、悔いも残った。原稿を社会部に送り終わった時、デスクがこう言ったからだ。「おい、写真は撮ったか」。残念ながら、私はカメラを携行していなかった。このため、決定的瞬間を撮り損ねた。あの時カメラを携行していたら、生々しい被災写真で夕刊を飾ることができたものを、との悔いが残った。

この時の反省から、私は以後、出張の際はもちろん、通勤の行き帰りにもカバンに私用のカメラをしのばせて、万一の場合に備えた。しかし、事件や事故の現場に遭遇することはついになかった。そこで、数年でまたカメラ不携行にもどってしまった。

でも、新聞記者はやはり、常時カメラを携行することが望ましい、と考える。もっとも、それは、もうすでに実現していると言っていいかもしれない。いまや、だれもが携帯電話を携行しているのだから。

ビート問題取材のてん末も報告しておきたい。地震被害の取材を終えて東京に戻った私は再び青森にとってかえし、三沢でビート問題を取材した。その結果は、この年六月一日から社会面で始まった参院選向け企画『動かせ政治』の最終回として掲載された。「にがいビート」というタイトルで。

この時の取材で世話になったのが三沢駐在の戸羽真一記者だった。戸羽記者はその後、ミステリー作家・日下圭介として江戸川乱歩賞、日本推理作家協会賞を受賞し、脚光を浴びる。その戸羽氏の訃報がさる二月十三日付の各紙に載り、驚いた。六十六歳で病死とのことだった。私は、三沢で会った時の、障子紙の破れた部屋で独り寡黙でひょうひょうとしていた戸羽氏の風貌を思い出し、その早世を悼んだ。

（二〇〇六年三月十四日記）

第68回 知られざる国・北朝鮮へ

新聞記者には、時として妙に〝ついている〟時があるようだ。私の場合は、一九六八年がそうだった。この年一月には、米原子力空母エンタープライズの佐世保入港反対闘争を取材中に警備の警官隊に警棒で乱打されて負傷。五月には出張先の青森県で「十勝沖地震」に遭遇した。加えて、九月には思いがけない取材を体験することになる。朝鮮民主主義人民共和国（北朝鮮）行きである。

高度を下げつつあったアエロフロート（ソ連＝ロシアの前身＝の国営航空会社）の旅客機が、すべるように滑走路に降り立ち、しばらく滑走して静かに止まった。六八年九月三日午後七時過ぎ、北朝鮮の平壌空港。窓から外を見ると、すでに薄暗い。コンクリートで覆われ平坦地が広がる。人影は見えない。「ついに知られざる国、北朝鮮の地を踏むことができたか。これから先、どんなことに出合うのだろう」。その時、私をとらえていたのは、とりあえずの安堵感と好奇心と緊張感が入り混じった気持ちだった。

私たち日本記者団四人が後部座席に座っていると、乗り込んできた若い軍服姿の男が私たちにパスポートの提示を求めた。国境警備隊だろうか。差し出すと、男は一人ひとりのそれを点検する。その間、男は無言。なぜか、非常に長く感じられ、不安がよぎる。と、男は何も言わずにパスポートを返してくれた。思わずホッとする。

私たちは、乗客の一番最後にタラップを降りた。すると、ピンクと白が鮮やかなチマ・チョゴリの民族衣装を着た少女四人が寄ってきて、私たち一人ひとりに花束を手渡した。それまで新聞記者として花束などもらったことがなかったので、一瞬、戸惑ったが、「これは歓迎のしるしなのだ」と思うと、私の中で不安感が消え、心がなごんだ。

私たち日本記者団が東京・羽田（当時は成田空港はまだなく、羽田が国際空港だった）を発ったのは八月三十一日の夜十時三十分である。アラスカのアンカレジ経由の北回りでヨーロッパへ向かった。当時はソ連上空を経てヨーロッパに向かう航空路はなく、ヨーロッパに行くには北回り、南回りのどちらかを利用せざるをえなかった。九月一日の朝九時二十分、デンマークのコペンハーゲンに着き、そこで半日過ごした後、午後三時十五分発の航空機でソ連のモスクワへ。夜九時十五分にモスクワ空港に着くと、モスクワ市内に一泊、九月二日夜七時四十五分モスクワ発の航空機で平壌に向かい、翌三日の夕方に平壌に着いた。羽田を出発してから実に六十九時間の旅であった。羽田から平壌直行ならばジェット機で約二時間。それがかなわないために、私たちは四日がかり、いわば地球を一周して隣国・北朝鮮にたどり着いた。

どうしてこんな旅になったのか。それは、日本と北朝鮮の間に国交がなかったからである（このことは三十八年後の今も変わらない）。国交がなかったばかりでない。両国は非友好的な関係にあった。

第二次大戦における日本の降伏により、それまで日本の植民地であった朝鮮半島に二つの国家が生まれた。緯度三十八度線を境にして南に大韓民国（韓国）、北に朝鮮民主主義人民共和国（北朝鮮）である。「南」は自由主義陣営に、「北」は社会主義陣営に属し、いわば分断国家であった。南北対立が険しさを増す中、一九五〇年には南北間で朝鮮戦争が勃発する。米国が主導する国連軍が「南」を支援し、一方、中国が「北」をバックアップし、東西両陣営対決の様相を呈する。

戦争で失われた人命は三〇〇万から四〇〇万と推計されている。北朝鮮側の死者は民間人二〇〇万人以上、軍人約五〇万人。これに中国軍人約一〇〇万人が死亡。一方、韓国側は民間の死者が約一〇〇万人、軍人の戦死者は四万七〇〇〇人。米軍兵士の死者は五万四二四六人、その他の国連軍の死者は三一九四人とされている（B・カミングス、J・ハリディ『朝鮮戦争――内戦と干渉』、岩波書店刊）。日本は、疲弊していた戦後経済が朝鮮戦争による〝特需〟で立ち直ったとされる。

朝鮮戦争は五三年に休戦協定が成立するが、それからまもない六五年、米国政府からの強い要請もあって日本と韓国は日韓条約を結んだ。日本は分断国家の一方のみと国交正常化を果たしたわけで、このことは北朝鮮の強い反発を招き、日朝関係は悪化の一途をたどった。日本政府は未承認国である北朝鮮への渡航を禁止したから、両国間の人的交流はほとんど途絶えた。報道関係も例外でなかった。いわば、北朝鮮は当時、日本国民にとって「最も遠い国」であった。マスコミにとっては、なかなか足を踏み入れることができない「秘境」であった。

そんな状況の中で、私たち日本記者団が平壌空港に降り立つことができたのは、ひとえに日本共産党のあっせんによる。

この年五月一日、共産党を担当する報道各社の記者によって「共産党記者クラブ」が創設された。

それからまもない同年八月十九日、宮本顕治書記長を団長とする共産党代表団が、北朝鮮に向け出発した。団員は内野竹千代・幹部会員候補、不破哲三・書記局員候補、松本善明・衆院議員、立木洋氏。

このころ、日本共産党と北朝鮮の朝鮮労働党とは極めて友好的な関係にあった。それは、それより二年余前の六六年に日本共産党代表団がおこなったベトナム共産党（北ベトナム）、朝鮮労働党、中国共産党の三党への歴訪が、日本共産党と朝鮮労働党のきずなを強める結果となったからだった。

当時は、ベトナム戦争が激化の一途をたどっていた。しかし、米国及び南ベトナムと戦う北ベトナムと南ベトナム民族解放戦線が頼みとする社会主義陣営は、二大巨頭のソ連と中国が対立、抗争していた。世界の共産党・労働者党は中ソどちらかにつくことを余儀なくされ、苦しんでいた。その中で、中ソどちらにもつかない中立の立場をとっていたのが日本、ベトナム、朝鮮の党だった。

そんな構図の中で、社会主義陣営の団結を最優先すべきだと考えた日本共産党は、宮本書記長を団長とする代表団を北ベトナム、北朝鮮、中国へ派遣した。目的は、ベトナム支援の国際統一戦線の構築を呼びかけるためで、宮本代表団は行く先々で「ソ連も国際統一戦線にふくめよう」と主張した。北ベトナムと北朝鮮の党との間では合意に達したが、中国では毛沢東主席が、米国とソ連を共同の敵とする路線を主張、ソ連を含めて全世界の反帝勢力の団結をはかる考え方に反対した。かくして日中両党会談は決裂する。

これを機に日中両党の関係は急速に悪化する。やがて両党関係は断絶するのだが、日本共産党によると、六七年八月、帰国の途についた、日本共産党を代表して北京に駐在していた砂間一良幹部会員候補と「赤旗」特派員が北京空港で集団リンチを受けた。北朝鮮の平壌に着いた二人を手厚く看護したのが朝鮮労働党だった（日本共産党中央委員会『日本共産党の七十年』上）。

中朝両国は隣国同士。しかも、中国は大国。その中国のけんか相手を中国のすぐ目の前で手厚く看護するという行為はおそらく勇気のいることだったにちがいない。

いずれにせよ、これを機に日朝両党は友好を深める。このため、共産党記者クラブの面々、「北」に向かう宮本書記長に「日本の記者団を入れるよう金日成首相に伝えてほしい」と頼んだのだった。

頼んでみたものの、記者団の訪朝が実現するなんて、本気で期待していた者はほとんどいなかった。が、なんと、共産党を通じて「日本記者団を受け入れる」という朗報がもたらされたのである。

北朝鮮は、この年九月九日に建国二十周年を迎えることになっていた。その慶祝行事に日本記者団を招待する、と伝えてきたのだ。その後の詳しいいきさつは覚えていないが、とにかく、訪朝する記者の顔ぶれが決まった。共同通信が横田球生記者（後に株式会社共同通信社常務取締役、故人）、毎日新聞が志位素之記者、読売新聞が飯塚繁太郎記者（後に政治評論家・日大教授）。いずれも政治部員で、共産党記者クラブの創設メンバー。

さて、「朝日」の場合はどうなったかというと、その時の共産党記者クラブ員は政治部の松下宗之記者（後に社長。故人）と社会部の私だったが、松下記者が「君は社会部で在日本朝鮮人総連合会を担当しているようだから、この際、彼らの本国を見てきたら」と、「北」行きを私に譲ってくれた。

団長は共同通信の横田記者と決まった。
九月九日までに平壌に着かなくてはならない。あまり時間がない。だから、準備のため慌ただしい日々が続いた。そして、私たちは八月三十一日夜、羽田発の日本航空機に搭乗し、乗り継いだ果てに九月三日夕、平壌にたどりついた。

北朝鮮が初めて日本記者団を入国させたのは、一九五九年十二月、北朝鮮に帰還する在日朝鮮人の第一陣が平壌に到着した時である。「朝日」では社会部の入江徳郎記者と写真部員が平壌入りしている。その時、記者たちは香港まで空路、その後、陸路を中国経由で平壌入りしている。私たちの平壌入りはそれ以来のことで、北朝鮮としては九年ぶりに日本記者団を受け入れのだった。

とにかく、「秘境」に行くのだからと、私は装備の面で欲張った。大きめのスーツケースにショルダーバッグ。カメラ二台に八ミリ映写機。テープレコーダーにタイプライター。よくもこんなに持って出られたものだと思う。とくにタイプライターはずしりと重く、途中、なん度、海中にでも投げ捨ててしまいたいと思ったことか。それでもこれらを携行して旅を終えることができたのは、やはり若かったからだと今にして思う。

（二〇〇六年三月二十三日記）

第69回 みなぎる異様な緊張感

一九六八年九月三日に北朝鮮に着いた私たち日本記者団（四人）の受け入れ機関は、朝鮮対外文化連絡協会（対文協）だった。外務省の外郭団体で、北朝鮮と国交のない国々の代表団を受け入れる際の窓口となっているとのことだった。

私たちは、翌日から、対文協の二人の職員の案内で各施設を見学することになるわけだが、私たちが泊まっていた大同江ホテルに現れたその一人の王さんに日本語で「みなさん、おはよう。私たちがきょうから皆さん方の工作にあたりますから、よろしく」とあいさつされた時には仰天してしまった。「工作」という言葉にである。私たちを洗脳しようというのか？

広辞苑によれば、工作とは「或る目的のために予め計画的な働きかけを行うこと」だが、日本では、工作とか工作員という文言には、悪巧みをもって人に近づき、あれこれ手を使ってある行為を強いる、といった暗いイメージがつきまとう。しかし、王さんと話しているうちに、王さんのいう工作とは、お世話をするとか、案内をするという意味と知って、笑ってしまった。

途中、案内役が内閣の出版総局の副総局長と出版対外宣伝局副局長の二人に代わった。外郭団体の職員から内閣直属の高級官僚へ。私たちを案内する人物の格が一段と上がったことだけは確かだった。それがどういう理由によるかはわからなかった。取材活動における私たちの言動から、日本のマスコミを重視する方向に転換したのだろうか。

日本記者団が案内された地域は、首都平壌とその周辺、東海岸の興南、咸興、中部の信川、南部の開城、板門店など。これらの地域で訪れたのは電気機関車工場、機械工場、トラクター工場、肥料工場、紡織工場、ビナロン工場、労働者住宅、協同農場、家禽牧場、灌漑施設、百貨店、病院、金日成大学、高等技術学校、中学校、学生少年宮殿、革命博物館、美術博物館、戦争記念館などだった。学生少年宮殿とは、子どもたちの課外活動施設のことだ。

板門店では、いわゆる三八度線（休戦ライン＝軍事境界線）を「北」側から見た。はるか遠くに「北」側を監視する米兵たちの姿が見えた。板門店の北側の地域に休戦協定の調印が行われた会議場が保存されていて、私たちはそこも訪れた。

さらに、滞在期間中の九月七、八両日には平壌の国会議事堂（万寿台議事堂と呼ばれていた）で建国二十周年を記念する中央慶祝大会が開かれ、私たち記者団も傍聴を許された。金日成首相が演説をしたほか、各国の政府代表、革命組織代表の演説があった。これには各国、国際組織の代表団が招かれたが、日本から招かれたのは日本共産党、社会党、日本労働組合総評議会（総評）、日朝協会、日本民主青年同盟（民青）の各代表団だった。

建国記念日の九日には、平壌の中心、金日成広場でパレードが、翌十日には、金日成スタジアムでマスゲームがあった。

こうした見聞から、特に印象に残ったことをいくつか書く。まず、国全体がぴりぴりするような緊張感に包まれていたことだ。

平壌市内では、軍服姿が目立った。目抜き通りでは、荷台に人民軍兵士を載せたトラックを見かけた。街頭でも制服の兵士に出会った。バス停では、市民にまじって兵士がバスやトロリーバスを待っていた。ある日、記者団はサーカスを見に行った。休みを利用して見に来たのだろうか、大勢の人民軍兵士が観客席を埋めていた。

また、記者団が市の中心にあるモランボン（牡丹峰）公園を訪れた時のことだ。公園は家族づれでにぎわっていたが、人混みから離れて一歩植え込みの裏に回ると、そこで銃をもった兵士を何人も見かけた。パトロールをしていたのだろうか。女性の兵士もよく見かけた。

平壌市内の電気機関車工場や咸興の機械工場の正門には、銃をもった男が直立不動の姿勢で立っていた。服装が人民軍兵士のそれと違うので、労農赤衛兵（民兵）かもしれないと思った。
大学でも高等技術学校でも「軍事教練をしている」との説明を受けた。平壌の学生少年宮殿では、射撃訓練のコーナーがあった。子どもたちが射撃をしてみせてくれた。的は米国兵を形どった人形だった。また、電信の技術を習うコーナーがあり、女の子たちが「トン・ツー」「トン・ツー」とキーをたたいていた。背景の壁に大きな絵。そこには、朝鮮戦争の時、戦場で切れた通信線を身をもって確保した兵士、すなわち自らの身体を伝導体にして通信を守った兵士の絵が描かれていた。「こうした兵士の精神で技術を学んでいる」と教官は言った。

平壌の美術博物館では、建国二十周年を記念して公募した絵画展が開かれていた。金日成首相の抗日パルチザン闘争を描いた絵や、朝鮮戦争で敵の陣地に突撃する人民軍兵士の活躍を描いた絵が多かった。

「全国土を要塞化し、全人民の武装化を進めよう」というスローガンも目についた。板門店の停戦委員会会議場を見学した時、案内の人民軍大尉は「全国土の要塞化、全人民の武装化が進んでいます」と言った。

もっとも、私たち記者団が案内された地域では、要塞らしいものは見かけなかった。重要な施設はすでに地下にもぐらせてしまったのかな、と類推したものだ。記者団が平壌から開城、咸興に向かうときは夜行列車だった。沿線の施設を見せたくなかったのだろうか。

もちろん、のどかな風景がなかったわけではない。平壌滞在中、街は慶祝行事でお祭り気分があふれていたし、夜、平壌市内を流れる大同江の河畔の遊歩道を歩くと、若いアベックに出会った。が、バー、キャバレーといったたぐいのものはついぞ見かけなかった。

だから、全般的な印象としては、この国は〝臨戦態勢〟にあるなという感じだった。このころ、日本では、「昭和元禄」とか「太平ムード」といった言葉が流行っていた。そんな平穏極まる日本からきた私の目には、この国のたたずまいはまさに異様と思えるほどの緊張ぶりであった。その落差に戸惑いを覚えた。

こうした緊張ぶりはどこから来ていたのだろうが。

まず、双方で三百万人から四百万人もの犠牲者を出した朝鮮戦争から、まだ十五年しかたっていないからではないか、と思った。この国の人々と話していると、彼らの間では戦争の記憶がまだ生々しいように感じられた。それに、国連軍(実質的には米軍)、北朝鮮軍、中国軍の三者によって調印された休戦協定も、あくまでも「休戦」のための協定であって、平和協定ではない。すなわち、形式的には、戦争はなお継続中なのであった。だから、「北」の国民としては警戒心を解くわけにはいかない、ということだったのだろう。

加えて、この時期、北朝鮮が「アメリカと韓国がわが国を攻撃しようとしている」との情勢認識をもっていたことも緊張の背景にあったように思う。こうした情勢認識を端的に表していたのが、建国二十周年記念の中央慶祝大会で行われた金日成首相の演説だった。その中で、首相はこう述べた。

「朝鮮におけるアメリカ帝国主義者の新たな戦争挑発策動は、すでに重大な段階にいたりました。彼らは南朝鮮において新たな戦争を積極的に準備しており、共和国に反対する軍事的挑発をいっそう露骨に強行する道に入りました」

「もし敵が我々に新たな戦争を強いるならば、全人民は共和国北半部における偉大な社会主義の獲得物を守り、祖国の完全な解放と統一をかちとるために、アジアと世界の平和を守るために英雄的なたたかいにこぞって立ち上がるであろうし、敵に殲滅的な打撃を与えるでありましょう」

　来るなら来い、というわけだ。国中に極度の緊張感がみなぎり、戦時色が濃くなるのもむべなるかな、と思った。

「北」がこうした情勢認識に立つ以上、軍備強化に向かうのは当然の成り行きだったろう。私たちが「北」滞在中に政府当局者から聞いたところでは、六八年度の国防費は国家予算の三〇・九％とのことだった。まことに高い比率と言ってよかった。


　今から思うと、米国はこの時期、ベトナム戦争の泥沼に足をとられていたから、とても朝鮮半島で戦争をする軍事的余裕などなかったと思われる。が、「北」は当時、本音はともかく、表面的に表れた限りでは「米国の脅威」を強調してやまなかった。

　ただ、この時期、北朝鮮をこうした情勢認識に駆り立てたと思われる事件が起きていたことも事実。プエブロ号事件である。プエブロ号は米国の情報収集鑑で、この年（六八年）一月二十三日未明、北朝鮮東海岸の元山沖で作戦行動中、北朝鮮軍に拿捕された。北朝鮮によれば、領海内に入ってきたので拿捕したという。本当に領海侵犯があったかどうかという詮索はひとまずおくとして、北朝鮮現地で得た印象では、プエブロ号の偵察行動が北朝鮮の反発を生み、この国がいっそう米国に対し警戒心を高める契機になったのは確かのように思えた。

　私たちが北朝鮮入りした時、プエブロ号の乗組員はまだ抑留されていた。私たちは九月十二日、乗組員に会う機会を得た。北朝鮮政府が平壌滞在中の外国人記者に会見を許可したからである。記者会見の会場は平壌の中心部から東へ車で二十分くらいのところにあった乗組員の収容所で、乗組員八十二人のうち、ブッチャー艦長以下二十人が出席した。私たちも各国の記者とともに彼らの話を聴いた。


　こんなこともあった。平壌に着いて八日目の九月十日朝だったと記憶している。朝、ホテルの食堂で顔を合わせた読売の飯塚記者が、憤懣やるかたないといった表情で語った。

「昨夜、公安らしい人物がおれの部屋を訪ねてきて、君は日本にどんな内容の記事を打電したのか、と詰問されたんだ。

この国を非難するようなことはいっさい書いていないのに」

私たち記者団は、八日に、それぞれの本社に北朝鮮入りしてからの第一報を送った。私のそれは九日付の朝日新聞朝刊の第一面に載った。飯塚記者によると、同記者の第一報も同日付の読売新聞朝刊に載ったという。ところが、韓国のある新聞がこの一部を転載するなどして北朝鮮に関する報道を行ったが、それは飯塚記者の第一報の内容をねじ曲げたものだったらしく、あたかも飯塚記者が北朝鮮に悪い印象をもったかのような報道となっていたらしいという。韓国紙の報道を察知した北朝鮮当局が、飯塚記者に送った記事の内容を確かめるために〝深夜の訪問〟となったのだった。

私たちは、いまさらながら「南北対立」の激しさに身震いする思いだった。だから、朝鮮半島に関する報道では、慎重を期さねばならない、双方から利用されるような不用意なことは避けねば、と私は自分に言い聞かせた。

（二〇〇六年三月三十一日記）

第70回 徹底した自力更正路線

北朝鮮で印象に残ったことの第二。それは、国を挙げて「自力更正」路線を突っ走っていたことだ。

首都・平壌の街角に掲げられていたスローガンで一番目立ったのは「自主・自立・自衛」というものだった。政治における自主、経済における自立、国防における自衛を貫徹しようという意味であった。つまり、国家活動のあらゆる分野で自分流の考え方、やり方を貫こうというわけだ。

政治における自主とは、他国に追随することなく、いわば自主独立の道を歩むということのようだった。

それは、この国の国際路線に端的に表れていた。九月七、八両日、平壌の国会議事堂で開かれた建国二十周年中央慶祝大会で演説した金日成首相は、その中で「兄弟党と兄弟国が真に団結するためには、完全なる平等、自主性、相互尊重、内政不干渉および同志的協力を基本内容とする兄弟党と兄弟国間の相互関係の準則を守らなくてはなりません」と述べた。共産党・労働者党間の関係、社会主義国間の関係で自主独立路線をとることを強調したものと見てよかった。

当時、国際共産主義運動陣営は真っ二つに割れ、対立が激化しつつあった。二大大国のソ連と中国が激しく対立し、両国は世界の兄弟党（共産党・労働者党）に向けて多数派工作に躍起となっていた。このため、各党はどちらかの傘下にはいることを余儀なくされていた。そうした構図の中で、北朝鮮（朝鮮労働党）としては、中ソどちらの陣営にも属さないことを改めて明確にした。それが、この金日成演説だったといってよかった。

それは、中央慶祝大会にやってきた外国の代表団の扱いにもよく表れていた。金日成演説に続いて外国代表の演説が行われたが、トップは北ベトナム。以下、ソ連、南ベトナム民族解放戦線、ポーランド、キューバ、ラオス愛国戦線、モンゴル、ブルガリア、日本共産党、ハンガリー、東ドイツ、ルーマニア、アルジェリア、カンボジア、アラブ連合……という順序。これを見てわかったのは、北ベトナム、キューバ、日本共産党が極めて厚遇されたということだった。しかも、これらの国、党の代表団席は外国代表団席の最前列、いわば特等席であった。

これらの国・党は当時、国際共産主義運動の中でソ連にも中国にも追随せず、独自の道をゆく自主独立派。だから、北朝鮮がこれらの自主独立派と極めて友好的な関係にあることがうかがえた。

中ソどちらにも追随しないといっても、ソ連とは友好的な関係にあると感じられた。ソ連はこの中央慶祝大会にポリャンスキー副首相・ソ連共産党政治局員という大物を派遣した。そこには、北朝鮮との結びつきを強化しようというソ連の熱意が読み取れた。

それにひきかえ、中央慶祝大会の席に中国、アルバニアといった中国派代表団の姿がみえないのが目立った。中国はこの大会に本国から代表団を送らず、平壌駐在の臨時代理大使を出席させただけ。こうした事実から、私たち日本記者団の目には、北朝鮮と中国が冷たい関係にある、と映った。

平壌にある朝鮮戦争に関する資料館「祖国解放戦争記念館」に、朝鮮戦争に参戦した中国人民義勇軍に関する資料が一つもないことに私は驚いた。「これは歴史の偽造ではないか」。私たち記者団が「中国人民義勇軍について言及されていないが」と指摘すると、案内の人民軍中佐は「たしかに祖国解放戦争では社会主義国から支持を受けた。いまその資料を整理中だ」と答えた。

三八度線の板門店の北朝鮮領内にはかつての停戦協定調印会場が保存されていたが、そこに展示されていた朝鮮戦争の資料にも、中国人民義勇軍に関する資料は見当たらなかった。「とにかく、この国では今、中国色をいっさいぬぐい去ろうとしているのではないか」。そんな思いを抱いた。私たち記者団が接触した人たちも、こと中国のことに話題が及ぶと、あまり語りたがらなかった。

この時期、中国では毛沢東が率いる文化大革命が燃えさかっていた。中朝関係は、冷たい関係というよりはむしろ険悪な関係にあったのかもしれない。

経済における自立。それは、自国の資源、自分たちの技術を活用して自国の経済の発展を図る、ということのように思われた。

工場へ行く。すると、案内の支配人や技師長が「わが国の設計、わが国の技術、わが国の資材で完成させました」と語る。トラクター工場では、自力で国産第一号をつくるまでの苦心談を聞かされた。「初めてのトラクターが出来たのは五八年十一月ですが、部品の組み立てから始動までに三日間かかりました。が、出来上がったものの前に進まないで後ろに走り出す。これにはあわてました。これも自力で解決しましたが、結局、組み立てから始動までに三十五日間を費やしました」と副支配人。

東海岸の咸興にある「本宮二・八ビナロン工場」では、この国で豊富に産出されるという石灰石と無煙炭を原料にしたビナロンがつくられていたが、工場関係者は、その製造方法がこの国の李升基博士の発明によるものであると自慢した。

百貨店に行く。案内の係員が「みんな国産品です」と口をそろえる。

九月六日には、平壌の映画撮影所に外国代表団を招いて、建国二十周年を記念して製作された記録映画『新しい朝鮮』が上映された。鉄鋼、トラクター、電気機関車、トラック、工作機械、板ガラス、織物……と、この国で生産された工業製品が次々と出てくる。「わが国でできないものはない」といわんばかりだった。

加えるに、一にも二にも生産向上だ。そのために、チョンリマ（千里馬）運動というのが展開されていた。チョンリマとは朝鮮の伝説に出てくる翼の生えた馬のことである。一夜に千里を駆けるとされる。チョンリマ運動は、このチョンリマのような速い速度で経済の全部門で生産力を高めようという運動で、五六年から始まったとのことだった。

平壌の中心にあるモランボン（牡丹峰）公園には、この運動のシンボルであるチョンリマの銅像がそびえていた。翼の生えた馬の背に青年と若い女性が乗った銅像で、高さは台座の部分を含め四十六メートル。平壌のどこからでも望まれた。生産計画を早期に達成した工場には、「チョンリマ工場」の称号が与えられるとのことだった。これは大変名誉ある称号、との説明だった。

国防における自衛については、いまさら説明する必要はないだろう。自分の国は自分たちで守るということだ。すでに、前回で紹介したが、この国に滞在中、至るところで、「全国土を要塞化し、全人民の武装化を進めよう」というスローガンをみかけた。軍備強化を目指し、この国の六八年度の国防費が国家予算の三〇・九％にも達することもすでに紹介した。

ともあれ、この国はまるで肩を怒らせるようにして「自力更正」を唱え、実践しているように思えた。

なぜ、それほどまでに「自力」にこだわるのか。この国に足を踏み入れて、この目でこの国の実像（それはごく一面に過ぎないが）に接するうちに、それは、ひとえに朝鮮半島の地勢と歴史に深く根ざしているのではないか、と思うようになった。

まず、朝鮮半島が大陸と地続きである点を挙げなくてはなるまい。地続きであるために、朝鮮民族は、古来、絶えず大陸に興亡する大国の侵略を受けてきた。朝鮮民族の歴史は、外圧とそれへの抵抗といっても差し支えないほどである。

例えば、高句麗の時代は隋、唐の侵略を受けた。その高句麗も唐と連合した新羅に滅ぼされた。高句麗の後身とされる渤海は、北方の契丹族によって滅ぼされた。高麗の時代には、蒙古に侵略され、その属国になった。

陸続きでなくとも、周りの大国は朝鮮を放っておかなかった。李朝の時代には、日本の豊臣秀吉が海を渡って攻めてきた。そればかりでない。一九一〇年には、いわゆる「韓国併合」によって日本の植民地と化してしまう。日本による植民地支配は三十六年間も続く。この間、祖国を失った朝鮮民族は、亡国の民としての悲哀を味わう。プライドの高い朝鮮民族としては、まことに耐え難い日々だったにちがいない。

日本は第二次世界大戦で降伏し、朝鮮は解放されるが、日本の植民地支配から脱したのもつかの間、今度は三八度線を境に連合国軍側の米ソ両軍によって占領される。これが、今なお続く南北分断の遠因となる。

朝鮮半島の北半部の人たちが朝鮮民主主義人民共和国としてスタートしてからも、経済政策をめぐってソ連から干渉や圧力があったようだ。このことは、当時の、さまざまな機会になされた金日成演説や報告の内容からもうかがえる。国際共産主義陣営内で中ソ両国が多数工作にしのぎをけずった六〇年代から七〇年代にかけては、中ソ双方からさまざまな圧力がこの国にもあったと思われる。

こうした長い歴史的経験を通じて、この国の国民は民族独立ほど貴いはないと考えるに至ったのではないか。民族独立を堅持するためには、外国をあてにすることなく、自らの判断と力に依拠する以外にない——そうした思いが、この国をしてかたくなとも思えるほどの自力更正路線、自主独立路線をとらせているのではないか。私には、そう思えた。

（二〇〇六年四月八日記）

第71回
個人崇拝について考える

北朝鮮滞在中にとくに印象に残ったことはまだある。金日成首相に対する個人崇拝だ。

いたるところに金日成首相の肖像があふれていた。

公共的な施設には、必ずといっていいほど、胸から上の、正面を向いた肖像写真が掲げられていた。例えば、平壌駅の駅舎の外壁、金日成スタジアムのスタンド、官庁や工場の応接室、学生少年宮殿（子どもたちの課外活動施設）の学習室、学校の教室、ホテルのロビーや客室等々である。

それればかりでない。労働者の家庭を訪ねると、居間に首相の肖像写真が飾られていた。それを見て、私は十年前の一九五八年に岩手県北部の農村を訪れた時のことを思い出した。家々の居間には昭和天皇と皇后の写真がうやうやしく掲げられていた。それと雰囲気がとてもよく似ていた。

街頭では、大勢の国民や子どもたちを率いる首相を描いた巨大な絵を見かけた。

肖像写真や絵が掲げられていたばかりでない。工場や協同農場には、首相の思想を学ぶ学習室が設けられていた。

人々の左胸には、いわゆる「金日成バッジ」があった。首相の顔写真を形どったバッジである。私たち日本記者団は、それをつけている人に尋ねてみた。「つけるのは義務ですか。どこで手に入れるんですか。街で売っているんですか」。答えはこうだった。「強制ではありません。みな、首相同志への敬愛の念からつけているんです。売ってはいません。希望すれば、職場などでもらえます」

ある中学校を訪ねた時のことだ。校舎の一角にガラスのケースが置かれていた。のぞいてみると、中にあったのは、たばこの吸いがら一本と灰皿、それに白いコーヒーカップだった。けげんな顔をしている私たちに案内の学校関係者は誇らしげに言った。「首相同志がこの学校にお見えになった時に使われたものです」。個人崇拝もここまできているのか、と私たちは顔を見合わせたものだ。

私たちは、首相に直接会うことはできなかった。が、三カ所で遠くから眺めることができた。国会議事堂で開かれた建国二十周年記念中央慶祝大会の演壇、慶祝大会後の外国代表団を招いての祝賀パーティー会場、マスゲームが行われた金日成スタジアムの貴賓席である。

個人崇拝とは、大衆が、ある特定の人物（多くの場合、政治的指導者）をあがめ、うやまうことだ。それは、大衆自身の自発的意思により、つまり自然発生的に生み出されたものもあれば、特定の人物個人、あるいはその個人が属す組織の意識的かつ積極的なイニシアチブ、すなわち権力による「上」からの動員によって生み出されたものもあるだろう。

北朝鮮における金日成首相への個人崇拝が、どちらのケースに属するものなのか、私にはにわかに判断できなかった。が、この国で絶対的な権力を握っているのは朝鮮労働党、なかんずくそのトップの金日成首相なのだから、この国の個人崇拝も首相自身と労働党によって演出され、普及が図られていると見るのが自然だろう、との思いが強かった。

では、この時期、なぜ金日成首相への個人崇拝が推進されていたのだろうか。当時、私は次のように類推したものだ。

一つには、金日成が強大な権力を必要としていたからではないか。

日本の植民地支配から解放されたばかりのこの国（当時の

人口は約一八〇〇万人と推定される）は、建国にあたって社会主義体制を選択した。それだけに、政治的リーダーだった金日成は社会主義建設を急速に進めるためにはさまざまな困難に直面したと思われる。それを打破するためには、政策を迅速に断行する強力で集中的な権力を必要としたにちがいない。党内の権力闘争で勝ち残るためにも強大な権力を求めていたのではないか。

ともあれ、強大な権力を手中にするためには、まず国民大衆の支持を得なくてはならない。そこで、金日成個人への求心力を高めるために、金日成個人への結集を訴える個人崇拝が積極的に推進されたのではないか。やがて、それが独裁的な権力となっていったのではないか。

北朝鮮における個人崇拝の実態に接して、私はまたソ連や中国に思いをはせざるをえなかった。ソ連も中国も、発展途上国でなしとげられた社会主義革命で、その後の社会主義建設は困難を極めた。そこで生じたのが指導者への個人崇拝だった。すなわち、ソ連ではスターリンへの、中国では毛沢東への個人崇拝が、世界の耳目を集めた。そこで、私は「個人崇拝という点では、発展途上国・北朝鮮も中ソの後を追っているのか」と考えた。

その一方で、個人崇拝が社会主義国共通のものとは思えなかった。なぜなら、北ベトナムにはホー・チ・ミンに対する個人崇拝はなかったし、キューバでもカストロに対する個人崇拝は生じなかったからだ。

北朝鮮の場合、朝鮮戦争も個人崇拝を促進したのではないか。戦争では、国民を戦争に動員するために強力な国民統合のシンボルが必要となるからだ。滞在中、朝鮮戦争の陣頭に立つ金日成首相を描いた絵を美術館や戦争記念館でみかけたことから、そうした見方を私はいっそう強めた。

そして、その後の激しい「南北対立」も、指導者個人に対する崇拝の強化につながったと思われる。他国の脅威から国を守るには国民の一致団結を図らねばならない。それには、強い指導者のもとに結束するよう訴えるのが政治の常道というものだ。

後年、平凡社の『大百科事典』（一九八四年発行）で「個人崇拝」の項を読んだ。そこにはこうあった。

「指導者に対する大衆の盲目的支持がこうじ、あるいはそのような状況を利用して指導者が自己に対する服従を強制する結果、宗教運動に類似した指導者への献身的な崇拝が生じること。一般的に革命を経験した体制において生じやすく、スターリン体制でのソ連や、晩年の毛沢東下での中国のように、共産主義運動が権力を握った後の国家で顕著に現れた。第三世界のカリスマ的指導者や民族主義運動のリーダーにも、英雄崇拝のような形でみられ、疑似革命的な象徴形式を利用するファシズムでも、〈指導者原理〉として知られる指導者崇拝が行われた。革命や社会変動によって旧来の伝統的な社会制度が解体し、しかも集団的危機意識が高まり、周辺諸国の脅威から自国を防衛する必要のある状況下で指導者の個人的役割は大きくなり、しばしば指導者自身が新たな価値の体現者・制度の代用物と化する傾向がある……」（下斗米伸夫）

まことに適切な説明で、北朝鮮における個人崇拝もこれで理解できるな、と思った。

ところで、私たち日本記者団の北朝鮮取材が日本共産党のあっせんで実現したことは、すでに述べた。私たちが日本を発ったのは八月三十一日だったが、それに先立つ八月十九日、宮本書記長を団長とする日本共産党代表団が、北朝鮮の朝鮮労働党と会談すべく、平壌に向かった。私たちが平壌入りした九月三日には、両党会談はすでに終わり、宮本団長らは帰国していた。平壌に残っていたのは代表団員の内野竹千代・幹部会員候補と松本善明代議士の二人。両氏は、日本共産党の代表として建国二十周年記念中央慶祝大会に出席するなどしていた。

私たちは、両氏と会うことができた。両氏が滞在していたのは招待所といわれる施設で、いわば国賓などを接待するための迎賓館だった。平壌市内を流れる大同江のほとり、緑豊かな風光明媚な丘の中腹にあり、ソ連のフルシチョフ首相も泊まったことがあるとのことだった。このことからも、日本共産党代表団に対する厚遇ぶりがうかがわれた。それはまた、日本共産党と朝鮮労働党が極めて友好的な関係にあることを私たちに印象づけるものであった。

ところが、である。ずっと後になって表面化したことだが、実はこの時すでに、極めて友好的な両党関係に亀裂が生じていたのだ。私たちが日本を発つ前の八月二十四日に両党会談が行われたのだが、そこで意見の食い違いが生じたからだった。

意見が対立した点の一つは、チェコ事件への評価だった。チェコ事件とは、両党会談の直前の八月二十日、ソ連・東欧五カ国軍がチェコスロバキアに侵入した事件。「プラハの春」と呼ばれた、チェコスロバキアで進んでいた自由化をつぶすのが狙いだった。

日本共産党によると、会談で宮本書記長が「ソ連やその同調者が、彼らの主観で、チェコスロバキアは社会主義ではなくなったと勝手に判断し、それを根拠に、外国の軍隊を入れるというようなことを認めたら、これからも、彼らが反革命と認定してあれこれの軍隊を入れることを認めることになる。これはきわめて重大なことであり、きびしい態度で臨むべきだ」と述べたのに対し、金日成書記長は「社会主義共同体の擁護だ」と繰り返したという（日本共産党中央委員会『日本共産党の七十年』）。

同党によれば、この会談時、党代表団が泊まっていた宿舎で盗聴器が発見されたという。このことも、日本共産党が朝鮮労働党に批判を強める契機の一つとなる。やがて、両党はラングーン事件や大韓航空機事件などをめぐって公然論争を行うまでになる。一九八〇年代のことだ。

私たちは約三週間にわたる取材を終え、九月二十五日、平壌を離れた。空路でソ連のイルクーツクに向かい、そこで乗り換えてハバロフスク空港に降りた。ここに一週間滞在し、列車でナホトカへ。そこでソ連船「ハバロフスク号」に乗り、横浜港に接岸したのは十月三日であった。

イルクーツクに降り立った時、全身がゆるんでゆくかのような安らぎを覚えた。それほど、北朝鮮での三週間は緊張に満ちた日々であった。

（二〇〇六年四月十六日記）

第72回　復帰運動燃えさかる沖縄へ

私が、自分の机の引き出しに大切に保管しているものがある。一通の使用済みの〝パスポート〟だ。

それは、小型になる以前の「日本国旅券」とほぼ同じ大きさの十六ページの薄い手帳で、表紙はダークグリーン。そこには金文字で「身分証明書」「日本政府総理府」と印刷され、これも金色の桐の葉と花が刻印されている。表紙の裏には「本証明書添付の写真及び説明事項に該当する日本人岩垂弘は沖縄へ渡航するものであることを証明する。この証明書は発行の日から4年間有効である。内閣総理大臣」との記述があり、最初のページには私の顔写真が張り付けられていて、私自身の署名がある。

私がこれを取得したのは、一九六九年六月二十四日のことだ。

この年、朝日新聞社は全社あげて沖縄の現状を総合的に報道することになり、春から秋にかけ四次にわたる取材班を沖縄に送り込んだ。派遣された記者は、東京、大阪、西部、名古屋の四本社から計二十一人にのぼった。これに沖縄・那覇支局員二人が加わった。朝日新聞が、特定のテーマでこれだけ大量の記者を特派したのは社史の上でも珍しいことだった。

取材の結果は、長期連載『沖縄報告』として、五月十八日から朝刊二面に五部作、通算一〇〇回にわたって掲載された。

この企画の陣頭指揮をとったのが、当時東京本社編集局次長の一柳東一郎氏（その後、東京本社編集局長、大阪本社代表、社長を歴任）だった。同氏によると、企画の狙いは次のようなものだった。

「沖縄返還は日本の民族的悲願とされ、佐藤首相の訪米に至る日米交渉が全国民の関心を集めながら、沖縄の実情は意外なほどに知られていない。ここ一両年、ビジネスや観光で沖縄を訪れる者が激増しているのは事実だが、それも国民全体からすればごく一部であろうし、訪れた者のすべてが、沖縄の全容を識った、というわけにもゆくまい。

もともと、沖縄は知られることの少ない島だった。敗戦の年六月、牛島司令官以下の日本軍全滅の日まで、沖縄はたしかに日本の『県』であった。だが、本土の人間にとって、それは南の海上はるかな、遠い遠い『県』ではなかったろうか。戦前の歴史や地理の教科書が、一体どれだけのスペースを割いていたかを思えば足りる。この距離感の上に、日本から断絶させられた米軍統治下二十余年の月日が重なったのである。軍政の下、人権を抑圧された沖縄住民の悲しみと怒りも、長いこと本土には伝わらなかった。

いまようやく、返還の日程が具体化しようとするとき、この長い知識の空白を埋めるのは新聞として当然の責務ではなかろうか。もっと早めに、読者に沖縄のありのままを伝えるべきであったのを、しなかった。その償いの機会でもあろう。『沖縄報告』をスタートした動機は右のようなものであった」（長期連載『沖縄報告』は一冊の本にまとめられ、六九年十一月に朝日新聞社から刊行された。その「あとがき」から）

沖縄は日本国の一部だったが、第二次世界大戦末期の一九四五年に日米両軍による地上戦の舞台となり、六月二十二日に日本軍が壊滅すると、米軍に占領された。日本が無条件降伏した後は日本全土が米軍主導の連合国軍に占領されるが、五二年四月二十八日発効の対日講和条約（サンフランシスコ条約）により日本が独立した際、沖縄は日本から切り離され、米国の施政権下に置かれた。

これに対し、五〇年代から、沖縄県民による日本復帰運動が始まり、六〇年四月二十八日には広範な団体による「沖縄県祖国復帰協議会（復帰協）」が結成され、復帰運動が本格化する。

六五年八月、沖縄を訪れた佐藤首相は那覇空港で「沖縄の祖国復帰が実現しない限り、わが国にとって戦後は終わらない」と言明。六七年十一月の佐藤首相とジョンソン米大統領の会談で「両三年内に返還時期について合意する」との共同声明が発表される。かくして、沖縄県民による日本復帰運動は一段と燃えさかり、これに呼応した本土の革新団体による沖縄返還運動も熱を帯びる。

本土のマスメディアもようやく沖縄問題に目を向けるようになり、朝日新聞の『沖縄報告』もそうした雰囲気の中での先駆的な企画だったと言ってよい。

ついでにこのことも紹介しておこう。『沖縄報告』に先立ち、朝日新聞が沖縄問題に関し特筆すべき報道をおこなっていたことだ。

『沖縄報告』から十四年さかのぼる五五年一月十三日付の朝日新聞は、朝刊社会面のほとんどを使って「米軍の『沖縄民政』を衝く」と題する記事を載せた。それは、米軍統治の問題点をこと細かに列挙したもので、「土地問題　農地を強制

借上げ　煙草も買えぬ地代」「労働問題　労賃にも人種差別」「一般人権問題」「沖縄の地位」などの見出しが並んでいた。

この報道のきっかけとなったのは、国際人権連盟議長Ｒ・ボールドウィンから日本の自由人権協会（海野晋吉理事長）に届いた手紙だった。そこには「沖縄で米軍当局が一方的な土地の強制買収を行っているとの報告がある。資料を送ってくれれば本国の当局に交渉したい」とあった。同協会は資料を集めて検討した結果、「人権擁護の立場から黙視できぬ種々の問題がある」との結論になった。朝日新聞の記事は、その結論を報じたものだった。

共同通信那覇支局の初代支局長をつとめた横田球生氏（その後、政治部記者、株式会社共同通信社常務取締役を歴任。故人）は、この「朝日報道」を「衝撃的な記事があらわれた。沖縄報道の転機になった、いな、沖縄問題そのものの転機となったとさえいえる記事だ」と位置づけている（『一九六〇年のパスポート』、二〇〇〇年刊）。

ともあれ、東京本社社会部員だった私は、この『沖縄報告』の第二次取材班の一員に任命され、沖縄に派遣された。すでに述べたように当時の沖縄は米国の施政権下にあり、いわば〝外国〟であった。だから、そこへの渡航にはパスポートに準ずる「身分証明書」と米国民政府発行の入域許可書（渡航ビザ）が必要だったわけである。

私が那覇空港に降り立ったのはこの年の七月六日。タラップを降りた瞬間、蒸し風呂に入った時のような蒸し暑さで自分の身体がふわっと持ち上げられるような感じに襲われたことを今でも鮮やかに覚えている。それに、まるで天空から熱い油が降り注いでくるかのような感じの、ギラギラした白熱の太陽光と、滑走路のすぐわきから果てしなく広がる真っ青な海の色に思わず目がくらんだことも覚えている。「沖縄にきたんだ」という実感が心底からわいてきた。

その実感も、もっと正確にいえば「ついに沖縄に来ることができたんだ」といった感慨であった。というのは、高校時代から、できれば一度沖縄を訪れてみたい、という気持ちを抱き続けていたからだ。

私が高校二年だった五三年、東映映画『ひめゆりの塔』が公開された。沖縄戦に看護要員として動員され、犠牲となった沖縄県立第一高等女学校と沖縄県師範学校女子部の生徒、すなわち「ひめゆり学徒」の悲劇を描いた劇映画だった。監督は今井正。出演は津島恵子、香川京子、岡田英次ら。

完成前から映画ファンの注目を集めた作品だったから、高校時代から映画好きだった私は、早く観たいと思った。だから、自分の住んでいる町の映画館にかかるのを待ちきれず、わが町より先行して上映が始まっていた遠く離れた町の映画館へ、これも映画好きの同年生と二人で自転車を走らせて観に行った。

米軍に沖縄本島南端に追いつめられ、もはやこれまでと、校歌を歌いながら最期をとげてゆく少女たち。私はたとえようもない悲しみを覚えた。ひめゆり学徒の悲劇は、悲惨な沖縄戦を象徴するものとして、私の心に深く刻みつけられた。その後、石野径一郎著の『ひめゆりの塔』も読み、彼女たちへの哀悼の思いをいっそう強めた。

そんなこともあって、いつか、ひめゆり学徒がたどった行程を、この目、この足で確かめてみたい、と思っていたのである。「その時がきたのだ」。那覇空港に着いた時、私の心の中をそんな思いがよぎった。

（二〇〇六年四月二十六日記）

第73回 そこは祖国の中の異国だった

朝日新聞に一〇〇回にわたって連載された『沖縄報告』は、本土復帰前の沖縄を現地ルポによって紹介したものだった。それは五部からなっていた。第一部「島ちゃび」、第二部「ひと」、第三部「くらし」、第四部「こころ」、第五部「叫び」である。

これを取材、執筆するため四次にわたる取材班が沖縄に派遣されたが、取材班のキャップで終始、現地沖縄に常駐してデスクを務めたのが編集委員（政治担当）の桑田弘一郎氏（その後、専務、全国朝日放送社長、日本民間放送連盟会長を歴任）だった。私は第二次取材班の一員として派遣されたが、取材班は五人。東京本社から私を含め二人、大阪、西部、名古屋の各本社から各一人という構成であった。

七月六日に那覇に着いた私たちが桑田キャップに申し渡されたのが、第三部の「くらし」の取材、執筆だった。その時、桑田キャップはこう言い添えた。「君たちの沖縄滞在期間は一カ月。沖縄の中ならどこへ行くのもまったく自由。その中で書きたいことを見つけてください。そして、各人にはそれぞれ四本の原稿を書いてもらいます。かかった経費は遠慮なく請求してください」

「なんと恵まれた取材条件だろう」と私は驚いた。当時の新聞社は余裕があったということだろうか。それとも、記事に深みと重みをもたせるために取材記者に十分な時間と経費を与えたということだろうか。

かくして那覇市内のホテルと、ホテルに近い沖縄タイムス本社内にあった朝日新聞那覇支局（支局員は井川一久、筑紫哲也の両記者。筑紫記者は後年、TBSのニュース23のキャスターとなり、沖縄問題をよく取り上げた）を拠点に、私たちの取材活動が始まったが、「沖縄内ならどこへ行っても自由」というから、私はさっそく沖縄本島のあちこちへ出かけていった。

タクシーをやとったり、バスを利用して。

沖縄本島は北東から南西に伸びる細長い島で、北端の辺土《へど》岬《みさき》から南端まで約一三〇キロ。神奈川県の半分ぐらいの広さの、北部は山林におおわれているが、中・南部は緑の少ない平坦な島である。

それは、異様な光景だった。

那覇から、沖縄一の幹線道路の1号線をタクシーで北上する。軍用道路といわれるだけあって、幅が広く、舗装もされている。両側の建物の壁に書かれた文字や看板の文字には英語が多い。しばらく走ると、まず道路の片側に、次いで両側に広大な平地や芝生が広がる。そこに兵舎や住宅が点在し、おびただしい車両が広場を埋める。中には、損傷した車両もある。動き回る兵隊の姿もみえる。兵舎には星条旗がはためいている。米軍基地だ。道路と基地は柵や金網で隔てられ、至るところに「立ち入り禁止」の標識がくくりつけられている。

こうした光景を見ていると、何ともいえない圧迫感みたようなものを感じた。基地というものは、それを見る者に威圧感を与えてやまないようだ。

それは、1号線をさらに北上して嘉手納《かでな》村に至ったときに頂点に達した。道路右側に息をのむような、果てしなく広がる米軍基地が展開する。嘉手納空軍基地だ。四〇〇〇メートル滑走路を二本もつアジア最大の空軍基地。そのうち、道路ぎわの見通しのきかない高い柵の向こうに、黒い三角錐がいくつも林立しているのが見えてきた。基地に駐機するB52の尾翼だった。

B52は、沖縄の人たちが〝黒い殺し屋〟と呼ぶ大型戦略爆撃機。全世界を行動範囲に収めるという目的で開発され、水爆も搭載可能といわれていた。まるで巨大な翼を広げた黒い怪鳥のようなたたずまいは、なんとも不気味で、見る者を恐怖に陥れる。私は、その尾翼を見ただけで、「これにじゅうたん爆撃でもされたら、地上にいる人間はたまったものではない」と身震いする思いだった。

タクシーの運転手が言った。「見通しのきかない高い柵は道路から見えないようにするための目隠しなんだ」。時折、頭上を米軍機が轟音を響かせて嘉手納基地方向に降下してゆく。

この日、私が見た米軍基地は、沖縄における米軍基地のごく一部に過ぎなかった。

別の日、那覇港の近くに行ってみた。港には星条旗を掲げた軍艦が停泊していた。

「沖縄全体が膨大な米軍基地と化しているのだな」。そうした事実を知るのにそう時間はかからなかった。

当時の沖縄の米軍基地は百二十カ所。総面積約三〇〇平方キロ。これは沖縄全体の面積の一二・七%に及び、沖縄本島では二二%に達する。とりわけ、基地が集中する沖縄本島中部では、嘉手納村が村域の八八％、読谷（よみたん）村が村域の七九％、北谷（ちゃたん）村が村域の七四％、コザ市が市域の六八％が、それぞれ米軍に接収されていると聞いた。県都那覇市もその二九％が軍用地とのことだった。

こうした米軍基地に駐留する米国軍隊は、陸軍、海軍、空軍、海兵隊の四軍合わせて約五万人。そのうえ、これら米軍基地には核兵器や化学兵器（毒ガス）も貯蔵されているといわれていた。まさに「沖縄の中に基地があるのではなく、基地の中に沖縄があるのだ」という言い方がふさわしかった。当時の沖縄の人口は九十七万。人々は金網の外の狭い地域に押し込まれ、超過密の中での窮屈な暮らしを強いられている、というのが私の印象であった。

それればかりでない。通貨はドル（為替レートは一ドル三百六十円）であったし、道路は右側通行で、車はみな左ハンドルであった。タクシーやバスに乗る時、ドアや扉の位置が本土と逆なので、しばらくの間、私は戸惑った。

コザ市の繁華街は、夜になると、米兵たちでにぎわっていたが、店先に「A」の表示を掲げたバーがあった。そうしたバーは「Aサイン」と呼ばれていたが、これは「APPROVED FOR US FORCES」、つまり「米軍人が飲食できる店」という表示だった。「Aサイン」で、米兵にまじってウイスキーを飲んだ。スコッチウイスキーの水割りが一ドルから八〇セントだった。

沖縄はまぎれもなく日本人にとって「外国」、それも米国であった。沖縄の人々にとっては「祖国の中の異国」ということであったろう。

これらの米軍基地は、さまざまな基地災害をもたらしてきた。航空機事故、騒音、砲弾落下、廃油・薬物・し尿などによる環境汚染、演習による山火事などである。米兵による犯罪も後を絶たなかった。加えて、これらの基地災害は、ベトナム戦争の激化にともなっていっそう増えた。沖縄の米軍基地が米軍のベトナム作戦の後方基地となり、在沖米軍が増強されたからである。それとともに、基地災害を生む米軍基地の撤去を求める声が住民の間で強まり、住民による日本復帰運動は勢いを増していった。

私が沖縄の地を踏む八カ月前の六八年十一月十九日未明、嘉手納空軍基地で離陸しようとして滑走中だったB52が爆発し、周辺の民家約百戸の窓ガラスや屋根がこわれ、住民四人が爆風でけがをした。住民は着のみ着のままで家を飛び出し、口々に「戦争だ」と叫んで右往左往したという。

私が沖縄を訪れたとき、事故の余韻がまだ残っていた。主要な道路際には「B52を撤去せよ」と書かれた革新団体の看板が立っていた。

この事故は沖縄の人たちに新たな衝撃を与え、ただちに広範な団体によって「いのちを守る県民共闘会議」が結成され、B52撤去を求める運動を始めた。共闘会議は六九年二月二日にゼネストを設定するも、直前になって中止を余儀なくされるが、Ｂ52の爆発事故は沖縄県民の日本復帰運動をいっそう燃え上がらせる契機となった。

復帰運動を引っ張る沖縄県祖国復帰協議会の要求は「即時無条件全面返還」というものだった。何ら条件をつけずに米軍基地を全面的に撤去したうえで今すぐ施政権を日本に返せ、というわけである。

復帰協が結成された翌年の六一年四月二十八日に那覇市で開かれた祖国復帰県民総決起大会の写真をみると、会場演壇に日の丸が掲げられ、参加者の多くも日の丸の小旗を手にしている。このころは、とにかく、祖国日本の懐に帰りたい、という「日の丸復帰」といった色彩が強かったことがうかがえる。が、その後、復帰協の集会から次第に日の丸が消え、代わって「即時無条件全面返還」のスローガンが前面に押し出されるようになる。

ともあれ、沖縄本島をめぐって巨大な米軍基地群を目にするうちに、私は復帰協の要求に納得するようになっていった。もちろん、県民のなかには、早期復帰や無条件全面返還に反対する声もあった。それは、基地に依存して生計を立てている人々の間で強かった。が、六八年に行われた琉球政府主席の初の公選で「即時無条件全面返還」を唱える屋良朝苗・元教職員会会長が選ばれたことからして、「即時無条件全面返還」が県民の民意であることは明らかだったとみていいだろう。

ところで、私が書いた『沖縄報告』の「くらし」用の原稿は、沖縄の交通事情、漁業の現状、米軍基地で働く労働者の生活、米兵・軍属に雇われたハウス・メードの生活、の四本である。

（二〇〇六年五月四日記）

第74回　戦争に魅入られた島・沖縄

『沖縄報告』の取材を通じて沖縄のことを知れば知るほど、私は厳然たる事実に言葉を失った。すぐる第二次世界大戦末期に沖縄で行われた、日米両軍による戦争が沖縄と沖縄の人たちに残した傷痕の深さにである。

ある日、私は那覇から南へ向かった。沖縄本島の南部を訪ねるためだ。その一帯は「南部戦跡」と呼ばれていた。「戦跡」という名が示すとおり、そこは日本軍が壊滅した地域で、戦争にからむ遺跡が集中しているとのことだった。

米軍が沖縄本島中部西海岸の読谷に上陸したのは一九四五年四月一日。このため、沖縄本島は米軍によって南北に分断される。日本軍（第三十二軍）は中部から南部にかけて防衛線を敷いていたので、南下してきた米軍と日本軍との間で激烈な戦闘が展開された。しかし、圧倒的な米軍の攻勢に日本軍は次第に南方に撤退を余儀なくされる。ついに那覇の首里城に置かれていた日本軍の司令部も陥落し、日本軍は南部に向けて敗走する。住民も戦闘に巻き込まれ、日本軍と行動をともにする。

私が沖縄取材に出かける直前に東京で購入した「ブルー・ガイドブックス44」の富田裕行著『沖縄』（実業之日本社発行、一九六七年）は、当時の状況をこう書いていた。

「優勢を誇る米軍は第32軍をひた押しに押し、5月29日、那覇市を占領、5月30日、首里城を占領した。

首里城にいた第32軍司令部は5月28日、首里を撤退、豪雨の中を那覇南方の摩文仁に移った。このあたりから日本軍の戦線に混乱が生じはじめてきた。豪雨の中を、部隊は算を乱して南下していった。

負傷兵は歩けず、砲弾の飛びかう中を立ちどまったまま動けなかった。とりのこされ、そのまま生き倒れた兵もあった。部隊の移動には、沖縄住民が兵器の運搬に動員された。住民は兵器を運ぶ途中倒れた。戦線にまぎれこんだ避難民があてどもなくさまよっていた。このような混乱の中を米軍はひたひたと押し寄せてきた。苦戦をつづけているにもかかわらず、大本営からは一兵の増援もこなかった。一発の弾丸もとどかなかった。孤立と無援、第32軍の立ち場は、見捨てられた軍隊となった。牛島司令官も長参謀長も豪雨の中を雨にうたれながら進んだ。馬が泥土に足をとられ、思うように進めなかった。一語を発する者もなく、黙々と進んだ」

「6月18日、米司令官バクナー中将が高嶺村真栄里で戦死した。……軍司令官を失った米軍の攻撃は、復讐にたけり狂ったかのごとく、猛烈をきわめた。すでに第32軍は戦うに武器なく、白兵戦、肉弾戦を敢行する以外方法がなかった。

6月19日、もはや死を決した牛島司令官は阿南陸軍大臣あてに訣別の電報を送った。そしてひめゆり部隊の解散を命じた。しかしこの解散命令は遅く、同日ひめゆり部隊二〇四名が戦死した」

「6月22日、牛島司令官、長参謀長自決のときがきた。……両将軍は静かに死んだ。第32軍はかくして亡んだのである」

『沖縄報告』には「佐賀県より一二平方キロ狭い沖縄で、戦闘は三カ月つづいた。戦死者は、日本軍一〇万、米軍一万二〇〇〇、沖縄住民六万二〇〇〇。ただし沖縄住民については、女子学生や栄養失調による死者などを含めると一〇万から一六万と推定されている。沖縄住民の当時の人口は約六〇万」とある。

「南部戦跡」と呼ばれる一帯はサトウキビ畑が広がっていた。その中の、糸満町伊原という地区に「ひめゆりの塔」があった。戦没したひめゆり学徒を合祀する慰霊塔だ。塔の前に深いガマ（自然壕）が口を開けていた。ひめゆり学徒が最後まで看護活動をしていたところだ。のぞくと、中は暗かった。塔のわきに小さな碑があり、「いはまくらかたくもあらんやすらかに　ねむれとぞいのるまなびのともは」と刻まれていた。

ここを訪ねる前、私は、ひめゆり部隊最期の地は低い山か丘の中腹に掘られた横穴かとばかり思っていた。高校時代に観た劇映画『ひめゆりの塔』の影響かもしれない。それが、平坦なサトウキビ畑のなかの自然壕で、意外だった。

ひめゆりの塔の南には、小高い丘が広がっていた。摩文仁の丘だ。立木は目に入らず、見渡す限り原野だった。そのことが、私の胸をしめつけた。「米軍に追われてここまで敗走してきた日本兵や住民には、米軍の砲撃を避ける遮蔽物さえなかったのだ。まさに悲惨極まる敗走だったにちがいない」

丘へ登って、目を見張った。眼前にさまざまな形をした石碑が林立していたからである。沖縄戦で戦死した兵士たちの慰霊塔だった。それは、各県ごとに建立されていた。地元の人の話では、東京都立だけはないとのことだった。

私は、それまで戦没者の慰霊塔を見たことがあったが、これほどたくさんの慰霊塔が一カ所にまとめて建立されているのは見たことがなかった。それは、思わず襟をたださざるをえないような光景だった。林立する慰霊塔群を眺めていると、沖縄戦での戦死者の多さに改めて粛然とさせられた。

ただ、慰霊塔が県ごとに建てられていることに少し違和感を覚えた。「戦争で犠牲になったという点ではみな同じなのに、死んでからも出身県ごとに分けて祀られているのはどうしたものか」との思いが心をよぎったからだ（沖縄戦で亡くなったすべての人々の氏名を刻んだ記念碑「平和の礎《いしじ》」が、沖縄県によって摩文仁に建設されたのは一九九五年のことである）。

丘の頂に立つと、眼前には広漠とした濃紺の太平洋が広がっていた。丘から直下の海辺までは断崖であった。断崖に立つと、ここが沖縄本島の最南端、どんづまりであることが分かった。ここから先は海で、もう逃げ場がない。頼みとする本土からの増援はない。もはや絶対絶命。米軍に追いつめられた兵士や住民の絶望感が、ひしひしと伝わってきた。ここで自決した者も少なくなかったという。断崖を少し海側に降りると、牛島司令官らが自決した洞窟があった。

断崖の下の海辺には、白い波が、絶え間なく押し寄せていた。耳をこらすと、潮騒が聞こえてきた。私には、それが、ここで最期を迎えざるをえなかった多くの兵士や住民たちの「死にたくない」「生きたい」という悲痛な叫びや悲鳴のように思えた。

県民の四人に一人が命を落とした沖縄戦。私が初めて見た沖縄はその沖縄戦から二十四年経っていたが、戦争はまだ遠い過去のものとはなっていなかった。いや、むしろ、沖縄は戦場とじかにつながっているように思えた。というのは、一九六九年は激化するベトナム戦争の最中であり、沖縄の米軍基地は米軍のベトナム作戦の後方基地、兵站基地の役割を果たしていたからだ。沖縄の人たちに〝黒い殺し屋〟とおそれられていたB52も、沖縄の米軍基地からベトナムへ渡洋爆撃に出撃していた。

戦火を直接浴びないものの、沖縄はきな臭い空気に包まれていた。沖縄の人々にとって戦争は「遠い過去のもの」でなく、今なお「現実」そのものであったのだ。

米軍基地には、日本軍が戦前建設した基地をそのまま転用したものもあった。それを使って、新たな戦争が続けられている。ということは、ある意味では、沖縄戦は過去のとばりの中に葬り去られたとはいえず、今なお続いているとも言えるのではないか。私には、そう思えたのである。

戦中ばかりでなく、戦後も死に神・戦争にわしづかみにされてきたかのような沖縄。それもこれも、戦争を遂行しようとする者にとって、沖縄が昔も今も戦略上かけがえのない要石的な位置にあるからである。沖縄を制する者が東アジアの制空権を握るといわれてきたほどだ。それだけに、沖縄戦で生き残った沖縄の人々が、戦争につながる一切のものを拒否するようになったのは極めて自然、といってよかった。沖縄の人々にとって「命《ぬち》どぅ宝」（命こそ宝）なのだ。つまり、「平和」こそ、沖縄の人々の心底からの願いであったのだ。

沖縄が地上戦の舞台となり、多数の沖縄県民がそれに巻き込まれて死亡したということは知っていた。が、南部戦跡を訪れてみて、自分がその実相をほとんど知らなかったに等しいと思い知らされた。日本人の一人として、その実相を知らなかったこと、積極的に知ろうとしなかったことを恥じた。そして、現地でその実相を知れば知るほど、私は、沖縄の人たちが日本復帰にあたって掲げた「即時無条件前面返還」に込めた意味を理解するようになっていった。

（二〇〇六年五月十五日＝沖縄の日本復帰三十五年目の日＝記）

第75回 圧政と差別の歴史に声もなく

新聞記者として取材活動をしていると、さまざまな感慨に襲われる。晴れ晴れした気分になる時があるかと思うと、逆に気が重くなる時がある、

沖縄での取材は、後者の方だった。沖縄の歴史と現状を知

れば知るほど、私は自分の気持ちが沈潜してゆくのを感じた。沖縄の歴史は、一言でいうと圧政と差別のそれだったと思う。

沖縄の人たちは、人類学的、言語学的にみて本土の日本人と同じ系統に属すとされている。その沖縄では、政治的にはばらばらの状態が長く続き、統一政権が生まれたのはようやく十五世紀に入ってからだった。

沖縄関係の書物によれば、十四世紀、沖縄本島では「北《ほく》山《ざん》」「中山《ちゅうざん》」「南山《なんざん》」と呼ばれる三つの勢力が対立し、抗争を続けていた。そんな中、南部から兵を挙げた尚巴志《しょうはし》が三山の勢力を倒して天下を統一し、琉球王国（第一尚氏王朝）を樹立する。一四二九年のことだ。

一四七〇年にはクーデターが起き、琉球王国は第二尚氏王朝となる。その後、名君といわれる尚真王（在位一四七七～一五二六年）が出て、王国は繁栄の絶頂期を迎える。それを支えたのは、日本、中国（明）、南洋諸国を結ぶ仲介貿易で得た利益だった。具体的には、王国は中国から輸入した品々を北の日本や朝鮮、南の東南アジア各地に転売し、同時にこれらの地域で中国向け輸出品を調達し、中国に輸出した。海外交易で得た利益で王国は大いに栄えたのである。

ところが、日本の大名、薩摩の島津家久が仲介貿易の利益に目をつけた。島津は一六〇九年、軍勢三千余を沖縄に送り、琉球王国を占領する。以後、明治維新まで、王国は薩摩藩の圧制下に置かれる。琉球王国の命脈は四百五十年。前半の百八十年は独立王国、後半の二百七十年は薩摩藩の属国であった。

薩摩藩は琉球王国を属国として支配しながら、王国には、中国（清）に対して独立国のようにふるまわせ、清への朝貢を続けさせた。こうして、王国に引き続き仲介貿易で高い利益をあげさせ、それを吸い上げた。王国が徳川幕府への慶賀使を江戸に上がらせる際には、中国風の装いをさせた。「異民族」を支配する藩だという権勢を誇示するためであった。

とにかく、明治維新で、薩長土肥が徳川幕府を倒すことができたのは、一つには、薩摩藩に軍資金が豊富だったからで、それは薩摩藩が琉球王国から吸い上げた利益をそれに充てることができたからだ、との見方があるくらいだ。

一八七一年（明治四年）、明治政府は廃藩置県を断行する。次いで一八七五年（同八年）、明治政府は琉球藩王に「清との関係を断て」「明治の年号を使い、年中儀礼はすべて日本の布告にしたがえ」「謝恩のため藩王みずから上京せよ」などの要求を突きつける。これに琉球藩が抵抗すると、政府は歩兵大隊約四百人、警察官百六十人を従えた琉球処分官を派遣し、琉球藩を廃し沖縄県を設置する旨の太政大臣命令を伝達する。一八七九年（同十二年）のことである。これが、いわゆる「琉球処分」で、琉球王国は力づくで日本国に併合されてしまった。

沖縄県に対する政府の強圧的な姿勢は、その後も続き、本土の各県とは比べものにならぬ差別政策がとられることになる。官僚はほとんど本土出身者を充て、諸制度の近代化も本土のようには進めなかった。このため、沖縄の近代化は著しく遅れた。

政府による沖縄に対する差別は、本土の一般人の沖縄県民を見下げる態度につながった。比嘉春潮、霜多正次、新里恵二共著の『沖縄』（岩波新書、一九六三年）は書く。

「沖縄からは、喰えなくなった農村の青年男女が阪神や京浜の工業地帯に出稼ぎに出るものが絶えなかった。かれらは主として紡績女工や町工場の工員となり、最下層の低賃金労働者として働かなければならなかったが、その就職も容易でなく、ときたま『職工入用。但し朝鮮人と琉球人お断り』などという貼紙を見せつけられるのだった」

その後の沖縄といえば、すでに述べたように、太平洋戦争末期に日米決戦の舞台となった。米軍の艦砲射撃によって沖縄本島に撃ち込まれた砲弾は数百万トンといわれる。まさに〝鉄の暴風〟であった。この沖縄戦に巻き込まれて生命を奪われた沖縄県民は約十六万人とされる。戦死した兵士の数よりも多かった。県民四人に一人が死んだことになる。一般住民は、本来ならば戦争では保護されるべき存在なのに、沖縄戦では戦争協力に動員された。そのことが、沖縄県民の犠牲をいっそう多くした。

本土から増援がなかったことも、沖縄戦での兵士、住民の犠牲を多くした、と沖縄では語られていた。大本営はなぜ、沖縄守備軍や住民を〝見捨てた〟のか。「本土決戦に備えていた大本営が、米軍の本土進攻を遅らせるために、米軍を沖縄にできるだけ長く足止めさせ、消耗させる必要があったからだ」と、私が出会った沖縄の人は言った。

琉球処分以来、本土政府から差別されてきた沖縄県民。沖縄戦にあたっても本土政府から見捨てられた沖縄県民。にもかかわらず、沖縄戦では、老若男女が軍と行動を共にした（共にさせられたというべきか）。日本人であることの証しを示そうとしたのだろうか。

いずれにせよ、その働きに、海軍根拠地司令部壕で自決した司令官・大田実少将も海軍次官あての最後の電報で「県民ハ青壮年ノ全部ヲ防衛召集ニ捧ケ　老幼婦女子ノミカ相ツク砲爆撃ニ家屋ト財産ノ全部ヲ焼却セラレ　僅ニ身ヲ以テ軍ノ作戦ニ差支ナキ場所ノ小防空壕ニ避難……而モ若キ婦人ハ率先軍ニ身ヲ捧ケ　看護炊事婦ハモトヨリ　砲弾運ヒ挺身斬込隊スラ申出ルモノアリ……看護婦ニ至リテハ軍移動ニ際シ衛生兵既ニ出発シ身寄無キ重傷者ヲ助ケテ……沖縄県民斯ク戦ヘリ　県民ニ対シ後世特別ノ御高配賜ラレンコトヲ」と打たざるをえなかったのである。

そして、戦後。米軍に占領された沖縄は対日平和条約（サンフランシスコ条約）で、日本から切り離され、米国の施政権下に入れられる。この結果、沖縄全体が米軍基地化し、日本国土面積の〇・七％に過ぎない沖縄に日本における米軍専用施設の七五％が集中するまでになる。沖縄だけに背負わされた、この負担のなんという重さ。この数字を知ったとき、私は沖縄の人たちを取り巻く過酷な環境の一端に触れた思いで、沈黙するほかなかった。そればかりでない。ベトナム戦争が始まると、それらの基地は米軍の後方基地となった。それにともなって、基地災害が増えたことはすでに述べた。

こうした沖縄の歴史を知るにつけ、私の中で、こんな見方が強くなっていった。沖縄は「悲運の島」と呼ぶにふさわしいのではないか、と。

沖縄本島のあちこちを訪ね歩いていると、明治以降の本土政府の沖縄への差別政策と、その後の米国支配が沖縄もたらしたものの一端が、目に入ってきた。

まず、鉄道が見当たらなかったこと。歴代政府が沖縄に国有鉄道を敷設しなかったからだ。日本の近代化では、国鉄が産業発展のための物流を支えたが、これが建設されなかった沖縄では産業の発達が著しく遅れた。鉄道に代わる交通手段として、戦後の沖縄では自動車の普及が進んだが、これは一方で都市部での慢性的な交通渋滞を生んだ。

それに、政府は沖縄に国立学校もつくらなかった。このため、人材養成が遅れた。これは、沖縄の各分野に影響を及ぼしたように私には思えた。高等教育を目指す人は、本土に留学せざるをえなかった。これは、沖縄の人たちにとって経済的な負担となった。

私の目にはまた、道路や港湾などのインフラがひどく貧弱に映った。これも、明治以来、本土政府が社会基盤の充実のための積極的な資金の投入を怠ってきたうえに、戦争による荒廃から立ち上がる時に、本土政府からの積極的な支援がなく、米国も基地機能の強化には惜しみなく力を注ぐものの、住民の民生の安定のための施策には熱心でなかったことが響いているように思われた。

当時の沖縄の一人あたりの県民所得は六五三ドル（一九六八年度）で、本土平均の六〇％程度。暮らしの面で本土との格差がいかに大きいかを、この数字があますところなく示していた。要するに、明治以降の沖縄に対する本土政府の姿勢が、こうした格差を生んできたのだ。私にはそう思われた。

薩摩藩による侵攻以来、日本から抑圧と差別を受けてきたのに、その日本に復帰したいという。いったいどういうことなのだろう。私が出会った沖縄の人は言った。「ヤマトンチュは嫌いだ。が、異民族支配と基地の存在はなんとも耐え難い。だから、それから脱するために、私たちは平和憲法をもつ日本に復帰することを選択したんです」。ヤマトンチュとは本土人のことである。ちなみに、沖縄の人たちは自らを

「ウチナンチュ」と言う。

こう書いてくると、「悲運の島」の人たちはいつも沈鬱な表情で、肩いからせて、ヤマトンチュと米国への不信や憤りばかりを口にしてきたのだろう、と思う向きもあるにちがいない。が、私が出会った沖縄の人たちはそれとはまさに正反対で、陽気で、おおらかで、島外からきた者に優しかった。開放的で、のびやかで、楽天的でもあった。

おそらく、亜熱帯に属する南国的な気候と、周囲を海に囲まれているという地理的条件が、こうした沖縄の人たちの性格を形成してきたのだろう、と私は想像した。もっとも、本土の人間はせっかちだから、時として、沖縄の人たちのスローテンポには戸惑うこともあったが。

（二〇〇六年五月二十四日記）

第76回 沖縄の自然に魅せられる

一九六九年夏の沖縄。わずか一カ月の滞在だったが、私はすっかり沖縄のとりこになってしまった。

私をとらえた沖縄の魅力は、まず、その自然、とりわけ海だった。

沖縄本島を車で走ったことがあった。那覇から、本島を貫く大動脈である軍用道路の1号線を北上した。嘉手納村を過ぎ、読谷村に入る。なおしばらく走ると、両側から迫っていた山の前方が急に開け、海が見えてきた。車はその海を左に見ながら海辺の道をさらに北上したのだが、左手に広がる海がなんとも美しかった。

白い砂浜の向こうに広がる、穏やかで静かな海。それはエメラルドグリーンだった。しかも、こちらが車で移動するたびに、そのエメラルドグリーンの海面が刻々と変化する。いままで濃緑色に見えていたところが瞬く間に薄い緑色に。と、それが瞬く間に青緑色に。そして、それが一転してコバルトブルー、あるいは紫色、時には黄色に。まさに千変万化。まるで魔法使いにあやつられた海の色の七変化を見る思いだった。「七色の海」という言葉がふさわしかった。

私は、思わず息をのんだ。そんな海が、しばらく続いた。このような海を私はそれまで見たことがなかった。あとになって、ここが「ムーン・ビーチ」と呼ばれる沖縄でも代表的な海辺であることを知った。

この海岸一帯はサンゴ礁からなる。このため、太陽の位置によって海の色が幾通りにも微妙に変化するのだという。

サンゴ礁と外海とはその海の色を異にしている。サンゴ礁の海の色はエメラルドグリーンだが、外海のそれは紺青である。その境で波が砕け、白波が立つ。だから、飛行機に乗って上空から沖縄の島々をみると、紺青の海に浮かぶ島々の周りだけがエメラルドグリーンに輝き、まるで島々が真珠の首飾りをしているかのように見える。

ビーチを過ぎ、１号線をさらに北上すると、恩納村に入る。すると、すぐ左に海に面した断崖があった。サンゴ礁が隆起してできた断崖だった。断崖から見下ろすと、眼下の海は静かで、底まで透き通っていた。

この断崖一帯は「万座毛《まんざもう》」と呼ばれる。断崖の上は平坦で、かなり広い芝原。その昔、琉球王がここを訪れ、断崖と断崖から望む海の景観の美しさを「万人を座らせるに足る」とたたえたことから、そう呼ばれるようになった、と地元の人に聞いた。

万座毛からさらに１号線を北上すると、本島北部最大の町、名護町に達する。市街の南西方向に名護湾が開ける。波静かな湾だ。イルカ獲りがここの名物、と聞いた。静かな落ち着いた町で、新婚旅行でここに来る人が多い、とも聞いた。また、那覇より気温が低いので、避暑地でもあるとのことだった。

１号線の終点、沖縄本島最北端の辺土岬から見る海も素晴らしかった。岬の突端は海に落ち込む絶壁である。風が吹き上げる絶壁に立つと、眼前にぐるりと豪快な海が果てしなく広がる。天気がいいと、日本の最南端の与論島が望める、とのことだった。

別の日、私は糸満町の漁師に頼んで舟に乗せてもらった。沖縄の漁業を知るためである。夜八時過ぎから翌朝まで。真っ暗闇の糸満沖に漂うくり舟の上で、私は一睡もすることなく一夜を過ごした。やがて、東方の水平線から真っ赤な太陽が昇ってきて、海原は金色に輝き、水平線上にたなびく雲はあかね色に染まった。沖縄の夜明けの海の美しかったことをいまでも鮮やかに思い出す。

とにかく、私は沖縄の海にすっかり魅了されてしまった。これには、私が海のない信州で生まれ、育ったことも影響していたかもしれない。海と縁遠かった私が、十分過ぎるほど海と接する時間を与えられて、海に親しむことができたからだ。それからまた、急速な開発のため汚染が進む本土周辺の海に比べて、沖縄の海がまだ自然そのままだったことも、私が沖縄の海に惹かれた理由の一つだった。本土ではすでに失われた自然が、沖縄にはあった。

沖縄の植物も、私にとっては魅力的だった。

沖縄は亜熱帯に属するから、その植物も本土とは異なる。葉は厚いし、花の色も一段と鮮やか。それに、寒い北国の樹木は真っ直ぐ天に向かって伸びるが、沖縄では枝を四方に広げ、地面に濃い影を落としている。

私が沖縄に来て沖縄らしい植物だなと感じたのは、ガジュマル、デイゴ、アカギ、アダン、フクギ、ハイビスカス、ブーゲンビリア、モクマオウ、マングローブ、ホウオウボク、クロトン、月桃、ギンネム、ソテツ、サトウキビ、パパイヤ、パインアップルなどだ。どれもこれも、むんむんと生気を放ち、葉や花に勢いがあった。

私は、これらの植物をすっかり好きになってしまい、飽かずに眺めたものだ。私が生まれ、育った信州は冬が長く、寒気も厳しかったので、こうした精気みなぎる南国の植物にいっそう惹かれたのかもしれない。

なかでも、ガジュマルには「沖縄」を感じた。本土では見かけない樹木だったからだ。常緑の高木で、枝からひげのような気根がたくさん垂れている。気根は地中に入り、支柱根となる。大木は日陰をつくるので、夏は、人々の憩いの場となる。名護町の中心では、こんもりとしたカジュマルの巨木が濃い日陰をつくっていた。

フクギも、いかにも沖縄らしい樹木だ。都市部から離れた集落では、防風林として植えられていた。その並木に出合うと、妙に気分が落ち着いた。濃い緑の肉厚の葉っぱが強烈な太陽光線をさえぎって、日陰ができている。その日陰に入ると、耐え難い暑さが急に引き、涼しくなる。それは防風林の役目を果たすとともに、避暑用の空間をつくりだしていた。そこで涼をとりながら、沖縄の人たちの生活の知恵に感じ入ったものだ。

雨の日は、スコールのような大粒の雨がフクギの葉をたたいた。その時の風情もまた捨てがたかった。

防風林といえば、アダンやモクマオウも海岸の防風林として植えられていた。アダンはパイナップルのような実をつけていた。

ハイビスカスも沖縄を代表する木だ、と思った。島中、どこにでもあった。別名ブッソウゲ（仏桑花）。さまざまな色の花をつけていたが、年中咲いているとのことだった。

ところで、沖縄の自然に接していると、心身ともに解放されるような爽快感が体中に満ちてゆくのを感じたが、突然、違和感に襲われることがたびたびあった。素晴らしい自然を堪能していると、突然、無粋な金網が行く手をさえぎるからだった。米軍基地を囲む金網であった。そこには「立ち入り禁止」の表示が掲げられていた。自然への讃歌が、急に断ち切られる思いだった。

例えば、目を見張るような美しいビーチが、「立ち入り禁止」になっているところがあった。それは米軍専用の海水浴場であったり、米海軍の港湾施設や訓練場であったりした。そんな時、改めて「沖縄の中に基地があるのではなく、基地の中に沖縄があるのだ」という現実に引き戻された。そして、こう思ったものだ。「美しい沖縄の自然には戦争のための施設である基地はそぐわない」と。

（二〇〇六年六月二日記）

第77回 歴史が生んだ独自の文化

私が沖縄に魅せられたのは、その自然ばかりでなかった。文化にも魅せられた。

一カ月にわたる滞在中、さまざまな文化に接する機会があった。その機会を重ねるうちに、ここには豊かな独自の文化があることを知った。そして、接すれば接するほど、私はそれに惹かれていった。

沖縄には、鉄道や電車がない。だから、取材の〝足〟は専らタクシーだった。

一九六九年夏。沖縄のタクシーには、まだクーラーが入っていなかった。沖縄の夏はことのほか暑い。それゆえ、タクシーが窓を閉め切って走ろうものなら、車内はたちどころに灼熱の密室と化す。で、タクシーはいずれも窓を一部開けて走っていた。運転手は汗みどろのランニングシャツ姿。照りつける強烈な日差しを避けるため、フロントガラスには手ぬぐいがぶらさがっていた。

運転席のラジオから流れてくるのは、決まって民謡だった。昼間、炎暑のタクシー内で民謡を聴いていると、なんともけだるい気分になったが、一日中、民謡を流しているラジオ局もあった。

夜、琉球料理店や民謡酒場に行くと、民謡が流れていた。よく耳にしたのは、「安里屋《あさどや》ユンター」「谷茶前節《たんちゃめ》」「てんさぐの花」など。「またはーりぬちんだらかぬしゃまよ」（安里屋ユンター）。いつのまにか、どんな意味かを理解しないまま民謡の一節を覚えてしまった。

明るい民謡もあれば、離島苦（島ちゃび）を唄った哀調をおびたのもあった。道徳的ないましめというか、一種の教訓を込めたような歌詞をもつものもあった。

民謡に欠かせないものがサンシン（三味線）である。本土では、三味線は専門家を除けば芸者さんの楽器というイメージが強いが、沖縄では一般の人々の楽器だ。サンシンを奏でながら民謡を歌う。これが、沖縄の日常の光景だった。

民謡とともに、人々の生活と切り離せないのが踊りだ。まさに沖縄は「歌と踊りの島」（比嘉春潮、霜多正次、新里恵二共著の『沖縄』〈岩波新書、一九六三年〉）だった。

沖縄の人たちは祝い事があると、サンシンを奏でながら踊りを踊る。その踊りは大別して二つに分けられるようだった。カチャーシーといわれる庶民的な踊りと、古典舞踊の二つ。

カチャーシーには特に決まった型はない。サンシンや太鼓のリズムに合わせて手や足を自由に動かす。見ている方も踊り出したくなる楽しい踊りだ。歓喜の踊り、といった感じだった。

一方、古典舞踊は「琉舞」と呼ばれ、宮廷の踊りとして受け継がれてきただけに、形式が重視され、おごそかに演じられる。本土の能の様式が取り入れられている、と沖縄の人に聞いた。踊り手の動作では腰に重点が置かれ、それが手、足、顔へと伝播してゆく。目線は動かず、顔の表情にも動きがない。

カチャーシーが外へ外へとエネルギーが放出されてゆく奔放な踊りなら、こちらはエネルギーを内へ向けて凝縮してゆくような踊り。あるいは、内面の躍動を全身のわずかな動きで表現する踊りといってよい。とにかく、ゆるいテンポの静かな動きを通じて踊り手の思いがひたひたと伝わってくるような優美な踊りである。

琉舞にはいくつかの流派があるようで、流派ごとに練習や発表会がいたるところで行われているようだった。私が那覇に滞在中、沖縄タイムス本社のホールで琉舞の発表会が開かれているのを見かけた。

琉舞の踊り手が身にまとうのは、紅型《びんがた》の衣装だ。その赤、黄、青……といった原色の彩りは、実に鮮やかで、華麗で、みやびやかで、なんとも美しい。

紅型とは型紙を使った色染めのこと。布（木綿、芭蕉布、絹、麻など）を平らな板の上に広げ、その上に型紙を置いてノリを塗る。ノリが乾いたら、型紙を取り除き、ノリの塗られていないところに筆で色を差してゆく。色差しに使う染料はウコン、フクギの皮、藍、朱粉、墨など。色差しが終わると、布を樹液と大豆の絞り汁の混合液に浸して色を定着させる。ノリを洗い流すと、白地に染めた模様だけが残る。紅型の図柄は花、木、草、雲、鳥など。四百年の歴史をもつが、型染め技法は中国と日本から伝わったという。

那覇の首里城祉の近くに紅型の工房があった。そこを訪れる機会があったが、出来上がるまでの工程を見たことで、いっそう紅型に惹かれた。そして、原色鮮やかな紅型を目の前にしてこう思ったものだ。「南国の強烈極まる太陽光線のもとでは、これくらい強い色でないと自然に負けてしまい、衣装としての特色を打ち出せないのだろうな、きっと」

予想に反して、住宅の大半はコンクリートづくりだった。それも、頑丈なつくりだ。台風に備えてのことだろう、と思った。が、町を歩いていると、ときたま、赤瓦の屋根の木造家屋に出合った。赤瓦は赤土を焼き、それを白い漆喰で塗り固めたものだ。赤瓦の屋根には、小さな獅子がちょこんとのっかっていた。「シーサー」である。なんともかわいいシーサーもあれば、ユーモラスなシーサーもあった。地元の人によると、悪霊から屋敷を守る魔よけだという。

また、道路端や家々の門口には「石敢當」と彫られた石柱が立っていた。「いしがんとう」と読む。これも、魔よけだという。

「シーサーも石敢當も中国から伝わった風習ですよ」と話してくれた人がいた。どちらも私の目には珍しく映り、沖縄らしい風景としてすっかり気に入ってしまった。

シーサーは焼き物の一種だが、那覇は沖縄随一の陶器の産地だった。ここで産出される代表的な陶器が「壺屋焼《つぼやゃき》」である。三百余年の歴史をもつと聞いた。那覇市街の一角に壺屋という地域があり、工房や商店が軒を連ねていた。そこで目にした壺屋焼は、見るからに素朴で、がっしりしていて、温もりが感じられ、庶民の生活に根ざした陶器という印象を受けた。私はすっかり病みつきになってしまった。

市街地から出ても、沖縄らしいなと印象づけられるものが多々あった。その一つが、グスクだ。小高い丘の上に展開する遺跡のことである。大きさや形はさまざまだが、今はいずれも城壁のみで、建造物はない。それがいったい何であったかについては、城館説、集落説、聖域説などがあるとのことだった。いずれも十三世紀から十五世紀にかけてかけて構築されたらしい。

その一つ、沖縄本島中部にあもる中城《なかぐすく》城跡を訪ねた。広々とした丘の上に展開する城跡で、雄大な城壁と、そこから望める三百六十度の展望に息をのんだ。東西の方向にそれぞれ紺青の海が見えた。もしかしたら野外劇が行われたのではないか、と思わせるような平坦な舞台状の広場もあった。夜、満月の下、ここで古典劇でも上演すれば幻想的だろうな、と思った（沖縄本島のグスクは他にもあり、これらのグスクは二〇〇〇年に世界遺産として登録された）。

山の中腹に点在する「亀甲墓《かめこうばか》」にも興味をおぼえた。山の中腹を掘り、石を巻いて屋根をつけた墓で、一見、まるで亀の甲羅のような形をしている。中国から伝わったものと聞いた。また、「その形は女性の胎内を表す」とも聞いた。「人間は母の胎内から生まれ、死ぬと再び母の胎内に戻るとの言い伝えがある。この墓はそうした言い伝えを象徴しているんです」。

なかには、巨大な亀甲墓があって圧倒された。墓の中は広いので、沖縄戦中は防空壕、避難壕として使われたという。沖縄では祖先崇拝が根強く生き続けている、と聞いたが、亀甲墓を見ていると、それが納得できた。

私が「沖縄らしい」と感じた文化は、その起源をたどると、琉球王国時代に端を発しているものが多かった。琉球王国は、一四二九年から一八七九年までの四百五十年間続いたが、前半の百八十年は独立王国で、王国が最も繁栄した時代だった。その繁栄は、王国が交易国家、海洋国家であったことでもたらされた。つまり、王国は日本、朝鮮、中国、南方諸国を相手にした仲介貿易で多大な利益を得て、経済的な繁栄をおう歌する一方、自ら豊かな文化を生み出したのだった。

加えて、王国の人々は交易を通じて接した周囲の諸国・地域の文化を積極的に取り入れた。その結果、王国の文化に外国の文化がミックスされ、独特の風合いをもつ沖縄独自の文化が醸成されたのだった。

文化といえば、食もまた文化である。沖縄を代表する庶民の料理といえば「チャンプルー」だ。豆腐と緑黄色野菜を油でいためた料理のことである。なかでも最も一般的なのが「ゴーヤーチャンプル」。ゴーヤー（にがうり）と豆腐と豚肉などを一緒にいためる。沖縄の人たちは毎日、これを食し、事実、美味であきない。

「チャンプルー」とは「混ぜもの」の意味だ。沖縄の文化もまた、沖縄独自の文化に周辺の諸国・地域の文化を加味した「チャンプルー文化」といえよう。

沖縄は太平洋戦争末期に米軍に占領され、その後、日本から切り離されて米国の施政権下に置かれた。米国の制度、物資、文化がどっと沖縄に流入してきた。が、沖縄の人たちは、心だけは植民地化の波濤に巻き込まれることなく、異民族支配に抵抗し続けた。その沖縄の人たちを支えたのは、自分たちの伝統的な文化だった。伝統文化こそ、民族の魂であり、生きる上でのよりどころだったのである。

「伝統に対する信頼がなかったら、沖縄の植民地化はもっとひどかったと思います」。沖縄タイムスの創刊者で、戦争によって打撃を受けた伝統文化の復興に力を注いだ豊平良顕氏（故人）の言葉である（朝日新聞社刊『沖縄報告』から）。

（二〇〇六年六月一〇日記）

第78回
反戦復帰はならず

沖縄で日本復帰運動が、これに呼応した本土での沖縄返還運動が、一段と熱を帯びるのは一九六七年からである。国民の要求を無視できなくなった佐藤栄作首相が、この年十一月に米国に飛んでジョンソン米大統領と会談、「両三年内に返還時期について合意する」との日米共同声明を発表したからだ。

この会談と前後して、本土のマスメディアもがぜん、沖縄問題に関する報道に力を注ぐようになった。朝日新聞社が六九年春から夏にかけて大量の記者を沖縄に派遣し、記者たちのルポルタージュを『沖縄報告』と題して連載したことはすでに述べた。私もその一員として沖縄に一カ月滞在し、沖縄の実情の一端に触れることができた。

沖縄での取材を終えて東京本社社会部に戻った私は、その後も沖縄問題をフォローし続けた。本土での沖縄返還運動は、民主団体担当である私の取材対象の一つだったからである。そのため、その後も、私はたびたび沖縄へ出かけていった。本土で沖縄返還運動を進める革新団体が沖縄で大会や集会を開くことがあったからだ。

それに、正直に白状すると、『沖縄報告』の取材を通じて、沖縄の魅力にすっかりとりつかれてしまったということもあった。要するに〝沖縄病〟にかかってしまったのだ。当時、一部新聞記者の間では、沖縄の魅力に首ったけになった者を「沖縄病にかかった」と表現することがあったが、私もまたその病いにかかったというわけだった。というわけで「沖縄の地をまたぜひ踏みたい」という抑えがたい渇望から、私は、さまざまな出張理由を会社に告げて、沖縄に出かけていったのだった。

ところで、沖縄現地での日本復帰運動、それに連動した本土の沖縄返還運動は、六九年秋から、一段と激しさを増していった。なぜなら、沖縄返還をめぐる日米両政府の交渉が進むにつれて、返還の内実が明らかになってきたからである。

すでに紹介したように、復帰協（沖縄県祖国復帰協議会）が求めていたのは「即時無条件全面返還」であった。つまり、施政権の日本返還にあたっては、何ら条件をつけることなく、全面的かつ直ちに返還すべきだ、というものだった。具体的には、沖縄にある米軍基地をすべて撤去し、核兵器も引き揚げよ、という要求であった。復帰協の幹部はこうした復帰のありようを「反戦復帰」と呼んだ。

しかし、日米両国政府が考える返還のありようが、次第に明確になってきた。それは「核抜き・本土なみ」というものだった。つまり、沖縄の施政権が米国から日本に返還されるにあたっては、沖縄に配備されている核兵器は撤去する、ただし返還後の沖縄にも日米安保条約を適用する、というものだった。日米安保条約は、日本が米国に基地を提供することを取り決めた条約だ。したがって、沖縄の米軍基地は引き続き存続されるというものだった。

「米軍基地の重圧から逃れるために日本復帰の道を選んだのに、米軍基地はそのままとは」。沖縄の人たちの落胆と憤激は大きかった。こうして、あくまでも「即時無条件全面返還」の実現を目指す運動が一層強まった。

同年十一月、佐藤栄作首相の訪米が発表された。米国のニクソン大統領と会談し、沖縄返還についての合意をとりつけるための訪米だ。

こうした事態を迎え、日本政府が目指す「核抜き・本土なみ」返還に反対する復帰協は十一月十三日、那覇市、平良、石垣の三市で「核付き・基地自由使用返還をたくらむ佐藤訪米反対・一切の軍事基地撤去・安保廃棄・11・13県民総決起大会」を開いた。主催者によると、約十万人が集まった。

本土では、同月十六日、社会党・総評系団体が全国各地で佐藤首相訪米抗議集会を開いた。主催者によると、約百二十カ所の主要都市に七十二万人が集まったという（警察庁調べでは、社会党・総評系以外のものも含め全国二百十カ所に計十二万人）。

東京では、代々木公園で開かれた社会党・総評系の集会に約七万人（警視庁調べは四万二千人）が集まった。一方、「佐藤首相訪米の実力阻止」を掲げる反代々木系学生、反戦青年委員会の労働者らはこの日夕刻から、国電、京浜急行の蒲田駅、品川駅周辺で交番襲撃、バス奪取、バリケードづくりなどのゲリラ活動を展開し、国電や京浜急行が一時ストップするなどの混乱が続いた。いたるところで、学生、労働者らと警備の機動隊が衝突。蒲田駅周辺では学生側が大量の火炎びんを投げ、駅前の路上は火の海と化した。

このゲリラ活動で千六百四十人が逮捕された。学生、労働者、警官、市民らのけが人は七十七人にのぼった。

私は、蒲田駅前で取材にあたっていたが、火炎びんが火を噴くたびに、近くの商店街のある店舗に逃げ込んだ。機動隊が発射した催涙ガスが店内にも流れ込んできて、目とのどがひりひりする。と、横を見ると、小柄で、眼鏡をかけた白髪の外国人がいた。カメラを手にしている。やはり、火炎びんや催涙ガスを避けてきたようだ。報道関係者らしい。で、言葉を交わすと、なんと、ロベール・ギラン氏だった。国際的に著名なフランス人ジャーナリストで、この時は「ル・モンド」の東京特派員。一九〇八年の生まれというから、この時、六十歳か六十一歳だったはず。還暦を過ぎてもなお最前線の「現場」で取材にあたる老骨のジャーナリストに、私は真のジャーナリストの姿を見た思いだった。

抗議の声の中、佐藤首相は十一月十七日、米国へ出発、ワシントンでニクソン大統領との会談に臨んだ。そして、二十二日、日米共同声明が発表された。

それは「両者は、日本を含む極東の安全をそこなうことなく沖縄の日本への早期復帰を達成するための具体的な取り決めに関し、両国政府が直ちに協議に入ることに合意した。さらに、両者は一九七二年中に沖縄の復帰を達成するよう、協議を促進すべきことに合意した」とうたう一方、「総理大臣と大統領は、施政権返還にあたっては、日米安保条約及びこれに関連する諸取り決めが変更なしに沖縄に適用されることに意見の一致をみた」としていた。さらにまた、声明は「総理大臣は、核兵器に対する日本国民の特殊な感情及びこれを背景とする日本政府の政策について詳細に説明した。これに対し、大統領は、深い理解を示し、日米安保条約の事前協議制度に関する米国政府の立場を害することなく、沖縄の返還を、右の日本政府の政策に背馳《はいち》しないよう実施する旨を総理大臣に確約した」と述べていた。

この声明により、日本政府は、政府が目指してきた沖縄の「核抜き・本土なみ」返還が達成される、とした。が、沖縄の米軍基地が引き続き存続することが決まったのだった。

これに対し、沖縄ではなお日米共同声明に反対し、「即時無条件全面返還」を求める運動が続いた。この間、七〇年十二月二十日未明には、コザ市（現沖縄市）で、数千人から一万人の群衆が米軍人らの車両八十二台に放火する騒ぎ（コザ暴動）が起こり、内外に衝撃を与える。

しかし、日米共同声明に基づき、日米両国政府により沖縄返還協定が作成され、七一年六月十七日、東京とワシントンで調印式が行われた。協定第一条には「米国はサンフランシスコ平和条約でゆだねられた沖縄の施政権を放棄し、日本がこれを引き受ける」、第二条には「日米安保条約など日米間の条約は、そのまま沖縄に適用される」とあった。

東京の首相官邸で行われた調印式には、沖縄の屋良朝苗・琉球政府主席も招かれた。しかし、屋良主席は「県民の立場からみた場合、わたしは協定の内容には満足するものではない」として、出席しなかった。沖縄住民の代表がいない返還協定の調印式。そのことに、沖縄の人たちが返還協定をどう受け止めたかが端的に示されていた。

私は、この日、那覇市にいた。沖縄の人たちがこの歴史的な日をどう迎えたかをこの目で確かめたかったからである。早朝から、那覇市随一の繁華街、国際通りを歩いてみたが、人通りはまばらで、街には祝賀気分はなかった。いつもと違った風景といえば、ところどころに日の丸が掲げられていたくらいか。むしろ、街の空気は重く沈んでいるように思われた。

沖縄返還協定は、この年秋の国会に提出された。沖縄の復帰協は協定の批准に反対して、十一月十日、那覇市で県民大会を開いた。米軍基地で働く労働者の組合、全沖縄軍労働組合（全軍労）は二十四時間ストを決行した。

が、自民党は同月十七日、沖縄返還協定特別委員会で、社会、共産両党の反対を押し切って返還協定を強行採決した。これに対し、同二十日には、総評・中立労連系の四十四単産二百万人が抗議ストをおこなったが、自民党は同二十四日、衆議院本会議を議長職権で開会し、社会、共産両党欠席のまま返還協定を承認してしまった。

かくして、日本復帰という望みはかなえられたものの、「平和の島・沖縄」を実現したいという沖縄の人たちの長年にわたる願いはついに実ることなく、一応の終息を迎えたのだった。

（二〇〇六年六月二十一日記）

第79回
人口最少の島から見た日本復帰

一九七二年日本復帰を内容とする「沖縄返還協定」が、七一年六月十七日、日米両国政府によって調印された。沖縄の日本復帰が正式に決まったのだ。

その日、私は沖縄の那覇市にいた。市内を巡りながら、私は考えた。「沖縄の人たちはこの返還協定をどう受け止めているだろうか」と。

報道機関はさまざまな形、切り口でそれを伝えるだろう。だから、私は、それらとはちょっと違った切り口で伝えたい。そう考えているうち、脳裏にひらめいたのが、「沖縄には離島が多い。その離島の人たちの受け止め方を書いてみよう。それも、最も人口の少ない離島の人たちの受け止め方を」という思いつきだった。

琉球政府によると、沖縄は六十近い島々から成る。無人島もあるが、有人島のうちで一番住民の少ないのは、多良間村《たらまそん》水納島《みんな》だという。「そうだ。そこへ行ってみよう」。地図を見ると、宮古諸島の島の一つで、東シナ海に浮かぶ絶海の孤島だ。

六月二十三日、私は、当時、那覇に在住していたフリーカメラマンの吉岡攻氏とともに那覇から飛行機で宮古島へ飛んだ。約一時間。そこで、沖縄タイムス宮古支局の比嘉康文支局長を訪ね、水納島への案内を頼んだ。

私たち三人は、三ンのポンポン蒸気船を雇った。水納島への定期船はない。だから、同島を目指す人は自ら交通手段を確保せねばならなかった。それで宮古港を出航、西へ向かった。

五時間ほど海上を走ると、紺青の大洋に皿をふせたような平坦な島が見えてきた。港らしきものは見当たらない。海が浅くなってきたので、沖で船を降り、海の中を歩いて島に上陸した。海辺に低い丘があり、それを下ると、集落があった。そこから、子どもが飛び出してきた。

水納島は周囲約三キロ。大海原に浮かぶケシ粒ほどの大きさ。島の一番高いところでも海面から六メートルほど。大樹はなく、アダン、ソテツ、ヤラブの木が生い茂る。集落は全部で五世帯二十六人。それも長老の宮国仙助さん（六四歳）を中心にしてすべて親戚関係にある。小学校の分校があり、児童は八人。もちろん、複式学級だ。先生は二人。

島の生活はコメを除いてすべて自給自足。畑はほとんどない。平地はあるのだが、砂地で農業には向かない。だから、収入源は家畜だ。内訳は牛十八頭、豚四頭、山羊百五十頭、鶏五十羽。

コメをはじめとする日用品は、四キロ離れた多良間島までサバニ（くり舟）で買い出しに行く。島への郵便物もこの時、郵便局で受け取る。が、海が荒れると、二、三週間も島に閉じ込められる。

一番の悩みは水である。頼りは雨水だが、このあたりは雨が少ないので慢性的な水不足という。「今年はとくにひどい。ここ七カ月も雨が降らない。村役場が多良間島から十日にいっぺんほど船で島に水を運んでくるんだが、これも途絶えがちで。いつまでこの炎天は続くんでしょうね」。小学校の教師、新垣武夫さん（三九歳）は白熱の太陽がギラギラ輝く空を仰いで嘆いた。

住民の娯楽といえば、ラジオとテレビだけ。そのテレビも小学校備え付けの発電機を利用しているので、日没時から午後十時までしか観られない。そのうえ、ひどく映りが悪い。ニュース番組は本土の半日遅れだ。もちろん、新聞の配達などない。

沖縄の日本復帰もラジオで知った。新垣さんは教室で子どもたちにそのことを話して聞かせたが、特に変わった反応はなかったという。「日本復帰といったって特に生活が変わるわけではありませんから、子どもたちにとっては実感がわかないんですね。これは大人も同じで、返還協定には関心がないですね」と新垣さん。

島の区長、宮国岩松さん（五五歳）も言った。「復帰はいいことなんでしょうねえ」。まるで他人事のような口ぶり。そこには高揚した気分も感激もなかった。

私たちは小学校の教室を借り、机を並べてベッド代わりにし、ここに二泊した。夜が更けても暑いので、野外で寝ころんでいると、夜空の星座がまことに見事で、満天の星空とは本来、こんなに美しいものかと思い知らされた。

食事は新垣さん宅でごちそうになった。米飯に汁、それに、おかずが一皿か二皿といった献立て。汁の具は島の周辺で獲ってきた魚で、塩味だった。おかずも魚の刺身が多かった。

島の人たちと親しくなるにつれて、この人たちがヤマトンチュ（本土人）に対する不信感を秘めていることを知った。

戸外で泡盛を飲みかわして宴が深夜に及んだ時のことだ。新垣さんが突然、私たちに尋ねてきた。「先ごろ、本土の政治家が、沖縄を甘やかすな、と発言しましたね。これ、本土の人たちの本音ですか」

いつも穏やかで、悠々たる物腰の宮国仙助さんも、太平洋戦争中に島にやってきた日本軍の指導者の横暴さについて語った時だけは、言葉を荒げた。「おれ、今度あいつに会ったらただではおかぬぞ」。よほど我慢ならない仕打ちをうけたらしかった。

沖縄の日本復帰に無関心な島の人たちも、話が戦争中のことに及ぶと、さながら昨日のことのように能弁になった。

沖縄戦に先立つ一九四五年一月、米軍機四機が島に襲来、機銃掃射で住民四人が亡くなった。仙助さんはその時、島の区長で、住民たちを避難させている最中の出来事だった。自身は海辺の岩かげに隠れて助かった。その時の恐怖感が、いまでも時折、甦ってくるという。「戦争は怖い。再び戦争にはあいたくない。私ら老人が願うことといえば、島の子孫をいつまでも平和に暮らさせたいということだよ」

島を去る日、仙助さんは、私たちに一首を寄せた。

「人よ皆　神の子として幸せに　生きるのみこそ　平和なりけり」

とにかく、平和のうちに暮らしたい、という島の人たちのひたむきな願いが込められているように私には思えた。この孤島に暮らす人たちの心情は、沖縄にあっては特異なものだろうか。私には、すべての沖縄の人たちに共通する「沖縄のこころ」ではないか、と思えたのである。

水納島探訪記は、六月二十七日付の朝日新聞朝刊に掲載された。

その後、沖縄は七二年五月十五日に日本に復帰し、沖縄県となる。二十七年間にわたる異民族支配に終止符がうたれた。

それから二十年後の一九九二年（平成四年）四月、私は比嘉康文氏（比嘉氏はその時、沖縄タイムス本社勤務となっていた）と再び水納島を訪れた。日本復帰二十年でこの島がどう変わったかかを知りたかったからである。

沖縄シリーズを終えるにあたって、七三年五月十五日付の朝日新聞朝刊に載った世論調査結果を紹介しておきたい。これは、朝日新聞社が沖縄の日本復帰一周年にあたって、沖縄県民を対象に「復帰一周年をどんな気持ちで迎えたか」を探ったものである。

それによると、「復帰して一年たちますが、復帰は期待通りでしたか。それとも期待はずれでしたか」との問いに「期待通り」は一五％、「期待はずれ」が六二％、「その他の答」が一七％、「答えない」が六％だった。その記事は「手にした『本土復帰』は、沖縄の人たちにとって、予想に反してきびしいものだった」とコメントしている。

世論調査は、日米安保条約や米軍基地についても問うている。安保条約が日本の安全を守るために「必要と思う」は三〇％、「そうは思わない」が二六％。米軍基地のあり方に「不安を感ずる」は六三％、「不安を感じない」が二三％。沖縄の米軍基地に「核があると思う」は六二％にのぼった。

ところで、私の〝沖縄病〟はますます進み、その後もたびたび沖縄を訪れた。そして、ついに比嘉康文氏と共編で沖縄についての入門書『沖縄入門』（同時代社）を著すまでに立ち至った。一九九三年のことである。

（二〇〇六年六月二十九日記）

第80回 「平壌行き」が一転「パリ行き」に

「北朝鮮の平壌に行くつもりがパリにきてしまったって。パリから見れば、平壌は地球の裏側じゃあないか。いったいどうしたんだ」

朝日新聞パリ支局を訪れた私に、牟田口義郎支局長はそう言って目を見張った。一九七〇年四月二十四日のことである。

六九年暮れのことだ。編集局内で、政治部次長の今津弘氏（その後、論説副主幹、調査研究室長を歴任）に声をかけられた。「岩垂君、頼みがある。ご苦労さんだが、平壌に行ってきてくれないか」。他の部からの突然の依頼にびっくりしたが、「頼み」の内容は次のようなものだった。

一九七〇年には、安保問題が大きな政治課題となるだろう。六〇年に大混乱のうちに締結された新日米安保条約が、七〇年六月二十三日に十年の固定期限が切れるからだ。条約を自動延長するか、破棄するかをめぐってまた与野党の激突も予想される。このため、政治部を中心に七〇年春に安保問題に関する企画を計画している。そのなかで、近隣諸国、とくにアジアの隣国がこの条約をどうみているかを紹介したい。そこで、北朝鮮に行き、この国の見解を取材してきてほしいんだ。

当時は（今もそうだが）、日本と北朝鮮とは国交がなかった。したがって、両国間での人の往来はなく、日本政府はこの国への渡航を禁止していた。だから、新聞社が記者を「北」に派遣する手だてはなかった。今津次長は言った。「君は一度、この国に招かれて入国しているから、もしかしたら入れてもらえるかもしれない。再挑戦してもらえないか」

私は一年数カ月前の六八年九月に毎日、読売、共同通信の記者とともに北朝鮮を訪れていた。

日本での北朝鮮の窓口となっていた在日本朝鮮人総連合会（朝鮮総連）国際局に相談すると、「平壌の朝鮮対外文化連絡協会（対文協）に入国申請の電報を打つように。その際、共和国政府の信頼が厚い著名人の推薦があると有効的かもしれない」といわれた。

そこで、取材先の一人で個人的にもお付き合いいただいていた、日朝協会の畑中政春理事長に推薦の電報を打ってくれるよう頼むと、意外にも断られた。畑中氏は第二次世界大戦中の朝日新聞モスクワ支局長。独ソ戦を伝えるそのモスクワ電は内外の注目を集めた。戦後は東京本社外信部長に就任するが、連合国軍総司令部（ＧＨＱ）によるレッドパージで退社を余儀なくされた。そうした過去のいきさつもあって、畑中氏としては、かつて勤務していた新聞社からの依頼に気が乗らなかったということであろうか。それとも、ほかに理由があったのだろうか。

そんなこともあって、私は、何度も訪朝の経験がある岩井章・総評事務局長に推薦の電報を打ってくれるよう頼んだ。岩井氏は快く引き受けてくれた。

私自身、そう期待していなかった。ところが、「岩垂記者を招待する」との電報が、対文協から届いたのである。七〇年二月下旬のことだ。「招待時期は四月下旬」とあった。

私はさっそく渡航準備を始めたが、その最中に私の意気込みを一気に膨らませる事件が起きた。「よど号事件」である。

この年三月三十一日、反代々木系の赤軍派学生九人が羽田発福岡行きの日航機「よど号」を乗っ取り、機長に北朝鮮行きを命じた。同機は韓国の金浦空港に着陸、山村新治郎運輸政務次官が乗客の身代わりとなって同機に乗り込んだ。同機は四月三日、北朝鮮の平壌に到着し、山村次官は犯人たちを残して帰国した。

この事件は内外に衝撃を与えたが、私は胸がわくわくするのを抑えることができなかった。「私の平壌行きは、なんとタイムリーな訪朝だろう。向こうに着いたら、直ちに赤軍派学生にインタビューしよう。大スクープ間違いなしだ」

四月十六日、私は羽田から日航機でモスクワへ向かった。モスクワの北朝鮮大使館でビザ(入国査証)を受け取り、そこから平壌行きの航空便に搭乗する予定だった。

ところが、である。北朝鮮大使館に対文協からの電報を提示してビザの申請をすると、「あなたの招待は取り消された」と通告された。あまりのことに、私は「今さらそんなこと言われたって」と仰天してしまった。朝日新聞モスクワ支局の木村明生氏(その後、モスクワ支局長、調査研究室主任研究員を経て青山学院大教授)が大使館に対し、本国と連絡をとってくれるようかけ合ってくれた。東京では、社会部が、朝鮮総連に事態の打開を要請するなど奔走してくれた。

しかし、ウクライナホテルに泊まりながら一週間粘ってもビザは発給されなかった。モスクワ滞在が認められる通過ビザの期限は一週間。ついに、あすにはソ連を出国しなくてはならない、という事態に立ち至った。

しかし、羽田行きの航空便はない。というのは、当時は日航とソ連のアエロフロートの間で羽田—モスクワ間共同運航が始まったばかりで、しかも週二便。次の羽田行き便を待っていては通過ビザが失効してしまう。ならば、ノービザで入国できる国に向けて直ちに出国する以外にない。万事休す。かくして、私は四月二十三日、モスクワを離れ、パリへ向かった。

北朝鮮はなぜ、私の招待を取り消したのか。大使館員にいくら聞いても説明はなかった。そこで、類推するほかなかったわけだが、思い当たるものといえば、やはり「よど号事件」だった。事件直後に日本の新聞記者を受け入れ、学生たちの様子や北朝鮮側の対応を取材させるのは好ましくない、との判断から、急きょ私の入国許可を取り消したのではないか。

それに、私が日本を発つ直前のことだが、中国の周恩来首相が四月五日に平壌を訪問し、金日成首相と会談したことも影響していたのではないか。中国と北朝鮮は六六年初めから国際共産主義運動のあり方をめぐって意見が異なるようになり、冷たい関係が続いていた。周恩来の訪朝は、こうした両国関係を修復するためのもの、との見方が強かった。いわば、この時期の両国関係は微妙な段階だったと見てよい。そんなこともあって、この時期に西側の記者（つまり私）を入れたくなかったのではないか。私には、そう思われた。

ともあれ、パリのオルリー空港に着いたのは夕刻だった。すぐ、日航のカウンターへ向かった。出発直前、日航モスクワ支店に「パリでの宿を手配してもらいたい」と頼むと、そこの職員は「オルリー空港へ降りたら日航カウンターに立ち寄ってください。そこの職員にこちらから話しておきますから」との返事。が、カウンターはすでにクローズされ、職員の姿はなかった。日航のパリ支店に電話しても、時間外なのか、応答がない。途方に暮れた。やむなく、空港近くのホテルの扉を押した。

パリにしばらく滞在し、パリ発モスクワ経由のエールフランスで帰国の途につき、五月五日、羽田に着いた。

翌日、出社して後藤基夫編集局長（その後、常務取締役）に「平壌には行けませんでした」と報告すると、局長は言った。「そうか。それで、パリから直接帰ってきてしまったのか。ヨーロッパからアメリカを回ってくればよかったのに。旅費を十分持って出たんだから」。そんなに急いで帰国せずに、各地を回って見聞を広めてくればよかったのに、というわけだった。「ゆっくり遊んでくればよかった」と悔やんだが、後の祭り。いまでは、とてもこんなことを言う新聞社幹部はいまい。新聞社は、この時代、まだ余裕があったということであろうか。

私はその後、北朝鮮当局に対し、機会あるごとに「招待取り消しは納得できない。入国させるという約束を果たすべきだ」とアピールし続けた。その結果なのか、北朝鮮当局は八年後、ついに約束を果たすに至るのである。

（二〇〇六年七月八日記）

第81回「革命万歳」

パリで見た学生運動

安保問題の取材のため北朝鮮に入国しようと日本を発ったが、モスクワの北朝鮮大使館で入国許可を取り消され、やむなくモスクワからパリへ。一九七〇年四月二十三日のことである。

すぐパリから帰国しようと思ったが、思いもよらずその地を踏むことになった〝花のパリ〟である。以前から一度は訪れてみたいと憧れていた地だ。それに、帰国しても、すぐ連休のゴールデン・ウイーク。ならば、少しパリで見聞を広めて帰ろうと、しばらく滞在することにした。そう長い期間でなければ会社も許してくれるだろう、と決め込んだ。

なにはともあれ、まず観光である。マロニエの新緑が目にしみる中、凱旋門、エッフェル塔、ルーブル美術館、オペラ座、ノートルダム寺院、サクレ・クール寺院、モンマルトル墓地、バスティーユ広場、ブローニュの森……と、おのぼりさんよろしく地図を頼りにめぐり歩いた。どこもかしこも、私には目新しく、名にし負ふフランスの歴史と文化にじかに触れることができて感動した。

が、〝花のパリ〟にふさわしくない、なんとも異様な光景に出くわした。ラテン区（学生街）のソルボンヌ（パリ大学文、理学部）へ行った時のことだ。大学校舎の玄関やその周囲に、金網を張った灰色で長方形の車が並んでいた。学生に尋ねると、警察の護送車だという。「われわれはサラダカゴと呼んでいるが」と、その学生。形といい、色といい、日本の護送車とそっくり。車の中には、手持ちぶさたの警官がいっぱい。そのわきを外国人観光客を満載した観光バスが通り過ぎる。

この光景を見た途端、私の脳裏の中で日本の光景と重なった。日本もまた、この時期、主要な官公庁や国会、大学周辺に警察の警備車が常駐していたからである。

日本では、一九六七年十月の第一次羽田事件を皮切りに反代々木系学生各派が政治的要求を掲げて過激な実力闘争をともなう街頭闘争を展開するようになり、また、全国の大学で、「大学改革」を迫る反代々木系学生や無党派の学生によるバリケード封鎖などをともなう学園紛争が続発したため、政府や大学当局は警察による警備を強化するなど、学生の〝反乱〟封じ込めに躍起となっていた。街頭闘争のピークは六八年十月の新宿駅騒乱事件、学園紛争のピークは六九年一月の東大安田講堂封鎖解除だったが、その後も学生たちによる街頭闘争や学園闘争は後を絶たず、七〇年に入っても、なお学生運動は続いていた。

フランスでも六八年から学生運動が高揚したとは聞いていた。ソルボンヌ周辺で警官隊の姿や護送車の列を見て、私はフランスでもまだ学生と警官の対峙が続いているのを知った。かくして、私の中でがぜん、社会部記者としての好奇心が頭をもたげ、フランスの学生運動の現状を調べてみたくなった。

ソルボンヌに学ぶ日本人留学生の話や、パリで入手した文献によると、当時のフランスの学生運動の実情は次のようだった。

「五月革命」と呼ばれることになった、フランスの学生・労働者を中心とする大規模な反ドゴール（当時のフランス大統領）体制運動が、世界を揺るがしたのは一九六八年五月から六月にかけてである。

「五月革命」の火つけ役はパリ大学ナンテール分校だった。政府が打ち出した「大学の管理強化」に学生が反発して大学当局と学生の対立が深まりつつあった六八年三月、活発化しつつあったベトナム反戦運動で、米国資本の会社のパリ支店に爆弾が仕掛けられたり、米国旗が焼かれるといった事件が起きた。分校の学生が逮捕されたことから、学生たちがこれに抗議して分校を占拠し、休校になった。

五月には学生のデモが警官隊と衝突、多数の学生が逮捕され、パリ大学は閉鎖された。フランス全学連が無期限ストに突入すると、スト学生排除のためパリ大学に警官隊が導入された。これに抗議して、六月十日には学生約二万人がラテン区でデモ行進、多数の車が炎上し、警官隊との衝突で大量の負傷者が出るという事態になった。同十三日には労働総同盟（ＣＧＴ）などがストを指令、学生に労働者が合流してパリで大規模なデモが行われた。同十九日から二十日にかけてはフランス全土にゼネストが波及し、交通機関が止まり、学校、企業も機能マヒに陥った。左翼連合、共産党が倒閣運動を始めた。

これに対し、ドゴール大統領は国会を解散。総選挙ではドゴール派が大勝し、学生や左翼陣営は敗北。が、翌六九年四月に行われた、地方制度と国会上院の改革を求める国民投票ではドゴール大統領が敗れ、退陣に追い込まれた。

学生が行動を起こした背景には、大学当局や政府による弾圧への反感があったからとされる。労働者がこれに同調したのは、物価高と賃金の伸び悩みに対する不満が高じていたからだといわれる。

私がパリの地を踏んだ時、学生運動の火が再び燃え始めていた。

まず、前年の六九年の十月、パリ大学医学部の学生と教官がストに突入、大学病院の業務がストップした。騒動のきっかけは、政府が医師養成制度に関する政令を発表したためだった。これは「将来、医師が多くなり過ぎる見通しなので、医学部に在学している学生に選抜試験を施し、ふるいにかける」という内容。医学部学生にとってはまさに死活の問題とあって、学生と学生に同情した教官がストで政令の撤回を迫ったというわけだ。

また、同じころ、パリで学生を中心とするベトナム反戦デモがあった。極左派が中心となって計画したデモだったが、政府は「パリで行われているベトナム和平会談に悪影響を及ぼす」などとして集会とデモを禁止するという措置に出た。それればかりか、事前にLC（共産主義者同盟）の指導者ら極左団体の幹部多数を逮捕したほか、当日は機動隊が会場を取り巻いてデモの鎮圧にあたった。しかし、学生ら一万人以上が会場付近につめかけ、機動隊の実力行使で約二千六百人が検束されるという騒ぎになった。

七〇年に入ってからは、「五月革命」の発火点となったパリ大学ナンテール分校で紛争が再発した。二月、極右団体の学生と左翼団体の学生、さらに左翼学生同士の衝突事件が起こり、けが人も出た。これを機に機動隊、憲兵隊がキャンパスに常駐するようになり、三月、極左派学生と機動隊が衝突。一般学生も含めた約二千人が校舎にたてこもって機動隊に石、火炎びんなどを投げ、機動隊はガス弾で制圧を図るなど、東大安田講堂さながらの攻防が展開された。負傷者は双方合わせて四百人以上にのぼった。

私が同校を訪れたのは四月末だったが、激突の跡はほとんど片づけられ、学園には静寂が戻っていた。しかし、校舎の壁にスプレーでなぐり書きされた、さまざまのスローガンと、廊下に張られたビラが激戦の余韻を伝えていた。スローガンは「フランス帝国主義打倒」「パレスチナ解放戦線万歳」「この校舎の学生はブルジョア的秩序を拒否する」「ＩＢＭは出てゆけ」などといったものだ。ビラには「警官導入抗議」とあった。

さらに、私がパリに着く直前の四月二十一日、パリ郊外のバンセーヌ大学で学生千人、教官百人が校舎を占拠するという事件が起きた。この大学は「五月革命」後、政府が新設した急造大学だが、事件のきっかけは、政府が、毛沢東主義者として知られる、同大学哲学科の若い女性教官を追放したことだった。この女性教官はバンセーヌ大学に移るまではブザンソン大学の教官で、「五月革命」の積極的活動家。バンセーヌにきてからも、毛沢東主義者として積極的な発言を続けていた。

教授会が不適格と決議したわけでもない教官を、政府が一方的にやめさせるのは異例として、学生や教官が抗議の行動に出たのだった。これに対し、警官隊が出動。占拠学生は徹底抗戦派と退去派に分かれたが、退去派が多数を占め、激突は避けられた。

私がここを訪れたのは事件から約一週間後のことだったが、占拠の舞台となった校舎はまだほとんどそのままだった。学生がたてこもった教室は天井が落ち、窓ガラスに穴があき、

メーデーに繰り出したフランス全学連の学生たち（ＵＮＥＦの横断幕を掲げた一隊。1970 年５月１日、筆者写す）

電灯のコードが引きちぎられていた。扉は影も形もなかった。そして、教室、廊下、便所の壁という壁は落書きで埋まっていた。

一番目についたのは「ＭＡＯ　ＬＩＮＰＩＡＯ」の文字。毛沢東と林彪のことだ。そのほか「ブルジョアを殺すのは当然だ」「ファシスト打倒」「革命万歳」などなど。こんなのもあった。

「大学をなくし、労働者階級をなくし、消費社会をなくす。これが本当の革命のプログラムだ」

「最後の資本家が最後の官僚の内臓で首をくくられたとき、人類はしあわせになる」

「官僚はみんな死んでしまえ」

「われわれは社会に適応できない人間だ」

「おれはホモだ。男性のシンボルが好きだ」

漢字の落書きもあった。「毛沢東」「全学連」「全共闘」「東大」「日大」の五つ。占拠学生に日本人留学生がいたのだろうか。それとも、占拠学生がはるかな日本の学生運動に連帯を表明するために書いたものだろうか。

五月一日はメーデー。パリでは共和国広場からバスティーユ広場までの約二キロでデモが行われた。ＣＧＴ、民主労働総連合（ＣＦＤＴ）、全国教職員組合（ＦＥＮ）の労働者数万人が整然たるデモを繰り広げた。三、四十人の労働者が横に並んでがっちり腕を組み、大通りいっぱいになって行進するさまは迫力があった。巨大な潮のようだった。

毛沢東派、トロツキスト系、アナキスト系の一団数千人もこのデモに加わり、最後尾についた。なかでも、人民帽をかぶり、真っ赤な『毛沢東語録』をかかげ、「MAO LIN PIAO！」と叫んで行進する毛沢東派の一団が、ひときわ人目を引いた。

労働者のデモが解散したころ、これら極左派の一部が解散地のバスティーユ広場で機動隊に向かって「警官帰れ」「われわれは国家を破壊するぞ」などと叫び、石やプラカードを投げた。機動隊はガス弾を発射し、広場は逃げまどう群衆で騒然となった。この騒ぎで二百六人が逮捕された。


フランスの学生運動の一端に触れて、さまざまな感慨が去来した。まず、一九六〇年代後半から七〇年代初めにかけての「学生反乱」は世界、それも西側諸国に共通する社会現象であったという事実を確認できたことである。現に、フランスの学生運動と日本のそれとは、その形態においても、掲げられていた課題においても共通している面が多かった。例えば、どちらの運動にもベトナム戦争や中国の文化大革命が濃い影を落としていたし、学生たちが「大学の管理強化」に反対していたことも共通していた。学生組織が四分五裂していたことも共通していたと言っていいだろう。

「造反有理」（反逆には道理がある）を旗印にして高揚した世界的な学生運動は、七〇年代後半にはいずこの国でも燃え尽きた。それからすでに三十年余の歳月が流れ、世界の若者たちには、かつてのようないらだちも反権力的熱狂も暴発もない。

ところが、今年（二〇〇六年）三月、フランスで、政府が実施しようとした「若者向け雇用制度（CPE）」に、若者たちが猛反発してパリその他で大規模な抗議デモを起こし、左派の野党や労働組合も若者に同調して街頭行動に打って出て、ついにCPEを廃止に追い込んだ。

そのニュースを聴きながら、私は、フランスには「五月革命」の伝統が今なお地下水のように脈々と生きているのだろうか、と思ったものだ。これにひきかえ、日本の若者たちはなべておとなしく、かつての学生運動の再来を感じさせる気配は全くない。

ところで、四月二日付の朝日新聞にはCPEをめぐるフランスの紛争に関するパリ特派員の論評が載っていた。「楽しく危うい『街頭政治』」と題されたその記事は「民主主義が定着した主要国では例外だろう。フランスの政治はいまも、街頭で動く」として「自由な意思表示は民主国家のあかしだ。同時に、兵舎や宮廷や街頭で国が動かないようにする知恵が、議会制民主主義ではなかったか」と述べていた。

そうだろうか。民主国家の根幹が議会制民主主義にあるのはいまさらいうまでもない。が、その形骸化が指摘されて久しい。議会に民意が反映されなくなっている。形骸化が著しい議会制民主主義を活性化し、補完するためにも直接民主主義としての街頭行動の役割がもっと見直されていいのではないか。

（二〇〇六年七月十六日記）

第82回　退去させられたビキニ被災調査団

東京駅からＪＲ京葉線に乗る。数分で四つ目の駅、新木場につく。このあたりは「夢の島」と呼ばれ、かつてはゴミ捨て場だったが、その後、東京都による整備が進み、いまでは緑豊かな公園だ。

駅舎を出ると、北に向かって自動車道路が伸びる。明治通りである。その歩道を数分歩くと、右手の木立の中に、本を半開きにして立てたような、焦げ茶色の建物が見えてくる。今から五十二年前に起きた世界的大事件である「ビキニ被災事件」の証人、第五福竜丸を納める都立第五福竜丸展示館だ。

中に入ると、見上げるような古ぼけた木造船が覆い被さるように迫ってくる。全長二十八・五六メートル、幅五・九メートル、百四十総トン。船腹に「第五福龍丸」の文字。

第五福竜丸は静岡県焼津港所属のマグロ漁船だった。一九五四年一月、二十三人の乗組員を乗せて出航、三月一日未明、太平洋のミクロネシア・マーシャル諸島北西の海上で調査操業中、米国の水爆実験に遭遇した。この時に使われた水爆は「ブラボー爆弾」と呼ばれ、高性能の火薬に換算して約十五メガトンと推定され、広島に投下された原爆の千倍以上の威力をもっていた。ブラボー爆弾は実験場となったビキニ環礁のサンゴ礁を吹き飛ばし、サンゴ礁は放射能を帯びた白い粉「死の灰」となって周辺の海域や島々に降り注いだ。

ビキニ環礁から北東へ百六十キロ、米国政府指定の危険区域の外にいた福竜丸にも「死の灰」が降り注ぎ、乗組員全員が被曝し、無線長の久保山愛吉さん（当時五〇歳）が急性放射能症により同年九月二十三日に亡くなった。水爆による人類初の犠牲者だった。そればかりでない。福竜丸をはじめ太平洋上で操業していた漁船が持ち帰ったマグロが放射能に汚染されていたため、魚類への不安が国民の間に広がり、全国的な規模でパニックが起こった。この事件をきっかけに日本で広範な原水爆禁止運動が起こり、それが世界に広がっていったということからみても、世界史上でも特筆される出来事といってよい。

被災者は福竜丸の乗組員だけではなかった。実は、実験場から東に点在するマーシャル諸島の島々にも「死の灰」が降り注ぎ、そこで暮らす住民もまた被曝した。すなわち、実験場から東方約百八十キロのロンゲラップ島、同約四百六十キロのウトリック島の住民合わせて二百三十九人（胎内被曝三人を含む）が被曝していたのである。

こうした島民たちの被曝の実態はほとんど世界に知られることなく、時間が流れた。それゆえ、この事実に関心をもつ人々もまたほとんどなかった。

事件から十七年後の七一年夏、原水爆禁止日本国民会議（原水禁、社会党・総評系）主催の世界大会に参加したアタジ・バロス・ミクロネシア議会下院議員が、島民被害の実態調査を訴えた。

そこで、原水禁は同年十二月、現地に調査団を派遣した。平和運動関係団体でビキニ被災事件の現地に調査団を派遣したのは世界でこれが初めてだった。団長は原水禁常任委員で医師の本多喜美さん。事務局長役に原水禁事務局の池山重朗氏、団員には広島大学原爆放射線医学研究所の江崎治夫教授がいた。これに毎日新聞、中国新聞、共同通信の各記者と私の計四人が同行した。

調査団は、羽田からグアムを経由してマーシャル諸島の中心、マジュロ島に行き、そこから被曝住民が暮らすロンゲラップ、ウトリック両島に渡る計画だった。全員、米国のビザ（入国査証）を取得していた。マーシャル諸島を含むミクロネシアは当時、米国の信託統治領だったからである。もっとも、調査のためのビザを申請したが、なかなか発給されないため観光ビザを取得したという事情があった。

調査団は十二月七日に羽田を出発、八日にマジュロ島の空港に着いた。ところが、調査団は、出迎えたバロス議員からこう告げられる。「前日、サイパンにある米国政府機関から、調査団の入域は許可しないという電報が入りました」。調査団一行も同行記者団も、これには顔面蒼白。「身柄を拘束されるかもしれない」。突然の入域拒否にだれもが不安をつのらせた。

調査団は空港近くのホテルに足止めを余儀なくされたまま、バロス議員やマジュロ在住の実力者であるアマタ・カブア・ミクロネシア議会上院議長（一九七九年、マーシャル諸島に自治政府が出来た際、初代大統領に就任）に事態を打開してくれるよう依頼し、推移を見守った。両氏はサイパンの米国政府機関に調査団の入域を認めるよう要請。さらに、両氏や調査団からの要請を受けたマジュロ駐在の地区行政官（いわばミクロネシアを統治する高等弁務官的な人物とのことだった）もアメリカ本国の法務次官に一行の入域を認めるよう電報を打った。

しかし、米国政府からの返事は「調査には事前に許可を得ることが必要だが、調査団はそれをしていない。一番早くとれる航空便でマジュロから退去せよ。それまではマジュロに滞在することを認めるが、観光以外の活動をしてはならない。

マジュロ以外の島々にゆくことも認めない」というものだった。いわば、退去命令であった。

バロス議員はなおあきらめず「ロンゲラップ、ウトリック両島の被曝住民にとってまことに不幸な事態である。調査団の入域を許可しないなら、住民たちはＡＥＣ（米原子力委員会）が核実験後、毎年、両島に派遣している、コナード博士を団長とする医療調査団による調査を断ることになろう」と米国に伝えた。これに対する米側の回答は「現行法に基づく決定なので再考の余地はない。コナード博士による医療調査が拒否されれば、被曝者にとって不幸であろう。彼ら自身が最大の犠牲者になろうから」というものだった。こうして、被曝調査の道は完全に断たれた。

調査団一行はグアム出発以来、米側の情報機関員らしい人物にずっとつきまとわれた。マジュロ滞在中もホテルのロビーには絶えずそれらしい人物の姿があった。調査団が終始監視されていたのは間違いなかった。なんとも不気味だった。

グアム行きの航空便まで一週間あった。調査が不可能ということであれば、私たち記者団としてもやることがない。そこで、私は島内をめぐって島の現状を取材した。

マジュロ島は、約六十の島からなるマーシャル諸島の中心地。首飾りのような形をしている。島の幅は約百メートル、長さは約五十キロ。標高約一メートル。島はサンゴ礁で囲まれているが、荒波がきたら、島全体が水没しそうな平たい島だ。そこにココヤシ、タコの木、パンの木がおい茂り、いかにも熱帯の島という感じ。人口は六千人から八千人とのことだった。

ミクロネシアでも最果ての島だから、日本人観光客もたまにしか来ない。島に常駐する日本人といえば、商社員とその家族ら七人だけだった。が、「ニッポン」はいたるところに顔をのぞかせていた。

三十代後半以上の島民のなかにはカタコトの日本語を話せる人がいた。タクシーに乗ったら、運転手が「内地からきたのか」と話しかけてきた。歩いていたら、「コンニチワ」とあいさつされた。お年寄りのなかには、天照大神、神武天皇、楠木正成、丹下左膳の話を覚えている人もいた。これも、ミクロネシアが第二次大戦で日本が敗けるまで、日本の統治下にあったからだろう。島のスーパーマーケットには、日本商品がところ狭しと並んでいた。

調査団は十二月十六日、マジュロを離れた。結局、調査は不発に終わったが、調査団はマジュロ滞在中、ロンゲラップ、ウトリック両島からマジュロ島に移住してきていた被曝住民十四人にインタビューすることができた。米側の目を意識したひそやかなインタビューで、私たち記者団にも「目立たない取材」を求められた。

それにしても、マーシャル諸島の住民が原水禁調査団を歓迎したにもかかわらず、米国はなぜ調査を拒んだのか。

戦後、日本に進駐してきた米占領軍は即座に「プレスコード」を発令し、広島、長崎の原爆被害についての報道を禁止した。極秘裡に推進してきた原爆開発に関する機密が米国以外の国々にもれることや、原爆による悲惨な被害を知った人たちの間から反米感情が起こることわおそれたからではないか、との見方が一般的である。ビキニ被災事件でも、第五福竜丸の被曝について、事件直後、福竜丸はスパイ船ではないか、といった見方が米議会関係者から発せられた。これらの点を勘案すると、原水禁調査団についても、米国政府としては極度の警戒心をつのらせていたのではないか。私には、そう思われた。

原水禁による現地調査は不発に終わったが、調査団は被曝住民の一部、十四人に対するインタビューに成功した。その結果は、後日、原水禁から発表され、被害実態の一端を示すものとして関心を集めた。その後、七二年から、斉藤達雄（共同通信記者）、土井全二郎（朝日新聞記者）、前田哲男（ジャーナリスト）、島田興生（フォトジャーナリスト）、豊崎博光（同）、竹峰誠一郎（早大大学院生）の各氏らによるビキニ被災事件の現地取材・調査が行われるようになり、事件の全容が次第に明らかにされていった。被曝がロンゲラップ、ウトリック両島ばかりでなく、他の島々にまで及んでいたことや、被曝に対する補償問題もなお未解決であることが明らかになった。いずれにせよ、原水禁による調査団派遣が、ビキニ被災事件の全容解明の先べんをつけたものであったことは確かだった。

それに同行できたことは新聞記者として貴重な経験だったが、残念ながら、この取材旅行はなんとも苦い結末となった。マジュロを離れる時、私たち記者団は、「今回の同行取材に関する記事は十二月十九日付の朝刊にしよう」と申し合わせた。いわゆる〝紳士協定〟を結んだのだ。が、グアムに着いた私が十八日、東京本社社会部に電話を入れ、「あす十九日付の朝刊用に出稿します」と伝えると、電話口に出たデスクに「お前、何言ってるんだ。今朝の毎日新聞がすでに書いているぞ」とどなられた。社会面に「心のケロイドは消えぬビキニ水爆・マジュロ島の被災者」の見出しで、マジュロ島発の特派員電が載っているという。

目の前が真っ暗になった。「やられた」と思った。羽田に向かう飛行機の中でも心は沈むばかりだった。新聞記者間の競争の激しさを、改めて思い知らされた。

私のルポ「いまも不安な日々　ビキニの被爆者たち」が載ったのは、「毎日」より一日遅れの十二月十九日付朝刊紙面である。

しかし、世の中は面白いもので、ミクロネシアの地を踏んだことで、その後、思わぬ取材経験をすることになる。

（二〇〇六年七月二十一日記）

第83回　「元日本兵発見?」でグアム島へ

自宅で就寝中、電話のベルで起こされた。一九七二年一月二十五日午前二時すぎ。前夜、新宿で同僚と飲み、遅くに帰宅して寝入ったばかりだった。

社会部からの電話だった。受話器をとると、社会部デスクのかん高い声が響いてきた。「岩垂君、急いでグアムに飛んでくれ」。一瞬、何のことか分からなかった。デスクによれば、西太平洋マリアナ諸島グアム島で、元日本兵らしい男が発見されたという。その取材に行ってくれ、というのだ。

「何でよりによって私に」との疑問が頭をよぎったが、その疑問はすぐにとけた。私が米国のビザ（入国査証）をもっていたからである。

グアム島は米領である。そこへ入るには米国のビザが必要だ。そこで、社会部は急きょ部員で米国ビザを持っている者を探した結果、私に白羽の矢が立ったというわけだ。当時、社会部員で米国のビザを所持していたのは極めて少数であった。たまたま私は、前年の七一年暮れに原水爆禁止日本国民会議（原水禁）のビキニ被災調査団に同行してグアム島経由でミクロネシアへ行ってきたばかり。その時取得した米国のビザが、まだ有効だったのだ。

寝入りばなを起こされたので、ひどく眠かった。しかし、業務命令である。私はあたふたと身支度し、出社した。そして、午前十時四十五分羽田発のパン・アメリカン航空八〇三便に乗り込んだ。この日のグアム向け航空便の第一便であった。

これに乗り込んだのは毎日、読売、東京、中日の各新聞社の記者、カメラマンと、「朝日」から私と黒川弥吉郎写真部員。いわば、日本人記者団の第一陣であった。中日の記者は新妻を連れてのグアム行き。新婚旅行でグアムに行こうと八〇三便を予約していたところ、本社から「元日本兵を取材せよ」と緊急連絡があり、新婚旅行兼取材旅行になったという。

機中で、私は羽田出発前に社会部で聞かされた情報を思い出していた。

「グアム島で元日本兵らしい男を発見」という第一報が社会部に飛び込んできたのはこの日午前零時五十分である。グアム島にある東急航空の関係者が日本の上司に伝え、その人が朝日新聞に電話してきた。

その人によると、前日の二十四日、グアム島の南部を流れるタロホホ川のほとりで、五十八歳ぐらいの元日本兵らしい男が現地の住民に発見された。男は、名古屋市生まれの「ヨコイ・ショーイチ」と名乗っている。現地の警察は男をアガナ市のメモリアル病院に運んだが、男はヒゲボウボウで足取りもおぼつかないようだったという。

私は「ほんとうだろうか」と首をかしげた。太平洋戦争中、グアム島で日米両軍の戦闘があり、日本軍が玉砕したことは知っていた。が、それからすでに二十八年もの歳月が流れている。この間、生き残りの日本兵が島のジャングルの中で一人で暮らしてきたなんてとても信じられなかった。ともあれ、私の胸の中では「どんな事実が待っているのだろか」という好奇心と、「これまで経験したことのない取材だ。果たしてスムーズに取材できるだろうか」といった不安が交錯した。

飛行機は午後三時（現地時間）にグアム国際空港についた。空港にはシンタク日本名誉領事、パン・アメリカン航空グアム国際空港旅客部長の松本和さんが出迎えてくれた。記者団はシンタク名誉領事にすぐヨコイ・ショーイチさんにインタビューしたいと申し入れた。が、ヨコイさんは現場検証のためグアム警察本部、メモリアル病院の関係者とともにタロホホ村の山中に向かったという。インタビューするためには、一行が戻ってくるのを待たねばならない。

記者団はやむなくグアム第一ホテルに向かい、そこでヨコイさんを待つことになった。シンタク名誉領事と交渉の結果、ヨコイさんと記者団の会見は午後七時から同ホテルで行うことが決まった。

グアム第一ホテルは島の中部、西側海岸のタモン・ビーチの浜辺にあった。クリーム色の八階建てホテル。周りにはヤシが林立し、プールもある。日本人観光客がよく利用するらしい。

午後七時過ぎ、ホテルの玄関前に人が群がり始めた。ヨコイさんの記者会見が行われるという情報が流れのか、日本人観光客や、日本人のグアム島駐在員らが集まってきたのだ。現地住民の姿もみえる。その数、ざっと百人。車が着くたびに、ざわめきが起こった。

午後十時過ぎ。数台の車が到着。その一台から、抱きかかえられるようにして、中年の男が降りてきた。

私には、それがヨコイさんだとはとっさに判断できなかった。髪が伸び、ヒゲボウボウの男を想像していたからだ。なのに、目の前の男は、きれいに調髪し、ヒゲもそっている。記者団から声が上がった。「なんだ、もう散髪しちゃったのか」

男は、魚の模様の入ったブルーのアロハシャツに紺のズボンというスタイル。やや前かがみになって歩く。ホテルの玄関を埋めていた人波から「バンザイ」がわき起こった。カメラのフラッシュが光る。男と同行の人たちは人波をかき分けながらホテルのロビーを通り過ぎ、ホテル一階の小ホールへ向かった。

小ホールには、記者会見場がセットされ、三、四十人の記者たちが男の到着をいまや遅しと待ちかまえていた。

ヨコイさんは会見場のテーブルの真ん中に腰を下ろした。右側にカマチョ知事。左側にシンタク名誉領事。白いテーブルクロスが敷かれたテーブルの上には、グアム警察の警官の手で、ヨコイさんの生活用具らしきものが陳列された。記者会見に先立って行われた現場検証でヨコイさんが暮らしていた穴ぐらから警官が持ち帰ってきた品々である。

テーブルの向こう側にすわったヨコイさんにカメラのフラッシュが光る。カメラマンが叫んだ。「ヨコイさん、笑ってください」。しかし、ヨコイさんは顔をしかめたまま。

テレビのライトとホールの蛍光灯に照らし出されたヨコイさんの顔は、妙に青白く見えた。蛍光灯のためか、それとも長い穴ぐら生活で太陽に当たることが少なかったためだろうか。まず、深い顔のしわが印象的。それに、眼光の鋭さ。まるで人を射すくめるような眼差しだ。これは、人目を避けた長い逃亡生活のためだろうか。それとも、大勢の記者団の前に連れてこられて、戸惑いを募らせているからだろうか。そんな思いが私の脳裏を駆けめぐった。

アロハシャツのそでから出ている両腕もやせている。アロハシャツのえりもとからのぞいている首から胸のあたりもひどくやせている。その上、肌はカサカサに乾いた感じで脂っ気がない。なんとも痛々しい感じで、これも長い穴ぐら生活のためだろうか、と思った。

生活用具とされる品々も、なんとも異様な品々だった。飯盒《はんごう》、水筒、やかん、木の部分がすっかり朽ち果てた小銃、小銃弾の薬莢《やっきょう》……。どれもこれも旧日本軍兵士の携行品だ。それが、テレビライトや蛍光灯の光を浴びて黒光りする。

私には、軍隊の経験はない。それだけに、旧日本軍の必需品を目の前にすると、一瞬、歴史が逆転して、一昔前に連れて行かれたような名状しがたい気持ちに襲われた。

さらに、私の目を奪ったのは、身につけているものだ。麻袋でつくったような茶色の服。が、麻袋よりは太い繊維で織ったように見える。いったい何の繊維だろうか。それをどのようにして織ったものだろうか。それに、ちゃんとボタンもついているではないか。

それればかりでない。ラグビーのボールのような形に巻いたロープがあった。実に見事な縄だ。何を材料に、どのようにしてなったものだろうか。これは何に使われていたのだろうか。驚きとも、疑問ともつかぬ思いが私の頭の中に広がっていった。

カメラマンによる撮影がひとわたりすむと、インタビューが始まった。

まず、カマチョ知事のあいさつ。「日本の記者のみなさんが、わさわざ日本からおいでくださったことに対し、知事として歓迎の意を表します。こんどの出来事について、わが政府としてもできるだけ深く、そして落ち度がないように調査中です。これがすみ次第、できるだけ早く日本に帰っていただくつもりです」

この後、シンタク名誉領事の「では、みなさん、日本語でやってください」という発言で、ヨコイさんと記者団の一問一答が始まった。

（二〇〇六年八月四日記）

第84回 横井庄一軍曹との一問一答

ヨコイ・ショーイチさんと日本人記者団と主なやりとりは次の通り。

——ヨコイさん、長い間、大変ご苦労さまでした。日本の国民はあなたが一日も早くお帰りになるのを待ちわびています。われわれは、あなたの敵ではありませんので、気を楽にしてお答え下さい。ところで、ヨコイ・ショーイチって漢字でどう書くんですか。

「縦横の横、井戸の井、庄屋の庄、棒一」

——年齢は。

「五十八歳。大正四年生まれ」

——軍隊にいた時の階級は。

「軍曹です」

——部隊名は。

「タカナシ部隊。高い低いの高、梨の梨」（横井さんが所属していたのは第二十九師団＝師団長・高品彪中将。横井さんの記憶違いか）

——ご出身地は。

「愛知県」

——愛知県のどこですか。

「トミタ村。富士山の富、田んぼの田」

——出征された時は独身だったのですか。

「はい」

——何歳でしたか。

「二十七歳」

——ご家族はいたんですか。

「いました。母親はほんとうの母親、父親は義理の父親です」

——お父さんの名前は。

「エイジロー」

——栄えるの栄、それに次郎ですか。

「はい」

——お母さんの名前は。

「ツル」

――ひらがなですか、かたかなですか。

「ひらがな」

――ご兄弟は。

「ありません」

――お宅のご職業は。

「お父さんは百姓、わたしは洋服屋」

――和服ですか、洋服ですか。

「洋服」

――軍隊に入られたのは志願ですか、応召ですか。

「応召です」

――最初、満州に行かれたそうですね。そこにどのくらいおられたのですか。

「三年」

――部隊の転属でグアム島に来られたわけですね。

「そうです」

――満州では前線でしたか、後方部隊でしたか。

「補給部隊です。ここでもそうです」

――グアム島に来られたのは。

「戦争のね、米軍が上陸した年の二月です」

――グアム島に上陸されたあと、どんな仕事をされていましたか。

「飛行場の工事」

――米軍が一九四四年、昭和十九年の七月二十一日にグアム島に上陸してきて、戦争になったわけですね。戦争はどのくらい続いたんですか。

「一晩やった」

――ひと晩で勝負がついたんですか。

「ええ」

――米軍が上陸した翌日から逃げ回ったんですか。

「逃げ回ったんじゃあない。夜襲をやった」

――夜襲をやったが結局、日本軍が負けてチリヂリバラバラになっちゃったということですか。

「そうです」

――日本軍が負けたころ、横井さんはこの島のどこらにいたのですか。

「昭和」（現在はアガト）

――チリヂリバラバラになって山の中へ逃げ込んだとのことですが、最初は何人ぐらいといっしょだったんですか。

「わたしゃ、三十人ぐらい」

――三十人ぐらいから、だんだん別れていったわけですか。死んだんですか、落後したんですか。

「だんだん落後したり、意見が合わなくなったり」

――最後は三人になったそうですが、それは何年ごろですか。

「十四、五年前」

――他の二人の名前は。

「シチ・ミキオ」

――どんな字ですか。

「こころざすの志、愛知県の知、木の幹の幹、男」（実際は男でなく夫。横井さんの記憶違いか）

――どちらの出身ですか。

「岐阜県の大垣市」

――もう一人の方は。

「広島県」

――名前は。

「ナカハタ・サトル。真ん中の中、畠の畠。サトルはどんな字か知らない」

――この方たちが亡くなったのはいつごろですか。

「八年前のお正月。わたしの穴に会いに来た。それから一週間してわたしが訪ねていったら白骨になっていた」

――二人とはどのくらい離れて住んでいたんですか。

「歩いて十五分くらい」

――横井さんが一人で暮らしたのは何年ぐらいですか。

「八年」

――横井さんが住んでいたところはどんなところですか。

「川ぶちの竹の根っこのところに穴を掘ってね。穴は深さが二メートル、横に四メートル」

――住んでいたところの様子をもう少し話してください。

「ジャングルです」

――ジャングルって、どんな木が生えているんですか。

「パンの木。竹やぶがあって、川がある」

――平らなところですか。

「坂です」

――食べ物はどんなものでしたか。

「ソテツの実、ヤシ、パンの実」

――川では何がとれましたか。

「エビ、ウナギ。それからカエル、デンデン虫」

――食糧には困りませんでしたか。

「最近は困っていました。台風がありましたからね。グアムにね、嵐が襲ってきてね」

――塩なんかどうしてたんですか。

「塩ですか。塩はなんにもないです」

――塩味なしに煮たきしたんですか。

「そうです。ヤシの実で煮たきをした。ヤシの実の白い水で」

――洋服なんかはどうしましたか。

「自分でつくりました」

――どういうふうに。

「ボクシの木の皮でつくった」

――糸は。

「ボクシです。ボクシという木の皮です」

――横井さんの持ち物の中にロープがありますが、これは何に使うのですか。

「これ、ヤシの皮です。火縄です。火をつけて保存する」

――火はどうして起こしましたか。

「最初はレンズ」

――何のレンズですか。

「懐中電灯。日本の日本光学のレンズです」（記者団からオーと驚きの声が上がる）

――最も苦しかったことは。

「火がほしいのと、キレモノ（刃物のことか）がほしいのと、糧まつがほしかったこと」

――病気をされましたか。

「三回。どんな病気かわからない」

――薬は。

「全然、ありません」

――戦争が終わったことをいつ知りましたか。

「戦争が終わった明くる年。新聞を拾って、広げてみたらポツダム講和条約のことが出ていて」

――拾った新聞は日本の新聞ですか。

「グアムのです」

――それじゃあ日本語じゃあないですね。

「いや、日本語のです」

――スピーカーで降伏を呼びかけられたことはありませんでしたか。

「スピーカーで呼びかけられたです。帰って来いと」

――降伏を呼びかけられても、どうして出てこなかったのですか。

「怖いから出てこない」

――怖いってどういうことですか。

「日本では昔ね、子どもの時から教育を受けてるでしょ。大和心で花と散れ。そういうように教育を受けていますよ。散らなきゃ、怖いです」

――つかまるまでに現地住民と会ったことがありましたか。

「ない。姿を見たこともない」

――これから先、自分はどうなると考えていたんですか。

「（しばらく考えてから）まあ、日本がね、グアムにやってくることもあるだろう、とね」

――いま、どんなお気持ちですか。

「なにがなんだかわからない。みなさんを見ても、日本の方か、アメリカの方かわからない。みんな頭が高くなり、着ているものが変わっていましょ」（記者団から笑い声）

――日本へは早く帰りたいですか。

「日本ですか。帰っても……（言葉が途切れる。しばらくして）帰っても恥ずかしいだけです」

会見が始まった時、顔をしかめていた横井さんは会見の途中で落ち着きを取り戻したのか、微笑みさえ浮かべるようになった。初め、ぶっきらぼうだった受け答えにも柔らかみと余裕さえ出てきた。

シンタク名誉領事の「もういいでしょう」の一声で、記者会見は終わった。時計の針は午後十一時を指していた。

第85回 生きて虜囚の……戦陣訓の呪縛

（二〇〇六年八月十五日記）

西太平洋に浮かぶ熱帯の島、グアム島のジャングルの中で、二十八年にわたる穴居生活。しかも、食べ物から身につけるもの、そして、住まいまで完全な自給自足生活。まるで、現代のロビンソン・クルーソーといってよかった。それだけに、元日本陸軍軍曹・横井庄一さん出現のニュースは、衝撃的な出来事としてまたたく間に世界を駆けめぐった。グアム島は内外の報道陣であふれかえった。

私にとって衝撃だったのは、横井さんが太平洋戦争が日本の敗北で終わったことを知っていたことである。にもかかわらず、横井さんは投降の呼びかけにも応じなかった。いっしょにジャングル生活を始めた戦友たちが一人死に二人死にしてひとりぼっちになっても、ジャングルから出てゆこうとしなかった。病気になっても、助けを求めなかった。「なぜだろう」。横井さんを目の前にして私が抱いた最大の関心事はそのことであった。

日本人記者団の「スピーカーで降伏を呼びかけられても、どうして出てこなかったのですか」との質問に、横井さんは「怖いから出てこない」と言った。記者団が「怖いってどういうことですか」とたたみこむと、横井さんはよどみなく答えた。

「日本では昔ね、子どもの時から教育を受けてるでしょ。大和心で花と散れ。そういうように教育を受けていますよ。散らなきゃ、怖いです」

横井さんが、心にもないことを言っているとは思えなかった。だから、横井さんの答えを聞いて、とっさに私の脳裏をよぎったのは、戦陣訓の一節であった。

戦陣訓とは「一九四一年（昭和十六）陸相東条英機の名で、戦場での道義・戦意を高めるため、全陸軍に示達した訓諭」（大辞林）である。その「本訓其の二」の「第八　名を惜しむ」に「恥を知る者は強し。常に郷党家門の面目を思ひ愈々奮励して其の期待に答ふべし。生きて虜囚の辱を受けず、死して罪禍の汚名を残すこと勿れ」とある。

横井さんが米軍の投降呼びかけにもジャングルから出ていかなかったのは、子どもの時からたたきこまれた「大和心で花と散れ」という国家的な訓告が、横井さんをおしとどめていたからなのだ。「大和心で花と散れ」とは、日本男児たるものは、戦場にあっては捕虜になるよりも死を選べ、ということだ。別な言い方をするならば、「生きて虜囚の辱を受けず」ということだろう。要するに、横井さんをジャングルの穴に閉じ込めていたのは、戦陣訓にそむくことへの恐れだったのだ。戦争が終わって二十八年にもなるのに、戦陣訓は厳然と生き続けていたのである。

こうした思いをさらに深くしたのは、横井さんの二回目の記者会見だった。横井さんは「日本に帰ったら、天皇陛下にお会いしたい。でも会えんでしょうな。でも私が天皇陛下のために、天皇陛下を信じ、大和魂を信じて生き続けてきたということだけはお伝えしたい」と語り、さめざめと泣いた。

四回目の記者会見の時、外国人記者団が「日本からの報道では、天皇陛下があなたにお会いになるという話が検討されているようだが」と話しかけると、横井さんは急にかしこまった姿勢になり、「その話は聞きました。ありがたくて、もったいなくて、涙が出た。思わずひざまずきました」と頭を下げた。その途端、見る見るうちに目から涙があふれ出た。「天皇陛下に忠実な日本軍兵士」、すなわち皇軍兵士はいまだに健在だったわけである。そんな皇軍兵士を目の前にすると、私は長いタイムトンネルの中を過去に引き戻され、別世界に連れてこられたかのような奇妙な感じに襲われた。

ともあれ、「生きて虜囚の辱を受けず」を基調とする戦陣訓は、世界でもまれにみる日本軍独特の「玉砕戦法」を生んだとみていいのではないか。

日本軍の玉砕が国民の関心を集めたのは、まず、一九四三年（昭和十八年）五月二十九日の、アリューシャン列島アッツ島における玉砕である。部隊長の山崎保代陸軍大佐ら約二千五百人の守備隊が全員玉砕した。次いで、同年十一月二十五日には、太平洋上のタラワ、マキン両島で守備隊三千人・軍属千五百人が全員玉砕した。翌四四年二月六日には、やはり太平洋上のクエゼリン、ルオット両島の守備隊四千五百人・軍属二千人が全員玉砕。さらに、同年七月七日には、太平洋マリアナ諸島のサイパン島で南雲忠一中将以下二万七千余の守備隊が玉砕した。

横井さんが救出されたグアム島にも、同年七月、米軍約五万五千人が上陸、二十二日間にわたる激戦の後、日本軍の守備隊約二万人の大半が玉砕した。生還者はわずか千人ぐらいとされる。米軍側も約千三百人の死者を出した。

敵との戦闘で敗北が決定的となり、残った守備隊全員が決死の覚悟で敵陣に最後の突撃を試みて果てるという壮烈な玉砕戦法は、日本国民に衝撃を与えた。当時、小学校（当時は国民学校といった）低学年だった私も、相次ぐ玉砕の報に、子ども心にも悲痛な思いにかられたことを覚えている。

悲劇的だったのは「生きて虜囚の辱を受けず」という訓諭が、非戦闘員である民間人をも強く支配していたことだった。

例えば、サイパン島の戦闘では、日本軍の守備隊が玉砕しただけではなかった。この戦闘に二万五千人もの同島在留の一般邦人も参加し、婦女子をも加えて、その大半が自ら生命を断った。

米国の『タイム』誌の記者の従軍記録によると、彼らの最期の模様は「こどもをまじえた男女数百名の非戦闘員も、いちように崖から、または崖から伝い降りて入水した。ある父親は三人の子どもをかかえながら身を投じたし、また四、五歳の少年が武装した日本兵の首にしっかり腕を巻きつけて死んでいた。崖の上に立って悠然と髪をくしけずっていた女たちが、とき終わると、手をとりあって崖から海中に身を躍らせていった。小さなこどもをまじえた数十人の日本人が、まるで野球選手のウォーミングアップのように、嬉々として手榴弾を投げあっているのも見た」といったものであったという(『日本の百年3　果てしなき戦線』筑摩書房、一九六二年刊)。

後年、テレビで、崖から海中に身を投ずる女性たちをとらえた映像(おそらく、当時の米軍従軍カメラマンが撮影したものにちがいない)を見た。いいようのない気持ちに襲われ、胸が痛んだ。

横井さんは救出から十日目の二月二日、日航特別機で羽田空港に着いた。二十八年ぶりの帰還であった。空港には、斎藤昇厚生大臣らが出迎えた。タラップを降りた横井さんの帰国第一声は「グアム島の状況をつぶさに日本の方々に伝えたいと思い、恥ずかしいながら生きながらえて帰ってまいりました」というものだった。

「恥ずかしいながら」は、その後、「恥ずかしながら」とつまって、この年の流行語になった。当時の国民大衆がこのフレーズに何を感じてこれを多用したのか私には分からない。が、故国の土を踏んだ途端にこのフレーズを発した横井さんの胸の底には「本来ならば戦友といっしょに玉砕すべきところを一人おめおめと生き延びてしまって恥ずかしい」という思いが渦巻いていたのではないか。この時、横井さんとらえていたのは、やはり戦陣訓だったのではないか、と私はみる。

「南のジャングルの中にひそんで二十八年」という横井さんの経験は、類いまれな体験として人々の関心を集めたが、それから二年後の七四年三月、フィリピンのルバング島で残存日本兵の小野田寛郎元少尉が三十年ぶりに救出されるという衝撃的ニュースのためにやや色があせる。

だが、ジャングルの中で自給自足の質素な最低生活をおくらざるをえなかった横井さんの体験は、一躍、暖衣飽食の生活に飽き、肥満に悩む一部日本人の関心を呼び、横井さんはがぜん、「耐乏生活評論家」として講演などにひっぱりだこになる。名古屋に落ち着き、結婚にも恵まれる。

そのこと自体、まことに慶ぶべきことであったが、人々が横井さんを「耐乏生活評論家」として持ち上げることには、私自身、いささか違和感を覚えた。もっと大切なことがあるのではないか。すなわち、私たちが横井さんの辛い体験からくみとるべきことは、耐乏生活のノウハウよりは、横井さんを気の遠くなるような長い隠遁生活に追い込んだ戦争というものの真実、つまり市民にとって戦争とはいったいどういうものであったかの解明、ということではなかったか。グアム島まで飛んで現地取材した者にはそう思われてならなかった。

横井さんの帰国を挟んで、社会部からグアム島に特派された記者たちが分担して執筆した続き物『横井さんと28年後の別世界』が社会面に掲載された。

私は三回目を担当したが、そのタイトルは「皇軍　最後の兵士」だった。その中で、私はこう書いた。

「歴史を忘れた民族は歴史によって復しゅうを受ける、とは中国文学者竹内好さんのことばである。過ぐる戦争で軍人、民間人合わせて約五十万人の日本人が太平洋で戦没した。南洋の島々のジャングルのなかに、まだ多くの遺骨が野ざらしになっている、との声も聞いた。戦争はまだ終わっていないのだ」

横井さん救出を機に、日本国民はいまこそ満州事変以降の、いわゆる「十五年戦争」の歴史をきちんと総括すべきではないか、すなわち「十五年戦争」とはいかなる性質の戦争であったかを戦争責任の所在も含めて国民自身の手で明らかにすべきではないか。そうした作業を怠ると、私たちの国は再びかつてたどった道を歩むことになるのではないか、と問うたつもりだった。

横井さんは一九九七年九月に死去した。八十二歳だった。

（二〇〇六年八月二十三日記）

第86回
横井庄一さん救出取材の教訓

横井庄一さんは、救出から十日目の二月二日、グアムを日航特別機で出発し、同日、羽田に到着したが、横井さん救出を取材するためグアムにやってきた日本報道陣の大半も日航特別機に同乗して帰国した。

私はこれには乗らず、二日後の二月四日グアム発羽田行きのパン・アメリカン航空機で帰国した。日航特別機に乗らなかったのは、取材作業の後始末があったからだ。ホテルへの支払いとか、取材上お世話になった人へのあいさつとか。

羽田に向かう機中で、私は気が重かった。休む暇もない取材で肉体的疲労が限界に達していたからではない。報道各社による報道合戦で、とくに初期のそれで「朝日」の紙面が見劣りしたからだった。その責任はひとえに最初にグアム島入りした私にあるのだ、との思いが募ってきて、気が滅入るばかりだった。

グアム島に乗り込んだ報道各社がまず狙ったのは、なんといっても横井さんへのインタビューだったが、これは報道各社がグアムに到着した日（一月二十五日）の夜に共同記者会見という形で実現した。その後も、横井さんを保護したグアム警察本部とグアム・メモリアル病院のガードは堅く、横井さんへの単独インタビューは許されなかった。横井さんは、日本に帰国するまで、結局、六回にわたって報道陣の前に現れたが、いずれも共同記者会見だった。

もちろん、それ以外の取材は自由だったから、報道陣による熾烈な取材合戦が繰り広げられた。それは、まさに乱戦だった。

取材合戦の対象は、タロホホ村の山中で横井さんを発見した現地住民、住民からの通報でタロホホ村に出向き横井さんを救出した警察官、救出された横井さんを保護したメモリアル病院の関係者、日本政府との交渉にあたったグアム政庁の関係者、それにグアム駐在のジェームス・シンタク日本名誉領事らだった。（横井さんが住んでいた穴も当然、報道陣のターゲットとなったが、米軍から「現場に行く途中や穴の周囲に旧日本軍が埋めた地雷や不発弾が残っていて、非常に危険。近寄らないように」との警告が出され、報道陣による共同取材が許されたのは、横井さん発見から四日目の二月二十七日だった）。

グアムは米国領。だから、これらの取材には当然、英語、それも会話力が必要だった。が、残念ながら、私は英会話がからきしだめ。英会話のできる同僚記者がいっしょだったら彼に任せることも可能だが、たったひとりではいかんともしがたい。通訳を雇えばことは簡単だが、グアムは小さな島で、人口十一万のうち半数は米軍とその家族。通訳を探すのは難しかった。

私は、英語のできる日本人ホテル関係者の協力を得て、なんとかしのいだが、初期の取材合戦で後れをとったのは明らかだった。新聞記者になって十四年にもなるのに、この間、英語を自由に駆使して取材する力を身につけないできてしまったことを悔やんだ。国際化が進めば、当然、日本人がからむ事件や事故が海外で多発する。ならば、新聞記者もそれに即座に対応できる能力を身につけなくてはならない。こうしたわかりきったことを怠ってきたことのツケの大きさを、今さらながら思い知らされた。

反省点はほかにもあった。テレックスを操作できなかったことである。

取材の結果は原稿にし、それを東京本社社会部に電話で吹き込んだのだが、この送稿作業には泣いた。なぜか。電話事情か極端に悪かったからである。当時、グアムと東京を結ぶ国際電話の回線は三回線しかない、とのことだった。なのに、同一の時間帯に報道各社が一斉に東京への接続を申し込む。

当時はファクスなどといった便利なものはなく、電話に頼るしかなかった。だから、原稿の締め切り時間には電話線は極端な満杯状態となり、なかなかつながらない。

私と黒川写真部員は、グアム第一ホテルの私の部屋を取材本部にし、そこを拠点に仕事をした。したがって、送稿にあたっては部屋の電話機を使った。が、通話を申し込んでも、待てども待てども、東京が出ない。原稿の締め切り時間が迫ってくる。それでも社会部が出ない。まさに途方に暮れた。胃がきりきり痛んだ。

ようやく社会部が出ると、新たな難題に悩まされた。相手の声がひどく小さいのだ。こちらの声も、かすかに聞こえるとのことだった。どうしてそうなのか私にはわかからなかったが、ホテル関係者によると、グアムから東京へは直接の電話ケーブルがなく、グアムから東京への通話は、いったん海底ケーブルを経由してアメリカ本土まで行き、そこからさらに海底ケーブルを経て東京に至る、とのことだった。そのために、通話の音量が下がるのでは、との話だった。

ともあれ、原稿を送話器で吹き込む時は、大声をあげなくてはならなかった。このため、のどが痛くなった。そればかりでない。どなり続けると、汗だくになり、全身から力が抜けた。

原稿を書き取る社会部員には、東京本社最上階の電話交換室まできてもらった。交換台から内線で社会部をつなぐよりも、グアムからの音声を交換台で直接聞き取る方がいくらかよく聞こえるからだった。

電話に代わる唯一の通信手段は、ホテル一階に設置されていたテレックスだった。が、私はそれを操作できなかった。もし操作できたら、もっとたくさんの原稿をより速く送ることができたのに、と悔やまれた。

初期の取材活動にあたっての心残りはまだあった。それは、東京社会部からの〝援軍〟がなかなか来なかったことである。グアム島での取材を始めたものの一人ではなかなか手か回らなかった。取材しなくてはならないことは、それこそ山ほどあった。なのに、一人ではなんともしがたい。それに、社会部からの連絡があるため、長時間取材本部を空けられない。このため、取材に行きたいところがあっても、思うようにいかなかった。

他社は、すばやく第二陣、第三陣の取材団を送り込んできた。が、「朝日」の場合、森本哲郎・編集委員、出版局の戸田鴻記者と石川文洋・写真部員（その後、フリーのカメラマン）がグアムに到着したのは、私と黒川写真部員がグアム入りした一月二十五日の翌日の二十六日だった。東京社会部の青木公記者と名古屋本社社会部の江森陽弘記者（その後、テレビ朝日系列モーニングショーのメーンキャスター）が到着したのは五日目の二十九日だった。これで、「朝日」の取材態勢は一気に整った。取材活動も活発化し、紙面も精彩を放つようになった。

青木記者は、帰国後、社内報にグアム島での取材について書いた。それは「痛い初動作戦の遅れ」「横井軍曹　グアム島の取材争い」との見出しがついていた。そこには、こうあった。

「取材合戦六日目の二十九日早朝、『すぐ出発するよう』に指示をうける。旅行ずきなので数次旅券と査証をもっているからであった。

今度の取材作戦のミスは、先手をとる電撃作戦をとらなかったことにある。生還そのもののニュースの出足は早かったし、かつての生還兵士、伊藤、皆川両氏をつかまえ取材したのも、わが社がもっとも早かった。が、あとがいけない。二十五日、岩垂記者と黒川カメラマンを出しただけで、羽田担当の有吉記者が『各社は応援を続々だしている。グアム便の席をおさえようか』と気をまわしたのに、援軍はついに出なかった。

このころ、岩垂記者は苦闘していた。ジャングルではなく、電話とである。東京―グアムは三回線しかない。本社交換台が、いくら努力しても、ラインの保持は無理である。いつでるかわからない電話を二十四時間待機しながら、取材もしなくてはならない。電話のある宿舎兼プレスセンターと、病院、警察、現場（ほらあな）は、それぞれ数キロはなれている。『もう一人いれば……』という岩垂、黒川記者の願いは、『もう一兵、もう一機ほしい……』と空をみあげて、援軍を待ったにちがいない横井軍曹のそれと同じであった」

私は、なにか救われたような気持ちになった。が、気が晴れることはなかった。

帰国して数日後、私は、御茶ノ水の日大駿河台病院で、のどの手術を受けた。グアム島で電話の送話器に向かってあまりにも大声を出し続けた結果、ついにのどの気管の内側の一部が炎症を起こして腫れ、それが破裂して、声が出なくなってしまったためだ。

「初動作戦で遅れた」という反省は、その後まもなく、社会部の取材で生かされることになる。この年（七二年）十月、フィリピンのルバング島で地元警察隊が元日本兵二人を発見し、銃撃戦になった。小塚金七元一等兵が死亡し、小野田寛郎元少尉が負傷して姿を消す。その後、七四年三月に小野田元少尉が三十年ぶりに救出され、帰国する。社会部は、事件が発生すると直ちに多くの記者を現地に派遣し、記者たちの書いた記事が紙面を飾った。

社会部員のほとんどが数次旅券をもつようになったのも、このころからだったような気がする。

（二〇〇六年八月三十一日記）

第87回 ついにベトナム停戦へ

一九七三年一月二十四日の新聞各紙夕刊に大きな見出しが躍った。「ベトナム和平成る」。

記事によると、二十三日、パリで開かれた、米国のキッシンジャー大統領補佐官と北ベトナムのレ・ドク・ト特別顧問との秘密会談で、ベトナム戦争に関する和平協定の仮調印が行われ、二十七日にパリで、米、北ベトナム、南ベトナム、南ベトナム臨時革命政府の各外相によって正式調印が行われることになったという。それにともなう停戦は、二十八日グリニッジ標準時間午前零時に南ベトナムで発効する。協定の内容は「六十日以内に米軍捕虜の釈放と米軍の完全撤兵を行う」などといったものになる、と伝えていた。

思えば長い長いベトナム戦争だった。まさに、いつ果てるともしれない戦争であった。

インドシナ半島では、一九四五年に日本軍が降伏すると、ホー・チ・ミンを中心としたベトナム独立同盟（ベトミン）が結成され、同年、ベトナム民主共和国（北ベトナム）の独立を宣言したが、植民地支配の復活をめざすフランスが南ベトナムに親フランス的な政府をつくったので、北ベトナムとフランスの間で戦争が始まった。これが、インドシナ戦争である。

最初はフランス軍が優勢だったが、ベトミン側が盛り返し、一九五二年には全土の五分の四を支配下におくようになり、五四年には、ディエンビエンフーを攻撃し、フランス軍は降伏した。

この年、和平のためのジュネーブ会議が開かれ、七月にはベトナム、ラオス、カンボジアの全域について休戦協定が調印され、ベトナムは北緯十七度線に軍事境界線を設けて北と南に分かれ、五六年七月までに南北統一の選挙が行われることになった。

しかし、協定の調印に参加しなかった米国と南ベトナムは五五年、ゴ・ジン・ジエムを元首とする反共親米国家のベトナム共和国をつくった。これに対し、六〇年には「反ゴ・反米」を掲げる南ベトナム民族解放戦線が生まれ、ゲリラ闘争を始めた。これがベトナム戦争である。

その後、解放戦線の勢力はますます拡大し、六四年には米国による本格的な介入が始まる。これに対し、北ベトナムは解放戦線を支援し、その背後で、ソ連と中国が、北ベトナムと解放戦線を援助した。米国は六五年二月、北ベトナムへの爆撃（北爆）に踏みきり、戦争は一気にエスカレートする。六七年暮れには、南ベトナム駐留米軍が四七万八〇〇〇人に達し、南ベトナム政府正規軍をはるかに上回るに至った。南ベトナムにおける米軍と解放戦線との地上戦闘は激しさを増した。

六八年になると、北爆も地上戦もさらに拡大し、二月には解放戦線による「テト攻勢」があり、サイゴンなども攻撃されるに至った。このため、ジョンソン米大統領が和平交渉を呼びかけ、北ベトナムもこれに応じ、同年五月からパリで会談が始まった。いくたの曲折をへて、ついに和平のための合意が成立したのだった。

こうした合意を日本の国民はどう受け取ったのか。

一月二十五日付の朝日新聞社説は「長く、すさまじい戦いに、ようやく終止符が打たれようとしていることに、われわれは喜びを隠すことができない。史上に例を見ない殺傷と破壊の戦いが幕を閉じるのは大きな救いである」と書いた。

同日付の毎日新聞社説は「ベトナム戦争がどのように悲惨で不幸な戦争であったかについては、いまさらくどくどしい説明はいるまい。……南北ベトナム合わせて三千八百万の人たちは、第二次大戦後二十八年、戦火の絶えぬ日々を迎えては送り、戦争の傷は身内に戦争被害者をもたぬ家族はほとんどないというまでになっていた。停戦協定成立の知らせを聞くベトナムの人たちの安ど感は想像に余りがある。その知らせはまた、ベトナム人にとって民族独立への新時代を告げるあかつきの鐘でもある。喜びをともにわかちたい」と述べた。

やはり同日付の読売新聞社説は「思えば長い戦争であった。一九四五年九月のベトナム独立宣言の直後、フランスとの間に始まった第一次インドシナ戦争から数えれば、すでに四半世紀を越える。……この間、絶え間のない戦禍に苦しみ通してきたのは、いうまでもなく、南北ベトナムの民衆である。今度の和平の合意については、その内容が明らかにされるとともに、さまざまな批判も生ずるかも知れない。しかし、なんと言っても、この合意によって、とにもかくにも、ベトナムの民衆がその苦難から解放され、ニクソン大統領のいうように、南ベトナムの人々が自らの将来を外部の干渉なしに決める権利を保証されたことの意義は大きい。われわれも心から喜びたい」と論じた。

日本の世論は、ベトナム和平合意を大いに歓迎したとみていいだろう。

私もまた、一人の人間として、戦争の一日も早い終結を望み、そして仕事の上でも日本におけるベトナム反戦運動を七年間にわたってひたすらフォローし続けてきただけに、停戦合意は心底から喜べる朗報であった。が、不思議と躍り上がるような興奮はなく、むしろ、全身から力が抜けてゆくかのような虚脱感を覚えた。

人間、絶望感が深ければ深いほど、渇望していたことがようやく実現すると、充足感よりも、空洞に投げ込まれたような一種の空虚感に襲われるもののようだ。それほど、長い長い、いつ果てるとも知れないベトナム戦争は、私を長期にわたっていたたまれない、やりきれない絶望的な気持ちに陥れ続けてきたのだった。

それにしても、ベトナム戦争とはいったいいかなる戦争だったのだろう。この点についても、新聞社の社説から考察してみよう。一月二十五日付の朝日新聞社説は、次のように書いた。

「この戦争は南ベトナムの場でとらえれば、南ベトナムの政治体制を変えるか（解放戦線の主張）、その現状維持をはかるか（サイゴン政権の主張）の争いであり、全ベトナムの場で見れば、ベトナムの統一をはかるか（ハノイの立場）、ベトナムを二つの国とするか（サイゴンの立場）の闘争だった。

アメリカが介入してから、これは『アメリカの戦争』となったが、『アメリカの戦争』なるものの本質は植民地主義戦争だったと思う。領土、資源、市場の獲得を目標としていなかったとする意味では、十七、八世紀の植民地主義とは同じでないが、植民地主義を、自己の支配圏、勢力圏拡大の意味にとれば植民地主義だったし、軍事条約、軍事、経済援助を媒体としての間接支配をもくろむものを新植民地主義と定義するならば、これは新植民地主義といえた。

そうした前時代的な政策は富と力に裏打ちされてインドシナに展開されたが、結局、民族自決を否定しようとして介入し、それを認めることによって自らの退場を規定したようである。

ベトナム戦争から、どのような教訓を引出すかは、人によって違うだろうが、われわれは、ともかく富と力に限界があること、民族自決の尊厳が認められたことに大きな意義を見出す」

また、同日付の読売新聞社説は、こう書いた。

「ベトナム戦争は、その過程において、国際情勢に大きな影響を与えるとともに、さまざまな教訓を残した。それをどう受け止めるかは、立場によって異なるであろう。だが、だれしも否定できない最大の教訓は、ベトナムのことはベトナムに任せよ、外部勢力は他国の内部の事柄に干渉するなということであろう」

さらに、同日付の毎日新聞社説は「ニクソン大統領は……南ベトナムは〝民族自決〟に任せると公言した。民族自決は停戦協定を貫く基本原則の一つだとみられるが、それは、こんご南ベトナムに恒久平和を築く基盤となるべきものだ。米国の民族自決への合意はこんご南ベトナムの二勢力の間に紛争が起こっても、米軍は再び介入しないという意思表示であろう。南ベトナムの政治形態はこんごの総選挙、新政権の成立でどうきまるかはわからないが、選挙の結果、どういう政体ができようとも、こんごは外国勢力が介入すべきものではなかろう」と主張した。

要するに、ベトナム戦争が人類に与えた教訓は、民族の願いを無視した大国の介入は誤りであり、民族の心は強大な武力によっても支配されることはないという真理の確認であったということだろう。

こうしたベトナム戦争に対し、我が日本政府はいかなる態度をとったのか。民族の願いを無視した大国、つまり米国のベトナム政策を終始支持し続けたのだった。

（二〇〇六年九月八日記）

第88回 ベトナム停戦をどう受け止めたか

ベトナム戦争に関する和平協定が一九七三年一月二十七日、パリで、米、北ベトナム、南ベトナム、南ベトナム臨時革命政府の各外相によって調印され、翌二十八日、停戦が発効した。これによって、インドシナ半島で約四半世紀もの長期にわたって続いてきた戦争は終息し、戦火が消えた。

こうした画期的な節目にあたって、新聞、テレビなどのマスメディアは競って特集を組んだが、私が所属する朝日新聞東京社会部も、社会面で停戦関連の記事を特集した。

まず、二十七日付夕刊の第二社会面で、『ベトナムの心持続けた二人　和平調印の日に感無量』のタイトルで二人の人物を取り上げた。一人は「ゼッケンデモの金子徳好さん」で、筆者は同僚の広本義行記者だった。

金子さんは当時四十八歳で、日本機関誌協会副理事長（現在はミニコミ評論家）。東京・三鷹市の自宅から電車で港区の協会事務所に通勤していたが、その行き帰りの通勤中、胸に「アメリカはベトナムから手をひけ」と書いたゼッケンをつけ通した。

実行への跳躍台となったのは、酒席だった。六五年二月、米軍機による北ベトナム爆撃（北爆）が始まった。老人や子どもが、爆撃で死んでゆくのはたまらなかった。いたたまれない気持ちにさいなまれた。「日本人の自分にもできることはないか」と考えた末、「ベトナム反戦を訴えるゼッケンをつけて通勤するのはどうか」と思いついた。飲み屋で職場の仲間に相談してみたら、「そりゃあいい。やれよ」とおだてられ、酒の勢いもあって、「やるぞ」と約束してしまった。妻の静枝さんに話したら、ミシンを踏んでゼッケンをつくってくれた。

この年の四月五日、ゼッケンをつけて初出勤。電車内ではじろじろ見られ、恥ずかしかった。神経疲れから不眠症になり、一時ゼッケンを外したこともあった。

六七年十一月十一日には、「北爆を支持する佐藤首相に死をもって抗議する」と、エスペランティストの由比忠之進さんが、首相官邸前で、ガソリンを胸にかけ自らマッチで火をつけて焼身自殺した。由比さんの思い詰めた気持ちに打たれた。それ以来、平和への祈りをこめて、「ベトナムの子供たちに」と書いた募金箱を首から提げて持ち歩くようになった。

七一年十月、戦時下の北ベトナムに招かれた。ベトナムへ支援物資を送る「ベトナム人民支援委員会」の役員をしていたからだ。ハノイの革命博物館へ行ったら、自分がつけていたゼッケンが飾られていて、感激した。

ゼッケン通勤を始めてから停戦まで、ざっと八年。この間、ゼッケンはなんどもすり切れ、そのたびに新しいものに取り替えた。最新のものは三十五枚目。ベトナムの子どもたちへのカンパは百万円を超した。

「あれだけ残虐な人殺しがなくなるのは喜ぶべきことだが、終わったという実感がなかなかわかない。ゼッケンは、家族ぐるみの支援で、習性というか、生活の一部になっていた。外したら、なんだかスースーしてカゼをひきそうな気がする」。記事の中で、金子さんはそう語っていた。

紙面で取り上げたもう一人は、焼身自殺した由比忠之進さんの妻、静さん（当時、七十三歳）だった。こちらの取材は私が担当した。

静さんは、横浜市内を東西に走る相模鉄道の希望ヶ丘駅に近い住宅街の一角に住んでいた。静さんは、由比さんの遺影を背にして、控えめな口調で語った。

あの日――六七年十一月十一日の朝九時ごろ、忠之進さんはいつもの背広姿で、いつものカバンを下げて家を出た。出がけに「ちょっと横浜まで行ってくる」とひと言。これが夫の〝最後の姿〟になろうとは静さんは夢にも思わなかったという。

警察からの電話で、夫の〝死の抗議〟を知ったのはその日の午後六時過ぎ。東京・港区の虎の門病院にかけつけると、夫はもう黒こげの変わり果てた姿だった。

「なんてバカなことを」と思った。しかし、その後、心の中で亡夫と対話を続ける中で、次第に夫の行為の意味を理解し、納得するようになる。

「あなたは、若いころから、弱い者、恵まれない者に味方するという気性でしたね。それに、いつも理想に燃えていて、いったんこう思うと、人がついてこなくてもすぐ実行に移すタチでしたね」

「ベトナム問題でも、あなたはナパーム弾で傷ついた子どもの写真を見ては、むごい、むごいと憤慨していましたね。日本政府の態度にも腹を立てて。そこで、思い詰めてあんなことを……」

その後、忠之進さんの命日には、毎年、各地で「由比さんを偲ぶ会」が開かれるようになった。静さんは、請われれば気軽に出かけてゆく。「わたくしのようなものでも、平和のために少しでもお役に立てばと思って」

夫が死をかけて追求し続けたベトナム和平。それが、やっと訪れた。静さんは低い声でつぶやくように言った。「主人もきっと喜んでくれるはずです。主人の死は、やっぱりむだではなかったと思います。人間ひとりの死がどれほどベトナム和平に影響を与えたかは疑問ですが、でも、わたしは、決してむだではなかったと思いたい。犬死にだった、というのではあまりにもあの人がかわいそうですから」

「ベトナム反戦」にかかわった日本人は、それこそ数えきれないくらいのおびただしい数にのぼる。ようやく実現した停戦は、その一人ひとりに深い感慨をもたらしたにちがいない。それらを紹介したかったが、いかんせん、とてもそんな紙面はなかった。なんとも残念だった。

ともあれ、「和平協定調印へ」と報じられた時の私の最大の関心事は、わが国でベトナム反戦運動に投じられた巨大なエネルギーが、これから先どうなるだろうか、ということだった。だから、デスクと相談のうえ、社会部として、一月二十五日から朝刊の第二社会面で三回にわたり『日本のなかのベトナム　反戦運動のゆくえ』と題する続き物を連載した。私自身が取材したデータに大阪本社からもらったデータを加え、私がまとめた。

第一回のタイトルは「シンボル」。記事のねらいは日本におけるベトナム反戦運動のまとめで、日本の運動は、六五年二月の、米軍機による北ベトナム爆撃（北爆）を機に芽生えたこと、その中で、六〇年の反安保闘争のあと長らく低迷を続けていた社会党、共産党、総評などの反戦運動が「北爆」をきっかけに急速に息を吹き返したこと、さらに「北爆」直後に市民が中心の「ベトナムに平和を！市民連合」（ベ平連）が生まれて市民の中に反戦の輪を広げたこと、反代々木系の学生各派もにわかに活気づいて過激な行動に出るようになったことを紹介した。

その後、「羽田」「佐世保」「王子」「成田」「大学」「反安保」「沖縄」などの名称を冠した闘争が次々と展開され、社会に衝撃を与える。巨大なうねりとなった街頭デモの激しさは六〇年の反安保闘争をしのいだ。これら一連の闘争のベースに「ベトナム反戦」があった。記事では、それを関係者の証言で裏づけた。

とりわけ、いまでも印象鮮やかなのは、沖縄県祖国復帰協議会会長として日本復帰運動の先頭に立った喜屋武真栄氏（当時、参院議員。故人）のコメントだった。

「われわれは復帰運動のなかで安保破棄、基地撤去を叫んだ。住民の生命と財産が基地によっておびやかされていたからだ。加えて、沖縄がベトナム戦のための基地を提供している現実から、ベトナム人民に対し加害者の立場に立ちたくないという意識があった」

まさに、「ベトナム」は八年間にわたって、日本の大衆運動のシンボルでありつづけたのだ。

第二回のタイトルは「多様化」。大衆運動のシンボルだった「ベトナム」に一応のピリオドが打たれたあと、大衆運動はどうなってゆくのか。運動関係者の見通しでは、身近にある問題の解決に向かうだろう、ということだった。つまり、多様化の道をたどるだろう、という見方が強かった。記事の中で、京都べ平連世話人の飯沼二郎氏（当時、京大助教授。故人）は次のように語っていた。

「ベトナムの人たちがかわいそう、とはじめたが、運動が深まってみると、この戦争に加担している日本の足元が見えてきた。沖縄にB52北爆基地がある。戦争で潤う軍需産業がある。さらに安保体制、日米の関係、日本社会のひずみ……次から次に疑問がわきだした。いまは、手分けして個別テーマに取り組んでいるんです」

飯沼氏によると、三年前から具体的な問題を追って分化しはじめた京都べ平連は、いま、約三十のグループに分かれて日常活動を進めているとのことだった。例えば、北地区反戦市民の会とか、死の商人を告発する会とか、自衛隊に反対し朝鮮人差別問題を研究するグループとか……。

第三回のタイトルは「持続と深化」。これもベトナム反戦運動を続けてきた市民団体のリーダーや労働組合幹部に「これからの展望」を聞いたものだったが、「ベトナム」に注がれた運動のエネルギーは持続するだろう、との見立てだった。そして、そのエネルギーの向かう先は「反基地」「反自衛隊」ではないか、というのが労組幹部の見通しだった。「ベトナム反戦」から「反基地・反自衛隊」へ。労組幹部はそれを「ベトナム反戦運動の深まり」と表現した。

さらに、月刊誌『世界』編集部に請われ、同誌四月号の特集「ベトナム戦争は終ったか」に「反戦運動を見つめて」を書いた。

それから三十三年余の歳月が流れた。その間も反戦運動は続けられてきたが、果たして、運動に「多様化」と「持続と深まり」はあっただろうか。その後もずっと日本の反戦運動を見続けてきた私の目には、三十三年前の〝予測〟があたったのは「多様化」だけのような気がする。この面ではまったく予測どおりで、運動の目標も運動の実態も、それこそ無限と言ってよいほど細分化、分散化の歴史をたどった。

その一方で、この間、反戦運動にとって大きなヤマ場ともいえる時期があったにもかかわらず、運動としてはベトナム戦争時のような盛り上がりをみせなかったというのが実態だ。九一年一月に湾岸戦争、二〇〇三年三月にはイラク戦争が勃発し、いずれの場合も西ヨーロッパや米国では反戦運動が高揚したが、日本では盛り上がりを欠いた。なぜだろうか？

私にとって関心のある課題だが、いまだに確たる理由を見いだせないでいる。

（二〇〇六年九月十七日記）

第89回　ベトナム戦争の勝因は何だったか

一九七三年一月二十八日に停戦が実現したベトナム戦争は、二年後、劇的な結末を迎える。七五年四月三十日、南ベトナムの解放勢力が南ベトナムの首都、サイゴンに無血入城を果たし、南ベトナム政府は無条件降伏、南ベトナム臨時革命政府が全権を掌握した。これにより、ベトナム戦争はついに終結をみた。

さらに、この年十一月には南北統一が合意され、翌七六年七月二日、ベトナム社会主義共和国の成立（首都はハノイ）が宣言される。

ベトナム戦争は南ベトナム民族解放戦線、北ベトナム側の勝利で終わったわけだが、勝因は何だったのか。

「ベトナム戦争終わる」と題した五月一日付の朝日新聞社説は「ベトナム戦争は、徹頭徹尾、民族解放の戦争であった。それが解放勢力の勝利に終わったことは、民族主義を大国が力で抑えつける時代が終わったことを示している。これが最大の意義であろう」とし、次のように論じた。

「三十年近い戦争の歴史を振り返ると、何よりも力強く浮かび上がってくるのは、ベトナム民族のたくましさと団結である。ほとんど武力ゼロから出発して、フランスをディエンビエンフーに打ち破った第一次戦争、そして世界最強をうたわれた五十万を超える米軍を相手に、戦い抜いた第二次戦争。独立を求める民族の願望を妨げるものは、結局敗退する。しかしそれには耐え抜くだけの強い意思と団結が必要である」

そして、「この民族主義を支えたものは、天の時と地の利と人の和であったと思う」として、次のように述べていた。

「まず天の時とは、第二次大戦後、アジア、アフリカにほうはいと沸き起こった民族独立運動、それにつづく第三世界の発言力強化である。一方、ソ連、中国を先頭にする社会主義世界が、大きく発展したこともプラスした。ベトナムの民族解放戦争は、絶えず国際的に支援、激励された」

「地の利でいえば、トンキン・デルタの特性がある。東南アジアのデルタの中で、トンキン・デルタは最も古く人口が定着し、しかも狭小過密なデルタである。例年のように台風に見舞われ、地域住民総出で洪水、治水対策に当たるという長い歴史がある。同じように人口過密なガンジス・デルタが、宗教対立でひき裂かれていたのに比べると、トンキン・デルタは人が自然的に、結束して生きるところである。その伝統は、かつて中国の侵攻に抵抗する無数の英雄を生んだ。民族主義はこの土壌の上に育ったものである」

ベトナム側の勝因は、ベトナム民族のたくましさと団結。それに、天の時と地の利と人の和が幸いしたというのだ。その通りであったろうと、私も当時思った。が、その一方で、こうした見方に対し「何か一つ、重大なことが忘れられているのではないか」との思いを禁ずることができなかった。つまり、世界的な規模で展開されたベトナム反戦運動とそれが果たした役割への言及がなかったからである。

ベトナム戦争での決定的な勝因は、確かにベトナム民族のたくましさと団結にあったろう。しかし、ベトナム反戦運動が果たした役割もまた、無視できないのではないか。そう思えてならなかった。

なのに、ジャーナリズムで見るかぎり、反戦運動の広がりもベトナム側の勝因、米国側の敗因の重要なファクターとして挙げていたところは少なかったように記憶している。

全国紙三紙の社説のうち、反戦運動の果たした役割に触れていたのは読売新聞だけだった。すなわち、五月一日付の同紙社説「〝ベトナム後〟の幕開けに望む」は、ベトナム戦争の経過を説明するなかで「五十余万の米軍をもってしても、解放勢力を屈服させることができず、しかも、冷戦の論理による米軍の介入が、実はベトナムの民族解放を妨げているのだと知ったとき、アメリカに反戦運動が燃え上がり、米軍は撤収せざるを得なくなった」と書いていた。

その通りだ、と私は当時、意を強くしたものだ。要するに、米国の足元から反戦運動が燃え上がり、加えてヨーロッパや日本でも反戦運動が高揚し、こうした地球的規模の反戦運動によって醸成された「ベトナム戦争反対」の世界世論の前に、米国政府もついにベトナムから軍隊を引き揚げざるを得なかったということだろう。

私のこうした見方は決して的はずれでなかったと、最近、改めて確認する機会があった。さる九月九日付の朝日新聞朝刊の国際面に載った、米国のピュリツァー作家、ノーマン・メイラー氏へのインタビューだ。記者の質問に答える形で9・11同時多発テロ後の米国について語ったものだが、同氏はそのなかでこう話していた。

「ベトナム戦争が世論の注目を集めるまでに何年もかかったが、イラク戦争は当初から反対があり、今や国民の多数が支持していない。ベトナム反戦では『夜の軍隊』で描いた67年の国防総省へのデモが転機となった。ごく普通の市民が5万人もワシントンに集まり、警官隊に警棒で殴られるのを恐れずに行進する。その光景をみて、老練な政治家だったジョンソン大統領は国民の支持を失ったと実感した。世論が分裂しては戦争に勝てないと理解したのだ。ただ、戦争を続けるのが無理とわかってからも、終結まで何年かかったことか」

とにかく、ベトナム戦争は終わった。私は、次のようなデータを新聞で目にしたとき、ベトナム戦争における犠牲者の多さ、それをもたらした戦争の悲惨さにいまさらながら心が痛んだ。それは、七五年五月二日付の朝日新聞夕刊に載った、ワシントン発のロイター電だった。

それによると、ベトナム戦争での死者（推計）は米国防総省調べで一七〇万人以上。うち戦闘での死者（推定）は、北ベトナムと南解放勢力が一〇〇万人以上、サイゴン政府軍が二四万一〇〇〇人、米軍が五万六五五五人（事故死、民間人を含む）。エドワード・ケネディ議員の上院難民小委員会によると、南ベトナム民間人の死者は四一万五〇〇〇人。米軍による「北爆」によってもたらされた北ベトナム一般市民の死傷者は一五万人（うち死者は三万人）と推定される。

ベトナム戦争終結から二十八年後の二〇〇三年三月、米国は国連決議を経ないままイラクを攻撃した。イラク戦争の開始である。イラクのフセイン政権が大量破壊兵器計画をもち、国際テロ組織アルカイダとも関係がある、というのが米国の開戦理由だった。

しかし、フセイン政権に大量破壊兵器計画はなく、アルカイダとも関係がなかったことがすでに明らかとなっている。フセイン政権が打倒された後のイラクでは、宗派間の対立がエスカレートし、治安は悪化するばかり。さる九月一日に公開された米国防総省の議会向け報告書でも「内戦につながりかねない状況が存在する」と認めざるをえない事態となっている。

米国は、ベトナム戦争の経験から何も学ぶことがなかったのだろうか。そう思えてならない。

（二〇〇六年九月二十五日記）

第90回 大きかったメディアの影響

日本でベトナム反戦運動が高揚した原因は何か。さまざまな原因が考えられるが、メディアによる報道が大きな役割を果たしたのではないか、と私は思う。

南ベトナムでは、一九六〇年に南ベトナム民族解放戦線が結成され、南ベトナム政府軍との戦闘が始まり、内戦が激化する。南ベトナム政府を支援する米国が南ベトナムに南ベトナム援助軍司令部を設置したのは六二年で、この米軍の直接介入によって、戦争はいっそう激化する。これにともなって、ベトナム戦争をめぐる報道戦も活発化し、各国の報道機関は競って記者やカメラマンを戦場に送り込んだ。フリーのライター、カメラマンも南ベトナムへ向かった。

日本でベトナム戦争に関する報道が盛り上がるきっかけとなったのは、毎日新聞の『泥と炎のインドシナ』であった。六五年一月四日から三十八回にわたって連載されたルポルタージュで、執筆したのは大森実外信部長（その後、国際問題評論家）以下五人の特派員だった。ベトナム戦争の実態をリアルに伝えたこの連載は大きな反響を巻き起こし、その年の日本新聞協会賞に輝いた。

この「毎日」による報道を機にベトナム戦争をめぐる報道戦は熱気を帯び、日本人記者によるルポがつづく。

例えば、同年三月二十日付の朝日新聞に東京本社社会部・瀬戸口正昭記者（その後、社会部長、名古屋本社編集局長を歴任。故人）のルポ「ベトコン解放村にはいる」が載った。当時、日本のメディアの多くは南ベトナム解放戦線を「ベトコン」と呼んでいた。

朝日新聞社史は書く。「サイゴン入りした瀬戸口のねらいは、解放戦線を内側から取材することであった。というのは、これよりさき、毎日新聞は六人の記者を南ベトナムに派遣し、同年一月から『泥と炎のインドシナ』と題するルポルタージュを連載したが、それは政府軍占領地区からの取材を中心とするものであった。そこで朝日は解放地区からの取材を試みたのである」「サイゴンにおける日本人記者仲間での解放地区一番乗りであった」

当時の報道戦の激しさがわかろうというものだ。

朝日新聞は、その後、六七年五月二十九日から半年間、六部九十六回にわたって『戦争と民衆』を連載する。東京本社社会部・本多勝一記者（その後、編集委員）、大阪本社・藤木高嶺写真部員のコンビによるベトナム・ルポだった。解放戦線側、南ベトナム政府側、双方からの取材に基づき、戦争にしいたげられ、苦しみ、嘆く民衆の姿を生々しく伝えたもので、読者から多数の投書が寄せられるなど、大きな反響を呼んだ。

朝・毎の報道合戦といえばこんなこともあった。六五年九月、毎日新聞の大森実外信部長が日本人記者として初めて北ベトナムの首都ハノイ入りに成功し、同月二十六日付の同紙朝刊に「ハノイ第一報　中共と強い連帯感　徹底抗戦へ国ぐるみ」と題する記事を掲載した。

ハノイ入りについては、報道各社がなんとか実現させたいとさまざまルートを使って試みていただけに、「毎日」の壮挙は各社を驚かせた。当時、ハノイに常駐していたのは日本共産党の機関紙「赤旗」など共産党系のメディアの特派員で、西側の記者がハノイ入りした例はなく、それだけに「毎日」の現地発第一報は国際的なスクープとなった。

遅れをとった「朝日」は、秦正流・外報部長（その後、大阪本社編集局長、専務取締役などを歴任）が一週間後にハノイ入りし、十月三日付の朝刊に「決意秘める北ベトナム」「生活に溶込む抗戦」「工員、弾帯まいて作業」などといった見出しがおどるハノイ発の記事を書いた。

大森、秦両記者の北ベトナム報道は米国政府をいらだたせたが、それまで情報がほとんどなかった「北」側の抗戦の様子をじかに伝えたものとして、日本国民の関心を集めた。


こうした大新聞社の記者によるベトナム報道以前に、個人で「ベトナム」に挑んだ先駆的な人たちがいた。

例えば、写真家の岡村昭彦（故人）である。PANA通信社の契約特派員として六二年に南ベトナム政府軍に従軍、六五年に『南ヴェトナム従軍記』（岩波新書）を著して、ベストセラーになった。やはり写真家の石川文洋氏（その後、朝日新聞出版局写真部員）は、六四年のトンキン湾事件の直後に初めて南ベトナムの土を踏み南ベトナム政府軍に従軍、戦争の最前線の実態を伝える数々の作品を発表して注目を集めた。


写真家といえば、沢田教一の仕事も忘れがたい。沢田はUPI東京支社に入社し、一九六五年に特派員として南ベトナムのサイゴンに赴任、米国海兵隊に従軍した。その時、川を渡る母子の姿を撮る。「安全への逃避」と題されたその写真は、六六年にピュリツァー賞を受賞する。それは、ベトナム戦争を象徴する写真の一枚となった。私は、いまでも、ベトナム戦争と聞くと、たちどころにこの作品が脳裏に浮かんでくる。彼は七〇年、カンボジアで何者かに狙撃され、死亡した。


初期のベトナム報道では、作家の開高健（故人）の仕事も記憶に残る。開高は、朝日新聞出版局の秋元啓一・出版写真部員とともに六四年十一月に「週刊朝日」から南ベトナムに特派され、激化しつつあったベトナム戦争の現況を週刊朝日などに発表、関心を集めた。秋元部員はその後、沖縄返還運動の報道でも活躍し、私は取材先の沖縄でよくいっしょに泡盛を飲み交わしたが、若くしてがんで亡くなった。

開高が南ベトナムで取材していたころの読売新聞サイゴン特派員が日野啓三（故人）。日野はその後、作家として知られるようになる。


メディアが情報の受け手にもたらすインパクトという点では、活字より映像の方が上だ。さらに、映像でも静止画面の写真と、動く画面のテレビとでは、格段の差があるといってよい。つまり、テレビの方がはるかに受け手に与える衝撃度は強いのだ。

ベトナム戦争は、テレビが本格的に報道に参画した初めての戦争だったといわれる。テレビを通じて、戦争が文字通りお茶の間に飛び込んできた。かつては戦争とは活字と写真で伝えられるものだったが、テレビという伝達手段が登場したことで、戦争はリアルタイムで市民に伝えられることになったのだ。

ベトナム戦争のテレビ報道では、六五年に日本テレビから放映された「南ベトナム海兵大隊戦記」が印象に残る。プロデューサーは牛山純一（故人）。が、三回に分けた放映のうち初回の放映が政府から「内容が残酷すぎる」と抗議を受けたことから、日本テレビは二、三回目の放映を中止し、「政府の抗議は反米意識をあおりかねない番組への政治圧力では」と問題となった。

雑誌も競ってベトナム戦争を特集した。六五年に限っても、『世界』の臨時増刊号「ヴェトナム戦争と日本の主張」が十二万部、『アサヒグラフ』臨時増刊「戦火のベトナム」が三十万部以上、『文芸』九月増刊号「ヴェトナム問題緊急特集号」が約十万部。いずれも、直ちに売り切れた。

いずれにせよ、各種のメディアを通じてもたらされたベトナム戦争の実像は、日本人の心をつかみ、激しくゆさぶった。当時、大学生だった女性は、次のように書く。

「一九六八年のテト攻勢を頂点とした『アメリカの戦争』としてのベトナム戦争がもっとも激しかった頃、私は大学生だった。ミライの虐殺（ソンミ事件）が報じられ、残虐に殺されるベトナムの子どもや女性、老人、そして『ベトコン』容疑者として拷問を受ける若い男女、仏教徒の焼身自殺、ナパームで焼かれながら逃げ走る少女、虎の檻で知られるコンソン島の実態……数限りないこれらの写真や報道記事に触れるたびに、アメリカ兵はどうしてあそこまで残虐になれるのかと憎しみまで抱いた」（白井洋子『ベトナム戦争のアメリカ』刀水書房、二〇〇六年刊）

メディアによるベトナム報道が一般市民に与えた影響の深さがうかがえる。

その結果だろう。朝日新聞社が六五年八月に実施したベトナム戦争に関する世論調査では、実に七五％の人が米軍による北ベトナム爆撃（北爆）に反対し、戦火が拡大し日本にも火の粉が降りかかってくるのではという不安を感ずる人が多かった。

このような国民意識がベースにあったからこそ、社会党、共産党、総評系団体や、市民中心のべ平連などが始めたベトナム反戦運動が、かなりの盛り上がりを見せたのだとみて差し支えないだろう。もっとも、そうした反戦運動も世界的な反戦運動の一翼を担ったものの、ベトナム戦争中、一貫して米国のベトナム政策を支持し続けた日本政府の姿勢をついに変えさせることはできなかった。

ところで、ベトナム戦争中はベトナムの地を踏む機会がなかった私だが、戦争終結から十年たった八五年、初めてこの国を訪れた。ハノイやホーチミン市（旧サイゴン）などを訪れたが、かつて解放勢力が縦横に掘りめぐらせた地下トンネルは観光名所となっていた。

（二〇〇六年十月五日記）

第91回 七〇年闘争を総括する

一九七五年四月三十日のサイゴン陥落により、いつ果てるとも知れなかったベトナム戦争が終結した。その報に接した時、私の中でわき起こってきた感慨があった。「これで、七〇年闘争も終息を迎えたな」という感慨である。

いわゆる「七〇年闘争」とは、一九七〇年を視野に六七年から革新陣営によって続けらてきた大衆的な運動である。運動の担い手は社会党、共産党といった政党、総評などの労働組合、これらの政党・労組と友好的な大衆団体、反代々木系の政治党派と学生団体、ベトナムに平和を！市民連合（ベ平連）などの市民団体だった。

運動の課題は三つあった。「ベトナム反戦」「沖縄返還」「安保破棄」である。しかも、三つの課題は相互に関連していた。つまり、日本政府が米国のベトナム政策を支持し、在日米軍基地がベトナム戦を戦う米軍の後方基地になっているのも日米安保条約があるからであり、米国の施政権下にある沖縄で基地災害、米軍犯罪が激発しているのもそこに米軍基地があって、そこからベトナムへの出撃がなされているからだった。その沖縄では、基地災害、米軍犯罪に苦しむ人々が「軍事基地を認めない平和憲法をもつ日本のもとに復帰したい」と声をあげていた。それだけに、革新陣営にとっては、日米安保条約はなんとしても破棄されねばならなかったのだ。

時期的にみても、これらの課題は密接にからんでいた。まず、ベトナム戦争は、六五年二月の米軍機による北ベトナム爆撃（北爆）によって一段とエスカレートし、米国軍のベトナムからの撤退を要求するベトナム反戦運動が世界各地でほうはいとわき起こった。日本でもベトナム戦争激化といった事態に呼応して、革新陣営によるベトナム反戦運動が一気に熱を帯びるに至ったのだった。

沖縄返還に関しては、国民の要求を無視できなくなった佐藤栄作首相が六七年十一月に米国を訪問し、ジョンソン米大統領との間で「両三年内に返還時期について合意する」との共同声明を発表したことから、沖縄における日本復帰運動と、これに呼応した本土での沖縄返還運動がこの時期から一気に加速することになった。

それから、日米安保条約がこの時期、一つの節目を迎えつつあった。同条約は、革新陣営による戦後最大といわれる大規模な反対運動にもかかわらず、一九六〇年に改定された。この時の安保条約改定反対運動はその後、「六〇年闘争」と呼ばれるようになった。その新安保条約はそれから十年後の一九七〇年に改定期を迎えることになっていた。すなわち、一方が破棄通告をすれば条約は解消され、双方とも破棄通告しなければ自動的に延長される手はずだった。革新陣営としては、七〇年には条約の自動延長を阻止しなくては、と考えていた。

というわけで、六七年から、革新陣営による「七〇年闘争」が始まったのだった。

七〇年闘争は期間の長さ、街頭デモの規模と激しさで六〇年闘争をしのいだ。それを示すデータを示そう。七〇年暮れに警察庁が発表した六〇年闘争と七〇年闘争の比較だ。同庁は六〇年闘争の期間を五九年四月から六〇年十月（一年七カ月）、七〇年闘争のそれを六七年十月から七〇年六月（二年九カ月）としている。

〈集会・デモ動員数〉

六〇年闘争　　四六三万七〇〇〇人

七〇年闘争　　一八七三万八〇〇〇人

〈一日最大集会・デモ動員数〉

六〇年闘争　　全国＝六〇年六月四日・五〇万五〇〇〇人

　　　　　　　東京＝同年六月一八日・一三万七〇〇〇人

七〇年闘争　　全国＝七〇年六月二三日・七七万四〇〇〇人

　　　　　　　東京＝同・一四万六九〇〇人

〈検挙者数〉

六〇年闘争　　八八六人

七〇年闘争　　二万六三七三人

〈負傷警察官数〉

六〇年闘争　　二一三六人

七〇年闘争　　一万四六八四人

〈出動警察官数〉

六〇年闘争　　約九〇万人

七〇年闘争　　約六六五万人

当時のデモの激しさがわかろうというものだ。こうなった要因の一つとして、とくに反代々木系各派の過激な実力闘争があげられる。角材、鉄パイプなどを携えたデモは、それまでの日本の大衆運動ではみられなかったものである。しかも、反代々木系各派の主体は学生だった。学生たちはそれぞれの大学をバリケード封鎖して占拠し、そこを拠点に街頭に繰り出した。全国の大学の多くは授業ができない事態に陥った。

学生らのこうした過激な行動によって、第一次羽田事件、第二次羽田事件、佐世保事件、新宿騒乱事件などが引き起こされたことはすでに紹介した。それだけに、彼らの実力闘争は社会に衝撃を与え、「暴力はやめよ」との非難を浴びた。

ともあれ、東京では、それこそ毎日のように集会やデモがあった。それは、日曜日にもあったため、私は日曜日といえどもなかなか休みをとれず、休みは月に一回、という時期もあった。これでは私一人でとても対応できず、私は社会部長に増援を申請。その結果、六九年四月から、豊田充記者が私とともに七〇年闘争の取材にあたった。

二人態勢になったので、大まかに分担を決めた。私が、主に社会党、共産党、総評系の団体（当時のマスメディアからは「旧左翼」と呼ばれていた）。豊田記者は主に反代々木系各派とベ平連（こちらは「新左翼」と呼ばれていた）という分け方だった。もちろん、その時々の都合で互いにカバーしあった。

こうした七〇年闘争も七二年以降、急速にしぼんでゆく。なぜなら、まず、日米安保条約が七〇年六月二十三日に自動延長となり、革新陣営としては、安保反対運動の手がかりを失ったことがあげられる。いわば、政府にうっちゃられた形で、このため「安保を廃棄して米・中・ソ各国と不可侵条約を結ぶための護憲・民主・中立の政府樹立をめざす」（社会党声明）、「七〇年代に安保を廃棄する民主連合政府の樹立を国民のみなさんに訴える」（共産党声明）という長期的な方針に転換せざるをえなかった。

第二に、日米両国政府の沖縄返還協定に基づいて七二年五月十五日に沖縄の施政権が日本に返還され、沖縄問題に一応のピリオドが打たれたことがあげられる。

そして、残るベトナム問題で、七三年一月二十八日に停戦が実現、その約二年後にサイゴン陥落＝ベトナム戦争終結がもたらされた。ベトナム戦争激化を機に生まれたベ平連はそれより以前の七四年一月に解散していた。

要するに、革新陣営が取り組んだ三つの課題は、一応の解決をみるか、あるいはヤマを越したのだった。

さて、七〇闘争をどう評価したらいいだろうか。

大衆運動をみる場合は二つの視点からの検討が必要とされる。一つは、目標が達成されたかどうかという点、もう一つは、運動を通じて味方の側、すなわち運動組織の結束が強まったかどうかという点だ。

第一の点からいえば、日本のベトナム反戦運動は世界のベトナム反戦運動の一環としてベトナム停戦を希求する世界世論の形成に寄与したことは確かであり、戦争遂行を目指した米国政府に打撃を与えたことも事実と思われる。また、ベトナム人民を勇気づけたことも無視できないだろう。が、すでに述べたことだが、米国政府のベトナム政策を一貫して支持し続けた日本政府の外交政策をついに変更させることができなかったこともまた事実である。

さらに、沖縄還問題では、施政権返還という目標を達成したものの、日米両国政府ペースで調印された返還協定をくつがえすことができず、内容に修正を加えることもできなかった。つまり、米軍基地撤去を含む「即時無条件全面返還」を掲げて運動を展開したが、結局、政府が進めた「核抜き・本土並み」という形での沖縄返還となった。米軍基地はそのまま存続することになったのだ。そのうえ、安保条約問題では、安保条約の破棄を掲げながら、政府による自動延長を阻むことができなかった。

第二の点からみても、革新陣営全体の結束が強まったとは言い難い。七〇年闘争は最初から社会党・共産党ブロック、反代々木系各派、べ平連を中心とする市民団体、という三つの潮流によって進められたが、この三つの潮流は最後まで一つに合流することはなかった。そればかりでない。共産党と反代々木系各派の対立は激化する一方だったし、社会党・共産党ブロックにおいてさえ、社共両党間の根深い対立から、共闘といっても「一日共闘」の枠を出ることはなかった。六〇年闘争では、まがりなりにも「安保条約改定阻止国民会議」という革新陣営を包含する共闘組織ができたが、七〇年闘争では、ついにこうした類の組織はできずじまいだった。

投入されたエネルギーの巨大さにひきかえ運動全体としては迫力を欠いた、というのが私の七〇年闘争に対する取材を通じての率直な印象だった。

（二〇〇六年十月十四日記）

第92回　続・七〇年闘争を総括する

七〇年闘争でひときわ印象に残るのは、角材や鉄パイプを手に、ヘルメットを被り、手ぬぐいで覆面して街頭で機動隊と激しくわたりあう若者たちの登場だった。日本のそれまでの大衆運動は非暴力を原則としていたから、その過激な実力闘争は、社会を震撼させた。当然、それに対し、賛否両論が巻き起こったが、国民の多くは過激な闘争に否定的だった。このため、大半のマスコミは彼らを「暴力学生」あるいは「暴徒」、やがて「過激派」と呼んだ。私自身は、記事を書くにあたってこうした呼称は使わなかったが。

過激な行動に走った若者たちの主体は大学生だった。高校生のごく一部もこれに加わった。一部の若い労働者もこの流れに合流した。

こうした若者たちを引っ張っていたのは「反権力」「革命」を呼号する反代々木系の政治党派（セクト）であった。革マル派、中核派、社学同、ＭＬ派、解放派、第四インター、フロント、民学同、……。一時は五流十三派もあるといわれたものだ。過激な行動に参加した学生がすべてこれらのセクトに所属し、あるいはその影響下にあったわけではない。むしろ、学生の多くはこれらのセクトにしばられるのをきらい、自由な立場で行動する行き方を好んだ。そして、自らを「ノンセクトラジカル」と称した。ノンセクトとは非党派のことである。

一方、セクトに属する若い労働者たちは、自らを「反戦青年委員会」と名乗った。

すでに述べたように、街頭での過激な実力闘争は反代々木系各派の活動家が主導したが、その活動家や学生たちが拠点とした大学での闘争では、むしろ、ノンセクトの学生たちが闘争をリードした。その中で、それらの学生たちによって結成された全学的共闘組織が「全共闘」だった。各大学の全共闘は、それぞれ要求を大学当局に突きつけ、「大衆断団交」をおこなった。

六九年九月には、東京で東大、日大、京大など全国百八十大学の全共闘と、中核派、社学同、解放派、フロントなど八党派が集まり、「全国全共闘連合」を結成した。

このようないきさつから、マスコミは七〇闘争に参加した学生たちを総称して「全共闘世代」と呼ぶようになった。この世代は、戦争直後のベビー・ブームが生んだ、いわゆる「団塊の世代」と重なる。

この時代、過激派とそれに同調する若者たちが掲げたスローガンは「ベトナム反戦」であり、「安保粉砕」であり、「成田空港粉砕」であり、「大学解体」などであったが、彼らはこの世のすべての既成秩序や権威、権力を否定し、それらを実力で破壊しようとした。だから、「学生の反乱」とか「学生の反逆」とかいわれた。

それにしても、彼らはなぜ、それほどまでにいらだち、荒れ狂い、既成の価値や権威や秩序に反逆したのか。

このことは、取材にあたった当時から、ずっと私をとらえていたテーマだったが、当時も、その後も納得のゆく回答を得られないまま歳月が流れてしまい、いまだにこれだという結論を出せないでいる。

しかし、大変平凡な結論だが、これは六〇年反安保闘争後の日本経済の、異様ともいえる高度成長が産み出した社会的なひずみに対する若者たちの異議申し立てではなかったか、そして、当時の世界情勢が若者たちの異議申し立ての追い風になっていたのではないか、と考えるようになった。

六〇年反安保闘争後、当時の池田勇人・自民党内閣は「所得倍増計画」を打ち出した。これにより、日本は高度経済成長時代に突入する。経済成長率は驚異的な伸びを示し、実質GNP（国民総生産）の年成長率は一〇・九％（一九五九年〜一九七三年）に及んだ。世界でもまれにみる高度成長であった。

こうした高度成長は日本を経済大国に押し上げ、日本人の消費生活の水準を高めたが、その一方で、急速に環境破壊、公害などの社会的ひずみをもたらした。

高等教育の面でも顕著なひずみが露呈した。国民の所得が増えるにつれて、大学進学者が急増した。それまで大学に進学できるのは少数のエリートだったが、もはや大学生エリートではなくなった。大学は大衆化したのだった。

大学の大衆化に対し、大学は適切に対応できなかった。あるいは適切に対応しなかった。この結果、大きな希望、期待をもって大学の門をくぐった学生たちが出合ったのは、すし詰めの大教室、お粗末な講義というマスプロ教育だった。学生たちの失望と不満は大きかった。大学側は学生急増に対処するために授業料を値上げしたり、施設の管理強化に乗り出す。これが、学生の間に不満を蓄積させてゆく。

これら一般学生の不満は、やがて大学紛争という形で火を噴く。六五年一月の慶応大学における学費値上げ反対全学スト、六六年一月の早稲田大学における授業料値上げ反対・学生会館運営参加要求スト、同年十一月の明治大学における授業料値上げ反対の無期限スト突入などは、そうした大学紛争の先がけだった。これらの大学紛争は、いわば六七年から始まる七〇年闘争の前ぶれといってよかった。大学を占拠していた学生たちは、政治課題を掲げて街頭に飛び出す。

一方、高度経済成長は、大企業の職場を一変させた。大量生産を目指して機械化、ベルトコンベヤー化が導入された。労働は著しく単純化された。朝日新聞は六九年十月に連載した『若さの論理　70年安保第二部』で電機業界の労働現場の実情をこう書いている。

「極度に分業化した作業システム。ベルトコンベヤーで流れてくる部品にネジをさしこむ作業を、一日二千五百回もくり返す単調さ。すべて人間より機械が優先するという疎外感。それが彼らにはがまんならないと訴える。『コンベヤーで流れてくる部品をなぎ倒したくなる』―そんな衝動のハケ口を、どこにもとめればいいのか。労組は賃上げに熱心だが、疎外からの脱出までは考えてくれない」

「あるものは、政治活動を閉じこめてきた電機労連の体質に反発して、反戦青年委の広場を選んだという」

そこには、労働現場での疎外感から逃れるために、七〇年闘争に加わる青年労働者が紹介されていた。

加えて、世界情勢が日本の若者たちに決起を促していた。まず、激化するベトナム戦争である。とりわけ、民族独立を求めて小銃とサンダルで巨大な軍事力を誇る米軍に立ち向かう南ベトナム民族解放戦線兵士の姿が、若者たちの胸を揺さぶった。戦うベトナムの人たちへの共感が、彼らを行動に駆りたてた。そして、中国で燃えさかっていた文化大革命。その巨大なうねりの主役である紅衛兵は「造反有理」と叫んでいた。反逆には道理がある、というのだ。日本でも、紛争中の大学に「造反有理」と大書された張り紙が掲げられた。世界は、まさに怒濤のような「反逆」の季節だったのだ。

この時代、若者の過激化は日本だけの現象ではなかった。欧米でも同様の現象が起こり、いわば西側世界に共通の社会現象であったと言ってよい。

いずれにせよ、七〇年闘争はその後の日本社会に深刻な影響を及ぼした。その一つは、セクトに対する嫌悪感が強まったことだ。

七〇年闘争に加わった若者たちの訴えに政府は耳を傾けよ

うとはしなかった。むしろ、徹底的な警備態勢の強化でこれを取り締まろうとした。力による制圧だった。これに対し、一部のセクトはその闘争をいっそう先鋭化、過激化させた。その代表的なケースが「赤軍派」、そして「連合赤軍」だった。

赤軍派は、セクトの一派、ブンド（共産主義者同盟）の一部が大学闘争、街頭闘争を検討した結果、「早急に軍隊を組織し、銃や爆弾で武装蜂起せねばならぬ」として結成した。一方、京浜工業地帯の労働者・学生によって結成された「京浜安保共闘」も武装闘争を打ち出していた。この赤軍派と京浜安保共闘によって七一年に結成されたのが「連合赤軍」である。

よく知られているように、連合赤軍の五人が七二年二月、軽井沢の浅間山荘に人質をとって立てこもり、機動隊との間で十日間にわたり銃撃戦を繰り返す事件が突発した。結局、人質は救出され、五人は逮捕されたが、警官二人が死亡した。浅間山荘事件である。その直後、連合赤軍の十二人が妙義山中でリンチを受け、殺されていたことが明るみに出た。

これら一連の事件に、多くの人が「陰惨きわまりない」と衝撃を受け、過激派に対する拒絶感がいっきに高まった。さらに、いくつかのセクト間の内ゲバが激化し、死傷者が続出したことも過激派に対する拒絶感を一層加速させた。

武装路線と内ゲバと。この二つによって生じたセクトに対する嫌悪感は、その後、一般学生の間に急速に広がり、しかも長期にわたって続くことになる。いまでも、学生たちの間では、セクトやセクト的なものへの拒否反応が強い。そればかりか、組織ないし組織的なものにあからさまな拒否反応を示し、できるだけそれらから遠ざかっていようとする。市民運動の関係者は「若い人たちの参加が少なくて。とにかく、若い人は組織嫌いで」と嘆く。七〇年闘争の後遺症はいまなお続いているようだ。

もっとも、全共闘の活動家には、その後、地域に入って環境保護、反戦平和、保健医療などの分野で地道な活動を続けている人もいる。近年、テレビなどでおなじみの鎌田實・前諏訪中央病院長もその一人だろう。

鎌田氏は一九四八年に東京で生まれた。東京の大学医学部を卒業後、長野県茅野市の諏訪中央病院に赴任し、地域医療で画期的な実績をあげ、全国的に注目されるに至った。同氏は、その著書『命があぶない　医療があぶない』（医歯薬出版株式会社、二〇〇一年刊）で書く。

「卒業すると、大学医療のあり方を否定してきたぼくは、大学から離れて、医者がいなくて困っている信州へ出た。東京から離れたのは、結局ぼく一人だったと思う。全共闘運動のなかでいい続けていた『自己否定』というキーワードを大事に続けてみようと思い、誘われるまま地域へ出た。ぼく流のおとしまえのつけ方であった」

七〇年闘争は、このような人物を生んだのだ。

（二〇〇六年十月二十三日記）

第93回 最高裁問題と朝霞事件

一九六七年から七五年にかけて展開された、革新陣営による「七〇年闘争」は日本を震撼し続けたが、私が働いていた朝日新聞社もまた、この時代、自らの報道によって揺さぶられた。最高裁問題と朝霞事件によってだ。

最高裁問題の発端は、七一年四月二十三日付「週刊朝日」の「最高裁裁判官会議の全容　8対4でクビになった宮本判事補」という記事と、同月十三日付朝日新聞夕刊の「再任拒否の内幕」という記事である。

これらの記事に出てくる宮本判事補とは、当時、熊本地方裁判所の宮本康昭判事補であった。裁判官は十年の任期を終えると再任期を迎える。宮本判事補も七一年に再任期を迎えた。よほどの理由がない限り再任されるというのがそれまでの習わしだったが、最高裁はこの年の三月十七、二十四、三十一日の三回にわたる裁判官会議で、宮本判事補の再任拒否を決めた。拒否の理由は明らかにしなかった。このため、宮本判事補再任拒否問題ががぜん、世間の注目を集めるに至った。

約一年前の七〇年四月に岸盛一最高裁事務総長が「政治的色彩を帯びた団体に裁判官が加入するのは好ましくない」という趣旨の談話を発表していたため、宮本判事補が青年法律家協会（青法協）の会員であることが問題にされたのではないか、という見方がマスコミでは強かった。青法協は、憲法、民主主義、平和を守ることを目標に若手の弁護士、裁判官、学者らで結成された団体だった。

「週刊朝日」と夕刊の記事は、再任拒否の理由を最高裁裁判官会議の内容に迫ることで明らかにしようとしたものだった。とくに「週刊朝日」の記事は、十五人からなる最高裁裁判官会議の内幕を、あたかも会議に居合わせたように詳細に報じ、出席した裁判官一人ひとりの見解を星取り表のような〇×式で明らかにしたものだった。夕刊の記事も〇×式こそとってはいなかったものの、「週刊朝日」の記事とほぼ同じ内容であった。

これらの記事が出ると、最高裁事務総長は「すべて推測に基づくねつ造」として、朝日新聞社に記事取り消しと謝罪を要求してきた。これに対し、「朝日」は最高裁に誤っている具体的な個所をあげるよう求めたが、最高裁は「その問いには答えられない。ともかくまったくの誤りである」というだけ。会議の内容は秘密だから、こことここが訂正個所と言えば、その他の個所は正しいということになるからこちらかは指摘できない、ということだった。

朝日新聞社は東京本社社会部を中心に司法関係に詳しい記者を動員して、最高裁裁判官にあたって調査した。その結果、記事の核心部分で誤りがあることが確認された。それは、十五人の裁判官の見解を○×式で表示したなかに二、三人の間違いがあることだった。

このため、四月二十八日付朝刊一面に「最高裁に遺憾の意を表明」という三段見出しの記事を載せた。そこには「朝日新聞社は、週刊朝日については、事実に相違し、表現上も穏当を欠くものがあり、また本紙夕刊については誤りがあるので、遺憾の意を表明した」とあった。

さらに、その後も調査を続け、その結果に基づいて、五月二十九日付朝刊に「常務取締役田代喜久雄」の署名入りで「遺憾の意表明について」と題する文章を載せた。その中で、田代常務は問題の記事について数カ所の誤りや表現の穏当でないところを訂正し「慎重な調査が必要であったために、読者のみなさんへのご報告が今日まで遅れる結果となったことを深くおわびします」と述べていた。

問題の夕刊の記事は社会部員が書いたものだったから、社会部も火の粉をかぶった形となり、対応に追われた。その社会部員は「週刊朝日」の記者からデータをもらって記事を書いたのだったが、週刊朝日の記者はだれから情報を得たのだろうか。最高裁判事と親しい弁護士がネタ元（取材源）で、その弁護士と「週刊朝日」とは長いつきあいがあり、信頼できる人物なので、彼の話をもとに原稿を書いたようだ、と私は聞いた。

いずれにせよ、最高裁の記事取り消しと謝罪要求に対し、社会部内では反発する声が強かった。「記事に間違いがあるというなら、最高裁自身がここが事実と違う、と指摘すべきだ」「権力に屈すべきでない。断固闘うべきだ」。が、会社の上層部は「取材上の誤りがあったときは、みずから反省し、自戒することが、これまで大事に育ててあげてきた言論の自由を守るために、もっとも必要であると考えているからです」（五月二十九日付社説）として、事態収集を急いだ。

そのうえ、編集担当・常務取締役、東京本社編集局長、出版担当、出版局長、「週刊朝日」編集長らを減給処分とし、出版担当、出版局長を更迭。併せて広岡知男社長の主筆兼任が発令された。社長の主筆兼任は朝日新聞創刊以来初めてのことだった。最高裁問題が朝日新聞社にとっていかに重大な事件であったかがこのことからも理解していただけるだろう。

後任の出版担当になった渡辺誠毅常務取締役（その後、社長を歴任）は出版局の次長以上を招集した席で「あたかもその場に居あわせたかのような調子で、臨場感あふれるような描写がなされているが、そこに今回の書き方、態度に初めから無理があった」と述べた。

原稿執筆にあたっては、あくまでも自分の目と耳で確かめた事実に基づいて書くべきで、伝聞で書いてはならない。そして、読者の興味をひくための修飾は避けなくてはいけない――最高裁問題を機に、私は取材・執筆の原則を改めて自分に言い聞かせた。

話はそれるが、再任を拒否された宮本康昭判事補は弁護士に転身した。それから約三十年後、すでに新聞社を退職していた私はひょんなことから宮本弁護士の面識を得た。そして、出身高校の同窓生の集まりで講演をしてもらった。テーマは司法改革。私はそれを聴きながらかつての最高裁問題を思い出していた。

最高裁問題のほとぼりがさめないうちに起きたのが、朝霞事件にからむ不祥事だ。

七一年八月二十二日午前一時、埼玉県の陸上自衛隊朝霞駐とん地をパトロール中の一場哲雄二曹（当時陸士長）が右腕二カ所を鋭い包丁で刺されて死亡しているのが見つかった。朝霞事件である。埼玉県警の捜査で、主犯格の京浜安保共闘活動家と自称する元日大生、菊井良治ら数人が逮捕されたが、菊井の自供から、七二年一月、朝日新聞出版局「朝日ジャーナル」編集部記者が証拠隠滅の容疑で逮捕された。

『朝日新聞社史』によると、「朝日ジャーナル」編集部記者への容疑は、菊井が事件直後の八月二十三日、以前から知り合いだった同記者に朝霞事件の原稿を売り込みにきて、自分たちが殺害したという証拠として一場二曹から奪った「警衛」の腕章と擬装用の自衛官のズボン一本を同記者に預けたが、事件発覚後、同記者は預かった腕章などを、事情を知らない出版局の友人に頼んで焼却したというものだった。同記者も埼玉県警の取り調べにこの事実を認めた。

朝日新聞社は一月十九日付で「取材活動を逸脱した行為であり、本社の服務規定に反した」として同記者を退社処分にし、翌二十日付朝刊でこれを発表した。さらに、二月一日付の朝刊に社告を載せた。そこには、出版局幹部の処分と「再びこのような不祥事を起こさぬよう対策を立て、直ちに実行することにしました」との決意が述べられていた。

この不祥事は社員に強い衝撃を与えた。とくに出版局では、事件にからんで家宅捜索を受けたこともあって捜査当局に対し反発の声が強かった。そして、社内で、記者の取材のあり方をめぐって、議論が起きた。

社内報もこの問題にからんで取材はどうあるべきか、といった視点で特集を組んだが、そこで、司法記者として知られる先輩記者はこう述べていた。

「取材はあくまで果敢に対象に肉薄しなければ、優れたニュースが得られないことは、いつでも変りない。こんどの事件が起きてから『のめりこみすぎる』との批判があちこちにある。たしかにその事実はみられる。けれども私は取材、特に事件取材には『のめりこむほどの精神』がなければダメだと思う。真白いワイシャツを着て、部屋でぬくもりながら議論を重ねているばかりでは、生きいきしたスクープはできない。汗を惜しまず、ともに怒り、時に泣く、人間のこころは記者に大切だと思う」

「ただしかし、私たちはそうであっても、あくまで『新聞記者の立場』にあることを忘れてはなるまい。報道人といえども、決して法のワク以外の『聖域』にいるのでないし、心情的に同調しても、行動は別でなければならない。胸は燃えてもあくまで頭はクールに、取材、表現は細心でありたいと思う」

私も自らを戒めた。「胸は燃えても頭はクールに」を基本に日々取材に当たらなくては、と。

ところで、朝霞事件は、当時、全共闘の学生たちの間で人気のあった竹本信弘（滝田修）京大助手が指名手配され、十一年後に逮捕されるなど、ナゾめいたことの多い事件だった。

（二〇〇六年十一月四日記）

第94回 新聞界を震撼させた外務省公電漏洩事件

一九七〇年代にマスコミ界を揺さぶった最大の事件といえば、やはり外務省公電漏洩（ろうえい）事件だろう。

沖縄返還が目前に迫っていた七二年三月二十七日、衆院予算委員会で、社会党の横路孝弘代議士（現民主党代議士、衆院副議長）が、沖縄の日本復帰にともない米国政府が沖縄の米軍用地地主に支払う復元補償費（地主側の要求は四〇〇万ドル）の問題を取り上げ、「米国が支払うといっても、その実、政府が米国にその費用を支払うことになっている。政府は米国との間でその密約をかわしている」として、沖縄返還についての愛知揆一外相と米国側との交渉内容を説明した外務省極秘電報のコピーを示して追及した。

米軍が使用した沖縄の軍用地については、沖縄返還協定で、復元補償もれとなる軍用地に関し地主に補償することを約束していた。横路議員らは、沖縄返還協定を審議した、前年暮れの「沖縄国会」で、「その支払いは日本が米国資産の買い取り、核兵器撤去費用として米国に支払うことになっている三億二千万ドルの一部から出されるのではないか。つまり、米国が支払うのが当然の補償費まで日本が負担するのではないか」と質問した。これに対し、福田赳夫外相らは「そういうことはない」と否定、横路議員らの「これについての秘密の取り決めがあるとのうわさがあるが」との追及にも、それを否定していた。

横路議員が予算委員会で示した外務省の極秘電報は、七一年五月二十八日付で愛知外相（当時）から牛場駐米大使にあてたもの。協定案文作成についての愛知・マイヤー駐日米大使会談の内容を説明したもので、横路議員によれば、その中に、米国が支払うべき補償費を日本側が肩代わりすると受け取れる記述があるという。だが、佐藤栄作首相らは密約の存在を改めて否定した。

その後、委員会審議の焦点は外務省極秘電報の真偽に移ったが、同省は調査の結果、電報が本物であることを認めた。しかし、それでも、政府は「密約はなかった」とかたくなに言い続けた。

ところが、事態は意外な方向に展開する。四月四日、外務省の蓮見喜久子事務官が国家公務員法一〇〇条（秘密を守る義務）違反容疑で、毎日新聞政治部の西山太吉記者が同法一一一条（そそのかし行為）違反容疑で、それぞれ逮捕されたからだ。外務省が、横路議員が示した電文のコピーを手がかりに調査した結果、蓮見事務官が西山記者に頼まれて問題の電文のコピーを手渡したことが分かったからである。横路議員が衆院予算委員会で暴露したのは、この電文コピーだった。

西山記者は外務省詰めの毎日新聞記者団のキャップとして、沖縄返還問題の取材にあたっていた。逮捕を受けた毎日新聞社の説明（四月七日付同紙）によれば、同記者は「沖縄返還交渉が大詰めの段階を迎えた昨年（七一年）六月、焦点の一つである対米請求権問題の解明に力を注いだ。とくに復元補償を米側に支払わせると日本側が主張しているのに対し、米政府は絶対に応じないとの態度を堅持していたため、国民の疑惑の目をそらしながら、極秘裏に取決められる恐れがあると懸念して、真相究明に取組んだのである。しかし、外務省当局から、その実態が明らかにされる可能性は皆無であった。西山記者は、取材活動を通じて懇意になった蓮見事務官に、請求権問題についての秘密文書を、ごく短時間見せてほしいと依頼、同事務官は絶対に公表しないことを条件に応諾した」「（西山記者は）ニュース・ソースに対する配慮からも、資料の取扱は慎重を期した。上田政治部長に対して資料の入手を報告したさい、これらの点を指摘し、資料をナマのままで掲載することは差しひかえたいと望み、部長も当然であるとして同意した。しかし、ニュース・ソースへの慎重配慮を加えながら、たとえば六月十八日付紙面に、西山記者の署名入り記事をかかげたさい、請求権問題をめぐる疑惑について間接的表現をとりながら指摘」した。また、西山記者は横路議員と会談し、横路議員は西山記者の見解も取り入れて「沖縄国会」で質問したが、政府は密約の事実はないとの答弁を繰り返した。

「このような経過を通じて、西山記者は……一度は何らかの機会をとらえて、ある程度明らかにされる必要があると考えるようになった。……こうした判断は、一新聞記者として知り得た真実を、国民の前に知らせる義務を負いながら、取材源との関係から、そのまま記事にできないという心理的矛盾を生み、それは国権の最高機関である国会で、解明されるべきたという決意に発展していったものとみられる。西山記者の資料は、三月二十七日午後二時ごろ、横路氏の手元に渡った」という。

国家公務員法の「そそのかし」規定で、新聞記者による報道目的の取材行為が罪に問われたのは初めてのことだった。それだけに、毎日新聞社は「この逮捕は、日常の記者活動の延長と考えられる行為に対する法の不法な適用と受けとめざるを得ない。政治権力の容赦ない介入であり、言論の自由に対する挑戦と解する」と主張し、他の新聞社も、「報道の自由」からして記者の逮捕は認められない、との論陣を張った。

国会でも、社会党議員が「国民は憲法で『知る権利』を保障されている。したがって、「報道の自由」も保障されねばならない。記者が取材したものが政府に都合悪いもので、その出所が公務員だったという場合、国家公務員法違反に問われれば取材の自由が阻害される」と追及したが、佐藤首相は「われわれも知る権利がある。西山記者は司直に話せばいいではないか」と反論、さらに「新聞綱領を守れ」「国家機密を守るため機密保護法は必要」などとエスカレートさせた。つまり、「国民の知る権利」と「官庁の規律」のどちらを優先させるかの大論争となった。それはまた、「報道の自由」と「国家機密」のどちらを優先させるべきかの論争でもあった。

ところが、それまで新聞側に傾いていた世論は一転して、新聞に厳しい目を向けるに至る。東京地検が四月十五日、西山記者と蓮見事務官を国家公務員法違反で起訴したが、起訴状に「西山は蓮見とひそかに情を通じこれを利用して蓮見をして外交関係秘密文書ないしその写しを持出させて記事の取材をしようと企て」「蓮見は西山からのそそのかしに応じ……もって、いずれも職務上知ることのできた秘密を漏らしたものである」とあったからである。

毎日新聞社は同日付夕刊に「本社見解とおわび」を発表。そこには「蓮見、西山両者の関係をもって、知る権利の基本であるニュース取材に制限を加えたり新聞の自由を束縛するような意図があるとすればこれは問題のすりかえと考えざるを得ません。われわれは西山記者の私行についておわびするとともに、同時に、問題の本質を見失うことなく主張すべきは主張する態度にかわりないことを重ねて申述べます」「西山記者は、ニュースソースを秘匿しつつ事実を明らかにすることを意図していたとしながらも、原資料そのものを第三者に提供したことが、結果的には、かえってニュースソースを明らかにすることになりました。この点は、新聞記者のモラルから逸脱したものといわざるをえません。このことは、西山記者の個人的行為であったとはいえ、毎日新聞社は、蓮見さんに多大のご迷惑をかけたことに深くおわびし」とあった。専務取締役・編集主幹、東京本社編集局長の解任も発表した。

これに対し、毎日新聞社には「女性事務官にセックスをしたあげく外交秘密を漏らすようそそのかしたのか」といった抗議が殺到、これを機に部数が減り、同社は経営危機に見舞われる。

その後、東京地裁では蓮見元事務官に懲役六月、執行猶予一年の有罪、西山記者には無罪の判決。が、控訴審では、西山元記者の一審判決が破棄され、懲役四月、執行猶予一年の有罪判決。さらに、七八年の最高裁決定で西山元記者の上告は棄却となった。

これで、外務省公電漏洩事件は一応、終止符を打たれた形となった。

しかし、この事件の本質は、沖縄返還交渉の過程で、日米両国政府間で密約があったかどうか、ということに尽きる。民主政治のもとでは、国家の行為はあくまでも「公開」されねばならず、密約など絶対に許されることではない。なのに、権力側は「密約」の開示を迫る記者の取材方法を問題にし、記者と外務省事務官の「親密な関係」に焦点をあてることで、国民の目が事件の本質に向かうのを避けようとしたといっていいだろう。つまり、事件の本筋が、権力側によってすりかえられてしまったのだ。

私の記憶では、当時、この事件に対し、新聞界はこぞって「国民の知る権利」に基づく「報道の自由」を主張したが、新聞界全体としてはなんとなく腰が引けていたような印象をぬぐいきれない。

こんなこともあった。西山記者が逮捕された後、「朝日」社会部でも、逮捕の不当性を主張する識者の談話を紙面に載せるなどして「毎日」を応援したが、ある時、デスクから「あんまり拳を高く振りかざすなよ」と小声でいわれた。

このころ、新聞各社は、すでに西山記者と蓮見事務官の関係を察知し、起訴の段階でこれが表沙汰になれば、新聞は世論の袋だたきにあうだろう、と予測していたようなのだ。ならば、あまり高姿勢で突っ走るのは得策でない。各社はそう見ていたのではないか。そう思えてならない。

もちろん、この事件によって記者のモラル、取材方法、取材源の秘匿といった問題が問われたことは確かだ。当時、私の周辺でも、同僚はみな、そのことを意識し、議論を交わしたことは事実だ。とりわけ、西山記者が取材源を秘匿できなかったことへの批判が強かった。また、電文のコピーをそのまま政府へ渡した横路議員の「うかつさ」を批判する声も強かった。決済欄の印影をそのままにしたコピーだったから、そこから漏洩元が割れたからである。

ともあれ、マスコミ界では、この事件に一応のピリオドが打たれると、それ以降、事件を問題にしたり、語る人がいなくなった。「この事件については語りたくない」。そんな雰囲気がマスコミ界でずっと続いてきたように思う。そんな中で、ただ一人、事件の本質は密約にあるとして、政府を追及し続けてきた人がいた。作家の澤地久枝さんだ。

それにしても、事件は思わぬ展開をたどる。事件から二十八年たった二〇〇〇年五月、朝日新聞が、四〇〇万ドルの米軍用地復元補償費を日本側が肩代わりしたことを裏付ける米公文書が見つかったと報じた。琉球大学の我部政明教授が米国立公文書館から入手したものだった。政府は、それでも密約を否定したが、事態はさらに動く。当時の沖縄返還交渉の日本側当事者であった吉野文六・元外務省アメリカ局長が、北海道新聞の往住《とこすみ》嘉文記者の取材に「四〇〇万ドルは日本側が肩代わりした」と密約を認めたのだ。今年（二〇〇六年）二月のことである。西山記者の主張は正しかったのだ。それでもなお、政府は密約を認めようとしない。

西山氏は国を相手取り、二〇〇五年、謝罪と損害賠償を求める訴えを東京地裁に起こした。

事件はまだ終わっていない。マスコミ界のこれからの対応が注目されるというものだ。

ところで、私が代表運営委員をつとめる市民団体の平和・協同ジャーナリスト基金（PCJF）は、二〇〇二年、テレビ番組『告発～外務省機密漏洩事件から30年・今語られる真実～』を制作した琉球朝日放送に第八回平和・協同ジャーナリスト基金賞奨励賞を贈った。これは、西山氏を登場させて事件について語らせたドキュメンタリーで、土江真樹子ディレクター（当時）の作品だった。彼女は澤地さんの仕事に触発されてこれをつくったのだが、マスコミ界が事件について沈黙を続ける中では、画期的な作品だった。マスコミ人として事件当時もその後も、何もしてこなかった私としては、罪滅ぼしの気持ちもあって、この作品を基金賞選考委員会に強く推奨したのだった。

（二〇〇六年十一月十五日記＝第2部完）

第3部

編集委員として

ソ連取材では複葉機も使用した。その前での記念撮影。左から筆者、青木ヨーロッパ総局長、右端は高山外報部員（ビョーシェンスカヤで中山写真部員写す）

第95回 「北埼玉対策」の先兵となる

「岩垂君、夏休みで帰郷中のところまことにすまんが、至急、社会部に帰ってきてくれないか。君に北埼玉支局に行ってもらうことになったから」。瀬戸口正昭・東京本社社会部長からの電話だった。一九七三年八月二十七日のことだ。

「ついに異動か。なら、郷里でゆっくり夏休みというわけにはいかないな」。私は、帰省先の長野県岡谷市の実家からそそくさと東京へ向かった。

耐え難い酷暑をやり過ごすために、多忙な新聞記者といえども夏にはまとまった休みをとる。朝日新聞社が始めた、甲子園での夏の全国高等学校野球選手権大会（戦前は全国中等学校優勝野球大会といった）も、一つには新聞記者の夏休み対策として始まったんだ、と社内では言われていた。大勢の記者が時を同じくして夏休みをとるとなると、記事が不足する。だから、その間、野球の記事で紙面を埋めようということでこの事業が始まったというのだ。

その真偽はともかく、このころの私には、夏は一年のうちで最も多忙な季節だった。この時期に例年、原水爆禁止世界大会が東京、広島、長崎を結んで開かれ、民主団体担当の私としては、その取材に追われるからだった。マスメディアにとっては、この時期はいわば〝反核の夏〟であった。したがって、記者の多くが休みをとっている間は休めず、世界大会が終わったあとの八月末か九月初めに夏休みをとるというのが、それまでの私の決まった勤務パターンだった。

この年の夏も多忙だった。東京で世界大会国際会議の取材をすませると、八月七日には、長崎へ飛んだ。六日を中心とする広島大会には、一緒に大会の取材にあたっていた同僚の社会部記者が出向いた。私は長崎で長崎大会の取材を終えると、福岡に出て、そこから空路で那覇へ飛んだ。この年は沖縄でも世界大会が開かれたからである。

十七日には、那覇から伊丹空港を経て京都へ。京都会館でべ平連（ベトナムに平和を！市民連合）の反戦市民運動全国懇談会が開かれたからだ。これを取材して東京に戻ったのが八月二十日。十四日間の出張だった。夏休みをとれたのは同二十五日から。年老いた両親が住む郷里の実家に着いたのが、翌二十六日。その翌日に社会部長から呼び出しを受けたというわけで、結局、この年は「夏休みなし」だった。

社会部長から呼び出しがかかった時、「ついに異動か」との思いが脳裏をよぎったのには、それなりの理由があった。「おれも、そろそろどこかへ出されるのかな」との予感が、しばらく前から私の中で醸成されつつあったからだ。

当時の東京本社社会部では、入社後十五、六年を経た部員は次長に昇格するというのが人事上の習わしだった。もちろん、部員全員が次長に昇格できたわけではないが、定期入社の部員には、よほどのことがない限り、そうしたコースが一般的であった。もっとも、平部員からダイレクトに社会部の次長に昇格するのは極めてまれで、通常は近隣支局、例えば横浜とか浦和とか千葉などの支局の次長に出るケースや、次長職の支局長（横浜、浦和、千葉の各支局は大きな支局だったから支局長は部長職）に出るケースが大半だった。いずれにしても、次長は管理職の一つで、それもいわば末端管理職といってよかった。

次長は、編集局内では「デスク」と呼ばれていた。勤務中はずっと机（デスク）に座りつづけ、部員や支局員から提出される原稿を処理したり、事件が起これば、部員や支局員に指示を与え、原稿を書かせるという勤務形態から、そう呼ばれるようになったものと思われる。

ともあれ、この時、私は入社から十五年五カ月、三十七歳になっていた。社会部では引き続き遊軍だったが、そこでは最年長の一人になっていた。だから「異動があってもおかしくないな」と感じていたわけである。

九月一日付で私が申し渡されたのは北埼玉支局長兼浦和支局次長だった。北埼玉支局は埼玉県北部の中心、熊谷市にあった。ちなみに浦和支局は県南部の県庁所在地、浦和市（現さいたま市）にあった。

北埼玉支局は、できたばかりの新しい支局だった。当時、埼玉県北部は、販売面で読売新聞が圧倒的なシェアを誇り、朝日新聞にとっては極めて弱い地域だった。そこで、朝日新聞社はこの地域で読者の拡大を図ることになり、新たに「北埼玉版」という県版を創設した。このため、取材態勢も強化することになり、熊谷市にあった熊谷通信局を七三年三月から北埼玉支局に昇格させた。熊谷通信局は記者が一人だったが、支局昇格とともに支局長一人、支局員五人の陣容になった。支局長には宇野秀・浦和支局次長が任命され、支局員には東京本社管内の地方支局から選ばれた腕利きの記者を投入した。そればかりでない。同市に印刷工場を建設する計画に着手した（その後、これは沙汰やみになった）。

私は宇野氏の後任で、いわば二代目の支局長だった。私は入社直後に浦和支局に支局員として勤務したことがあり、二度目の埼玉勤務だった。

私が赴任したときの支局員は鈴木規雄、田村正人、長沢豊、長谷正遠、村田真徹の各記者。「北埼玉対策の先兵」として集められただけに、いずれも優れた記者で、その後も各分野で活躍した。

なかでも、鈴木記者はその後、論説委員、東京本社社会部長、同編集局次長、大阪本社編集局長などを歴任。が、病いを得て、二〇〇六年、定年直前の五十九歳で亡くなった。とくに「平和」「人権」「報道の自由」といった問題に造詣が深く、これらに関する報道をリードした。昨今のマスメディアの動向をみるにつけ、その早世が惜しまれる。

長谷記者はその後、北海道の小樽勤務となったが、そこで、市民による小樽運河保存運動に出合い、それを積極的に報道し、運河保存のうえで大きな役割を果たした。

北埼玉支局長としての主要な任務は「北埼玉版」づくり。支局員から出される原稿に目を通し、完全原稿に仕上げて浦和支局へ送る。

それまでの、原稿を書く立場から、他人の書いた原稿を見る立場へ。他人の原稿を見るという作業は、以前、校閲部にいたことがあるので、すでに経験していた。しかし、こんどは、それとは根本的に違っていた。校閲は、活版部で拾われた活字が記者の書いた原稿通りかをチェックする仕事だったが、こんどは、原稿に書かれた内容を吟味し、正確で読みやすい原稿に整える。つまり、必要とあらば原稿に手を入れ、読者が読むにたえる原稿に仕上げるのだ。支局員が書いた原稿を手にするたびに身が引き締まるのを覚えた。

原稿を書く立場から原稿を読む立場へ。経験を積むと、眼前の原稿が良い原稿か、まずい原稿か一目でわかるようになった。これは、デスクという業務を通じて、原稿を客観的に眺められるようになったからだったと思う。このことは、自分自身にも決定的な影響を与えた。すなわち、「それまでは、原稿を書くとき、極めて主観的、近視眼的になりがちだったな」との反省が自分の中に芽生え、「原稿執筆にあたっては、自分自身の視点をより客観的、複眼的な位置に置かねば」と思うに至ったのである。

その時、私は以前、耳にした先輩記者の言葉を思い出していた。それは「新聞記者は、機会があったら一度、デスクを経験するといいよ」というものだった。

それにしても、「北埼玉版」づくりには苦労した。紙面には地域に根ざしたニュースを大量かつこまめに載せる、トップ記事は北埼玉支局から出す、を原則としていたが、夕方になってもトップ記事にふさわしい原稿が私の手元に届かないことが時折あったからだ。トップにふさわしい記事がなければ、浦和支局がつくる「埼玉版」のトップ記事を転用すればよかったが、それでは北埼玉支局設置の意味がない、との思いもあって、北埼玉版独自のトップ記事にこだわったという事情もあった。

埼玉県北部は、このころ、農村地帯だった。だから、事件・事故も少なく、平穏そのもの。したがって、私たちは、いつもトップにふさわしい企画記事を用意していたのだが、それも種切れ、あるいは予定通り企画記事ができあがらない、ということがあった。そんな時は、気があせって「管内に火事でも起きてくれないかな」と思ったものだ。まことに不謹慎極まりないが。

週一回、浦和支局へ出向いた。浦和支局次長が週休をとる時、彼に代わってデスクをする人間が必要だったからだ。当時の浦和支局次長は小林一喜記者。小林記者はその後、社会部次長、論説委員を経て、テレビ朝日の「久米宏・ニュースステーション」のキャスターになった。名キャスターとして人気を集め、とくに主婦層にうけがよかった。が、不幸にもがんを患い、早世した。当時の浦和支局長は政治部出身の村上洋氏。

北埼玉支局に赴任して丸一年たった七四年九月、浦和支局に移った。兼任がとれ、浦和支局次長専任となった。これは、小林次長が社会部次長に転じたことにともなう人事だった。

（二〇〇七年一月九日記）

第96回
デスクは激職の「千手観音」

北埼玉支局から移った浦和支局での次長としての勤務も、わずか三カ月に過ぎなかった。一九七四年は十二月、東京本社首都部の次長に転勤したからである。

首都部とは、東京、神奈川、埼玉、千葉の一都三県の首都圏をカバーしていた部だ。六八年十二月、東京本社社会部を社会部と首都部に分割してこの部が生まれた。「首都圏での人口増加が著しいので、それに対応するための報道態勢」というのが会社からの説明だったが、社会部内には「社会部があまりにも大人数になったので、管理できなくなって分割したのさ」「部員が増えたのに、次長ポストはそれに応じて増えない。これでは人事政策上困るので、部を二分して次長ポストを倍増させたのさ」との見方があった。なにしろ、当時、社会部員は百人を超えるまでにふくれ上がって編集局最大の勢力になっていた。いずれにしても、その時、私は社会部に残った。

その首都部へ転勤となったのだ。ところが、なんとその首都部が二カ月後に消滅してしまう。七五年二月、社会部と首都部の合併があり、また元の社会部に戻ったからである。再び百人を超える大所帯となったが、合併にともない、私はその次長となった。合併後の次長は約十人だったと記憶している。

社会部次長（デスク）。それは、聞きしにまさる激職だった。地方支局のそれとは比べものにならないほど過密な労働だった。それは、ある意味で当然であったろう。なにしろ、地方支局でのデスク業務は、一つの県内、あるいは一地域内を対象としたものだったが、社会部のそれは、日本全国、いや世界全体が対象だったからである。

社会部デスクは、部長から社会面づくりを任せられている。つまり、どんな社会面をつくるか、の判断と実行を任せられているわけで、別な言い方をするならば、社会面について全面的に責任を負わされていることになる（もっとも、編集局内では新聞制作の最終責任は、新聞の編集にあたる整理部にあるといわれていたが）。ともかく、社会面に絶対的な権限をもっていたから、どの記事をトップにするか決めることができたし、原稿をボツ（没）にすることもできた。

だから、東京・有楽町の本社ビル三階の編集局内にあった社会部のデスク席（それは木製の大きな六角机だった）に座ると、私の場合、いつも、たちどころに、自分の脳裏に日本の地図、ひいては世界の地図が網の目のように広がったものだ。「自分がここに座っている間、世界と日本で刻々と発生するニュースを素早く、しかも正確に反映した社会面をつくらなくては。とくに大事件や大事故には遅れをとってはならない」。そう思うと、緊張で身が引き締まった。当時の朝日新聞の発行部数は約六九〇万部。それを意識すると、一層、緊張感が増した。

すべてのことを自分一人で即座に判断しなくてはいけない。だれかに頼るわけにはいかない。そういう意味では、デスクに座っている間はひどく孤独だった。

ともかく、デスク業務は、まるで千手観音のような多面的な作業を要求された。まず、締め切り時間をめがけて洪水のように殺到する、出先の部員からの原稿を手早く処理しなくてはならない。要するに、素早く読み通し、添削して、整理部に渡さなくてはならない。不明の点があれば、出先の部員を呼びだして聞きただす。

社会部が扱う対象は、それこそ森羅万象だから、部員から出される原稿は、実に多岐にわたる。教育に関する原稿が来たかと思うと、次は河川行政に関する原稿や医療過誤に関する原稿、航空各社に関する原稿。かと思うと、労働争議を伝える原稿や国際婦人年についての原稿が来る。果ては地震、火事、水害、交通事故、殺人、強盗の記事……。そのたびに、頭を切り換えて個々の原稿に立ち向かわなくてはならない。まさに「待ったなし」だ。

その間に大きな事件、事故が起これば、現場へ部員を派遣し、さらに、その部員に指示を与えなくてはいけない。原稿がなかなか来ないときは、呼びだして出稿を急ぐよう催促しなくてはならない。もっとも、とてつもなく大きな大事件・大事故が発生した時は、他のデスクがその専任となり、采配をふるう。

新聞社間の競争も激しいから、他社の動きにも気をくばらなくてはならない。当時、夕刊帯では、新聞各社間で、夕刊の早版を互いに交換する制度があった。正午過ぎには、他社の夕刊が手元に届く。それにさっと目を通し、抜かれていないか点検する。抜かれていたら、ただちに追いかけるよう部員に号令するというのが通例だった。

こうした一事でも分かるように、新聞社間の競争は激烈だった。だから、スクープ（特ダネ）は、夕刊でも朝刊でも最終版から入れるのが習わしだった。他社の追いかけを封じるためだ。

原稿を整理部に渡す時間、すなわち締め切り時間は、文字通りデッドライン。デッドライン後に出した原稿は紙面に載らないからだ。デッドラインは一回だけではない。何度もやってくる。夕刊だと三回、朝刊だと五回。その度にデスクは「猛烈な忙しさ」に直面する。

夕刊帯はとくにすさまじかった。デッドラインとデッドラインの間が短かったからだ。トイレに行く時間もとれず、ずっとデスクに座りづめとなる。

当時、夕刊勤務となった社会部デスクは、出勤すると、社内の喫茶室からコーヒーをとり、泊まり明け（宿直明け）の部員にふるまうのが習わしだった。ついでに自分用のコーヒーかアイスクリームをとるのだが、私の場合、席についた途端、殺到する原稿の処理に追われ、注文した品を机の上に置いたまま、ついに口をつける暇がなかったこともしばしばだった。コーヒーは冷えて変色し、アイスは溶けてしまった。

というわけで、社会部デスクは、まさに「殺人的」と言っても過言でないほど多忙な職場だった。デスクの勤務時間は、夕刊は午前八時半から午後三時まで。朝刊は午後三時から夜中の午前二時半から三時ごろまで。

朝刊勤務を終えて帰路につく時は、刷り上がったばかりの朝刊を手にして車に乗り込む。車内で社会面に目を通す。インクの香りがただよう。「これでよかったかな」と思う。そのうち、窓外で夜が白々と明けてくる。

夕刊でも朝刊でも、デスク勤務を終えると、ほおがげっそりこけたような感じに襲われた。それだけ消耗が激しかったということだろう。

通常の勤務は、夕刊、朝刊、明け、サブ（他のデスクの手助け）、休み、といったパターン。でも、企画記事を担当したり、特定のテーマを担当すると、なかなか休みをとれなかった。超多忙で、ストレスが強い職場だったからだろうか、私はデスク勤務中、胃潰瘍を患った。軽かったから、手術をしなくてすんだが。

こうした激職をなんとかこなすことができたのも、頼もしい助っ人がいたからだ。「原稿係」といわれた若い人たちである。多くは学生で、編集局内の各部に配置されていた。学資稼ぎのためのアルバイトだったが、長く続けている人も多く、仕事はベテランの域に達していた。私が入社したころは

「こどもさん」と呼ばれていたが、こういう呼び方は失礼だということで「原稿係」に変わった。

社会部の場合、勤務時間中はデスクの近くに座っていて、デスクの指示にしたがって、電話をとったり、原稿を整理部に運んだり、コピーに携わったり……と、何でもこなした。

彼らの助けがなかったら、新聞制作は不可能だったと私は思う。まさに縁の下の力持ち的な存在だった。

（二〇〇七年一月十八日記）

第97回 つかの間のデスク勤務

社会部次長に在任中、世界でも日本でも大きな事件や出来事が起きた。

記憶に残る最大の事件は、なんといってもロッキード事件での田中角栄・元首相の逮捕だった。

ロッキード事件とは、アメリカの多国籍企業であるロッキード社が、大型旅客機トライスターを全日本空輸（全日空）へ売り込むにあたって、代理店の丸紅などを通じて約二十六億円の対日工作資金を政府高官らにばらまいた、政・官・財界癒着の汚職事件。一九七六年二月四日、米国上院外交多国籍企業小委員会公聴会で、ロッキード社の海外での違法政治献金が明らかにされた。同六日、この公聴会で、ロッキード社のコーチャン副会長が、対日工作資金約三十億円を日本政府高官に流したと証言、これがロッキード事件の発端となった。

これを伝えたワシントン発の記事の扱いは各紙とも小さかった。が、衆院予算委員会でこの事件が取り上げられて証人喚問が行われ、さらに衆院にロッキード問題特別委員会が設けられるに及んで、事件はがぜん、世間の注目を集めた。しかも、東京地検が動き出したことで、事件は政、官、財界を巻き込んだ大規模な贈収賄事件に発展する気配をみせるに至った。

その後、ロッキード社の工作は丸紅、全日空、右翼の児玉誉士夫の三ルートを通じて行われたことがわかってきて、この年六月に丸紅の大久保利春・前専務、七月には同社の伊藤宏・専務、檜山広・会長が東京地検に逮捕され、さらに、全日空の若狭得治・社長、渡辺尚次・副社長が同地検に逮捕された。

そして、七月二十七日には、田中角栄・前首相が外国為替及び外国貿易管理法違反容疑で東京地検に逮捕された。田中前首相は八月十六日、収賄罪で起訴されたが、その容疑は、ロッキード社のトライスターL１０１１型機の購入を全日空に働きかけ、成功報酬として同社代理店の丸紅を通じ五億円を受け取ったというものだった。

総理大臣経験者が贈収賄容疑で逮捕されるなんて、まさに前代未聞。前首相は新潟県出身。小学校卒の土木建築請負業から政治家に転じ、国のトップの総理大臣まで上りつめたところから、マスメディアは「今太閤」とか「庶民宰相」ともてはやし、国民の間でも人気があった。それだけに、多くの国民にはなんとも衝撃的な事件だった。

八月には、佐藤孝行・元運輸政務次官、橋本登美三郎・元運輸相が逮捕された。

結局、この事件で取り調べを受けた者は、逮捕された国会議員や政府高官を含め四百六十人にのぼった。このため、戦後最大の疑獄事件といわれた。

犯罪は社会部の担当、東京地検を担当するのも東京社会部だったから、社会部はロッキード事件の取材、報道に追われた。デスクとしての対応も、事件専任デスクに二人が任命され、事件をさばいた。私はその専任からは外れていたが、この事件のあおりを受けて、通常のデスク業務もけっこう忙しかった。

自分が担当したニュースで印象に残るのは「スト権スト」だ。

そのころ、公共企業体というのがあった。「公共の福祉に密接な関係のある事業で、公共性と企業性とを調和させるため、独立の法人格を与えられている国家的な企業体」（旺文社発行の「学芸百科事典」）で、いうなれば、国家が経営する企業。具体的には、日本国有鉄道、日本電電公社、日本専売公社の三公社と五現業（郵政、林野、印刷、造幣、アルコール専売）であった（これらのほとんどは、その後、民営化された）。

これらの企業体で働く職員は「公共企業体等労働組合協議会」（公労協）に結集していたが、これらの職員は、労働者の権利である労働三権のうち、団結権、団体交渉権は保障されているものの争議権（スト権）は与えられていなかった。そこで、公労協は争議権も与えるよう戦後ずっと要求しつづけていた。

政府が要求を拒みつづけたため、しびれをきらした公労協は「スト権奪還」を掲げて七五年十一月二十六日からストに突入した。

当時、公労協は日本の労働運動のナショナルセンターである総評（日本労働組合総評議会。組合員四五七万人）で最も闘争力があるとされていた組合だった。その主力は国鉄の労働者でつくる国鉄労働組合（国労）だった。スト権ストの中心は国労で、国労は全国でストに突入し、国鉄全線がストップした。

ストは十二月三日まで、八日間に及んだ。国鉄史上最長のストだった。これに対し、政府は「違法ストには妥協しない」と強硬な態度を取り続け、結局、労組側は政府から前向きの回答を引き出せないまま、ストを収束した。労組側の敗北であった。

長期にわたって国鉄がマヒしたことで、国民生活への打撃は甚大だった。国鉄労働者の闘いに理解を示す声もあったが、ストに対する批判の声は日ごとに高まり、労組側は世論を味方につけることができなかった。

スト権ストを深刻に受け止めた政府側は、これを機に国鉄の民営化に向けて動き出す。狙いは「国労つぶし」。そして、中曽根康弘内閣の手で八七年、国鉄の分割・民営化が実現する。スト権ストから十二年後のことだ。

国労が弱体化したことで、総評の力も低下し、やがて、解散に追い込まれる。そうした歴史をみるにつけ、スト権ストはわが国の労働運動にとって分岐点、分水嶺であったような気がする。そして、こう思ってみたりする。「国労はスト権で徹底抗戦を貫いたが、相手陣営の力、対する自分たちの力についての分析が果たして十分なものだったろうか。余力を残して闘いを収拾し、国民と広く手をたずさえることで、また別な道も開けたのではないか」

いずれにしても、労組ストをめぐる取材は社会部の担当だったから、社会部は戦場のような忙しさだった。このため、スト担当のデスクが二人必要になり、藪内良宣・次長と私が充てられた。

七六年十二月六日。この日は夕刊勤務で、午後三時にそれが終わった。その時、社会部長席にいた小林英司部長に「岩垂君、ちょっと」と呼ばれた。部長席に行くと、「君には編集委員になってもらうから」と申し渡された。末端管理職からライターへという異動であった。また現場取材に戻されたのだ。

北埼玉支局長兼浦和支局次長として一年、専任浦和支局次長として三カ月、首都部次長として二カ月、そして社会部次長として一年十カ月、計三年三カ月のデスク勤務だった。短いデスク稼業だったが、この間、私は多くのことを経験し、見聞を広めることができた。そのことは、その後の記者生活にプラスとなった。

とりわけ、原稿執筆にあたっては締め切り時間を厳守すること、できれば締め切り時間より一刻も早く出稿すること、デスクへの出稿は早ければ早いほどいいということを身にしみて体得したことだ。また、誤字、脱字を避けること。さらに、原稿は短く、簡潔に書くよう心がけること。いずれも新聞記者としては当たり前の心得で、入社以来、上司や先輩から口を酸っぱくして言われてきたことばかりだが、自らの体験を通じて、こういうことを今一度、それこそ真剣に自らに課さねばと思い知らされた。

それに、新聞記者として絶えず視野を広げるよう努めること、と同時にものごとを可能な限り客観的にみてゆくことの大切さを教えられたように思う。

新聞記者は洞察力をみがかねば、とも痛感させられた。世の中に起きる事件や出来事を分析することはだれにでもできる。が、新聞記者に求められているのは、そうした能力とともに、それらが今後どう展開するのか、今後、社会にどんな影響を与えるのだろうか、という見通しをもつことではないか。つまり、これからの展望だ。ニュースに接して素早くそうした展望をもつことができてこそ、刻々と発生するニュースについて、報道上の価値判断をくだすことができるというものだ。

洞察力を身につけるにはどうしたらいいか。それには、多くの情報を得るための努力をすること、そして、集めた情報を分析する能力を身につけることが不可欠だろう。

ともあれ、デスク勤務は、短い期間ではあったが、私にとってまことに貴重な経験であった。

（二〇〇七年一月二十六日記）

第98回　「相田か、疋田か」

社会部長から呼ばれ、「君には、編集委員をやってもらうから」と通告されたとき、なんとも言いがたい複雑な感慨に襲われた。

まず、とっさに「おれは管理職には向かないと判断されたんだな。これでもう管理職コースは閉ざされたわけだ」との思いがひらめいた。と同時に「なんとも残念だな」との思いがわきあがってきた。すでに述べたように、新聞をつくるうえでデスクというポストの権限は絶大である。こうした紙面をつくりたい、こんな企画をやってみたいと思えば、すべてでないにしても、かなり実現させることができる。三年余のデスク勤務を通じてデスクの仕事に少しずつなれ、「よし、こんなこともやってみようか」との意欲が満ちてきていた矢先の異動だったからである。

それに、また取材現場に出てゆくのはいささかしんどいな、という気持ちも少なからずあった。これもすでに述べてきたことだが、新聞社の取材部門ではかなりの体力と知力が要求される。だから「四十代の今はいいが、体力の衰える歳になっても取材の第一線で働けるだろうか」といった一抹の不安が、私の脳裏をよぎったのだった。

そうかと思うと、一方で「再び現場に出られるんだな」という興奮もあった。なんといっても、原稿執筆の苦しさはともかく、取材という仕事はめっぽう面白く、人間をわくわくさせるからだった。

というわけで、社会部長に異動を申し渡されたとき、私の気持ちはなんともアンビバレントなものだった。そのまま帰宅する気にもなれず、社を出て、銀座通りをぶらぶらした。銀座一丁目までくると、映画館「テアトルトーキョー」の看板が目に入った。ロシア革命直後の人間ドラマを描いた『ドクトル・ジバゴ』。私は映画館に入ったが、心は上の空で、最後までスクリーンに気分を集中できないまま映画館を出た。

新聞記者は入社後、一定の期間が過ぎると、分岐点を迎える。管理職コースに行くか、ライターの道を歩むか、の分岐点である。一九七六年十二月六日。それが、私の分岐点となった。

編集委員はライター、と書いた。では、一般の記者とどうちがうのか。『朝日新聞社史　昭和戦後編』（一九九四年発行）には次のような記述がある。

「朝日は（昭和）四十一年十一月一日付で機構改革をおこない、……新しく四本社に、肩書を『編集委員』とする専門記者制度を発足させた。『編集委員』という肩書は、……三十五年三月、整理部の機構改革で登場、同部デスクらに使用されていたが、この新制度による編集委員は、すぐれた専門のライターを育成し、部長や局長などの管理職にならなくても、筆一本の力でそれと同等の処遇をうけられる道をひらいたものだった。これによって記事や紙面制作に特色を出し、メディアの多様化にも対応しようというねらいで、次長クラス以上の経験と実績あるものから選ぶことにした」

編集委員とは、要するに特定の分野に精通する専門記者のことだ。これは、新聞界でも「朝日」が他社にさきがけて創設した制度だった。私は、それに任命されたのだ。

私が編集委員になった七六年の暮れには、編集委員は身分的には編集局長直属だった。が、日常の仕事の上では、それまで所属していた部の部長の区処を受けるとされていた。ということは、私の場合、出張などにかかった経費は編集局長に請求して支払いを受けるが、原稿は社会部デスクに出す、ということだった。いうなれば、編集委員になっても出稿に関しては、それまでと変わらなかった。そして、取材に関しては、原則として自分で企画を立て、独自に取材してよいことになっていた。独自性が保証されたポストといってよかった。

編集委員になってよく浴びせられたのは「論説委員とどう違うか」という質問だった。論説委員は、特定の問題に対する社の主張を盛り込んだ「社説」の筆者で、論説委員による合同討議で社の主張の方向が決められ、それを踏まえて担当の論説委員が「社説」を書く。しかし、編集委員は個人の責任で原稿を書く。したがって、原稿に署名することが許される。

もちろん、編集委員といえども社会部デスクからの依頼で取材し、出稿するというケースもあった。社会部員との共同取材もあった。

有楽町の東京本社ビルの四階には「編集委員室」があった。編集委員専用の部屋で、各自そこに机をもっていたが、そこを利用しない編集委員もいた。机が足りなくて入りきれなかったという事情があったうえ、そこへ入ることを望まず、自分が所属していた部に引き続き机を確保し、そこで仕事をする編集委員もいたからだ。

私が編集委員になった時の編集委員のはっきりした数は覚えていない。が、東京本社だけで三十数人いたのではないかと記憶している。編集委員は専門記者だから、それぞれが担当分野をもっていた。警察、交通、スポーツ、年金、環境、電波、司法、政治、経済、国際経済、軍事、文化、文学、演劇、美術、写真……などである。

かくいう私の担当分野は「社会一般」であった。要するに、なんでも屋といってよかった。辞令を受け取るにあたって「こういう分野を取材してほしい」という指示はとくになかった。が、自分では、平和運動を中心とする大衆運動をカバーしてゆけばいいだろう、と勝手に解釈した。社会部では、「民主団体担当」として、平和団体や労働団体、国際友好団体、市民団体などを取材対象とし、記事を書いてきた。その結果として、編集委員を仰せつかったのだから、その延長線上で仕事をしてゆけばいいだろう、と判断したわけである。

思えば、私が東京本社社会部員になったばかりのころ、先輩からよくこう聞かされたものだ。「相田か、疋田か。社会部にとって必要なのはそのどちらかだ。どちらでもない記者は社会部では存在価値がないということだ」

「相田」とは相田猪一郎記者、「疋田」とは疋田桂一郎記者のことだった。二人ともすでに故人だが、どちらも東京社会部の名物記者だった。すなわち、相田記者は当時、警視庁クラブ詰めで、社会部きっての事件記者。一方、疋田記者は深代惇郎、辰濃和男記者らとともに「朝日」を代表する名文記者として知られていた（これら三記者はその後、いずれも朝刊一面のコラム「天声人語」の筆者に抜擢された）。

没後もジャーナリズム界では疋田記者の業績を評価する声が高く、言論・報道の自由などに貢献した記事や企画に毎年ジャーナリスト大賞を授与している新聞労連（日本新聞労働組合連合）は、二〇〇六年から同賞の特別賞として「疋田桂一郎賞」を新設したほどだ。

ともあれ、先輩記者がいいたかったのは、社会部に必要なのは事件に強い記者か、文章のうまい記者であって、それ以外はいらないよ、という意味だったと思う。ということは、社会部に長くいたければどちらかになれ、という忠告であったのだろう、と私は解釈した。でも、結局、私はそのどちらにもなれなかった。しかし、平和運動などの大衆運動を長期にわたって取材してきたことから、その分野での専門記者とみなされのだろう。だから、存在価値があるとされ、社会部に長期間在籍できたのだろう――と私は思った。

事件記者や名文記者にならなくても、社会部に長くとどまる手だてはあった。部内の派閥に加わることだ。当時は、部内に一大派閥があり、人事面でも影響力をもっていた。だから、部員の間では「その派閥の庇護下に入れば身分的には安泰だ」とささやかれていた。なかには、派閥のボスにとりいる部員もいた。が、私にはそんな芸当はできないばかりか、私はそうしたグループに属すことを潔しとしなかった。それに、なによりも、派閥から声がかからなかった。私は、与えられた部署でただひたすら仕事をすることが新聞記者の常道だ、と考えていた。

編集委員としての初原稿は、七六年十二月二十一日付の朝刊四面解説欄に載った「原水禁運動統一へ力」「幅広い参加者、強い意欲」「被爆シンポジウムへの期待」という三本見出しがついた解説記事だ。七七年夏に広島、長崎で開催が予定されている、国連NGO（非政府組織）主催の、原爆被害の実態を明らかにするための国際シンポジウムについて論じたものだった。

「週刊朝日」に頼み込んで実現した企画もあった。同誌の七七年二月十八日号を飾った『底討論　宮本顕治×岩井章』である。宮本氏は当時、共産党委員長、岩井氏は元総評事務局長で、この時は総評顧問。宮本氏は共産党で絶大な権力をもち、岩井氏は総評労働運動や社会党に強い影響力をもっていた。この時期、民社党、公明党といった中道勢力が勢いを増し、最大野党の社会党は、それまでの社共共闘でゆくか、共産党と手を切って中道勢力と組むか、で揺れていた。そんな情勢をとらえて、私は左翼陣営における代表的な二人によるビッグ対談を企画したのだった。両氏が週刊誌上で対談するのは初めて。私は、その司会を務めた。

（二〇〇七年二月七日記）

第99回　「革命60年」を迎えたソ連へ

編集委員になって三カ月たった一九七七年三月、思いがけない仕事がもたらされた。それは、なんと、ソ連を対象とする長期にわたる取材だった。もちろん、編集委員として初めての本格的な仕事であった。

この年は、ロシア革命から六十年にあたった。レーニンが率いるボリシェビキ（ロシア社会民主労働党の多数派）が武装蜂起してケレンスキー政権を倒し、ソビエト政府を樹立したのが一九一七年（大正六年）十一月七日。したがって、ソ連はこの年に「革命六十周年」を迎えることになっていた。人間でいえば還暦である。

このため、東京本社外報部はこれを記念して革命六十周年を迎えるソ連の実像を伝えようと、ソ連に取材班を派遣することになった。

取材班のメンバーは以下の通りだった（所属はいずれも当時のもの）。

秦　正流（専務・編集担当）
青木利夫（ヨーロッパ総局長）
岩垂　弘（東京本社編集委員）
高山　智（東京本社外報部員）
中井征勝（東京本社写真部員）

取材班の団長は秦専務、キャップは青木・ヨーロッパ総局（在ロンドン）長。秦専務は外報部出身でモスクワ支局長の経験があり、朝日新聞きってのソ連通といわれていた。それに、ヨーロッパ総局は外報部の管轄だから、取材班は外報部を中心に編成されたといってよかった。そこへ社会部の私が加わった形だったが、おそらく、外報部から社会部に「一人出してくれ」と要請があり、社会部が私を選んで〝供出〟したのだろう。

外報部が社会部に協力を要請したのは、外報部として「ソ連をまるごと紹介するとなると、社会部が日ごろ取材しているような分野の取材も必要になる。なら、社会部からも」と考えたのだろう。一方、社会部は「ソ連取材となれば、軟派の記者よりは硬派の記者が向いているだろう。それに、社会主義国での取材なら、左翼について多少取材経験のある記者がいいだろう」というわけで、私を推薦したものと思われた。

ソ連取材班の一員に加えられた時、私の心は躍った。なぜなら、新聞記者になってこのかた、できれば一度、この国を取材してみたい、と思い続けていたからである。ついに、その機会がきたのだ。

いまの若い人には信じがたいことだろうが、この時期、ソ連は世界の二大超大国の一つであった。第二次大戦後、世界は「冷戦」と呼ばれた、戦争の危機をはらんだ「東西対決」の時代が続いていたが、「西」とは米国をリーダーとする資本主義陣営、「東」とはソ連が主導する社会主義陣営であった。ソ連は、いわば社会主義陣営の総本山であった。

だから、二大超大国の一つ、ソ連の動向は、世界的な関心事であり、マスメディアで働く者にとっても大なる興味の対象であったわけである。

それに、一九五〇年代に学生時代を過ごし、とくに学生運動などを通じて「革命」や「社会変革」を目指した者にとっては、ソ連は特別な存在だった。というのは、それらの学生にとって、ソ連は、あこがれ、あるいは崇拝の対象であったからである。

このころの左翼陣営では、ソ連は「社会主義が実現した国」「人類にとって理想の国家」「搾取のない国」「労働者の国家」「働く者が主人公の国家」などといった礼賛の言葉で彩られていた。まさに、光り輝く存在であり、希望の灯であった。左翼運動も労働運動も、この国を「目指すべき国家」のモデルとみていたと言ってよい。

例えば、六六年に日本共産党中央委員会出版部から発行された『日本共産党の四十年』は次のように述べていた。

「第一次世界大戦のなかで、世界資本主義の矛盾が集中していたロシアでは、ブルジョア民主主義革命につづいて十月社会主義革命が勝利しました。十月革命は世界の歴史にあたらしい時代、すなわち社会主義と資本主義という『二つのあい対立する社会体制の闘争の時代、社会主義革命および民族解放革命の時代、帝国主義の崩壊と植民地主義一掃の時代、各国人民がつぎつぎと社会主義の道へふみだして社会主義と共産主義が世界的規模で勝利する時代』（モスクワ声明）への道をきりひらきました」

日本共産党史での記述だから、これが、この当時の日本共産党のソ連に対する公式見解とみていいだろう。

そして、六七年に同出版部から出版された『共産主義読本』には、こう書かれていた。

「マルクス・レーニン主義の理論にみちびかれて、全世界の労働者階級と人民の解放闘争は急速にひろがり、発展し、着実な勝利をおさめてきました。レーニンによってつくられ、指導されたボリシェビキ党（現在のソ連共産党）は、ロシアの労働者階級と人民をみちびいて革命をやりとげ、世界史上はじめての社会主義国家をつくりあげました。こうして、人類の歴史は、社会主義・共産主義へと移行してゆく、あたらしい時代にはいったのです」

「歴史は、マルクス・レーニン主義の理論を正しくつかみ、それをそれぞれの国の革命闘争の現実に創造的に適用したときに、労働者階級と人民のたたかいは着実に前進し、勝利をかちとることができるということを、しめしています」

もっとも、ソ連に対する批判も次第に顕在化しつつあった。きっかけは、五六年に開かれたソ連共産党大会で行われた、フルシチョフ第一書記による「スターリン批判」だった。フルシチョフは、三年前に死亡していたスターリン元首相を、党内民主主義の抑圧、集団指導の否定、己への行き過ぎた個人崇拝などの誤りがあったとして、きびしく糾弾した。スターリンは、それまで、全世界の共産主義者から最高指導者としてあがめられていたから、フルシチョフによる批判は全世界に衝撃を与えた。

これを機に、日本では、日本共産党の学生党員を中心に、ソ連共産党が主導する国際共産主義運動に対する懐疑が生じた。それは、日本共産党がハンガリー事件をめぐってソ連を支持したことで決定的になった。この事件は、「スターリン批判」直後にハンガリーのブダペストで起きた、民衆による民主化要求のデモを、ソ連が武力で鎮圧した事件である。

五八年には、日本共産党を除名された学生活動家によって「共産主義者同盟」（ブンド）が結成された。ブンドは、「真の前衛党」を目指すと宣言し、資本家階級とともにソ連や日本共産党の打倒を掲げた。

この時期、もう一つの反ソ連組織が生まれた。五七年に結成された「日本トロツキスト連盟」だ。同連盟はその後、「日本革命的共産主義者同盟」（革共同）と改称する。革共同のスローガンは「反帝国主義・反スターリン主義」だった。具体的には、アメリカや英国などの帝国主義国と、ソ連と中国に代表される既成の社会主義国と各国共産党をともに打倒して、真の労働者国家の樹立を図るというものだった。

その後も、六八年にはチェコ事件が起き、ソ連への批判が世界的に高まる。これは、チェコ共産党による自由化の試み（共産党中央委員会が複数政党制などを決議。こうした自由化の動きは「プラハの春」と呼ばれた）が、ソ連・東欧五カ国軍の武力介入によって息の根をとめられた事件だ。それに、ソ連当局による国内反体制派への人権抑圧の実情が地下出版などを通じて西側諸国にも知られるようになり、このこともソ連批判の根拠の一つになった。日本共産党もソ連共産党が日本の平和運動に「不当に介入した」としてソ連を批判を強める。

とはいえ、こうした一連の反ソ的機運の高まりによってひところのソ連崇拝熱は冷めつつあったものの、ソ連は依然として世界における二大超大国の一つという地位を保っていたし、わが国の左翼陣営の間では「問題があるが、それでもソ連は今なお社会主義国」との見方が支配的だった。

いずれにしても、私にとってソ連は、中学時代に観て目を見張った総天然色映画『シベリヤ物語』の舞台であり、学生時代の夏休みに数日かけて読みふけった、ミハイル・ショーロホフ作の『静かなドン』の舞台だった。そしてまた、新聞記者になってから熱中して読んだ、ジョン・リードのドキュメンタリー『世界をゆるがした十日間』の舞台だった。その舞台をこの目でみることができる。そう思うと、胸が高鳴った。

私にとって訪ソは三度目。六八年にモスクワとハバロフスク、七〇年にモスクワに滞在しているが、いずれも取材が目的ではなかったから、取材のための訪ソは今回が初めてといってよかった。

七七年五月二十五日、私たちソ連取材班は羽田発のアエロフロート機（ソ連国営の航空機）でモスクワへ向かった。羽田空港で手にした新聞は一面トップで「ソ連共産党中央委ポドゴルヌイ最高会議議長の解任を決定」と伝えていた。元首が解任されたのだ。大ニュースである。「この人事は何を意味するのだろう」。機内での私たちの話題はもっぱらそのことだった。

モスクワで、ロンドンから飛んできた青木ヨーロッパ総局長と合流。こうして、私たちのソ連取材が始まった。

（二〇〇七年二月十六日記）

第100回　四十八日間・二万キロの旅

一九七七年五月二十五日、シェレメチェボ空港に着いた私たちソ連取材班を出迎えてくれたのは、ノーボスチ通信社（APN）の副社長、国際関係部長、アジア部長、日本課長らだった。朝日新聞の白井久也モスクワ支局長の姿もあった。

当時、ソ連には二つの国営通信社があった。タス通信とノーボスチ通信社だった。外国の報道陣の受け入れ窓口になっていたのがノーボスチ通信社で、朝日新聞社も同社を通じて取材を要請し、認められたのだった。当時は、社会主義国はどこも、西側諸国におけるような自由な取材活動はできず、西側の報道機関が社会主義国で取材しようとすれば、相手国に取材許可を申請し、許可が出て初めて入国できたわけである。

到着後、さっそく取材班とAPNの打ち合わせがあった。取材班は、出発前にあらかじめ見学を希望する地域や施設、インタビューしたい要人のリストをソ連側に提出してあった。打ち合わせの結果、二、三をのぞきすべて取材スケジュールに盛り込まれた。それに、ソ連側がぜひ見せたい、会わせたいという土地、施設、要人も加えられた。だから、大変な濃密取材ダイヤとなった。私たちの取材班は、西側のマスメディアとしては例のない大がかりなものだったから、ソ連側としてもそのことを重視し、見せたいもの、会わせたい人を押し込んできたという面もあったのだろう。

私たちは、過密ダイヤに対応すべく分業態勢をとることにした。団長の秦正流専務・編集担当はモスクワにとどまり、閣僚級の要人十四、五人との会見に臨んだ。

私を含む青木利夫キャップ以下の四人は、地方取材に出た。私たちが回ったコースは次のようなものだった。

モスクワ―ウリヤノフスク（レーニンの生地）―モスクワ―ブラーツク―ウスチイリムスク（シベリア開発の前線）―ノボシビルスク（科学都市）―レニングラード（現サンクトペテルブルク）―リガ―トビリシ―ゴリ（スターリンの生地）―バツーミ―トビリシ―ボルゴグラード―ロストフ―ビョーシエンスカヤ（『静かなドン』の舞台）―ロストフ―キエフ―モスクワ。

地方の主要都市を回ったわけだが、極東のシベリアから西端のラトビアの首都リガまで中央アジアを除くソ連の全土に及んだ。その行程、ざっと二万キロ。

航空機と列車を乗り継いでの旅であった。航空路も鉄道もないところは、飛行機や車を雇って訪れた。例えば、北コーカサスのロストフから『静かなドン』の舞台となったビョーシェンスカヤまでは約四百キロ。航空路も鉄道もなく、私たちは複葉機をチャーターして飛んだ。

当時、ソ連には百三十五カ所の「指定観光地」があった。外国人が訪問できる地域で、それ以外の地域には入ることができなかった。が、私たちが訪ねた地域のうちウスチイリムスクとビョーシェンスカヤは「非指定地」であった。

地方取材は三十日かかった。その前後のモスクワ滞在を加えると、ソ連における取材は四十八日間に及んだ。

取材旅行では、戸惑うことが多かった。

まず、私たちの立場とソ連側のそれにずれがあったことである。私たちがあくまでも「取材班」に徹しようとしたのに対し、ソ連側は私たちを「革命六十年」を祝う外国からの「代表団」として歓迎しようとしていたからだ。

私たちは、行く先々で地元共産党委員会などが準備した歓迎会攻めに遇った。そこでは、ウォツカやワインによる乾杯があった。「取材できたのだから」と、私たちは宴会に出ることを自粛することにしていたが、私たちを歓迎してわざわざ開いてくれた宴会をボイコットするわけにもゆかない。まだ胃潰瘍を患っていた私はアルコールを控えていたから、歓迎会では、他の三人が乾杯攻めにあった。なかには、一時体調を崩した班員もいた。酒にめっぽう強いロシア人とつきあうのはほんとうにきつかった。

こんなこともあった。黒海の東岸、トルコと国境を接するアジャル自治共和国の首都バツーミを訪れた時、私たちは共和国政府の建物に案内され、首相の接見を受けた。ホールの中央に首相、左右に副首相、文化相、社会保障相、テレビ・ラジオ委員会議長ら二十人以上が並び、私たちを迎えた。首相は「日本のジャーナリストの来訪は歴史的なことだ」と述べ、共和国の歴史、産業、文化などの現状を説明した。

翌潮、地元紙の第一面に「日本からの客」という見出しの記事が載った。ロシア語のできる高山外報部員によれば、そこには「わが国を訪問中の日本最大の全国紙・朝日の記者たちが昨日わが共和国に到着、首相らに迎えられた。一行は四人。わが共和国を訪れたのは、大十月革命六十周年を機会に、われわれの暮らしと仕事ぶりをつぶさに紹介するためである。（中略）首相との会見で朝日の記者たちは、共和国の経済、文化の多様な発展、黒海の環境保護、保養地としての展望、その他共和国が当面する諸問題に関心を示した」とあったという。

会見に同席していた地元の記者が書いたものらしかった。なんとも晴れがましく、私たちは苦笑しながら互いに顔を見合わせたものだ。

もちろん、私たちはこうした〝公式行事〟だけに時間をついやしていたわけではない。〝公式行事〟をこなす一方、さまざまな施設を訪ね、関係者の話をきいた。また、可能なかぎり町をぶらついて、一般の人々との接触を図った。このため、取材日程がいっそう過密なものになった。


私たちとソ連側の間で生じたずれは、政治体制の違いからきたものと言ってよかった。私たちが暮らす西側諸国では、報道機関は民間の組織で政治権力から独立した存在だが、社会主義国における報道機関は国営であり、いわば共産党や政府の政策を宣伝するための機関だった。だから、ソ連でも、とくに地方の人びとには西側諸国の報道機関の性格について理解しにくいという面があったのではないか。私には、そう思われた。


それから、一連のソ連取材は、終始、カメラマン泣かせの旅だった。写真が自由に撮れなかったからである。取材班の中井写真部員は、いたるところで「ニエット」の声で撮影を拒まれた。「ニエット」とは英語の「ノー」である。

中井部員によると——モスクワの魚専門店で、缶詰類や冷凍魚を買うために並んでいた主婦の列にカメラを向けると、突然、店員に背中をドスンと突かれた。「漁業省の許可をとってこい」というのだった。なにもそこまでしなくても、と責任者に訴えたが、答えは同じ。その後も店を出るまでの約二十分、女店員につきまとわれた。監視のためだったのだろう。

レニングラードの目抜き通りにオレンジの山があり、数十人が列をつくっていた。シャッターをきった途端、四十すぎの女性に突き飛ばされた。女性は「立ち去れ。おまえは招待されてきて来てるんだろう」とすごいけんまくだった。

ブラーツク空港で取材班が次の取材地に向かうため待合室にいたところ、インツーリスト（国営旅行者）の女子職員が、肩からさげていたカメラを見て、「カバンにしまってください」と言った。「空港を撮影できないことは知っているし、そのつもりもない」といっても、女子職員は「ニエット」。

モスクワのクレムリンでは、レーニンの執務室は撮影禁止、というので、カメラをカバンに入れて持ち歩こうとすると、係員に強引にカメラをクロークに預けさせられた。

リガの街角の公園で、花壇と散歩するお年寄りにカメラを向けていると、サイレンを鳴らしたパトカーが二台やってきて、警官が降りてきた。理由を話し、拘束されずにすんだが、市民が「変なやつがいる」と警察に通報したらしかった。

もちろん、軍事施設、港、空港、水利施設、鉄道分岐点、トンネル、鉄橋、陸橋、工業企業、科学研究所、放送局、電信電話局などは撮影禁止。航空機からの撮影、工業都市をみはらかす場所からの撮影も禁止だった。

あまりにも制限が厳しくて、中井部員は「これでは仕事にならない」と嘆いた。

私もまた、この国のこうした異常な閉鎖体制に不満だったが、その一方で、これも革命以来のこの国の歴史に根ざしているのでは、と思ったものだ。

ロシア革命は、世界に衝撃をもたらしたが、諸外国は自国に革命が波及してくるのを恐れた。このため、革命をつぶそうと武力干渉に乗り出した。いわゆるシベリア出兵だ。『岩波小辞典　国際問題』は書く。

「革命の波及をおそれた英・仏・日・米は、1918年の半ばから、宣戦なしにロシアに出兵して武力干渉を開始した。英仏はアルハンゲリスク地域に、日本はウラジオを中心とした沿海州に、北コーカサスでは英仏の支持でロシアの反革命将軍が、そして英仏の支持でチェック人の捕虜がヴォルガの中流およびシベリアで活動した。ことにシベリア・沿海州はソヴェトの勢威がいちばん及ばない地域だった。ウラジオを門戸として、日本の結局7万にのぼった大軍隊をはじめ、イギリス・フランス・イタリア・アメリカ・ポーランド・セルビア・チェック人のそれぞれ編成した国民軍、各7000人ぐらいが、チェック人捕虜救援を名目として、実は（かくされた目的）、干渉のためにシベリアに上陸した」

外国軍による干渉は、パルチザンの反撃にあい、結局、撤兵を余儀なくされるわけだが、以来、ソ連は外国ないし外国人に対し極度の警戒心を抱くようになったのではないか。外国人をみたらスパイと思え、といった雰囲気が国中に醸成され、強化されていったのではないか。それが、かたくなな鎖国体制を生みだした一因ではないか。私には、そう思われたのである。

（二〇〇七年二月二十七日記）

第101回
広大さと多様さと

とにかく圧倒された。ソ連という国の広さにである。

私たちソ連取材班が訪れた一九七七年当時、この国は世界で一番広かった。地球上の陸地の六分の一を占め、アメリカの三倍、日本の六十倍の広さであった。知識としてそう理解していても、いざこの国の土地を踏んでみると、まるで気が遠くなるような広さだった。

なにしろ、東西に限ってみても十時間の時差があり、一方の端で夜が明け始める時、他の端では日が暮れかかっているといった状況だった。ソ連を東西に横断しようとすると、航空機だと約十時間、鉄道なら特急で一週間以上かかる。河川の長さは千キロ単位、町と町の間は百キロ単位で表さざるを得ない広漠としたソ連と、耕して天に至る日本と。わが日本は、まるで狭い箱庭のように思えた。

旅の間、至るところでこの国の広大さにどぎもを抜かれたが、なかでもその感を強くしたのはシベリアを訪れた時だ。

モスクワで航空機に乗った。約五時間でシベリアのブラーツクに着いた。そこから、北へ二百七十五キロのウスチイリムスクへ。シベリア開発の前線とされていたところで、開発の現状をこの目でみるためだ。鉄道も空路もない。で、私たちは車で向かった。

平坦な森林地帯の中に未舗装の一本道がどこまでも延びる。行けども行けども左右にはタイガ（大森林）が広がっていた。車を飛ばすこと四時間半、タイガが途切れて急に視界が開けた。そこが、人口五万五千のウスチイリムスクだった。この間、対向車もなければ、人一人っ子出会わなかった。動物にも出合わず、タイガは森閑としていた。

ブラーツクでは、水力発電所と発電所のためにつくられた貯水池（人造湖）を見学したが、堰堤の長さは五キロ、貯水池の長さは五百七十キロに及んでいた。ソ連側の説明では「世界最大の人造貯水池」というふれ込みだったが、貯水池というよりはむしろ、海といったほうがふさわしかった。

ウスチイリムスクから南西に四千キロ。北緯五〇度近くのビョーシェンスカヤ。北コーカサスのロストフから北へ四百キロ。私たちはロストフから複葉機をチャーターしてそこへ飛んだが、上空からみる光景は、緑を敷きつめたような平らなステップ（草原帯）だった。そこに、白く光って蛇行する帯が目に入ってきた。ドン川であった。まさに、息をのむような大地の広がり。ここが、ショーロホフ作の長編小説『静かなドン』の舞台だった。戦争と革命にほんろうされたコサックの歴史が、私の脳裏によみがえってきた。眼下に広がる小説の舞台を見て、私は感情の高まりを覚えた。

ビョーシェンスカヤでは、ソフホーズ（国営農場）を見学した。地平線の彼方まで、麦畑が延々と続いていた。

ドン川を船で下った。川幅は二百メートル。流れはほとんどない。真っ赤な夕日が、川面をあかね色に染める。時間が静止したような静けさ。「ロシアの自然はなんと広大で雄大だろう」。そんな感慨にしばし浸った。

加えて、この国の多様性も強く印象に残った。まず自然、とりわけ気候におけるそれである。

私たちがモスクワに着いたのは五月二十五日。それからしばらくモスクワ市内で取材を続けたのだが、夜になると冷え込みが厳しく、とくに雨の夜はしんしんと冷えてこたえた。だから、私たちの中で急遽オーバーを買った者もいた。これは、モスクワで着用するというよりも、これから向かう予定のシベリアで着用するためのものだったようだ。つまり「モスクワがこんなに寒いのなら、シベリアはもっと冷えるだろう」という予測が、彼をしてオーバーを買わせたのだった。が、結果的には、彼はそのオーバーを着ることはなかった。というのは、シベリアに着いたら、なんと、そこは夏だったからである。

私たちがシベリアのブラーツクに着いたのは六月一日。タイガには、冬の名残りが感じられた。タイガの木々はいずれも凶暴な冬将軍にぜい肉をそぎ落とされたかのように細く、シラカバはまだ裸の枝を天空にさらしていた。下草は茶褐色に枯れたままだった。「三日前まで雪が降っていたんですよ」と地元の人は言った。ホテルにはスチーム暖房が入っていた。

ところが、その日、気温がぐんぐん上がり、ついに三十度近くに。すると、地元の人は、私たちに向かって「きょうから夏です」と宣言した。私たちの目の前で、シベリアは冬から夏へと、いっきに衣替えしたのだ。春をぬいて一足飛びに、である。

そのことを痛烈に思い知らされたのは、この日の夕方、ブラーツクの貯水池畔を訪れた時、目の前に展開された光景によってだった。

貯水池畔で、私は思わず目を見張った。緑かがった青い池面を、まるでザラメを敷きつめたように流氷が埋めているではないか。鋭くとがった氷片が夕日を浴びてキラキラ輝く。と、その時だ。池畔に若い男女が現れ、衣服を脱いで水着姿になった。二人は、池の浅いところに足を踏み入れると、池に浮かんだ氷片を両手につかんだ。すると、それはバリバリと音をたてて割れた。

夏の人造湖に浮かぶ氷、その氷と戯れる水着姿の若いカップル。これこそ、春を飛び越えて冬から一足飛びに夏に変わるシベリアの自然を如実に示しているのではないか、と私は思ったものだ。

この後、六月三、四日には、西シベリアの中心地、ノボシビルスクに滞在したのだが、二日間とももう完全に夏で、とくに四日には気温が三十四度に達した。郊外のオビ海沿岸では、涼を求める海水浴客でにぎわっていた。いろとりどりの水着がまぶしかった。

ところが、私たちはその日のうちに、また冬のような寒気に身を震わすことになる。というのは、六月四日午後、猛暑のノボシビルスクを飛行機で発って、さらに西のレニングラード（現サンクトペテルブルク）に向かったからだ。レニングラード空港に着いたのは午後九時半。機外にに出ると、冷え冷えとした空気に包まれ、思わず肩をすぼめて身震いした。空港の温度計は九度を示していた。私たちを出迎えてくれたノーボスチ通信社レニングラード支局員は黒い厚手のオーバーを着ていた。

わずか数時間前、私たちはシベリアの猛暑に汗だくだった。それが今、一転して冬のような寒さ。この国には、まるで夏と冬が同居しているかのようだった。

この国の多様性は、気候に限らなかった。

私にとって意外だったのは、地方都市のもつ多様性だった。私は、訪ソ前、「社会主義国なんだから、何事も画一的なんだろう」と思っていた。が、この国を旅してみたら、どこへ行っても、それぞれ特色をもっていて、決して首都モスクワのミニチュアではなかった。

私たちは結局、十四の都市を訪ねたが（なかには、都市というよりは集落といった小さな街もあったが）、どれ一つとして同じ風貌をしたところはなかった。むしろ、それぞれが独自の容姿と機能を備えていて、私を魅了した。旅が終わりに近づいたころ、私はこう思ったものである。「モスクワだけを見て、これがソ連だと即断してはいけないな」と。

考えてみたら、当時、ソ連は、十五の共和国、百以上の民族によって構成される連邦国家、多民族国家だったのだ。ということは、各共和国がそれぞれ独自の歴史、伝統、文化、しきたりをもっていたということであり、それが街の景観や住民生活に色濃く影を落としていたということだろう。

こんなこともあった。この旅では、どこへいっても、スターリンをしのばせる片鱗は何もなかった。五六年にフルシチョフ第一書記によってスターリン批判が行われ、この国ではスターリンは完全に否定されていたからだった。が、私たち取材班が訪れたグルジア共和国のゴリでは、街の中央にスターリンの銅像がそびえ、スターリンを讃える博物館がにぎわっていた。ゴリはスターリンの生地であった。この国の多様さをここにも見た思いだった。

それにひきかえ、日本の都市のなんと味気ないことよ。地方都市は日ごとに独自性を失い、ミニ東京化してゆくばかり。東京など大都会のそれと同じような建物が増え、加えて全国チェーンの大型店や飲食店が地方に進出して、ローカル色を駆逐してゆく。それにともない、古い由緒ある建造物が次々と壊されてゆく。

すさまじい東京化の波。ソ連各地の古い街並みを見ながら、私は、日ソの違いに思いをはせた。

（二〇〇七年三月八日記）

第102回 革命は遠くなりにけり

私たちソ連取材班は、最初から何を書こうと決まっていたわけではない。新聞記者の仕事というものは、最初から記事のデザインができているわけではなく、まず、現実に接し、事実を知ってから、書こうとすることの骨格が見えてくるというのが一般的なパターンだ。ソ連取材でも、いろいろなものを見、さまざまな人に会うなどしてようやく「ソ連報告」のおおまかな骨格が固まってきたのは、取材開始から二週間ほどたってからだった。つまり、取材班各人の取材・執筆分担が次のように決まったのだ。

キャップの青木ヨーロッパ総局長が「思想」「文化」「宗教」「マスコミ」「若者」など、高山外報部員が「経済」「財政」「暮らし」など、私が「政治」「労働」「社会保障」「教育」「女性」など。中井写真部員は、これらのテーマにつける写真を用意することになった。

私たちの取材結果は、「革命60年のソ連」のタイトルで、この年（一九七七年）の八月十八日付から朝刊に三十回にわたって連載された。これに先立ち、中井写真部員の写真に私の短文をつけた「ソ連'77夏」が、夕刊に七月二十日から十二回にわたって連載された。これらは、外報部によって一冊の本『革命60年のソ連』にまとめられ、朝日新聞社から刊行された。

ロシア革命発祥の地といえば、レニングラード（現サンクトペテルブルク）である。それだけに、この都市を訪れた時は、特別の感慨があった。

私たちがレニングラード空港に着いたのは六月四日午後九時半。日本ならとっくに暗くなっている時刻だが、機外は昼間のように明るかった。ここは北緯六〇度に近く、極東でいえばカムチャツカ半島のつけ根あたりに位置する。だから、夏は白夜の季節で、六月下旬にはその白夜が最も長くなる。私たちが滞在中も、夜十一時を過ぎても戸外で本が読めた。

レニングラードはロシアの首都だった。十八世紀の初頭、ピョートル大帝が外国人技師を招いてネバ川の河口に「ヨーロッパへの窓口」として新都をつくった。それだけに、ロシアの街という感じがしない。むしろ、西欧的な雰囲気が漂う。アンドレ・ジイドはかつて「これほど石と金属と水の調和した美しい街をわたしは知らない」と言ったと伝えられている。それに、プーシキンとゴーゴリとドストエフスキーの町だ。この町を舞台にロシア文学の名作が生まれたのだった。

建物がほぼ同じ高さに抑えられていることで、街並みがきわめて整然とした感じを与える。そして、この石造りの街並みにうるおいを与えているのが、ネバ川とそれに注ぐ無数の運河だ。石造りのビル街が与える硬質な感じ。これに対し、ネバ川と運河にたたえられた水が与える軟らかい感じ。「硬」と「軟」が見事に調和し、美観をかもしだす。そうした美しい市街が、北国特有の乳色の大気の下に広がっていた。私たち取材班が訪ねた時の人口は四百五十万。

ロシア革命ゆかりの建物は観光名所になっていた。まず、スモーリヌイ。一九一七年の二月革命までは貴族の女学院だったが、二月革命後は労働者兵士代表ソビエトの全ロシア中央執行委員会とペトログラード（レニングラードの旧名）・ソビエトの本部が入っていた。そして、同年十一月七日、レーニンがここに入り、労働者や兵士が冬宮（宮殿）に突入する。

いわば、革命の本部となったところだ。労働者・農民による新しい政府の成立を告げるレーニンの布告もここから発せられた。

ジョン・リードの『世界をゆるがした十日間』（岩波文庫、原光雄訳）は当時のスモーリヌイをこう描写している。

「スモーリヌイ学院は、数マイルはなれた市のはずれの、広いネヴァ河のそばにあった。私はそこへ市電に乗って行った。この市電は、ごろ石を敷いた泥の多い街路をうなり声をたてながら、蝸牛《かたつむり》のように動き、しかも人がぎっしりと詰まっているのだった。その線の終点に、にぶい黄金色の美しい輪郭をもつスモーリヌイ修道院の、優雅な煙青色の丸屋根がそびえ立っていた。そしてそのそばに、スモーリヌイ学院の兵舎風の大きな正面が立っていた。それは長さ二百ヤードの高い三階建で、石に大きく刻み込まれた皇帝の紋章が、入口の上方にまだ傲慢そうに残っていた」

「スモーリヌイでは、入口と外門のところに厳重な見張りがあって、すべての人々に通行証《パス》を要求した。委員会室は終日終夜ガヤガヤと騒がしがった。幾百人もの兵士や労働者は、どこでも場所さえ見つければ、床の上にごろねをして眠った。階上の大ホールでは、一千人もの人々が、ペトログラード・ソビエトの騒然たる会議に群がりあつまっていた」

それから六十年。クリーム色のスモーリヌイの屋上には赤旗がひるがえっていた。正面には、右手を伸ばしたレーニンの立像があった。その前に立っていたら、次から次へと外国人団体観光客や、ソ連全土からやってきたと思われる団体客がやってくる。そして、スモーリヌイをバックに記念撮影となる。

ネバ川に浮かぶ島の上にペトロパブロスク要塞があった。帝政ロシア時代に政治犯を収容していた監獄だ。高い城壁の内側に屋根の低い長屋のような石造りの建物が長々と続く。

薄暗い廊下を歩いて、ある部屋に入ると、そこは当時の看守の部屋だった。隅にガラスの展示ケースがあり、中に当時の囚人服、鉄製の足かせなどが陳列されていた。看守部屋を出ると、天井の低い廊下が続き、その片側が独房であった。鉄製の扉を開けると、十畳から十二畳の部屋で、天井近くに小さな窓が一つ。後は鉄製のベッドにトイレ。真っ暗なうえ、冷え冷えとして、いかにも陰惨な感じ。

独房の壁には、収容されていた囚人の名前と写真が掲げられていた。レーニンの兄のアレクサンドル・ウリヤノフ、ゴーリキー、ナロードニキの活動家らの名前もあった。ナロードニキとは、ロシア革命が始まる前、農民の解放を目指して「ヴ・ナロード（人民の中へ）」を合い言葉に農村に入り、やがてツアー（皇帝）打倒のために少数者の活動家による直接行動、テロリズムに走った者たちのことだ。投獄されたナロードニキには若い女性もいた。ドストエフスキーが投獄されていた独房もある、とのことだった。

外に出ると、要塞の中央にあるペトロパブロフスク寺院の入り口に向かって長い列ができていた。内外の団体観光客だった。

ネバ川の流れがネフカ川へ分岐する地点には、オーロラ号が投錨していた。日本海海戦にも参加した帝政ロシアの巡洋艦で、ロシア革命の時、冬宮突撃の合図の砲声をとどろかせたことで知られている。三本の煙突をもつ艦体は灰色のペンキの色も鮮やかで、博物館になっているとのことだった。ここも観光名所になっていて、岸壁には、やはり内外の観光客があふれていた。

観光コースに組み込まれた、革命ゆかりの建造物や記念物。そこにつめかけたおびただしい観光客。その人たちの、屈託のない、明るい顔。そんな光景を見ていると、こんな感慨がわき起こってきた。「革命は遠くなりにけり」

こうした思いは、革命当時の生き残りに会った時、いっそう深くなった。

私たちは革命に参加した人にぜひ会いたいと願っていたが、ソ連側のあっせんにより、三人の「革命のベテラン」に会うことができた。三人は十月革命博物館の前で私たちを待っていた。男性二人と女性一人。男性は八十一歳と七十八歳。女性は七十九歳とのことだった。

三人とも革命前の入党で、十月革命に参加したという。男性たちは労働者出身で、革命後は学者になった。女性は図書館勤務だったが、革命後はやはり学者の道を歩んできたという。

三人は、よくしゃべった。とくに「革命時の行動」や「革命の成果」を誇らしげに語った。まことに意気盛んであった。が、女性はすでに白髪だったし、顔にしみの出た人もいた。一人は老眼のようだったし、背が丸くなり始めた人もいた。革命から六十年なのだから当然といえば当然だが、やはり「老い」は隠せなかった。そうした「老いた」人たちが語る革命当時の経験は、遠い昔のことという感じは否めなかった。

滞在中、ソ連側から聞いたところによると、その時のソ連の人口は二億五千八百九十万人。うち革命前に生まれた者は一四％とのことだった。革命を知らない世代がもはや国民の大半を占めるに至ったのだ。この統計に接して、私はロシア革命はやはり確実に「遠く」なりつつあるのだと改めて思ったものだ。

（二〇〇七年三月十六日記）

第103回

光と影

人類史上初めての社会主義革命（ロシア革命）で成立したとされるソ連は、この国に何をもたらしたのだろうか。それを知るには、革命の前に生まれ、革命を経験し、それから今日までソ連で生活してきたロシア人から話を聞くのが一番手っ取り早いだろうと考えた。

このため、私たち取材班はノーボスチ通信社に「革命の生き残り」に会わせてほしい、と要請していたが、レニングラード（現サンクトペトロフスク）で三人の「革命のベテラン」に会うことができた。

アルシャフスキー氏。八十一歳。オデッサで生まれ、イルクーツクへ。そこで党（ボルシェビキ）に入った。オデッサに戻ったが、労働者の地下活動に参加してつかまり、シベリアに流されたが脱走してペトログラード（レニングラードの旧名）へ。そこで、一九一七年の二月革命、十月革命に参加。その後、レニングラードの区党委員会書記などを歴任し、科学アカデミーの図書館にも勤務。経済学博士。今は妻と二人で年金生活という。

——六十年間を顧みて、どんな感想をもっていますか？

「共産党が大きくなったことだ。六十年前はわずか数万人だったが、いまでは一千五百万の党だ」

「それに、生産力が増大したことだ。経済は巨大なものになり、国民の生活水準、文化的水準が上がった。ただ、残念なことがある。米国のおかげで軍備競争が行われ、わが国もこれにある程度参加していることだ。これは全人民の生活水準を上げる上ではいいことではない」

シェパノウ氏。七十八歳。ペトログラードの労働者だった時に入党。十月革命の時は武器製造工場にいて、武装蜂起した労働者に機関銃をおくる仕事に携わった。その後、国内戦争に加わった。戦後は大学で技術を専攻、博士号をとり、大学教授に。今は妻と二人で年金生活。息子と娘、二人の孫がいる。

——六十年間を顧みて、何が一番印象に残りますか？

「われわれはツアーの時代、革命の時代、ソビエトの時代、ファシズムとの対決の時代をそれぞれ生きてきた。その結果、我が国は力強く、いろいろな分野で発達した国になった。とくに素晴らしいと思うことは、教育が無料になったことだ。私は労働者出身だが、教育の無料化のおかげで博士となることができた。娘は大学を出て医者に、息子も大学を出て技師になった。二人の孫も技師になった。これも教育が無料になったおかげだ」

「まだある。生活水準が高まったことだ。そのおかげで平均寿命も高くなった。革命前は五十歳になると老人で、私の父は四十一歳、父の兄は四十八歳で亡くなった。が、私はすでに七十八歳だがエネルギーがあり余っている」

ギリレワさん。七十九歳。一九一七年の入党で、ペトログラードの区党委員会で図書館の仕事をしたり、看護婦の教育にあたった。十月革命では、革命本部のあったスモーリヌイで開かれた第二回全ロシア・ソビエト大会に参加した。その後、オーロラ号の兵士たちとともに、クラスノフ将軍率いる白軍と戦った。戦後は大学で言語学を専攻、博士の資格をとるとともに大学の教壇に立った。夫はすでに死亡、今は一人娘とともに年金生活という。

――六十年前と今ではどう違いますか？

「みんな平等になったことね。革命前には不平等があったが、いまでは労働者、農民、インテリゲンチャがそれぞれ同じ権利をもっています」

「それに、平均寿命が伸びたことね。昔は短命だったが、わたしのきょうだいはみな七十三歳を過ぎても丈夫です」

「もちろん、わが国にも欠点があります。その一つは住宅問題です。まだ一世帯一つのアパートをもっておりません」

このほかにも、私たちはソ連滞在中に出会った六十歳以上の人々に同様の質問をぶつけてみた。六十年前と比べて生活はどう変わりましたか？　人々の答えはこうだった。

「革命前、人口の四分の三は字が読めなかった。今ではそんな人たちはいない」

「革命前、この町には粉ひき工場ひとつしかなかった。それが今では……」

「家賃は一平方メートルあたり十三・二コペイカ（五十三円）で、四十九年間据え置き。教育も医療もただ。失業の心配はないし、年金があるから老後の心配もない」

いうなれば、ロシア革命を知るお年寄りたちが挙げた「社会主義の成果」とは、教育や医療が無料になったこと、年金制度が充実して老後の不安がなくなったこと、失業の恐怖から解放されたこと、生活水準が上がったことなどだった。

年金について関心があったので、詳しく調べてみると、労働者、事務職員、コルホーズ（集団農場）農民とも、男は六十歳、女は五十五歳になると、老齢年金が支給されるとのことだった。月額で最高百二十ルーブル、最低四十五ルーブル。平均的な受給額は七十八ルーブル（ただしロシア連邦共和国の場合）。

ソ連全体の平均賃金は月約百五十一ルーブル。モスクワ在住の日本人の話によれば、この国の最低賃金は七十ルーブルで、そのくらいあればまあ生活してゆけるとのことだったから、ほとんどの人は年金だけで生活してゆける状況だったといってよいだろう。

こうした「成果」を可能にしたものは何か。それは、革命後の社会主義建設による経済力の向上、発展だったといっていいのではないか。つまり、遅れた農業国であったロシアが、革命後の社会主義建設によって世界でも有数な工業国家になったことでもたらされたのではないか、と私は思った。

平凡社の『大百科事典』（一九八五年刊）も書く。

「革命前のロシアは鉱工業のほとんどの分野でアメリカ、イギリス、フランス、ドイツに遅れていたが、今日のソ連邦は、いくつかの分野でアメリカには劣るものの、ヨーロッパでは第1位の鉱工業生産高を誇っている。アメリカと比べて経済発展度は近年急速に高まっていると自己認識されており、国民所得や工業力全体ではやや低いが、石油、鋼、化学肥料、セメント等々ではここ15年ほどの間に〈追いつき追い越し〉たとされているのである。欧米諸国が大量の失業者とインフレーションとの同時存在（スタグフレーション）に悩まされているだけに、驚くほど長期間にわたり安定した物価水準を遂げてきたソ連経済が、非マルクス系経済学者からも注目されているのは当然であろう。革命前ロシアの外国資本による産業の分断支配、革命後の内戦、干渉戦、さらに2000万人の死者を出したという第2次世界大戦などを考慮すると、ソ連の近年の経済的達成はまさに驚異的というべきであろう（中山弘正）」

フランス共産党のリーダーの一人だったジャン・エレンステンはその著『スターリン現象の歴史』（大津真作訳、大月書店）の中で、次のように書く。

「内戦（そして第一次世界大戦）の結果は、ドラマチックなものだった。工業は、ほぼ完全に（武器の生産をのぞいて）消滅し、農業は、その生産を半分に減らしてしまった。……農業生産の落ちこみの結果は、一九二〇〜一九二一年冬の飢饉である。これは、歴史上、最も恐ろしいもののひとつだった。ヴォルガ諸地方からウラル・カフカースの国境付近、さらには、クリミアにいたるまでの、約二〇〇万平方キロメートルの地域に住む、二四〇〇万人が、飢饉にみまわれた。文字通り、人間が飢え死にするというような、まったくはるか昔に逆戻りしたわけである。飢饉に疫病が追いうちをかけた。チフスとコレラがはやった。飢饉は、七〇〇万人以上を殺害した。この数字には、第一次世界大戦の死者一五〇万人と内戦の死者一〇〇万人、そして疫病で死んだ人数三〇〇万人をプラスしなければならなかった。総計で、一九一四年から一九二一年にかけて、外国との戦争および内戦——そして、それらの原因に起因する死者の数は、一三五〇万人にのぼっていた。亡命は、約二〇〇万人と推定された。何千万人もの乞食や浮浪者や棄て子が、原野をほっつき歩いていた」

革命直後のこの国の混乱と疲弊はどうやら想像を絶するも

のであったようである。その国が、アメリカと比べ国民所得や工業力全体ではやや低いが、石油、鋼、化学肥料、セメント等々で追いつき追い越すまでになった。それゆえ、この国の経済面での歩みが専門家によって「まさに驚異的」と評されたのだろう。

（二〇〇七年三月二十七日記）

第104回　続・光と影

ソ連における教育や医療の無料化、それに年金制度の充実などに「社会主義の成果」をみながらも、その一方で「これが果たして社会主義だろうか」と疑問を感じざるをえないこともあった。

まず、社会主義建設にあたってこの国の人びとが支払わねばならなかったおびただしい〝代価〟である。具体的には、スターリンによる独裁と大粛清だ。

一九五六年のソ連共産党第二十回大会で行われた、フルシチョフ第一書記の「秘密報告」によれば「第十七回大会で選出された党中央委員および候補一三九名のうち、九八名すなわち七〇％が逮捕され銃殺された（おもに一九三七～一九三八年）。……票決権または発言権をもつ一九六六名の代議員のうち、一一〇八名が、反革命的犯罪のかどで逮捕された。これははっきりと過半数である」とされる（中野徹三・高岡健次郎・藤井一行編著『スターリン問題研究』、大月書店、一九七七年）。

また、同書によれば、ロバート・コンクェストは、三〇年代の「大粛清」を研究した彼の著作のなかで、控え目な推測の結果として、一九三八年末までの大量弾圧の規模（一般囚人を含まず）を、次のように要約している。

一九三七年一月にすでに牢獄または強制収容所にいた者
　　およそ五〇〇万人
一九三七年一月から一九三八年一二月のあいだに逮捕された者
　　およそ七〇〇万人
計　およそ一二〇〇万人
そのうち処刑された者およそ一〇〇万人
収容所で一九三七年—三八年のあいだに死んだ者
　　およそ二〇〇万人
計　およそ三〇〇万人

哲学者だった柳田謙十郎はその著『スターリン主義研究』

（日中出版、一九八三年）のなかで、こう述べている。

「スターリン時代に強制収容所に入れられたものにはすべて『人民の敵』というレッテルがはりつけられた。それには、指導者の名誉を毀損したもの、コルホーズ建設に否定的なもの、スターリン憲法に賛成の態度を示さないもの、党の政策に積極的でないもの、トロツキーに反対しないもの、アメリカ合衆国に好感をもつもの、その他各種の人たちがこれにあてられた。その犠牲者は割当制によってつくりあげられたり、密告制によってこしらえあげられたりした。……かくて人びとは、男女をとわず、老幼にかかわりなく、いつどこでどんな理由で密告され、一〇年の刑と五年の公民権剝奪にあうかわからなかった」

まさに、想像を絶する悲惨な事態である。スターリンにより「社会主義の建設」の名のもとに多くの人命と人権が失われたのだった。

それから四十年を経たソ連を私は旅行したわけだが、そして、たった四十八日間の旅であり、この目で見た地域も広大なソ連のほんの一部にすぎなかっのだが、どこへ行っても、表面的には、この「大粛清」の痕跡を見ることはできなかった。人びともまた、このことについては黙していた。

が、私は旅の間中ずっと、この「大粛清」が、この国の政治、経済、文化、人びとの心と生活にどんな影響を与えてきたのだろうか、そして、世界の社会主義運動にどんな影響をもたらしてきたのだろうか、と心の中で問い続けていた。そのどちらにも、決定的な影響を与えてきたことだけは疑いなかった。いずれにしても、社会主義のイメージを損ない、社会主義に対する嫌悪感、警戒感を増幅させてきたことだけは確かだった。それだけに、「大粛清」についてスターリンに対する批判はなされたものの一九七七年の時点でみる限り、ソ連当局によってその実態が完全に明らかにされていないこと、ひいては不当に犠牲になった人たちの名誉回復と救済がほとんどなされていないことに私は納得できないものを感じたのだった。何かそこに暗い闇のようなものを感じた。

第二は、ソ連の社会主義の実態が、私がそれまで抱いていた社会主義の理念とかけ離れていたことである。

私がそれまで抱いていた社会主義国家のあるべき形態とは「働く人びとが主人公である国」ともいうべきものだった。

現に、私がソ連取材に出発する前に読んだ、在日ソ連大使館広報部発行の『ソビエト連邦一〇〇問一〇〇答』は、「この六〇年間に、社会主義は人間に何を与えましたか」との質問に次のように述べていた。

——人民を真に国の集団的主人公にした。

——人民をあらゆる形態の搾取から解放した。

——階級、身分、人種、民族その他による特権を廃止し、現実的な社会主義的平等を確立した。

——1人ひとりの市民の前に、生産集団、都市、全社会の業務管理に実際に参加する可能性を開いた原則的に新しいタイプの民主主義を創造した。

が、ソ連各地を旅しているうちに、果たしてソ連側のいう通りだろうか、という疑念を禁じえなかった。例えば、こんなことがあった。

その一。共産党の幹部と話していた時のことだ。その発言にこんな表現があった。「われわれは国民に仕事を与えている。住宅を与えている。無料の教育を与えている。このように、ソ連は人間の権利が保障される社会に向かっている。ソ連には、差別待遇はない」

それを聞きながらオヤと思った。国民にとって、仕事や住宅や教育の無料化は国から「与えられる」ものだろうか、と。「与える」という言葉には「上」の者が「下」の者に恩恵をほどこすというニュアンスがともなう。ならば、「人民が真に国の集団的主人公」であるはずのソ連では、こういう表現は適切でないのではないか。せいぜい「国民は仕事や住宅や無料の教育が保障されている」というべきではないか。とにかく、私は、この国の高い地位にある人が「国民に与える」という表現を使ったことが、ひどく気になった。

その二。私たちが羽田を出発したのは五月二十五日だが、その朝の新聞各紙はソ連に関する衝撃的なニュースを伝えていた。各紙によると、前日のモスクワ放送が、ポドゴルヌイ最高会議幹部会議長が党政治局員を解任されたと発表したというのだ。ポドゴルヌイ議長といえば、ブレジネフ書記長、コスイギン首相と並んで〝トロイカ体制〟の一角を占めてきた人物。その人物が党政治局を追われたというのだから大ニュースである。

モスクワに着き、さっそく在留邦人に「解任の理由は？」と聞いてみたが、「まだ発表がない」とのこと。その後も解任理由の公式発表はなく、六月十六日になってやっと解任経過が明らかになった。五月二十四日の党中央委総会で、ブレジネフ書記長が最高会議幹部会議長を兼任することが決まり、それにともなってポドゴルヌイが政治局員を解任されたというものだった。ポドゴルヌイが自ら引退したのか、ブレジネフ書記長との権力闘争に敗れたのか分からない。

いずれにせよ、ソ連の最高会議幹部会議長といえば、元首である。いわば国のトップの身の上に重大なことが起きたというのに、その理由について三週間以上にわたって何も発表されないという、この不思議さ。西側では、まず考えられないことである。モスクワの在留邦人によれば「わたしの知っているロシア人たちも、みな、不審がっている」とのことだった。

共産党も政府も国家の重大な事柄について国民に知らせようとしない。「よらしむべし、知らしむべからず」。そんな言葉を思い出した。

その三。ソ連滞在中、トラクターや乗用車の製造工場を見た。どの工場も生産目標の達成に躍起だった。工場構内を回っていて思わず足を止めた。どこでも、何人かの労働者の肖像写真が工場内に掲げられていたからだ。聞くと、良い成績をあげた模範労働者だという。彼らには奨励金のほか、外国旅行、休養の家の利用券など数々の特典が与えられる。

さらに先へ行くと、サインペンで書いた労働者の名簿と数字が掲示してあった。何だろう、と思って訊ねると、労働者の作業成績一覧表とのこと。なかに、サインペンの色が違う名前があった。成績の悪い労働者の氏名だという。

模範労働者の顕彰と、成績の悪い労働者の明示と。それを見ていると、アメとムチという感じがしないでもなかった。生産を上げるために導入された「競争原理」なんだろうが、それが資本主義国の工場で行われているならともかく、労働者が主人公の国とされるソ連で行われていることにある種の感慨を覚えた。

私は、そこに、生産における労働者の受動的な地位を感じた。つまり、生産を管理する労働者ではなく、生産過程の中で管理される労働者を見たように思った。社会主義とは本来、労働者が生産を主体的に管理するということではなかったか。そんな思いが残った。

これらの見聞を通じて、私はこう思うようになった。確かに、この国では革命によって生産手段の私有が廃止され、人間による人間の搾取はなくなった。そうした意味では「人民が真の国の集団的主人公になった」。が、その人民には二つの階層が形成されているのではないか。すなわち「指導する者」と「指導される者」である。あるいは「管理する者」と「管理される者」といっていいかもしれない。もちろん、「指導する者」は少数であり、「指導される者」は圧倒的多数の市民だ。

「指導する者」はどんな人たちだろう。それは、共産党と政府の幹部である。政府の幹部もほとんど党員というから、実質的には党の幹部が「指導する」地位を占めているといってよい。その幹部の下に党機関、政府機関の運営にあたる膨大な官僚群がいる。

情報と生産と行政の実権をにぎる、この「指導する者」の側に属する階層。ソ連のこの支配集団を、旧ユーゴスラビアの元副大統領だったミロヴァン・ジラスはかつて〝新しい階級〟と呼んだ。

（二〇〇七年四月八日記）

第105回
戦争の記憶

ソ連を旅していて、とくに印象に残ったことの一つは、この国の人たちの間に強く残る戦争への記憶だった。

「二千万人が死んだんですよ」。至るところで、そう聞かされた。ソ連側が「祖国防衛戦争」と呼ぶ、第二次世界大戦のドイツ軍との戦いで亡くなったソ連邦国民の死者数だ。二千万人といえば、なんと人口の約一割にあたる。そのためだろう。行く先々で戦士や市民の慰霊碑に出合った。

とりわけ私の目を奪ったのは、ボルゴグラードでのそれであった。

ボルゴグラードは旧名をスターリングラードといい、ソ連南部にあるカスピ海に注ぐボルガ川下流の河畔に広がる大都市である。ここが「死のスターリングラード攻防戦」の舞台で、ここでの勝敗が、第二次世界大戦下の戦局の転機となった。

ソ連との不可侵条約を結んでいたナチス・ドイツが突如、ソ連への進撃を開始したのは一九四一年六月のことだ。ソ連にとってはまさに不意打ちだったらしく、独ソ戦でソ連側の死者が多かったのもこのためだとさえ言われている。

ドイツ軍はいっきにモスクワ近郊まで攻め込むが、ソ連軍の反撃にあってモスクワ攻略に失敗し、南方作戦に転じる。四二年七月、ドイツ軍はスターリングラードへの攻撃を開始し、ソ連軍との間で激しい攻防戦が繰り広げられた。最初はドイツ軍が優勢で、街の三分の二を占領したが、同年十一月から反撃に転じたソ連軍に包囲され、四三年二月、二十万人以上の戦死者と九万人の捕虜を出して降伏した。それから、ソ連軍の反攻がはじまり、四五年五月にはソ連軍による攻撃でベルリンが陥落、ナチス・ドイツは連合国に無条件降伏する。

戦闘で、スターリングラードの街はことごとく破壊され、戦前四十四万を数えた街の人口は約千五百人になったとされる。街の一角には、廃墟と化した当時の街の一部が保存されていた。

両軍の最激戦地となったママエフ丘は戦争記念公園になっていた。ここでは、戦後、一平方メートル当たり一二〇〇発以上の弾丸や手榴弾の破片が見つかったという。

丘の頂上まで続く長い階段をのぼると、戦没者記念堂があった。堂内に入ると、戦没した兵士の氏名が壁に刻まれ、中央には巨大な手首があって、燃えさかる炎をあげるトーチをかかげる。どこからともなく、重苦しく悲痛なコーラスがわき起こり、絶え間なく堂内にこだまする。

ここを出て、さらに階段をのぼると、丘の頂上に達する。そこには、髪を振り乱し、長剣を振りかざした女性像が立つ。像の高さは五十二メートル。剣の長さは二十七メートル。足もとから剣先まで七十九メートルに及び、重さ七七〇〇トン。「母なる祖国の像」である。

土、日曜日ともなると、各地から観光客がやってくる。その中でひときわ目立ったのが花婿花嫁のカップル。黒い礼服と純白のウエディングドレス。いま式をあげたばかりの、いかにも初々しいカップルだった。それも、一組や二組ではない。

それもそのはずで、このとき聞いたソ連側の説明では、ソ連の若者たちは結婚宮殿で式をすませると、その足で近くの対独戦争戦没者記念碑に参拝し、花を供える。それから、レストランで披露宴をし、新婚旅行に旅立つとのことだった。地元のジャーナリストが言った。「こうした習慣を通じて、若者は戦争の犠牲者に思いをはせるのです」

レニングラード（現サンクトペテルブルグ）。市の北東、ネバァ川を渡り、車で一時間くらい行ったところに広大な敷地をもつピスカリョフ墓地があった。

独ソ戦では、侵攻してきたドイツ軍がこの街を包囲し、激しい攻撃を加えた。ソ連側によると、十五万発の砲弾が破裂し、十万発以上の爆弾が投下された。ドイツ軍による包囲作戦は九百日に及んだ。

ソ連側の説明によると、当時のレニングラードの人口は二百万。うち百十万人が死亡したという。うち八十万から九十万人は飢餓による死亡だそうだ。ドイツ軍に包囲されたため食糧の補給を受けられず、市民たちは飢え死を余儀なくされたのだった。ソ連側は、こうした大量の犠牲者を出しながらもこの街を守りきり、ドイツ軍を撃退した。

ピスカリョフ墓地はこの時の戦没者のための墓地で、四十万人以上の戦没者が眠っているとのことだった。墓地内にはおびただしい墓石が列をなし、それには戦没者の名前が刻まれていた。「喪の散歩道」といわれる道を歩きながら、それらの墓石に目を注いでいると、戦争で生命と生活と未来を失わざるをえなかった市民たちの悲しみが胸に迫ってきて、息苦しくなった。あちこちで、墓石の前にたたずんだり、墓石に刻まれた名前を手でなぞりながら死者と対話する市民の姿をみかけた。

なにしろ、「祖国防衛戦争」で国民の一割が犠牲になったのだ。生き残った人たちが死者を弔い、平和を祈念するのは当然だろう。それは、戦争を経験したソ連国民の自然な気持ちの発露にちがいないと納得できた。

が、その一方で、巨大な戦没者記念像や記念碑、墓地に接すると、そこに国家の（ということは、国家を支配しているソ連共産党の）意思を感じた。つまり、国家として、国民に対し「あの戦争を忘れるな」と積極的にキャンペーンしているように思えた。

戦争を勝利に導いたのは国家（共産党）である。だから、戦争を記憶するということは、一面では、戦争における国家（共産党）の役割と功績を改めて確認するということでもある。そこで、共産党は国民に過ぐる戦争の記憶を植え付けることで、党への支持、党の下での団結を国民に訴え続けているのだろう、と私は解釈した。

ひるがえって日本はどうか。第二次世界大戦での戦没者は三百十万人とされるが、毎年八月十五日に政府が慰霊式を行い、天皇の言葉を受ける程度で、国家として戦没者を積極的に慰霊しようという姿勢はこれまでのところ感じられない。むしろ、日本では、戦争はあまり積極的に思い出したくない過去として葬られてきたといえる。とくに軍人・軍属以外の一般戦災者は国家から顧みられることもなかった。

広島、長崎の原爆死没者に対しては毎年、自治体主催の慰霊式が催され、平和記念施設も整備されてきたが、一晩で約十万の死者を出したとされる東京大空襲（一九四五年三月十日）については今なおその犠牲者の氏名の全容が明らかになっていないばかりか、大空襲の実相を伝える記念館もできていない。ましてや、一般戦災者に対する国家補償がなされることはなかった。

戦後続いてきた日本の平和が、三百十万人にのぼる日本人の生命と引き換えにもたらされたものであることを考えれば、戦争で命を奪われた人たちはもっと手厚く遇され、日本国民の記憶のなかに長くとどめられるべきではないか。ソ連の戦没者記念施設を見るたびに私はそう思わざるをえなかった。

私たち取材班はグルジアの農村を訪れたとき、果樹を栽培している農家に立ち寄った。家族と談笑中、私は、家族に尋ねた。「日本について知っていることは何ですか」。家族の答えは、たった一言だった。「ヒロシマ」。広大無辺なソ連の中では辺地といってよい片田舎のごく普通の人たちが日本について知っていたのは、広島の原爆被爆という一事だった。その答えに私はひどく感動した。そして、ヒロシマの世界化を改めて認識するとともに、当時のソ連政府の国民に対する「平和教育」の一端を垣間見た思いだった。

（二〇〇七年四月十八日記）

第106回 またしても教訓の数々

日本とロシアの間には、解決を求められているさまざまの問題がある。私たち取材班がロシアの前身のソ連を訪れた一九七七年当時も、日ソ間には未解決の諸問題が横たわっていた。それらは、その後も解決されず、今日まで引き継がれているといってよい。

どんな問題が未解決となっているのか。まず、平和条約締結の問題がある。北方領土問題もある。それに、第二次大戦後、シベリアへ連行され、強制労働させられた日本軍の捕虜たちへの補償問題がある。また、日ソ中立条約を破って満州（現中国東北部）に攻め込んできたソ連軍によってなされた在留邦人への略奪、暴行などを糾弾する声は今なお根強い。

が、私たち取材班は、三十回にわたる連載では、これらの問題にしぼった項目を立てなかった。これらの問題を避けたからではない。いや、私たちは行く先々でこれらの問題についてソ連側と議論した。が、連載の主要テーマとしなかったのは、取材の狙いが「革命六〇年を迎えたソ連の現状」を紹介することにあったからである。

「ソ連の現状」を紹介することが目的であったにしても、この巨大な国の実態に迫るには四十八日間では足りなかったと思う。が、取材というものには常に時間的制約がともなうから、時間不足はやむをえない。それよりも、私個人としては、今回の取材でも悔いが残った。

ソ連報告の取材、執筆にあたっては、取材班のメンバーがそれぞれ得意とする分野を分担することにしたことはすでに述べた。が、みんながハタと困ったのは「医学」だった。

取材班には医学に明るい者がいなかったから、取材班としてはもともと医学関係の取材は予定していなかった。ところが、ソ連側がつくった、ウクライナ共和国の首都キエフでの取材スケジュールには、医学関係者との会談と施設の見学が入っていた。ソ連側としては、世界に誇る現代医学の成果を日本にPRしたかったのだろう。同行のソ連人記者が言った。「関係者は夏休みを返上して出勤し、みなさんをお待ちしています」。いまさらキャンセルするわけにもゆかず、スケジュールに従うことになった。

そんなわけで、私たちはウクライナ共和国科学アカデミー付属腫瘍研究所長で、がん研究の権威とされるカベツキ教授、ソ連最大の心臓外科病院長でレーニン賞受賞者のアモソフ教授、ソ連医学アカデミー付属老人医学研究所長のチェボタリョフ教授の三人に会った。アモソフ教授は自ら病院内を案内してくれた。

が、話を聞き、施設を見たものの結局、記事にはできなかった。私自身についていえば、がんについても、心臓外科についても、老人医学についても全く無知だったからだ。

私は反省せざるをえなかった。なぜ日ごろ、医学のことを少し勉強しておかなかったかと。せめてがんや心臓外科の病院を見学して、日本のがん研究や心臓外科がどのレベルのものかを知っておれば、三教授に対してももっと実のあるインタビューができたろうし、それを記事にできたのではないかと。

反省、といえば他にもあった。工場での取材にあたって、である。取材班は各地で乗用車、トラクター、織物などの工場を見たが、私自身はこれらの生産工程をみながら、その技術水準が分からなかった。なぜなら、自分の国でこうした工場を見ていないから、日ソの比較ができないのだ。もちろん、取材班にはこの方面に明るい高山外報部員がいたから、同部員がもっぱらこの分野の取材を担当したが、私自身は「ああ、日本にいる間、いろいろな工場を見学しておくべきだった」と、日ごろの不勉強を悔いた。

まだある。私たちは、行く先々で、取材相手から逆に質問された。「日本の耕地面積は」「コメの収穫量は」「大学の授業料は」……取材班の中の、それぞれの分野に明るい者がなんとか答えたが、それらの問答を通じて、私は日本の農業、教育についてもっと勉強しておくべきだったと痛感した。

考えてみると、新聞記者は何時《いつ》いかなる場面に遭遇するかもしれず、まことに「待ったなし」なのだ。つまり、あらゆることに対応しなくてはならない。いわば万能選手であることが求められている、といえる。であれば、記者は自分の専門外のことにも通暁していなくては、とつくづく思い知らされた。

それから、今回のソ連取材は、先輩記者に「新聞記者はこうでなくては」と教えられた旅でもあった。

取材班が地方取材を終えてモスクワに戻り、ホテルを拠点に仕上げの取材を続けていた時のことだ。取材班キャップの青木利夫ヨーロッパ総局長が、私たちに訪問先を告げないまま一人で外出した。私たちは、散歩か市内見物に出かけたのだろう、とさして気にもとめなかった。

数時間後、ぶらりとホテルに戻ってきた青木総局長が言った。「サハロフに会ってきたよ」。私たちは総立ちになった。

サハロフ博士は、ソ連の「水爆の父」とも呼ばれた物理学者。一九七二年、政府に対しソ連社会の民主化を要求し、七三年、国家保安委員会（ＫＧＢ）から反ソ活動容疑で取り調べを受けた。この年、博士は党、政府指導者の公選やリコール制などを提唱。マスメディアからも攻撃を受けたが「反体制」の姿勢を変えず、作家ソルジェニーツィンが追放された時は、当局を非難した。七五年にはノーベル平和賞を受賞、西側諸国から「ソ連反体制派」の象徴と目されるようになり、その動静が世界的な注目を集めていた。

私たちも当然、サハロフ博士の主張や、ソ連当局の対応に関心があったが、私たち取材班の受け入れ先であるノーボスチ通信社との打ち合わせの際、「サハロフ博士に会わせて欲しい」などとは切り出さなかった。取材班のだれもが「反ソ活動容疑者と認定されている人物に会わせろと要求しても、ソ連側はまず認めないだろう」と思っていたし、現に、西側のマスメディアがソ連内の反体制派と接触するのをソ連当局がひどく嫌っていることをマスメディア関係者ならばみな知っていたからである。

しかし、青木総局長は、私たちのだれとも相談することなく、反体制派のサハロフ博士を訪ね、インタビューに成功した。青木総局長によれば、博士はモスクワ市内のアパートの七階に住んでいた。そこに行くまでソ連当局にとがめられることもなく、簡単に会うことができたという。

青木総局長は、博士の住所をどのようにして突き止めたか私たちにも話さなかった。総局長はロンドンに勤務していたから、おそらくそこでソ連反体制派とコンタクトのある団体か人物に接触し、聞き出したにちがいないと私は思った。

報道機関としてソ連の現状をあますところなく紹介しようというのであれば、ソ連がかかえる「反体制派問題」にも触れないと何か重大なことを欠落させてしまうのではないか。青木総局長はそう考えたのではないか、と私は類推した。取材相手の全体像を報道するためには、相手が触れられることを歓迎しない事実にも果敢に迫らなくてはならない。新聞記者たる者はそうでなくてはならない――青木総局長の挑戦は私たちにそう教えているように私には思われた。

だれからともなく「写真があるといいな」という声があがった。すると、中井写真部員がすかさず言った。「よし、おれが撮ってくる」。青木総局長は中井部員を連れて再びサハロフ博士のところへ向かった。やがて二人は戻ってきたが、「こんどは博士に会えなかったが、アパートの写真は撮れた」とのことだった。

この間、残っていた私は自分がひどく緊張しているのを感じていた。そして、脳裏に不安がよぎった。「国外追放なんていうことにならないだろうか」。が、帰国するまで、ソ連側からは何の反応もなかった。

サハロフ博士の現況は連載の中で紹介された。「サハロフの孤独　底辺に伝わらぬ理念」のタイトル、アパートの写真つきで。筆者はもちろん青木総局長だった。

取材を終えた私たちは空路で帰国の途に着いた。シベリア上空にさしかかった時、私は、私の中で取材を通じてえたこの国についての印象が固まりつつあるのを感じていた。

それは「この国は、常にさまざまな困難を抱えながら実にダイナミックな変化をとげてきた国だな。それは、この国の人たちが世界史上初めての社会主義革命をなしとげたうえ、スターリンによる大量粛清や第二次大戦による大きな犠牲も乗り越えて国を世界二大超大国の一つに押し上げたことからもうかがえる。この国は、これからもさまざまな問題に直面しながらも発展してゆくだろう。なにしろ、内に秘めた潜在力を感じさせる国だから。これからの新しい発展の舞台はおそらくシベリアだろう。そこには、無限の資源が埋蔵されているのだから」というものだった。

しかし、それから十四年後、この国が消滅することになるとは夢にも思わなかった。

（二〇〇七年四月二十六日記）

第107回
事実は小説よりも奇なり

水上父子の再会

ソ連取材から帰ったのは一九七七年七月十一日だったが、休む暇もないまま、翌日から仕事に追われた。ソ連取材の結果を紹介する連載の準備に取りかからねばならなかったし、通常の取材もあった。

そんなある日、帰宅すると、妻がいつになくそわそわしている。「何かあったのか」と尋ねると、「話しちゃおうかしら」と、意外な返事。そして、なおしばらく決断がつかないらしく、もじもじしていたが、思い切って言っちゃおうといった風情でこう言った。「窪島さんが捜していたお父さんが見つかったんだって」

窪島さんとは、窪島誠一郎氏。しばらく前からわが家をたびたび訪れていた、東京・世田谷区成城に住む画廊経営者だった。わが家では、画家・靉光の妻で、私の義母にあたる石村キヱが、私たちと一緒に暮らしていたからである。私はそれまで窪島氏と話を交わしたことはなかったが、妻や義母の話から、窪島氏が幼いころ別れた父を捜していたことは知っていた。

「そりゃ良かった。で、見つかった父親はどんな人」と私がたたみかけると、妻は言った。「水上勉さんだって、作家の」。私は仰天した。

「こりゃ大ニュースだ」と意気込む私に妻は続けた。「窪島さんは私たちに口止めをしたの。自分としてはこのことを世間に明らかにしたくない。岩垂さんは新聞記者だから、彼には黙っていてほしい。知れば記事にするだろうから、と」。妻と義母は、窪島氏に頼まれて私に隠していたというのだ。窪島氏が妻と義母に思わず口をすべらせたのは、長年にわたって父を捜し続け、ついにめぐりあえたことがよほどうれしかったからにちがいないと私はその時、思った。

こんな大ニュースを放っておく手はない。私は窪島氏を訪ね、取材させてほしいと頼んだ。が、窪島氏は「相手のあることだし、その人の社会的地位も考えなくてはならないから」と固持し続けた。やむなく、私は「書かない」を条件に、窪島氏の話を聞いた。だから、メモはいっさい取らなかった(窪島氏と別れた後、私は喫茶店に飛び込み、記憶していたことを一気にメモ帳に書き留めた)。

窪島氏によると――十三、四歳のころ、自分が両親に似ていないことに気づいた。「自分は両親の子ではないのではないか」。両親に尋ねると、両親は笑ってとりあわなかった。

そのころ、両親は靴修理をしていたが、生活は苦しかった。窪島氏は高校を出ると、深夜喫茶のボーイ、ホテル従業員、店員などをしながら家計を助けるとともに、お金を貯めた。それをもとに小さな喫茶店を開いた。

この間、両親への〝疑い〟が年ごとに深まり、二十六歳の時、再び両親に迫った。と、意外な答えが戻ってきた。「私たちは戦前、世田谷の明大前で靴修理屋をやり、二階を下宿にしていた。そこに山下義正という学生がいて、一九四三年、孤児をもらったといって二歳の赤ちゃんを連れてきた。私たちには子どもがいなかったので、預かって育てた。それがお前だよ」。「山下」という人に会えば、父の手がかりがつかめるかもしれない。こうして、「山下」さん捜しが始まった。


宮城県石巻市へ。〝両親〟から「戦災に遭ったので、石巻に疎開していた」と聞かされていたからだ。そこで偶然、〝両親〟がやっていた靴修理屋の隣の洋服屋につとめていた人に出会った。その人が話した。「君のお父さんは山下義正さんだと思う」。以来、窪島氏は山下さんを実の父と思うようになる。

次いで、両親の家の二階に下宿していた学生が群馬県前橋に健在であることを突き止めた。その人が教えてくれた。「山下さんが君のお父さんだと思う。しかし、山下さんは学徒出陣で出征し、戦死したと聞いている。確か明大生で、静岡県磐田市の出身だったはず」。明大に問い合わせると、確かに戦死していた。探索はここで途切れた。

それから四年ほどたった今年（一九七七年）二月、窪島氏は父親の墓参りをしたいと思い立ち、「磐田市」を手がかりに訪ねていった。「山下姓」がいっぱいあった。電話帳を頼りに捜し、十数軒目に山下義正さんの実家を突き止めた。が、義正さんの父親は言った。「人違いでしょう。義正には男の子はいませんでしたから」

でも、あきらめきれなかった。義正さんの妻静香さんが同県富士市に健在であることを知った。電話を入れると、受話器の向こうからこんな声が響いてきた。

「凌ちゃんかえ。あんた生きてたの。あんたのお父さんは立派に生きてるよ。作家の水上勉さんなんだよ」

窪島氏にとっては、とても信じられない結末だった。


凌とは窪島氏の本名だった。静香さんが窪島氏に語ったところによると、一九四一年ごろ、東京・東中野のアパートに義正さんと世帯をもっていた。隣室に水上勉、加藤益子夫妻がいた。水上氏は失業中で、肺結核を患い、よく血を吐いていた。まだ無名の時代で、酒を飲んでは売れない原稿を書いていた。家計は益子さんの洋裁に頼っていたようだが、その困窮ぶりは「赤貧洗うがごとし」だった。

そこへ凌ちゃんが生まれた。みるにみかねた静香さんは、これでは子どもがかわいそうだと、どこかへ預けるよう勧めた。が、水上氏はウンと言わない。そこで、水上氏が外出中に益子さんと一緒に凌ちゃんを連れ出し、義正さんが以前下宿をしていた靴修理屋の夫婦に預けた。

明大前一帯は空襲で焼け野原になったので、凌ちゃんはてっきり死んだものとばかり思っていた。後になって、水上氏には気の毒なことをしたと後悔していた――

こうして、父子はこの年六月二十九日、軽井沢の水上氏の別荘で対面する。三十余年ぶりの再会であった。水上氏は五十八歳、窪島氏は三十五歳。

窪島氏の話を聞きながら、私は興奮した。窪島氏の約二十年にわたる父親捜しが実にドラマチックだったからだ。ついに捜しあてた父親が著名な作家だっただけではない。なんと、窪島氏は水上作品の熱心な愛読者だったのだ。とくに水上氏の代表作の一つ『飢餓海峡』に出てくる、北海道の雷電岬の描写に感激し、現地を訪ねた。そして、その光景に魅せられて詩をつくり、その詩集に『雷電』と名づけたほどだ。それに、窪島氏の結婚相手、紀子さんは、なんと雷電海岸の出身だった。

それればかりでない。水上氏が身障者のわが子のことを書いた『くるま椅子の歌』に感銘し、喫茶店の売上金を身障者支援運動に寄付したこともあった。

まだある。窪島氏の家は、水上氏の邸宅から歩いて五分とかからないところだった。互いに父子と知らないまま、父子は同じ町内に住んでいたのである。

なんとも不思議極まる因縁に、私は「事実は小説よりも奇なり」と思わざるをえなかった。

しかし、これが記事にできないのだ。なんとももどかしかったが、約束を守って沈黙するほかなかった。ところが、である。七月末、窪島氏から「書いてもらってもかまわない」と連絡があった。読売新聞が察知して取材を始めたからで、「どうせ書かれるなら、私としては、あなたに書いてもらいたいと思う」とのことだった。もっとも、「書くにあたっては水上氏の了解をとってほしい」という。

八月二日、窪島氏とともに、ホテルオークラで原稿執筆中の水上氏を訪ねた。が、水上氏は「ぼくにとっては喜ばしいめぐりあいだが、世間にはもっともっと悲痛な戦後史を、未解決のままにしておられる方もあるかと思うと、大騒ぎしてもらうのは恥ずかしい」と、頑として報道されることを拒んだ。

思いあまった私は伊藤邦男・社会部長から説得してもらうことにし、二人して再びホテルオークラを訪ねた。部長からの懇請に水上氏もついに掲載を条件付きでOKしたが、その条件とは「ぼくから新聞社に売り込んだのではない、とわかるような記事にすること。それには、記事の筆者名を明記することと、筆者がなぜこの記事を書いたのか自ら明らかにすること」というものだった。

かくして、私の原稿は八月四日付の朝日新聞朝刊社会面に載った。トップの扱いで「捜しあてた父は水上勉氏」「〝孤児の一念〟戦災の空白を克服」といった見出しが躍っていた。末尾には「窪島さんは（こんどのことが）人びとに知られることをおそれていたが、私はあえて社会に明らかにする道を選んだ。いまなお、戦争直後に離れ離れになった肉親を捜している人びとに、一つの希望を与えることになるのでは、と思ったからである」との私のコメントがつけられていた。

窪島氏は、その後、長野県上田市に夭折した画家の作品を集めた「信濃デッサン館」、戦没画学生の作品を展示した「無言館」を開設し、全国的な注目を浴びる。また、作家としても知られるようになる。

わが家との縁も途絶えず、今年六月二十一日から、東京の俳優座劇場で、窪島氏原作の演劇『眼のある風景――夢しぐれ東長崎バイフー寮――』が、劇団文化座の手で上演される。鬖光を主人公とした芝居で、鬖光生誕100年を記念する催しの一つである。

（二〇〇七年五月五日記）

第108回 統一世界大会へ

電撃的な「七七合意」

それは、まさに衝撃的だった。

一九七七年五月十九日夕方、各新聞社の平和運動担当者に記者会見の連絡があり、同日午後七時から、東京・芝の日本女子会館で、原水爆禁止日本協議会（原水協）の草野信男理事長と、原水爆禁止日本国民会議（原水禁）の森滝市郎代表委員の共同記者会見が行われた。それまで決して同席することもなかった原水協と原水禁の両トップの共同記者会見も衝撃的なら、共同会見で発表された両組織トップによる合意書の内容も実に衝撃的なものであった。

合意書

原水爆禁止日本国民会議　森滝市郎

原水爆禁止日本協議会　草野信男

の両者は、統一問題について一九七七年五月一九日、東京において話しあい次の合意に達した。

一、今年八月の大会は統一世界大会として開催する。

二、国連軍縮特別総会にむけて、統一代表団をおくる。

三、年内をめどに、国民的大統一の組織を実現する。
四、以上の目的を達成するために、ほうはいと起っている、五氏アピール、日青協―地婦連、宗教・婦人等のＮＧＯ連絡委員会などの広範な国民世論を結集し得るような、統一実行委員会をつくる。
五、原爆犠牲者三十三回忌にあたって、原水爆禁止運動の原点に帰り、核兵器絶対否定の道を歩むことを決意する。
メモ
――以上の合意の上に立って、禁・協が随時連絡協議を行う。
――原発問題に関する討議の場が、この大会の中で、必らず、設けられること。

これまで、同じ天をいただかない〝犬猿の仲〟であった原水協と原水禁が統一して世界大会を開く。そのうえ、年内をめどに統一組織をつくることで合意したというのだから、報道陣が色めき立ったのも当然だった。

日本の原水爆禁止運動を牽引する組織として原水協が生まれたのは五五年のことだが、六三年に「いかなる国の核実験にも反対する」問題と、米英ソ三国によって結ばれた部分的核実験禁止条約をどうみるかといった問題をめぐって内部に対立が生じ、社会党・総評系団体が原水協を脱退し、六五年に新たな運動組織の原水禁を結成した。社会党・総評系団体が抜けた原水協では、共産党系団体が主導権をにぎった。政治的には中立の立場にあった全国地域婦人団体連絡協議会（地婦連）や日本青年団協議会（日青協）などの市民団体は、対立に嫌気がさして原水協から脱退した。

分裂後の原水協と原水禁の対立、抗争は激烈を極めた。原水協は原水禁を「分裂組織」と非難し、その存在すらも認めず、話し合いはもちろん、同席することも拒んだ。両組織ともそれぞれ世界大会を開催し、海外代表の招致にあたっても多数派工作でしのぎをけずった。とくに原水協は海外代表が双方の世界大会に参加することを認めなかった。「協」「禁」の対立は海外にまで知られ、海外代表を戸惑わせた。

運動統一に向けての努力がなかったわけではない。まず、七五年に社会党、総評、中立労連（以上、社会党・総評系）、共産党、日本平和委員会、日本科学者会議（以上、共産党系）、日本被団協（被爆者団体、中立）の七団体で「原水爆禁止運動の統一をめざす七者懇談会」が発足、話し合いを進めたが、団体間の対立が激しく、まとまらなかった。さらに、七七三月、原水協に圧倒的な影響力をもつ共産党と、原水禁の中核である総評との間で「運動の発展のため過去の行きがかりを乗り越え、より高い見地にたってより広い階層の人びとを結集する新しい統一組織体をつくることをめざし、具体的方策をすみやかに検討する」との合意をみた。

しかし、当事者の一方である原水協がこれを歓迎したのに対し、もう一方の当事者の原水禁が「頭越しの合意だ。それに、分裂の間に両組織の運動方針が異なったものになってしまって、いまさら組織統一は無理。いま必要なのは運動の統一なのだから、まず共同行動を」と、合意反対の態度をとり、「共総合意」は暗礁に乗り上げた。

それでも、一転して「協」「禁」両組織トップによる握手（合意）が実現したのは、なんといっても背景に運動の統一を強く願う国民世論があったからだと私は思う。そのことは、運動分裂後、分裂を悲しみ、憂い、ひたすら運動の統一を願う投書が、新聞の投書欄にひっきりなしに寄せられていたことからも明らかだった。

なかでも、この年の二月二十一日に発表された「広島・長崎アピール」が両組織トップの握手に大きな影響を与えたと、私は考える。これは、評論家の吉野源三郎、中野好夫、日本学術会議会員三宅泰雄、元日本女子大学長上代たの、日本山妙法寺山主藤井日達の五氏が連名で発した訴えだった。

それは、この年夏に広島と長崎で国際NGO主催で開かれる予定の「被爆の実相とその後遺・被爆者の実情に関する国際シンポジウム」を取り上げ、「被爆の実相と核兵器の恐ろしさを、徹底的に世界中に知らせようとする企てが、本年、被爆の現地において行われることは、つづいて来年、画期的な国連軍縮特別総会が開かれることと併せて、この上なく重要な意義をもつものと私共は考えます。核兵器廃絶の世界世論を来年の軍縮特別総会に大きな力として反映させるため、シンポジウムは是非とも成功させなければならない」とし、「これまで、核兵器に対するあらゆる反対運動を無視するかのように、とどまるところを知らずに高まってきた核軍拡競争を、今こそくいとめるために、平和を求める日本のあらゆる個人・団体・諸組織が、過去の行きがかりを乗り越え、この成功ため力を一つに合わせること——新たな国際的機運はそれを切実に求めています」と述べていた。

要するに、拡大の一途をたどる核軍拡競争を阻止するために、そして間近に迫った国際シンポジウムを成功させるためにあらゆる人々が小異を捨てて大同につけ、という訴えだった。これが、草野、森滝両氏を揺り動かし、両氏はそれぞれの個人的な決断で合意にこぎつけたのだった。両氏が高いハードルを乗り越えたのは「分裂したままでは国民から見放される」との危機感だったようだ。いずれにしても、このころは、著名な学者・文化人の発言が国民世論形成のうえでまだ大きな影響力をもつ時代であった。

ただ、「草野・森滝合意」に対する両組織の受け止め方は正反対だった。原水協は「原水禁側が原水協の主張する組織統一（解散統一論）を受け入れた」と受け取ったのに対し、原水禁は「またしても頭越し合意だ」と反発し「今後つくられる新しい組織は、組織の解散統一ではなく、国民各層が参加できる連合組織体でなければならい」との見解をまとめた。「解散統一に原水禁のトップが合意した」とする原水協。「両組織のトップ会談で原水禁と原水協の共同行動の糸口ができた」とする原水禁。両者の溝はかえって深まった。

しかし、双方の見解が全くくい違ったままではあったが、ともかく合意書に基づいて、この年の六月十三日、東京で「原水爆禁止統一実行委員会」（統一実行委）が発足する。これには、協、禁の両代表のほか、地婦連、日青協、日本生活協同組合連合会（日本生協連）など市民団体の代表、日本被団協の代表も参加した。とりわけ新鮮な印象を与えたのは市民団体代表の面々で、これらの団体は草野・森滝合意を歓迎し、「協と禁がいっしょに運動するなら」と運動に復帰してきたのだった。

統一実行委は「ことし八月の大会は統一世界大会として開催する」「国連軍縮特別総会にむけて統一代表団を送る」「年内をめどに国民的大統一の組織を実現する」の三点を確認する。

統一世界大会は、統一実行委の主催で八月三日から広島で開かれた。分裂から実に十四年ぶりの統一世界大会であった。

この世界大会を取材しての感想は、「統一」とはこんなになごやかなものか、というものだった。私はそれまでの十年間、協、禁それぞれの世界大会を見てきたが、どちらの大会も、自分たちの運動がいかに正統性をもったものであるかを誇示する声に満ち、他団体を非難する声が会場を覆っていた。それは、見ていて決して気持ちのいいものではなかった。それぞれが相手方を非難すればするほど、運動そのものの目標はかすみ、エネルギーは分散し、運動が市民から遊離していくように思われた。が、十四年ぶりに実現した統一世界大会には、そのようなとげとげしさはなかった。参加者の顔には笑顔さえみられた。参加者数も主催者の予想を超え、会場外にあふれた。統一大会は海外代表からも歓迎された。

開会集会で開会あいさつをした統一実行委常任幹事の田中里子さん（地婦連事務局長）が「分裂していては国際世論を動かせない。統一とは、分裂したものを一つにすることでなく、国民のだれもが参加できる、本当の意味の統一を目指すことだ」と述べたとき、会場内から激しい拍手が起こった。そして、被爆者代表が「統一は被爆者にとって最大の喜びであります」と話したとき、会場内の拍手は一段と高まった。

さらに本大会の会場で、ベトナム代表が「団結、団結、また団結」と演説したとき、会場内の拍手は最高潮に達したのである。

（二〇〇七年五月十五日記）

第109回 核兵器完全禁止へ

内外で空前の盛り上がり

原水協（共産党系）の草野信男理事長と原水禁（社会党・総評系）の森滝市郎代表委員の間で調印された、運動の統一に関する合意書（草野・森滝合意）は、その後の内外の原水爆禁止運動に決定的な影響をもたらした。

まず、この統一世界大会と同時並行的に開催された「被爆の実相とその後遺・被爆者の実情に関する国際シンポジウム」（被爆問題シンポジウム）は、運動の統一がもたらした成果の一つといっていいだろう。

このシンポジウムは広島、長崎に投下された原爆による被害と被爆者の現状を科学的に明らかにするためのものだった。七四年と七五年に国連本部を訪れた原水協の代表団が、国連に原爆の後遺についての調査研究に国際社会が乗り出すよう要請、これを受けて国連の傘下にあるNGO軍縮特別委員会が「原爆被害者に関する特別決議」をし、それに基づいて日本で開かれることになったものだ。

原水協が〝言い出しっぺ〟だったために、他の団体はこの催しに当初はそっぽを向いていたが、「草野・森滝合意」により、このシンポに対しても歩み寄りのムードが生まれ、シンポを運営する日本準備委員会には、学者・文化人のほか、原水協、原水禁、市民団体の関係者が加わった。特筆すべきは、原水協や原水禁と対立するもう一つの運動団体の核兵器禁止平和建設国民会議（核禁会議、自民・民社党系）と、総評と対立する全日本労働総同盟（同盟）の関係者が加わったことだった。いわば、文字通りの原水爆禁止運動の大同団結が実現したといってよかった。

結局、七月二十一日から東京、広島、長崎を結んで国際調査が行われ、それに基づくNGOと研究機関のシンポジウムが広島で開かれた。広島と長崎で、一般市民を対象とするラリーも行われた。

シンポで採択された宣言「生か忘却か」は「私たちはみんなヒロシマ・ナガサキの生きのこりです。原爆には生き残りましたが、いまなお、ヒロシマ・ナガサキを壊滅した原爆よりずっと強力な数百万発の原水爆、また予想される中性子爆弾、巡航ミサイル、またより精密な戦略兵器の配備が、私たちをおびやかしています」として、「全世界のヒバクシャよ団結せよ」と訴えていた。被爆者が「ヒバクシャ」と片仮名で表記されたのはこの時が初めてで、以後、「ヒバクシャ」は世界語となった。

運動の統一が生んだ第二の成果は、ニューヨークの国連本部で開かれた第一回国連軍縮特別総会（ＳＳＤⅠ）に統一した代表団を送ることができたことだろう。

原水協、原水禁、市民団体は、統一実行委員会での申し合わせに基づき、七八年前半に予定されていたＳＳＤに向けて全国で「国連に核兵器完全禁止を要請する署名」運動をはじめ、併せて統一代表団の結成を進めた。

結局、署名は一八六九万四二二五人に達した。七八年五月には、統一代表団「国連に核兵器完全禁止を要請する日本国民（ＮＧＯ）代表団」が結成された。総勢五〇二人。協、禁、市民団体の代表のほか、核禁会議、同盟の代表も加わっていた。

ＳＳＤはこの年五月二十二日から六月三十日まで国連本部で開かれた。この間、統一代表団は署名簿を携えてニューヨークへ向かい、署名をロルフ・ビョルナーシュテット国連軍縮センター所長に手渡すとともにＳＳＤを傍聴した。

ＳＳＤがＮＧＯの代表にも発言の場を設けたため、日本からは統一代表団事務局長の田中里子・全地婦連事務局長が黄色いワンピース姿で登壇した。田中さんは「私たち日本のＮＧＯは、国連が核軍備撤廃への着実な歩みを開始することを強く要請します」と述べ、演説の最後を「ちちをかえせ　ははをかえせ」ではじまる広島の被爆詩人、峠三吉の詩で結んだ。

「草野・森滝合意」がもたらした運動統一の潮流は、その後も途絶することはなかった。いや、むしろ、内部対立を抱えながらも運動統一の潮流はますます太くなっていった。ＳＳＤⅠ直後の七八年八月、長崎でも統一世界大会が開催されたことも、そのことを象徴する出来事といってよかった。長崎での統一大会は分裂以来十五年ぶりのことであった。

その後、運動統一の流れは八一年から八二年にかけて最高潮に達する。運動に参加している人たちにスクラムを組ませたのは、またしてもＳＳＤであった。

国連総会の決定により、八二年前半に第二回国連軍縮特別総会（ＳＳＤⅡ）が開かれることになった。このため、原水協、原水禁、市民団体は八一年十一月に「第二回国連軍縮総会に核兵器完全禁止と軍縮を要請する国民運動推進連絡会議」を結成し、国連に向けた署名運動をはじめた。

この署名運動を盛り上げるため国民運動推進連絡会議は八二年三月二十一日、広島で「82年・平和のためのヒロシマ行動」をおこなったが、主催者発表で一八万六三〇〇人（警察発表は九万四五〇〇人）が集まった。さらに、五月二十三日には東京で「82年・平和のための東京行動」をおこなったが、これには主催者発表で四〇万六〇〇〇人（警察発表は一八万六〇〇〇人）が集まった。まさに、今日では考えられないほどの高揚ぶりであった。

署名運動をこうした国民的な盛り上がりにまで導いたきっ

かけとなったのは、八一年暮れに発表された「核戦争の危機を訴える文学者の声明」だった。井伏鱒二、井上靖、井上ひさし、小田実、西田勝、伊藤成彦、安岡章太郎、吉行淳之介、大江健三郎、中野孝次の各氏ら三十六人の文学者が連名で反核を訴えたもので、大きな反響を巻き起こした。これに触発されたのか、以後、宗教家、画家・彫刻家、法律家、写真家、演劇人、音楽家らから反核声明が相次いだ。

当時、私は通勤電車の西武池袋線の電車内で、国連要請署名が行われていたのを目撃したことがある。そうした経験はその前にもなかったし、その後もない。まさに、熱狂的な反核署名ブームといってよかった。

SSDⅡはこの年六月七日から七月十日まで国連本部で行われた。会期中に国民運動推進連絡会議は原水協、原水禁、市民団体の関係者約一二〇〇人からなる統一代表団をニューヨークに派遣した（約一四〇〇人を派遣する予定だったが、約二〇〇人が入国拒否に遇った）。

統一代表団は六月十日、国連要請署名二八八六万二九三五人分をデクエヤル国連事務総長に手渡した。これとは別に、やはり日本で同様の署名活動していた各団体も、それぞれ同事務総長に署名簿を手渡した。それは、公明党、民社党、新自由クラブ、社会民主連合の中道四島と同盟からなる「第二回国連軍縮特別総会に向けて核軍縮をすすめる連絡協議会」が一六一八万八二四七人、新日本宗教団体連合会が三六七四万五三九五人、日本カトリック司教団が四八万四〇〇〇人、といったところだった。日本全体で八〇〇〇万人を超す。有権者数を上回る数で、このことからも、当時の反核署名運動がいかに熱狂的なものだったかがうかがえるというものだ。

この時、国連に提出された署名は全世界から総計で一億人分。実にその八割が日本人によるものだった。

六月十二日、ニューヨーク市内でSSDⅡに向けた国際デモンストレーションがあった。米国の平和団体が主催した。デモのコースは国連本部周辺から、五番街または七番街を経てセントラルパークに至る約七キロ。

午前十時スタート。コースは全米各地からやってきた人たちで埋め尽くされた。日本からの統一代表団もこれに参加した。

朝日新聞では、東京本社社会部の漆原淳俊記者と私がその取材にあたった。私は五番街の歩道でデモの隊列を待った。「反核」を訴えるさまざまのプラカードや横断幕を掲げた米国人たちが次々とやってきた。さまざまな民族がいた。子どもの集団もいた。先頭が現れ、最後尾が通りすぎるまでにざっと四時間かかった。

まるで怒濤のような巨大な人間のうねりが、ニューヨークの繁華街を席巻した感じだった。地下から無数の人間がわき出してきたようだった。「こんなにも多くの人たちが核兵器の全廃を願って動き出したのだ」。巨大なデモ行進を目の当たりにして、私は自分の気持ちが次第に高じてゆくのを覚えた。

デモに参加した千葉県生協連の中嶋拡子さんは書いている。「このような経験はもう二度とないのではないか。この感激はきっと死ぬまで忘れないだろう」と。

集結地のセントラルパークに行ってみた。入りきれない人たちがパークの周りを取り巻いていた。中央の広場は見渡す限り人、人、人……であった。デモ参加者は主催者発表で百万人。翌日の地元紙は、警察発表で七五万から八〇万人が集まったと伝えていた。米国史上最大のデモとのことだった。

こうした空前の盛り上がりにもかかわらず、世界の二大超大国、米国とソ連の厳しい対立は解けず、ＳＳＤⅡはなんら実効ある核軍縮案を打ち出せないまま閉幕となった。

日本に関して言えば、原水協、原水禁、市民団体の統一行動は飛躍的に進んだものの、「草野・森滝合意」の合意事項の一つである「国民的大統一の組織を実現する」ための関係団体の話し合いは、なかなか進まなかった。

（二〇〇七年五月二十八日記）

第110回 ノーモア・ユーロシマ

西欧の〝熱い秋〟

広場を埋めた群衆の頭上を巨大な風船がバウンドしながら転がる。と、群衆から無数の手が伸び、風船をつかまえようとする。その度に風船はまたバウンドを繰り返しながら群衆の頭上を行ったり来たり……。風船には、世界の地図が描かれている。だから、それは、まるで地球が世界中の人々によって手を差し伸べられているような光景に見えた。それはまた、会場を埋めた人々が世界各国の人々との連帯を求めて両手を振り上げているかのようにも思えた。

一九八三年十月二十二日、統一前の西ドイツの首都ボン。この日、ボン大学わきの広場で「平和のための国民集会」が開かれた。葉が黄色く色づいた樹木に囲まれた広場を埋めた集会参加者はざっと五十万人。いったいどこからこんなにも多くの人々がやってきたのだろうと思わせる人、人、人の波。広場に設けられた舞台では、「反核の闘士」といわれていた著名な作家、ギュンター・グラスらが次々と熱弁をふるった。

目前のこうした光景に、私は圧倒された。「ヨーロッパでも広範な人たちが核戦争に反対して立ち上がったのだ」。そうした思いが、私の脳裏を駆けめぐった。

日本で第二回国連軍縮特別総会（SSDⅡ）に向けた反核運動が燃え盛りつつあった時期、西ヨーロッパでも大規模な反核運動が高揚しつつあった。

そのきっかけとなったのは、七九年十二月に開かれた北大西洋条約機構（NATO）理事会の「二重決定」だった。つまり、米国の新型中距離核ミサイル（パーシングⅡ、巡航ミサイル）のヨーロッパ配備を進める一方で、米国とソ連の間で中距離核戦力（IMF）削減交渉を進める、という決定だった。

これは、七〇年代後半からソ連がヨーロッパ向けに中距離核ミサイルSS20の配備を開始したことへの対抗措置だった。具体的には、八三年後半以降にパーシングⅡ一〇八基を西ドイツに、巡航ミサイル四六二基をイギリス、イタリア、ベルギー、オランダの五カ国に配備するというものだった。

仰天したのは西ヨーロッパの市民たちである。「これでは、ヨーロッパが米ソによる核戦争の舞台になってしまうではないか」という恐怖が、またたく間に西ヨーロッパ各国の市民の間に広がった。「ヨーロッパをヒロシマにしてはならない」という危機感から、「ノーモア・ユーロシマ」（ヨーロッパのヒロシマ化を許すな）というスローガンが生まれた。「ユーロシマ」は「ヨーロッパ」と「ヒロシマ」をだぶらせた造語だった。

八一年十月十日には、西ドイツのボンで米国の新型中距離核ミサイルの配備に反対する集会が開かれ、約三〇万人が集まった。これ以後、西ヨーロッパ各国の首都や大都市で同様な集会が相次いで開かれた。

そして、配備開始の八三年秋には、配備反対の集会がピークに達した。とくに十月二十二日から三十日にかけボン、ロンドン、ローマ、パリ、ストックホルム、ウィーン、ブリュッセル、ハーグなどで大規模な反核集会が連続して開かれ、報道によれば、参加者は総計で二〇〇万人に達した。このため、これら一連の反核集会を伝えるジャーナリズムはこれを「西欧の〝熱い秋〟」と呼んだ。

朝日新聞東京本社社会部は、西欧の反核運動を伝えるため堀江義人記者を現地に派遣したが、私もこの目でそれを見たかった。そこで、自費で現地に飛び、西ドイツとイギリスで取材にあたった。十月二十二日にはボン大学わきの広場で「平和のための国民集会」が開かれると聞いて、そこへ出かけて行ったというわけだ。

ボン滞在中、国会議事堂内で、国会議員で「緑の党」議長のペトラ・ケリーさんに会った。彼女は当時、西独における反核運動の象徴的存在で、八一年、原水爆禁止世界大会に参加のため来日し、日本でも注目を集めた（後年、彼女は西独の元陸軍少将のゲルト・バスティアン氏とともに死んでいるのが

50万人が参加した西独の反核集会（1983年10月22日、ボンで筆者写す）

発見され、世界に衝撃を与えた。無理心中なのか合意の心中なのか不明と報道されたが、ケリーさん来日の折りはバスティアン氏もいっしょだった）。

その後、西ドイツ北部のハンブルクを訪れた。人口百七十万のこの街の中心街を歩いていたら、高校生ばかりのデモ行進に出合った。口々に「平和」「連帯」と叫ぶ。半数は女の子。彼らはやがて路上に寝ころんだ。ダイ・インだった。もちろん、米国の新型核ミサイルの配備に反対するデモンストレーションであった。

イギリスでは、グリーナムコモン米軍基地の周囲に女性ばかりによる平和キャンプが設けられていた。米国の新型核ミサイルがこの基地に配備されるというので、それを阻止するためのキャンプだった。

グリーナムコモン米軍基地はロンドンから西へ約八〇キロ。牧場や畑、原野が続く田園地帯の中にあった。金網で囲まれた基地の周りは約一四キロ。平和キャンプは金網のすぐ外の四カ所に設けられていた。いずれもビニールやシートで作られた、いたって粗末なテント。女性たち四、五十人がここに寝泊まりしながら基地を監視し、時には基地内に進入するなどの非暴力直接行動を続けていた。地元の自治体によって何度も撤去されたが、そのたびに女性たちは再建した。

自然条件も厳しい。訪れたのは十月半ばだったが、吹きつける風は肌を刺すように冷たかった。キャンプでは、たき火がたかれていた。「真冬の寒さは格別です。氷点下になりますから」と、キャンプにいた女性は言った。

約二年間に延べ約四百人が逮捕されたという。キャンプには、イギリス人女性ばかりでなく、米国、西ドイツ、フランス、デンマーク、スウェーデン、オーストラリア、ニュージーランド、日本からも参加者があるとのことだった。

地元民の間では「汚い」「レズやパンク族もいる」とはなはだ評判が悪い。夜、テントに石が投げられることもある。が、キャンプに参加しているイギリス人のレベッカ・ジョンソンさん（二十九歳）は意気盛んだった。「私たちには、人間を絶滅させる核戦争の突発をストップする義務があると思うの。私たち普通の人間には、自分のからだしかない。だから、このからだを使って核兵器に立ち向かうしかない。それが、私たちの非暴力直接行動なんです。私たちへの支援は世界各地に広がっています」

実は、彼女に会うのは二度目だった。彼女は、この年の夏に日本で開かれた原水爆禁止世界大会に参加したからだ。世界大会国際会議の演壇で「平和のための女たち　世界の人々よ　ともに立ち上がって『ノー』と言ってほしい」と、米国の新型核ミサイルのイギリス配備に反対する歌を歌い、満場の拍手を浴びた。

その後も彼女の反核運動は続き、後年、英国労働党の国会議員になった。そして、核問題の専門家としてたびたび来日している。グリーナムコモンの平和キャンプが生んだスターと言っていいだろう。

イギリスではまた、西欧反核運動の理論的リーダーの一人、メアリー・カルドーさんにインタビューした。サセックス大学科学政策研究所主任研究員で当時三十七歳。「西欧各国でなぜ反核運動が広がっているのか」との問いに、彼女がこう答えたのが印象に残っている。

「原因の一つは、政治家への不信が高まっていることだと思います。一九五〇、六〇年代にも核への恐怖は存在しましたが、平和運動が今ほど盛り上がらなかったのは、私たちの間に、政治家がちゃんとやってくれる、との期待があったからです。しかし、西欧では、社民党、労働党などの野党は冷たい戦争になんの手も打たず、市民への約束を果たさなかった。そこで、今や、平和運動がかつての社会主義政党にとって代わろうとしているのです」

こうした反核運動の盛り上がりにもかかわらず、この年十一月半ばには巡航ミサイルの配備がイギリスで始まり、その他の国々にも新型核ミサイルが次々と配備された。運動は敗北した。

しかし、その後、西ヨーロッパに配備された新型核ミサイル、その配備を引き起こしたソ連の欧州向け中距離核ミサイルＳＳ２０をも含むすべてのＩＮＦを廃棄する条約が、レーガン米大統領とゴルバチョフ・ソ連共産党書記長の間で調印される。八七年十二月のことである。米ソ両首脳がＩＭＦ全廃に踏み切った背景にはさまざま理由があったに違いないが、西ヨーロッパの民衆による大規模なＩＭＦ配備反対運動もその一つであったろうと私は思う。なぜなら、いかなる政治指導者も民衆の要求を全く無視しては政治を行えないからだ。

全廃条約によってＩＭＦが撤去された後も、西ヨーロッパに芽生えた反核運動はその後、盛衰を繰り返しながらも、世界の核軍縮問題の上で重要な役割を果たす。「反核運動なんて世界の核状況に全く影響を与えることはない」と冷笑する向きも少なくないが、これまでの世界の反核運動と核軍縮の歴史をたどると、そうした見方が皮相的、一面的であることに気づかされるはずだ。運動を見続けてきた私は確信する。「歴史をつくるのは民衆だ」と。

（二〇〇七年六月五日記）

第111回　一変した平壌の空気

北朝鮮再訪①

一九七八年十月三十一日午後六時四十分、私と中井征勝・東京本社写真部員は、北朝鮮の平壌空港に降り立った。日はとっぷり暮れて、あたりは暗かった。と、女の子たちが寄ってきて、私たちに花束を差し出した。それを受け取りながら、私は感無量だった。日本とは国交のない国、北朝鮮の地を再び踏むことになるとは思っていなかったからである。最初の訪問から十年がたっていた。

最初の訪朝は六八年九月だった。毎日、読売、共同、朝日の報道四社からなる日本記者団の一人としての訪朝だった。この国の建国二十周年記念行事を取材するための訪朝で、国交がないにもかかわらず特別に入国を認められたのだった。この時の取材体験は第二部で紹介した。

二度目の訪朝には、次のような経緯があった。

これもすでに書いたことだが、七〇年、朝日新聞社は安保問題に関する企画の一環として北朝鮮政府の日米安保条約に対する見解を取材しようと計画し、訪朝経験のある私の入国を認めるよう北朝鮮の対外文化連絡協会（対文協）に申請。許可が出たので、私が北朝鮮に向かったところ、経由地のモスクワでなぜか突然、入国を取り消され、結局、予定していた取材はできなかった。

私は、理由も示さず入国を取り消されたことに納得できず、「国際的な儀礼に反する」として対文協に約束を果たすよう要請、日本を訪れた北朝鮮代表団にも約束の履行を迫ったが、いずれもなしのつぶてだった。でも、この国が七八年九月に建国三十周年を迎えるとあって「もしや」との思いから、この記念行事を取材させてほしいと入国許可の申請をしてみた。が、記念行事が過ぎても音沙汰がなかった。

ところがである。十月中旬、突然、対文協から招待の電報が届き、思いもかけず訪朝が実現したのだった。「約束」は果たされたのである。

私たちは成田を発ち、北京へ。そこから朝鮮民航機で平壌に入った。そのことに、私はアジア情勢の変化を感じていた。というのは、十年前は、アンカレジー―コペンハーゲン―モスクワを経由して、平壌にたどりついたからだ。いわば地球を一周しなければならなかった。北京経由がかなわなかったのは、北朝鮮と中国が冷え切った関係にあったからで、この時、北朝鮮は入国ビザを北京でなくモスクワで受け取るよう日本記者団に指示してきたほどだった。しかし、今回は北京経由で入国できた。このことから、朝中間が友好的な関係に戻ったことがうかがえた。

ともあれ、私たちはそれから十五日間にわたり平壌のポトンガガン（普通江）ホテルを拠点に建国三十周年を迎えたこの国の実情を垣間見たわけだが、とくに印象に残ったことのいくつかを書く。

まず、平壌を包む空気が十年前のそれとすっかり変わっていて驚いた。十年前の平壌の空気はピリピリしていた。それは、身が引き締まるような緊張感に包まれていたといってよい。街のいたるところに激烈な反米スローガンがあり、ところどころに張られたポスターにも、朝鮮人民がアメリカ兵をやっつけるといった図柄が目立った。街頭では軍服姿の人民軍兵士が目立ち、平壌の中心にあるモランボン（牡丹峰）公園を訪れたとき、樹木の陰では、銃をもった兵士の姿が見え隠れしたものだ。

子どもたちの課外活動のセンターである平壌学生少年宮殿では、少年たちがアメリカ兵の人形を標的にして、模型の銃で射撃訓練をしていた。案内の係員は「わが国では、すべての国民が一当百の精神でやっています」と誇らしげに説明したものだ。

取材にあたっても制限が厳しかった。北朝鮮側はとくに写真撮影には神経を尖らせていて、撮っていいのは文化施設、スポーツ施設と子どもたちぐらいといった有り様だった。まさに、平壌は臨戦態勢にある、といった様相であった。

ところが、十年後の平壌の空気は一変していた。時は晩秋から初冬にあたり、空はあくまでも高く、澄んでいた。黄色くなった街路樹のイチョウやプラタナスの葉が、風もないのにハラハラと舞い落ちる。その落ち葉をかき集めて焼く光景があちこちで見られた。紫の煙が、空に向かって静かに立ちのぼる。なんとも穏やかな風景だった。

夕方、ホテルから都心に向かう途中、道路でローラースケートに興じる男の子たちを見かけた。また、滞在中、ホテルの前の木立の間や、ホテルの横を流れるポトンガンの岸で、カンバスに向かう学生たちの姿を見かけた。ポトンガンではまた、男女学生が教官の指導でカヌーの練習に励んでいた。テドンガン（大同江）のほとりを歩く機会があったが、川面にはアベックが乗ったボートが浮かんでいた。

そして、今回も平壌学生少年宮殿を訪れたが、こんどは子どもたちによる射撃訓練の見学はなかった。

平壌駅前の百貨店ものぞいてみた。五階建てで、各階とも買い物客で混んでいた。街中に掲げられたスローガンも、激しい調子の反米的な文言は目につかなかった。よく目にしたものといえば「朝鮮労働党万歳」「金日成主席万歳」「自らの資源、技術で第二次七カ年計画を遂行しよう」といったものだった。

こうした見聞で見る限り、あの十年前のピリピリした空気は影をひそめ、まずは平穏な市民生活が営まれているとの印象を受けた。

とはいうものの、平和な日本の都市の空気とは随分違うのも確かだった。平穏な空気の底に、この国特有の張りつめた空気がただよっていたといえようか。そのことを私たちは写真撮影を通じて感じた。

写真撮影については、十年前に比べぐんと制限がゆるやかだった。軍事施設関係のものは絶対禁止だったが、その他のものについては原則として「自由」だった。ただし、許可を得ることが必要とされた。だから、車で街を走っていて、あ、これはいけるなと思ってもシャッターを切るわけにはいかなかった。

例えば、広い道路の歩道で落ち葉を集めるなど、清掃に精をだしていたこどもたち。赤旗を立て、真っ黒になって道路の拡幅工事をしていた若者たち。協同農場での農場員総出の白菜の収穫風景。いずれも「関係機関の許可が必要」との理由で撮影はダメだった。

結論的にいえば、スナップ写真を撮るのはほとんど不可能だったということだ。だから、同行の中井写真部員にしてみれば「これでは仕事にならない」日々だった。そこで、どうしても自然のままのスナップ写真を撮りたいと、中井部員はある朝、早起きしてホテルを出ていった。ホテル周辺で通勤、通学風景を撮ろうと思いたったのだ。が、しばらくすると、「やっぱりダメでした」と帰ってきた。中井部員によると、ホテルに近い道路で通勤途中の人や登校途中の子どもにカメラを向けていると、どこからともなく出てきた数人の私服の男たちに取り囲まれ、「ホテルに帰りなさい」とうながされたという。

外国人の動向は絶えずマークされていたということだろうか。いずれにせよ、外国人の滞在者に対し、当局が警戒の目を光らせていることをうかがわせた。

中井部員と私は、一年前の一九七七年にソ連各地を五十日近く一緒に取材で回った経験があった。写真撮影という点でみると、北朝鮮はソ連よりはるかに制限が厳しいというのが二人の一致した感想であった。

当時の北朝鮮にただよっていた張りつめた空気の一端を以上の例で分かっていただけたのではないかと思うが、いずせれにせよ、こうした緊張感のよってきたるところと言えば、やはり、この国が当時、軍事境界線（いわゆる三八度線）をへだてて、米国、韓国と対峙していたからだろう。当時はなお東西冷戦下で、とりわけ朝鮮半島では南北が厳しく対立していたのである。

（二〇〇七年六月十八日記）

第112回

増幅された個人崇拝

北朝鮮再訪②

北朝鮮を十年ぶりに再訪して印象に残ったことの二つ目、それは金日成主席に対する個人崇拝がいっそう強まっていたことである。見たまま、聞いたままを以下に記す。

その一。私たちが会った人たちは、みな左胸に金日成バッジをつけていた。主席の顔写真がはめこまれた円形のバッジだ。おそらく、子どもを除く国民の全員がつけているのでは、と思われた。十年前にはこんなことはなかった。

それにしても、なぜこうしたバッジをつけるのか。滞在中、通訳をしてくれた人にそれを尋ねたことがある。そしたら「偉大な主席に対する敬愛と忠誠を表すためです。それも、心底からの敬愛と忠誠という意味を込めて、心、つまり心臓の上にあたりにつけているのです」という返事だった。

自ら買うんだろうか。それとも、国から支給されるのだろうか。その点を尋ねると、通訳氏の一人は「街で売っていますよ」との返事。が、別の通訳氏は「それぞれの勤務先で支給されます」と言った。どうなっているのか、どうもすっきりしなかった。

その二。私たちが会った人たちは、みな、主席を決して呼び捨てにしなかった。必ず「偉大な」あるいは「敬愛する」という言葉をその上につけた。「偉大な主席」「敬愛する主席」といったように。十年前には、すべての人がこういう表現をするということはなかった。日本記者団を案内してくれた通訳氏は「金日成同志」あるいは「金日成首相」と話したように記憶する。

その三。主席の肖像写真、肖像画、像、活躍を描いた絵も十年前に比べて増えたように感じた。

とにかく、いたるところに「主席」がいた。託児所の各部屋、幼稚園、学校の各教室、課外活動施設の学生少年宮殿の各部屋には主席の肖像写真が掲げられていた。公共施設、例えば美術館、博物館、工業・農業展覧館、戦勝記念館などは、正面入り口から入ると、突き当たりのところに必ず主席の立像、あるいは主席の活躍を描いた絵があった。

地下鉄の車両内にも主席の肖像写真が掲げられていたし、各駅構内の壁には主席の活躍を描いた絵があった。工場や協同農場を訪れると、管理部門がある建物に主席の肖像画が掲げられていた。朝鮮労働党機関紙「労働新聞」の本社では、正面玄関を入るとすぐ、主席の白い座像があり、その前には白いカーテンのような布が垂れていた。

ホテルにも肖像写真や絵があった。私たちが平壌滞在中に泊まったポトンガン・ホテルは、正面から入るとロビーがあり、そこの壁に大きな絵が掲げられていた。それは、この国の革命発祥の地とされる白頭山の頂上に立つ主席を描いたものだった。また、ケソン（開城）市で泊まったホテルの各室には主席の肖像写真が掲げられていたし、景勝地・妙香山のホテルでも同様だった。

なかでもとりわけ印象に残ったのは、平壌の中央、市街を見下ろす高台にある革命博物館の前に立つ主席の銅像である。高さ二十メートル。右手を高くあげた巨大な像で、夜になると、照明が全身にあてられ、平壌のかなり遠くからもそれを望むことができた。これは、十年前にはなかったものだ。

その四。主席の生家が保存されているマンギョンデ（万景台）も、十年前よりさらに整備され、大規模になっていた。それは平壌の都心から南西の方角にあり、都心から車で三十分のところにあった。そこに主席が生まれ、育った家が保存されているが、その家の近くに大きな池ができていた。池の中には噴水があった。池も噴水も十年前にはなかったように記憶している。

また、生家の後方の小高いところに記念館（案内の人は革命事績館と呼んだ）ができていた。コンクリート建ての白い建物。説明してくれた人の話によれば、一九七二年、主席の生誕六十年を記念して建設されたとのことだった。記念館には、主席の曾祖父キム・ウンウに始まる金日成家四代の歴史が絵や写真、図などによって展示されていた。

生家の近くにはまた、樹木の植わった高台があった。そこには、主席が少年時代に腰かけた石や、遊んだ岩、相撲をとったという砂場が保存されていた。

マンギョンデを見学中、参観にきていた人々に出会った。いずれも実に行儀がよく、隊列を組んで移動する。「参観者は年に百六十万人にのぼります。団体、家族連れ、個人とさまざまです。もちろん全国からですが、地方からは職場ごとにバスや列車でやってきます」と、記念館の説明員。

マンギョンデの風景を描いた絵もいたるところで見かけた。

これは、十年前には見られなかった光景だ。

「主席の万年長寿を祈念します」という言葉も目についた。他のスローガンとともに街頭にも掲げられていた。私たちの受け入れ窓口であった朝鮮対外文化連絡協会の人たちは、私たちを歓迎する宴席で、「主席の万年長寿を祈念します」といって乾杯した。

その五。主席の業績を讃える顕彰碑を各地で見かけたのも、十年前とは違った経験だった。平壌の西北にある、この国最大規模のトラクター工場を訪ねた時のことだ。正門から構内に入ると、石造りの大きな碑があった。何だろうと、出迎えてくれた副支配人に尋ねると、彼は言った。「敬愛する主席のこの工場に対する配慮を永久に残すためにつくられた記念碑で、主席の誕生六十五周年の年、一九七七年に建立されました」

平壌の北、平安南道にある延豊湖のほとりにも、主席の業績を讃える顕彰碑があった。この湖は大同江と清川江にはさまれた地域につくられた人工湖。農業用水と工業用水のために造られた。湖の建設は一九四八年に始まり、朝鮮戦争で中断を余儀なくされたが、戦後再び建設作業にかかり、一九五六年に完成したという。

「ここに人工湖をつくれと場所を選定してくださったのは偉大な主席であり、先頭に立って工事を指揮したのも偉大な主席でした」と、説明員。碑の文面は、こうした主席の業績を記したものという。

その六。顕彰碑のことを書いたついでに、このことも紹介しておこう。それは、顕彰碑があるなしにかかわらず、どこへ行っても、ほとんどすべてのことが主席の指導と結びつけて語られたことである。例えば、こうだ。

平壌市内の託児所で。「偉大な主席が一九七二年一月四日にここを訪れました。そして全部の部屋を回り、食堂で食事をし、子どもたちの食事のメニューについても教えてくださいました」(副所長)

同市内の人民学校で。「この学校は偉大な主席が三回きてくださった光栄ある学校です。そのうえ、これまで数次にわたって綱領的教えをくださいました」「わが校は卓球で全国一になりました。これは、スポーツを奨励せよという主席の教えに従って努力した結果です。偉大な主席の賢明なご指導のたまものと思っています」

その七。最後に国際親善展覧館のことを紹介しよう。それは、平壌から北へ車で約二時間の景勝地、妙香山の渓谷にあった。清らかな谷川の流れと豊かな樹木。ここは、紅葉が美しいことで知られるという。渓谷をさかのぼると、突然、目の前に朝鮮風の巨大な白いコンクリート建て(六階建て)の建物が現れた。これが、国際親善展覧館だった。七八年八月の開館というから、私たちは開館間もない時期に訪れたことになる。

北朝鮮側の説明によると、これは、建国後三十年の間に金日成主席に諸外国の政府、政党、民間団体、個人から寄せられた贈り物の展示館。贈り物は百二十二カ国から二万五千点にのぼり、それらがここに収められているという。うち数千点を四十一の部屋に展示してあるとのことで、一つずつ見て歩くと六日間かかるとのことだった。

さまざまな贈り物が、贈り主の氏名と日付を書いた紙片とともにガラスケースの中に陳列されていた。まさに、世界の宝物を見る思い。日本人からの贈り物もあった。見学の後、副館長が私たちに強調した。「このような展覧館ができたのも、偉大な主席の指導があったからであり、またわが国に偉大な主席がいたからこそ、世界中の人民が贈り物を送ってきたのです。私たちは、敬愛する主席の対外的権威がいかに高く、世界の人民がいかに主席を敬慕しているかを誇り高く語ることができます」

とにかく、金日成主席の絶対的権力と権威が国のすみずみにまで、国のあらゆる分野に浸透しきっている感じだった。まさに、この国は「金日成」一色に塗りつぶされたという印象だった。神格化も極まれり、という思いを禁じ得なかった。

萩原遼著『ソウルと平壌』（一九八九年、大月書店刊）によれば、金日成主席が朝鮮労働党内で主導権を確立したのは一九六七年五月に開かれた同党中央委員会第四期第十五回総会でだという。当時、金日成派は党内では少数派だったが、軍の力を背景にこの総会で多数派を追放し、党の主導権を握ったのだという。萩原氏はこれを「一九六七年の金日成のクーデター」と呼んでいる。

これを読んで、私は、十年の間にこの国で金主席に対する個人崇拝が飛躍的に増幅した背景を納得した。私が最初にこの国を訪れたのは一九六八年九月だから、萩原氏のいう〝クーデター〟の直後だったことになる。したがって、そのころは個人崇拝もそれほどでなかったということだろう。が、〝クーデター〟を境に主席が次第に独裁的、絶対的な権力を確立していったのにつれて、個人崇拝もまたエスカレートしていったということだろうか。

すでに紹介したように、金主席に対する個人崇拝はその規模がまことに甚大かつ徹底的で、膨大な財政的負担をともなうものだった。国民大衆の自発的イニシアチブでこれだけの顕彰事業が行われているとはとても思えなかった。やはり、党や政府の主導により初めて可能なのだと思わせられた。

いずれにしても、個人崇拝は民主主義とは相容れない。金主席本人は己への個人崇拝をどう考えていたのだろうか。そして、国民大衆の側は心の底ではどう考えていたのだろうか。十五日間という短い滞在と表面的な観察からは、どちらの点についても確固たる回答はえられなかった。

（二〇〇七年七月三日記）

第113回 衝撃の徳興里壁画古墳

北朝鮮再訪③

平壌を離れる日が近づいてきた。そんなある日の午前中、平壌郊外にあるトラクター工場を見学した。見学を終えた私たちを乗せた乗用車がトラクター工場の門を出た時だ。同乗していた朝鮮対外文化連絡協会（対文協）のビョン・スンダク（辺承徳）参事が言った。「平壌に帰る途中、高句麗古墳をお見せしましょう」。私にとっては、高句麗古墳を見るのは初めてだった。胸が高鳴るのを覚えた。

車は平坦な田園地帯を進んだ。田んぼにはすでに稲はない。刈り取られた後の稲株が、柔らかい秋の日差しを浴びている。一方、畑はまだ青々としている。見事に実った白菜だ。それの取り入れているのだろう。遠くに人影が点在する。

やがて、低い丘が見えてきた。その丘の一部が、おわんを伏せたようにふっくらと盛り上がっている。丸い、小さな山という感じ。山の全面に芝生が植えられた直後らしく、茶色の山肌に緑の線が横状に走る。車は山すそに止まった。学者風の年老いた男性が私たちを迎えた。説明員であった。

説明員が口を開いた。「これは、トクフンリ（徳興里）壁画古墳です」。所在地は平安南道テアン（大安）市トクフンリ。平壌の西方、車で三十分のところという。

説明員によれば、一九七六年十二月に発見され、七七年一月から二月にかけて発掘された。ビョン参事が続けた。「外国にはまだ発表していないし、国内でもまだ一般公開していません。見学には、政務院（内閣）の特別の許可が必要です。実は昨夜、あなたがたに見せることについて許可が出たのです。日本人でここを訪れたのは、あなたがたより少し前に訪朝した雑誌『世界』編集長一行に次いで、あなたがたが二番目です」

もちろん、私たちが対文協に提出していた取材要請の中に高句麗古墳の見学など入っていなかった。だから、それを見学できることになったのには、ビョン参事の特別の計らいがあったのではないかと私は感じた。

私たちが出した取材要請のあらかたはすでに実現していた。が、それまでに一つだけ実現していない項目があった。「金日成主席へのインタビュー」だ。すでに帰国も間近。インタビューはもはや百％ないことは明白だった。私たちの要求を実現させることができなかったビョン参事としては、申し訳ないという思いから、それに代わるものとして、徳興里古墳の見学許可を上層部に申請し、許可をとりつけたのだろう。ビョン参事の口ぶりから、私にはそう思われたのである。

山のすそ野の一角にコンクリート製の入り口があった。がんじょうな扉を開けて中に入ると、石でできた、頭をこごめないと通れないような通路が数メートル続いていて、それを抜けると、石でできた部屋があった。さらに、その奥にもう一つの部屋があり、手前の部屋と通路で結ばれていた。手前の部屋は前室、奥の部屋は玄室と呼ぶという。大きさは、前室が東西二・九七メートル、南北二・〇二メートル、高さ二・八四メートル・玄室は東西三・二七七メートル、南北三・二八メートル、高さ二・八九五メートル。玄室の方が大きい。この二つの部屋をつなぐ通路の高さは一・三七メートル。

二つの部屋には、それぞれ四〇ワット程度の裸電球がぶらさがっていた。明るい光がさんさんと降り注ぐ外界から入ってきた者には、いかにも暗い。

が、目が暗さになれてくるにつれて、私は思わず声をあげてしまった。二つの部屋の、天井といい、壁といい、あらゆるところに所狭しと彩色の壁画がびつしりと描かれていたからである。黄を主調に、薄緑、茶、黒、赤、青などの絵の具を使って描かれた、きめ細かな壁画が、裸電球の乏しい光に照らされて、くっきりと浮かび上がってきたのだ。

説明員が言った。「写真を撮ってもけっこうです。ただし三十分以内なら」。ところが、同行の中井写真部員はいかにも残念そうな表情だ。不審に思って声をかけると、「最悪の条件」とのこと。朝、平壌のホテルを出る際、カメラを固定するための三脚をホテルの部屋に置いてきてしまったという。「トラクター工場の見学ということだったので、必要ないと思って……」。三脚がなければ、カメラを手で構えて撮影しなくてはならない。また、同じ理由でフラッシュも持参してこなかったという。中井部員は「時間をかければなんとかなるだろうか。四〇ワットの光源で果たして撮れるだろうか」という。

それに、悪いことは重なるもので、残りカラーフィルムが一本しかないという。「トラクター工場の見学で午前中の取材は終わりと思ったから、用意してきたカラーフィルムをあらかた使ってしまい、あと一本しかないんだ」。いわば、突然、目の前に現れた絶好の被写体を前にして、最悪の条件で臨まなくてはならなくなったのだった。が、そこは写真のプロ、四〇ワットの裸電球の光を頼りに壁画を次々とカメラに収めていった。

「まず、これを見てください」と説明員が指で示したのは前室の壁に描かれた男性の座像と、隣の壁面に描かれた十三人の男性の立像だった。「座像の男性はこの墓の被葬者で、十三人は彼にあいさつにきた家来とみていいでしょう」と説明員。それに見入っていると、説明員はさらに続けた。「この被葬者の名前や、墓がつくられた年代が分かりました。その手がかりとなったのがこれです」。説明員はそう言って、座像の斜め上の天井を指さした。そこには、百五十四の漢字が墨で書かれていた。墓碑銘だ。

これによって、被葬者の名は鎮、信都県で生まれ、建威将軍、国小大兄、左将軍、龍驤将軍、遼東太守、使持節、東夷校尉、幽州刺史などを歴任し、七十七歳で死亡したこと、永楽十八年十二月二十五日（西暦四〇九年一月二十六日）にここに埋葬されたことが分かったという。

説明員の説明は続く。

「被葬者の氏名、出身地、官職、没年といった来歴が文字で書かれた高句麗古墳は非常に珍しいものです」

「西暦四〇九年の築造といえば、高句麗十九代の広開土王（三九一〜四一三年）の治世の築造です。高句麗古墳には二、三世紀のころからのものから七世紀のころまでのものがあり、したがってトクフンリ古墳は高句麗中期のものといえるでしょう」

「幽州刺史とは幽州という州の長官ですね。いまでいう道の長官ぐらいの地位でしょう。かなりの高官とみていいですね」

さらに、説明員は誇らしげにこう言った。

「墓の中に書かれた文字によって、一時期の高句麗の支配地域が従来考えられていたよりはるかに広く、遼河流域から万里長城を越え、いまの中国河北省北部を経て山西省北部に至る広大な地域に広がっていたことが判明したんです」


二つの部屋の壁面には、さまざまの図柄の絵があった。ヨロイをつけた馬にまたがった武者。馬に乗った射手が弓矢でトラ、イノシシ、シカ、キジなどを追いつめる狩猟図。矢に射られて首から血がしたたり落ちているトラもいる。牛車を先頭に武官、文官をしたがえて威風堂々と行進する行列。天女像。天の川をはさんで牽牛と織女が見つめ合う七夕の図。伝説、あるいは信仰上の動物であろうか、空を飛ぶ羽のある魚や、頭二つに体一つの鳥もみえる。三足のカラスを中に描いた円があるかと思うと、ヒキガエルを中に描いた円もある。なんとも幻想的だが、説明員によると、前者は太陽、後者は月を表現したものだそうだ。

流鏑馬《やぶさめ》の絵もあった。四人の出場者と二人の審判員、それに記録係が一人。五つの的のうち二つはすでに真っ二つになって地下に落下している。

とにかく、面白い。絵の内容はいずれも単純、素朴で、ユーモラスだが、その筆致は精緻を極める。見ていてあきない。時間を忘れてしまうほどだ。五世紀当時の朝鮮の宮廷の高官の生活の一端がよく分かったが、私にとっては、千五百余年も前に朝鮮の人びとがすでにこれだけの高度な表現力をもっていたとは大きな驚きであった。

驚きはまだ続く。

（二〇〇七年七月十一日記）

第114回
続・衝撃の徳興里壁画古墳
北朝鮮再訪④

高句麗のトクフンリ（徳興里）壁画古墳の見学を許された私と中井征勝写真部員が、薄暗い古墳内で彩色豊かな壁画に嘆声を上げていると、説明員が「ほれ、これを見てください」と、前室と玄室（奥の部屋）をつなぐ通路の壁に描かれた絵を指さした。

牛車とそれに従う女たちの絵であった。牛の手綱をとる女が二人、牛車の後ろに付き添う女官が二人。そして、その後ろから、一人の女が女官二人に大きな傘をさしかけている。

それを見た私たちは思わず「アッ」と声をあげた。二人の女官が、赤と黄色のひだのあるスカートをはいていたからである。朝鮮ではセットンチマといい、晴れ着用の色縞スカートだという。それは、なんと一九七二年に日本で発掘されて大反響を引き起こした、あの奈良・明日香村の高松塚古墳の婦人像の衣装とそっくりだった。

「どうです、高松塚古墳の婦人像とよく似ているでしょう」。説明員は、そう言って、ほほえんだ。そして、続けた。「私たちは、この二つの古墳の著しい共通点から、高松塚の壁画には高句麗古墳壁画の影響がみられると考えています」

果たして、徳興里と高松塚はつながっているものなのかどうか。つながっているとしたら、いつ、どんな経路で、だれが高句麗古墳壁画の様式と技術を海を隔てた日本の奈良盆地にもたらしたのか。想像の翼は無限に広がる。いずれにしても、二つの古墳の共通点は好奇心をかきたててやまない。

その後も、四〇ワットの裸電球のかぼそい光のもとでの、私たちの壁画の見学が続いたが、私たちのわきでの説明員の説明もさらに続いた。

「わが国で、これまでに発掘された壁画のある古墳は七十余です。うち十七は中国領土内にあります。高句麗の首都が、いま中国領内の輯安にあった時代があるからです。七十余の古墳のうち、価値のある壁画のある古墳は五十三、四です」

「このトクフンリ古墳は一九一〇年以前に二回盗掘にあっています。ですから、今回の発掘でも、棺や装飾品などの遺物は全く見あたりませんでした」

私たちは古墳壁画については全くの素人であった。それゆえ、徳興里古墳の壁画を見せてもらっても、「なんだかすごいもののようだ」とは思ったものの、正直なところ、どれほど価値があるものかは分からずじまいだった。だから、その本当の価値が分かってきたのは、日本に帰って、専門家の意見を聞いてからである。

中井写真部員が撮ってきた壁画のカラー写真に目を通した古墳壁画の権威、斎藤忠・大正大学教授（当時）は開口一番、こう言った。「皆さんは、この徳興里古墳壁画を見た一事だけで北朝鮮を訪問した意義がありましたよ」。それほど素晴らしい壁画だというのである。

斎藤教授は続けた。

「高句麗古墳壁画は東アジア最大規模のものだが、文字が書かれていたのは非常に珍しい。戦前、満州の輯安で発見された牟頭婁塚、一九四九年に朝鮮の黄海難南道で発見された美川王陵に次いで三つ目だろう。もっとも、『幽州刺史』の記述をもって高句麗の支配地域が類推されるという点については、もう少し検討してみないと何ともいえない。要は幽州という地域をどう確定するかにあり、また、当時の官職や称号がどうなっていたかを調べてみる必要がある」

「それよりも、壁画のテーマに注目したい。流鏑馬や七夕伝説を描いた高句麗古墳壁画は初めてではないか。その七夕の図や、三足のカラスやヒキガエルで表した日月の図などから、高句麗時代は天体信仰が盛んだった、という従来からの通説が裏付けられたように思う。それに、狩猟の図。トラが矢に射抜かれて血を流しているところなどは実に凄惨で、当時の朝鮮の人々の描写力のさえを感じさせる」

「高松塚古墳との関係だが、高松塚がつくられたのは七世紀後半から八世紀初めにかけてで、その絵は唐の影響を受けているというのが通説になりつつある。徳興里古墳は五世紀初めの築造だから、高松塚とは時間的に開きがありすぎる。直接的な影響はないのではないか。しかし、古代の中国、朝鮮、日本の宮廷衣装に共通点がみられるのは、大変興味深い」

ともあれ、私たちは東洋文化史の上で大変貴重な遺産を見せてもらったということは確かだった。そして、私たちのような素人にも、朝鮮の古代文化が極めて優れた水準にあったこと、朝鮮と日本の古代文化に共通点があることが理解できたのだった。

中井写真部員が撮ってきた徳興里古墳壁画の写真と私の見聞記はこの年十一月二十一日付の朝日新聞に掲載された。写真はモノクロだったが、大阪本社版は翌二十二日付の夕刊でカラーの写真を掲載した。

反響は大きかった。とくに私たちが驚いたのは、このニュースが直ちに韓国に伝えられ、同国内で大ニュースとして報じられたことだった。韓国の人たちは、私たちの報道によって徳興里古墳壁画の存在を初めて知ったのだった。

同じ民族でありながら、民族の貴重な遺産に関するニュースが日本経由で知らされるという異常さ。これも、民族が南北に分断され、険しい対立関係にあったためだ。私は、朝鮮半島における民族分断の悲劇を改めて痛感せざるをえなかった。東京で発行されている韓国系の新聞「統一日報」も十一月二十二日付紙面で「こんど『北』の高句麗古墳壁画の概要が日本の新聞によって報道されるということは、とりも直さず南北の分断を象徴していることといえる」「韓国古代史の研究には韓日の共同研究はもとより、『北』を含めたそれが望まれているといえよう」と書いた。

二〇〇四年七月、北朝鮮の「高句麗古墳群」と中国の「高句麗の首都と古墳群」が世界遺産に同時登録された。もちろん、徳興里古墳も含まれていた。

私たちが、徳興里古墳の壁画を興奮しながら眺めた時から二十六年の歳月が流れていた。「世界遺産登録」のニュースに、私は、私たちに徳興里古墳見学の機会をつくってくれた、朝鮮対文協のビョン参事の顔を思い浮かべた。その後、どんな生涯をおくられたのだろうか。

（二〇〇七年七月十八日記）

第115回
気が重い旅
北朝鮮再訪⑤

二回目となった今回の北朝鮮訪問は十五日間の旅だったが、滞在中、日を追って〝気が重い旅〟になっていった。思うように取材ができなかったためではない。日本とはあらゆる面で勝手が違う社会主義国での取材だったためでもない。では何が私の気持ちを重くさせたかといえば、行く先々で、ほとんどすべてのことが、かつての日本帝国主義の朝鮮植民地支配との関連で語られたからである。

例えば、こうである。平壌から南へ約二百キロのケソン（開城）へ車で向かった時のことだ。道路の両側にはポプラや柳の並木が延々と続き、並木の後方には田畑が広がっていた。道路は時折、低い丘陵地帯を通過したが、丘陵には果樹園が広がっていた。それに目をやっていると、同乗していた朝鮮対外文化連絡協会のビョン参事が言った。

「どうです、立派な果樹園でしょう。わが国が日本帝国主義に支配されていたころ、わが国には果樹園が一万ヘクタールしかありませんでした。しかし、解放後、わが国は果樹園の造成に力を入れ、いまでは三十万ヘクタールに達しています」

途中、中学校を見学したり、休憩したりしたから、平壌からケソンまでは五時間半ほどの行程だった。だから、車中では、私とビョン参事との間で話がはずんだ。話題がこの国の教育制度に及んだ時、ビョン参事はこう切り出した。

「日帝時代、朝鮮には大学が一つもありませんでした。中学もごくわずかでした。国民の八〇％が文字の読めない人でした。しかし、解放後、わが国は大学をつくり、中学もたくさんつくり、いまでは立派な高等教育制度が確立しています。また、解放直後から、文字を読めない者をなくす運動を行い、人民の教育水準は急速に向上しました」

「日帝時代、朝鮮のインテリは主として中産階級の子弟でした。日帝はこの朝鮮のインテリに対しても民族差別をしました。すなわち、朝鮮のインテリが就職しようにも職がなく、かりに就職できても、日本人の賃金の五〇ないし六〇％しかもらえませんでした。だから、日帝時代の朝鮮のインテリは反帝的傾向を有していたのです」

滞在中、私たちはこの国の代表的な名勝地、妙香山を訪れる機会があった。平壌から北へ車で約三時間。途中、車が止まった。踏切だった。しばらく停車していると、蒸気機関車（SL）が引っ張る貨物列車が通過して行った。日本ではもうほとんど見ることがないSLなので、中井写真部員にとっては格好の撮影対象だった。

私たちは「ぜひ撮らせてほしい」と伝えたが、返ってきた回答は「鉄道関係の撮影はだめ」。しかし、中井部員のたっての要請に「一枚ならいい」ということになった。中井部員がシャッターを切っている間、ビョン参事が言った。

「日帝時代には、わが国には蒸気機関士が四人しかいませんでした。蒸気機関士はもっぱら日本人がつとめ、朝鮮人は石炭をくべる火夫にしかなれなかったからです。解放後は、もちろん朝鮮人の蒸気機関士です」

妙香山からの帰途、西朝鮮湾に近い安州に立ち寄った。このあたりは新興の工業都市とのことだった。

「ここが工業都市になったのは、国の西部にも工場地帯を、という金日成主席の発意によるものです。一九七四年には化学総合工場が稼働を始め、一九七七年には火力発電所が運転を開始しました」とビョン参事。そして、こう付け加えた。

「日帝時代は、河口、港に工場が集中していて、山間部にはありませんでした。が、今は山間部にもあります。工場の地方分散がはかられた結果です」

私をしてとりわけ気を重くさせたのは、平壌の西南にある三墓里古墳を見学した時だ。これは、すでに紹介した徳興里古墳と同様に高句麗時代の古墳である。七世紀の築造ということから、徳興里古墳より後代のものだ。

三墓里古墳は三つの古墳からなっていた。私たちはその二つを見学したが、おわんを伏せたように盛り上がった古墳の内部には石でつくられた部屋があり、その壁に彩色の壁画が描かれていた。

その壁画は部屋の四つの面に描かれていた。東側の壁の絵は青竜図、西側の壁のそれは白虎図、南側の壁のそれは朱雀図、そして北側の壁のそれは玄武図であった。いずれも想像上の動物を描いたものだそうだが、その線の確かさ、繊細さ、色の鮮やかさは見る者を引きつけてやまない。ここでも、高句麗の古墳壁画の美しさに圧倒された。

が、目をこらすと、壁画の一部が剝落しているではないか。絵の線と色彩が素晴らしいだけに、それはいかにも無惨な印象を与えた。「これ、どうしたんですか」と案内の人に尋ねると、こんな回答が返ってきた。「解放前に日帝によって削り取られたんですよ」

部屋の天井を見上げると、天井の中心あたりの石に亀裂があった。案内の人がそれを指さして言った。「日帝による盗掘の跡なんです。日帝はあそこからここに入ってきたんです。おそらく、金銀などの財宝が目的だったのでしょう」

世界の美術史上の宝ともいうべき高句麗古墳壁画に加えられた、この暴挙。案内の人が言ったようにこの暴挙が果たして日本人によるものであるかどうか私には確かめようもなかったが、おそらくありうることだろうと思った。なぜなら、三墓里古墳の見学に先立つ朝鮮中央歴史博物館（平壌）の見学で、朝鮮が日本の植民地であった時代に朝鮮から多くの貴重な文化財が日本に持ち去られたことを知ったからだった。「ひどいことをしたものだ」。私は、私の中になんとも恥ずかしい気持ちがわき上がってくるのを感じた。それは、自分が「日本帝国主義」を支えた日本人の子孫の一人であることからくる恥ずかしさだった。

日本が朝鮮を併合したのは一九一〇年。その後、日本による朝鮮への植民地支配は三十五年間に及び、朝鮮が日本の支配から解放されたのは、日本が第二次世界大戦で敗北した一九四五年のことだった。その解放からすでに三十二年。なのに、ほとんどすべてのことが日本による植民地支配との関連で語られたのは、この国の人々の間でかつての植民地時代の記憶がまだ生々しく生きているからだろう、と私は思った。三十余年たってもなお「日本帝国主義」への記憶が消えないということは、それはとりもなおさず、この国が「日本帝国主義」から受けた侵略と支配の傷跡がそれだけ深いということなのだろう、と私は類推した。

今もなお生きている「日帝」――そういえば、私たちが見た歴史的な記念施設はすべて、金日成主席の日帝時代の抗日武装闘争を強調した絵や写真で埋まっていたといってよい。平壌・万景台にある革命事績館もそうだったし、平壌市内の戦勝事績館もそうだった。板門店で見学した停戦協定調印場の展示物もそうだった。

朝鮮半島の人びとが日帝のくびきから解放されるまでの間、「抗日」が、この人たちの戦いであったのだ。だから、一九〇九年十月二十六日、ハルビン駅頭で初代の韓国統監府統監伊藤博文を暗殺した安重根（一八七八～一九一〇年）は、この国では「民族の英雄」とされていた。戦勝事績館には、安重根の「義挙」をたたえた展示があった。韓国でも、彼は「民族の英雄」とされているそうだから、彼を抗日の英雄とみる歴史認識は朝鮮半島に生きる人たちに共通するものなのであろう。

しかるに、日本は、一九六五年に結ばれた、朝鮮半島の唯一合法政府は韓国であるとする日韓条約に基づいて朝鮮半島の南半分に暮らす人々に対しかつての植民地支配の清算を果たしたものの、半島の北半分に暮らす人々に対してはまだ植民地支配の清算を行っていない。そればかりでない。私たちが訪朝した一九七八年当時、日朝は依然として厳しい関係にあり、国交正常化の見通しさえたっていなかった。

この国に滞在中、私たちはチョン・ジュンギ（鄭準基）副首相と会見したが、副首相は日朝関係について「日本政府が『二つの朝鮮』でっち上げに荷担している限り、わが国と日本との国交正常化はむずかしい」と語った。日本は、米国政府が進める「二つの朝鮮」政策、つまり朝鮮の南北分断固定化政策に手を貸し、韓国政府との関係をますます強めている、との非難だった。「日本は朝鮮統一の妨害者、阻害者」と話す外交関係者もいた。

私の二回目の北朝鮮訪問から二十九年の歳月が流れた。でも、今なお日朝国交正常化は日の目をみていない。二〇〇二年九月の小泉首相の訪朝によって両国間の正常化交渉が軌道に乗るのではないかと期待されたが、いわゆる「拉致問題」が生じたうえに、北朝鮮がミサイル発射や核実験に踏み切ったことで日本が北朝鮮に対する制裁を発動、日朝は一転して最悪の関係に陥ったままである。

（二〇〇七年八月三日記）

第116回 よみがえる自由民権運動

「自由民権百年の運動をやっているんだ。明治時代の自由民権運動がピークを迎えた時から、来年でちょうど百年になるからね」

一九八〇年十二月二十五日。私は東京都八王子市に住む歴史家の色川大吉氏を訪ねた。三日前に反戦市民組織「日本はこれでいいのか市民連合」が発足、色川氏が作家の小田実氏とともに代表世話人に就任したので、人物紹介の「ひと」欄に取り上げようと思い立ったのだ。取材が終わった後の雑談の中で色川氏がふともらしたのが、この一言だった。

明治期に自由民権運動と呼ばれる運動があったことは、高校で習った日本史などを通じて知っていた。が、それに関する知識としては、暴漢に刺されて重傷を負った、土佐出身の自由党総理・板垣退助がその時「板垣死すとも自由は死せず」と叫んだと伝えられている、ということぐらいだった。それだけに、色川氏の一言に、私の中で好奇心が頭をもたげた。「自由民権運動から百年？　それを記念する運動？　これは面白そうだな」。私はたたみかけるように、自由民権百年の運動についても話してくれるよう色川氏に頼んだ。

これを機に、私は自由民権運動に関する文献を読んだり、色川氏ら研究者から話を聞いたり、あるいは各地で繰り広げられていた自由民権家の顕彰運動を取材することで、この運動について理解を深めていった。

その中で分かってきたこと――自由民権運動とは、一言でいうと、日本の国民が自由、人権、民主主義、民族独立などを自覚的に闘いとろうとした最初の運動だった。具体的には、「国会開設」「憲法制定」「税金の軽減」「地方自治」「不平等条約撤廃」などの要求を掲げて闘われた国民的規模の運動だった。

一八七四年（明治七年）に板垣退助らが民撰議院（国会）設立建白書を政府に出したのが運動の始まりとされているが、その後、政府による激しい弾圧にもかかわらず全国に波及し、一八八一年（明治十四年）には最高潮に達した。このため、政府高官をして「フランス革命の景況に至るやもしれず」といわしめたほどだった。

が、この年をピークに運動は下降に向かう。運動の高揚に危機感を抱いた政府側が民権派に先手を打って、この年、一八九〇年（明治二十三年）に国会を開設するとの詔勅を発表したからである。政府が民権派の機先を制したのだ。

その後、運動の担い手も変わる。それまでは士族や豪農商層が主体だったが、農民がとって代わる。運動は政府による強圧政策もあって次第に先鋭化し、明治二十年代初めまで続く。

結局、運動は敗北に終わった。なぜなら、一八八九年（明治二十二年）に発布された大日本帝国憲法は、天皇を唯一の主権者であると規定するなど、民権派が求めていたものとはおよそ正反対の内容であったからだ。しかし、自由民権運動がなければ憲法発布もなかったとも考えられるわけで、自由民権運動こそ、日本の立憲政治をつくり出した力だった、という見方が歴史学会で定着している。

それにしても、昭和の今、なぜ自由民権なのか？　私の問いに色川氏はこう答えた。

「今の日本と百年前の日本が薄気味悪いほどよく似ている。百年前、明治政府は市民的自由を犠牲にして国益優先の道を歩もうとした。富国強兵への道だ。これに対し、民衆は、国権よりも人民の権利を優先させよ、とその前に立ちはだかった。これが自由民権運動だった。しかし、民権側が敗れ、富国強兵の日本が行き着いた先が戦争だった」

「今の状況は、そのころとそっくり。支配者たちは、また軍事化の道を歩もうとしている。百年前、自由と民主主義に命をかけた人民の情熱と悲願を現代によみがえらせ、右傾化の時流に抗したい」

百年前の自由民権運動の精神と情熱と行動力を現代によみがえらせようというのだ。私は、がぜん興味を覚えた。

一九八〇年十一月には、自由民権百年全国集会実行委員会が結成された。参加したのは、歴史学研究会、歴史教育者協議会、日本史研究会など全国的な学会をはじめ各地で自由民権関係の史実の掘り起こしを続けている市民グループなど約六十団体。委員長は遠山茂樹・横浜市立大名誉教授。代表委員に色川大吉、大石嘉一郎、上條宏之、小池喜孝、後藤靖、中沢市朗の六氏。

実行委員会による綿密な準備を経て、全国集会は八一年十一月二十一、二十二の両日、横浜市の神奈川県民ホールで開かれた。全国から集まってきた研究者、教員、学生、一般市民ら約四千人が会場を埋めた。会場は熱気に包まれ、参加者たちは、自由民権運動の歴史的意義について論じ合った。

なかでも参加者が激しい拍手を送ったのは、演壇に並んだ、秩父事件（一八八四年、埼玉県秩父で農民らが借金の据え置きなどを求めて蜂起した事件）など自由民権期に各地で起きた激化事件で殉難した民権家の遺族約七十人に対してだった。この日、実行委員会がとくに招いたもので、全国集会はこの人たちの先祖を自由民権運動の先駆者として顕彰したのだった。それまで、一世紀にわたって「暴徒」とか「逆賊」とかのレッテルを張られてきた民権家とその子孫が名誉を回復した瞬間だった。

集会は閉会にあたって「声明」を発したが、そこには、こう述べられていた。

「私たちは、それぞれの地域における歴史的研究、民衆の掘りおこしの運動の経験と成果を交流し、その成果が大きくかつ貴重なものであることを確認した。そして、沖縄や北海道の問題、被差別部落や女性の被差別の問題、朝鮮の問題を、ひろく人権と自由の歴史としてとらえる必要があることを学んだ。またその運動が、今日、地域住民の歴史意識を変革する力となり、同時に自由民権運動の研究を一段と前進させる原動力となっていることをたしかめ合った」

「私たちが自由民権運動の歴史に深い関心をよせ、その真実を知ろうとするのは、今日の憲法改訂の企てや教科書検定の動向にあらわれている教育の自由への迫害、軍事力増強の動きにみられる戦争の危険に、深刻な憂慮をいだいているからである。私たちは、今日その危機が切迫しているからこそ、日本における自由と民主主義のたたかいの原点に立ちもどることが大切であると考え、自由民権と現代の問題について真剣に討議した。そして、この百年間の自由と民主主義のための、輝かしいが苦難にみちたたたかいの歴史を、国民の共有財産として生かし、また次の世代に継承していくことの重要さを、あらためて認識した」

激化事件とされる群馬事件、加波山事件（茨城県）、秩父事件、飯田事件（長野県）などが起きたのは一八八四年（明治十七年）だが、それからちょうど百年にあたる一九八四年の十一月二十四、二十五両日には、東京の早稲田大学で第二回自由民権百年全国集会が開かれ、全国から二千三百人が集まった。

さらに、八七年十一月二十一、二十二両日には、高知市で第三回自由民権百年全国集会が開かれた。

自由民権百年の運動は、およそ七年間にわたって繰り広げられたのである。

（二〇〇七年八月十五日記）

第117回　八十七年間埋もれていた民衆憲法

一九八〇年から八七年にかけて全国で繰り広げられた自由民権百年の運動の功績の一つは、明治の自由民権期に起草された民間の憲法草案（私擬憲法草案という）の存在を、一般市民に認識させたことだろう。

明治維新後の日本には、まだ憲法がなかった。だから、憲法を制定せよ、というのが当時の民権派の要求の一つだったわけだが、民権派自身による憲法草案づくりがにわかに熱気をおびたのは、一八八〇年（明治十三年）十一月に東京で開かれた、民権派の国会期成同盟第二回大会の決議がきっかけだった。その決議には「明治十四年十月一日より東京で再び会議を開く」「次の会までに、憲法見込み案を持参すべし」とあった。国会期成同盟会としては、憲法見込み案を持ち寄った人や団体で「日本憲法議会」を開き、そこで統一した憲法草案をつくり、天皇の允可を得て公布、その憲法に基づいて国会議員を選出し、国会を開設する——といった段取りを考えていた。このため、各府県の代表はそれぞれの郷里に帰り、自らの手で次々と憲法草案の起草にとりかかったのである。

一八八〇年から八一年にかけての時期をピークに自由民権期に起草された私擬憲法草案は約四十とも約五十ともいわれている。これは、これまでに発見されたものの数で実際にはもっと多かったのではないか、とみられている。当時の日本の総人口は三千五百余万。憲法を起草する運動が国民の中に燎原の火のように広がって行ったようで、まさに〝憲法起草ブーム〟ともいうべき様相だった。

だが、こうしたブームも不発に終わる。政府が民権派に先手を打って、一八八一年十月に「明治二十三年（一八九〇年）に国会を開設する」との詔勅を発し、民権派による憲法審議を禁じたからだった。憲法は欽定憲法として発布されることになったのだ。

ところで、自由民権期に民間で起草された憲法草案の中には、極めて民主的な内容を備えたものがあり、中には今日の日本国憲法を上回る民主的な規定をもつ憲法草案さえあるとされている。そうした憲法草案に、私としては三つの草案をあげたいと思う。

まず、「五日市憲法草案」である。一九六八年、東京経済大学の色川大吉教授と色川ゼミの学生、新井勝紘氏（現専修大学教授）が、東京都の西部、西多摩郡五日市町（現あきる野市）深沢にある崩れかかった土蔵で、古びた憲法草案を発見した。色川教授は、当時、自由民権運動に関する資料を求めて、多摩地区の古い土蔵を片っ端から開ける、といった研究活動を続けていたが、山深い谷間にある深沢家土蔵で、偶然、これを見つけたのだった。それは、「日本帝国憲法」と題され、二十四枚つづりの和紙に毛筆で書かれていた。全文二〇四条で、日本国憲法（一〇三条）より長い。

色川氏らの研究で、これが起草された経緯が明らかになった。それによると、多摩地区は自由民権運動が最も高揚した地域の一つで、民権家の往来も激しかった。そんな空気の中で、一八八〇年（明治十三年）に五日市町と周辺の村々の有力者によって学習結社「五日市学芸講談会」が結成される。メンバーは約四十人。指導的立場にいたのは千葉卓三郎と深沢権八。千葉は宮城県栗原郡志波姫町（現栗原市）出身。仙台藩の下級武士の子で、戊辰戦争で官軍と戦って敗走。放浪の末、五日市にきて小学校の助教員になった。当時二十八歳。権八は深沢村の戸長・深沢名生の長男で、当時十九歳。

彼らは、日夜、新生日本のあるべき姿について激論を交わした。その結果、翌八一年（明治十四年）、一編の憲法草案が生まれた。起草者は千葉。これが「日本帝国憲法」であった。色川氏らはこれを「五日市憲法草案」と命名した。

色川、新井氏によると、五日市憲法草案は、自由民権期の他の憲法草案に比べて際だった特徴をもつ。一つは、他の草案の多くが著名な政治家やジャーナリストによって起草されたのに対し、「五日市」は名もなき民衆の集団討議の所産であった点だ。まさに「民衆憲法」の名にふさわしいといえる。もう一つは、人権に関する規定が精細かつ周到な点である。例えば「日本国民ハ、各自ノ権利自由ヲ達ス可シ。他ヨリ妨害ス可ラズ。且国法之ヲ保護ス可シ」（四五条）は基本的人権の原理とその不可侵性をうたったものといえるだろう。しかも、こうした原理に立ち、三十六カ条にもわたって権力からの干渉、迫害から個人の人権を守るための規定を展開している。

「凡ソ日本国民ハ、法律ヲ遵守スルニ於テハ、万事ニ就キ予メ検閲ヲ受クルコトナク、自由ニ其思想、意見、論説、図絵ヲ著述シ、之ヲ出版頒行シ、或ハ公衆ニ対シ講談、討論、演説シ、以テ之ヲ公ニスルコトヲ得べシ。但シ其弊害ヲ抑制スルニ須要ナル処分ヲ定メタルノ法律ニ対シテハ、其責罰ヲ受任ス可シ」（五一条）

「凡ソ日本国民ハ、法律ニ定メタル時機ニ際シ法律ニ定示セル規程ニ循拠スルニ非レバ、之ヲ拘引、招喚、囚捕、禁獄、或ハ強テ其住屋戸鎖ヲ打開スルコトヲ得ズ」（六〇条）

　このように、人権を守る規定が多いのは、色川氏らによれば、起草者の千葉の経験に基づくという。すなわち、戊辰戦争に敗れて放浪中、新政府に投獄され、辛酸をなめた。そうした経験が、千葉をして人権保障を重視する憲法に向かわせたのでは、というのだ。

　現行憲法を上回る規定も少なくない。「府県令ハ特別ノ国法ヲ以テ其綱領ヲ制定セラル可シ。府県ノ自治ハ各地ノ風俗習例ニ因ル者ナルガ故ニ、必ラズ之ニ干渉妨害ス可ラズ。其権域ハ国会ト雖ドモ之ヲ侵ス可ラザル者トス」（七七条）などはその一例だろう。完全な地方自治の保障である。

　百二十余年も前に、草深い山村で、このような高い水準の憲法が民衆によって構想されていたとは、驚きである。しかし、こうした草案も世に知られることもないまま、起草直後に歴史の闇に埋もれてしまう。そして、深沢家土蔵に眠っていた草案が色川、新井氏らによって発見されたのは、奇しくも「明治百年」にあたる一九六八年であった。起草から実に八七年がたっていた。

　私は、東京経済大学に保管されていた五日市憲法草案の実物をこの目で見た。条文を目で追いながら、その豊富な人権保障規定にいまさらながら心動かされた。憲法制定に寄せた五日市学芸講談会のメンバーの熱い思いが伝わってきた。草案が眠っていた五日市町の深沢家土蔵を何度も訪ね、また、千葉卓三郎の郷里、志波姫町も訪れた。そうした取材をもとに、五日市憲法草案の存在を、一九八一年十一月二十二日付の朝日新聞日曜版の「日本史の舞台」に『五日市　うずもれた民衆憲法』と題して紹介した。

（二〇〇七年八月二十三日記）

第118回

国民に天皇リコール権

「憲法草稿評林」の衝撃

いまでも鮮やかに覚えている。『憲法草稿評林』の内容を知った時の衝撃である。

すでに述べたように、一八八〇年（明治十三年）から八一年にかけ、憲法起草ブームともいうべき熱っぽい創憲運動が日本列島を覆ったが、これまでに発見されたその時期の私擬憲法草案は約四十とも約五十ともいわれる。『憲法草稿評林』もこの時期に書かれたものと推定されているが、これほど数奇な運命を感じさせ、また謎に満ちたものは他にない。

『憲法草稿評林』の発見者は、岩手大学教授だった森嘉兵衛（故人、日本経済史専攻）である。昭和四十年（一九六五年）代初め、岩手県北部の九戸地方の歴史を執筆するため史料を探していた森のもとに、千葉県市川市在住の小田清綱氏から「小田為綱文書」が持ち込まれた。小田為綱とは清綱氏の曽祖父で、九戸郡宇部村（現岩手県久慈市宇部町）出身の政治家とのふれこみであった。

岩手の歴史に詳しい森も耳にしたことがない名前だった。が、森は「文書」の解読を進め、為綱が明治前期に青森県八戸で青年の教育にあたったり、東北総合開発のために奔走した政治家であったことを突き止める。一八九八年（明治三十一年）には衆院議員に当選するも三年後に六十二歳で病死したことも分かった。

森は一九六七年、長男の嫁の森ノブさんと連名で「明治前期の政治思想について――小田為綱の思想を中心として」と題する論文を発表し、為綱の存在が初めて学会に知られるようになる。

森嘉兵衛はさらに「文書」の解読を進めるが、その過程で文書の中から出てきたのが『憲法草稿評林』だった。

それは、十七枚つづりの和紙に毛筆でぎっしり文字が書き込まれた冊子だった。そして、その中身は、なんと、一八八〇年（明治十三年）七月に当時の立法機関であった元老院で完成した日本国憲案第三次案（最終案）に氏名不詳の人物（以下Aとする）が逐条的に批評を加え、そのうえ、やはり氏名不詳の人物（以下Bとする）が、第三次案とAの批評の両方に批評を加えたものだった。つまり、二人の人物が第三次案を批判するという形をとって、やがて制定される日本の憲法の内容はこうあるべきだと、それぞれ独自の憲法構想を展開していたのだ。

森が受けた衝撃は大きかった。なぜなら、元老院作成の日本国憲案第三次案は一八八〇年暮れに上奏されたものの、伊藤博文、岩倉具視から「西洋各国憲法を模倣するに熱中して日本の国体人情を無視している」との反対意見が出て不採択になり、公表を禁じられた、国家の機密文書だったからである。それを、首都から遠く、東北でも奥深い辺地とされてきた土地の政治家が入手していたとは。

森は『憲法草稿評林』の筆者を為綱その人と考え、「小田為綱の『国憲批判』」という一文を一九七四年七月三十日付の朝日新聞夕刊に寄稿した。これにより、『評林』の存在が初めて世間に明らかになった。

この『評林』を研究し、『もう一つの天皇制構想――小田為綱文書「憲法草稿評林」の世界』（御茶の水書房、一九八九年）を著した日本政治思想史研究家の小西豊治氏によると、A、Bによる批評は日本国憲案第三次案の全般に及ぶが、とくに目を引くのは近代天皇制に関する大胆にして奔放な構想だという。

後の大日本帝国憲法（明治憲法）よりはるかに民主的な内容をもっていたとされる日本国憲案第三次案にしても、政体については「天皇主権」をうたったものだった。例えば「万世一系ノ皇統ハ日本国ニテ君臨ス」（第一条）「皇帝ハ神聖ニシテ犯ス可カラス縦ヒ何事ヲ為スモ其責ニ任セス」（第二条）といった具合である。これに対し、Aはこう書く。

「皇帝憲法を遵守セス、暴威ヲ以テ人民ノ権利ヲ圧抑スル時ハ、人民ハ全国総員投票ノ多数ヲ以テ、廃立ノ権ヲ行フコトヲ得ルコト」

要するに、皇帝（天皇）が憲法を守らず、国民の権利を抑圧する場合は国民投票を行って退位させることができるようにしよう、というのだ。「国民に天皇リコール権を認めよ、という主張ですね」と、小西氏。

Aはまた「帝位継承」の項で次のように書く。

「他皇胤ニ於テモ帝位ヲ承ク可キ男統ノ者ナケレハ、代議士院ノ預撰ヲ以テ人民一般ノ投票ニヨリ、日本帝国内ニ生レ、諸権ヲ具有セル臣民中ヨリ皇帝ヲ撰立シ、若クハ政体ヲ変シ（代議士院ノ起草ニテ一般人民ノ可決ニ因ル）、統領ヲ撰定スルコトヲ得」

皇胤中男系の継承者が絶えた時には、国民投票によって国民から皇帝を選ぶか、または大統領を選べ、というのだ。

小西氏が話す。「これまでに発掘されている自由民権期の私擬憲法草案のうち、天皇制に関して万世一系を絶ちうる可能性を示し、さらに、場合によっては共和制にしたらどうかとまで明言しているのは『憲法草稿評林』だけです」

一方のBも負けてはいない。

「（皇帝）自ラ法ヲ乱リ、罪科ヲ犯ス、為スヘカラサルノ所業ヲ為シテ、何ヲ以テ天下人民之レ是ヲ則ルコトヲ得ンヤ。然ラハ則チ天皇陛下ト雖、自ラ責ヲ負フノ法則ヲ立、后来無道ノ君ナカランコトヲ要スヘシ。然レトモ刑ハ貴ニ加フルニ忍ヒス。依リテ通常法律ヲ加フヘカラス。故ニ之ヲ責ルニ廃帝ノ法則ヲ立ツヘシ」

皇帝が法を破り、罪を犯した場合、貴人に刑罰を加えるのは忍びがたいから、自ら責任を負って「廃帝」となるという「廃帝ノ法則」を確立すべきだ、というのである。

Bは軍事についても大胆な意見を述べている。

第三次案には「皇帝ハ陸海軍ヲ管シ便宜ニ従ツテ之ヲ派遣ス」とあった。軍隊の最高指揮権、すなわち統帥権は皇帝にあるという規定である。こうした考え方は後の大日本帝国憲法に引き継がれた。すなわち、第一一条に「天皇ハ陸海軍ヲ統帥ス」と明記された。つまり、天皇と軍部を直結させ、内閣から独立させたのだ。これが、いわゆる「統帥権の独立」である。

これに対し、Bは第三次案の規定に真っ向から反論する。「皇帝ハ陸海軍及国民軍ヲ統轄シ、其軍制及用兵行軍ハ両院ノ議決ニ拠リテ之ヲ進退ス」　統帥権を皇帝でなく議会に帰属させよ、というわけである。

「今から考えると、Bは後年の昭和軍国主義の台頭を見抜いていたと言えますね。なぜなら、この統帥権の独立こそ、戦火を次々と拡大していった軍部の錦の御旗でしたから」と、小西氏。

A、Bの意見に共通しているのは、君主制に対し厳しい民主的コントロールを考えていたということだ。千葉卓三郎起草の「五日市憲法草案」が何よりも市民的自由権の保護に心を砕いた跡が見えることを考えると、同じ民主的内容をもつ私擬憲法草案であっても、『憲法草稿評林』は極めて異色な草案と言っていいだろう。

ところで、『評林』の内容が明らかになるにつれて、研究者の興味をそそるようになったのは、AとBがいったいだれか、という問題だった。

Aについては、東京教育大学名誉教授だった稲田正次（故人）が、民権結社・嚶鳴社のメンバーだった青木匡ではないかと推定し、歴史家の色川大吉氏は岩手の民権家・鈴木舎定ではないか、と述べたことがある。Bについては、小田為綱ではないかとみる研究者が多い。これに対し、小西氏はAを立憲改進党のリーダーで衆院議長も務めた島田三郎、Bを小田為綱と推定している。

『評林』の筆者がかりに島田三郎、小田為綱だとしても、これで謎がすべて解けたわけではない。まず、当時、最高の機密文書であった日本国憲案第三次案がなぜ政府外に流出したのか。それを、島田と為綱はどのようにして入手したのか。それから、島田と為綱は一堂に会して討論し、それぞれの批評を第三次案に書き込んだのか、それとも、別々に第三次案を入手し、批評を書き加えたのか……といった疑問が次々と出てくる。『評林』の成立過程はいまなお謎だらけである。

ともあれ、『評林』に描かれた憲法構想は結局、幻に終わった。でも、小西氏は自著の『もう一つの天皇制構想——小田為綱文書「憲法草稿評林」の世界』を刊行直後、こう語ったものだ。「明治憲法の発布前に、天皇制について、こんなにも自由な論議がなされていたということを、私たちはもっと知っていいのではないか」

私は、一九八九年五月、『評林』が出てきた岩手県久慈市を訪れた。為綱の生家はすでになかったが、市立中央公民館の前庭に為綱の顕彰碑が建立されていた。一九八二年に地元顕彰会の手で建てられたとのことだった。為綱は没後八十余年にして郷土の誇る偉人として認められたのだった。

（二〇〇七年九月三日記）

第119回　現憲法に生きる自由民権期の憲法草案

明治前期の自由民権運動の最中に民間の手によって書かれた憲法草案のうち、民主的な規定をもつものとして「五日市憲法草案」と「憲法草稿評林」を紹介したが、もう一つを紹介しよう。

それは、植木枝盛起草の『日本国々憲案』である。植木は高知市に生まれ、一八七七年（明治十年）に二十一歳で民権結社の立志社に入り、以後、自由民権理論家、ジャーナリストとして知られた。一八九〇年（明治二十三年）、第一回衆院選挙に当選するが、二年後、三十六歳の若さで亡くなった。

その彼が、一八八一年（明治十四年）夏に高知市の自宅で書き上げたのが、この『日本国々憲案』だった。

これは、二百二十条からなるが、人権の保障を眼目とし、そのための徹底した規定を設けているのが特徴とされる。

そうした規定は実に三十数カ条に及ぶ。例えば、こうだ。

日本ノ人民ハ何等ノ罪アリト雖モ生命ヲ奪ハサルヘシ（第四十五条）

日本人民ハ拷問ヲ加ヘラル、コトナシ（第四十八条）

日本人民ハ思想ノ自由ヲ有ス（第四十九条）

日本人民ハ如何ナル宗教ヲ信スルモ自由ナリ（第五十条）

日本人民ハ自由ニ結社スルノ権ヲ有ス（第五十五条）

日本人民ハ何等ノ教授ヲナシ何等ノ学ヲナスモ自由トス（第五十九条）

日本人民ハ日本国ヲ辞スルコト自由トス（第六十三条）

日本人民ハ正当ノ報償ナクシテ所有ヲ公用トセラルコトナシ（第六十七条）

日本人民ハ兵士ノ宿泊ヲ拒絶スルヲ得（第七十二条）

そればかりでない。人権保障の担保として、人民の抵抗権と革命権を認めている。

日本人民ハ凡ソ無法ニ抵抗スルコトヲ得（第六十四条）

政府国憲ニ違背（いはい）スルトキハ日本人民ハ之ニ従ハザルコトヲ得（第七十条）

政府官吏圧制ヲ為ストキハ日本人民ハ之ヲ排斥スルヲ得

政府威力ヲ以テ擅恣暴虐（せんしぼうぎゃく）ヲ逞（たく

まし）フスルトキハ日本人民ハ兵器ヲ以テ之ニ抗スルコトヲ得（第七十一条）

政府恣（ほしいまま）ニ国憲ニ背キ擅（ほしいまま）ニ人民ノ自由権利ヲ残害シ建国ノ旨趣ヲ妨クルトキハ日本国民ハ之ヲ覆滅シテ新政府ヲ建設スルコトヲ得（第七十二条）

政府が憲法に違反した政治をするならば、これに従わなくてもよい、政府が悪政をほしいままにするならば国民は兵器をもってこれに抵抗する権利があるし、これを転覆し、新しい政府をつくる権利があるというのだ。なんともラジカルな規定である。このような内容をもつ私擬憲法草案は他にない。

こうした憲法草案を書いた植木枝盛を生んだ高知とはどんなところだろう。そんな興味もあって、一九八七年十一月に高知市で第三回自由民権百年全国集会が開かれた際、同市を訪れた。植木枝盛旧邸や墓を回り、この類い希な自由民権家の生涯に思いをはせた。

ところで、一九八〇年から始まった、自由民権百年を記念する運動を取材する中で私はさまざまなことを学んだが、最も印象に残ったのは、日本国憲法に宿っていることだった。そのことを知って、当時、私は少なからず興奮したものだ。精神が現行の日本国憲法に宿っていることだった。

周知のように、日本敗戦後、日本を占領した連合国軍総司令部（GHQ）は、日本政府に憲法改正を命令した。このため、日本政府側は松本烝治国務大臣を委員長とする憲法問題調査委員会が改正案づくりを始め、憲法改正要綱（松本案）をGHQへ提出した。が、それは「（大日本帝国憲法の）第三条ニ『天皇ハ神聖ニシテ侵スヘカラス』トアルヲ『天皇ハ至尊ニシテ侵スヘカラス』と改ムルコト」とあるなど、天皇主権の大日本帝国憲法（明治憲法）を基本とし、多少の修正を加えたものでしかなかった。

GHQは「これでは、主権はこれまで通り完全に天皇に属することになり、主権についての観念には基本的に変更が加えられていない」と批判、結局、日本政府には任せておけないと、自ら憲法改正案を起草し、日本政府に手交する。一九四六年二月のことである。GHQ案をしぶしぶ受け入れた日本政府はこれを基に日本案をつくり、これが現行の日本国憲法となる。

政府の動きとは別に、このころ、日本社会党、日本共産党、日本自由党、日本進歩党などの政党、日本弁護士聯合会、帝国弁護士会、憲法研究会などの諸団体や個人が新しい憲法草案を発表していた。GHQは憲法草案起草にあたって、このうちとくに憲法研究会の草案を参考にしたとされる。

憲法研究会とは岩淵辰雄（政治評論家）、杉森孝次郎（元早大教授）、鈴木安蔵（憲法学者）、高野岩三郎（統計学者）、室伏高信（評論家）、森戸辰男（社会学者、のちに文相）、馬場恒吾（政治評論家、のちに読売新聞社長）らからなる文化人グループ。新生日本の憲法はどうあるべきかと議論した結果、憲法草案をまとめた。起草にあたったのは鈴木安蔵だった。

現行の日本国憲法と憲法研究会案を比べると、権利条項に似たような条文を見つけることができる。例えば、「国民ハ健康ニシテ文化的水準ノ生活ヲ営ム権利ヲ有ス」（憲法研究会案）と「すべて国民は、健康で文化的な最低限度の生活を営む権利を有す」（日本国憲法第二十五条）である。また、「国民ハ労働ノ義務ヲ有ス」（憲法研究会案）に対し、「すべて国民は、勤労の権利を有し、義務を負ふ」（同第二十七条）といった具合だ。明らかに、そこには類似がみてとれる。

鈴木安蔵は、憲法研究会案の起草にあたり、明治の自由民権期に書かれた私擬憲法草案を参考にした。私は、そのことを鈴木本人から聞いた。自由民権百年全国集会実行委員会主催の第一回全国集会が一九八一年十一月に横浜市の神奈川県民ホールで開かれた時である。

これに参加した鈴木は第一分科会で「日本国憲法制定前後」と題する報告をしたが、その中で「新しい憲法を考えるとき、私が参考にしようと思ったもののなかに、自由民権運動時代のいわゆる私擬憲法草案があります。ひそかに憲法に擬すという意味であります。こんにちでは、これがたくさん発見されてみなさんの前にありますが、終戦前の段階で、そのうちの約三分の二、ないし五分の三ぐらいは研究者が直接見ることができました」と述べた。

こうした一連の経緯を、私はかつてGHQ草案の起草に直接かかわった人から聞いてみたいと願っていた。そうした機会がついに訪れた。GHQ草案の起草者の一人であるチャールズ・ケーディス元GHQ民政局次長が、一九九三年四月二十五日のテレビ朝日系「サンデープロジェクト」に出演するため来日したからだ。

この番組で、ケーディスはGHQ草案の起草作業の内幕を語ったが、朝日新聞社は、彼を招き、話を聞いた。私もそれに同席させてもらったが、彼はそこで「日本の民間グループの一つだった憲法研究会の憲法草案が、GHQの草案を起草するうえで役に立った」と述べた。

こうした証言を当事者から聞きながら、私は思った。「日本国憲法は占領軍から一方的に押しつけられたもの、という人がいるが、決してそうではない。日本国憲法には、自由民権期の民主的な憲法草案の精神が取り入れられているのだ」と。

私は、直後の五月一日付朝日新聞夕刊のコラム「週間後記」に「現憲法に宿る自由民権の思想」と題して、鈴木安蔵の果たした役割や、ケーディスの証言を紹介した。が、読者からは何の反応もなかった。

それから十四年。今、にわかに鈴木安蔵がマスメディアでフットライトを浴びている。新聞で取り上げられるばかりでない。鈴木を主人公にした劇映画『日本の青空』も制作され、全国で上映されている。

こうしたことの背景にあるのは、改憲問題である。「戦後レジームからの脱却」などと唱えて改憲に突っ走る安倍政権に危機感を高めた人たちが憲法擁護のために生涯をささげた先人を探しているうちに、忘れられていた鈴木を〝発見〟したということだろう。

（二〇〇七年九月十一日記）

第120回　突然の暗転

原水禁運動が大混乱へ

三十九年間にわたって日本共産党のトップの座にあった宮本顕治・元中央委員会議長が七月二十三日、老衰のため九十八年の生涯を閉じた。この訃報に接した時、私の中でとっさに甦ってきたものがあった。いわゆる「八四年問題」についての、忘れがたい記憶だ。「八四年問題」とは、一九八四年にわが国の原水爆禁止運動で起きた紛糾で、その後遺症はいまなお深いが、この問題で宮本元議長が決定的な役割を演じたからである。

すべては、あの「赤旗」論文から始まった。

日本共産党の機関紙「赤旗」は八四年四月四、五の両日にわたって『統一の路線と分裂の路線―原水爆禁止運動三〇年の経験と教訓―』という無署名論文を掲載した。それは、次のような内容だった。

①運動が分裂したのは、社会党、総評などの指導部が世界大会に「いかなる国の核実験にも反対」「部分的核実験停止条約支持」など特定の見地を押し付けようとし、それが失敗すると原水協から脱退し、原水禁をつくったからだ。

②分裂が今も続いているのは、一九七七年に原水協の草野信男理事長と原水禁の森滝市郎代表委員の間で「年内をめどに国民的大統一の組織を実現する」との合意がなされたにもかかわらず、原水禁、総評指導部が、原水協、原水禁をそれぞれ解散して新しい統一組織をつくることに反対してきたからである。つまり、原水禁が分裂の論理を押し通しているからだ。

③そればかりでない。総評指導部は社会党の「社会党・公明党政権構想」（八〇年）を支持することを決めた。これは反共を政治原則にし、日米安保条約と自衛隊を事実上容認する右転落である。その後の原水爆禁止運動での総評や原水禁の言動は、この右転落と無関係でない。

④七七年以来の世界大会の統一的開催はまだ過渡的な措置にすぎない。七七年の合意にそって真の統一（組織統一）に向かって努力すべきで、原水協の役割も真の統一を実現する

推進者としてますます重大になっている。

この突然の論文は、運動関係者の多くに奇異な感じを与えた。というのは、このころ、運動ではますます「統一」が進んでいたからである。

わが国の原水爆禁止運動組織は、一九六三年に真っ二つに分裂した。「いかなる国の核実験にも反対」「部分的核実験停止条約支持」という二つの問題をめぐって、共産党が強い影響力をもつ原水協と社会党・総評が主体の原水禁に、である。その後、原水協と原水禁は激しく対立・抗争するが、七七年に草野原水協理事長と森滝原水禁代表委員の間で電撃的に合意が成立し、これを契機に、原水協、原水禁、これらのどちらにも属さない市民団体（日本生活協同組合連合会、全国地域婦人団体連絡協議会、日本青年団協議会など）の三者による共闘が進んだ。世界大会を統一して開いたり、国連軍縮特別総会に核兵器完全禁止と軍縮を要請する署名活動に共同して取り組んだりしたことから、国民も三者による運動を歓迎し、運動は空前の盛り上がりをみせた。要するに、「組織統一」は実現しなかったものの、「運動の統一」は進んだといってよかった。

六〇年代から七〇年代にかけ、わが国の社会運動は分裂に次ぐ分裂といった様相を呈した。分裂しない団体はない、という有様だった。その原因は、社会党と共産党の間で国際路線をめぐる対立が生じたからだった。政党の対立が社会運動団体に持ち込まれ、分裂の連鎖をもたらしたのだ。

その中で、原水爆禁止運動だけが「統一」に向かっていた。六三年にいったん分裂した原水爆禁止運動だったが、七七年に統一を回復し、内部に不協和音を抱えながらも、統一はゆるがず、むしろ、共同行動の輪が広がりつつあった。これは「分裂の時代」にあってはまさに奇蹟といってよかった。それには、さまざまな背景が考えられるが、何よりも国民大衆が熱烈に運動の「統一」を望み、それが運動関係者へのプレッシャーとなっていたからだと思われる。

それだけに、こうした友好ムードに冷水をあびせるような「赤旗」論文は、運動関係者に困惑と戸惑いを与えた。運動関係者からは「なんで今ごろ、昔のすり切れたテープを持ち出して回さなければならないのか」といった声が聞かれた。論文で展開された、原水禁を「分裂組織」とする批判は、七七年の草野・森滝合意以前の原水協・原水禁対決時代に共産党から繰り返し発せられた主張だったからである。

果たせるかな、「赤旗」論文は原水禁や総評指導部の反発を招いた。論文直後に開かれた、原水協・原水禁・市民団体でつくる一九八四年世界大会準備委員会の運営委員会では、原水禁の代表が「統一のテーブルについて協議を始めている原水禁を分裂主義と非難するのは何事か」と発言、市民団体の一つ、地婦連の代表も「この時期にこんなことを書かれたことを大変遺憾に思う」と述べた。

その後、事態は意外な展開をみせる。共産党の矛先が一転、原水協内にも向けられる。五月十九日付の「赤旗」は十七日に開かれた同党幹部会の決定を伝えたが、そこには「金子満広書記局長が原水爆禁止運動について報告した」「報告は……七七年の国民的大統一組織実現の『合意』をこれに参加していた総評・『原水禁』が一方的に放棄し、分裂を固定化していること、その状況下で世界大会の主催など限定的な任務で設けられた世界大会準備委員会を、分裂固定化の現状のまま〝持続的共闘〟の場に変えようとし、原水禁運動の本流を『原水禁』、総評などの許容するわく内に局限するこころみが露骨化していること……などを指摘し、原水協を中心とした原水爆禁止運動の本流の強化を指摘した」「報告にもとづく討議では……原水協の一部にも運動の発展と真の統一の方向と矛盾する誤りや否定的傾向があること、その克服が運動内外でも急務とされているなど、ほりさげた議論がおこなわれた」とあった。

それまで、運動関係者や報道関係者の間では、原水協執行部は共産党の方針に忠実な人々とみられていた。それだけに、共産党による批判の矛先が原水協執行部の一部に向けられたことは、これら関係者を驚かせた。

次いで五月二十四日付「赤旗」の、社説にあたる「主張」は「原水協の一部にみられる無原則的な〝持続共闘〟論への追随などの正しくない日和見主義の見地を、克服して前進しなければなりません」と述べ、さらに、同二十八日付の「赤旗」に掲載された「マスコミ時評」は私をはじめとする朝日新聞記者が書いた運動関連記事への批判だったが、その中で、原水協を代表して世界大会準備委員会に出ていた吉田嘉清・代表理事と、原水協の有力加盟団体である日本平和委員会を代表して世界大会準備委員会に出ていた森賢一・事務局長(準備委員会ではともに運営委員)を名指しで批判した。これにより、共産党が「無原則的な〝持続共闘〟論への追随などの正しくない日和見主義の見地」に立っているとみなしている「原水協の一部」とは吉田氏らであることが明らかになった。吉田氏は原水協発足以来の主要メンバーで、いわば「原水協の顔」ともみられてきただけに、共産党による批判は運動関係者に衝撃を与えた。

共産党により、吉田、森両氏の「誤り」とされたのは、持続的共闘組織づくり、世界大会準備委主催による世界大会に向けた平和行進での団体旗自粛、準備委提唱による6・24反トマホーク行動デーにそれぞれ合意、賛成したというものだった。

持続的共闘組織づくりとは、世界大会準備委内で強まってきた「運動を日常的、継続的に進めるために、事務局をもつ恒常的な共闘組織をつくろう」との声をバックに関係団体間でいったんまとまった合意のことだ。その合意とは、原水協、原水禁、総評、中立労連、平和委員会、護憲連合、日本生協連、地婦連、日青協、婦人有権者同盟、日本山妙法寺、日本原水爆被害者団体協議会の十二団体で原水爆禁止運動連絡委員会（仮称）をつくるというものだった。しかし、原水協の吉田氏と平和委員会の森氏がそれぞれの組織にこれを持ち帰ったところ、内部から異論が出て合意はご破算になった。

共産党によれば、この恒常的共闘組織構想は、原水禁、総評が、七七年の草野・森滝合意で確認された「組織統一」の課題の完全放棄をねらったもので、断じて容認できないというわけである。

団体旗自粛問題は、八三年の平和行進に端を発した問題だった。すなわち、大阪で平和行進に加わっていた共産党系団体が、同党系で総評反主流派の統一戦線促進労働組合懇談会（統一労組懇）の旗を掲げたことから、統一労組懇批判を強めつつあった総評主流派系団体が反発し、「認めない」「いや、旗は自由だ」とやりあうトラブルが生じた。

八四年の平和行進でも「旗は自由」とする原水協、平和委員会などと「準備委参加団体の旗に限る」とする原水禁・総評が対立した。このため、市民団体が「団体旗の自粛」を提案、結局、原水協・平和委、原水禁・総評もこれを受け入れ、平和行進はやっと東京から広島に向け出発した。しかし、その後、原水協に加わる共産党系団体は「自粛は認められない」として、自粛合意の破棄を原水禁・総評や市民団体に通告する事態となった。ここでも、吉田、森両氏が「自粛」を受け入れたことが糾弾された。

反トマホーク行動デーとは、アメリカの核巡航ミサイル・トマホークの極東への実戦配備に反対するために世界大会準備委が提唱したもので、六月二十四日に各団体がそれぞれ可能な仕方で行動することになった。が、共産党は「もともと総評が計画していたものを準備委に押し付けた」として、これに賛成した吉田、森両氏の態度を問題にした。

つまり、共産党によれば、これら一連の経緯は「総評が、原水禁運動と世界大会準備委を、社会党・総評ブロックの領地のようにみなし、その特定の路線をおしつけ、運動を独占しそのへゲモニーをにぎろうとするセクト主義」（「赤旗」掲載の「マスコミ時評」）の表れであり、吉田、森両氏は「独断専行があり、そのうえ、原水禁・総評に屈伏、追随したた」というのである。

共産党による吉田氏らに対する非難は、世界大会準備委と世界大会に大混乱を及ぼすことになる。

（二〇〇七年十月三日記）

第121回

大いなる悲嘆

原水禁運動は再分裂へ

一九八四年夏の原水爆禁止世界大会を前にして、共産党が、同党が強い影響力をもつ原水協の吉田嘉清・代表理事と、やはり強い影響力をもつ日本平和委員会の森賢一・事務局長を「独断専行があり、そのうえ、原水禁・総評に屈伏、追随した」と批判したことは、原水協と平和委員会、それに運動関係団体によって構成されていた世界大会準備委員会に混乱をもたらした。

森氏はこの年六月二、三の両日に開かれた平和委員会の定期全国大会で辞任したが、吉田氏は「責任をとって代表理事を辞めること」という共産党の決定を拒否した。つめかけた報道陣に対し「政党による民主主義と人権への侵害だ。米ソ両国の深刻な核対決をやめさせるには世論の団結した力以外にない。私が他団体との幅広い共闘を進めてきたのもそのためだ」と語った。

六月二十八日の原水協全国理事会は、さながら「吉田糾弾大会」の様相を呈した。吉田代表理事と代表委員の草野信男氏（病理学者、元東大教授、世界大会準備委員会代表委員）らは「全国理事会の招集権は代表委員会にあり、代表委員会はこの全国理事会を招集していない」として同理事会の無効を宣言し、出席しなかった。翌日、同理事会は吉田氏を代表理事から、草野氏を代表委員からそれぞれ解任、新しい代表理事を選出（代表委員制は廃止）した。

原水協での役員交代をめぐる混乱は、世界大会準備委員会に飛び火した。というのは、吉田、草野両氏が引き続き原水協の役員であると主張し、準備委に出席したからだ。

七月十日、東京の日本青年館で開かれた準備委では、吉田、草野両氏と、原水協が両氏に代わる新たな代表として送り込んだ赤松宏一・事務局長、金子毅・代表理事（日高教委員長）が激突した。

怒号が飛び交う中、吉田氏が「招集権をもつ代表委員の承諾なしに原水協の全国理事会が強行され、会則を改正して私や九人の代表委員を放逐した。言ってみれば、クーデターです。原水協は分裂したんです」と発言すると、赤松事務局長が議長役の田中里子・地婦連事務局長に迫った。「これは、原水協の内部問題です。発言を許した議長に責任をとっていただかなくてはならない。吉田さんの退場を求める」

この時である。準備委に出席していた準備委代表委員の古在由重氏が発言を求め「吉田君が退場なら僕も退場になる。だいたい同じ考えだからね」と、吉田氏擁護に回った。会場に衝撃が走った。古在氏は高名な哲学者だが、おそらく共産党員だろうと出席者のだれもが思っていたからである。「共産党の広告塔のような存在だった古在氏が党の方針に異を唱えるなんて」。報道陣から驚きの声が上がった（この日の発言が発端となって、古在氏はその後、共産党を除籍される）。

その後も、準備委は原水協代表権問題で紛糾を続ける。原水協・平和委グループがあくまでも「原水協の役員交代は内部問題だから内政干渉するな」と主張したのに対し、原水禁・総評グループと市民団体の大半は「準備委で運動統一のために尽力してきた人が原水協をやめさせられるとは納得できない」と、吉田・草野両氏を擁護したからである。市民団体の中には「原水協での代表権争いが準備委にまで持ち込まれるのは、はた迷惑。原水協内で解決してほしい」という声が強かった。

ともあれ、原水協の役員交代問題がもたらした混乱により、世界大会の準備作業はストップしてしまい、開催不能といった事態も予想されるに至った。このため、危機感をつのらせた市民団体の間に「ことここに至ったからには、市民団体の主催で世界大会を開こう」という意見が台頭、密かにそれに向けての動きが始まった。

こうした緊迫した状況の中、草野、吉田両氏は「これ以上混乱を長引かせるのは忍びがたい」として七月二十日に開かれた準備委に第三者を通じて準備委の役員を辞任する旨を伝えた。両氏の辞任通告を事前に知っていたのはごく一部の市民団体関係者と準備委の学者・文化人だけで、両氏の辞任表明は準備委出席者に衝撃を与えた。

かくして原水協代表権をめぐる争いにようやく終止符が打たれ、世界大会は八月一日からの国際会議（東京）で幕を開けた。辛うじて「統一」を保つことができたわけだが、その内実は「統一」とは名ばかりで、大会には終始、とげとげしい雰囲気がただよっていた。大会の舞台裏では、「吉田・草野問題」をめぐって原水協と原水禁の対立が一層深まっていたからである。

そればかりでない。「吉田・草野問題」は、八五年以降にも持ち越された。

まず、八五年は、この問題が尾を引いて統一世界大会の準備作業が紛糾に次ぐ紛糾という事態になった。世界大会の開催を目指す関係団体が「原水爆禁止関係団体懇談会」を発足させることができたのは五月十四日。

集まったのは、原水協、平和委員会、原水禁、総評、中立労連、日本生協連、地婦連、日青協、婦人有権者同盟、日本山妙法寺、日本被団協の十一団体。懇談会はやがて準備会と名前をえる。そこでは「世界大会は実行委員会が主催するものとする」との合意が成立するが、その実行委をどんな団体、個人で構成するかをめぐって意見が対立した。

原水協・平和委が「十一団体で一致できる団体、個人で」

と主張したのに対し、原水禁・総評は「十一団体が推薦する団体、個人で」と主張した。原水協・平和委があくまでも「十一団体で一致できる団体、個人で」にこだわったのは、原水協を〝追放〟された吉田、草野両氏と、両氏が両氏を支持する人たちとともに設立した「平和事務所」のメンバーが実行委に加わってくることを恐れたためだ。これに対し、原水禁・総評は「特定の団体、個人を選別、排除すべきでない。実行委は幅広い団体、個人で構成すべきだ」と主張し、双方の歩み寄りはみられなかった。

結局、市民団体が世界大会開催予定日の六日前の七月二十七日に、「さしあたり、十九団体の代表で実行委を発足させる」との提案を行い、双方がこれをのんで、やっと実行委が結成された。まさに綱渡りのような迷走ぶりだった。この結果、八五年世界大会は辛うじて「統一」を保つことができた。

しかし、八六年は、七月半ばになっても世界大会を主催する実行委を結成できなかった。前年と同じ問題、すなわち実行委の構成問題がまた蒸し返され、原水協・平和委と原水禁・総評の間でついに合意をみることができなかったからだ。このため、統一世界大会はついに開催不能となり、原水協、原水禁はそれぞれ独自の世界大会開催へと向かった。間に立つ市民団体関係者や被爆者団体関係者の落胆と悲嘆は大きかった。

結局、紛糾の底流にあったのは「吉田・草野問題」で、両陣営はこの問題をめぐって袂を分かったといってよかった。かくして七七年に十四年ぶりに統一を回復した日本の原水爆禁止運動は、それから九年にして再び分裂してしまったのである。

（二〇〇七年十月十二日記）

第122回 八四年問題

共産党の狙いは何だったのか

一九八四年の共産党機関紙「赤旗」に掲載された論文を皮切りに、共産党によって展開された、原水禁（社会党・総評系）批判、ひいては原水協（共産党系）の吉田嘉清、草野信男氏らへの批判は、ついに八六年になって統一世界大会の開催不能、原水爆禁止運動の再分裂という事態をもたらしたが、この時期、共産党はなぜ、こうした行動に出たのだろうか。

当時の共産党は、宮本顕治・中央委員会議長が絶対的な権限をもっていた。すべての面で共産党を指導していたと言ってよい。したがって、「八四年問題」と呼ばれる一連の事態で共産党側で主導的役割を果たしたのも宮本議長だったとみて間違いない。結果的にみて、運動を再分裂に導いたのは宮本議長だったと言って差し支えないだろう。

宮本議長の真意はいまもって分からないが、手を打たないと、運動が総評に乗っ取られ、運動に対する共産党の影響力が著しく後退すると懸念したのであろうか。当時の共産党には「日本の原水爆禁止運動を主導しているのは我が党」「原水協は原水爆禁止運動の本流」という意識が強かったから、宮本議長としては、運動の主導権を総評に奪われると思ったのであろうか。

当時、労働界では、全日本労働総同盟（同盟）と総評主流派（社会党系）によって労働運動の再編が進み、総評反主流派（共産党系）はそれから排除されつつあった。こうした流れが原水爆禁止運動にも波及し、ここでも共産党系が排除されるとみて危機感を深めたのだろうか。

それに、一九八〇年に、それまで社共共闘を続けてきた社会党が、公明党との連合政権構想に踏み切ったことも共産党に危機感を抱かせたのだろうか。この社公合意に基づいて社会党の基盤である総評主流派が社共共闘から離れ、共産党排除の右より路線に傾斜してゆくのではないか、とみたのであろうか。

しかし、当時、原水爆禁止運動を取材していた者の目から見る限り、総評主流派には運動を乗っ取ろうなどという意思もなく、その力もなかった。総評主流派は内心では原水爆禁止運動で共産党系と共闘したくないのだが、「統一」を望む世論の手前、いやいやながら、限定的な共闘を共産党系と続けていたというのが実態であった。

日本共産党とソ連共産党の会談が迫っていたからではないか、との見方がある。こうした見方は吉田、草野両氏らが〝追放〟されたあとも原水協内に残った活動家の間にもある。それによると、八四年十二月十日から十八日まで、宮本議長を団長とする日本共産党代表団がソ連を訪問し、チェルネンコ・ソ連共産党書記長と会談した。この訪ソは、ソ連共産党と「核戦争阻止」「核兵器廃絶」といった課題について話し合うのが目的だった。だから、この会談で、宮本議長としては、世界の原水爆禁止運動は、日本共産党が完全に掌握していると会談相手に誇示したかったのではないか。したがって、訪ソを控えた日本の党としては、党の方針に従わなくなった原水協の主要役員を切り、原水協、ひいては運動全体への党の影響力をより強めたかったのではないか、というのである。

いずれにしても、政党と社会運動団体とは本来、互いに独立した関係にあり、互いにその自主性を尊重し合わねばならないというのが市民社会で認められた原則だ。なのに、八四年から八六年にかけての共産党の動きは明らかに社会運動団体への干渉だった、との見方が強い。

運動の再分裂は、「統一」を願う多くの市民に失望と悲しみをもたらした。分裂に嫌気して運動から離れる団体、個人も出て、運動は衰退に向かった。このため、「核兵器廃絶」に向けての世論形成力といった点で運動は著しく後退してしまった。最近ではむしろ、広島市、長崎市といった自治体の役割が注目を集めている。

それに、再分裂により日本の運動は、国際的な影響力を著しく低下させてしまった。再分裂までは、日本の運動が世界の反核運動をリードしていたが、再分裂を機にイニシアチブを発揮することはほとんどなくなった。いまや、世界の運動をリードしているのは、海外の医師、法律家らの国際的な反核団体である。

再分裂からすでに二十一年の歳月が流れたが、小異を残していま一度大きくまとまろうという動きは見られない。運動は、今なお再分裂の重い後遺症の中にある。

「八四年問題」は共産党自身にも影響を及ぼしたと言っていいだろう。この問題での共産党の主張、やり方に疑問を感じた党員や党支持者もいたし、とくに知識人の間でその傾向がみられたからである。この問題を機に党から離れた学者や、離党はしないものの積極的に党活動をしなくなった学者、党支持をやめた学者もいた。

同党は、九〇年代以降、国政選挙での後退が続いている。ソ連をはじめとする社会主義陣営が崩壊したことや、衆院選で小選挙区制が施行されたことが主たる原因だろう。が、私には「八四年問題」も響いているのではないか、と思えてならない。つまり、この問題を機に一部支持者の間で共産党離れが進んだと思えるのだ。

宮本議長は戦前に非合法下の共産党に入党したが、入党間もない一九三三年に、党内に潜入したとされるスパイ査問事件で逮捕され、入獄する。「獄中十二年」の後、敗戦の一九四五年に釈放され、党再建活動に加わる。五〇年に党は分裂するが、五年後に党は統一を回復する（第六回全国協議会）。以後、宮本議長は党運営の主導権をにぎり、一九九七年に引退するまで実に三十九年間にわたって党のトップの座にあった。

党分裂時代に徳田球一らの主流派が極左冒険主義（いわゆる火焔びん闘争）に走ったため共産党は国民の支持を失うが、六全協後の宮本議長は議会を通じた平和革命路線を定着させ、また、ソ連共産党や中国共産党の言いなりにならない対外路線（自主独立路線）を確立するなどして、敗戦時には小さな政治勢力に過ぎなかった共産党を近代的な政党に育て上げた。宮本議長に接したことのあるジャーナリストの間では、情報収集力、洞察力、決断力、実行力といった面で傑出した、稀にみる優れた政治家だったとの見方が強い。

なのに、原水爆禁止運動のフィールドではなぜその再分裂劇の立役者となってしまったのか。運動の現場の情報が議長のもとに正確に届いていなかったのか。つまり、側近が悪かったのか。

宮本議長は、その経歴からも分かるように、戦後、獄中から解放されるとすぐ党活動に入り、そして、すぐ党のトップの座に登りつめた。つまり、大衆運動の現場で大衆とともに汗を流したという経験に乏しい。労働運動とか平和運動などの大衆運動の指導という面では経験不足だったといってよい。したがって、党運営や、他党、外国の党との交渉には長けていたものの、国民大衆の真の願い、心情、感情といったものをつかめなかったのではないか。そうしたことが、「八四年問題」の根底にあるのではないか。私には、そう思われてならない。

宮本議長がまだ党のトップに君臨していた九四年に発行された党史『日本共産党の七十年』は「八四年問題」に二八〇八字を費やしている。

そこには「八四年原水禁世界大会は、総評・『原水禁』と原水協内部の吉田嘉清ら一部のものの分裂・妨害策動をのりこえて成功した。総評・『原水禁』を中心とする原水禁世界大会への分裂・妨害は、世界大会の課題をめぐる政治的攻撃と共闘の組織・運営の二つの面から、伝統ある原水禁世界大会を変質させようというものだった」「哲学者古在由重も、マスコミの前で公然と吉田に同調するなど、党員としての重大な規律違反をおかした。党は説得や批判など誠意をつくしたが、かれはこれを拒否し、党は古在を除籍した」などとあった。

しかし、宮本議長が引退した後の二〇〇三年に発行された党史『日本共産党の八十年』には「原水爆禁止世界大会は、七七年いらい、運動の国民的な統一をねがっての日本共産党と総評との話し合いを背景に、原水爆禁止協議会（原水協）と原水爆禁止国民会議（原水禁）が合意し、実行委員会方式で統一開催されてきました。しかし、八六年の大会を前に、総評・原水禁は核兵器廃絶を緊急課題とすることなどに反対し、脱落しました」とあるだけ。わずか一五八字で、しかも、八四年の混乱・紛糾には触れていない。

これは、いったいどういうことだろうか。同党としては「八四年に起きた問題は宮本議長がやったことで、党は関係ない」ということなのだろうか。なんとも釈然としない党史の記述変更である。

（二〇〇七年十月二十日記）

第123回 日本脱出

世界の秘境・チベットへ①

目を閉じて　何も見えず
哀しくて　目を開ければ
荒野に向かう道より
他に見えるものは無し
…………
我は行く　蒼白き頬のままで
我は行く　さらば昴よ

去る十月九日の夜、NHKテレビから、谷村新司の「昴」が流れてきた。火曜日夜の定番「歌謡コンサート」。テレビ画面に目をやると、谷村新司自身が朗々と歌っていた。

この歌を聴くと、私の脳裏にとっさになんとも形容しがたいほど峻厳にして荒涼たるチベット高原の光景がよみがえってくる。

私は、一九八六年、中国のチベット高原をグループで自動車旅行した。一木一草もない、暗褐色の岩石と茶褐色の砂礫だけの高原。道もなく、目に入るのは、ただ前方に向かって果てしなく続く、一筋の轍だけ。私たちより前に高原を通った車の跡である。

私たちは皆、無言だった。青白い顔をしたり、頬がこけ無精ひげの者もいた。車による高地の長旅に疲れ果てていたからだ。その時だ。「昴」のメロディーが車内に流れた。だれかが、旅の途中で聴こうと音楽のカセットテープをいくつか日本から持参してきていて、その一本を再生したのだった。「荒野に向かう道より　他に見えるものは無し」「我は行く　青白き頬のままで」……「チベット高原をひたすら進む今のわれわれの姿そのものではないか」。その時、高山病に苦しむ私をとらえたのは、そういう感慨だった。以来、私は、チベット高原行に一番ぴったりする曲は「昴」だ、と思うようになった。

登山家でもなく、チベットに関する研究家でもない私が、なぜチベットなどへ行くことになったのか。

一つは、報道ということに対する私の考え方に基づく。

新聞記者という職業柄、私はそれまで、一般の人がなかなか行けないところに行こうという思いを抱いて仕事をしてきた。というのは、一般の人がなかなか行けないところへ行き、その知られざる土地のことを広く紹介することも、新聞記者の一つの使命と考えていたからだ。だから、それまで、できるだけさまざまな国や地域に挑戦したつもりだった。例えば、シベリア（ソ連）、朝鮮民主主義人民共和国（北朝鮮）、ベトナム、リビア、ミクロネシア……。

当時、一般的に言って、私たち報道に携わる者にとって〝三つの秘境〟があったように思う。チベット（中国チベット自治区）、北朝鮮、カンボジアだ。いずれも、それぞれの国の政府が西側の報道陣に門戸を閉ざしていて、いわば、私たちにとっては、なかなか入れない秘境であった。とりわけチベット自治区は、中国政府が外国人に対しずっと鎖国政策を続けていて、世界でも最も神秘的な未知の地域であった。私はすでに北朝鮮に入国した経験があったから、機会があればぜひチベットへ行ってみたいと思っていた。

いま一つは、当時、私の中で日ごとに強まりつつあった「日本脱出願望」である。

私をそういう思いに駆り立てたのは、深刻な「人間不信」だ。具体的には、ついに再分裂といった事態にまで立ち至った原水爆禁止運動の紛糾の取材を通じて私が陥った人間不信だった。

原水爆禁止運動で「八四年問題」といわれる混乱が生じたのは一九八四年だ。運動団体の一つで共産党が強い影響力をもつ原水協の中心にいた役員に対し、共産党が「独断専行があり、そのうえ、原水禁・総評に屈伏、追随した」と批判したことがきっかけだった。原水禁とは、社会党・総評が影響力をもつもう一つの運動団体であった。

原水協の役員、事務局員は、共産党側につく者と、同党から批判された役員につく者とに分かれた。党側についた人たちは、党から批判された役員を「役員を辞めよ」「世界大会に参加するな」と攻撃した。それは、まことにすさまじかった。きのうまで「平和」のために長年一緒に活動してきた仲間を、一転して、公開の場で非難する。その変わり身の速さに驚くとともに、この人たちは人間的な感情とか良心というものを持ち合わせているのだろうか、と思わざるをえなかった。それは、「平和」実現を掲げる団体にはふさわしくない、何とも異常な光景だった。

そんな光景を、取材の立場から眺め続けているうちに、私は、つくづく人間というものが嫌になってしまった。人間に対する失望と幻滅。そして、私の中で「海外、それも人間のいないところへ行きたい」という願望が次第に強くなっていったのだった。

秘境へのあこがれと日本脱出願望と。チャンスは意外なところからやってきた。そのことを思い出すと、人間の一生には不思議なことが起こるものだな、との思いを深くする。

それは、八五年八月末のことだ。その日、東京・飯田橋の法政大学で、自由民権百年全国実行委員会の解散の集まりが開かれた。実行委員会の役割が終わったので、解散の運びとなったのだ。

私はこれを取材すべく会場に出かけて行ったのだが、そこで、実行委員会代表委員の色川大吉氏（歴史家）にお目にかかった。忙しそうなそぶりの色川氏に私は尋ねた。「先生、今度は何で忙しいんですか」。すると、こんな言葉が返ってきた。

「チベットへ行くんだ。それで忙しくてね」

その瞬間、私は思わず叫んでいた。「先生、私も連れて行ってください」

自分でも驚くほど、私の反応は速かった。それというのも、その時期、私が「秘境へのあこがれと日本脱出願望」に浸っていたからだろう。だから、「チベット」と聞いた瞬間、「私も連れて行ってください」という言葉が、反射的に鉄砲玉がはじけるように飛び出したのだ。

これが、チベット行きの発端であった。

色川氏によれば、東北大学山岳部とそのOBの組織である「山の会」はかねてから中国の山に登りたいと願っていた。東北大学側が中国の登山協会に申請書を出したのは一九六四年。それから実に二十一年後の八五年七月にチベット高原の最高峰で未踏峰のニェンチンタングラ峰（チベット自治区、七一六二メートル）への登山許可が下りた。そこで、東北大学山岳部と「山の会」が、このニェンチンタングラ峰の初登頂を目指すことになったのだという。

登山の準備を進める過程で、「チベットはなかなか入れないところ。せっかくの機会だから、登山ばかりでなく、学術調査、学術交流も併せてやりたい」との声が大学内外から出て、結局、登山隊、学術班、学術交流団の三隊を派遣することになった。しかも、学術班は人文班と植物班の二班からなる。

色川氏は学術班と人文班の班長をつとめるのだという。色川氏は東大の出身だが、旧制高校は二高（戦後、東北大学と合併）で、しかも山岳部にいた。だから、いまでも「山の会」のメンバーという。そんな関係で、東北大学から「学術班長をやってくれないか」と頼まれたうえ、チベットでの調査は色川氏自身が長い間あたためていたテーマでもあるので引き受けたとのことだった。

色川氏によれば、同氏がかねてからあたためていたチベットでの調査の眼目は、「もう一つのシルクロード（絹の道）」の検証だという。

シルクロードとは、太古以来、アジアとヨーロッパ、北アフリカを結んでいた東西交通路のことで、一般的には中国の北西部、現在の陝西、甘粛付近から新疆ウイグル自治区のタリム盆地を通り、ロシア（旧ソ連）、中国、インド、パキスタン、アフガニスタンが国境を接するパミール高原を越える道を指す。色川氏によれば、これとは別に中国――チベット――インドを結ぶ文明交流路があったのではないか、というのだ。いわば色川氏の仮説だが、同氏としては、これを現地で確かめてみたいという。ということで、人文班の中心テーマは、「もう一つのシルクロード探索」ということになった。

私が色川氏らに同行するためには、いろいろな難関を乗り越えねばならなかった。最大の難関は、東北大学側が、同行記者を受け入れる条件としてニェンチンタングラ峰登山への朝日新聞社の後援を持ち出してきたことだった。曲折があったものの結局、朝日新聞社は後援を決定し、私は人文班の同行記者として派遣されることになった。「ついにチベットへゆける」。私の胸は高鳴った。天に昇るような気分だった。

八六年三月十日、登山隊の本隊が仙台を出発。四月九日には、私たち人文班（正式名称は東北大学日中友好西蔵学術登山隊学術班人文班）が成田を出発した。人文班は私を含め七人だが、成田発のときは六人。もう一人は山折哲雄・国立歴史民族博物館教授（現国際日本文化研究センター名誉教授）で、山折教授はチベット自治区の区都・ラサ市へ直行し、現地で私たちと合流することになった。

私たちは、北京に到着後、ここに一泊、急行列車で青海省の省都・西寧市へ向かった。車内で二泊し、四月十二日、西寧駅に着いた。ここで準備を整え、同十六日、青蔵（青海、チベット）高原に向けて旅立った。一行は日本側六人、中国側スタッフ五人の計十一人。四輪駆動車と小型トラックに分乗しての出発だった。日本側は以下のメンバー。

班長　色川大吉（東京経済大学教授）
班員　柴崎徹（宮城県環境保全課）、河野亮仙（副住職、大正大学大学院）、奥山直司（東北大学文学部助手）、松本栄一（フリーカメラマン）
同行記者　岩垂弘（朝日新聞編集委員）

私にとっては、ついに未知のチベットへの扉が開かれたのだった。

（二〇〇七年十月二十八日記）

第124回
高山病の恐怖
世界の秘境・チベットへ②

中国の青蔵高原での学術調査を目指す東北大学日中友好西蔵学術登山隊学術班人文班が青海省の西寧市から車二台に分乗してにチベット自治区の区都・ラサに向け出発したのは一九八六年四月十六日。ラサにたどり着いたのが四月三十日。そこに滞在後、ネパールの首都・カトマンズに向けて出発したのが五月十三日で、世界の最高峰が連なるヒマラヤ山脈を越えてカトマンズに着いたのは五月二十七日だった。

西寧からカトマンズまで、四十二日間の青海・チベットの旅。中国大陸を縦断するざっと六二〇〇キロの行程であった。

今、この旅を顧みて最も印象に残っているのは、なんとも表現しようもないほど荒々しく峻厳な自然の相貌である。それは、想像を絶する世界だった。

私たちが車で走った青蔵高原は、世界で最も高いところにある高原で、東西二五〇〇キロ、南北一二〇〇キロ、平均標高四五〇〇メートルという巨大な高原だ。私たちはその広大な高原をさっとかすめるように走り抜けたに過ぎないが、そこで出合った自然は、まことにすさまじいとしかいいようがなかった。

まず、気候だが、青蔵高原のそれは大陸性気候というのだろうか、実に変化が激しかった。概して寒冷で、朝は氷点下になった。朝起きると、雪が積もっている日もあった。が、日中はからりと晴れ上がって、紺碧の空から強烈な太陽光線が降り注ぐ。気温がぐんぐん上がり、三〇度以上になる日もあった。かと思うと、抜けるような紺青の空が突然かき曇り、霰、雹が降ってくることも。総じて乾燥した日が多く、肌はかさかさに。まるで、一日のうちにすべての気象現象が次々と立ち現れる感じだった。

次は、視界に入る自然景観だ。私たちが通った旧入吐蕃道は、茫漠たる大高原と重畳たる山岳の繰り返し。一望千里の、ゆるやかな起伏の高原が行けども行けども続く。茫々たる原野とはこのことだろう。たまに出合うものといえば、ヤク（高地牛）か羊の群れぐらいだ。一面、茶褐色の世界で、緑というものが全く見あたらない。

時折、前方の地平線上に青白く輝く白い帯が現れる。塩湖だ。四月半ばだというのにまだ凍結したままである。あたりは静寂そのもので、まるで神秘的な「死の世界」のようだ。

高原が尽きると、今度は峨々たる山並みだ。ごつごつした暗褐色の固い岩山で、山肌には樹木も草もみあたらない。あらゆるものを拒否するかのような不毛にして奇怪な山塊である。

その先に展開していたチャイダム盆地は東西八五〇キロ、南北最大二五〇キロ。標高は二六〇〇から三〇〇〇メートル。私たちはこの盆地の中を通っている青蔵公路を走り抜けたのだが、両側には、平坦な大地が広がっていた。それを覆うものといえば、茶褐色の、かさかさした砂と礫。まるで乾いた海のようだった。たまに見かける動物といえば、ラクダのみ。鳥さえも姿をみせない。まさに満目蕭条である。

時折、行く手に黒い竜巻が現れる。盛んに天空に砂を巻き上げている。そうかと思うと、突如として黄色い砂嵐が襲ってくる。車の前方が暗くなる。砂が車体にぶつかり、バシッ、バシッと音をたてる。そしてまた、時折、白い水たまりのようなものが地平線上に現れ、かげろうのように揺れる。蜃気楼だ。

竜巻や砂嵐のことを紹介したついでに、この盆地の風のことも書いておこう。ここでの風はまことに強烈で、砂漠を風が砂塵をあげてごうごうと吹き渡る。風に向かっては歩行が困難なほど。それに、車外に出ると、頬がチカチカ痛んだ。盆地のところどころに塩湖があり、そこから採れる塩の結晶が、風に吹き飛ばされてきて頬に突き刺さるからだ。

「世界中の風がここに集まってくると言われているんですよ」。中国側のスタッフがそう教えてくれた。そういえば、盆地を通過中、空は濁っていた。

チャイダム盆地を走破する間、私の脳裏には「不毛の地」とか「死の砂漠」といった言葉が浮かんでは消えた。そして、東晋の僧、法顕の旅行見聞記の一節を思い出していた。三九九年、当時六十五歳の法顕は経典を求めて長安を出発、インドへ向かった。天山山脈の南麓を通る天山南路の途中からタクラマカン砂漠を南下してホータンに至り、そこからパミール高原を越えてインドに達したとされている。

鎌田義雄著『仏教のきた道』（原書房）によれば、タクラマカン砂漠を通った時の情景を次のように記している。

「上に飛鳥なく、下に走獣なし。四顧茫茫《しこぼうぼう》として之《ゆ》く所を測る莫《な》く、唯、日を視て以て東西に准《なぞら》へ、人骨を望んで以て行路を標するのみ。屢々熱風悪鬼あり、之に遭へば必ず死す」

今、私たちが通過しつつあるチャイダム盆地もまさにその通りではないか。私は、生物の気配が感じられない「死の砂漠」に目をやりながら、ここをかつて往き来した人々に思いをはせた。それは、筆舌に尽くしがたい苦闘の日々であったろう。ここで息絶えも白骨となった人も多かったに違いない、と思った。

こうした苛烈極まる自然を旅することの困難さをひときわ思い知らされたのが、高山病の恐ろしさだ。話には聞いていたが、こんなに苦しくつらいものとは思わなかった。

調査旅行の出発点となったのは青海省の西寧市だが、人文班は出発までここに四日間滞在した。その理由の一つは、高山病対策だった。

一般的に標高四〇〇〇メートルを超すと、空気中の酸素は平地の三分の二程度になるといわれ、人間の身体組織にさまざまな障害をもたらす。いわゆる高山病である。これから人文班が向かう青蔵高原には五〇〇〇メートルを超えるところがあるので、高山病にかからないよう、標高二二七五メートルの西寧で体をならしておこうというわけだった。

私たちはこの間、西寧から南西二十八キロのところにあるタール寺（塔爾寺）を見学に訪れた。チベット仏教最大教派のゲルク派の寺の一つで、寺の敷地四〇ヘクタールという大伽藍。千以上の大小建築物からなる。

こんな豪華で華麗で荘厳な大寺院群を見たことがなかった

私は、すっかり興奮してしまい、カメラ三台、8ミリ撮影機一台、テープレコーダー一台の入った重いバッグを肩に迷路のように延びる急な石の階段を登ったり、降りたりした。

そのうち、体に震えがきた。寒い。手足も冷たくなってきた。休憩所に戻っても、悪寒はひどくなるばかり。そのうち、頭痛、めまいが加わった。体もだるく、節々が痛い。ホテルに帰っても、症状は変わらない。「風邪かな」と思っていると、班のメンバーに「高山病の初期症状だよ」といわれて、びっくりしてしまった。

かくして、人文班一行十一人のうちで最初に高山病にかかったのが私だった。それも、旅が始まる前、しかも標高約二〇〇〇メートルちょっとの低地で早くも発病してしまったのだ。「これから先、なだたる高地に果たして耐えられるだろうか」。私は暗い奈落に落ちてゆくような不安に襲われた。

調査行が始まってからも、標高が三〇〇〇、四〇〇〇と上がるたびに私は高山病にかかった。頭痛、発熱、悪寒、手足の冷え、吐き気、息苦しさ、脱力感、食欲不振……といった症状に見舞われた。そのたびに、人文班携行の酸素を吸った。解熱剤にもやっかいになった。

旧入吐蕃道の小さな集落、瑪多（標高四一七〇メートル）では、人文班六人のうち五人までが高山病にかかった。とくに症状が重い色川大吉班長は瑪多県人民病院で肺水腫と診断され、即入院となった。

青蔵公路の一番の高所、唐古拉山口（標高五二三一メートル）を越える時も、高山病が再発した。ここは峠で、雪が積もっていた。前方からやってきた数十台の軍用トラックがスリップして次々に立ち往生し、交通渋滞となった。私たちは、ここを脱出するのに四時間もかかった。しかも、車が雪に車輪をとられて立ち往生すると、そのたびに、班員は車を降り、寒風の中、車を押した。が、私だけは車の中にいて、作業しなかった。いや、できなかった。高山病でとても車の後押しなどできる状態でなかったのだ。私は、車の座席に背をもたせ、目をつぶって頭痛と吐き気と悪寒に耐えるほかなかった。

高山病は、低地に降りれば、すぐ回復する。酸素が豊かになるからだ。私たちは、標高三七〇〇メートルのラサにたどり着いた時、それまで悩まされていた高山病から解放された。

高山病で死者も出た。私たちがラサに入る前に、空路で直接ラサに入った東北大学日中友好学術交流団の団員、山縣登・国立公衆衛生院名誉教授（当時六十五歳）が、ラサから西方のシガツェ滞在中に肺水腫で死亡したのだ。遺体はラサに運ばれ、ここで告別式が営まれた。

旅も終わりに近づき、西寧を出てから四十日目の五月二十五日、私たちは中国・ネパール国境のザンムに着いた。標高二二五〇メートル。西寧とほぼ同じ高さ。樹木は濃い緑に覆われ、色とりどりの花が咲いていた。空気はしっとりして快く、胸一杯吸い込むと、甘い香りがして、胸の底にしみてゆくようだった。色川班長がしみじみと述懐した。「文字通り、命がけの旅だったね、私たちの旅は」

私の体重は六三キロになっていた。出発時は六九キロだったから、六キロ減である。旅の間、バランスのとれた食事がとれなかったこと、後半は量的にも十分な食事がとれなかったことも影響したと思われる。しかし、私には、厳しい自然環境と高山病が体重が減ったことの最大の要因に思えてならなかった。すっかりへこんでしまった腹をみやって、いまさらながら高山病の恐ろしさに思いをはせたものである。

（二〇〇七年十一月五日記）

第125回　究極のシンプルライフ
世界の秘境・チベットへ③

青海・チベットの旅で印象に残ることの第二。それは、チベットの人々が自然の生態系と実によく合致した生活をしているな、ということだった。別な言い方をするならば、実に合理的な生活をしているな、ということだった。

チベットの平均標高は四五〇〇メートルといわれている。そうした高地の自然環境の苛烈さの一端を前回紹介したが、そうした厳しい条件下でも人間が生活していた。私の観察では、四八〇〇メートルあたりにまでチベットの人々が居住していた。

チベット人の大半は、遊牧民か半農半牧の民だった。その遊牧民の生活を取材してみて、その生活にはまったくムダがないことに気づいた。

遊牧民は当然のことながら家畜を飼育することをなりわいとしている。羊、山羊、ヤク（高地牛）などだ。これらは、いわば商品であって、彼らはそれを育て、売ることによって生計をたてている。つまり、育てた家畜を売って現金を得、それで日常生活に必要な品々を買う。が、それらの家畜は、同時に彼ら自身にとっての生活必需品でもあるのだ。

例えば、ヤクは、まず物資の運搬にはなくてはならない存在である。「高原の船」と呼ばれるゆえんだ。また、ヤクの肉は主食の一部となるほか、乳はバターに加工され、チベット人には欠かせないバター茶の材料となる。さらに、毛は彼ら自身の手で織られてテント地となり、その皮は家族の衣服となる。その糞は干されて、暖房や炊事のための燃料に変わる。

旅の間、そうした遊牧民の暮らしに何度か触れることができた。青海省では、高原のまっただ中にたった一つ、ポツンと張られたテントがあり、そのわきで、三人の子どもを従えた女性がヤクの毛で布地を織っていた。織機は、地面に木製の三脚を立て、その三脚の下部に縦糸を張り、手にした杼で横糸を左右に動かすというだけの原始的なものだった。ヤクの毛でつくられたテントの中には炉があって、ヤクと羊の乾いた糞が燃えていた。テントの外には、ヤクと羊の糞がうず高く積まれていた。

ラサ市に近くなってから、定住遊牧民の住家に立ち寄ったが、そこでは、バター茶とチャンをふるまわれた。チャンとはチンコー（青裸麦）からつくった一種のどぶろくだ。どちらも自家製であった。主食の一つ、ツァンパ（粉状の麦こがし）は、バター茶でこねて食べる。

この遊牧民家庭から少し離れたところでキャンプを張って一泊し、翌朝、テントの撤収作業をしていると、近くにいた遊牧民の父子が私たちのところまでやってきた。中年の男性と女の子。二人は私たちが捨てた缶詰の空き瓶や空き缶を拾うと、大事そうに抱えて去っていった。その後も同じような経験を何度もした。おそらく、遊牧民にとっては、空き瓶や空き缶は何かに利用できるものなのだろう。

要するに、チベットの遊牧民の生活では、生活に必要な基本的な物資は自給自足するという原則が貫かれていた。つまり、必要なものの大半は自然から得る。そして、それらは有効に活用され、捨て去られるものは何一つない。いうなれば、ムダのない生活であった。そこには、厳しい自然環境がもたらした生活の知恵が貫かれていた、と私には思われた。

ムダのない合理的は、死後にも引き継がれているように思った。鳥葬である。

鳥葬は、チベットで一般的に行われている葬式だ。人が死ぬと、その遺体は部屋の一隅に三日ほど安置され、やがて鳥葬請負人によって鳥葬の現場まで運ばれる。そこで、遺体はナタ、ナイフなどで解体され、ハゲワシに提供される。

私は、ラサ滞在中、鳥葬の現場を遠方から眺める機会に恵まれた。それは、ラサ郊外の人里離れた岩山の中腹にあった。遺体が解体されたとみられる、平たい大きな石があり、石の側面には幾筋もの白っぽい縦縞があった。刻まれた遺体から流れ落ちた体液の跡に違いなかった。石の上空では、数羽のハゲワシが旋回していた。石の近くからは白煙が上がっていた。死者が身につけていた衣類を焼いていたのだろうか。近くの山の尾根に人影があった。鳥葬を遠くから見守る親族であろうか。

こうした鳥葬に対して、私は「なんと残酷な奇習だろう」と思っていた。しかし、鳥葬の現場を目撃し、さらにチベットの自然を見続けているうちに、鳥葬こそチベットの風土に合致した、まことに合理的な葬送のように思うようになった。

仮に、火葬したいと思ったとしよう。が、ここでは薪を調達することは至難のわざだ。チベットでは、森林が極めて乏

ラサの中心、マルポリの丘に立つポタラ宮（1986 年５月）

しく、木材は貴重品なのである。なら、土葬はどうか。これも、容易なことではない。チベットでは、岩石や砂礫で覆われたところが多く、そうした固い岩盤を掘り下げることは容易でないからだ。それに、寒冷の期間が長いので、地面が凍土のままの期間もまた長いはずだ。こうしたことを考えると、鳥葬は極めて合理的な風習のように思えてくる。

それからまた、鳥葬には、生命尽きた後もなおわが身を他の生き物の生存のために供するといった仏教的な考え方も込められているのではないか、と私には思われた。

どちらにせよ、そこには、チベットの自然と共存してゆこうというチベットの人たちの生活の知恵が働いているように私には思えたのである。

ひるがえって日本人の日常生活はどうであろうか。

あり余るモノ、次から次へと捨てられる品々、もう行き場がないほど堆積しつつある廃棄物。まさに、資源とエネルギーの果てしない浪費の繰り返しである。こうした過剰生産と過剰消費の繰り返しにより、日本人は世界でも稀にみる豊かな消費生活を享受するに至ったが、それでも日本人の欲望はとどまるところを知らず、なお物質的飢餓感にさいなまれている、といってよい。

最近では、日本人の飽くなき欲望のために、地球の資源が枯渇しつつあるとの指摘もなされている。とくに、日本が世界各地から輸入する食料は膨大な量で、穀物や魚類の枯渇が懸念されている。そのうち、日本人は世界の自然破壊者だと非難されるのではないか。

あくまでも物質的な欲望の充足を求めてやまない日本人。これにひきかえ、自然と調和した生活を目指すチベットの人々。日常生活に対する満足度という点では、「過少」の中で生きるチベットの人々の方が、「過剰」の中で生きる日本人よりもはるかに強いのではないか。私には、そう思われた。人々の表情からしても、チベットの人々の方が、日本人よりもずっと落ち着きのある日々を過ごしているように私には見えた。

チベット人があがめるチベット仏教の最高指導者、ダライ・ラマ十四世の『チベットわが祖国――ダライ・ラマ自叙伝』（木村肥佐生訳・注、亜細亜大学アジア研究所、一九八六年）を読んいて、心に残った一節があった。

「私たちは幸福であった。欲望は不満を引き起こし、幸福は平和な心から湧き出る。多くのチベット人たちにとって、物質的な生活は厳しいものであった。しかし欲望の犠牲者ではなかった。そして私たちの山の中の、質素で貧しい生活の中にこそ、世界の大部分の都市生活よりも、おそらく、はるかに大きい心の平和があった」

これは、一九五九年にラサからインドに亡命したダライ・ラマ十四世が、中国軍が進撃してくる前のチベットの実情を回想したものだ。この一節を読んだとき、十四世の見解と、チベットの旅を通じて私がチベットについて感じていたものとがあまりにも見事に一致していて、私は驚いた。チベットと日本は、まさに対極にあるな、と思わずにはいられなかった。

チベットの旅からすでに二十一年の歳月が流れた。が、私の脳裏には毎日一回、必ず、あのチベットの荒涼たる高原の相貌がよみがえってくる。朝の洗顔の時だ。

洗顔のために私は水道のノブをひねるが、そのとき洗面台に水をいっぱい貯めることはない。両手ですくえる程度の、できるだけ少量の水しか貯めない。

なぜか。チベットでは、旅の間、水がとても貴重なものだったからだ。まず、水が極めて乏しく、とてもじゃぶじゃぶ湯水のごとく使えるなどということはなかった。私たちは、小さな金たらいに少量の水をチベットの人々にもらい、それで、口をすすぎ、顔を洗い、体を拭いた。それも、毎日ではなかった。たまに集落があると、水をもらえるのだった。

それが習慣になってしまったのか、いまだに、洗面台の前に立つと、チベットでの体験がよみがえってきて、水を節約しなくては、との思いに駆られるのである。

（二〇〇七年十一月十五日記）

第126回 信仰厚き人びと

世界の秘境・チベットへ④

青海・チベットの旅で印象に残ることの第三。それは、チベットの人々の信仰の深さである。

この点に関して私が最初に衝撃を受けたのは、チベット高原に延びる道路、青蔵公路を走り続けてきた私たち人文班の車が、チベット自治区の区都、ラサの手前五十数キロの地点に達したときに目撃した光景だ。

道路の端を、三人の若い女性が、まるで尺取り虫ような仕草でのろのろと前方に進んでゆく。

まず直立不動の姿勢になり、合掌しした後、合掌したままの両手を頭の頂にささげ、次にこれを口のあたりから胸へと三段に下ろし、そこで離掌して両膝を地面につけ、全身を真っ直ぐ前方に伸ばして地面に伏し、額も地面につける。同時に両手を前方に突きだし、頭の前で再び合掌する。これを延々と繰り返し、少しずつ少しずつ前に進んでゆく。

これが、五体投地礼《ごたいとうちれい》である。自らの罪を懺悔し、仏への帰依を誓う礼法とされている。回数が多ければ多いほど、それだけ功徳がある、とチベット人の間では信じられている。

三人の女性の三つ編みの髪は砂ぼこりにまみれ、顔は日焼けと泥で真っ黒。衣服も、土砂とほこりと垢で黒光りしている。両手に大きな手袋をはめているが、これも薄黒く汚れている。が、彼女たちの表情は明るく、私たちに向かって笑顔をみせた。

おそらく、彼女たちは五体投地礼を繰り返しながら、ラサの寺院に行こうとしているのに違いなかった。顔や衣服の汚れ具合からすると、かなり遠いところからすでにもう何日も五体投地礼を続けてきたように思われた。

チベットに向けて出発する前、私が読んだ本の中に「チベットの人たちは、ラサの寺院に参拝するのが生涯の願いで、なかには、遠隔の地から五体投地礼をしながらラサに行く人もいる」とあったが、それを実際にこの目で見ると、やはり衝撃だった。

五体投地礼は、ラサでもよく見かけた。この街の中心にある、チベット最古の寺院、チョカン寺（大昭寺）の正門前では、いつ行っても、ただひたすら五体投地礼を繰り返す人々が絶えなかった。各地からやってきたチベット人の巡礼たちだった。

チョカン寺を一周する道路はパルコル（八角街）と呼ばれるラサ随一の繁華街。沿道にさまざまな店が並ぶが、そこでも声高にお経を唱えながら五体投地礼に熱中する男性をみかけた。上半身は裸。男性の額はザクロの実のように割れ、黒く血がにじんでいた。地面に額を打ち付けたためだろう。男性の周りには人垣ができ、男性に金を与えていた。

ラサ以外でも、五体投地礼を続けるチベット人に出会った。それればかりでない。私たちが訪れた寺院では、どこでも、トラックやバス、あるいは徒歩で参拝にやってきた巡礼たちに出会った。チベット自治区内ばかりでなく、遠く甘粛、青海、四川の各省からやってきたチベット人もいた。この人たちの衣服はひどく汚れていて、それが彼らの巡礼が長い旅であることを物語っていた。

巡礼たちの敬虔な参拝ぶりにも目を見張った。彼らは手に数珠をもっていた。マニ車を手にもつ人も少なくなかった。これは、中に経文が書かれた紙が入っている回転式の円筒で、銀やスズ、銅でできている。回転させればさせるほど功徳がある、とされている。

薬缶や瓶を手にした巡礼も目についた。その中には、バターが入っていて、それを、暗い寺院内の仏像の前で燃えている灯明に注ぐ。袋につめて持参してきたツァンパ（麦こがし）を仏前に供えてゆく人たちもいた。現金を供えたり、僧に渡してゆく人たちもいた。

寺院の境内では、マニ石が積まれているのを見かけた。これは、経文を刻んだ、平べったい石のことで、巡礼たちが奉納したものだった。

チベット人の家庭を訪れたときも、チベット人の敬虔な信仰の一端に触れた。

私たちはラサに入る前、標高四八〇〇メートルの地点で、チベット人一家を訪れる機会があった。定住遊牧民の一家で、石造りの家屋に九人が住んでいた。その居間に仏壇があった。木造で胸くらいの高さ。横は三、四メートルもあろうか。前面には鮮やかな色彩で草木が描かれていた。仏壇の上には、額に入った五枚の仏画が立てかけられていた。これも、鮮やかな色彩の仏画だ。その前に小さな灯明。実に立派な仏壇であった。

仏壇のかたわらに経典が置かれた家もあった。紙に書かれた分厚い経典だ。どうやら、経典はチベットの人々にとって極めて身近なもののようで、パルコルでも経典を売っている店が目についた。

チベット自治区政府で聞いたところによると、自治区の人口は一八九万人。うちチベット人は一七八万人。そのチベット人の九五％が仏教の信者とのことだった。チベットにおける仏教信仰の広がりがうかがえる。

それにしても、チベット人はなぜそんなにも信仰心が厚いのだろうか。

その点を、チベット自治区の役人に訊いてみた。彼によると、それには歴史的事情があるとのことだった。「まず、仏教の歴史が長いからでしょう。チベットに仏教が伝えられたのは七世紀ですから、すでにかなりの時間がたちます。第二は、仏教がチベットに伝えられたとき、王様が自ら信者となって仏教を国中に広めたからです。第三は、十七世紀に宗教上の法王が政治上の国王も兼ねるという政教一致の政権が生まれ、宗教と行政の一体化が進んだからです。これらの事情から、ここでは仏教が人民の間に深く浸透したわけですね」

仏教を自ら信じてこれを広めた王様とは、チベットを初めて統一したソンツェン・ガムポ王のこと。また、十七世紀にできた政教一致政権とは、ダライ・ラマ五世政権のことだ。

また、あるチベット人によれば、チベット人の間で信仰が盛んなのは、チベット人の間で輪廻《りんね》の思想が広く信じられているからだという。

これは、車輪が回転して停まることがないように、人間もまた無限に生死を繰り返すという考え方だそうだ。具体的には、人間の死後の世界には地獄・餓鬼《がき》・畜生・修羅《しゅら》・人間・天上の六道《ろくどう》があり、人はそれぞれ生前の善悪の行いによって六道のうちのいずれかに生まれ変わるというのだ。すなわち、生前に善い行いをした人は天上か人間の世界に、悪い行いをした人は地獄に堕ちたり、餓鬼や畜生、修羅に生まれ変わるというわけである。

これはインドに生まれた考え方とされているが、これが仏教に取り入れられ、仏教とともにチベットに入ってきたといわれている。この結果、チベットの人々は、死後、地獄に堕ちたり、畜生に生まれ変わることのないように、つまり、来世での幸せを希求して、生きているうちにひたすら仏に帰依し、功徳を積むよう心がけるようになったというのだ。おそらく、チベットの人々にとっての至福は、この世で富を蓄えることではなく、来世での救済なのだろう。

私が耳にしたところでは、チベット人の巡礼の中には、日ごろせっせと稼いで貯めたお金をすべて持って巡礼の旅に出、それを寺院や僧にすべて献上してしまう例もあるとのことだった。

自治区政府の役人の説明にも、あるチベット人の見解にも、説得力があった。が、それだけではないのではないか、他にも理由があるのではないか。チベットの旅を続けるうちに、私はそう思うようになっていった。

すでに述べたように、チベットの自然環境は実に過酷だった。私たちが短い旅の間に経験したものといえば、希薄な空気、寒気、雪と氷、強烈な日差しと烈風……などといったものだったが、私たちのような旅人でない、チベットに常住している人々にとって自然環境はもっと苛烈なものなのではあるまいか。それは、おそらく、私たちチベットの外で暮らす人間の想像を超えた峻烈なものと思われた。そうしたあまりにも非情で手荒な自然の営みを前にした時、チベットの人々は人間存在の小ささ、人間の無力さにおののき、人知を超えた超自然的なものの存在、すなわち神や仏の存在を信ずるようになったのではないか。

あるいはまた、こうした自然の猛威の中で暮らさざるをえないことから、チベットの人々は日常、「死」というものを私たちよりもより身近に感じているのではあるまいか。そこから、日常生活にあっても、一心に「平安無事」「無病息災」を神や仏に祈る敬虔な信仰が生まれてきたのではないか。私には、チベットでの仏教の興隆が、チベットの厳しい自然条件と密接な関係があるのではないかと思われたのである。

現に、チベットを旅していて、万年雪をいただいた高峰の連なりを目にすると、何か表現しがたい神秘的な思いにかられた。とりわけ、夜明けに、これらの高峰が朝日を浴びてピンク色に染ってゆく光景はまことに荘厳で、思わず言葉を失って、しばし立ち止まって見とれるほどだった。その瞬間、私の脳裏を去来したのは「白き神々の座」という言葉だった。そして、この世界を創り出した造型主、すなわち神の存在を信じたい心境になった。

聞けば、チベットの人々は、高い山の頂には神々が宿っていると信じ、崇拝の対象としているとのことだった。チベットの人々もまた、こうした神々しいまでの自然の光景を目前にしたとき、神や仏の存在を信じたくなるということだろう。

（二〇〇七年十一月二十八日記）

第127回 高い文化水準

世界の秘境・チベットへ⑤

青海・チベットの旅で印象に残ったことの第四。それは、チベットの文化水準の高さである。

例えば、ラサのポタラ宮やその他の寺院に代表される建築技術。加えて、ポタラ宮や各寺院の壁画の類。それらは、まことに息をのむほどの見事さで、私を魅了してやまなかった。建築や美術にはまったくの素人の私の目にも、それらが極めて精巧な技術によってつくられたものであろうということぐらいはわかった。おそらく、世界的にみてもかなり水準の高いものなのではないか。それらを目の前にすると、チベット人のもつ優れた資質、技量に驚嘆せざるをえなかった。

とりわけ、ポタラ宮をこの目で見たときの興奮はいまでも忘れられない。

ポタラ宮は、ラサの中心にある小高い丘、マルポリ（赤山）の上に建てられた巨大な建造物である。かつてチベットで政治、宗教の両権を一手ににぎっていた国王であり、法王であったダライ・ラマの宮殿だ。「ポタラ」は「観世音菩薩の聖殿」の意味。このことからもわかるように、チベットでは、ダライ・ラマは観世音菩薩の化身と信じられている。

厳密に言うと、ポタラ宮はマルポリの頂上に立つというよりも、マルポリの丘の南麓を利用して建造された宮殿という感じだ。とにかく、巨大だ。東西三六〇余メートル、高さ一一七メートル。十三層で、建築面積は一三万平方メートル。「垂直のベルサイユ」とも呼ばれる。

建物の色は白とエンジ。エンジの部分は中央部分の上部で、これを紅宮という。その上には金色の屋根。金箔葺きの屋根である。ここは、歴代のダライ・ラマの霊廟のあるところ。そこには、金、銀でつくられ、さまざまな宝石をちりばめた、巨大な霊塔《チョルテン》がいくつもあり、歴代のダライ・ラマのミイラ化された遺体が納められている。

白亜の部分は、白宮と呼ばれる。そこには、ダライ・ラマの居室や執務室、会見室、それに仏殿、拝殿、僧舎、宝庫がある。いったいどのくらいの部屋があるのか見当がつかない。一説には千といわれる。そこに安置されている仏像は二十万体という説もある。通路、階段、廊下が縦横に走っていて、まるで迷路のようだ。歩くと、息切れがする。

マルポリに最初に宮殿をつくったのは、チベット初の統一国家吐蕃王朝を創設したソンツェン・ガンポだったと伝えられている。ネパールから嫁入りしてきたティツゥン王女のために建てたとも、あるいは唐から降嫁した文成公主のために建てたともいわれる。が、ソンツェン・ガンポ王の没後に破壊されてしまい、現存するポタラ宮を建立したのはダライ・ラマ五世（一六一七〜一六八二年）である。実際に造宮の指揮をとったのは宰相のサンゲ・ギャムツォ。彼は一六七九年から一七〇二年まで宰相のポストにあり、ポタラ宮建造中に没したダライ・ラマ五世の志をついでポタラ宮の建造をすすめ、一六九五年に完成させたとされる。

屋上に近い回廊には、七百枚近い壁画がある。その色彩豊かな華麗な壁画に見学者はみな思わず足を止める。その半分はポタラ宮がつくられてゆくさまを描いたもの、あと半分は造宮の指揮をとった宰相サンゲ・ギャムツォの生涯を描いたものだ。どちらも物語風で、まるで絵巻物を見るよう。造宮用の大きな岩石が川を舟で運ばれてくる光景や、作業員らしい人たちが石材や木材を背負って高所に運びあげる光景などが描かれている。

ただ、宮殿の主は不在だ。最後の主、ダライ・ラマ十四世が一九五九年にインドに亡命してしまったからである。一九六一年には中国政府から全国重点文物保護単位に指定された。いわば博物館のような存在といっていいだろう。私たちが見学した当時、実際の管理にあたっているのは僧のようだった。

ポタラ宮は、ラサの街のどこからでも観望できた。まるで、海に浮かぶ戦艦のように見えた。とくに紺碧の空の下、白亜の宮殿がきらめくような日の光に映えるさまはたとえようもない美しさであった。宮殿の正面に立つと、その巨大さ、壮観に圧倒され、「ああ、かつては世界の秘境中の秘境とされ、幾多の探検家が潜入を図っても果たされなかったラサについに足を踏み入れることができたのだ」という実感がわいてきた。

ポタラ宮だけにとどまらなかった。ラサとその周辺で出合った多くの寺院は、いずれも私を圧倒し、魅了した。例えば、チョカン寺（大昭寺）。チベットで一番古い寺で、三階建ての本堂の上部には金箔葺きの屋根が連なり、陽を浴びて燦然と光を放つ。たとえようもないほどの絢爛豪華さである。それから、デプン寺とセラ寺。どちらもチベット仏教ゲルク派（黄帽派）の四大寺院の一つで、いずれも寺院についての日本人の常識を超えた壮大な伽藍だ。ノルブリンカも挙げなくてはなるまい。ダライ・ラマの夏の離宮で、樹木に囲まれた広大な敷地の中に堂や宮殿などが展開する。

チベット第二の都市、シガツェのタシルンポ寺の威容にも圧倒された。ゲルク派の四大寺院の一つで、寺内には世界最大とされる弥勒菩薩像が安置されていた。全長二六・七メートルという。

日本では、久しく、「チベット」は後進性の代名詞であった。したがって、「チベット」という言葉から連想されるものといえば、「文化的に遅れた、貧しい、閉鎖的なへき地」というものだった。それゆえに、「△△のチベット」などという言い方が何の疑問もなくまかり通ってきた。

私自身、それまでこういう言い方を無頓着に使ってきた。例えば、新聞記者になって初の勤務地、岩手県に赴任した時、同県のことを形容するにあたって、「日本のチベット」という呼称を好んで使った。また、同県内のへき地を形容するにあたって「岩手のチベット」という言い方をした。

しかし、旅を通じてこの目で見たチベットは、世界の秘境であっても決して文化的に遅れたところではなかった。いや、むしろ、チベットの文化は、歴史的にみれば日本のそれよりは、はるかにグローバルな広がりをもっていることに気づいた。

そのことは、チベット仏教の広がりという一例からもうかがえた。すなわち、歴史的に見ると、チベット仏教が伝播した地域の範囲は、チベットを中心に南はヒマラヤ山脈の南麓のネパール、ブータン、西はインド北部、東は中国の青海・甘粛・四川・雲南の各省、北はモンゴル、中国東北部（満州）、ロシアのシベリア南部に及ぶ。

チベット仏教は、アジアでは極めて広範にして普遍的な地位を占めるとみて間違いないだろう。宗教もまた文化の一端をなすとすれば、チベット文化の広がりに目を見張らざるをえない。チベットの文化は、中国の文化、インドの文化と並んでアジア地域に大きな影響を及ぼしてきたのだ。
もはや「△△チベット」などという言い方は、何としてもやめなくてはならない。チベットの旅を続けるうちに、私は、自分のそれまでの既成概念を打ち壊された。チベットの人々に対し、自分自身の無知を深く恥じなければとの思いにかられた。

ところで、私たちは、チベットが世界に誇るに足る優れた文化の象徴ともいえる寺院が、粉々に粉砕されてしまった悲劇をこの目でみることになる。

ラサ滞在中、私はラサ東方約六〇キロにあるガンデン寺を訪れた。トラックで三時間半もかかったが、その寺は標高四三〇〇メートルの山の上に展開していた。

寺は、数十いや数百もの石造りのお堂や僧舎や仏塔で造られていた。いや、正確には、造られたことを示す跡があったというべきだろう。眺め渡したところ、伽藍の八〇から九〇%が破壊されている。激しい空爆の跡を思わせるような瓦礫の山また山。まことに無惨というか、すさまじい一語に尽きる。

高い山の上に大規模な寺院を造り上げたチベット人のエネルギーに圧倒されるとともに、その大伽藍を破壊し尽くしてしまった人間の仕業に戦慄を覚えた。これはもう狂気としか言いようがない。

ラサからネパールへ向かう途中でも、破壊された寺院にたびたび出合った。シガツェの南方にあるナルタン寺はほぼ一〇〇%破壊されていた。まるで、古代の遺跡をみるようだった。聞けば、一一五三年に建立された由緒ある寺とのことだった。

シガツェの南西に位置する町、サキャには、チベット仏教サキャ派の大本山であるサキャ寺があった。一〇七一年に建立された由緒ある寺で、南寺と北寺からなる。ところが、山の斜面に展開する北寺は、廃墟と化していた。「これはすごい。すさまじい破壊ぶりだな」。人文班のメンバーから思わず嘆声がもれた。私はといえば、あまりの惨状に声も出なかった。

寺院を破壊したのはだれか。チベット自治区政府外事弁公室によれば、文化大革命の際に紅衛兵によって破壊されたのだという。文革以前には自治区内に約二千の寺院があったが、文革でその七〇%から八〇%が破壊されたそうだ。

文化大革命は毛沢東によって起こされ、指導された革命であった。その狙いは「党内の資本主義の道を歩む実権派から権力を奪い返すこと」にあったとされる。日本でも、これを「真の革命」として礼賛、支持する知識人、政治家が少なくなかった。が、破壊されたチベットの寺院を見て、私は「文化遺産を壊滅させた文化大革命とはいったい何だったのか」と反芻したものである。

（二〇〇七年十二月十六日記）

第128回 人間肯定をもたらした自然と人

世界の秘境・チベットへ⑥

東北大学日中友好西蔵学術登山隊学術班人文班の目的はチベットにおける学術調査だったが、その成果は一冊の報告書にまとめられた。一九八九年に小学館から刊行された色川大吉編『チベット・曼荼羅の世界――その芸術・宗教・生活』である。その中に、私の報告『日本と対極の世界・チベット』も収録されている。

人文班による学術調査のテーマの一つに、「もう一つのシルクロード（絹の道）」の検証があった。すでに述べたように、これは人文班班長の色川大吉氏が長年あたためていたテーマだった。

シルクロードとは、太古以来、アジアとヨーロッパ、北アフリカを結んでいた東西交通路のことで、一般的には中国の北西部、現在の陝西、甘粛付近から新疆ウイグル自治区のタリム盆地を通り、ロシア（旧ソ連）、中国、インド、パキスタン、アフガニスタンが国境を接するパミール高原を越える道を指す。

これに対し、色川氏は一つの仮説を抱いてきた。それは、これとは別に「もう一つのシルクロード」、すなわち「縦のシルクロード」があったのではとの推論だ。具体的には、七世紀から九世紀にかけて、中国の長安（いまの西安）とチベットのラサ、さらにラサからネパール・インドを結んだ交通路があったのではないか、というものだ。年代でいえば、チベットの最初の統一王朝・吐蕃王朝の時代ではないか。同氏としては、これを現地で確かめてみたいというわけだった。

結果はどうだったか。色川氏によれば、仮説のうちの時代設定、すなわち「七世紀から九世紀にかけて」という点はほとんど確認できなかった。その代わり、「十六世紀から十七世紀にかけて中国―ラサ―インドを結ぶ文明交流路があった」との新たな見方を強めたという。

色川氏にそう思わせたのは、ポタラ宮とセラ寺にあった壁画だ。色川氏によると、それらの壁画に描かれている人物風俗や絵画技術といった面に、十六世紀から十七世紀にかけての中国、インド、トルコなどの文化からの影響がみられたという。

人文班の同行記者であった私の役割は、もちろん人文班の調査作業を伝えることにあったが、それだけではなかった。登山隊の〝壮挙〟を伝えることもまた重要な役割だった。

登山隊（隊長、葛西森夫東北大名誉教授、十一人）が登頂を目指したのは青海省とチベット自治区にまたがる青蔵高原の最高峰で未踏峰のニェンチンタングラ峰（七、一六二メートル）だった。

登山隊の予定では、五月一日に第一次登頂、同三日に第二次登頂とされていた。これに備えて、私たち人文班は四月三十日にラサに入った。登頂成功をラサから日本へ発信するためである。が、ラサのホテルに滞在して待てど暮らせど登頂成功の知らせが登山隊から届かない。後で判明したことだが、これは登頂作業が強風、降雪、雷といった悪天候でひどく難航していたからで、結局、「初登頂成功」の吉報が下山してきた登山隊員から私たちにもたらされたのは九日夜のことだった（登頂は八日午後九時過ぎ）。人文班のメンバーは「やった、やった」と手を打って喜び、祝杯をあげた。

私にとっては、それからが大変であった。原稿を送るべく朝日新聞の北京支局に電話を入れても出ない。ならばと東京に電話を入れてもなかなか出ない。ようやく東京本社とつながったのは十日朝であった。急いで原稿を読み上げようとすると、「もう朝刊に出ているよ」と社会部のデスク。

私は茫然としてしまった。事情を質すと、こうだった。登頂の事実は登山隊の中国側スタッフから北京の中国登山協会に伝えられ、同協会は電報で東北大学に通報、同大学はこれを九日夜に各新聞社に発表したのだった。

わざわざ死ぬような思いでチベットまで来ながら、登頂の第一報をチベットから送れなかったことが悔やまれた。「これでは同行記者失格だな」。全身から力が抜けてゆくようだった。「それもこれも、北京に電話が通じなかったことと、東京に入れた電話が早く出なかったためだ」と、チベットの電話事情の悪さを恨んだ。

登山隊が苦闘の末に初登頂に成功した記録は、東北大学山の会編『チベット高原の盟主―ニェンチェンタンラ―』として同会から一九九四年に発行されている。

ところで、すでに述べたように、同行記者の私には私なりの「チベット行き」の理由があった。世界の秘境を踏んでみたいという願望のほかに、原水爆禁止運動の取材を通じて人間の醜い、嫌な面を見せつけられ、すっかり「人間不信」「人間嫌い」に陥ってしまったことから、とにかく日本社会から人間のいない大自然へ脱出したいという思いに駆られたからだった。

青海・チベットの旅から帰った私は「人間賛歌」とまでは行かないが、一転して「人間肯定」に変わっていた。

青海・チベットの大自然、例えようもないほど高くて巨大な山脈や山塊の連なり、果てしなく続く高原や広漠たる砂漠を目にしたとき、宇宙全体からみれば人間の営みなんて実にちまちましたちっぽけなものに思えてきたのである。まして、地球の片隅、日本の一つの大衆運動における一部の人間の非人間的な言動など、宇宙全体からみれば実に卑小でつまらないものに思えてきたのだ。つまり、青海・チベットの大自然に接して、世界と人間を見る視野が広がったということであろうか。私の心の中に重く沈んでいた「人間不信」が、いつのまにかまるで霧が晴れるように消滅していた。

それから、旅を通じて垣間見たチベットの人たちの生き方が私に大きな影響を与えたように思う。短い間であったが、私がチベット人の生活ぶりに接して感じたのは「目の前の現実世界を何から何まで丸ごと受け止める。それが、チベットの人たちの日常の生活態度ではないか」ということだった。すなわち、自然からの恵みも、自然の猛威も、はたまた人間の善も悪も、あらゆることをそのまま従容と受け止める。そこに流れているのは、自然と生きとし生けるものの存在をすべて肯定する敬虔な姿勢ではないか、と私には思われたのである。そうした生活態度が彼らの信仰する仏教と関係があるのか、ないのか、私には分からなかった。ただ、そうした人々の生き方をこの目で見たとき、私の内部に人間を多面的な面をもつ存在として肯定しようという思いがわき上がってきたのだ。もっとおおらかな目で人間の全般を見つめようという気持ちが生じてきたのである。寛容になったということであろうか。

さらに、文革によって破壊された寺院がチベットの人々の手で再建されつつあったことも私に強い印象を与えた。破壊されたものを再びよみがえらせようとする人間のひたむきな努力。そこに、私は人間の不屈の営みを見た。それは、私の中で「人間肯定」につながっていった。こうして、青海・チベットの旅は、私に「心の転回」をもたらしたのだった。

それにしても、チベットとは不思議なところだ。私は、青海・チベット紀行の後、不思議な体験を一度ならず二度も体験することになる。

八六年の東北大学日中友好西蔵学術登山隊の同行記者としてチベット入りを果たしたとき、私は「生きているうちにもう二度とチベットへ来ることはないだろう」と思い、目前の風景、光景を脳裏に深く焼き付けようと努めたものだ。ところが、まもなく、二度目のチベット訪問を果たすことになる。というのは、朝日新聞社が、ポタラ宮に収蔵されている文物を紹介する「中国チベット秘宝展」を八八年七月から、東京、兵庫県尼崎市、静岡県浜松市で開催することになり、その事前紹介のために私がラサに派遣されることになったのだ。

私は六月十九日から二十九日まで、山口瑞鳳・名古屋大学教授（チベット学）と奥山直司・東北大学文学部助手（仏教史）とともにラサ訪れた。奥山助手は東北大学人文班の調査でいっしょだった人だ。今度は空路でラサに入った。

二年ぶりのチベットに胸が高鳴った。ラサでポタラ宮と再会した私は「再びラサに来ることができたなんて奇蹟だ」と感無量だった。そして、こう思ったものである。「これは、チベットの仏さまの計らいなんだ、きっと」

奇蹟は続いて起こった。ラサ滞在中、私はデプン寺を訪れた。ここも再訪であった。境内を歩いていると、会ったことのある女性が前方から歩いてきて、わが目を疑った。なんと、二年前、東北大学人文班の他のメンバーといっしょにラサ滞在中に訪れた、ラサ中心街に住むチベット人一家の若い奥さんだった。あまりにも偶然の再会に私は言葉を失った。「地球上に暮らす人間は六十億以上。ひょんなことで知り合った、その中の二人、しかも日本とチベットという遠くかけ離れたところに住む両人が、偶然再会を果たすなんていうことはこの世にありうることだろうか」。私には、なんとも神秘的な出会いに思えて仕方がなかった。

二年前に会った時、女性は幼い男児といっしょだった。しかし、今回は一人。「あの男の子は」と尋ねると、「高僧の生まれ変わりと認められ、お寺に引き取られた」とのこと。チベットでは、特定の幼児が高僧の生まれ変わり、つまり活仏とされて、親の元から寺に連れてゆかれることがあると聞いていた。かつてその家庭を訪ねたことのある、目の前の女性がそうした経験の持ち主と知って、やはりそういうことが本当にあるのだ、と私は驚いた。

（二〇〇七年十二月三十日記）

第129回　シルクロードにはまる

日中共同取材番組の『シルクロード』がＮＨＫテレビで始まったのは、一九八〇年四月である。沈み行く赤い夕陽に照らされた砂漠、そこを行くラクダの隊列。そして、画面から流れ出る、喜多郎作曲のシンセサイザーの流麗な響き……。それらは視聴者を未知の悠久の彼方に導き、日本中にシルクロード・ブームを巻き起こした。

私もまたこの番組に魅了され、ぜひ一度シルクロードへ、という思いを募らせた。が、私の担当分野はシルクロードとは無縁の分野であり、シルクロード探訪など夢のまた夢だった。

しかし、その後、私はシルクロードへのあこがれをさらに募らせることになる。すでに述べたように、私は一九八六年に東北大学日中友好西蔵学術登山隊学術班人文班の一員として青海・チベットを訪れたが、人文班による学術調査の最大の目的は「もうひとつのシルクロード」の検証にあったからである。

シルクロードとは、一般的には中国の北西部、現在の陝西、甘粛付近から新疆ウイグル自治区のタリム盆地を通り、ロシア（旧ソ連）、中国、インド、パキスタン、アフガニスタンが国境を接するパミール高原を越える道を指すが、それとは別に中国の長安（いまの西安）とチベットのラサ、さらにラサからネパール・インドを結んだ交通路「縦のシルクロード」があったのではないか、というのが人文班の色川大吉班長の推論であった。

人文班の調査に同行しながら、私はこう思うようになっていった。「もう一つのシルクロードを探索するというのなら、本来のシルクロードをこの目で見ておくべきだったな。順序が逆になったが、ぜひ一度現地に行ってみたい」

青海・チベットの旅を終えると、私の「シルクロード願望」は日ごとに強くなっていった。しかし、会社に出張を申請することはしなかった。チベット・青海に長期間特派された直後だけに、また海外取材を申請しても認められるわけがなかったからだ。結局、私は決断した。「よし、休暇をとり、自費で行ってこよう」と。

が、中国の奥地だけに手がかりがない。日本の旅行社も、このころはまだこの地域へのツアーを売り出していなかった。そこで、青海・チベットの旅を助けてくれた中国側スタッフの一員で通訳を務めてくれた葉業躍君（北京第二外国語学院学生）と連絡をとり、中国の旅行社を紹介してもらった。

かくして、シルクロードへの旅が実現した。八七年七月三日に成田を出発、同十四日に帰国。十二日間にわたる妻と妻の友人の画家晴山英さんを加えた三人旅であった。コースは北京――ウルムチ――トルファン――カシュガル――北京。北京の他はいずれも新疆ウイグル自治区の都市で、ウルムチはその区都であった。

新疆ウイグル自治区は中国の西のはずれに位置する。自治区のほぼ中央を東西に山脈が走る。天山山脈だ。標高は四〇〇〇メートルから七〇〇〇メートル。その南側に広大な盆地が広がる。タリム盆地だ。この盆地の大半は砂漠地帯で「タクラマカン砂漠」と呼ばれる。

かつてのシルクロードは三本あったとされている。天山山脈の北側にあったのが「天山北路」、同山脈の南側を通っていたのが「天山南路（北道）」、タリム盆地の南端を通っていたのが「天山南路（南道）」。ウルムチは天山北路の沿線に、トルファンは天山南路（北道）の沿線に、タリム盆地の最西端にあるカシュガルは天山南路（北道）と天山南路（南道）の合流点にそれぞれ位置していた。したがって、私たちの旅は、いわば天山北路と天山南路（北道）の沿線をチラッと垣間見た旅だったといってよい。

私たちは北京から空路でウルムチへ。そこから車でトルファンまで往復し、その後、ウルムチから飛行機でカシュガルへ飛んだ。帰路はカシュガルから空路で北京へ戻った。

私にとっては、見るもの聞くものすべてが興味深かった。「自分で金を払っての取材旅行だったが、やはり来てよかった」と思った。

さまざまなことが印象に残ったが、まず度肝を抜かれたのは、中国は途方もなく広大で、多様性があるなということだった。

タリム盆地の最西端のカシュガルは、北京から直線で三〇〇〇数百キロ。一望千里の巨大な砂漠、タクラマカン砂漠の西のはずれにある都市で、中国の隣国のタジキスタン、キルギスの国境に近い。ただっ広い空港に降り立ったとき、「ついに最果ての地にきたか」「はるけくも来つるものかは」といった感慨に満たされたものだ。タクラマカン砂漠そのものが、東西二〇〇〇キロ、南北六〇〇キロ、日本がすっぽり入ってしまうほどの広さ。まさに気が遠くなるような広大さである。

多様性という面で印象に残ったのは、住んでいる人たちとその文化である。中国というと、私たちは、私たちと見ためがほとんど違わない漢人を思い浮かべるが、新疆ウイグル自治区に住む人たちはそうした漢人でなく、ウイグル人が目立つ。青い目、高い鼻、あごにひげ、帽子といった人が多く、あたかも中東に来たかのような錯覚に陥る。ウイグル人はイラン系と聞いた。ウルムチ→トルファン→カシュガルと西に移るにつれて、ウイグル人が多くなる。カシュガルは住民の九割以上がウイグル人とのことだった。「中国は多民族国家だ」という思いをいまさらながら強くした。

文化における多様性をあげるなら、やはりイスラム文化が色濃く定着していたという事実だろう。カシュガルではイスラム教の寺院が目を引いた。街の中心にはイスラム教寺院で新疆ウイグル自治区最大規模のエイティガール寺院があった。一四二二年の創建とされ、南北一四〇メートル、東西一二〇メートルの巨大な寺だ。

郊外には、アバク・ホージャ墓があった。十六世紀に新疆イスラム教白帽派の指導者だったアバク・ホージャとその家族の陵墓。乾隆帝のウイグル人妃だった香妃がここに葬られたと誤って伝えられたため「香妃墓」とも呼ばれる。

一六七〇年に創建された。墓にたどり着くまでに緑の木立の並木があった。墓は緑のタイルを張りつめた円形アーチの屋根をもち、墓の四隅に建つ尖塔の壁のモザイク模様が青空に映えて美しかった。

トルファンのホテルでは、イスラム人の若い女性たちが、宿泊客のために民族舞踊を踊ってくれた。ピンクの衣装が鮮やかだった。

生活面でもイスラム色が濃かった。カシュガルでは、バザールを見ることができた。衣類、靴、野菜、果物、肉、楽器などあらゆるものを売っていた。まるで、中東に来たような気持ち。テント張りや屋台の店を見て歩きながら、私は絨毯を買った。「日本まで届くだろうか」とちょっぴり不安だったが、時間がかかったもののちゃんと日本に届き、いまでもわが家の玄関で足拭の役を果たしている。

（二〇〇八年一月十五日記）

第130回 続・シルクロードにはまる

シルクロード探訪で強く印象に残ったことは、まだある。それは、苛烈極まる自然環境だ。

　シルクロードの一本、天山南路（北道）の南方に広がるタクラマカン砂漠は、世界で二番目に広い巨大な砂漠である。一望千里とはこういうことかと思い知らされるほど、北方に遠く望む雪をいただいた天山山脈のほかは、見渡す限りほとんど平坦な砂と砂礫の砂漠だ。降雨量は年間数十ミリというから、カラカラに乾ききった砂漠である。

　乾いた砂漠に太陽の光が注がれれば、砂漠は暑熱の砂原と化す。トルファン郊外にある城址遺跡を訪ねた時、遺跡周辺の地表温度は五〇度近くを示していた。遺跡の北方には火焔山があった。風化によって深いしわが刻まれた山肌は、思わずしばし見入ってしまったほど赤い。夏季になると、地表から立ちのぼる、高熱による陽炎によって燃えるように見えるところから火焔山と呼ばれるようになったとのことだった。火焔山はあの『西遊記』にも登場するそうだ。

　カシュガル郊外約三〇キロの砂漠の中に古い仏教遺跡があるというので、車を雇って出かけた。崩れかけた仏塔を見ての帰り、突然、砂嵐に襲われた。一転、空が暗くなり、砂を交えた突風が吹きつけてきた。視界がきかなくなったので、車を止め、砂塵が入ってこないよう窓ガラスをロックして、砂嵐がやむのを待った。

　つぶてのような砂礫の固まりが車のボディに当たって、ブス、バシッと音をたてる。妻も妻の友人もひどく不安げな顔つきをしていた。「こんなところにた長くとどめ置かれたらどうしよう」。一瞬、不安がよぎったが、ほどなく暗い空が明るくなった。が、空は舞い上がった霧状の砂塵で茶褐色に濁っていた。

　私はその時、東晋の僧、法顕の旅行見聞記の一節を思い出していた。三九九年、当時六十五歳の法顕は律蔵（釈尊が制定した戒律を収めた教典）を求めて長安を出発、インドへ向かった。天山南路の途中からタクラマカン砂漠を南下してホータンに至り、そこからパミール高原を越えてインドに達したとされている。

鎌田義雄著『仏教のきた道』（原書房）が、タクラマカン砂漠を通った時の情景を「上に飛鳥なく、下に走獣なし。四顧茫茫《こぼうぼう》と……」と記していることは第一二四回に紹介したとおりである。

まさにシルクロードは「死の道」だったのだ。タクラマカン砂漠そのものが、ウイグル語の「タッキリ（死）」「マカン（無限）」の合成語と言われる。

当時は、もちろん、自動車などなかった時代だ。交通の手段は、ラクダやロバだったに違いない。それに、徒歩か。通行の困難さ、その苦労がしのばれる。

こうした苛烈な自然に抗して、シルクロードを旅した先人たち。彼らを突き動かしていたものはいったい何だったのか。彼らをして凶暴なまでの自然の猛威を耐えさせたものは何だったのか。珍品や貴重品の売買で金儲けをしたいという執念だったのか、生活上の必要からだったのか、それとも敬虔な信仰だったのか、あるいは単なる冒険心や未知のものへのあくなき探求心だったのか。私としては想像するほかなかったが、「死」の危険に直面しながらもシルクロードの往来に挑戦した人々の情熱、執念に圧倒された。

シルクロードが古来から続いてきた東西文明交流路であることをこの目で確認できたことも、私にとって収穫であった。

よく知られているように、この東西文明交流路が「シルクロード」と呼ばれるようになったのは、当時、珍重されていた中国産の絹がこの交流路を通って中央アジアやヨーロッパへ運ばれたからだと言われる。一方、ヨーロッパや中央アジアからはさまざまな文化や文物が東アジアへ運ばれたとされる。その終点が、奈良の正倉院だったと、学校で習ったことを思い出す。

仏教が日本に伝来したのもシルクロード経由であったとされる。すなわち、インドからアフガニスタンあたりを経て中国に伝播し、そこから朝鮮半島を経て五三八年ごろ（一説には五二二年）に日本にもたらされたとされる。

カシュガル郊外の仏教遺跡を訪ねたことはすでに述べたが、ほとんど廃墟と化した遺跡を見たとき、仏教がシルクロードを通じて遥か東へと伝わっていったことを実感できた。そうしたことを一層私に確信させたのは、トルファン郊外にあったベゼクリク千仏洞である。これは、火焔山の中腹に掘られた石窟で、六世紀から唐、宋をへて元代（十三世紀から十四世紀）にかけて掘り続けられたとされる。中の壁にはおびただしい仏像が彩色豊かに描かれていた。ただ、その顔はことごとく削り取られていた。ここに進入してきた偶像崇拝を否定するイスラム教徒によって破壊されたとの説明であった。

シルクロードと仏教の結びつきの強さを感じさせられたこ

とはまだある。それは、トルファン郊外に展開する高昌故城を訪れた時の見聞だ。

高昌故城とは高昌城址のことで、高昌城は漢代に築かれた漢人の西域経営の要地だった。日干し煉瓦を積んでつくった城だったが、それから約二〇〇〇年後の今ではそれらが崩れ果てた巨大な廃墟と化し、荒涼たる光景が広がる。地元の人の話では、七世紀に、経典を求めて長安からインドに向かった、中国の僧、玄奘もこの高昌城に立ち寄り、一カ月滞在していたという。

玄奘とは、別の名を三蔵法師という。廃墟と化した城の一角にたたずんでいたら、『西遊記』の世界が、急に身近なものに感じられた。

農産物を見たときも、「農産物の東漸」を感じた。

トルファン郊外では、ブドウが栽培されていた。収穫したブドウを貯蔵する収納庫も目についた。しかも、トルファンはブドウの産地として名高いとのことだった。「砂漠でブドウ栽培?」私にとってはなんとも驚きだった。

なんで砂漠の中の町の名物がブドウなのか。地元の人によれば、それはトルファンがオアシスに開けた都市だからだった。

天山山脈に降った雨は砂漠の地下に吸い込まれ、地下水脈を形成する。その水脈を掘り当てると、一定間隔で竪穴を掘り、それらを横穴で結んで地下水路（カレーズという）とし、人間の住むところまで水を引いてくる。トルファンはこうしたカレーズを利用した都市とのことだった。町を歩くと、カレーズが運んできた豊かな水が水路を流れていた。子どもたちがそこで水遊びをしていた。この水が、ブドウ栽培を可能にしたのだ。

ブドウの原産地はカフカス（黒海とカスピ海に挟まれ、カフカス山脈を中心とした地域）地方から地中海沿岸地方にわたる地域。そこから、インド、エジプト、西ヨーロッパなどに伝えられた。東アジアへの伝播は漢の武帝の時代に西域に派遣された張騫によってもたらされたとされている。そして、日本で栽培されているブドウは中国から渡来したものとされる。

トルファン郊外のブドウ畑を見たとき、私の脳裏には日本で見たブドウ畑が浮かんできた。二つのブドウ畑が私の中で重なった。

カシュガルのバザールではスイカを売っていた。聞けば、カシュガルはスイカの産地という。郊外に出てみると、スイカ畑が広がっていた。その一角に売り場があったので、買って食べてみた。うまかった。

スイカは熱帯アフリカの原産で、その後、地中海沿岸、中央アジア、中近東などへと伝えられ、中国には十一世紀ごろ、中央アジアを経て入ったとされる。日本でもスイカが栽培されきたが、それは中国から伝来したものであろうか、それとも、別のルートで伝来したものであろうか。スイカを味わいながら、そんなことを考えた。
「百聞は一見に如かず」。歴史を学ぶには、それにゆかりのある土地を訪ねてみるのが一番手っ取り早い。私がシルクロード探訪から学んだことの一つは、そういうことだった。

（二〇〇八年一月二十五日記）

第131回　白頭山に挑む

カモシカ同人隊同行記

一九八六年から八八年にかけては海外での取材が相次いだ。八六年は中国の青海・チベットへ出かけたし、八七年には中国の西域・シルクロードを訪れた。そのシルクロード行は七月のことで、まさに酷暑の中での探訪だったが、その五カ月前、私は氷点下三十度の酷寒の中にいた。

人生では、時として思いもよらない出来事に出会うことがある。これも、まさにそうした経験だったと思う。

八六年十一月、伊藤牧夫・副社長に呼ばれ、こう申し渡された。「今井通子さんが北朝鮮の白頭山に登りたいと言っている。なんとか実現させてやりたい。北朝鮮当局に取り次いでくれないか。実現するようだったら、白頭山登頂に同行してくれないか」。私がそれまで四回も北朝鮮を訪れた経験があるところから、それを見込んでの依頼であった。

私は、いささか興奮してしまった。今井通子さんといえば当時、女性として世界初のヨーロッパ三大北壁（マッターホルン北壁、アイガー北壁、グランド・ジョラス北壁）完登者として知られる、世界を代表するアルピニストだった。八三年から八四年にかけては中国側エベレスト（チョモランマ）北壁冬季登山隊長として遠征し、八一〇〇メートルまで達した。翌八五年、再度エレベストに挑戦し、八五〇〇メートルで阻まれたものの北壁の冬季世界最高到達点を記録していた。一方、白頭山は北朝鮮と中国の境に立つ、朝鮮半島の最高峰（二七五〇メートル）で、北朝鮮が国のシンボルとして誇る名峰である。名アルピニストによる名峰挑戦に同行できるなんて。思わず胸が高鳴った。

後で今井さんから聞いた話によると、白頭山登頂を思いたったのは、伯父の宇都宮徳馬氏（故人。政治家。衆院議員・参院議員を歴任）からの勧めだった。その勧めとは「ヒマラヤの山々によく挑戦しているようだが、朝鮮にも立派な山がある。これにも登ってみないか」というものだったという。宇都宮氏は日朝友好親善運動を通じて北朝鮮の金日成主席と親交があったことから、たびたび「北」を訪問したことがあり、そこの野山に詳しかった。そんなことから、姪に白頭山登頂を勧めたものと思われる。日朝友好親善に一役買ってほしい、との思いもあったかもしれない。

伯父の勧めを受けて、今井さんは「北朝鮮の事情に詳しい記者を紹介してほしい」と知り合いの伊藤副社長に連絡したというわけだった。

今井さんに会って話を聞くと、今井さんを隊長とする「カモシカ同人隊」を派遣したいとのことだった。カモシカ同人とは彼女をリーダーとする登山愛好者グループ。

が、北朝鮮の山に登りたいといっても、自由にでかけるわけにはいかない。日本と北朝鮮とは国交がないから、北朝鮮政府から入国許可を得なければならない。私は、さっそく今井さんの希望を在日本朝鮮人総連合会（朝鮮総連）を通じて北朝鮮の朝鮮対外文化連絡協会（対文協）に伝えたが、内心では、この試みは難しいのではないか、との思いが強かった。なぜなら、この時期、日本と北朝鮮の関係は最悪の状態だったからだ。

この時期、日本は中曽根政権の時代だった。八二年十一月に成立した中曽根内閣は「日米は運命共同体」として米国との同盟関係をいっそう強化し、韓国の全斗煥政権との関係も強めた。このため、北朝鮮は日本の外交政策に対し反発を強めていた。八三年十一月には、北朝鮮が、南浦港に入港した日本の冷凍船第18富士山丸を拿捕し、紅粉勇船長ら五人をスパイ容疑で逮捕する事件が起き、日朝関係は悪化の一途をたどっていた。関係が悪くなると、人的交流も細るというのがそれまでの日朝間係のパターン。だから、今井さんが登山を申請しても実現は無理なのでは、と思えたのである。

でも、渡航実現のために全力を尽くそうと、宇都宮氏に主席あての親書を書いてもらい、八六年暮れに訪朝した韓徳銖・朝鮮総連議長に託した。

明けて一月十七日、対文協から宇都宮氏あてに「登山隊のわが国訪問を歓迎する」との電報が届いた。同氏の主席あての親書が功を奏したのかもしれない、と思った。

いずれにせよ、登山隊が結成された。隊長は今井さんで、隊員は同人の大蔵喜福（雑誌編集者）、早川晃生（会社員）、近藤謙司（大学生）、福島正明（コンピュータープログラマー）の四氏。朝日新聞社とテレビ朝日がこれを後援することになり、「朝日」から私と佐久間泰雄・写真部員が、テレビ朝日から大谷映芳（ディレクター）、北島徹（カメラマン）が同行することになった。総勢九人であった。

報道陣のうち、大谷ディレクターは海外登山のベテランで、八一年の早稲田大学K2登山隊では登攀隊長として頂上に立った経歴の持ち主。佐久間写真部員も芝工大山岳部に籍を置いたことのある登山のベテランで、今井さんらが八三年から八四年にかけて中国側エベレスト（チョモランマ）北壁に挑んだ時、それに同行した実績があった。

金日成主席の生家がある万景台を訪れた「カモシカ同人隊」の一行。真ん中が今井通子隊長、左端が筆者（1987 年２月、平壌で）

ところが、かくいう私は、学生時代の夏休みに郷里の八ヶ岳や、南アルプスの甲斐駒ヶ岳、鳳凰三山に登ったことがあるくらい。冬山といえば、やはり学生時代に八ヶ岳の阿弥陀岳に登ったものの、下山中に足を滑らせて雪の斜面を滑落、あやうく一命をとりとめた経験があるだけだった。果たして、同行記者がつとまるだろうか、かえってお荷物になりはしないか。いろいろ考えると前途不安だったが、「行けるところまでゆこう」と心に決めた。

登山隊一行は二月十日、成田を出発して北京へ。同十二日、ここから国際列車で北朝鮮の平壌へ向かった。翌十三日午後三時五十五分、列車は平壌駅に着いた。

平壌はすでに薄暗く、駅舎の外は吹雪だった。対文協のビョン・スンダク（辺承徳）副委員長、キム・ドンチョル（金東哲）副局長らが出迎えてくれた。私たちは、車でポトンガン（普通江）ホテルへ向かった。

翌朝、目覚めると、快晴。平壌市内は一面、銀世界だった。氷点下八度。市内を流れるテドンガン（大同江）も氷結していた。

（二〇〇八年二月九日記）

第132回

続・白頭山に挑む

カモシカ同人隊同行記

一九八七年二月十三日に平壌入りした「カモシカ同人隊」（今井通子隊長）は、翌日から、さっそく朝鮮対外文化連絡協会（対文協）と登山について折衝を始めた。登山隊が希望したのは、白頭山、金剛山、妙香山の三山。白頭山は北朝鮮の最高峰、金剛山と妙香山は北朝鮮の代表的な景勝地である。そのすべてに登りたい、というのだ。まことに盛りだくさんの〝要求〟であった。

これに対し、対文協は「すべてOKです」と応じた。これは、北朝鮮側としても、かなりの決断だったろうと思う。なぜなら、対文協としては、登山隊が目指す山の麓にたどり着くまでの交通手段を確保せねばならず、また登山隊に対文協の係員や山岳ガイドを同行させる必要があったからだ。

登山隊はまず、金剛山へ向かった。金剛山は、この国の東海岸、韓国との軍事境界線のすぐ北側に展開する山塊である。北朝鮮側の説明によれば、東西四〇キロ、南北六〇キロに及ぶ広大な地域に花崗岩を主体とする約一万二千もの岩峰が峻立する。最高峰は毘盧峰で一六三八メートル。

登山隊一行九人に対文協から金東哲・副局長ら二人。私たちは平壌から列車で東海岸の元山へ向かい、そこからバスで南下し、温井里に着いた。ここが金剛山の登山基地で、ホテルや公衆浴場があった。

登山隊はここに滞在して、集仙峰（一三五一メートル）、水晶峰（七七三メートル）、鉢峰（四八〇メートル）に登った。いずれも、ベテランぞろいの登山隊にとってはハイキング並みの登山だったろう。岩壁登りを楽しんだようだ。「金剛山はまさに岩場の宝庫」。登山隊の一人はこう絶賛した。

ハイキング程度の登山にもついてゆけない私は、もっぱら温井里にいて、その周辺を歩いたが、温井里一帯は、一面、雪化粧だった。私たちが滞在中、折悪しくずっと雪降りで、金剛山の山々も霧に包まれて、その全容を私たちに見せなかった。が、時折、霧が切れ、岩峰の一部が顔を見せた。雪を被った峰々や樹木はまことに神々しく、まるで荘厳な山水画を見るようだった。雪に彩られた渓谷も思わず息をのむほど美しかった。対文協の係員によれば、金剛山を訪れた外国の一詩人は「金剛山を見ずして、天下の名山を語るなかれ」と嘆声を放ったそうだが、それもむべなるかなと思った。

少しは山に登ってみたいと、登山隊が鉢峰を目指した時、後ろからついていった。深い雪をラッセルしていたら、すぐ息切れしてしまい、途中で引き返さざるをえなかった。

ところで、この景勝地にも張りつめた空気が忍び寄っていた。私たちがここに滞在中の二月十九日から、米韓合同軍事演習が始まったからだ。金剛山のすぐ南が軍事境界線。そのためだろうか、金剛山の近くで、移動中の、対戦車砲らしい車両で武装した兵士の隊列に出会った。兵士や海岸線の撮影は許されなかった。「そうだ。南北は厳しい対立関係にあるのだ」。冷厳な現実に引き戻された思いだった。

平壌に戻った登山隊が次に目指したのは白頭山（二七五〇メートル）だ。山は、この国の北部、中国との国境にそび立つ。これに登頂するには、通例、山麓の三池淵（標高一五八〇メートル）が基地となる。そこまでは鉄道がないので、北朝鮮側は登山隊にソ連製小型ジェット機（ツボレフ134型）を提供した。平壌国際空港から約一時間で三池淵に到着。ここには、新しいホテルがオープンしていて、登山隊はそこを拠点に白頭山を目指した。

登山隊が挑んだルートは三池淵から、中朝国境となっている鴨緑江の源流を遡り頂上に至る約六〇キロのコース。地元の人によると、最も難しいルートとされ、厳冬期にこのルートを登った人はまだない。登山隊は二月二十三日に三池淵を出発、ところによっては二メートルを超す雪に覆われた長い山すそをたどり、二十五日、頂上に達した。

山頂付近は当時、毎秒四〇から四五メートルの烈風が吹き、気温も氷点下三〇度以下になった。このため、大蔵喜福・副隊長と同行した金東哲・対文協副局長が、それぞれ顔に凍傷を負った。佐久間写真部員も耳に凍傷を負った。「風の強さと寒さ。山の高さはそれほどでもないのに、自然条件の厳しさという点では、冬のヒマラヤのチョモランマ（エベレスト）の六〇〇〇メートルあたりより厳しい感じでした」。今井隊長の感想だ。

下山してきた登山隊一行は、地元民代表から花束を贈られた。

対文協によると、外国登山隊による白頭山の冬季登頂は一九四八年の北朝鮮建国以来初めてだった。カモシカ同人隊によれば、日本人による白頭山の冬季登頂は一九三五年の京大旅行部遠征隊による登頂以来五十二年ぶりという。

私は三池淵のホテルで朗報を待った。二十六日、待ちに待った連絡が登山隊から届き、平壌経由の国際電話で東京本社に原稿を送った。二十七日付夕刊に「カモシカ同人隊が厳冬の白頭山征服」との記事が載った。

三池淵での滞在で印象に残るのは、その寒さである。滞在中、氷点下三三度になった朝があった。寒さが厳しい信州に育った私もまだ経験したことのない極寒だった。窓外に出していた缶ジュースが朝、かちんかちんに凍っていた。

ホテルから出ると、あたりは森閑としていた。空気はぴーんと張りつめ、堅く、乾いた感じ。空気中の水分が凍てついてしまったからだろう。頬がヒリヒリと痛む。エゾマツ、シラカバなどの原生林の枝々には霧氷がとりつき、朝日が昇ってくると、キラキラ輝いた。鴨緑江の源流は凍りついていた。静まりかえった原生林を歩くと、ノロの群れを見かけた。

三池淵は人口一万五千。リンクでスケートに興じる人たちに出会った。また、ここは金日成主席が率いる朝鮮人民革命軍が十数年間にわたって抗日武装闘争を繰り広げたところかで、当時の、革命軍の宿営地や戦闘の跡が保存、復元されていた。主席の巨大な銅像もあった。それらを巡る女子大生の隊列に出会った。

三池淵から平壌に戻った登山隊は、妙香山へ向かった。妙香山は平壌の北に位置する山塊だ。東西、南北の長さはそれぞれ三〇キロ。主峰は一九〇九メートル。渓谷を流れる清流、無数の瀧が訪問者を魅了する。私はすでに訪れたことがあるので、登山隊に加わらず、平壌で時を過ごした。登山隊は、凍った瀧（氷瀑）登りを楽しんだようだ。

平壌市内を回って印象に残ったのは、各所で競技場建設の突貫工事が行われていたことだ。八八年に韓国のソウルでオリンピックが開かれるため、これに対抗して平壌で世界青年学生平和友好祭を開くためだった。

三山登山を終えたカモシカ同人隊は三月六日に帰国。同隊の三山登頂の模様を伝える佐久間写真部員の「白頭山登頂写真展」が、四月四日から朝日新聞社の主催で東京・有楽町のマリオン・朝日ギャラリーで開かれた。今井隊長と隊員たちは『白頭山登頂記』をこの年七月、朝日新聞社から出版した。

同書の「あとがきに代えて」の中で、今井さんは書いている。

「私は、この国へ行くことが出来てよかったと思っています。また一つ知らない所を知ることができて、知らない人々と友人になれて、そしてさらに友人を通してお互いに知り合った者同士の安心感から、もっと多くの人々と知り合うチャンスを広げられたらと思うのです。ヨーロッパへのトレッキングツアーを二〇年間してます。ネパールへも一〇年行っています。中国へは二回、今度が三回目、山好きな日本の方々をその地、その地へお連れして、百の言葉にまさる一見を経験していただくことで、その国、その地の持つ特徴を一人でも多くの方に知っていただきたいと思っています。今回、いろいろなご質問を、いろいろな方から受け、思うことは一つです。この国を自分の眼でご覧になれるチャンスが早くくればいいなーと。それには双方の政治家の方々に、平和的な外交をしていただければ、ということではないでしょうか」

しかし、その後の日朝関係は、北朝鮮による日本人拉致、核実験、これに対する日本政府による「北」への制裁措置などにより、途絶状態にある。戦後最悪の状況だ。今井さんをはじめとする日本の民間人や民間団体によって戦後営々と積み上げられてきた日朝友好親善への努力は一気に瓦解してしまった感じである。いまのところ、関係打開の兆しもない。が、歴史的に深いつながりをもつ隣国同士間でこうした不幸な状況がいつまでも続いて欲しいと望む人はそう多くはないだろう。としたら、日朝両当局者の努力により、拉致問題の解決、日本による「北」に対する過去の植民地支配の清算、日朝国交正常化といった懸案が進展するよう願わずにはいられない。

それにひきかえ、激しく敵対していた韓国と北朝鮮はその後、融和関係が進み、いまでは韓国の観光客が金剛山を訪れている。かつて金剛山の山中で厳しい南北対立の影を見た私にはまさに隔世の感である。時代はやはり動いているのだと思わずにはいられない。

（二〇〇八年二月二十一日記）

第133回
衝撃的だった「ベルリンの壁崩壊」

一九八九年八月九日、朝日新聞朝刊の国際欄の最下段に「西独代表部の立ち入り中止」との一行の見出しで次のようなベタ記事（一段の記事）が載った。

［ボン八日＝共同］西ドイツ政府は八日朝、東ドイツの首都ベルリンにある常駐代表部（大使館に相当）への一般の立ち入りを一時中止する、と発表した。ここ数日間、出国を求める東ドイツ国民が代表部に殺到、七日夕までに約百三十人が建物内から立ち去らずに残っているための措置。出国希望者が押し掛けたために西ドイツ代表部への立ち入りが禁止されるのは、一九八四年に続き今回が二度目。

この目立たぬ小さな記事で伝えられた事実が、やがて東欧の社会主義政権の崩壊、そして社会主義諸国の総本山であるソ連の消滅につながってゆくとは、世界のだれしも考えなかったにちがいない。私もまた、この小さな記事に目をとめることもなかった。

が、それから半月足らずの八月二十一日付の朝日新聞朝刊の一面に「東独市民６６０人西側に脱出」「平和集会に紛れ」「オーストリアへ越境」という三本見出しの四段の記事が載った。

それは、西ドイツ・ボン駐在の特派員電で、それによると、十九日、ハンガリーとオーストリアの国境で、ハンガリーの民主団体とオーストリアの欧州統一運動組織の共催で平和集会「汎ヨーロッパ・ピクニック」が開かれた。集会は、オースリア側参加者がハンガリー側に入って交歓する予定だったが、この催しのために特別に国境を開いた途端、ハンガリー側参加者の中にまぎれこんでいた東独市民が国境に殺到し、オーストリア側へ越境してしまった。こうして、オーストリア側に集団脱出した東独市民は六百六十一人にのぼった。記事には、国境の門に殺到してオーストリア側になだれ込む東独市民たちの写真もつけられていた。

彼らは西独へ向かった。要するに、ベルリンで西ドイツへの出国を阻まれた東独国民が、ハンガリーを経由して西独に集団で脱出したのだった。

これを機に、東独では、西側への出国を求める大規模なデモが頻発し、同年十月には、東独に長く君臨してきた、社会主義統一党（共産党）のホーネッカー書記長兼国家評議会議長が退陣に追い込まれる。そして、十一月九日には、東独政府が国民に対し海外旅行と海外移住手続きを自由化し、ここに第二次大戦後の「東西対決」の象徴だった「ベルリンの壁」が崩壊する。東西両独の市民たちがベルリンの壁に殺到して自由に交流し、壁の一部を取り壊した。この風景は、マスメディアを通じて世界に伝えられた。

東独の変化は、またたく間に他の東欧諸国へ波及する。「ベルリンの壁」崩壊の翌日には、ブルガリアのジフコフ共産党書記長が辞任。その直後、チェコスロバキアでも民主化を求める大規模なデモが起き、十二月には、一九六八年の「プラハの春」の立役者でソ連により党指導部から追われたドプチェク元第一書記が名誉を回復され、連邦議会議長に選出された。その後、フサーク大統領が辞任し、市民運動指導者のハベル（劇作家）が大統領に就任する。「ビロード革命」といわれた。

極めつけは、ルーマニアでの展開だろう。十二月になると、この国にも民主化を求める反政府デモが頻発するが、治安部隊による弾圧で流血が拡大。が、国軍が市民側についたためチャウシェスク政権は崩壊し、チャウシェスク前大統領夫妻は処刑される。

このほか、ポーランドでは、統一労働者党（共産党）に代わって自主労組「連帯」が政権を握り、ハンガリーでは社会主義労働者党（共産党）が党名を「社会党」に変えた。

こうした東欧における激変は「東欧革命」とか「東欧民主化革命」と呼ばれた。

この年、一九八九年は、新聞記者である私にとってとりわけ忘れがたい年だった。なにしろ、大事件、大きな出来事が次々と起こったからである。まず、一月に昭和天皇が死去。新元号は「平成」となった。昭和十年生まれの私は「自分がともに歩んできた昭和という時代が文字通り過去に飛び去ったのだ」という何か愛惜に満ちた感慨がわき上がってくるのを感じた。

次いで印象に残るのは総評（日本労働組合総評議会）の解散だ。総評が結成されたのは戦後間もない一九五〇年で、以来、日本の労働組合のナショナルセンターとして労働運動、平和運動を牽引してきた。その強力ぶりは「むかし陸軍、いま総評」と言われたほどだった。それが、三十九年にして幕を閉じたのだ。総評が労働運動や平和運動で果たしてきた役割を取材を通じて見てきただけに、私には「総評なきあとの労働運動、平和運動はどうなるのだろう。これに代わる社会運動の中核的存在はもう出て来ないのでは」との思いが強く、労働運動や平和運動の前途に懸念を抱かざるをえなかった。

でも、私にとって一番の衝撃は、やはり「ベルリンの壁崩壊」、つまり「東欧革命」だった。それまで、いろいろ問題はあるにしても東欧の社会主義政権が軒並み崩壊するなんて夢にも思ってみなかったから、四カ月ほどの間に東欧の社会主義政権が将棋倒しのように倒壊して行ったのはまさに衝撃的だった。

それらのニュースに接しながら、私は考えた。「なぜ、こうした現象が起きたのだろうか」「社会主義は今後、どうなるのだろうか」。こうした疑問は私だけのものでなく、多くの人々の疑問でもあるだろう。

ならば、この疑問の解明を新聞紙上でおこなってみるというのはどうだろう。そこで、私は東京本社の企画報道室に企画を持ち込んだ。『どうなる社会主義』といったテーマで、政治家や経済人、哲学者、評論家、研究者らに東欧革命と社会主義の将来について語らせたらどうか、という企画だ。企画報道室もこれを受け入れたので、取材にとりかかった。私一人でできるような問題ではないので、三人で担当した。新妻義輔・外報部部長代理（前モスクワ支局長）、森信二郎・外報部次長（前モスクワ支局員）、それに私である。

取材結果は結局、『インタビュー・どうなる社会主義』のタイトルで、一九九〇年四月十日から十五回にわたって朝刊に掲載された。登場していただいたのは、次の十五人（肩書きはいずれも当時のもの）。

宮本　顕治（共産党中央委員会議長）、高沢　寅男（社会党代議士）、大内　秀明（東北大学教授）、関　嘉彦（民社党前参議院議員）、田口富久治（名古屋大学教授）、安東仁兵衛（現代の理論編集長）、片桐　薫（イタリア近現代史研究家）、澤地久枝（ノンフィクション作家）、牧野　昇（三菱総合研究所会長）、河合　良一（小松製作所会長）、加藤　寛（慶應大学教授）、佐藤　経明（日本大学教授）、酒井正三郎（中央大学助教授）、柄谷　行人（評論家）、久野　収（哲学者）

（二〇〇八年三月十二日記）

第134回 崩壊したのは未熟な社会主義？

「ベルリンの壁崩壊」といったソ連・東欧圏での激動を受けて始まった朝日新聞の連載企画『インタビュー・どうなる社会主義』では、私を含む三人の記者が十五人の著名人にインタビューしたが、そこでの質問は①ソ連・東欧での激動をどう見るか②激動を生んだ背景にあるものはなにか③社会主義の行方、の三点だった。

第一の質問「ソ連・東欧の激動どう見るか」に対する諸氏の答えの中で印象的だったのは「ソ連や東欧で激動が生じたのは、既存の社会主義がまだ未熟だからだ」という見方だった。

宮本顕治・共産党中央委員会議長は「体制としての社会主義は歴史的には、まだ短いもので、私どもは『生成期』といっております。……ソ連が社会主義を名乗ってからまだ七〇余年です。これは資本主義の歴史、日本の明治維新からの歴史と比べても短いものです。そのうえ、一九二四年にレーニンが死んでから、社会主義からの大きな逸脱、誤りが犯されて、それが積もり積もっていました。ソ連国内でもまた東欧でも、ああいう事態にならなければならないような矛盾が山積していたのです」「結論的にいえば、東欧やソ連では、社会主義の本当の基準に合ったような社会主義体制はできていないと思います。長い間チェコスロバキア侵略などを正当化してきたし、経済でもいまだに貧弱な状況ですし、社会主義的民主主義もごく最近まで抑圧されてきました。中国その他も、要するに天安門事件が明らかにしているように、ああいう弾圧を正当化するようでは、社会主義的民主主義は全然ないということです。まだ東欧のような事態は起こっていないけれども、中国とか北朝鮮などをちゃんとした社会主義の国として認めるわけにはいかないというのが、わが党中央委員会の見方です。世界で理想的といいますか、基準にかなった社会主義はまだどこにもない。誤った社会主義が破綻したということは、なにか社会主義のイメージダウンという点では残念だけれども、しかし、一度は通らなければならない当然の道でした」と述べた。

社会党左派の論客、高沢寅男・代議士もこう述べた。「マルクスの考えでは、資本主義が高度に発達して生産力と生産関係の矛盾が成熟したところで社会主義への移行が始まると見たのだが、現実のソ連の革命は、そうなる条件のないところでできちゃったわけですね」「未熟な社会主義であったから、ソ連では、最初の原始的蓄積の段階で独特のやり方をした。これは、スターリンがやったと言われているものですが、農業を集団化して原始的な資本をつくりだし、それで重工業を興すというやり方です。これは第一次世界大戦のあと必ず第二次世界大戦が来る、帝国主義戦争が不可避である、ならば帝国主義の侵略に負けないソ連をつくらなければならないというスターリンの世界観、歴史展望に基づいていた。こうした大集団化とか、重化学工業の建設とか、五カ年計画とかがあったから、第二次世界大戦でヒトラーに勝ったという非常に大きなメリットがあったと思います。ただ、それを強行して行く過程で、本来社会主義の基礎となるべき民主主義が圧迫された。非常に多くの人を殺したとか、非常に多くの人を粛清したとか、あるいは多くの民族が権利を奪われたり、移動させられたとかいう欠陥が伴っていたところに、ソ連の悲劇があったと思う」

「(ソ連は)もういままでのやり方ではそれ以上前進できない、という大きな壁にぶつかった。その壁はブレジネフの時代に来るということになるわけですが、その壁をどう破るかという努力の中から、ゴルバチョフのペレストロイカが出てきたと思います」

　哲学者の久野収氏も同様の見方だった。私の「ソ連はなぜ行き詰まってしまったのでしょうか」との問いに、こう答えた。

「ソ連の十月革命は気の毒にも、後進国革命だったから。マルクスが主張したような、資本主義が成熟してプロレタリア階級が最大多数を占め、政権奪取の運動が起こって手に入れた革命政権ではない。後進国であったために、非合法の一握りの職業革命家が敗戦という例外的な条件に恵まれ、反乱する軍隊や農民と結んで、成功させた革命であった。物理学者の武谷三男君は、本来軍事とか戒厳令とかは社会主義と規定したが、ソ連を〝軍事的、戒厳令的〟社会主義とだけは一致しないものです。はなはだ特異な状況で生まれた、例外的社会主義であるにもかかわらず、自他ともにそう思われなかった。自由、平等、友愛という近代市民革命の理念を形式だけでなく、実質的にも実現しようとする社会主義にとって、人間の生命や権利や権利の平等の問題は社会主義の生死を左右する問題であるはずであった」

「ところがソ連では、この点の軽視が民主主義と社会主義の質の高低を口実に合理化され、内部対立の暴力的禁圧と個人の人権の国家的抑圧の両方による一党独裁の官僚専制による福祉実現に突っ走った。フィードバック装置の取り外しを一つひとつやって、この独裁はここまで来てしまった。実態は形式的民主主義を実現するブルジョア革命だったにもかかわらず、ロシア革命は民主主義を生み出し、根付かせる道を馬鹿にしたと言うよりほかはない」

　要するに、ロシア革命は、資本主義が爛熟してプロレタリア階級が国民の多数を占め、それが政権を握るという本来の社会主義革命ではなかった。資本主義がまだ成熟しきらない後進国での革命であったから、共産党独裁の非民主主義的な官僚専制国家を生み、これが国民の人権や自由を抑圧することになった。これが、民衆の反乱を引き起こし、ソ連におけるゴルバチョフ改革（ペレストロイカ）を、ひいては東欧における社会主義政権の崩壊をもたらしたというのだ。

安東仁兵衛・現代の理論社編集長が言った。「（ソ連・東欧の実態は）一言でいえば、党と国家の一体化ということであり、国有化と中央計画経済、そして一党独裁という三位一体のシステムが、スターリン・モデルの基本構造だった。東ヨーロッパの悲劇は二重であって、この三位一体のシステムがソ連の占領軍によって上から移植され強制されたものだから、一挙に崩れた」

田口富久治・名古屋大学教授（政治学専攻）もこう語った。「一九三〇年代にソ連で出来上がった政治経済の体制をスターリン体制と呼びますが、それが第二次大戦後、冷戦の激化の結果として、衛星国小型スターリン体制として東欧にできてゆく。要するに、そうした衛星国小型スターリン体制とか国権型社会主義とかいわれていた体制がここで崩壊したと、こういうことだと思うんです」

「社会主義が崩壊したのではない。崩壊したのはマルクス・レーニン主義という特殊な体制だ」との見方もあった。大内秀明・東北大学教授（経済学専攻）の見解だ。

「東が社会主義、西が資本主義であって、東の社会主義が崩壊、敗北して、西の資本主義が勝利したという、東西二分法の考え方が日本では常識かもしれないが、西ヨーロッパへ行きますと、この考え方は非常識ではないかと思うんです。西ヨーロッパでは、東を簡単に社会主義とは呼ばないで、共産主義、あるいはボルシェビズムと言っているわけでしてね。社会主義と言えば、社会民主主義を指しているわけです。いわば、マルクス・レーニン主義の方からすれば、修正主義であり、背教の徒として対立してきた社会民主主義のことを社会主義と言っているわけです。で、そういう点からいうと、いま、ソ連・東欧で起こっていることは、その共産主義、マルクス・レーニン主義の体制が崩壊し、思想も破綻したと言っていいでしょう」

（二〇〇八年四月五日記）

第135回 この目で見た東ドイツの印象

連載企画『インタビュー・どうなる社会主義』に携わるうちに、私は、社会主義めぐる激動の舞台・東欧を一目この目で見なくては、との思いが募っていった。それまで、ソ連には三回も行っていたが、東欧諸国を訪問したことはまだなかったからだ。

会社に出張を申請しても認められそうもない。「それなら自費で見てこよう」と、旅行会社の観光ツアーに参加した。期間はこの年（一九九〇年）の四月二十九日から五月七日までの九日間。コースは成田―東独の東ベルリン―西独の西ベルリン―ミュンヘン―オーストリアのザルツブルク―ウィーン―東ベルリン―ライプチヒ―東ベルリン―成田。

要するに、「ベルリンの壁崩壊」から半年後の東独の東ベルリンとライプチヒを垣間見ることができたというわけだった。東欧社会主義政権の優等生といわれた東独のほんの一部をチラッと見たに過ぎなかったが、私にとってはそれなりに収穫のある旅となった。

「ベルリンの壁崩壊」から六カ月後の東ベルリンは、いたって平穏だった。民主化を要求する東ベルリン市民による激しいデモがあったなんて信じられないくらい静かだった。この時は、まだ東独という国が存在していて、街全体は、ソ連でも感じたような、なんとなく几帳面で硬質な雰囲気に包まれていたが、その一方で、街のあちこちで、「西独との統一」が間近いことを感じさせる、伸びやかな、はずんだ空気も感じられた。

激動の一端を感じさせるものといえば、東西ベルリンの境界に立つブランデンブルク門のかたわらで、砕かれた壁の一部が売られていることぐらいだった。私は、その一個を若者から買った。それは、いまでも私の書斎の本棚の隅にある。

その小さな壁の破片を眺めていたら、『インタビュー・どうなる社会主義』に登場ねがった田口富久治・名古屋大学教授（政治学専攻）の発言が頭に浮かんできた。それは、すでに紹介したが、「一九三〇年代にソ連で出来上がった政治経済の体制をスターリン体制と呼びますが、それが第二次大戦後、冷戦の激化の結果として、衛星国小型スターリン体制として東欧にできてゆく。要するに、そうした衛星国小型スターリン体制とか国権型社会主義とかいわれていた体制がここで崩壊したと、こういうことだと思うんです」というものだった。

要するに、東欧の諸政権は虚構の政権だった。もともと各国の民衆自らの手でつくられた政権でなくて、第二次世界大戦下でソ連軍が進駐してきて、そのもとでソ連が打ち立てた政権だった。ソ連の占領下でできた政権だったから、ソ連が手を引けばいとも簡単に倒れてしまいかねない脆弱性をもっていた。現に、ソ連が手を引いたので、それまで不満をもっていた市民がいっせいに立ち上がり、権力を握った。それが東欧革命の構図だ――田口教授が言いたかったのはそういうことだったろう。

東ベルリン市内を歩きながら、私は考えた。こうした虚構の政権を支えていたものはいったい何だったのかと。一つはソ連軍であったろう。もう一つ、内側から支えたものがあり、それは秘密警察ではなかったか、と私は思った。これが強力な権限をもっていて、国民を支配し、共産党政権を支えていたのではないか。私には、そう思えた。

それは、現地で聞いたこの国の秘密警察の実態が、私の想像を超えたものだったからである。現地で聞いたところによると、東独には六〇〇万人分のファイルがあるとのことだった。すなわち、六〇〇万人が秘密警察の監視下にあったというのだ。東独の人口は一六〇〇万人だから、ざっと国民の三人に一人が秘密警察に監視され、その動向が記録されていたことになる。

こんなことは、秘密警察だけではできまい。おそらく、秘密警察に協力した人もいたに違いない。そのファイルはまだ残っていて、見ることができると聞いた。だから、だれが密告したかがわかるらしい、との話だった。密告によって成り立っていた社会。互いに信頼関係がないわけだから、そんな社会はやはり崩壊せざるをえなかったのだ。私には、そう思えた。

あるドイツ人と話す機会があった。私は彼にストレートに聞いてみた。「どうして東独の政権は崩れたんですか」と。彼は言った。「経済的に不満があったというよりは、結局、自由が欲しかったんですよ」。そこで、「どういう自由が欲しかったんですか」と尋ねると、彼はこう答えた。「ものが自由に言える自由が欲しかった。それに、自分がやりたいことを自由にできる自由だね」

（二〇〇七年、日本でドイツ映画『善き人のためのソナタ』が公開された。劇作家とその恋人の動静を盗聴するよう命じられた東独の秘密警察員が、盗聴を続けるうちに自由、愛に目覚めてゆく物語で、実に感動的な名作だった。これを映画館で観ながら、私は十七年前の東ベルリン訪問を思い出していた）

この年十月一日、ドイツが国家統一を回復した。西独が東独を吸収するような形での東西統一だった。「ベルリンの壁崩壊」から一年足らず。それは、世界のおおかたの予想よりも速いテンポでの国家統一だった。これも「もう過去のことは早く忘れたい」という東独国民の気持ちの反映だったかもしれない。

私は、東独訪問から約一年半後の一九九一年十月、思いもかけず再び東ベルリンの地を踏むことになる。国際協同組合同盟（ＩＣＡ）の中央委員会が東ベルリンで開かれたため、その取材でここを再び訪れる機会が巡ってきたのである。この時は六日間滞在し、その間、東ベルリン地区を見学したが、統一から一年の街の雰囲気は一年前よりぐんと陽気になり、商店、ホテルなども活気づいていた。

街の一角に「マルクス・エンゲルス広場」があり、旧東独時代に建てられたと思われるマルクスとエンゲルスの銅像があった。私が訪れたときは、他に訪れる人もなく、広場は閑散としていた。銅像の一部が赤い。近づいて見ると、赤いペンキが塗られていた。いたずらのようだった。マルクスとエンゲルスが悲しい表情を浮かべているように私には見えた。

ソ連が消滅したのは、それから二カ月後のことである。

（二〇〇八年四月十七日記）

第136回 未来の社会主義は社会民主主義？

一九九一年十二月二十六日、ソ連（ソビエト社会主義共和国連邦）が消滅した。一九一七年十一月七日のロシア革命で人類史上初めて誕生した社会主義政権は七十四年で瓦解してしまったのだ。私にとっては三十七年に及ぶ新聞記者生活の中でも最も衝撃的な出来事の一つだった。

第二次世界大戦後、世界を支配してきた米ソという二大超大国の一つがなくなったのだから、これから先、世界はどうなるのか。そして、社会主義の行方は？

次々に疑問がわいてきた。私は思った。「そうだ。もう一度『インタビュー・どうなる社会主義』をやろう」と。

企画報道室にこの企画を持ち込むと、たちどころＯＫとなった。今度のタイトルは『インタビュー・社会主義のゆくえ』と決まった。筆者は、伊藤三郎・編集委員、新妻義輔・外報部部長代理（前モスクワ支局長）と私の三人。インタビューに登場していただいたのは、次の十六氏である（肩書きはいずれも当時のもの）。

宮本　顕治（共産党中央委員会議長）、土井たか子（社会党代議士）、宮崎　勇（大和総研理事長）、堤　清二（セゾンコーポレーション会長）、岩井　章（国際労研会長）、池田理代子（劇画家）、猪木　正道（平和・安全保障研究所長）、湯川順夫（翻訳家）、加藤　哲郎（一橋大学教授）、藤田　勇（神奈川大学教授）、新田　俊三（東洋大学教授）、熊沢　誠（甲南大学教授）、辻元　清美（ピースボート主催者）、森嶋　通夫（ロンドン大学名誉教授）、小田　実（作家）、弓削　達（フェリス女学院大学長）

インタビューは九二年一月七日から同三十一日まで、夕刊に連載された（この連載は企画報道室編で新興出版社から刊行されたが、その時のタイトルは『どうみる社会主義のゆくえ』だった）。

で、社会主義の総本山とされてきたソ連が消滅した後、社会主義はこれからどうなるのか。私たちがインタビューを試みた人たちのうち多くの人たちの回答は「社会民主主義になってゆくだろう」というものだった。

　なら、社会民主主義とは何か。『インタビュー・どうなる社会主義』に登場願った大内秀明・東北大学教授は次のように述べた。

「（ソ連・東欧が推進してきた）マルクス・レーニン主義とは、唯物史観に根ざす歴史発展の必然というものがあって、その中で資本主義が恐慌とか世界戦争とかで一挙に崩壊し、革命によってプロレタリアが解放される、新しい社会ができるという考え方だ。それに対して社会民主主義は、経験に基づいて改良、改革を積み重ねるという考え方で、変革の過程、変化の過程を社会主義と見てゆく」

「また、マルクス・レーニン主義は、所有を中心に考える。つまり、生産手段の社会的所有＝国有・国営とプロレタリア独裁ですね。それに対して、社会民主主義の場合は、もちろん所有の問題も考えるが、その際、所有のいろいろな形態を認める。むしろ、経済の機能との関係で考えてゆく。ですから、市場経済も利用する。したがって、プロレタリア独裁というよりもむしろ、経済過程の民主化を重視する。そのやり方は参加、介入、共同決定というものです。要するに、権力奪取というやり方よりも、参加、介入を通じて単に政治のレベルだけでなく社会や経済の民主化をはかるという行き方です。だから『社会』民主主義なんです。さらに、マルクス・レーニン主義は、国家体制としては一党独裁ですが、それに対して社会民主主義は多元主義だ。つまり、複数政党を前提にして政権交代の議会主義を尊重します」

　安東仁兵衛・現代の理論社編集長も、こう語った。

「マルクス主義にはある種の終末観思想のような資本主義崩壊論と社会主義革命論がありますが、マルクス主義から出発した社会民主主義者ベルンシュタインによれば、社会主義とは終着駅のない無限の改革過程です。つまり、自由、公正、連帯という社会主義の基本的理念を不断に追求し、実現をめざす運動としての社会主義という考え方ですね」

　こうした内容の社会主義が、これから主流になってゆく、というのだ。

『インタビュー・社会主義のゆくえ』の中でも、例えば、新田俊三・東洋大学教授はこう語った。

「米ソの二大勢力という枠組みは第二次世界大戦後、時間が経つとともに崩れてきていた。ソ連が潰れただけでなく、米国の資本主義も非常に危機的な状態になってきている。ソ連・東欧の社会主義の崩壊が、直ちに自由な資本主義体制への復帰につながるとの見方が多いが、これは西欧の社会主義あるいは社会民主主義の現状についての理解が十分でないからだ。西ヨーロッパ諸国では、社会主義政党が政権を握っている例が珍しくない。戦後の政治の流れからみると、社会主義政党が主流になっている。……ソ連が崩壊して社会主義が終わり、資本主義に戻るのだというのはなんと空疎な主張か」

「日本で感じたのは、社会主義イコールソ連型社会主義ということだった。だから、ソ連社会主義体制の解体がすなわち、社会主義の崩壊になるというのだが、これには問題があった。フランスのミッテラン大統領は演説する際、決まり文句のように『われわれ社会主義者は……』と言う。自分たちは社会主義者であるという誇りがあるのだ。他人が修正主義者と言おうとなんと言おうと、政権党まで成長し、社会主義を文化のなかに取り込んだという思いがある」

「第二次世界大戦後の西欧の実情を冷静に分析してみると、混合経済的な体制を前提としないと社会民主主義・社会民主党の活動は理解できない。社会化、国有化はだんだん市場原理とか民営化といったシステムに変わってきている。戦略的な企業でもやたらに国有化するのではなく、必要なだけの持株を政府が確保しておけばそれでいい、というのが社民勢力の経済政策の共通認識になっている」

熊沢誠・甲南大学教授は「一九七〇年ぐらいまでに世界の人々の共通の価値になっていた諸要素が、いわゆる社会主義政権によって蹂躙されてきたことが、国際的なコミュニケーションの発達によつて、社会主義政権下に生きる人々に知られるようになった。このことが既存の社会主義体制を否定する力にになっていった」と述べ、七〇年ぐらいまでに世界の人々にとって共通の価値となったものを四つ挙げた。一つは「表現の自由と結社の自由」、二つ目は「経済システムとしての混合経済」、三番目は「社会保障と社会福祉の充実」、四番目は「国の機関や企業から自立した労働組合や、市民運動」だという。

これらの普遍的な価値はどうすれば実現するか。熊沢教授は続けた。

「（新自由主義的方向をもっと強めることでは）出来ないと思います。というのは、いわゆる純粋な資本主義はサッチャー前英国首相の言う通り、徹底的に企業間競争を進める、徹底的に個人間競争を進めるということを活力の源泉としているんです。が、ひたすら競争を刺激するだけということになりますと、公共部門による人権に係わるサービスの平等な供給か、社会保障・社会福祉の充実とか、それから労働組合の連帯にとって不可欠な行動とかが危なくなると思うんです」

「私が一番言いたいのは、社会民主主義はこれら四つの価値のどれも踏みにじらなかったということです。このことは、ドイツ社会民主党とか、スウェーデンの社会民主党、イギリス労働党とかが政権の座にあったときの社会をみるとはっきりします。私が社会民主主義が好きなのはそのためです」

「この世界で完全無欠の政治・経済制度を求めるのはもう無理です。次善の策としては社会民主主義的な行き方しかないと私は思いますね」

ところで、この二度にわたる社会主義に関するインタビューで印象的だったのは、登場してもらった三十一人のうちだれ一人として「資本主義勝った、社会主義負けた」といった単純な見解を口にしなかったことだ。三菱総合研究所会長の牧野昇氏がこう語ったことが印象に残っている。

「一九五〇年代の後半から六〇年代のフルシチョフ政権の時には、米国を追い越すような勢いの時代もありました。だが、一党独裁の長期政権のもとで腐敗が生じた。そのうえ軍事中心の政策で、効率化も考えない。言われた通りにやっていれば、そんなに働かなくとも給料がもらえる。社会主義そのものが悪いかどうかよりも、こうしたマネージメントシステムを採り入れてしまったことの方に大きな問題があるのではないかと思います」

「資本主義にも問題はいっぱいあります。いまや、モノをつくらず、工場まで売って財テクに走っている。資本主義の究極である米国では、エイズ、麻薬、離婚、犯罪が増え、本当に『大丈夫かね』という気がします。資本主義万歳、社会主義は崩壊ということはない。簡単なパターンでは割り切れないと思う」

ソ連消滅から、すでに十七年。その間、世界はどうなったか。社会主義の経済システムとされた計画経済はほとんど姿を消し、資本主義を支える市場経済が地球を覆うに至ったが、その中にあって、西ヨーロッパでは一時、社会民主主義政党が大半の国々の政権を担う時期があった。その後、いくつかの国で保守政党が巻き返したが、いまなお多くの国々で社会民主主義政権が続いている。

これにひきかえ、日本では、社会民主主義を掲げていた日本社会党が消滅し、その流れをくむ社民党も総選挙のたびに不振だ。日本では、社会民主主義勢力は、いまや小さな勢力にとどまっている。

（二〇〇八年五月十四日記）

第137回

第三の道はあるのか

協同組合への開眼

資本主義の根幹は「生産手段の私有」と「自由競争」にある。その結果、人類に経済の高度な発展をもたらし、人々の消費生活は飛躍的に向上した。が、その一方で、資本主義は人々の間に貧富という格差を生んだうえ、資源と市場の獲得を目指す国家間の争いは幾多の悲惨な戦争をもたらした。そこで、こうした資本主義の弊害をなくそうと人類が編み出した経済制度が社会主義だった。社会主義は「生産手段の公有」と「計画」により、労働者の解放と高度な経済発展を目指すものとされたから、「貧」に属する世界の労働者階級は、社会主義国・ソ連の登場に無限の希望を託したわけである。

しかし、が、それは、ソ連と東欧諸国の崩壊により見るも無惨な結末を迎え、労働者階級の夢はあえなくつい去った。

資本主義の限界が明らかになり、それを克服しようとした社会主義の試みもまた失敗したとなると、人類はこれからどうしたらいいのか。果たして、「第三の道」はあるのか、ないのか。一九八九年十一月九日に起きた「ベルリンの壁」崩壊を機に朝日新聞紙上で「インタビュー・どうなる社会主義」「インタビュー・社会主義のゆくえ」を続けてきた私が、取材中に考え続けたのはそういうことだった。

「ベルリンの壁」崩壊から間もない八九年暮れのことだったろうか、当時、東京・代々木駅の近くにあった生協会館内の日本生活協同組合連合会名誉会長室で、中林貞男・名誉会長から「岩垂君、これ読んでみないか」と一冊の本を渡された。

当時、私は中林氏をたびたび訪ねる機会があった。中林氏は七一年から八五年まで十四年間にわたって日本生活協同組合連合会会長を務め、生協陣営内では「生協育ての親」といわれてきた生協運動のリーダー。原水爆禁止運動にも並々ならぬ熱情を傾け、国連や、協同組合の世界組織である国際協同組合同盟（ICA）といった舞台で「核兵器廃絶」を訴え続けた。八三年には、市民運動活動家代表団を率いて中国を訪問。その時、私は「朝日」からの特派員としてこれに同行した。

名誉会長に退いてもなお原水爆禁止運動に強い影響力をもっていたから、私は、その後も同氏の話を聞くべくたびたび名誉会長室の扉をたたいたのである。

手渡された本は、B六判、一六四ページの小型本。タイトルは『西暦2000年における協同組合』。同連合会から一九八〇年に発行されたものだった。

筆者は当時、国際的に知られていた協同組合人のアレキサンダー・F・レイドロー博士（元カナダ協同組合中央会参事）。八〇年にモスクワで開催が予定されていたICA大会のテーマが「西暦2000年における協同組合」だったことから、ICAがレイドロー博士に討議のたたき台とするための報告書の執筆を依頼し、博士から大会に提出されたのが本書だった。

協同組合とは、事業経営を通じて共通の目的を追求する人々の集まり、とされる。事業経営に必要な資金は、目的を同じくする人々が互いに拠出することで調達する。いうなれば、協同組合とは共通の目的をもった人々の相互扶助組織である。

『西暦2000年における協同組合』は、その協同組合の現状を分析し、その望ましいあり方について提言したものだった。さして期待することもなく「勧められた本だから、まあ読んでみるか」といった軽い気持ちでページをめくり始めた私だったが、読み進めるにつれて、私はその内容にたちまち引き込まれてしまった。なんとも陳腐な例えだが、その時の私の読後感はまさに「目から鱗」であった。

そこには、こうあった。

「現在ICAにはすべての大陸に位置する65カ国から、175の全国および地域の組織が加盟しており、これらは合わせて約3億5500万人の組合員を代表している(これらの数字は1977年のものである)。しかしながら、ICAに加盟していない重要な組織もまだたくさんある。その中に中国が含まれていることは周知のとおりである。それゆえ、これら未加盟の組織も入れると、全世界の協同組合運動は5億人以上の組合員を有することになり、世界で最大の社会的・経済的な運動体であるといえるだろう」

「協同組合の形態が非常に多種多様であるということに注目することは重要である。鉄道事業を行なっている協同組合は世界のどこにもないが、しかしそれ以外の事業で協同組合がやっていないものを捜すのは難しい。商品の生産・流通、農業、販売、信用、運輸、製造、銀行、保険、住宅、林業、漁業、そしてあらゆる種類のサービス業など、協同組合はこれらすべての事業を行なっているのである」

「協同組合組織は、今日私たちが知っているような国有ないし公営企業がほとんどなかった19世紀に根をおろし、成長を始めたため、協同組合は私企業ないし資本主義に対する代案として着手された。協同組合運動の先駆者たちは、協同組合的制度がしだいに多くの信奉者を引き入れ、支配的な地位につき、そしてあらゆる分野で影響力を行使し、最終的に協同組合共和国を建設する日について語り、そのために計画をした」

「協同組合部門では、自他ともに協同組合は資本主義の修正とは考えられておらず、基本的には資本主義にとってかわるものという立場にある」

私が目を見張ったのは、まず協同組合の多様さだった。私がそれまで知っていた協同組合とはせいぜい生協とか農協とか漁協ぐらいのものだった。それが、鉄道事業以外のあらゆる業種に及んでいるとは。

次いで、協同組合の組合員が世界で5億人にのぼるもという記述が私をとらえた。ということは、家族を含めれば世界人口六〇億のうちのかなりのパーセンテージの人々が協同組合の傘下で暮らしていることになる。こうした事実から、私は協同組合が極めてグローバルな経済システムであることを思い知らされたのである。

それ以上に私が本書から衝撃を受けたのは、協同組合は「資本主義の修正ではなく、資本主義にとって代わるもの」との規定であった。つまり、資本主義に対するオルタナティブであるというのだ。

さらに、本書には、協同組合は市場経済を否定しない、とあった。私有財産も認めるという。その一方で、協同組合は人間生活に必要なものだけを生産するすることを建前としていることを知った。これは一種の計画生産であり、いわば社会主義的要素も備えているといえる。

だとしたら、協同組合とは、資本主義のいいところ、社会主義のいいところを採り入れた経済システムといえるのではないか。そう考えてゆくうちに、私はついに思い至ったのである。「これこそ、資本主義でも社会主義でもない第三の道ではないか」と。

加えて、私をさらに協同組合に開眼させてくれた一冊の小冊子があった。これも中林氏から「これも読んでみたら」と勧められた文献で、タイトルは『協同組合とその基本的価値』。Ｂ６判、わずか四十八ページの薄い冊子。八八年に農協、漁協、生協などの連絡機関である日本協同組合連絡協議会から刊行された。

筆者はラーシュ・マルカスＩＣＡ会長（スウェーデン）。八八年七月にストックホルムで開かれたＩＣＡの第二十九回大会のテーマが「協同組合の基本的価値」だったことから、会長が自らペンを採って大会向けに書いた報告書であった。

このころ、世界の協同組合、とくに協同組合の先進地帯とされる西ヨーロッパの組合が深刻な危機に陥っていた。市場経済の浸透によって西ドイツ、フランスなどで協同組合が次々に破綻しつつあったからだ。こうした事態に、ＩＣＡとしてはストックホルム大会で再建策を討議することになったわけだが、マルカス会長執筆のこの報告書は、その討議用素材として大会に提供されたものだった。

この中で、マルカス会長は「（協同組合の）挫折の理由として、第一にわれわれは未経験と無知とをあげることもできるだろうが、そこには協同組合理念からの多くの離反があった」として、「協同組合原則と価値とを固守しなければ、われわれは現在の経済状況では敗北を喫するであろう」と警告し、協同組合人はいまこそ原点にもどって協同組合の価値を確認すべきだと訴えていた。そして、協同組合の基本的価値として「組合員参加」「民主主義」「誠実」「他人への配慮」の四つをあげていた。

ここでも、私は大変驚いた。協同組合経済にとって最も大切なことは「組合員参加」「民主主義」「誠実」「他人への配慮」の四点であるという指摘にだ。よく知られているように、資本主義市場経済を貫徹しているのは、所有する株の多寡がすべてを支配する資本の論理である。まさに情け無用の冷徹極まる経済システムだ。それに比べ、協同組合はなんと人間味豊かな経済システムであろうか。資本主義が資本中心の経済システムといわれるのに対し、協同組合は人間中心の経済システムといわれるゆえんである。

かくして、私は次第に協同組合への関心を高め、協同組合に対する取材の機会を増やしていった。

その中で、ＩＣＡのマルカス会長にも会うことができた。

一九九四年六月、スペイン・バスク自治州のビットリアで開かれたＣＩＣＯＰＡ（ＩＣＡの労働者生産委員会）の世界会議を取材した折り、同自治州にある、世界的に知られた労働者協同組合「モンドラゴン協同組合企業体（ＭＣＣ）」を見学したが、そこで、やはりここを訪れていたマルカス会長と話す機会に恵まれたからである。

（二〇〇八年六月十日記）

第138回 生協の目覚ましい成長に驚く

資本主義と社会主義に代わる経済システム、すなわち「第三の道」とされる協同組合に関心をもった私は、協同組合の実態を知ろうと、まず、いろいろある協同組合のうち生活協同組合（生協）の取材を始めた。一九九〇年からだ。

文献で勉強することも大切だが、生協にじかに触れてその実体を知るのが手っ取り早いだろうと考え、当時代表的な生協とされていた単協（単位生協）を見て回り、関係者の話を聞いた。当時、事業規模で世界一といわれた灘神戸生活協同組合（その後、コープこうべと改称）をはじめ、灘神戸生協に次いで日本第二位の事業規模といわれたコープさっぽろ、エフコープ（福岡市）、名古屋勤労市民生活協同組合（めいきん生協）等々……。

また、このころ、生協の全国組織である日本生活協同組合連合会（日本生協連）が年に一回、全国から生協組合員を集めて「全国組合員活動交流集会」を開いていたので、それをこの目で見るべく出かけて行った。おかげで、九〇年六月には静岡県掛川市の「つま恋」、九一年一月には千葉県幕張メッセ、九二年二月には京都の立命館大学を訪れる機会があった。さらに、日本生協連が毎年一月に全国から東京に単協代表を集めて開く政策討論集会や、毎年六月に開く総会も欠かさず傍聴した。

こうした取材を通じて、私は次第に生協に対する理解を深めていった。それまで、生協についての知識といえば、早稲田大学に在学していたころ、文学部の地階にいろいろな物を売っていた生協の売店があったな、そこで、ばら売りのタバコを買ったことがあったな、政経学部の地階には生協直営の食堂があり、よく利用したものだ、といった程度だった。今回、各地の生協を見学したり、生協関係の集まりなどを見聞して初めて生協というものの実態に触れることができたわけである。

そこで得た認識をいえば、生協とは、地域住民や職場で働く人たちが自主的にお金を出し合ってつくった事業体であり、その狙いは消費生活に必要な物資を共同して購入することにある、ということだった。組合員への消費物資の供給には、二つの方法があるようだった。まず、生協が店舗を構えて組合員に物資を売るという行き方、もう一つは組合員たちが班をつくって消費物資を共同購入するというやり方だ。九一年度の供給高の内訳は店舗四七％、共同購入四五％だった。

それればかりでない。各地の生協も、その連合会も、「平和」「環境保護」「福祉」「男女共同参画」などといった多様なテーマを掲げた社会運動に取り組んでいた。つまり、生協は単なる企業体でなく、運動体という側面も備えた組織なのだ、と私は理解した。これは、私にとって新しい発見であった。

生協が株式会社のような営利を目的とした企業体でないことは、別な面から知ることができた。

ある組織が「協同組合」を名乗るからには、協同組合の世界組織である国際協同組合同盟（ＩＣＡ）が定めた協同組合原則を守ることが求められる。つまり、ＩＣＡ原則を順守してこそ協同組合として認められるのだ。私が生協の取材を本格的に始めた九〇年ころのＩＣＡ協同組合原則は、次の六項目で、ＩＣＡの第二十三回大会（ウィーン大会）で決まったものだった。

1　加入・脱退自由の原則。協同組合の組合員であることはあくまでも自由意思によるべきだ、ということである。

2　民主的運営の原則。協同組合は民主的組織であるべきで、単位組合ではものごとの決定にあたっては組合員は平等の投票権（一人一票）をもつ。

3　出資配当制限の原則。出資金に利息が支払われる場合でも、その利率は厳格に制限される。

4　剰余金処分方法の原則。組合の事業で剰余金が出た場合は、「事業の発展のための準備」「共同のサービス施設」「組合利用高に比例しての分配」のために使う。

5　教育活動促進の原則。組合員、役員、一般民衆に対して協同の原則について教育を行うための準備金をつくらなくてはいけない。

6　協同組合間の協同の原則。すべての協同組合組織は積極的に他の協同組合と協同すべきである。

私は、まず協同組合が「一人一票」制をとっていることにひかれた。株式会社では、何事も所有する株の多寡で決まる。それと比べると、協同組合が極めて民主的な組織であることが分かる。要するに、協同組合は株式会社などの一般企業と異なり、組合員一人ひとりが主人公という位置づけなのだ。

それから、「出資配当制限」の原則にも関心をそそられた。株式会社では、利潤が出れば株式数に応じて配当する。そこでは、利率に制限はない。が、協同組合では、出資配当に際しては利率の最高限度を設け、これを超えた配当はできない。

つまり、協同組合は金儲けのための事業体でなく、共通の目的を実現するための非営利の事業体であると明確にうたわれているのだ。その延長線上だろう。剰余金を組合員同士で分配してしまうことは禁じられており、組合員共通の利益のために使うよう定められている。

こうして、私の生協に対する認識は次第に深まっていったわけだが、その実態を知れば知るほど驚いたのは、その目覚ましい発展ぶりであった。

日本生協連によると、九一年度の同生協連加盟の生協は六七〇。組合員総数は一五一〇万人。出資金は二七四〇億円。事業高（売上高）は三兆〇三七一億円。小売りでのシェアは二・六％。七〇年度を起点とすると、組合員総数は五・二倍、出資金は二六・九倍、事業高は一六・六倍。

世帯組織率をみると、七一年度で二・六％であったのが九〇年度には二一・九％に。生協に加入している世帯はいまや五世帯に一世帯という割合になったのだった。

組合員総数の一五一〇万人は、農協組合員の八二六万人、日本労働組合総連合会（連合）の八〇〇万人をはるかに上回る。生協はなんと日本最大の市民組織になっていたのだ。その大半は女性、それも主婦であった。

九〇年度時点での日本の総合スーパーの売上高ランキングは、第一位がダイエーで約一兆八四〇〇億円、第二位がイトーヨーカ堂で約一兆三五〇〇億円。生協全体の売上高はこれらをしのぐ。生協は、いまや流通業界では大手スーパーと並ぶ存在なのだった。

生協先進地の西ヨーロッパでは、一九七〇年代から八〇年代にかけて生協が軒並み倒産や経営不振に陥った。これに比べると、日本の生協は驚異的な成長を続けてきたといってよかった。

飛躍的な成長をもたらした原動力は何なのか。一つは、七〇年代に社会問題化した食品添加物問題が生協陣営の拡大をもたらしたという見方だ。この時期、有害な添加物を使用した食品がはんらんし、主婦たちを恐怖に陥れた。このため、生協陣営は有害食品の追放に乗り出し、その一方で自ら有害添加物を極力使わないコープ商品を開発して供給に努めた。こうした努力が主婦層に支持、歓迎され、生協に加入する主婦が爆発的に増えたというわけである。

この間、日本生協連が反核平和運動に強力に取り組んだことも、生協組合員の増加につながったという見方もある。このころは、米国とソ連という二大超大国による核軍拡競争が激化し、世界的な核戦争が勃発するのではという危機感が世界に広がっていた時期。家庭の主婦もそうした危機感を共有していたから、生協による「核兵器廃絶」の訴えが多くの主婦の心をつかんだというわけである。この結果、生協は日本の反核平和運動で、原水協、原水禁と並ぶ運動の主役となった。

「生協が組合員中心の運営を心掛けてきたからだ」という見方もあった。生協の実情に詳しい人は、その具体例として「班による共同購入」をあげた。これは、五人から十人の組合員で班をつくり、食品などを共同で購入するシステム。班のメンバーから注文のあった商品を生協職員が週一回、車で班の責任者宅にまとめて届け、そこで班のメンバーがそれぞれ注文の品々を受け取る。メンバーが集まって商品を仕分けする場所は、さながら主婦による井戸端会議場となった。

　生協をよく知る人によれば、これは日本で編み出された、世界で類例のない供給システムで、これが主婦らに好んで受け入れられたことが生協の成長につながったという。九〇年度で全国に一〇四万の班があり、班員の総計は約六〇〇万人にのぼった。当時、日本生協連の役員の一人は「一八四四年にイギリスのロッチデールで初めて生協が誕生して以来、協同組合の基本は、組合員による出資・利用・運営という三位一体にある。班による共同購入という形態は、こうした基本を体現したものだ」と自賛したものだ。

　日本最大の市民組織となった生協。小売業界でのシェアはまだ微々たるものであっても事業高で大手スーパーと肩を並べるまでになった生協。それに社会運動の担い手としても存在感を増しつつある生協。これから先、さらに発展すれば、資本主義にとって代わることができなくても、市場経済の暴走を少しはくい止め、併せて社会の諸課題の解決に寄与する社会勢力となることができるのではないか。私が生協に寄せる期待は膨らんで行った。

　日本の生協活動に期待を寄せる声は海外でも聞かれた。ＩＣＡ関係者もまた、日本の生協に熱い視線を注ぎ始めていた。

（二〇〇八年七月六日記）

第139回

世界的関心を集めた日本の生協

ＩＣＡ東京大会開催へ

日本における生協の飛躍的な成長は、国内では社会的に話題になることもなかったが、海外にはこのことに注目した人たちがいた。世界の協同組合組織が加盟する国際協同組合同盟（ＩＣＡ）の関係者である。

　生協発祥の地は英国で、その後、英国から西ヨーロッパ各地に広がった。このため、西ヨーロッパは長らく生協の先進地とみなされてきた。が、世界の生協運動をリードしてきた、その西ヨーロッパの生協が一九八五年を境に軒並み倒産や経営不振に陥った。いわば「生協の崩壊」であった。とくに西ドイツ、フランス、オランダなどでそうした現象が著しかった。

当時、日本生活協同組合連合会の常務理事で世界の生協運動に詳しかった大谷正夫氏（故人）は私にこう語ったものだ。「西欧の生協はなぜこんなことになってしまったのか。まず、スーパーなど他の小売業との競争に打ち勝つことを最優先させたため、背伸びをして力量以上の投資や、無理な経営をしたためだ。これが、結果的に自らを倒産に導く要因となった。それに、生協は組合員自身の組織であるという原点がないがしろにされたからだ。つまり、組合員による出資・利用・運営という協同組合の原則がいつのまにか形骸化され、生協が専従集団、すなわち経営のプロが主導する、一般の企業と変わらない経営体と化してしまったからだ」

要するに、協同組合の原則から外れた道を歩んだことが、「生協の崩壊」につながったというのだ。

いずれにしても、ICA執行部を覆った危機感は極めて深刻だった。では、西欧の生協を再興するにはどうしたらいいか。執行部が打ち出した再建策は、この際、組織をあげて協同組合とは何なのか、協同組合は何ができるかを、改めて根底から問い直してみようということだった。つまり、協同組合の原点に立ち返って、協同組合のあり方を論議しようではないかということだった。

そこで、ICAは一九八八年にスウェーデンのストックホルムで開いた第二十九回大会のメインテーマを「協同組合の基本的価値」とした。

すでに紹介したが、ICAのラーシュ・マルカス会長（スウェーデン）は、この大会での論議のためのたたき台として、自らペンを採って書いた『協同組合とその基本的価値』と題する文書を提出した。そこには「（協同組合の）挫折の理由として、第一にわれわれは未経験と無知とをあげることもできるだろうが、そこには協同組合理念からの多くの離反があった」として、「協同組合原則と価値とを固守しなければ、われわれは現在の経済状況では敗北を喫するであろう」と述べ、協同組合人はいまこそ協同組合の価値を確認すべきだと訴えていた。そして、協同組合の基本的価値として「組合員参加」「民主主義」「誠実」「他人への配慮」の四つをあげていた。

これらの文言でも分かるように、そこには、ICAとしての危機意識が如実に反映されていたといってよく、しかも協同組合の危機を招いた最大の原因は「組合員参加」の欠如にあるとの認識が明確に示されていた。

第二十九回大会は「協同組合の基本的価値」というテーマをめぐって議論したものの継続審議となり、結論は次回の大会に持ち越された。そして、次の大会（第三十回大会）を九二年に東京で開くことを決めた。四年ごとに開催されるICAの大会はそれまで専らヨーロッパで開かれており、百年に及ぶＩＣＡの歴史上、アジアでの開催は初めてだった。異例のことと言ってよかった。

なぜ、東京が選ばれたのか。それは、日本の生協運動が世界の協同組合関係者の注目を浴びるに至ったからだった。その契機となったのは、八六年に東京で開かれた、ＩＣＡの専門委員会である生協委員会と女性委員会の合同会議。議題は「組合員参加」。ここで、欧米の生協で組合員の活動が後退したり、組合員の間で無関心が広がっていることが指摘され、対照的に日本では一般の組合員が班活動を通じて生協活動に積極的にかかわっていることが明らかにされた。

関係者によれば、こうした日本の生協の行き方に強い印象を受けたＩＣＡ執行部が「世界の協同組合がこれから先、協同組合の基本的価値の一つに『組合員参加』を掲げるとしたら、この面で先行している日本の生協から学ぶ必要がある」として、ＩＣＡ大会の日本開催を決めたのだという。

もちろん、大会の日本開催が決まった背景はこれだけではなかった。日本の農協もまた、この時期、世界の協同組合関係者から熱い視線を浴びていたことも影響していよう。

これもすでに紹介済みだが、八〇年に発表され世界的な反響を呼び起こした『西暦２０００年における協同組合』（筆者は元カナダ協同組合中央会参事アレキサンダー・Ｆ・レイドロー博士）の中で、次のように日本の農協の活動が高く評価されていた。

「都市は、多くの住民にとって孤独と疎外の大海である。ただ近くに住んでいるというだけで、それ以上のきずなは何もない。……協同組合の偉大な目的は、地域社会や村落を大都会に建設することである。多くの社会的経済的ニーズに応じて協同組合を設立すれば、地域社会の創設に総合的効果をおよぼすであろう。……協同組合地域社会なるものを創設するという点で、都会の人々に強力な影響を与えるためには、たとえば日本の総合農協のような総合的方法がとられなければならない」

「日本の総合農協が何をし、どんなサービスを提共しているか考えてみたい。日本の農協は生産資材の供給、農産物の販売をしている。貯蓄信用組織であり、保険の取扱店であり、生活物資のセンターでもある。さらに医療サービスや、ある地域では病院での診療や治療も提供している。農民に対しては営農指導もし、文化活動ためのコミュニティ・センターも運営している。要するに、この協同組合はできるだけ広範な経済的社会的サービスを提供している。もし総合農協がなければ、農民の生活や地域社会全体の生活は、まったく異なったものであったろう」

いまから見ると、過大評価だったのでは、という気がしないでもない。が、当時、「協同組合運動のバイブル」とされた『西暦２０００年における協同組合』でこんなにも持ち上げられれば、だれしも日本の農協をこの目で見てみたい、と思ったにちがいない。こうした記述もＩＣＡ大会の日本開催をうながしたものと思われる。

さて、第三十回ICA東京大会は九二年十月二十七日から四日間、東京・新宿の京王プラザホテルで開かれた。八十三カ国から一五〇〇人が参加した。当時、ICAに加盟する組合員は六億六〇〇〇万人。世界最大のNGO（非政府組織）の大会だった。なのに、これを報道したマスメディアは「朝日」を除いてほとんどなかった。

大会のテーマは「協同組合の基本的価値」「環境と持続可能な開発」「機構改革」の三つ。もちろん、メインテーマは前大会から継続審議の「協同組合の基本的価値」だった。

大会では、開会に先だって大会に提出されていた、S・A・ベーク・スウェーデン協同組合学会会長の報告書『変化する世界　協同組合の基本的価値』をたたき台に論議が交わされた。その結果、「変化する世界における協同組合の基本的価値に関する決議」を採択した。そこには「大会は次の行動を通じて協同組合がその基本的価値を表明すべきことに同意する」として「組合員のニーズに応える経済活動」「参加型民主主義」「人的資源の開発」「社会的責任・環境に対する責任」「国内・国際的協力」の五点をあげていた。

これにより、ICA執行部が提起した協同組合の基本的価値をめぐる八年間にわたる論議は一応の決着をみた。大会の前後には、海外からの大会参加者による日本の協同組合の見学が各地で行われた。

東京大会を迎えるにあたって、日本では、連合会レベルや単協レベルで「協同組合の基本的価値」についての学習会や討論会が活発に行われた。生協組合員が生協のあり方をめぐってこれだけ活発に議論したことはそれまでなかった。その後もない。

東京大会を記念して、劇団・前進座が『怒る富士』（原作・新田次郎）を農協、漁協、生協、共済などの協同組合組織とタイアップして全国で上演したことも特筆に値しよう。富士山の大爆発で降砂に埋まった山麓の農民と幕府の代官の交流を描いた劇だが、その内容が協同組合運動の理念に沿ったものということで、上演活動が展開された。東京大会に向けた運動の盛り上がりを示すイベントの一つと言ってよかった。

（二〇〇八年七月二十一日記）

第140回

市民生協 生みの親は 革命を 夢見た 大学生

東京で国際協同組合同盟（ＩＣＡ）の大会が開催された背景には、日本での生協の飛躍的な成長が世界の協同組合関係者の注目を集めたという事情があったが、日本の生協が目覚ましい発展をとげるのは一九七〇年代から八〇年代にかけてである。その驚異的な成長を支えていたのは地域生協（市民生協）であった。

日本で生協が誕生したのは一八七九年（明治十二年）で、東京と大阪で創立されたのが最初だった。その後、各地に広がったが、日中戦争から太平洋戦争にかけて多くの生協が左翼勢力の影響下にあるとされて警察による弾圧、介入を受け、解散させられた。

戦後になると、戦後復興の動き中で生協再興の機運が高まり、雨後のタケノコのように全国各地に生協が生まれた。それは労働組合が中心になって職場や地域につくったものが多かった。いわゆる職域生協である。

しかし、その後の日本における生協の目覚ましい発展の中心的役割を担ったのは、職域生協ではなかった。それは、新たに登場した、地域に根ざした地域生協（市民生協）だった。つまり、地域を基盤とする市民たちの生協だった。

そうした市民生協を生み出したのは、大学生協の活動家だった。大学生協とは大学に在学する学生と教職員を組合員とする生協だが、実際の経営に当たっているのは昔も今も学生である。その学生たちが、大学の外に出て、市民生協の創設に乗り出したのだった。その学生たちのうち市民生協でトップを務めたあと、生協の全国組織、日本生活協同組合連合会（日本生協連）で幹部になった人たちも少なくない。その人たちの中には、市民生協誕生の経緯について書き残している人もいる。

例えば、田中尚四氏。東大在学中から生協活動に参加し、大学生協連専務理事、コープとうきょう理事長などを経て、一九九三年から二〇〇三年まで日本生協連副会長を務めたが、退任後の二〇〇五年にコープ出版から刊行した『生協との半世紀』でこう書いている。

「60年代からの高度成長の中での日本社会は大きな変貌をとげ、新たな地域生協づくりの条件が生まれてきた。首都圏など大都市圏や新産業都市への人口集中がすすんで、地域における新たな矛盾や問題点が顕在化する中で、農山村の過疎化が進んで、地域社会の在り方が問われるところとなった。また、消費者の所得が増加し、生活手段の近代化が進む一方で、恒常的な物価の値上がり、公害や食品安全などの問題の深刻化が見られた。その結果、これらの矛盾に対する地域住民運動が強まるところとなった」

「新しい生協づくりの流れにおいては、住民運動組織とのつながりや、既存の労働運動、政治組織などでのかかわりも部分的にはあったものの、おおむね自立した組織集団として成長しようとしたことが特徴的であり、これを受けとめてもっとも大きな力を発揮したのは、全国の大学生協の若いエネルギーだった」

「当時の大学生協の状況を見ると、50年代後半から60年代にわたって、全国の主要大学において生協としての組織と事業を確立しつつあった。そして、大学生協に従事する専従役職員や学生役員の中に、日本の生協運動の発展に貢献し地域生協づくりを身をもって進めようと言う機運が、全国的に形成されてきた。また、そのめざすところは『大学生協の地域化』ではなく、自主的な生協の組織化を支援する立場をとるという適切な選択がなされたことが見逃せない」

東北大学生協専務理事を務めた後、みやぎ生活協同組合の創設に奔走し、その専務理事から日本生協連専務理事に就任、その後、コープさっぽろの理事長、日本生協連副会長になった内舘晟氏（故人）は『私家版　私の履歴書』（二〇〇四年）の中で次のように記している。

「一九六〇年代の後半になって、全国の大学生協の中に、地域生協設立運動が盛り上がった。それまでの生協運動は労働組合運動が主導する職域生協の運動であり、市民が主体になる地域での運動は、神戸、横浜、福島、静岡、鶴岡などですすめられていたが生協運動の主流とはなりえていなかった。『働く者は生産点で搾取され、消費点で収奪される』消費生協が生産点で戦う労働運動と連携し、日常消費の主体者である主婦の目覚めを高め、消費点における収奪を防ぐことが出来るならば、資本家の横暴を押さえ、働くものが支配する社会を作るのに役立つに違いない。こう考えた全国の大学生協の活動家仲間は、札幌、埼玉、京都を皮切りに、地域生協設立活動に乗り出した。続いて、盛岡、仙台、東京、名古屋などで、一九七〇年までに大学生協主導の地域生協が設立され、七十年代の大爆発となった」

コープさっぽろが一九九五年に発行した『コープさっぽろ30年の歩み――コープさっぽろ30年史――』にはこんな記述がある。

「北大生協が地域生協を設立する思想的基盤は、さかのぼる１９６０年の『安保闘争』にあった。いわゆる『６０年安保』と言われる未曾有の大衆的政治運動は、結果としてその政治目標においては挫折したものの、当時の北大生協の学生活動家たちにとって、民衆の横断的組織の可能性、その無限のエネルギーなどについて大きな確信を与え、また運動を大学の中だけで考えるのではなく、地域の中へ大衆の中へ入り込んでいくことの重要性を教えたのである。６０年安保闘争後、当時の学生運動の流れが、次第に政治的に先鋭化し、権力に対峙する方向を強めていったのに対し、大学生協運動の流れは『草の根運動』の方向性を明確にし、大学生協運動の先進グループの一員としての北大生協は学外施設を有していたこともあってその動きを一層早めた」

これ以上の詳しい説明は不用だろう。要するに、日本を震撼させた六〇年安保闘争を頂点とする戦後最大の激動の時代に「革命」や「変革」を目指して大学生協で活動していた学生たちが、安保闘争後、新たな「変革」を目指して大学周辺の地域に進出し市民をメンバーとする生協をつくりあげていったということだろう。大学生協が、市民生協誕生の母胎になったのだ。

いずれにしても、しばらく前まで、あるいは今日も、日本の生協陣営で枢要な地位にあった人には大学生協の出身者が多い。すでに紹介したように田中尚四・元日本生協連副会長は東大生協、内舘晟・元日本生協連副会長は東北大生協の出身だが、ほかにも、竹本成徳・元日本生協連会長（同志社大生協出身、以下、カッコ内は出身大学生協）、勝部欣一・元日本生協連副会長（東大生協、故人）、森定進・元日本生協連副会長（早大生協、故人）、福田繁・元日本生協連専務理事（東大生協）、田辺準也・元日本生協連副会長（名古屋大生協）、石田静男・元日本生協連副会長（鹿児島大生協）、伊藤敏雄・元日本生協連専務理事（北大生協）、大友弘巳・元日本生協連専務理事（埼玉大生協）といった人々がいる。現在の日本生協連会長の山下俊史氏も東大生協出身である。

日本生協連の理事クラス、全国各地の市民生協の理事長、専務理事クラスとなるともう数え切れないくらいだ。全国に展開する生協陣営の人脈の中で、大学生協出身者はさながら一大山脈を形成しているといってよい。

（二〇〇八年七月三十一日記）

第141回　生協は女性にとって夢のキャンパス

日本で驚異的な成長を遂げた生協を支えていたのは、全国各地に誕生した地域生協（市民生協）だった。

日本生活協同組合連合会（日本生協連）を構成する生協の主力は、昔も今も購買生協だ。同連合会によると、連合会に加盟する購買生協の組合員は七〇年度には二〇三万人で、うち地域生協の組合員は七九万人だった。つまり、購買生協内での地域生協組合員の割合は約四〇％だった。それが、九〇年度には購買生協の組合員が一一七九万人、うち地域生協組合員は九一六万人になった。地域生協組合員の割合は約七七％にはねあがったわけである。別な統計で、この二十年間における生協組合員の増加ぶりをたどってみると、購買生協全体の組合員数が約六倍となったのに対し、そのうちの地域生協の組合員はなんと十一倍の伸びであった。

七〇年代から八〇年代にかけての生協組合員の爆発的増加の内実は、実は地域生協とその組合員の著しい伸長にあったといってよい。

それでは、この時期に地域生協の組合員になった人々とはどんな人たちだったのだろうか。

一言でいえば組合員の大半が女性、それも専業主婦が多かった。九〇年に日本生協連が行った「全国生協組合員生活動向調査」によれば、組合員の九五・七％が女性で、男性はわずか一・九％。また、日本生協連が七九年に行った調査では、専業主婦が組合員の五六％を占めていた。年齢的には三〇歳代から四〇歳代が中心で、子どもは一人から二人。要するに、子育て世代の専業主婦が生協運動の主役であった。

とにかく、女性が多かった。そのことを強烈に印象づけられたのは、九一年六月に静岡県掛川市の「つま恋」で開かれた日本生協連主催の「第十五回全国組合員活動交流集会」だ。全国各地の組合員が一堂に会して日ごろの活動を報告し合い、今後の活動に生かそうという一泊二日の交流会で、全国から約八〇〇人の組合員が参加した。

全体会をのぞいて驚いた。ほとんど全員が女性だったからだ。男性は日本生協連の役員と担当部局の職員、それに私のみ。全体会の後、参加者は七十五の分散会に分かれて話し合いを続けたが、どこをのぞいても女性ばかり。どこも女性のパワーがみなぎっていて、会場の片隅で傍聴させてもらった男性の私はただただ圧倒されるばかりだった。

それに、交流集会から感じさせられたものといえば、熱心さと生真面目さだった。それまで私が取材してきた大衆集会といえば労組の大会か平和団体の集会だったが、それらはいずれも男性中心の集まりで、その雰囲気を一言でいえば、なんとなく雑然としていて時には喧噪極まりなく、集中力に欠けていた。労組の大会など、騒然たる雰囲気に包まれ、途中退席する人も珍しくなかった。だから、途中で退席する人もなく、静かな雰囲気の中で真面目に熱心に討議する女性ばかりの集会に目を見張ってしまった。そうした光景から、生協運動に注がれる女性たちのエネルギーがまことに底深いものであることを私は実感したのだった。

この時期、子持ちの三十歳代から四十歳代の専業主婦たちは、何を求めて生協に結集して行ったのだろうか。

生協問題研究所発行の『生協組合員のくらしと意識』（一九八六年版）によると、生協組合員に生協加入の動機・理由を聞いたところ、「品質の良い商品が手に入る」八四・五％、「CO－OP商品が手に入る」三四・一％、「安い商品が手に入る」二一・一％、「主旨に賛成したから」二〇・六％、「おつきあいで」一四・二％など（複数回答）となっている。つまり、食品の「安心・安全」を求めて生協の組合員になった女性が多かったということだろう。

これには、社会的な背景がある。

日本は、六〇年代から七〇年代にかけ世界でもまれにみる高度経済成長を遂げた。それにともなって市場に出回る食品も多様化し、新しい食品が店頭に溢れた。このため、食品公害問題や、加工食品の不当表示問題、有害添加物問題が続発し、社会問題化した。こうした問題に敏感に反応した生協陣営は食品公害、不当表示、有害添加物の追放に精力的に取り組み、そのうえ、有害な添加物を含まない食品を開発しCO－OP商品として売り出したから、食料品の安全に不安を感じていた、家庭の台所を預かる主婦たちの心をとらえた。こうして、主婦たちが「安全・安心」な食品を求めて次々と生協に加入して行ったのだった。


生協に加入した主婦たちは、自分が住む地域で班をつくって商品の共同購入をしたり、自分たちの生協がつくった店舗を利用した。生協側は、主婦たちの要望に応えた商品の開発にも力を入れた。その結果、各地の地域生協で、一般のメーカーがつくった商品、いわゆるナショナルブランドの商品とは異なる独自のCO－OP商品が生まれた。

例えば、ちばコープ（千葉市）は刃の部分にいくつもの丸い穴が開いた包丁を売り出したが、これは組合員の提案を受け入れて開発した商品だった。「刃のところに穴が開いていた方がよく切れる」という声が主婦組合員から寄せられたからだった。そのほか、同コープはオリジナル商品「CO・OP満点コロッケ」を売り出したが、これも「他の生協のコロッケがとてもおいしかったので、ちばコープでも扱って」という主婦組合員からの一言がきっかけだった。


ところで、組合員が生協に求めていたのは「安全・安心」な商品ばかりではなかった。生協がさまざまな社会運動に取り組むことを望む組合員もまた少なくなかった。このため、生協側もそうした組合員のための活動の場を設けた。それゆえ、組合員は平和、国際友好、環境保護、福祉、文化などといった分野で活動を行うことができた。

日本生協連が主催する「全国組合員活動交流集会」もこうした実情を反映したものだったと言える。九一年一月に千葉県幕張メッセで開かれた「第十四回全国組合員活動交流集会」では十九のテーマ別分科会が設けられたが、その内訳は「商品」四、「環境」四、「平和」二、「食品の安全」「産直」「文化」「福祉・助け合い」「子ども」「家計」「税・物価・エネルギー」「まちづくり」「国際・まちづくり」各一だった。


生協組合員が商品に関する活動ばかりか、平和や環境問題に関する活動に関心を示したのには、それなりの理由があったと私は思う。

七〇年代から八〇年代にかけての時期は、米国とソ連という二大超大国が核軍拡競争をエスカレートさせていた時代であり、世界的な核戦争が起きるのではという深刻な危機感と不安が市民たちをとらえていた。また、企業活動などにより内外で地球環境の破壊が進み、環境保護への関心が急速に盛り上がりりつつあった時期でもあった。生協に結集する主婦たちもこうした状況に敏感に反応し、行動を起こしていったものと思われる。

それから、この時期に多くの主婦が生協に加入していった背景には、主婦を取り巻く環境の劇的な変化と、それにもなう主婦たちの意識の変化もあったのではないか。

七〇年代から八〇年代にかけての時期は、日本の社会が大きく変わった時期である。それをもたらしたのは経済の高度成長だったが、その影響は国民の家庭生活全般に及んだ。家庭は電化され、主婦たちは従来の過重な家事労働から解放された。子どもたちも大きくなり、手がかからなくなった。こうして、とくに専業主婦たちに余暇が生じた。

それまでの専業主婦は家庭に閉じこめられ、家事と子育てに追われる存在だった。自分の能力を生かせる職業につきたい、社会に出て好きな活動をやってみたい、と願っても、自分を取り巻く伝統的な環境がそれを許さなかった。主婦たちのエネルギーは外に向かって発揮されることはなかった。が、社会構造の変化によりようやく自分の時間が持てるようになったのだ。

多くの専業主婦たちは、ついに自立と自己実現が可能な時がきた、と考えたにちがいない。そして、身近なところで自己実現できる舞台を探した時、生協こそ格好の舞台と主婦たちの目に映ったのではなかろうか。こうして所を得た主婦たちは、生協という舞台でのびのびとエネルギーを発揮するようになって行ったのだろう。私にはそう思えてならなかった。だからこそ、私は、生協の飛躍的な成長は日本社会の構造的変化の表れとみて、その実態を積極的に取材し、報道したつもりだった。新聞記者の役割は、社会の根底で進んでいる変化をいち早くとらえ、それを広く伝えることにあると思っていたからである。

この時期、私は何人かの知人が「うちのカミサンが生協狂いになってしまって。おかげでオレは家ではすっかりかまってもらえなくなった」と〝嘆く〟のを聞いたものである。

生協の実情に詳しいノンフィクションライターの小田桐誠氏は、九四年、『生協は夢のキャンパス』と題する著書をコープ出版から出版した。おかやまコープ（岡山市）の二十年にわたる歩みをたどったドキュメンタリーだが、この題名を見て、私は「実に見事なネーミングだな」と感心した。この時期、生協組合員、とくに女性組合員にとって生協はまさに「夢のキャンパス」なのでないか、と私もまた感じていたからである。

（二〇〇八年八月十三日記）

第142回 生協の発祥地ロッチデールへ

産業革命発祥の地といえば英国中部にあるマンチェスター市だ。そこからバスで北へ向かう。窓外には平坦な田園地帯が広がり、冬だというのに青々とした牧草が鮮やか。約四十分もすると、前方にこぢんまりした都市が見えてきた。工場を思わせる建物や高層住宅が点在する。人口約九万五千。工業都市のロッチデール市である。一九九四年十二月二十日午前九時半のことだ。

生協に関心を抱いて以来、世界最初の近代的生協とされる「ロッチデール公正先駆者組合」を一度訪ねてみたいと思ってきた。そんな折、ロッチデール公正先駆者組合が誕生してから九四年十二月二十一日で百五十年を迎えることになり、それを記念してさまざまな行事が行われるとあって、日本生活協同組合連合会が生協関係者からなる「ロッチデール視察団」を現地に派遣したため、私も同行記者としてこれに加わった。視察団一行は空路でマンチェスターに着き、二十日朝、バスでロッチデールへ向かった。

一七六〇年代に英国で始まった産業革命は生産様式を根底から変えた。それまでの小規模な手工業的な作業場に代わって、水力や蒸気を動力とする機械制大工場が主流を占めるようになった。その一方で、産業革命は失業や賃下げ、長時間労働をもたらした。

綿織物と毛織物の生産地であるロッチデールも例外ではなかった。生産様式の変化で生活苦に陥った職人や労働者によるストライキや暴動も起こった。

労働者には、商人から日常の必需品を掛け買いしてようやく暮らしを維持する者が多かった。そうした弱みにつけ込んで、小麦粉に石こうを混ぜたり、砂糖やオートミルに砂を混ぜて売る悪徳商人も少なくなかった。

「こんな仕打ちはもうたくさん。自分たちの商店をつくり、品質の良い商品を公正な値段で売り、目方もごまかさず、利益が出たら全員に還元しようではないか」

そう志した織物工、職人、自営業者ら二十八人が毎週二ペンスずつを積み立て、二十八ポンド（当時、一ポンドは二百四十ペンス）になったところで、これを元手に三階建ての倉庫を借り、店舗を開いた。

「ロッチデール公正先駆者組合」の誕生であった。家賃を前払いしたので、店に並べることができたのは小麦粉、バター、砂糖、オートミル、ろうそくの五品目に過ぎなかった。あまりの貧弱さに町の人びとの失笑を買った。一八四四年十二月二十一日の夕方のことで、この日は一年中で一番夜が長い冬至だった。

一八四四年といえば、日本では江戸時代末期にあたる。当時のロッチデールでの労働者の賃金は週一九二ペンス。積立金はその中から二ペンスだからたいした額ではなかったのでは、と思いがちだが、現地でイギリス生協連の関係者に聞いたところでは「そんなことはありません。労働者にとってはやはり大変きついことだったのではないでしょうか。なにしろ、今と違ってみな家族が多く、生活が苦しかったから」とのことだった。


市の中心にタウン・ホール（市役所）があり、その北側の少し離れたところに「トード・レーン」（ガマ通り）と称する石畳の通りがあった。それに面して三階建ての赤いレンガづくりの建物があった。それが、百五十年前にロッチデール公正先駆者組合が店舗を開設した倉庫だった。建物の名称は「ロッチデール先駆者記念館」。中に当時の店舗が復元されていた。

中に入ってみる。まず、最初の部屋の左手に二つの大きなビア樽の上に二メートルほどの板が渡してあり、その上に小さな秤と小麦粉、バター、オートミル、砂糖、ろうそくなどがのっていた。部屋の右手には大きな二つの秤と机に椅子。「ああ、これが百五十年前の店舗の販売カウンターと秤類か」。それらに見入っていると、私の耳には、おそらく、ささやかであっても自分たちの店を初めてもつことができて祝杯を上げたであろう組合創始者二十八人と、好奇心から夜の闇の中を店に集まってきたにちがいない近所の人たちの歓声が、時空を超えて聞こえてきた。

ロッチデールの先駆者たちが始めた協同組合の試みは着実に仲間を増やし、英国各地に広がった。やがて、海を越えてヨーロッパ各地に波及した。ついには、日本を含む世界各地に飛び火した。ロッチデールでの試みは、消費生活の面だけにとどまることなく、農業、漁業、工業、金融、保険などの分野にも及んだ。英国の寒い片田舎に灯った、人びとが共通の目的のために力を合わせるという「協同」の小さな火は、ついに世界中に伝播したのである。

世界中に広がったのは、協同組合を通じて生活必需品を共同で購入し、組合員に売るという経済システムばかりでなかった。協同組合の運営上の原則もまた世界に広がった。

ロッチデールの先駆者たちが全員討議によって定めた組合運営上のルールは「ロッチデールの原則」と呼ばれる。友定安太郎著の『ロッチデイル物語』（コープ出版）によれば、それは次のようなものだった。
①資本金は組合員自身が準備し、出資利子は固定利率に制限すること
②入手可能な純良な生活必需品だけに限定して組合員に供給すること
③商品は正確な計量を厳正に行って供給すること

④商品の価格は市価で供給し、求められても掛け売りはしないこと
⑤剰余金は組合員各自の利用高に比例して分配すること
⑥一人一票制の原則を実行し、組合員資格は平等であること。
⑦運営は一定の任期を定めて選出された役員会により行うこと
⑧剰余金の一定割合を教育事業のためにあてること
⑨定期的に「事業報告書」「決算報告書」を組合員に発表すること

これは、やがて協同組合の世界組織である国際協同組合同盟（ＩＣＡ）に採り入れられ、一九三七年の第十五回パリ大会で、ＩＣＡの協同組合原則として次のように定式化された。
①加入脱退の自由
②民主的運営（一人一票）
③出資配当の制限
④利用高比例割り戻し
⑤政治及び宗教上の中立
⑥現金取引
⑦教育の促進

その後、たびたび改定されたが、一九九五年の第三十一回ＩＣＡ一〇〇周年記念マンチェスター大会では次の七項目になった。

①自発的で開かれた組合員制
②組合員による民主的管理（一人一票）
③組合員の経済的参加
④自治と自立
⑤教育、研修および広報
⑥協同組合間の協同
⑦地域社会への関与

ロッチデールの原則は、世界の協同組合運動の舞台で脈々と受け継がれてきたといっていいだろう。

さて、話を九四年暮れのロッチデールに戻すと、十二月二十一日夜、タウン・ホール前の広場で市主催の記念式典があった。厳しい冷え込みの中、広場に集まった数千人の市民を前にＪ・ビアズレー市長は「この地から始まった協同組合運動は今や世界で七億人の組合員を擁するまでになった」と宣言した。開店当時を再現した演劇の上演や、鮮やかな衣装で着飾ったトナカイを先頭とする市民たちの行進があり、色とりどりの花火が厳寒の夜空を彩った。

会場で出会ったイギリス生協連のＩ・ウイリアムソン主任情報官は興奮気味に語った。「統一は力、団結は力なんですよ。ロッチデールで店を開いた二十八人の先駆者たちが共通の目的のために困難にくじけずに協同を貫き通したことが、今でも世界の人びとをロッチデールに引きつけているんだと思います」

同主任情報官によれば、ロッチデール先駆者記念館には国内をはじめ世界各地から見学者が絶えないとのことだった。

マンチェスターのホテルに帰る途中、私はタクシーの外の暗闇に目をこらしながら考えた。「ロッチデールという小さな町で、働く人たち二十八人によって始められた試みが広く世界に普及していったのはなぜだろうか」と。そして、私は結局、こう思うに至ったのだ。「それは、彼らの試みに普遍性があったから、多くの人びとの心を捕らえたのだろう。つまり、そこには、一人ひとりがバラバラでいたのでは無力だが、共通の目的のために力を合わせれば、すべてではないにしても目的はかなうという法則性があったからではないか」と。

（二〇〇八年八月二十九日記）

第143回　新たな挑戦・労働者協同組合

協同組合には農協、漁協、森林組合、信用金庫、信用組合、生協などがあるが、私がこれまでひときわ関心を持ち続けたのは生協に対してである。その理由はすでに述べた通りだが、ほかにも関心を持ち続けてきた協同組合がある。労働者協同組合だ。

労働者協同組合とは、一言でいえば、働く者が出資し合い、協同で経営する企業のことである。一般の企業は、資本家と労働者がいて、資本家が労働者を雇い、賃金を払って働かせるという形態をとるが、労働者協同組合は労働者自身が資本家であり、経営者であり、労働者であるという形をとる。いうなれば「労働者が主人公の企業」である。

ヨーロッパでは、労働者協同組合の歴史は古い。いまでもその活動は続いており、とくにスペイン、イタリア、フランス、イギリス、南米各国で盛んだ。

日本における起源は第二次世界大戦前にまでさかのぼるが、いずれも長続きせず、今日の労働者協同組合は一九七〇年代に産声を上げたものだ。したがって、日本では新しいタイプの協同組合といってよい。

七〇年代に誕生することになったきっかけは、失業対策事業の打ち切りだった。第二次大戦後、日本には失業者に働き口を提供するための失業対策事業があった。自治体が事業主体となって土木・建設事業を行い、そこに失業者を吸収することで失業者に就労の機会を提供するというものであった。多数の失業者がこの事業に就労し、五八年には三十五万人に達した。

が、政府・自民党は「非能率」「滞留」（いったん就労するとなかなかやめないという意味）を理由に事業を打ち切る方針を決め、一九六三年、職安法及び緊急失対法改正案を失対事業就労者や野党の激しい反対を押し切って国会で強行採決。この結果、七一年以降は失対事業の入り口が閉ざされ、新たな就労が認められなくなった。このため、各地で失対事業からあぶれた失業者が続出した。その多くは中高年齢者だった。

そこで、当時、失対事業就労者の労組だった全日本自由労働組合（全日自労。その後、他労組と合併を繰り返して全日本建設交運一般労働組合＝建交労となる）は、自治体に向けて「仕事よこせ」の運動を起こすとともに、自治体から公共事業を請け負うための企業（当時は事業団と名乗った）を自ら設立し、これに失業者を吸収するという新たな方式を編み出した。七一年のことである。日本の労働界にあってはまことにユニークで創造的な試みであった。

事業団が最初につくられたのは兵庫県西宮市で、その後、京都、愛知、東京にもつくられた。失業対策事業への就労を拒否された失業者、いわば追いつめられ、せっぱ詰まった労働者たちが日々の糧を得るために自らの手で就労の機会、雇用の場を創り出していったのだった。

事業団の設立は各地に伝播した。七九年には三十六の事業団の代表が熱海市に集まって事業団の全国組織「中高年雇用・福祉事業団全国協議会」を結成した。そのうち、事業団を協同組合の一つ、労働者協同組合と位置づける方向が協議会内で強まり、それに伴って八六年には名称を「中高年雇用・福祉事業団（労働者協同組合）全国連合会」と変えた。さらに、九三年には「日本労働者協同組合連合会」と改めた。

この事業団方式を生み出し、全国に広げてゆくうえで強力なイニシアティブを発揮したのは中西五洲氏である。同氏は全日自労の委員長を務めたあと、中高年雇用・福祉事業団全国協議会、中高年雇用・福祉事業団（労働者協同組合）全国連合会、日本労働者協同組合連合会の各理事長を務めた。

事業団＝労働者協同組合の事業内容は、公園の管理・緑化事業、病院のメンテナンス、ビル・メンテナンス、建築・土木、生協での商品の仕分けや輸送、ホームヘルプ・家事援助などの福祉事業、給食や食堂・売店の経営、資源リサイクルなどといったものだった。受注先は官公庁と民間。が、二〇〇〇年に介護保険制度がスタートしてからは、介護に関する事業にウェートが移った。二〇〇六年三月末現在で組合員は四万三〇〇〇人、就労組合員は九三八八人、加盟組織は四六団体、年間事業高は二一三億円。

事業団＝労働者協同組合の活動はすでに二十七年の歴史を刻んできたわけだが、同連合会がこのところずっと精力的に取り組んでいるのが「協同労働の協同組合法」の制定運動である。農協、漁協、漁協、生協など既存の協同組合には、いずれもそれに関する法律があるが、労働者協同組合には、いまだにそれを律する法律がない。このため、労働者協同組合を設立しても人格のない社団（任意団体）にとどまらざるをえず、事業の遂行にあたって不利な点があるという。例えば、人格のない社団では各種の契約を結べないほか、官公庁との契約でも不利な立場におかれるし、税制面でも協同組合でないので一般の企業並みの課税となる。このため、労働者協同組合を他の協同組合並みに法制上位置づけてもらいたいというわけである。

私が労働者協同組合に注目し始めたのは八六年からだ。なぜなら、「中高年雇用・福祉事業団（労働者協同組合）全国連合会」という組織の存在を知った時、労働者協同組合の試みが、労働運動に関心を持ち続けてきた私の目に極めて新鮮なものに映ったからである。とりわけ、二つの点が私をとらえた。

一つは労働者が自らの意思で、それも互いに力を合わせて働く場を創り出したという点だった。日本人には、昔から自主的に行動を起こすという習性が乏しく、しかも、この国はあらゆる面で「競争」が貫徹している社会で、「協同」してことにあたるという志向が弱いな、と日ごろ感じていたから、労働者の自主性と協同を根底にすえた労働者協同組合という新しいスタイルの労働者の運動に大いに興味をそそられた。

もう一つは、労働者自身が出資し、管理し、働くという企業形態であった。ということは、ここでは雇う者（資本家）も雇われる者（労働者）もないということだ。いわば労働者による自主管理企業といってよい。いまさら言うまでもないことだが、資本主義社会は雇う者と雇われる者とで成り立っている。が、ここには、人間が人間を搾取するという資本主義の基本的構図がない。私にとっては、まさに目を見張るような一つの発見であった。

このように、私が当初、事業団＝労働者協同組合に関心を抱いたのは、どちらかというと、それが「労働者による自主管理企業」的性格をもっていたからだった。が、その後、それが協同組合の一種であるとの見方に接してからは、協同組合の視点から、これを見てゆく立場に変わった。そして、ある文献に出合ったのを契機に、私は従来にも増して事業団＝労働者協同組に対する関心を高めることになった。その文献とは、アレキサンダー・F・レイドロー博士（元カナダ協同組合中央会参事）の『西暦2000年における協同組合』（日本生活協同組合連合会刊）であった。

これは、国際協同組合同盟（ICA）からの要請に応じてレイドロー博士が一九八〇年に執筆したICAへの提言で、新しい世紀における協同組合のあり方を論じたものだった。博士は「将来の選択」として、協同組合が取り組むべき四つの優先分野を挙げていたが、第二の優先分野に挙げていたのが「生産的労働のための協同組合」で、以下のように述べていた。

「過去20年間における世界の協同組合にとっての、最も重要かつ大きな変化は、労働者協同組合に関する概念の全面的な回復であった。過去75年あるいはそれ以上、それとなく無視されてきたが、多くの協同組合人の心の中に尊敬の念をもって迎えられるようになったのである。今世紀の残りの期間、労働者協同組合に多くの期待が寄せられている。食糧について、新しい社会秩序のために世界の協同組合が貢献し得る最大の分野は、各種の労働者生産協同組合における雇用の問題であるといわれている。19世紀の終わりから20世紀の初期にかけて労働者協同組合は不遇で、多くの組合は挫折し、路傍に散っていった」

「ところが、１９５０年代になって、いくつかのヨーロッパ諸国や第三世界でも、方向転換が見られるようになった。複雑な産業開発の新たな段階で、労働者協同組合がスペインのモンドラゴン工業団地に出現したのである。各国の政府は病める資本主義産業救済のために、この協同組合に注目しはじめた」

「労働者協同組合の再生は、第二次産業革命を意味するのだと予想することもできる」

労働者協同組合が果たす役割に対しなんという高い評価であろうか。これから果たしうる役割に対しなんという高い期待であろうか。「労働者協同組合の再生は、第二次産業革命を意味する」という記述に至ってはただただ驚くばかりだった。私が、日本で生まれた事業団活動に注目していち早く報道したのも間違っていなかったのだ、と私は内心、自画自賛したものである。

（二〇〇八年九月十六日記）

第144回 労協組の聖地・モンドラゴンをみる

スペイン北部、ビスケー湾に面す風光明媚な保養地サンセバスチャンから南へ渓谷を遡ること約八〇キロ、車で約一時間も飛ばすと、こぢんまりした町並みが見えてくる。長野県の伊那谷を思わせるような谷間に工場や住宅群が立ち並ぶ。標高二一一メートル。町の背後に富士山に似たウダラ山（標高一〇九二メートル）がそびえ立つ。人口二万五千（一九九六年現在）。モンドラゴンである。スペインのバスク自治州ギプスコア県に属す。

山間に展開するこの小さな町が一九八〇年以降、世界的な注目を集めるようになった。この年、カナダ協同組合中央会参事のアレキサンダー・F・レイドロー博士がまとめた『西暦二〇〇〇年における協同組合』の中で、モンドラゴンに根付いた協同組合を「高度の産業発展の新たな段階の労働者協同組合の姿を示したのである。各国の政府は病める資本主義産業救済のために、この協同組合に注目し始めた。このことに関する新しい文献の数は驚くべきもので、あまり関心を惹かないだろうと思われていたアメリカにおいてもそうであった」と称賛したからだった。

労働者協同組合とは、すでに述べたように労働者自身が出資、経営し、働く企業のことである。

それ以来、世界各地からの見学者が後を絶たない。日本の協同組合関係者もこのモンドラゴンの協同組合に高い関心を示し、これまで多くの視察団をここに派遣した。私もこれまで三回にわたってここを訪れた。一九九四年六月、同年十二月、九六年十月である。いずれも労働者協同組合、生協関係者による視察に同行しての取材であった。ここでは、三回にわたる取材で得たデータを基にモンドラゴンの協同組合のプロフィルを紹介する。

今から五十二年前の一九五六年にここで五人の若者が石油ストーブを製造する協同組合を設立した。それは五人の名前の頭文字をとって「ＵＬＧＯＲ（ウルゴール）」と名づけられた（やがて「ＦＡＧＯＲ（ファゴール）」と改称）。その後、年を経る毎に共鳴者、賛同者が増え、ウルゴール自身が大きくなったのに加え、工業製品をつくる協同組合が一つ、また一つと増えていった。それらは、モンドラゴンにとどまらず、バスク地方全域に広がった。

それればかりでない。工業関係の協同組合に加入した人びとは自分たちの活動をより一層発展させるために金融、共済、流通、技術開発、技術教育といった分野にも協同組合を次々と設立していった。それらの協同組合群は、やがて「モンドラゴン協同組合企業体」（ＭＣＣ）と名乗る協同組合の複合体を形成する。

私が三回目の取材で訪れた九六年には、そのＭＣＣは約九十の協同組合で成り立っていた。まさに一大協同組合群と呼ぶにふさわしかった。

それは、三つにグルーピングされていた。第一は財政グループで、金融や共済などの業務に携わる協同組合がここに束ねられていた。第二は工業グループで、工業製品を生産する七十二の協同組合がここに結集していた。これらの協同組合が生産する工業製品は、冷蔵庫、洗濯機、皿洗い機、などの家電製品のほか、自動車部品、工作機械、建設用機械などだった。第三は流通グループで、主力は生活協同組合。スペイン全土にさまざま規模、形式の店舗をもっていた。

事業の面ではどうか。九五年の総売上高（工業グループと流通グループの売り上げで、財政グループの売り上げは除く）は五五八七億七八〇〇ペセタ（当時一ペセタは約〇・八円）。日本円で四四六九億円であった。前年は四九六九億〇二〇〇ペセタだったというから、一二・四％の伸び。かなり高い成長率と言ってよかった。

ＭＣＣ関係者によれば、スペインの企業売上高ランキング（銀行を除く）でＭＣＣは第三位。とくに冷蔵庫、洗濯機の生産ではともに第一位とのことだった。「ＭＣＣはもはやスペイン有数の巨大企業なのだ」というのが私の受けた印象であった。

ＭＣＣが雇用の面でも大きな役割を果たしてきたことも印象に残った。九五年時点でのＭＣＣの労働者数は二万七九五〇人。九三年に比べ二六三三人、九四年に比べ一九六〇人増えたという。このころ、スペイン経済は不況の最中にあり、失業率は二一％に達していた。そうした厳しい経済情勢を考えれば、ＭＣＣが年々、就業労働者を増やしてきたことは特筆に値することではないか、と思われた。

すでに述べたように、ＭＣＣは労働者自身が出資し、管理し、労働もする労働者協同組合である。したがって、労働者はＭＣＣを構成する協同組合の組合員でもあるわけだが、近年、出資をせず、そこで働くだけの労働者（つまり賃金労働者）が序々に増えている、とのことだった。「現在、そのような労働者が五〇〇〇人いる」と聞いた。

労働者二万七九五〇人の内訳は五六・三％が工業グループ、三八・七％が流通グループ、五％が財政グループとのことだった。

労働組合はない。その代わり、「社会委員会」という名称の組織が設けられていた。職場単位で選ばれる組合員代表で構成され、決定権はないものの組合員の福利、厚生、労働条件などについて理事会に意見を述べることができる。理事の候補を推薦したり、組合員が受け取る前払い金（収入を見越して組合員に支払われる金、いわば賃金に相当するもの）の額を査定して決定する委員会に委員を出すこともできる。

ところで、出資はどのくらいか。組合員（労働者）になるための出資金は工業部門で一五〇万ペセタ、他の部門では一〇〇万ペセタとのことだった。組合員が受け取る前払い金は平均して一カ月一七万ペセタというから、前払い金の九カ月から六カ月分に相当する。日本円にしてざっと一〇〇万円から七〇万円だ。労働者にとってはそう簡単に出せる金額ではないが、そこには「労働者が企業を興すにはそれなりの資本が必要。それを自ら調達するとなれば、それ相応の負担をすべし」という考えが流れているのではないか、と私には思われた。一度払いのほか、職に就いた時に一部を払い、残りは前払い金の一部を毎月積み立てるという分割払いも認められていた。

もちろん、出資金には利子がつく。ＭＣＣ幹部によれば、利率は一般の銀行預金との利率と同じとのことだった。が、協同組合だから、出資配当には上限がある。

経営の面では、「民主的な運営」が貫かれていた。MCCを構成する個々の協同組合の最高決議機関は組合員総会で、そこで事業計画が決められたり、理事会メンバーが選ばれるが、そこでは「一人一票」制だ。株式会社では「一株一票」が原則で、所有する株の多寡によって株主の発言権が左右されるのとは大きな違いである。

MCCの共済機関の女性事務職員（三十三歳）に話を聞いた。六年前、一〇〇万ペセタを出して共済機関の組合員になった。電子機器のメンテナンスを請け負う株式会社に勤める夫と二人暮らし。

「休業手当の申請書類を処理する仕事です。恵まれた職場で、とても満足しています」

「わが国は失業率が高い。それだけに、MCCに就職できる労働者は、安定した職場につけた恵まれた人、とうらやましがられます」

MCCに就職するまでは、公務員をしていたという。そこで「協同組合が私企業や公営企業と比べて優れているのはどんな点でしょうか」と尋ねると、彼女はほほ笑みながら答えた。「わたしも一票をもっているから、それを行使することで協同組合の経営に参加できることね」

年一回開かれる総会には一〇〇%近い組合員が出席し、発言も活発という。

モンドラゴンにおける協同組合の実情を日本に最初に紹介した大谷正夫氏（元日本生活協同組合連合会常務理事、故人）は、かつて私にこう語ったことがある。

「世界がここに熱い視線を注ぐようになったのは、一つには、世界的に失業者が増えていることから、モンドラゴンのような行き方が雇用問題に対する一つの解決策を示しているのではないかと見たからではないか。それに、労働者の経営参加、産業民主化といった観点からの関心も高いと思います」

モンドラゴンでは人類にとって壮大な実験が進行中なのだ、というのが取材を通じて得た私の感慨であった。

（二〇〇八年十月二十一日記）

第145回 「モンドラゴン」の創始者は神父だった

スペインの北部、モンドラゴンで産声をあげた小さな工業協同組合が労働者協同組合の先駆的な典型として世界的な注目を集めるまでに発展した背景には、一人の神父の献身的な努力と指導があった。この神父がいなかったら今日の「モンドラゴン」はなかったと言っていいだろう。

今から五十二年前の一九五六年にモンドラゴンで五人の若者が石油ストーブを製造する協同組合を設立した。五人の名前の頭文字をとって「ＵＬＧＯＲ（ウルゴール）」と名づけられた（やがて「ＦＡＧＯＲ（ファゴール）」と改称）が、それが、現在のモンドラゴン一帯に展開する協同組合の複合体「モンドラゴン協同組合企業体（ＭＣＣ）」の前身である。この工業協同組合設立を指導したのがホセ・マリア・アリスメンディアリエタ神父だった。

ホセ・マリア・アリスメンディアリエタは一九一五年、バスク地方のビスカヤ県の農家に生まれた。モンドラゴンのあるギプスコア県の隣県だ。三歳の時、棒で目を突いて左目の視力を失った。十二歳で神学校へ進む。

一九三六年、スペイン内戦が始まった。当時の人民戦線政府（共和主義者、社会党、共産党などが中心）に対して軍部や右翼勢力が起こした戦争である。まず、フランコ将軍が指揮するモロッコ駐屯軍が反乱を起こしスペイン本土に上陸、人民戦線政府側の労働者や市民との戦いになった。ドイツとイタリアは兵力を送って反乱軍を後押ししたが、フランス、イギリス両国政府は不干渉政策、アメリカ政府は中立の態度をとり、ソ連は人民戦線政府に武器とわずかな人員を送っただけだった。一九三九年、内戦は人民戦線政府側の敗北で終わった。

ビスカヤ、ギプスコアの両県は人民戦線政府側につき、バスク軍を創設してフランコ反乱軍と戦った。アリスメンディアリエタもバスク軍の従軍記者となった。が、バスク軍の敗北でフランコ反乱軍に捕まり、投獄された。

その後釈放され、神学校に戻る。やがて、モンドラゴンの教会に派遣される。一九四一年、二十六歳の時だ。

当時のモンドラゴンは人口九千人。まだ内戦の余燼がくすぶり、町は疲弊しきっていた。フランコ反乱軍に殺された人も多かった。町の現状に心を痛めた神父は「町を再興するには、まず町の経済を活性化しなくてはならない。バスクは資源がないから、人びとが労働することで地域の繁栄を図らねばならない」と考えた。そこで、職業訓練学校を創設し、若者に対する教育を始めた。自身も教壇に立ち、哲学や社会学を教えたが、その中で、人間が連帯することの大切さを説いた。

五六年、職業訓練学校の卒業生五人が「ウルゴール」を設立すると、それを協同組合として運営するよう勧めた。

神父は、キリスト者として、神の前では人間は皆平等と考えていた。したがって、人間が人間を搾取する経済システムには否定的だった。ＭＣＣの研究者として知られる石塚秀雄氏はかつて私にこう語ったことがある。

「資本主義は資本が労働に優越する原則をもつために、一方、共産主義は所有権を否定するために、そのいずれにも神父は賛成しませんでした。労働者全員が資本と所有の権利をもつこと、労働と所有の分裂を終わらせることが望ましいと願い、そのためには協同組合方式が一番いいと考えたのです」

私が現地で会った、ＭＣＣの職員研修施設「ＯＴＡＬＯＲＡ（オタローラ）の責任者ホセ・アントニオ・ゴイチア氏も語った。

「彼は、世の中を変えなければと考えていました。そのためには、新しいタイプの企業を造らなくてはと考えた。企業にとって大事なのはお金ではなく、労働者だと彼は考えたのです。だから、労働者を企業管理に参加させねば、と考えたのです。そうすれば、企業の能率も上がり、労働者自身も満足感を得られるのではと思ったんですね。そこで、一九五六年に設立された石油ストーブをつくる企業も、労働者自身が管理する企業形態である労働者協同組合として発足させたのです。この結果、労働者は企業を信じ、企業に貢献しようと、よく働いた。良い製品が速くでき、企業は大いに発展しました」

ＭＣＣはさまざまな機能をもつ協同組合を傘下に収めているが、その一つ、「労働金庫」の創設を発案したのも神父だった。これは、いわば銀行で、一九六〇年に創設されたが、当時、「労働者が銀行をもつなんて」と協同組合の幹部から反対の声があがった。が、神父はこれを押し切った。

その後、労働金庫は協同組合の幹部の予想をはるかに超える役割を果たすことになる。すなわち、ＭＣＣ傘下の協同組合が金融的に結びつくことで組合相互の連帯が強まったのだ。収益を上げている組合は不振の組合を助けることができた。不況の時は、労働金庫がＭＣＣの支えになった。「労働金庫こそ、互いに援助し合わなくてはならないという神父の哲学を体現したものだったのです」とゴイチア氏。

私がここを訪ねたころ、労働金庫はスペインで五指に入る預金高を誇る大銀行であった。ＭＣＣ傘下の協同組合とその組合員への融資ばかりでなく、一般の企業や市民も取引の対象としていた。

神父が創設した職業訓練学校が多くの優れた技術者を生み出したこともＭＣＣ成長の原動力の一つとなった。その学校はその後も続いていて、私が訪れた時は工業専門学校といった印象だった。高校卒業が入学資格で選抜試験があった。四年制で生徒は二千人。ＭＣＣからの寄付金、自治州政府、県、町からの助成金、授業料によって運営されているとのことだった。卒業生はＭＣＣ傘下の協同組合に就職する。

その後、工業大学に昇格したと聞いた。

そればかりでない。一九七四年にはＭＣＣに技術開発研究所「イケルラン」が創設されたが、これも神父の提言によるものだった。

神父はいつも愛用の自転車で町中を回っていた。酒もたばこもやらなかった。協同組合の発展のために生涯をささげた、と言ってよかった。それでも協同組合の役職につくことはなかった。が、会議には顔を出し、意見を述べた。一九七六年に死没。六十一歳だった。ＭＣＣ内では神父の銅像や肖像を見かける。いずれも神父を尊敬する組合員の手でつくられたものという。

それにしても、日本で「生協生みの親」といわれる賀川豊彦もクリスチャンであった。ホセ・マリア・アリスメンディアリエタと賀川豊彦。ともに協同組合史上に画期的な足跡を残したわけだが、二人に共通するのがキリスト教である点が私を強くとらえる。

できれば、また「モンドラゴン」を訪れてみたいと思う。経済のグローバル化が進んだため、ＭＣＣもその後、さらに多国籍企業化を迫られたにちがいないと思うからだ。一九九六年の時点でもＭＣＣはすでにメキシコ、オランダ、チェコ、タイ、モロッコ、エジプト、アルゼンチン、中国、フランス、イギリスの十カ国に工場をもっていた。工業部門の売り上げの四二％が輸出だった。当時よりグローバル化がさらに進展した今、労働者協同組合の聖地・モンドラゴンはどんな変容をみせているだろうか。

（二〇〇八年十月三十一日記）

第146回　アジアへの関心

台湾への旅①

ソ連・東欧諸国を中心とする社会主義陣営の崩壊を機に、私の関心は協同組合、協同組合運動に向かったが、もちろん、私の関心はそこにとどまらなかった。アジア諸国に対する関心もまた私の中で高まった。なぜなら、米ソ二大超大国が対決していた東西冷戦時代は、私の関心はどちらかというと、厳しい米ソ対決の谷間にあって日本はどう平和を維持してゆくべきかというところに焦点が行きがちだったが、米国一極体制になった今、私の関心は日本はこれから近隣諸国とどう平和的に共存してゆくか、という点に移っていったからだった。つまり、日本のこれからの安全保障は、ひとえに近隣諸国との間でどう友好的な関係を築いてゆくかにかかっているのではないかとの思いが強くなっていったのだった。

それには、まず、明治維新以降の近代日本がアジアの諸民族にどう対してきたかを知らなくてはと思った。それまでに訪れたアジア諸国といえばソ連、中国、ベトナム、北朝鮮だったが、それ以外のところにも行き、そこに暮らす人々の対日観を知りたいと考えた。

そう思っていた時、格好の機会がやってきた。沖縄近現代史研究家で沖縄県浦添市美術館教育・普及主査の又吉盛清さんを講師とする「台湾の沖縄史跡を訪ねる旅」が行われるとの情報がもたらされたからだ。又吉さんとは、沖縄取材を通じて知り合った仲だった。

又吉さんは一九六〇年代から沖縄と台湾のかかわりに注目し、それまでに三十数回も台湾に渡り、沖縄にゆかりの深い土地や遺跡を訪ね歩いてきた。「台湾は沖縄から近い。歴史的にも関係が深い。沖縄県人が台湾と交流を進めるためには、まず沖縄側が台湾のこと、とりわけ台湾と沖縄とが過去にどんな関係にあったかを知る必要があるのでは」と「台湾の沖縄史跡を訪ねる旅」を計画、これに那覇市の出版社や旅行社が賛同し、一九八七年から「旅」が始まった。これまでに六回の「旅」が行われ、その参加者は約二百五十人にのぼるとのことだった。「台湾を訪ねるチャンスはそうめぐってこない。ぜひ、その旅に参加してみよう」。私はすかさず同行取材を申し込んだ。

私が参加した七回目の「旅」は、一九九一年七月五日から四泊五日。那覇から空路で台北へ向かい、そこから台南―車城―台湾最南端の岬―高雄―澎湖島―台北と回った。参加者は十七人。本土からの参加者は私を含めた二人、あとは沖縄の人たちだった。

台湾滞在中は、見るもの、聞くもの、すべてが興味深かった。とりわけ、かつて日本と関係があった事物に興味を覚えた。なかでも私に最も強烈な印象を残したのは、車城で見学した「琉球藩民五十四名墓」だった。「台湾遭害事件」と呼ばれる事件にからむ墓である。

これは、一八七一年（明治四年）、琉球（沖縄の別名）の首里王府に貢ぎ物を納めた宮古の貢納船が那覇港から宮古に帰島する際、洋上で台風に遭って台湾の東部海岸に漂着し、乗組員六十九人のうち水死を免れた六十六人が山中に迷い込み、五十四人がパイワン族に首をはねられて死亡した事件。十二人は漢民族に助けられ、那覇に帰ることができた。

当時、琉球が日本に帰属しているのか、清国（中国）に帰属しているのかが問題になっていた。明治政府は「琉球人民の殺害されしを報復すべきは日本帝国の義務」として、一八七四年（明治七年）、三千六百人の軍団を編成して台湾に派兵し、パイワン族を攻撃した。近代日本による初めての海外出兵だった。

その時、日本軍は貢納船乗組員の墓を現地に建立した。花崗岩の墓石には「大日本琉球藩民五十四名墓」と刻まれていた。高さ一四五センチ。「琉球藩民」の上にあえて「大日本」をかぶせたのは、琉球は日本に帰属しそこの住民は日本国民だという当時の明治政府の主張の表れだった、とみていいだろう。

その後、琉球、台湾、日本の三者をめぐる関係は大転換を遂げる。日本の台湾出兵から五年後の一八七九年（明治十二年）には、日本政府が琉球を日本の一つの県（沖縄県）にしてしまう。いわゆる琉球処分である。清国がこれに抗議したのはもちろんだ。一八九四年（明治二十七年）には日清戦争が起こり、勝利した日本は翌一八九五年、台湾を領有する。台湾に対する日本の植民地支配は、一九四五年の日本敗戦まで五十年にわたって続く。

それだけに、この墓は近代日本が海外に進出してゆく起点ともなったモニュメントなのだ、と又吉さんは墓のかたわらで「旅」参加者に語った。

その説明を聞きながら、墓石を見上げた私は「あっ」と思った。「大日本琉球藩民五十四名墓」という文字のうち「大日本」の三字が、白いセメントで塗りつぶされていたからだ。

又吉さんの説明はこうだ――又吉さんが初めてこの墓を訪れたのは一九七八年。その時、墓はつる草に覆われて、足の踏み場もないほどに荒れ果てていた。墓地の石塀も崩れ落ち、雑草や樹木が伸び放題となっていた。心を痛めた又吉さんが乗組員遺族、乗組員の関係市町村、沖縄県、台湾の関係当局に働きかけたことから墓地の改修が始まり、一九八二年に完成したが、改修工事がすべて順調にすすんだわけではなかった。

というのは、改修にあたって台湾当局が又吉さんに「大日本琉球藩民五十四名墓」の碑文から「大日本」の三文字を切断し、墓銘は「琉球藩民五十四名墓」だけにせよ、と伝えてきたからだ。又吉さんは「墓は建立から百年以上もたっており、歴史的遺産である。琉球（日本）と台湾の関わりを現在と後世の世代に語り継ぎ、正しく歴史を教訓化する史跡として、完全な形で保存したい」と理解を求めたが、台湾当局は認めず、結局、「大日本」の三文字にセメントを流し込み判読できないようにすることで折り合いがついたという。

又吉さんによれば、「大日本」の三文字は、台湾の人たちには、日本に侵略された屈辱の歴史や、日本による五十年にわたる植民地支配のシンボル的なものとして映っており、いまなお台湾の人たちの心情を刺激するという。また、台湾当局は現在でも政治的には琉球の「日本帰属」を認めていないところがあり、それだけに「琉球藩民」の上に「大日本」を置くことを認めると、まさに琉球の「日本帰属」を認めることになりかねず、到底承服しがたいことであったのだ、と又吉さんは言う。

墓石の、白いセメントを流し込まれたところを見つめていると、台湾の人たちの心情がひたひたと伝わってくるようだった。そして、日本に侵略されたアジアの諸民族の心情の一端に触れた思いがした。私は日本人の一人として何か言いようのない感慨に襲われ、墓のわきに立ち尽くした。そのうち、旅の一行がいなくなったのに気づき、私は無言のまま墓地を離れた。

近くに乗組員十二人を助けた揚友旺さんの墓があった。一行はここも訪れ、参拝したが、ここでは何か救われたような気持ちになった。

（二〇〇九年二月十五日記）

第147回 アジアへの関心

台湾への旅②

又吉盛清さんが主導する「台湾の沖縄史跡を訪ねる旅」は、私にとって極めて収穫の多い旅だった。一八七一年（明治四年）に台湾南部で起きた「台湾遭害事件」をめぐり日本側が事件現場に建立した「大日本琉球藩民五十四名墓」の改修工事に対して台湾側が示した反応から、台湾の人たちが今なお日本に対して抱いている心情の一端に触れることができたのはその一つであったが、沖縄と台湾の歴史的関係に理解を深めることができたのも現地を踏んだからこそ得られた収穫の一つだったと言えるだろう。

私自身、本土でずっと暮らしてきたから、沖縄と台湾の関係に興味をもつこともなかった。両者は地理的に近いな、ということぐらいの知識しかなかった。

沖縄生まれの又吉さんが台湾に関心を抱いたのは、沖縄から近いからだけではなかった。地理的に近いだけに古い時代から台湾と沖縄が互いに深く影響し合ってきたことに気づき、台湾に対し改めて関心を深めたという。このため、三十数回にわたって台湾に渡り、沖縄にゆかりのある土地を歩き、現地の人々から話を聞くうちにいろいろなことが分かってきたという。

まず、昔から住民同士の間で活発な交流があったことを確認できた。が、同時にそれまで気づかなかった事実が見えてきたという。

「日清戦争に勝った日本が台湾を領有するようになるのは一八九五年からです。それから一九四五年まで五十年にわたって日本による植民地支配が続くわけですが、その支配の先兵の役割を担わされたのが沖縄人だったんですよ」

又吉さんによると、台湾領有後、明治政府が台湾植民地支配の地ならしとして派遣した人たちの中に沖縄人も含まれていた。まず、抗日の武装蜂起を鎮圧するために警察官を派遣したが、その中に沖縄出身の巡査がいた。次いで、兵舎、道路、港湾、鉄道、病院などの建設にあたる土木作業員や、台湾の人々に同化、皇民化教育を施すための教員、日本人相手の売春婦らが送り込まれたが、その中にも沖縄出身者がいたという。

敗戦時の台湾在住日本人は約五十万。うち三万人余が沖縄人だったのではないか、というのが又吉さんの推計である。

又吉さんは語った。「霧社事件の実相を明らかにしようと、台湾の山の人と話していたら、彼らが言ったんですよ。日本統治時代には、よい沖縄の人と悪い沖縄の人がいたと。つまり、山の人を弾圧したり、排除、差別する側にいた人と、彼らに優しかった人がいたというんですね。ショックでした」。「山の人」とは先住民のことである。

こうした経験から、又吉さんは一つの認識に達する。「沖縄人はこれまで自らを被害者とばかり思い込んできたが、実は加害者でもあったのだ」と。

又吉さんによれば、沖縄人については、それまで、どちらかというと、被害者的な面が強調されてきた。琉球王国時代には薩摩による支配を受けたばかりか、明治維新後はいわゆる琉球処分によって日本に組み込まれたからである。そのうえ、第二次大戦中は日本で唯一、地上戦の舞台となり、住民は多大な犠牲を強いられた。そればかりでない。戦後は、三十年近くにわたって米国による異民族支配を受けた……。

このため、沖縄人が被害者意識にさいなまれてきたのも無理はなかった。が、その沖縄人が台湾の民衆に対しては加害者であったとは。又吉さんが提唱した「台湾の沖縄史跡を訪ねる旅」も、実は沖縄人が、自らの台湾への加害の歴史を知るための旅でもあったのだ。

私が参加した七回目の「旅」も、行く先々で、沖縄の人が台湾植民地支配の先兵の役割を担わされた歴史に出合った。とくにその感が強かったのは、台湾海峡に浮かぶ澎湖島での見聞だった。

又吉さんによると、澎湖島は沖縄人ととりわけ深いかかりをもったところだったという。日清戦争で日本軍がこの島に上陸した時もそれに沖縄出身者が加わっていたし、その後も、沖縄出身の巡査や教員がこの島へ渡ったという。同島を支配するために澎湖庁が設置されたが、歴代の庁長に登用された官吏に沖縄出身者もいた。「旅」参加者は日本軍が上陸した港や澎湖庁舎跡などを見て回った。

澎湖島は三つの大きな島からなり、その一つの島の突端に旧日本軍が築いた大規模な砲台の跡があった。砲台は果てしない海に向けて造られていた。それを見て、澎湖島が、日清戦争後の日本にとって重要な軍事拠点となっていたことが実感できた。

「旅」に参加した元公務員は「沖縄と台湾との歴史的な関係がよく分かった。実にためになる旅だった」と語った。また、別の参加者は「何事も複眼的にみなくてはならないことを学んだ」と語った。この旅は、沖縄の人たちにとっては単なる観光旅行でなく、さまざまなことを学ぶことができた有意義なツアーだったのではないか。私にはそう思われた。

私の記事は、九一年七月二十五日付の朝日新聞夕刊に載った。「沖縄県人、台湾で自らの歴史問い直す旅」「被害者のつもりが、加害者でもあった……」「植民地支配の先兵に利用され、弾圧にも加わる」の三本見出しで。

〈霧社事件〉一九三〇年（昭和五年）十月二十七日、台湾中部の霧社周辺の山地民約三百人が日本の植民地政策に反対して日本人運動会が開かれていた小学校などを襲い、日本人百三十四人が犠牲になった。日本は軍隊などを動員して鎮圧にあたり、山地民側の死者は六百人以上に及んだとされる。

（二〇〇九年二月二十四日記）

第148回 アジアへの関心

この目で見たサラワクの自然破壊

「聞きしにまさる自然破壊だな」

熱帯林の間を蛇行しながら滔々《とうとう》と流れる茶褐色の濁流を眺めながら、私は言葉を失った。マレーシアの東マレーシア（ボルネオ島）サラワク州でのことである。

「情報懇話会21」という団体がある。労組や市民団体にニュースを提供している連合通信社（本社・東京都港区芝）が主宰している会員制の学習グループだ。現代社会の実態を知りたいという労組員らを対象に始めた活動で、それぞれの分野に詳しい専門家による講演会が中心だが、テーマによっては現地調査も行ってきた。

その情報懇話会21が一九九二年五月、「熱帯雨林の現状と未来を見る旅」を実施した。当時、マレーシアで熱帯林の伐採が多国籍企業によって行われ、その影響で環境破壊が進み、先住民の生活も深刻な被害を受けつつあるとの報道が相次ぎ、熱帯林伐採問題への関心が環境保護団体を中心に世界的に高まりつつあった。森林伐採に反対する東マレーシア・サラワク州の先住民多数が警察に逮捕されたというニュースももたらされ、日本でもこの問題に関心をもつ人たちが現れた。そこで、情報懇話会21が「現状をこの目で確かめよう」と、現地へのツアーを組織したのだった。

私もアジアにおける環境問題には関心があったから、ぜひ現地を見たいと思った。が、私は環境問題担当ではないので出張を申請しても認められないだろう。ならば、と休暇をとり自費で参加することにした。「旅」の参加者は総勢十四人。大半が都職労、食品連合などの労組員だった。現地の事情に詳しいルポライターが「旅」のガイド役として加わった。

「旅」一行は五月四日に成田を出発、東マレーシア・サバ州のコタキナバルを経てサラワク州のミリに到着。ここで一泊して空路で同州ビンツルへ。ここから船でタタウ川を遡った。タタウ川は黄土色一色の流れで、時折、丸太を満載して下ってくる運搬船に出合った。熱帯林の伐採地にきたという思いを深くする。途中、船外機つきの小舟に乗り換え、熱帯林の中の支流をさらに遡る。やがて、川岸にあるイバン族の集落に着いた。ビンツルから船で三時間の距離だった。

周りには鮮やかな濃緑の熱帯林が枝を広げる森が果てしなく続き、足元には見るからに生き生きとした灌木や草が生い茂り、昼なお暗い感じ。湿度が高く、肌がねっとりする。森閑として風はなく、ひどく蒸し暑い。

集落は十二世帯八十人。この人たちは、ロングハウスと呼ばれる、板やトタンで葺いた一つ屋根の長い住宅に住んでいた。高床式で、ステップをつけただけの板をのぼって中に入ると、住宅の端から端まで貫く廊下になっていた。そこが作業や会合の場となっており、子どもたちの遊び場にもなっていた。この廊下に面してそれぞれの家族が複数の部屋をもっていた。私たちはここに二晩泊めてもらい、住民たちと交流した。

また、この間、川をさらに小舟で遡り、川岸にあった別なイバン族の集落を訪れた。そこには三十三世帯二百七十五人が生活していた。そのせいだろう、ロングハウスの廊下はなんと一五〇メートルもあった。ここでも住民たちと交流した。

住民たちは、農業と畜産で生計をたてていた。農作物は陸稲、ココア、コショウ、ココヤシなど。陸稲は自家用だが、ココア、コショウ、ココヤシなどは販売用だ。彼らとて衣類や調味料、自家発電や船外機用のガソリンを買うのに現金が必要だからだ。畜産も同様で、豚、鶏を飼い、一部を販売する。他に川で魚を捕ったり、森の中で獣を捕まえる。これも自分たちの食用にしたり、販売する。

ところが、住民たちが語ったところによると、五年ほど前から、周辺の森で熱帯林の伐採が始まった。ブルドーザーも入ってきた。伐採した木を搬出するための道路を造るためだ。このため、樹木や草で覆われていた表土がはがされ、赤土が露出。そこにスコールが降り注ぎ、雨に押し流された赤土は土砂となって河川に流れ込んだ。河川は濁り、飲用や沐浴用に使えなくなったばかりか、魚が捕れなくなった。森ではイノシシなどの獣がいなくなったという。

熱帯林が伐採された跡には、ゴムやパーム油、カカオなど輸出用作物が植えられているとのことだった。いわゆるプランテーション化だ。

「伐採に反対すると、刑務所に入れられる」「プランテーション化が進むと、私たちの畑がなくなるし、なによりも住めなくなる」。住民たちはおびえた目でそう語った。

それにしても、この時期、熱帯林の伐採が問題化したのだろう。その背景にあったのは、先進諸国における住宅建設ブームだったのではないか。急速なテンポで高まった住宅建設ブームは大量の安価な木材を必要としたから、熱帯の森林が注目を浴び、先進諸国による熱帯林の輸入が急増した。一方、熱帯林を抱える開発途上国にとっては木材の輸出は外貨稼ぎの「ドル箱」となったわけで、この結果、開発途上国は一層、森林開発に力を注ぐことになった。

「旅」に携行した岩波ブックレット『破壊される熱帯林――森を追われる住民たち――』(地球の環境と開発を考える会著、一九八八年刊)も次のように書いていた。

「木材産業は、石油、天然ガスと並んでマレーシア政府が国の優先課題として進めている近代化、工業化の支えです。実際、マレーシアは世界一の熱帯木材輸出(全体の五八%を占める)を誇り、その七割は日本に輸出されています。しかし、半島部マレーシアは森林資源の枯渇がひどく、主要な木材産地として期待されているのがボルネオ島のサラワク州とサバ州なのです。サラワクでは、一九六三年~八五年に二八〇万ヘクタールと森林全体が企業によって伐採されました」

要するに、こうした背景をもつ熱帯林の伐採が、環境問題を引き起こし、現地住民から反対の声が上がっていたのだ。私たちは、この目で濁流と化した河川を見、住民から直接話を聞いて、事実を確かめることができた。そして、伐られた木材の七割が日本向けであること、それに、伐採に当たっている企業には日系企業も加わっていると知って、私はなんとも重い気持ちに陥った。

緊張感に満ちた旅だった。こんなことがあった。私たち一行は、ビンツル空港に着いた後、空港近くで現地ガイドと落ち合うことになっていた。が、約束の場所で待ってもなかなか現れない。一行の間で不安が高まった。一時間後、少し離れた車の陰から声をかけてきた男がいた。それが現地ガイドだったが、彼の顔は緊張でこわばっていた。「私服の警察官がウロウロしていて、彼らが立ち去るのを待っていた。私は顔を知られているので」とのことだった。

こうしたことからも分かるように、州政府は、外国人が熱帯林伐採に反対する先住民を支援したり、伐採問題を環境問題と結びつけるのを極度に警戒しているようだった。だから、監視の目を光らせていたのだろう。

私たちはイバン族の集落からビンツルに戻り、そこで一泊。翌五月八日、空路でシンガポールへ向かった。

飛行機がビンツル空港を離陸して上昇を始めると、窓外にサラワク州の海岸線が見えてきた。それを見て私は目を見張った。海岸線に近い青い海がところどころ茶褐色に染まっていたからである。まるで茶褐色の扇を広げたようだった。扇の要にあたるところが河川の河口であった。森林伐採によって河川に流出した土砂が紺碧の海を汚染していたのである。

座席に身を沈めると、先住民と交流した時、先住民の一人が私たちに突きつけた言葉がよみがえってきた。

「私たちは生活に必要な現金を得るためにカカオを栽培している。しかし、苦労してつくっても日本の買い入れ業者に買いたたかれていくらにもならない。もっと高く買って欲しい。あなたがた日本人はここに何しにきたのか。私たちを助けに来たのか」

私たちは、だれもこれに答えることができなかった。その時のことが思い出されて、私は日本人の一人として胸が痛んだ。

毎年、バレンタインデーが近づき、デパートなどで豪華なチョコレートが山のように積まれているのを見ると、私はこの時の先住民の訴えを思い出す。

（二〇〇九年三月四日記）

第149回　アジアへの関心

シンガポールで見た「日本の過去」

一九九二年五月八日、私たち「熱帯雨林の現状と未来を見る旅」の一行は、マレーシア・東マレーシア（ボルネオ島）のサラワク州ビンツルを発って空路でシンガポールへ向かった。来た時と同じコースで日本に帰るのでは芸がないので、シンガポールを経由して帰ろうというわけだった。

シンガポールには二泊。この間、「旅」参加者は思い思いの時間を過ごしたが、私は朝日新聞関係者に会ってシンガポール事情を聞いたり、かねて関心をもっていたシンガポール生協の店を見学したりして時を過ごした。

ここに滞在中にぜひ訪ねてみたいと思っていたところがあった。太平洋戦争開戦直後のシンガポールで行われた日本軍による「華僑虐殺」を記念する碑があると聞いていたからである。

シンガポールを含むマレー半島は英国の植民地だったが、太平洋戦争を始めた日本軍は一九四一年（昭和十六年）十二月八日、マレー半島に上陸すると一気に南下し、半島突端のシンガポールへ迫った。二月十五日には英軍が降伏し、シンガポールは日本軍の手に落ちた。その直後、日本軍による「華僑虐殺」があった。シンガポールの中学教科書は、こう書く。

「日本人は中国人を憎み、虐待した。彼らは、中国で中国人を敵に戦っていた。日本人は、シンガポールにいる中国人が日本と戦う中国を援助するために金を送ったことを知っていた。日本人はまた、中国人の義勇兵達が、日本人に対して猛烈に戦ったことも知っていた。彼らに敵対した中国人を排除しようとして、日本人はシンガポールにいる中国人を処罰した。全ての中国人、特に18～50歳前後の男達は、特定のセンターへ日本軍によって〝検証〟されるために出頭しなければならなかった」

「何千人もの中国人はトラックで連れ去られた。彼らはたいていはチャンギ海岸と他の東海岸地域に連れて行かれた。そこで彼らは射殺された。死ななかった者は銃剣で死ぬまで刺された」（石渡延男・益尾恵三編『外国の教科書の中の日本と日本人』、一光社、一九九〇年）

その時の〝検証〟の犠牲者数については、いまなお日本とシンガポールの双方で諸説があり、確定していない。シンガポールの学者が著した『日本軍占領下のシンガポール』（編＝許雲樵・蔡史君、訳＝田中宏・福永平和、青木書店、一九八六年）によれば、日本の教科書では六千人以上となっているが、シンガポール側では一般的に四、五万人が虐殺されたと推計されているという。いずれにしても、日本軍によって多数の中国人が殺害されたことは確かのようだ。

同書には、こうした犠牲者の遺骨を収集して葬った追悼碑「日本占領時期死難人民紀念碑」が一九六七年にシンガポールの中心地に建立されたとある。

私は、これらの文献を読んでいたから、機会があればこの「日本占領時期死難人民紀念碑」を訪れたいと思っていたわけである。

日本を発つとき、旅行社からもらったシンガポール政府観光局発行の観光案内『シンガポール』を見ても、この碑のことは載っていなかった。日本人観光客には見せない方がいいとの方針からだろうか。そこで、タクシー運転手に碑のことを告げると、連れて行ってくれた。

それは、街の中心部の一角にある公園のようなところにあった。白っぽい細くて長い四本の柱が天空に向かってそそり立つ。それが「日本占領時期死難人民紀念碑」だった。高さ六七・七メートル。四本の柱は、忠、勇、仁、義を体しており、同時に互いに団結してきたシンガポールの多元的民族と、その文化および宗教を象徴しているそうだ。

台座には英文が刻まれていた。『日本軍占領下のシンガポール』によれば、それは「一九四二年二月十五日より一九四五年八月十八日まで、日本軍シンガポールを占領せり。わが住民で無実のうちに殺害された者の数とうてい数えきれず。二〇余年を過ぎたいま、ようやく遺骨を収集し、ここに丁重に葬り、この碑を建立してその悲痛を永久に誌す」と読める。

私は、日本人の一人として居たたまれない気持ちに陥り、しばし碑の前に立ち尽くした。碑の周辺にはほとんど人影がなかった。街のあちこちで日本人観光客をみかけたが、ここを訪れる日本人に出会うことはなかった。

シンガポールにおける「華僑虐殺」を知っている日本人は少ない。そう感じていた私は、「日本占領時期死難人民紀念碑」をこの目で見てからは、「虐殺」の事実を多くの人に知ってもらいたいと思うようになった。が、そのきっかけがなかった。

機会は、ひょんなことから巡ってきた。シンガポールに立ち寄ってから二年後、北陸の出版社から刊行された一冊の本が目にとまった。富山市の桂書房から出版された松本直治著の『大本営派遣の記者たち』である。

松本さんは当時、八二歳。北日本新聞社（本社、富山市）の編集局長、論説委員長、役員を経て相談役を務めていた。

松本さんはこの手記の中で、シンガポールで目撃した日本軍による「華僑虐殺」の模様などを半世紀ぶりに明らかにし、「私もまた、マスコミの末端にあるものとしてペンをもって戦争遂行の機運を担い、あおった責任は免れ得ない」と自らを省みていた。

松本さんによると、北日本新聞社に入るまでは国民新聞（東京新聞の前身）の記者だったが、一九四一年暮れ、国民徴用令により陸軍報道班員の第一陣としてマレー半島に派遣された。一行は新聞記者、写真家、画家ら約二百人。作家の井伏鱒二もいた。現地では軍と行動を共にし、戦果の報道や宣撫工作にあたった。

手記は一年間にわたる現地の体験をつづったものだが、特に私の目を引いたのはシンガポール陥落直後の「華僑虐殺」を目撃した記述だった。

「『奸漢狩りがある。一緒に来たまえ、取材の一つになる』と、若い顔見知りの中尉に誘われ、出かけることにした。チャンギ俘虜収容所の近くだった。……鉄網で囲んだ地域の中に壕が掘られていた。深さ一・五メートル、幅二メートル。長さ約百メートルの細長い壕を前に、後手に縛られ数珠つなぎになった約二百人が座らされていた。座った人は次々に目隠しされていくのだが、首を振って拒否する者もいた。日本刀が振り上げられ、首が切り落とされると血が噴き上がり、体が壕の中に落ちる。十人ほど切られるのを見ていたが、気分が悪くなった」

私は、松本さんを訪ね、話を聞いた。「なぜ、いまごろになって戦争中の体験を書き、発表することを思い立ったのですか」との問いに、松本さんはこう答えた。

「二年前に宮沢喜一首相が朝鮮人従軍慰安婦問題で公式に韓国に謝罪したり、一年前に細川護熙首相が太平洋戦争を侵略戦争と認めたからですよ。こうした表明がなされるまでになんと長い年月がかかったものかと思った。そして、痛感した。こんなに時間がかかったのも、太平洋戦争の実態を国民が知らないからだと」

そこで、「旧日本軍がいかなることをしたのかを知らせたい」と、記憶をたぐって書き上げた。「いつか、真実を書き残さねばならない」という新聞記者としての自戒の気持ちを持ち続けていたことも執筆の動機だったという。

私は、松本さんの新聞記者としての生き方に感銘した。

松本さんの手記を紹介した私の記事は一九九四年五月二十四日付の朝日新聞社会面に載った。「私もまた、ペンをもって、戦争遂行の機運を担った」「マレー戦線従軍元記者　自己批判の書　静かに反響を呼ぶ」「シンガポール『華僑虐殺』の記述も」の見出しで。

シンガポールの「日本占領時期死難人民紀念碑」の前で思い立ったことが、ささやかな形ではあるが、ひとまずようやく果たされた思いだった。

（二〇〇九年三月二十日記）

第150回　新聞記者としての〝卒業論文〟

定年退職が近づいてきた。当時の朝日新聞社は六〇歳を定年退職年齢としていた。すなわち、満六〇歳を迎えた日をもって朝日新聞社員の身分を失う決まりであった。私の誕生日は一九三五年五月二日だから、一九九五年五月二日に定年退職を迎えることになった。

私が働いてきた東京本社社会部には、一種の慣例があった。定年退職を迎える者は、定年の日までの一定期間、会社に出てこなくてもいいという慣例だった。いつごろからそうしたことが慣例化していたかは分からないが、私が在籍していた間は慣例化していたと記憶している。それは半年であったり、数カ月だったりした。つまり、上司にとがめられることもなく、堂々と休めたのである。そうした慣例の確たる根拠を聞いたことはなかったが、「みんな、それまで取得してこなかった年次有給休暇と定休を定年直前にまとめてとっているんだ」というのが、社会部員の暗黙の共通理解だったように思う。

私は結局、そうした定年前の休暇を一日もとらず、定年の日の前日まで記者として働き続けた。やるべき仕事、やりたい仕事が残っていて、とても休暇をとる気にはなれなかったからである。

それから、そのころの東京社会部には、もう一つ慣例があった。それは、〝卒業論文〟を書かせてくれることだった。すなわち、定年退職を前にした部員に自分の書きたいテーマがあれば、それを書かせてくれたのだ。だから、それまでの取材活動の「まとめ」をする意味を込めて原稿を書いた記者も少なくなかった。私たちは、それを読んで「ああ、これが彼の卒業論文なんだな」と話題にしたものだ。

私もこの〝卒業論文〟に挑戦しようと思った。

定年を前にして、三十七年に及ぶ自分の記者生活を顧みた。いろいろな事件・事故・出来事に出合い、さまざまなテーマに基づいた記事を書いてきたが、結局、一言でいえば「平和」と「協同」を求め続けた記者生活であったように思えた。ならば、この二つのテーマに関する〝卒業論文〟を書こうと思った。

「平和」に関する卒業論文は一九九五年三月二十八日付朝刊から三回にわたって社会面に連載された『被爆問題と報道――「広島・長崎」をどう伝えたか――』だった。前文に「被爆に関する報道に約二十九年間携わってきた経験から、『被爆五十年』を前に、とくに気にかかる点を挙げてみたい」と書いたように、六六年から被爆問題の取材を続けてきた私の、新聞社を去るにあたっての反省、いわば自己批判であった。

第一回は「内向きの発信」。ここでは、まず、五四年に起きた、米国による水爆実験によってもたらされたビキニ被災事件（第五福竜丸事件）以降、日本のマスメディアが行ってきた被爆に関する報道が膨大な量にのぼることを指摘し、そのことが原水爆の非人道性を広く訴え、核兵器廃絶への世論を形成するうえで大きな役割を果たしてきたと評価した。が、その一方で、これらの報道が全体として「内向き」の傾向が強かった点を挙げ、世界、とくに米・英・仏・ソ・中など核保有国の市民に向けた発信が極めて乏しかったことを指摘し、このため、原爆がもたらした悲惨な実相が海外に十分に伝わらなかったのではないか、と私は書いた。

第二回は「唯一の被爆国」。広島・長崎の原爆被害に言及する時、日本のマスメディアが好んで使う決まり文句がある。「日本は唯一の被爆国」あるいは「日本は唯一の被爆国民」

だ。確かに、世界史上、戦争での原爆使用によって惨禍を被ったのは日本と日本人だけである。従って、こうした表現自体、決して間違いではない。しかし、私は被爆に関する報道に携わる中で「果たしてこれでいいだろうか」と思うようになった。

すなわち、取材を通じて、原爆の開発途上で多くの米軍兵士や核実験場周辺住民が放射能による被害を受けていたこと、また、広島・長崎では多数の朝鮮人が死傷し、外国人捕虜も犠牲になっていたことを知ったからだ。なのに、マスメディアによって「日本は唯一の被爆国」と強調されてきたあまり、「日本人だけが核の被害者」といった認識が日本人に深く浸透し、日本人以外にも核の犠牲者がいたという事実が、多くの日本人の意識から抜け落ちたまま推移してきたのではないか、と私は指摘した。

第三回は「抜け落ちた視点」。ここでのテーマは、日本人の間で「日本は唯一の被爆国」といった表現が広く受け入れられてきたのは、マスメディアの影響もさることながら、マスメディアで働く人を含む日本人の多くが、被爆に至る歴史的プロセスへの認識を欠いていたのではないか、という問題提起だった。

私はここで、日本人が、日本人以外にも原爆被害者がいたこと、なかでも広島・長崎で多数の朝鮮人が犠牲になった事実に目を向けないのは、第二次世界大戦で敗北した後も、日本人の多くが、明治維新以降の、朝鮮民族への植民地支配を含むアジア諸国への日本の侵略行為に目を向けてこなかったからではないか、だから、広島・長崎に原爆投下時に多数の朝鮮人がいたことさえ知らなかったのではないか、と指摘した。

また、シンガポールの「聯合早報」東京特派員の発言を引用する形で、マレーシア人が日本への原爆投下をアジアへの侵略に対する一種の天罰だと思っていることも紹介した。

要するに、日本のマスメディアは、過ぐる戦争での日本の加害責任を十分に伝えてこなかった。このことが「日本は唯一の被爆国」という表現の広がりと固定化につながった、と私は主張したのである。

「協同」に関する卒業論文は同年三月二十七日付夕刊から四回にわたって連載された『ルポ　バスクのモンドラゴン――労働者協同組合の街』だった。

すでに述べたように、社会主義経済崩壊後、私は資本主義経済の暴走に歯止めをかけるのは協同組合経済しかないと確信するようになった。だから、世界と日本の協同組合についての報道に励んだつもりだった。その中で、労働者協同組合、とりわけそのメッカといわれるスペインのバスク自治州にあるモンドラゴン協同組合企業体に関心をもつようになった。一度現地を訪ねたいと願っていたところ、九四年六月に日本労働者協同組合連合会、同年十二月に日本生活協同組合連合会がそれぞれここに視察団を派遣、幸いにも私はこの両方の視察団に同行できたので、この時の取材結果をもとにこのルポを執筆したのだった。

モンドラゴン協同組合企業体についての一般紙での紹介はこれが初めてだったし、その後も一般紙ではこうした紹介記事はない。

定年退職にあたり、心配事もあった。私がカバーしてきた分野を今後、だれがフォローしてくれるだろうかということだった。幸い、すでに社会部の本田雅和記者が平和問題の取材で活躍しつつあり、私にとっては大変心強かった。もう心配することはない、と思った。

定年退職の日の五月二日は、大阪から出社した。前夜、大阪本社社会部の有志が私のために送別会を開いてくれたため、それに出席し、大阪に泊まったからだった。大阪本社の記者とはヒロシマの取材を通じて付き合いが深まっていた。

東京本社では、編集委員室で退社のための後片づけをした。それが終わった午後三時過ぎ、社会部から「来てほしい」と連絡があった。社会部に降りてゆくと、社会部のデスクの周りに編集局長や編集局次長、社会部員らが集まっていた。私は拍手で迎えられ、「ご苦労さんでした」とのねぎらいの言葉とともに花束を贈られた。

それから、私は一階の運輸部へ降り、車寄せに止まっていた乗用車へ乗り込んだ。これもそのころの東京社会部の慣例だが、定年退職者が会社を去る日には、取材用や業務用に会社が借り上げている黒塗りのハイヤーを提供していた。定年退職者はそれに乗って自宅まで帰ったのである。

私はその車で自宅に向かう途中、池袋で三越百貨店に立ち寄り、花束を買った。自宅で定年退職者を待つ妻に贈るために。

（二〇〇九年六月八日記＝第３部完）

第4部

フリーの視点

福島市内をデモ行進する「原発のない福島を求める県民集会」に参加した人たち(2011年7月31日)

その1
福田首相が戦中派？

記者諸君、もっと勉強してください

「えっ」。九月二十七日付朝日新聞朝刊の「声」欄を見て、思わず目を見張った。そこに掲載された投書の一つの見出しに「戦中派首相に平和外交期待」との見出しがついていたからである。

投書の主は横浜市在住で七十四歳の無職の男性で、そこには、こうあった。

「群馬生まれの私は大学卒業時、父に連れられ故福田赳夫氏宅へ就職先斡旋のお願いで伺った。会ったのは秘書で、結果的にお世話にならなかったが、福田内閣には大いに期待している。期待の第一は康夫氏が私同様、戦中派で悲惨な戦争体験があることだ。『戦争は政治の失敗』と明言し、その視点で憲法、靖国、拉致問題などを捉えた平和主義は、兄を戦争で失った私と共感するところが多い」

投書者によれば、福田康夫首相は「戦中派」だという。「声」欄担当者もそう思って、「戦中派首相に平和外交期待」という見出しをつけたのだろう。

だが、私はびっくりしてしまった。「福田康夫首相が戦中派だって。どう考えても戦後派なのに」

「戦中派」とは何か。辞書などにあたってみた。

「第二次大戦の最中に青年時代をすごした世代」（岩波書店の「広辞苑」）

「第二次世界大戦中に青春時代をすごし、価値観の大きな変化を経験した人々」（三省堂の「現代新国語辞典」）

「戦中派の旗手である村上兵衛の定義によると、『戦後派でもなければ戦前派でもない。その中間の世代、大正末年から昭和の初めに生まれて人間形成の重要な時期を戦争のなかで送った人々』ということになる」（自由国民社の「現代用語20世紀事典」）

「戦争中に育った人々。特に昭和初めから同一〇年までに生まれ、青少年期を第二次世界大戦中に過ごした年代の人々をいう。戦前派、戦後派に対していう語」（小学館の「国語大辞典」）

要するに、戦中派とは第二次世界大戦中に青年時代、青春時代を過ごした人たち、別な言い方をするならば、大正末年から昭和十年までの間に生まれた人たちをさすと言っていいだろう。「戦中派の旗手」とされた村上兵衛（評論家・作家）は一九二三年（大正十二年）十二月六日の生まれ。一九四五年（昭和二十年）の敗戦時は二十一歳だった。同じ世代、一九二二年生まれの作家、山田風太郎には『戦中派不戦日記』という著作がある。

こうしたことからしても、戦中派とは、学園から戦場にかり出された、いわゆる学徒出陣の世代、とみていいだろう。

しかるに、福田康夫首相は一九三六年（昭和十一年）七月十六日生まれ。敗戦時は九歳だった。これでは、とても戦中派とは言えない。

福田康夫首相と同じく敗戦時に九歳だった倉橋由美子（作家、故人）は、四十四年前の毎日新聞夕刊学芸欄（一九六三年八月二日付）にこう書いていた。

「八月十五日、おとなたちの世界の崩壊、ああ、なんてばかばかしいことだろうとおもっただけでした。喜劇を目撃したときから、わたしはおとなになることをやめてしまったようです。あのとき九才だったわたしは、いま二十七才で年だけはとり、しかし子どものまま。いまだに無責任のまま。でも『戦中派』のおじさんたち、もう戦争責任論はやめてください。『おれたちは戦争で苦労したんだ』というぐちをきかされるのも、まっぴらです。あなたがたは大きらい」

福田首相と同年齢の倉橋由美子には、「戦中派」の意識がなかったことが分かる。むしろ、批判の対象であった。

新聞から戦中派と言われて、福田首相は苦笑しているのではないか。

（リベラル21・二〇〇七年十月二十九日）

その2 ここまできたか“被爆ナショナリズム”

はんらんする「唯一の被爆国」

「〝被爆ナショナリズム〟もここまできたか」。ここ数カ月間の核兵器をめぐる論議や報道を見ていて痛感するのは、そうした感慨である。すなわち「日本は唯一の被爆国」という表現の、怒濤のごときはんらんぶりだ。私はこれまで、核問題を論ずる時にはこうした表現は避けたほうがいいと主張してきたが、私の印象では、この数カ月間でこうした言い方がいっそう頻度を増してきたように思われ、憂鬱極まりない。

日本で核兵器に関する論議がまた盛んになったのは、今年四月五日、オバマ米大統領がプラハで「米国は、核兵器国として、そして核兵器を使ったことがある唯一の核兵器国として、行動する道義的責任がある。米国だけではうまくいかないが、米国は指導的役割を果たすことができる。今日、私は核兵器のない世界の平和と安全保障を追求するという米国の約束を、明確に、かつ確信をもって表明する」と演説し、「核兵器のない世界」の実現に向けて積極的に動き出したことだ。

五月二十五日に北朝鮮が二度目の核実験を行ったことも核兵器をめぐる論議を加速した。

こうした世界的な動きを受けて、わが国でもこれに対応したさまざまな動きがあった。六月十六日には、衆議院本会議が「核兵器廃絶に向けた取り組みの強化を求める決議案」を可決した。そこには「わが国は、唯一の被爆国として、世界の核兵器廃絶に向けて先頭に立って行動する責務がある。他方、冷戦後の現在においても、核兵器のみならず、核爆弾搭載可能なミサイルの開発、核物質や核技術の流出、拡散等の脅威はむしろ高まりつつある。我々はこの現実を重く受け止め、非核保有国等と連携をとり、核保有国の理解を求め、核軍縮・核不拡散の取り組みと実効性ある査察体制の確立を積極的に進めるべきである」とあった。

翌十七日には、参議院本会議が「核兵器廃絶に向けた取り組みの強化を求める決議案」を可決したが、そこでは「わが国は、唯一の被爆国として、これまで世界の核兵器廃絶に向けて、一九九四年以来、国連総会へ「核兵器の究極的廃絶に向けた核軍縮」決議案提出など、先頭に立って活動してきたが、これからも、一層行動する責務がある」と述べられていた。

総選挙後の九月九日に民主、社民、国民新の三党間で結ばれた「三党連立政権合意」には次のような一文があった。

「唯一の被爆国として、日本国憲法の『平和主義』をはじめ『国民主権』『基本的人権の尊重』の三原則の遵守を確認するとともに、憲法の保障する諸権利の実現を第一とし、国民の生活再建に全力を挙げる」

極めつけは、九月二十四日に鳩山首相が国連総会でおこなった演説である。

「日本は核保有国と非核保有国の『架け橋』となって核軍縮の促進役になれる可能性があります。すなわち、核保有国に核軍縮を促し、非核保有国に核兵器保有の誘惑を断つよう、最も説得力をもって主張できるのは、唯一の被爆国としてノーモア・ヒロシマ、ノーモア・ナガサキと訴え続けてきた日本、そして、核保有の潜在的能力を持ちながら非核三原則を続けている日本です」

この間、新聞、テレビなどのマスメディアに「唯一の被爆国」がはんらんしたのは言うまでもない。

確かに、人類史上、原爆を投下された国家は日本だけである。したがって「日本は唯一の被爆国」という表現自体、決して間違ってはいない。

しかし、私は、報道に携わる立場から原水爆による被害の実態を調べてゆくにつれて、こうした表現に疑問を感ずるようになった。つまり、核爆弾がもたらした惨禍を被ったのは日本人ばかりでないことを知ったからである。

まず、世界で初めて核爆弾の被害に遭ったのは、米国による原爆開発途上で、原爆実験に動員された米軍兵士たちだった。彼らは原爆実験によって生じた放射線を浴び、いまなお後遺症に苦しんでいる。

米国による広島、長崎への原爆投下では、おびただしい数の日本人が死傷したが、多くの外国人も被爆した。朝鮮人、中国人、台湾出身者、東南アジアからの留学生、米国人・英国人・オランダ人らの捕虜らである。なかでも圧倒的に多かったのが朝鮮人で、広島では、当時五万人近い朝鮮人が居住していて被爆、うち二万人が死亡したと推定されている。長崎では、被災地内にいた一万二〇〇〇〜一万四〇〇〇人の朝鮮人のうち一五〇〇〜二〇〇〇人が死亡したと推定されている。

第二次大戦後の米ソによる核軍拡競争の最中に太平洋のビキニ環礁で行われた、米国の水爆実験では、日本の漁船「第五福竜丸」乗組員が被曝したが、この時被曝したのは乗組員だけではなかった。マーシャル諸島の島民たちもまた被曝し、生命を失ったばかりか、故郷も失い、いまなお流浪の生活を余儀なくされている。

それぱかりでない。旧ソ連では、相次ぐ核実験により多数の住民が被曝した。また、オーストラリアでは英国による核実験により、仏領ポリネシアでは、フランスによる核実験により、やはり住民が被曝した。

これらは原子力の軍事利用（原水爆の開発）による被害者だが、原子力の「平和的利用」とされる原子力発電所でも事故により被曝者を生んできた。

こうした被害者について、一般的には、実戦に使われた原爆による被害者が「被爆者」、原水爆開発過程（ウラン採掘や核実験など）での被害者が「被曝者」と呼ばれてきたが、一九七〇年代から、「被爆者」と「被曝者」とを分離せず、両者はいずれも核による被害者ととらえ、両者を合わせて「ヒバクシャ」と呼ぼうという機運が運動関係者の間に広がった。一九七七年に東京、広島、長崎を結んで開かれた、国際ＮＧＯ主催の被爆問題国際シンポジウムは宣言の中で「ヒバクシャ」という表現を使った。

これを機に、日本の反核平和運動団体や新聞からは「日本は唯一の被爆国」といった表現はほとんど消えた。すなわち、核による被害者は日本ばかりでなく、広く地球的規模に広がっていることから「日本は唯一の被爆国」のいう言い方が適切でない、という見方が運動関係者や報道関係者の常識となったのだった。つまり、核による被害は一国にとどまらず、国境を越えたグローバルなものであるとの認識に達したのだった。

「日本は唯一の被爆国」の代わりに単に「被爆国」とか「最初の被爆国」という言い方にしよう、という提案も報道関係者の間であった。

それに、そのころ、「日本は唯一の被爆国」という表現をやめた報道関係者には、これは事実と違うなという認識のほか、そこには一つの反省があったように思う。それは、報道機関が戦後ずっと「日本は唯一の被爆国」と強調してきたために、国民の間に「日本人だけが原爆の被害者」といった認識が広まり、日本人以外にも核による犠牲者がいたという事実が、多くの日本人の意識から抜け落ちていったのではないか、といった反省だ。とりわけ、そうした言い方が朝鮮人の被爆に対する無知と無関心を生んだのでは、との反省であった。

すでに述べたように、今や、国権の最高機関である衆参両院や総理大臣、これにマスメディアが加わっての「日本は唯一の被爆国」の大合唱である。これでは、全く元の木阿弥だな、との思いを禁じ得ない。政治家とメディア関係者は反核運動の歴史に目を向けてほしい、と思う。

（リベラル21・二〇〇九年十月四日。
拙著『核なき世界へ』所収）

その3
歴史はいつか真実に至る

やはり日米間に密約があった

「歴史はいつか真実に至る」。日米間にあったとされる四つの「密約」を検証していた外務省の有識者委員会は三月九日、「安全保障問題や沖縄返還にからんで日米間に三点にわたる密約が存在した」とする報告書を岡田外相に提出したが、そのニュースを聞きながら私の脳裏にまず浮かんできたのはそうした感慨だった。長期にわたって日本国民の間にくすぶっていた疑惑がようやく決着したわけだが、それにしても半世紀にわたって国民を騙し続けてきた歴代政権に改めて深い憤りを感ずる。

日米間にあったとされる四つの「密約」とは、１「日米安保条約改定時の核持ち込み」、２「日米安保条約改定時の朝鮮半島有事の際の米軍の戦闘作戦行動」（以上いずれも一九六〇年）、３「沖縄返還時の有事の際の沖縄への核持ち込み」（一九六九年）、４「沖縄返還時の土地の原状回復補償費の肩代わり」（一九七一年）である。

有識者委員会は１については「広義の密約」、２については「狭義の密約」、4については「広義の密約」があったと断じ、3については「密約に該当しない」とした。

さらに、この日は有識者委員会の報告書とともに外務省調査結果も明らかにされたが、それにより、政府が一九六八年に核兵器搭載の疑いがある米艦船の日本寄港・通過を黙認する立場を固め、その後の歴代首相や外相らもこれを了承し、寄港の可能性を知りながら国会等で「事前協議がないので核搭載艦船の寄港はない」と虚偽の政府答弁を繰り返していたことが分かった。


私は一九五八年から一九九五年まで全国紙の記者をしていた。一九六六年から退職までは専ら核問題、日米安保問題、沖縄返還問題の取材にあたっていたから、その中で、いわゆる「密約」問題と出くわした。

最初は、「ラロック証言」である。「ラロック」とは米国の退役海軍少将のラロック氏のことで、同氏は一九七四年九月十日に米議会で「積載可能な艦艇には実際に核兵器が積まれている。それをおろすのはオーバーホール、大修理の場合だけであり、日本その他へ寄港する際におろすというようなことはしない」と証言した。その内容が十月七日付の日本の各紙で報じられたことから、日本の各界に大きな衝撃をもたらした。平和団体、反核団体、それにマスメディアも政府に実態解明を迫ったが、当時の木村俊夫外相は「日米安保条約に基づく事前協議がない以上は、日本に核は持ち込まれていないと確信している」と繰り返すのみだった。

当時、私は平和団体、反核団体の反応などを取材してまわったが、「政府答弁」の固い壁にいらだちを禁じ得なかったことを覚えている。


その後、ラロック証言を上回る衝撃を日本社会にもたらしたのは「ライシャワー証言」だ。これは、一九八一年五月十八日付の毎日新聞で報じられたもので、元駐日米大使のライシャワー米ハーバード大教授が毎日新聞記者に「日本の政府は（核武装米艦艇の寄港、領海通航の）事実をもう率直に認めるべき時である」「日本政府は、核の寄港は完全にOKだという口頭合意を忘れたのだと思う」「日本政府は国民にウソをついていることになる」と述べたという内容だった。

この報道により、ラロック証言の時を上回る、日本政府に対する激しい抗議の声が平和団体や反核団体からあがったが、政府はまたしても「米政府から事前協議が提議されたことがなく、したがって核持ち込みが行われたことはない」と繰り返すのみだった。元駐日大使が言うんだから、これ以上の信憑性ある証言はない。核兵器の持ち込みはまず事実とみて間違いない。そう受け取るのが自然というものなのに、その証言までを全面否定する日本政府にいたたまれないほどの不信感とやりきれなさを覚えたものだ。

さらに、私が政府に対する不信感を高めたのは「沖縄返還時の土地の原状回復補償費の肩代わり」問題である。これは、マスメディアでは「外務省公電漏洩事件」という呼称で呼ばれる。

沖縄が日本に復帰する直前の一九七一年、西山太吉・毎日新聞記者は外務省の女性事務官を通じ、沖縄の軍用地の原状回復補償費四〇〇万ドルを日本が肩代わりする密約を示唆する機密電文を入手した。この電文は国会でも取り上げられたが、外務省は密約を否定。その後、西山記者は国家公務員法違反で逮捕され、一九七八年、最高裁で有罪が確定した。西山氏は二〇〇五年、名誉毀損で国を訴えたが敗訴。さらに、西山氏らは、昨年、密約文書の公開を求めて提訴、近々、判決が出る見通しだ。

この事件で強く印象に残っているのは、検察当局が西山記者と女性事務官を起訴するにあたって、その起訴状が「西山は事務官とひそかに情を通じこれを利用して事務官をして外交関係秘密文書ないしその写しを持出させて記事の取材をしようと企て」と、ことさら西山記者と事務官の男女関係に光をあてるような表現となっていたことだった。これにより、事件の焦点は日米間に密約があったかどうかということであったにもかかわらず、国民の関心は取材の仕方の正当性や男女関係に向かってしまい、密約を解明する動きは失速した。その後、マスメディアの世界ではこの事件を語ったり、問題にする人がなくなった。

しかし、外務省公電漏洩事件から三十八年、ラロック証言から三十六年。日米間で密約があったこと、日本政府がウソをつき続けてきたことがようやく明らかになったのだ。

何がこのような展開をもたらしたのか。自民党から民主党への政権交代があったからだ、との見方がある。そういう面もあるだろう。が、私は、関係者と一部の学者とジャーナリストによる追及が、固い政府の「密約の壁」を破ったのだと考える。

とくに、外務省公電漏洩事件では、まず事件の当事者となった西山氏による孤独な絶えざる密約追及の闘いがあげられる。それに、この事件について語ることがタブーのようになってしまったメディアの世界で、ただ一人、事件の本質は密約にあるとして政府を追及し続けてきた作家・澤地久枝さんの活動も特筆されよう。

澤地さんの活動に刺激されて、琉球朝日放送の土江真樹子ディレクターが、西山氏を登場させて事件について語らせたテレビドキュメンタリー『告発～外務省機密漏洩事件から三〇年・今語られる真実～』をつくった。二〇〇二年のことである。

事件から二十八年たった二〇〇五年に朝日新聞が、四〇〇万ドルの米軍用地原状回復補償費を日本側が肩代わりしたことを裏付ける米公文書が見つかったと報じたことの影響も大きかったと思う。琉球大学の我部政明教授が米国立公文書館から入手したものだった。

加えて、二〇〇六年二月、北海道新聞の往住（とこすみ）嘉文記者が沖縄返還交渉の日本側当事者だった吉野文六・元外務省アメリカ局長から「四〇〇万ドルは日本側が肩代わりした」との証言を引き出したのも画期的なことだった。


核に関する密約については、二〇〇九年六月、共同通信社の太田昌克記者が、「歴代の日本政府は核の持ち込みを否定してきたが、これは偽りで、密約の文書を外務官僚が管理してきたことを歴代の四外務次官が証言した」と報じた。まさに決定的なスクープだった。

私は思う。こうした事件当事者、学者、ジャーナリストによる事件解明に向けた努力の積み重ねが、「日米間にはやはり密約があったのだ。そんなことは許せない」との世論を生み出し、これがついに鳩山政権を動かしたのだ、と。

時間は無駄には流れていない。いつかは、真実が明らかになる。それも、あくまでも真実を明らかにしようとする果敢にして粘り強い努力によってのみ可能である——密約問題がたどってきた経緯は私たちにそう語りかけているようだ

（リベラル21・二〇一〇年三月十三日）

その４
琉球新報の特派員電を読もう
米国で広がる「在沖米海兵隊不要論」を伝える

沖縄在住の、知り合いのジャーナリストから手紙をもらった。「琉球新報の記事を読むよう多くの方々に伝えてほしい」という内容だ。そのジャーナリストによれば、在沖米海兵隊の不要論が米国議会内に出ており、琉球新報の特派員がそれを伝えている。が、本土のマスメディアはこのことを報道しない。だから、その特派員の記事を読んでほしいというわけである。


沖縄には、「琉球新報」と「沖縄タイムス」という二つの新聞がある。知り合いのジャーナリストの手紙によれば、「琉球新報」は米国ワシントンに与那嶺路代記者を特派している。

同記者の特派員電が七月十六日付の琉球新報に載った。「在沖米海兵隊　広がる不要論」「下院の重鎮『冷戦の遺物』」「財政難など背景に」といった見出しがついており、一面トップ記事だ。

それによると——米民主党の重鎮で、政府に影響力をも

つバーニー・フランク下院歳出委員長と野党のロン・ポール下院議員が七月六日、米国の有力サイト「ハフィントン・ポスト」に「なぜわれわれは軍事費を削減しなければならないのか」と題する論文を寄せた。その中で、両氏は、二〇一〇年度の軍事費六千九三〇億ドル（約六十一兆円）が歳出全体の四二%にも上り、経済活動や国民生活を圧迫していると説明、さらに、米国が超大国として他国に関与することが、逆に反米感情を生み出している側面も指摘。結論として、両氏は「財政再建と雇用創出が国の最優先事項だ。度を越した軍事費問題に取り組まなければならない」と強調した。

この記事は大きな反響を呼び起こした。七月八日には、大手テレビMSNBCやCNNニュースがフランク氏らを招き、論点を取り上げた。同十日には米公共ラジオ局も取り上げ、フランク氏はそこで「一万五千人の在沖海兵隊が中国に上陸し、何百万もの中国軍と戦うなんて誰も思っていない。彼らは六十五年前に終わった戦争の遺物だ。沖縄に海兵隊は要らない。超党派で協力し、この議論を提示していきたい」と訴えた。

同十二日のウォールストリート・ジャーナルは「普天間飛行場の県外・国外移設を望む沖縄に、強力な助っ人が現れた」と書き、今後この動きが加速する可能性に触れたという。

与那嶺路代特派員は書く。

「フランク氏らの意見が反響を呼び、メディアも大々的に取り上げている。背景にあるのは、深刻な財政赤字。リーマン・ショック以降、不況で苦しむ国民の不満が、膨大な軍事費に向き始めている。米軍の戦略見直しと財政再建の必要性が合わさり、海外駐留米軍の撤退を求める声は拡大する様相を見せている」

知り合いのジャーナリストの手紙は言う。

「（米国でのこうした動きを）朝日新聞など本土紙は報道していません。基地政策は国会でも重要視されている問題なのに、なぜ後追い報道をしないのか。不思議でなりません。高知新聞が琉球新報の記事を一ページ潰して転載しただけです」

「インターネットでは高知県の高教組が記事を転載していま す。他でも次々と転載されると、大新聞の怠慢が明らかになるでしょう。ぜひ、多くの方々に知っていただきたい。私は、本土の友人たちに与那嶺記者の記事コピーを送っております」

知り合いのジャーナリストによれば、与那嶺路代特派員は同紙に時折、「ワシントン報告」を書いており、そこでは沖縄の基地問題や米海兵隊のことが取り上げられている。本土の大手紙の記者にはない視点が感じられるという。

七月十六日付の与那嶺路代特派員の記事は、琉球新報のホームページを開き、「過去記事」のところをクリックすれば閲読することができる。

（リベラル21・二〇一〇年九月八日）

その５
お粗末だった「ビキニ環礁世界遺産」報道
肝心なことを書かない各紙

マスコミ界には「八月ジャーナリズム」という用語がある。いわば業界用語の一つだが、毎年、八月になると、新聞やテレビなどマスメディアが競って「戦争特集」を組み、戦争の悲惨さ、平和の尊さを訴えることから生まれた用語だ。八月は、多くの日本人にとって広島原爆（六日）、長崎原爆（九日）、敗戦（十五日）を思い起こさせる月であり、マスメディアとしても、そうした日本人の習性に対応してきたというわけである。

今夏も、八月に入ると、マスメディアによる戦争や核に関する報道が連日のように行われている。なかには、積極的な報道姿勢を感じさせる力作もあるが、突っ込みが浅い、お粗末な報道も目につく。その一例を書く。

国連教育科学文化機関（ユネスコ）は八月一日、太平洋・マーシャル諸島の「ビキニ環礁」を世界遺産（文化遺産）に登録したと発表した。ブラジルの首都ブラジリアで開かれていた世界遺産委員会で七月三十一日に決まったもので、同委員会は「ビキニ環礁は、核実験の威力を伝えるうえで極めて重要な証拠」と指摘したうえで、「環礁は、人類が核の時代に入ったことを象徴している」と、登録の理由を説明している。

このニュースは、各紙の八月二日付朝刊あるいは同日付夕刊で報じられた。朝日はパリ発特派員電で朝刊一面二段扱い。読売はパリ支局発の記事で朝刊一面四段扱い。毎日はリオデジャネイロ発共同電を使い朝刊国際面で三段扱い。日経はやはりリオデジャネイロ発共同電を使い夕刊第二社会面に三段。東京もリオデジャネイロ発共同電を使い夕刊一面で三段扱いとした。

各紙とも、その記事の中で、ビキニ環礁周辺で米国が一九四九年から五八年にかけて六十七回の核実験を行ったこと、一九五四年三月の水爆実験では、近くで操業していた日本のマグロ漁船・第五福竜丸の乗組員が被曝したことを伝えていた。朝日と東京は、関連記事として、それぞれ社会面に元福竜丸乗組員や被爆者の談話を掲載している。

これらの記事に目を通して、私は大いに不満だった。なぜなら、肝心のことが書かれていなかったからだ。

まず、世界遺産委員会がビキニ環礁を世界遺産に登録する理由に「核実験の威力を伝えるうえで極めて重要な証拠」を挙げているのだから、報道機関としては、ビキニ環礁で行われた核実験の威力がいかに巨大ですさまじいものであったかを詳細に伝えた方が読者により親切な報道になったのでは、と思った。

ビキニ環礁で行われた米国の核実験のうち最大のものは、一九五四年三月一日に行われた水爆実験「ブラボー」とされる。この時、実験に使われた水爆の爆発威力は十五メガトンとされ、広島型原爆の約一千倍の威力だった。静岡県焼津港所属の第五福竜丸が遭遇したのもこのブラボー実験で、実験地から東へ一六〇キロも離れた洋上にいた福竜丸は実験によって生じた放射性降下物「死の灰」を浴び、乗組員二十三人が急性放射能症になった。そのうちの一人、無線長の久保山愛吉は半年後に死亡する。水爆による世界で初めての犠牲者だった。久保山さんの死は世界中に衝撃を与えた。

私など、「ビキニ環礁」と聞くと、反射的に久保山さんの死を思い浮かべるほどだ。各紙の「ビキニ環礁が世界遺産に」という報道が、第五福竜丸の被曝に言及しながら久保山さんの死に触れないのはあまりにもそっけない報道ではなかったか。触れていれば、ビキニ環礁が人類にとって画期的な「負の遺産」であることを如実に伝える記事となったのではないか。

次いで不満だったのは、各紙の記事が、第五福竜丸の被曝をきっかけに日本で国民的な規模の原水爆禁止運動が盛り上がり、それがやがて世界的な核兵器廃絶運動を生みだしていった事実に一言も触れていなかったことである。

第五福竜丸の被曝直後、水爆の恐ろしさにおののいた東京・杉並区の主婦たちによって始められた原水爆禁止署名は、瞬く間に全国に波及し、わずか一年余で署名数は三千二〇〇万を超えた。こうした高揚を背景に、一九五五年八月には、広島で第一回原水爆禁止世界大会が開かれた。これには、三国際組織、十四カ国から五十二人の海外代表と国内から約五千人が参加した。この世界大会は、「原水爆反対」の世論を形成する上で大きな役割を果したといってよい。

第五福竜丸の被曝によって、日本国民は初めて原水爆の恐ろしさに目覚めた。その九年前に日本国民は広島原爆、長崎原爆による核被害を経験していたにもかかわらず、国民の目は、広島・長崎の核被害に向かうことはなかった。つまり、九年もの間、日本国民の意識に「核」が登場することはなかったのである。ビキニ環礁における核実験によって、日本国民は初めて核爆弾がもたらした未曾有の被害を認識するに至ったのだった。

ビキニ環礁における核実験によって福竜丸が被曝したことを報ずるなら、「ラッセル・アインシュタイン宣言」にも触れてほしかったと思う。「ラッセル・アインシュタイン宣言」

とは、第五福竜丸の被曝に衝撃を受けた、哲学者のバートランド・ラッセル、物理学者のアルバート・アインシュタイン、物理学者の湯川秀樹ら世界の著名人十一人が共同で五五年七月に発した声明で、「将来の戦争においては、核兵器が必ず用いられるべきこと、しかもかかる兵器が人類の存続を脅かすものであることに鑑み、われわれは世界各国政府に対し、彼等の目的は世界戦争によっては遂げられないということを、彼等が自覚し、かつ公に確認することを強く勧告する。われわれは、各国間に紛争のある総ての事項の解決に当たっては、平和的手段を見出すべきであるということを彼等に対し強く勧告する」と述べていた。

この宣言は「パグウォッシュ会議」の発足という形で実を結ぶ。これは核軍縮を目指す科学者の国際的な集まりで、一九五七年にカナダのパグウォッシュで第一回会議が開かれた。その後も会議は続けられ、一九九五年にはノーベル平和賞を受賞した。

要するに、ビキニ環礁における核実験は、国際的な反響を巻き起こし、世界的な規模の核兵器廃絶運動を生みだしたのだった。そして、それは、核軍縮を求める世界的な機運を生み出し、今や、国際政治を動かすまでになっている。こうしたことに各紙の記事が触れていたら、ビキニ環礁が世界遺産に登録されることの意義が一段と読者に深く理解されたのではないか。記事にも広がりと深みが増したのではないか。私は、そう思わずにはいられなかった。

第五福竜丸の被災事件は五十六年前のことだ。だから、今の記者諸君やデスク諸氏にはこの事件や、この事件が世界や日本にもたらした波紋について記憶がないかもしれない。が、過去の新聞をひもとけばすぐ出てくる歴史的事実である。記者諸君やデスク諸氏には、少なくとも戦後史を勉強してほしいと願わずにはいられない。

（リベラル21・二〇一〇年八月十五日）

その６　NHK記者の捜索情報漏洩の背景にあるもの

ジャーナリズムと記者像の変質

驚いた。NHK記者が、大相撲の野球賭博問題で警視庁が家宅捜索に乗り出すとの情報を、日本相撲協会の関係者に携帯電話からメールで送っていたという事件にである。この事件には、たまたまNHKに取材のルールや記者としてのモラルを知らない記者がいたということではすまされない深刻な事態が内包されているように思えてならない。つまり、ジャーナリズム界内に進行していた、ジャーナリズム界をゆるがしかねない事態が顕在化したと言えるのではないか。

報道によれば、NHK報道局スポーツ部の三十代の記者が七月六日に東京の国技館で取材中に他社の記者から「明日、相撲協会に対し警察の捜査が行われるようだ」という話を聞いた。記者は旧知の親方電話をかけたがつながらなかったため、「明日、賭博関連で警察の捜索が入るようです。既に知っていたらすいません。ガセ情報だったらすいません。他言無用でお願いします。NHKから聞いたことがばれたら大変なことになりますから」とのメールを携帯電話で送った。その親方は賭博に関与したとして捜査対象となっていて、七日、部屋が捜索を受けた。

警視庁は記者の行為が証拠隠滅の幇助や犯人隠避、偽計業務妨害に当たらないか調べているが、記者はメールを送った理由について「賭博問題が大きくなって取材ができなくなっており、なんとか連絡をとりたいという意識だった」「他社から聞いた不確かかな情報だから伝えても構わないと思った。関係づくりに生かそうと思った」と話しているという。また、NHKの内部調査に「メールを送った相手側から家宅捜索の情報がとれれば手柄になるかもと考えた」と話している、と新聞は伝えている。

私は一九五〇年代の末期から一九九〇年代の半ばまで三十七年間にわたって全国紙の記者したが、入社すると、先輩記者から、さまざまな機会に仕事を通じて新聞記者のあり方についてたたき込まれた。つまり、新米記者は先輩記者の指導で取材のルール、記者としてのモラルを身につけていったのだった。

先輩に教えられた取材のルール、記者としてのモラルは沢山あったが、突きつめれば次の三点だったように思う。①正確な記事を書け（絶対にウソを書いてはいけない。そのために確認、確認、また確認を）、②ニュースソースは秘匿せよ、③タダ酒は飲むな。

②の点では、先輩記者はよく朝日新聞記者の証言拒否事件（一九四九年）を引き合いに出して「罪人になってもニュースソースを秘匿しなくてはいけない」と強調したものだ。これは、税務署員の汚職事件を報道した朝日新聞松本支局員が捜査当局に「ニュース源秘匿は新聞記者の不文律」と証言を拒否したため証言拒否罪として起訴され、最高裁で有罪が確定した事件だ。

こんどのNHK記者の場合は、他社の記者から得た警察の捜査に関する情報を、こともあろうに警察の捜査対象になっていた親方に伝えたというのだからあきれる。こんなケースは、私が先輩からたたき込まれていた「記者がやってはいけないこと」には入ってはいなかった。私が働いていた時代のジャーナリズム界では、そんなことは想定外であったのだ。いかに異常なケースかが分かろうというものである。

なぜ、こんなことが起きたのか。何人かの知り合いのジャーナリスト（元新聞記者、元放送記者）と意見を交換してみたが、そのうちの一人の意見に共感した。それは「事件の背景には、新聞記者、放送記者の質が以前と変わってしまったという現象があるのではないか」という指摘だった。

彼によれば、以前は、ジャーナリズム界を志す若者には、それなりの動機があったという。例えば「社会正義実現のために働きたい。それには新聞記者が向いているのでは」とか、「日本をもっと公正な社会にしたいからジャーナリズムの世界で働きたい」とか、「平和な社会を実現するために力を尽くすジャーナリストになりたい」などといったものだった。新聞社が世間から「社会の木鐸」と見られていたからだろう。「木鐸」とは「世人を覚醒させ、また、教え導く人」のことである（広辞苑）。

私が新聞記者になったころは、まだこの言葉に生命があった。取材先の人々から、よく「新聞は社会の木鐸なんだから」と聞かされた。これは、新聞に対する期待の言葉なんだと、当時思ったものだ。だから、そのたびに、自分も「社会の木鐸」の末端につながるための努力をせねば、と自分に言い聞かせた（もっとも、結局、「社会の木鐸」の足元にも近づけなかったが）。

しかし、知り合いのジャーナリストによれば、わが国のジャーナリズムはその後、経済の高度成長につれて肥大化し、それとともに「マスコミ」に変容していったという。それは、ジャーナリズムから情報産業への変質だったという。それにともない、「社会の木鐸」も死語になった。

それと同時にマスコミを目指す若者の意識も変わった。新聞社・放送会社を受けると同時に銀行、商社、航空会社、メーカー、公務員なども受ける。そして、受かったところに就職する。「どうしてもジャーナリストになりたい」とジャーナリズム界への就職にこだわる若者は減り、若者にとってマスコミは就活の選択肢の一つにすぎなくなった。要するに、ジャーナリストの仕事、かつてのジャーナリズムがもっていた世界観、価値観、思想にあこがれてマスコミを受験する若者は極めて少なくなったというのである。これでは、マスコミに入社しても、取材のルール、記者としてのモラルに無頓着な記者が出てきても不思議でない。

それに、こんどの事件に関する報道を読んで痛感するのは、いかにも今ふうの事件だなあ、ということだ。捜査情報を相手に伝えるのに携帯電話のメールを使っていたからだ。昔だったら、もし秘密事項を他人に伝えたかったら、相手に直接会って口頭で伝えるか、電話で伝えるしかなかった。携帯電話などまだなかったからである。今回は、携帯電話でメールを送ったことから、相手方の携帯電話にそれが残っていて、事件が明るみに出た。

私など、インターネットによるやりとりは誰かに読まれているのではないかとの疑念がつきまとうから、他人に知られたくないことをネットで送るようなことはしない。ＮＨＫ記者は、メールによる連絡にこうした警戒心を抱かなかったのだろうか。この面でもＮＨＫ記者は、なんとも不用意だった。

それにしても、マスコミはこの事件をどう受け止めているのだろうか。マスコミ自身が生み出した事態と真剣に受け止めているだろうか。いずれにせよ、記者採用や記者教育のあり方について再検討を迫られるのではないか。

（リベラル21・二〇一〇年十月十二日）

その7　新聞はだれのために存在しているのか

韓国併合一〇〇年に関する報道で感じたこと

「新聞はいったいだれのために存在しているのだろう」。このところ、そう思わせられることが少なくない。沖縄・普天間基地の移設問題に関する報道でもそう感じたが、これもその一例だ。

今年は、日本にとって、さまざまな点で節目の年だ。まず「敗戦から六十五年」、次いで「朝鮮戦争勃発から六十年」、「日米安保条約改定から五十年」……と言った具合である。その線で言えば、今年が「韓国併合から一〇〇年」にあたることも特記されるべきだろう。すなわち、一〇〇年前の一九一〇年（明治四十三年）八月二十九日に「韓国併合条約」が公布されたからである。

このため、八月二十九日に向けて、日韓両国でさまざまな動きがあった。日本側での最大の動きは、八月十日に韓国併合一〇〇年に当たっての菅直人首相談話が発表されたことだろう。談話は、アジア諸国への植民地支配を謝罪した一九九五年の村山富市首相談話を踏襲して「植民地支配がもたらした多大の損害と苦痛に対し、ここに改めて痛切な反省と心からのおわびの気持ちを表明いたします」とし、「これからの一〇〇年を見据え、未来志向の日韓関係を構築していきます」と述べていた。さらに、植民地時代に朝鮮総督府を経由してもたらされ、日本政府が保管している朝鮮王朝儀軌などの朝鮮半島由来の貴重な図書を近く返還する、としていた。

これに先立ち、「『韓国併合』一〇〇年日韓知識人共同声明」が、五月十日に東京とソウルで、七月二十八日には再度、東京で発表された。

共同声明は、まず「今日まで両国の歴史家は、日本による韓国併合が長期にわたる日本の侵略、数次にわたる日本軍の占領、王后の殺害と国王・政府要人への脅迫、そして朝鮮の人々の抵抗の圧殺の結果実現されたものであることを明らかにしている」として、併合に至る歴史的事実を列記した後、「力によって民族の意志を踏みにじった併合の歴史的真実は、平等の自発的な合意によって、韓国皇帝が日本に国権の譲与を申し出て、日本の天皇がそれをうけとって、韓国併合に同意したという神話によって覆い隠されている。前文も偽りであり、条約本文も偽りである。条約締結の手続き、形式にも重大な欠点と欠陥が見いだされる。かくして韓国併合にいたる過程が不義不当であると同様に、韓国併合条約も不義不当である」と述べていた。

その上で、共同声明は、韓国併合条約について、日本政府が「条約は対等の立場で、また自由意思で結ばれたものであり、締結時より効力を発生し、有効であったが、一九四八年の大韓民国成立時に無効になった」との解釈をとっていること、一方、韓国政府は「条約は当初より不法無効である」との解釈に立っていることを指摘し、「もはや日本側の解釈を維持することはできない。当初よりnull and void であるとする韓国側の解釈が共通に受け入れられるべきである」と述べていた。

いわば、韓国併合条約に対する日本政府の解釈に変更を迫る内容であった。

共同声明には、日本側五二四人、韓国側五八七人、計一一一一人が署名していた。日本側の署名者は作家、芸術家、映画監督、歴史家、学者・研究者、弁護士、ジャーナリスト、出版人、社会活動家、宗教者らで、赤川次郎（作家）、井出孫六（作家）、大江健三郎（作家）、佐高信（評論家）、澤地久枝（ノンフィクション作家）、鶴見俊輔（哲学者）、喜納昌吉（音楽家、前参議院議員）、井筒和幸（映画監督）、荒井信一（茨城大学名誉教授、）坂本義和（東京大学名誉教授）、宮崎勇（元経済企画庁長官）の各氏らも名を連ねる。日韓歴史研究委員会（第一次）の日本側責任者であった三谷太一郎氏（政治学者）の名もみえる。

一方、韓国側の署名者は詩人、小説家、評論家のほか、歴史学界、人文・社会科学界、経済界、科学技術界、法曹界、市民社会界、言論界、出版界、社会文化団体、仏教界、カトリック界、プロテスタント界の関係者ら。高銀（詩人）、金芝河（詩人）両氏の名もある。

共同声明発起人代表の和田春樹・東京大学名誉教授によると、韓国併合一〇〇年に際して共通の歴史認識を確立するための声明を出すことが必要であるという認識が日本の歴史学者の間におこったのは、一昨年のことだった。その後、韓国の知識人グループから、併合一〇〇年に際しての両国の知識人の共同声明は可能だろうかとの打診があり、双方から案が提示され声明がまとめられたという（雑誌「世界」七月号）。

韓国併合一〇〇年に際し、日本では総理談話が出されるに違いないと予想されていたから、それに日韓両国の知識人の考え方を反映させたいという狙いもあった。

最初の発表は五月十日だったが、この時点での共同声明署名者は日本側、韓国側とも一〇〇余人。声明発起人は、これを七月までにそれぞれ五〇〇人に増やしたいと考え、目標を達したため、七月二十八日、改めて共同声明と署名者の氏名を発表した。


新聞は共同声明をどう報道したか。五月十日の際は、日本では朝日新聞、東京新聞、共同通信、ジャパンタイムスが報じたが、小さい扱いだった。「朝日」は第三社会面で四十一行のベタ（一段）記事。「東京」は「総合・核心」面で二十六行のベタ扱い（ソウル特派員電）だった。

七月二十八日の発表は、東京の六紙で見るかぎり、報道されなかった。和田氏によると、二十八日午後五時から参院議員会館で共同声明発起人が記者会見をしたが、取材に来たのは共同通信、しんぶん赤旗、社会新報の他は韓国の記者ばかりだったという（しんぶん赤旗、社会新報には会見の模様が載った）。

報道したのはわずかの社で、それもベタ扱いというのでは、共同声明はほとんど報道されなかったに等しいと思えてならない。これでは、一〇〇〇人を超える日韓の知識人の訴えは国民に伝わらない。新聞にとって、この共同声明は報道に値しないニュースだったのだろうか。


「韓国併合一〇〇年」を控え、日本国内でさまざまな動き、論争があった。併合条約の解釈についての論争はその中でも中心的な動きであったと言ってよい。しかも、この論争は、この一〇〇年間における日本と朝鮮半島の関係を検証する上でも、またこれからの日韓関係、日朝関係を考える上でも日本国民が関心を向けるべきテーマであったと私は考える。したがって、メディアにとってもフォローすべきテーマではなかったかと、私には思えるのだ。そう考えると、共同声明の内容は読者に伝えるに値するニュースだったと私は思う。


いうまでもないことだが、新聞は読者の関心に応えるために存在していると考えられてきた。日本新聞協会の「新聞倫理綱領」にも「国民の『知る権利』は民主主義社会をささえる普遍の原理である。この権利は、言論・表現の自由のもと、高い倫理意識を備え、あらゆる権力から独立したメディアが存在して初めて保障される。新聞はそれにもっともふさわしい担い手であり続けたい。おびただしい量の情報が飛びかう社会では、なにが真実か、どれを選ぶべきか、的確で迅速な判断が強く求められている。新聞の責務は、正確で公正な記事と責任ある論評によってこうした要望にこたえ、公共的、文化的使命を果たすことである」とある。

しかし、最近の新聞は「読者が知りたい」ことを報道しないのではないか。私の周辺では、このところ「新聞離れ」が進んでいる。それも、これまで長期にわたって新聞を購読してきた「堅い読者」が新聞をとるのをやめるケースが目立つ。「読ませる記事が少ない」「どうでもいいような記事が多い」「つまらない」「市民の意見や活動を載せない」といった不満が、購読をやめる理由だ。「新聞離れ」の背景にあるのは、インターネットに普及による活字離ればかりではないのだ。

読者あっての新聞だ。新聞は、今こそ「新聞は国民の『知る権利』の担い手」とうたう新聞倫理綱領の原則に立ち戻ってほしい、と願わずにはいられない。

（リベラル21・二〇一〇年十月一日）

「韓国併合」一〇〇年日韓知識人共同声明は雑誌「世界」七月号に全文が掲載されている

その8　今こそ「脱原発」の提起を

福島原発事故でジャーナリズムに問われていること

東日本を襲った巨大地震・津波で東京電力福島第一原子力発電所で事故が起きてから二週間が過ぎた。この間ずっと新聞（朝日、毎日、読売、日経、産経、東京の六紙）の社説・主張に目を通してきたが、日を追う毎に歯がゆい思いを強めている。こんどの原発事故は、日本の原子力開発史上未曾有のものであり、世界における「原発三大事故」の一つに位置づけられる大惨事でありながら、各紙の論調は旧態依然で、そこには政府にエネルギー政策の根本的転換を迫る論調が皆無だからである。

事故はまだ収束せず、原子炉や使用済み燃料プール内の核燃料を冷却するための作業や放水が続けられている。このため、各紙の社説・主張はほとんど連日、原発問題に紙面を割いている。

その内容はどうかといえば、大まかに言って各紙ともほぼ同様の内容と言っていいだろう。それは、見出しを見ただけで分かる。例えば――

まず、朝日。三月十三日「大震災と原発事故　最悪に備えて国民を守れ」、十四日「原発情報、的確に早く」、十五日「原発また爆発　大量被曝を回避せよ」、十六日「原発危機『最悪』の回避に全力を」、十七日「原発との闘い　現場を十分に支援しよう」、十八日「原発との闘い　最前線の挑戦を信じる」……

毎日。十三日「原発制御に全力尽くせ」、十四日「情報は危機管理の要だ」、十六日「高濃度放射能漏れ　住民守る体制に全力を」、十七日「的確なリスク情報を」、十八日「冷却にあらゆる手段を」、十九日「原発の危機　現場を全面支援したい」……。

読売。十三日「原発事故の対応を誤るな」、十六日「放射能拡散を全力で阻止せよ」、十八日「あらゆる冷却手段を活用せよ」……。

産経、日経、東京の各紙も似たり寄ったりだ。

つまり、各紙が多大な紙面を使って強調してことには共通点がある。それは、まず住民の安全を第一に考えよ、正確で的確な情報を早く提供せよ、原子炉と核燃料プールの冷却に全力を尽くせ、現場で原発を冷やす作業にあたっている人たちを支援しよう――などといった点だ。今回の事故の性格と事故がもたらす危険性の高さを考えれば、的を得た主張であり、提言といえる。

しかし、これだけで果たしていいだろうか。いうなれば、これらの主張や提言は、緊急対策、いわば対症療法と言えるものだ。重大な事故であればあるほど、適切な緊急対策を素早く提示することが必要だが、同時にもっと根本的な〝療法〟すなわち本質的な解決策を提案することが求められるのではないか。

もちろん、各紙とも改善策を提起している。例えば、「全原発の点検を急げ」（十三日付朝日）、「直ちに全国で原発の安全性の再検証を進めねばならない」（十三日付産経）、「現在運転中の原発のどこを改善すべきか、住民の安全と信頼の確保には何が足りなかったのか。一つずつ検証していくことが求められる」（十四日付東京）、「地震に対する原発の備えを根本的に考え直すべき事態だ」（十三日付毎日）、「原発事故を防ぐ体制を強化すべきだ」（十三日付読売）、「原発の最悪事態も想定し万全の対応を」（十七日付日経）といった具合だ。

ただ、これらの主張は、いずれもこれまでの原発推進政策をこれからも維持してゆくことを前提とした主張だ。そこには、国が進めてきたエネルギー政策（原発推進政策）を根本から見直すという視点はない。そこには「原子力なくして今の暮らしも産業も成り立たない。温暖化防止時代の欠かせぬエネルギー源でもある」（十四日付東京）、「日本にとって安価で安定的な電力の供給源である原発の意味は大きい」（十三日付産経）といった認識があるからだろう。

しかし、今回の福島第一原発の事故は、二十五日付朝日新聞によれば、原子力施設事故の国際評価尺度（ＩＮＥＡ）で「レベル６相当」とされる大事故である。原子力開発史上最悪とされるチェルノブイリ原発事故（旧ソ連）はレベル「７」、米国のスリーマイル島原発事故はレベル「５」とされているから、今回の事故は、「スリーマイル島」を上回る規模になったのだ。

しかも、日を追う毎に事故による被害が拡大している。原発周辺地域の多数の住民が避難、あるいは屋内待避を余儀なくされ、今後その数がさら増える見通しであるほか、原発から放出された放射性物質による汚染が農畜産物、水道水、海水にまで広がり、広範な地域の住民を深刻な不安に陥れつつある。一部の野菜、原乳については摂取制限、出荷制限の措置がとられ、東京都では乳児に水道水を飲ませない方がいいとしてミネラルウオーターのペットボトルが家庭に配られるまでになった。原子炉や核燃料プールの冷却作業中に被曝する作業員も増えつつある。

事態は日ごとに深刻度を増していると言っていいだろう。

電力会社と政府はこれまで「原発は絶対安全」と国民に言ってきた。その「神話」はもはや崩れたと言っていいのではないか。

それに、使用済みの核燃料からプルトニウムとウランを取り出すとともに、残った高レベル放射能廃棄物を処分しやすいように固形化し容器につめることを目指している「核燃料再処理工場」（青森県六ヶ所村）は二〇〇〇年の操業開始を予定していたが、トラブル続きで操業開始を繰り返し延期している。さらに、使用済みの核燃料から取り出したプルトニウムを利用するために造られた高速増殖炉「もんじゅ」（福井県敦賀市）は度重なる事故のために運転休止となり、運転再開のめどは立っていない。

現行の原発は安全性に問題があることが明らかになり、核燃料再処理工場も高速増殖炉も操業や運転の見通しがたたない、ということであれば、原発開発の前提である核燃料サイクルが破綻したに等しい。ならば、日本と日本人は今、本質的な問いかけを投げかけられているのではないか。つまり、原発が安全でないと分かってもなお原発を推進する道をこれからも歩むのか、それとも原発に依存することを止め、あるいは原発への依存を減らして、原発に代わるエネルギーを追求するかの選択だ。要するに、こんどの原発事故によって、日本はパラダイムの転換を求められていると言ってよいのではないか。

今回の事故は世界にも衝撃を与え、報道によれば、ヨーロッパでは原発見直しを打ち出す動きが相次いでいる。シュレーダー前政権の脱原発政策を転換して原発継続の可能性を探っていたドイツでは、メルケル政権が当面の原発延長方針を凍結。スイスは原発計画を一時凍結した。また、イタリア政府は、閉鎖している原発の再開に関するすべての計画を一年間停止する方針を固めた。

さらに、朝日新聞によれば、英国で世論調査会社が国際NGOの依頼で十八日～二十日に一千人に電話調査したところ、原発の新設に「賛成」は三五％、「反対」は二八％。昨年十一月の別の世論調査会社の調べでは「賛成」が四七％で、「反対」の一九％を大きく上回っていたという。

こうした実態であれば、ジャーナリズムには、事故への緊急対策にとどまらず、日本のエネルギー政策の今後のあり方についての本格的な論議を提起してもらいたいと切に思う。今こそ「脱原発」に向けての論議を巻き起こしてほしいと望むのは無理な注文だろうか。

（リベラル21・二〇一一年三月二十七日）

その9　政府に乗り越えられた新聞

原発の新増設計画見直し問題で

「新聞は政府に乗り越えられてしまったな」。四月一日付の新聞各紙を見ての感想だ。各紙が、菅首相が前日に記者会見し、原子力発電所の新増設を盛り込んだ政府のエネルギー基本計画の見直しを検討する意向を表明したと伝えていたからである。

　新聞六紙（朝日、毎日、読売、産経、日経、東京）の社説・主張は、三月十一日の東北地方太平洋沖地震によって福島第一原子力発電所で事故が発生して以来、連日のように原発事故について論陣を張ってきたが、そのいずれもが事故を早急に収束するための緊急対策を論じたもので、原発推進を柱とした政府のエネルギー政策の見直しを求めたものはなかった。

　そこで、三月二十六日付の本ブログに「今こそ『脱原発』の提起を　福島原発事故でジャーナリズムに問われていること」と題する一文を載せ、「（ジャーナリズムとしては）重大な事故であればあるほど、適切な緊急対策を素早く提示することが必要だが、同時にもっと根本的な〝療法〟すなわち本質的な解決策を提案することが求められるのではないか」「ジャーナリズムには、事故への緊急対策にとどまらず、日本のエネルギー政策の今後のあり方についての本格的な論議を提起してもらいたいと切に思う。今こそ『脱原発』に向けての論議を巻き起こしてほしい」と書いた。

　しかし、その後も六紙の社説・主張の論調は、進行中の原発事故に対する対症療法的なものが大半だった。

　この間、注目すべき発言があった。自民党の谷垣総裁が三月十七日、記者会見で「原子力政策を推進していくことはなかなか難しい状況になっていることは事実だ」と述べたことだ。自民党こそ、これまで原発推進政策を積極的に進め、日本を原発大国にした、かつての政権党である。その党首が原発推進政策の転換を示唆したわけで、大いに注目していい発言と言ってよかった。が、各紙の扱いはいずれも小さく、この発言を評価し日本におけるエネルギー政策の見直しを提起したところはなかった。

もちろん、この間、こんどの福島原発事故を機に「脱原発」を唱えだした人の主張を紹介した新聞もあった。例えば、朝日新聞は三月二十四日付のオピニオン欄に「原発依存からかじを切れ」と題する川勝平太・静岡県知事の意見を、同月二十五日付の同欄に「石炭火力にシフト　現実的」と題する澤昭裕・21世紀政策研究所主幹の意見を掲載した。また、毎日新聞は三月二十日付総合面に「浜岡六号機先送り」「中部電　原発計画見直し」「電力各社、対応迫られ」という三本見出しの記事を掲載したが、これは、前文に「国がエネルギー政策の大黒柱としてきた原発増強策は抜本的な見直しを迫られている」とうたっており、問題提起を感じさせる、印象に残る記事だった。

が、両紙とも、こうした意見や問題提起が、社論として社説で展開されることはなかった。

そして、ついに菅首相による原発新増設の見直し表明。昨年六月に閣議決定された政府のエネルギー基本計画によれば、現在四十五基ある原発を二〇三〇年までに十四基以上増やすことになっており、うち二基は建設中。この基本計画が見直されることになる。日本のエネルギー政策の見直しというテーマでは、新聞は政府に先を越された形となったわけで、いわば新聞は政府に乗り越えられてしまったといってよいのではないか。

それにしても、六紙は、なぜ政府より先に「原発新増設の見直し」を言い出さなかったのだろう。

それは「原子力なくして今の暮らしも産業も成り立たない。温暖化防止時代の欠かせぬエネルギー源でもある」（三月十四日付東京）、「日本にとって安価で安定的な電力の供給源である原発の意味は大きい」（三月十三日付産経）、「欧米諸国では、七九年の米スリーマイル島、八六年の旧ソ連・チェルノブイリの両原発事故でも原発の安全性への不安が広がり、新規建設の停滞を余儀なくされた。だが、エネルギー安全保障や地球温暖化対策の観点からも、原発は安全に管理する限り、電力供給で重要な位置を占め続けよう」（三月二十九日付読売）といった認識があるからだと思われる。

ジャーナリズム界での原発観に大きな影響をあたえたものに、一九七六年の七月から九月まで朝日新聞に四十八回にわたって連載された『核燃料　探査から廃棄物処理まで』（筆者は科学部の大熊由紀子記者）がある。これは原発の仕組みと現状を紹介した企画記事で、当時大きな反響を呼んだが、その結論は「核燃料からエネルギーをとり出すことは、資源小国の日本にとっては、避け得ない選択である」というものだった。

その後の原発に対する新聞論調を見てきた者には、こうした考え方がその後、新聞論調の大勢になっていったように思える。だから、こんどの福島原発の事故に際しても「原子力なくして今の暮らしも産業も成り立たない」といった考え方に立脚した社説・主張となり、「脱原発」を説く社説・主張は現れなかったのだと私は見る。

いわば、新聞界は「核燃料からエネルギーをとり出すことは、資源小国の日本にとっては、避け得ない選択である」という考え方に金縛りされて来たかのようなのだ。でも、その“呪縛”も福島原発事故がもたらした未曾有の深刻な脅威によって解かれてしまったのではないか。総理大臣が原発の新増設をためらわざるをえないほど、原発の安全性に対する信頼性がこの原発事故によって失われてしまったのである。

ジャーナリズムに求められているのは、社会にとって重要な問題では、常に政府より、あるいは世論より一歩先に行くということではなかったか。改めて、そう思う。

（リベラル21・二〇一一年四月四日）

その10 今こそ原発報道の検証を

世界最悪レベルとなった福島原発事故

世界を恐怖に陥れた東京電力福島第一原子力発電所の事故は、四月十二日、経済産業省原子力安全・保安院と原子力安全委員会により、国際的な事故評価尺度の「レベル7」に引き上げられた。ついに原子力史上最悪とされる一九八六年のチェルノブイリ原発事故と並んだ。同月十七日の東電の発表によれば、放射能放出の大幅低減には六～九カ月かかるという。

これまで、原発を推進してきた電力業界や政府の責任は極めて重いが、原発推進の旗振り役的な役割を果たしてきたマスメディア、とりわけ新聞は、新聞の原発報道にも問題があったと考えているのだろうか、それとも問題は全くなかった考えているのだろうか。今こそ、新聞が原発をめぐってどんな報道をしてきたかを自ら検証してもらいたいと思うのは私だけだろうか。

マスメディアの世界では、しばらく前から、一つの流れが定着しつつある。重大事件や重大事故が起きると、しばらくたった後に、それらをメディアがどう報道したかを検証するという慣行である。事件や事故、その後の経過をメディアがどう報道したかを客観的かつ仔細に検証し、そこから教訓を引き出すのが狙いだ。もし、報道に誤りなり不十分なところがあったことが分かれば、それもきちんと書く。

以前はこうした検証の試みは極めて少なかったが、近年、メディアに対する読者の目が厳しくなってきたことから、読者の信頼を取り戻すために新聞記事に対する検証が盛んに行われるようになったとみていいようだ。最近では、足利事件が冤罪事件であったと確定した後、新聞社がこの事件をどう報道してきたかをこぞって検証したことが印象に残る。

今回の「フクシマ」は、世界を震撼させた重大事故であるうえ、新聞自身がこの六十年間、「原発推進」、あるいは「原発容認」の立場で原発問題を報道してきたわけだから、これまでの報道を自ら検証することが求められるというものだ。

六十年に及ぶ原発をめぐる新聞報道のすべてをこの小論で紹介するのはとても無理だが、その一端を紹介しよう。

一九五二年から一九五七年にかけては、新聞が原発について啓蒙的な報道をした時期。

例えば、一九五四年七月二日付の毎日新聞には原子力発電についての解説記事があるが、そこには「さて原子力を潜在電力として考えると、まったくとてつもないものである。しかも石炭などの資源が今後、地球上から次第に少なくなっていくことを思えば、このエネルギーのもつ威力は人類生存に不可欠なものといってよいだろう」「電気料は二、〇〇〇分の一になる」「原子力発電には火力発電の場合のように大工場を必要としない。大煙突も貯炭場もいらない。また毎日石炭を運びこみ、たきがらを捨てるための鉄道もトラックもいらない。密閉式のガスタービンが利用できればボイラーの水すらいらないのである。もちろん山間へき地を選ぶこともない。ビイルディングの地下室が発電所ということになる」とある。

一九五五年十二月三十一日付の東京新聞には「十年後の夢空想原子力発電所見学記」という記事があり、見出しには「三多摩の山中に新しい火が燃える。工場、家庭へどしどし送電」とある。

一九五七年八月二十七日には茨城県東海村の原子力研究所の第一号実験炉に「原子の火」が灯り、日本の原子力開発史上画期的な日となるが、これについて毎日新聞の社説は、こう書く。「原子力の平和利用が民族の生死に関する問題であることを我々はいまもっと切実に認識せねばならない。日本は資源に恵まれていない。いろいろな工業資源に恵まれていないばかりでなくエネルギー資源も貧弱である。ただわれわれの持っているのは人間であり、同時にある程度の工業的水準である。この二つの力を活用する以外に日本民族の繁栄の道はなく、極端にいえば生きる道はないのだ」

その後、一九六六年七月には日本原子力発電株式会社の東海発電所で日本初の商業原発が営業運転を開始し、日本の原発は本格的な発展期を迎える。一九七三年のオイルショックが、原発開発に拍車をかける。新聞による原発報道も「推進」一色になってゆく。

なかでも注目を集めたのは朝日新聞が一九七六年七月から九月まで、四十八回にわたって連載した『核燃料　探査から廃棄物処理まで』だった。これは原発の仕組みと現状を紹介した企画記事だが、その結論は「核燃料からエネルギーをとり出すことは、資源小国の日本にとっては、避け得ない選択である」というものだった。

しかも、この連載に加筆して単行本にまとめられた時、反原発運動関係者の反発を招いた。その「あとがき」に「彼ら（原発廃絶を唱える多くの人たち）が核燃料のことや放射線の人体への影響などについて正確な知識を持ち合わせていないことに驚いた。多くの人たちが、アメリカの反原発のパンフレットや、その孫引きを読んだ程度の知識で原発廃絶を主張していた」と書かれていたからだ。

原発開発が盛んになるにつれて、それに反対する住民運動が一九七〇年ごろから全国各地で盛んになりつつあった。これを新聞が公然と批判したのは初めてだった。

その後目立つようになった傾向は、新聞各紙に原発推進の広告が載るようになったことだ。それは、省エネルギー月間や「原子力の日」（十月二十六日）に大きく掲載された。

例えば一九七八年。朝日新聞二月十六日付朝刊の六面は「全面広告」で、広告主は日本原子力文化振興財団。広告の内容は「原子力発電への質問状〔1〕」で、漫画家はらたいら氏と三島良績・東大工学部教授の対談。見出しは「ナイスピッチングに期待したい。三人目のエース、原子力発電」。

翌二月十七日付同紙朝刊の十四面は「広告特集」と銘打った全面広告で、広告主は東京芝浦電気、日立製作所、トヨタ自動車、ソニーなど大企業十五社。広告内容は「21世紀への提言②　エネルギー」。見出しは「資源国との協力を緊密に」「当面のにない手原子力」「信頼性向上がまず必要」「省エネルギー対策急げ」の四本。末尾に「企画朝日新聞社　制作朝日新聞社広告部」の文字。

さらに、同紙二月十八日付朝刊六面はやはり「全面広告」で「原子力発電への質問状〔2〕」。タレントのイーデス・ハンソンさんと内田秀雄・東大工学部教授の対談で、見出しは「原子力発電の安全性に、神経質すぎる感じ、でも大切なことよ。」。広告主は日本原子力文化振興財団である。

三日続きの広告はまことに壮観だが、読売新聞も負けてはいない。二月二十五日付朝刊で子ども向けに見開き二ページにわたる「少年科学教室　ぼくとわたしのエネルギー」を掲載した。東海村探訪記があり、「原子力発電のしくみ」も紹介されている。子どもたち自身が取材し、執筆したもののようだが、「広告」「読売新聞文化部指導」「取材協力・㈶日本原子力文化振興財団」の文字がみえる。

その一カ月後の三月二十五日付朝刊の大手紙各紙に電気事業連合会の一ページ全面広告が載った。

各紙の広告の見出しはこうだ。朝日新聞は「電気百年　電気のない生活って想像できますか」、毎日新聞と読売新聞のそれは「電気一〇〇年　これからは脱石油の時代、本命は原子力発電です。」一方、日本経済新聞は「これからのエネルギーをどう確保するか」と題する全面広告。広告の中身は茅誠司・日本学術振興会会長と日本経済新聞論説副主幹の対談。主見出しは「不可欠な原子力発電」。対談記事わきには「電気一〇〇年　これからは脱石油の時代、本命は原子力発電です　電気事業連合会」という十段のキャッチコピーが刷られている。

対談の中で、茅氏は「いま世界にたくさんある原子力発電所で死んだ人はまだ一人もいないのです」と、原発の安全性を強調しており、論説副主幹も「（原子炉の事故確率は）十万年に一回ということになっています」と応じている。

ともあれ、三月二十五日の新聞各紙の広告欄はまことに壮観であった。

もっとも、新聞報道がすべて「原発推進」だったと言っては正確さを欠くだろう。ごく少数だが、原発開発に警告を発した記者もいた。

例えば、一九七二年三月に原子炉安全専門審査会が、関西電力が計画中の大型原発である大飯原発、美浜原発三号炉の安全性について「安全は確保される」との結論を出したとき、毎日新聞社会部の河合武記者は「〝原子力は公害がない〟というのは〝ウソ〟であるし、万一の事故を考えれば、これほどこわいものはない」「『国民の安全を守る』という原則に立った思想を確立し、その立場から慎重に対処していかないと、取りかえしのつかないことになるおそれも十分ある」と書いた（一九七二年三月七日）。が、こうした警告も「原発は絶対安全」という電力業界、政府のかけ声にかき消された。

ともあれ、新聞は、これまでの自らの原発報道についてどう考えているのだろうか。電力会社と政府の責任を追及するだけでいいと考えているのだろうか。

（リベラル21・二〇一一年四月二十日）

その11
忘れられたビキニ被災事件
福島原発事故報道に欠けている視点

東京電力の福島第一原子力発電所の事故から間もなく二カ月半。この間の事故に関するマスメディアの報道を見ていて痛感することの一つは、かつて世界と日本を震撼させた「ビキニ被災事件」に言及した報道がないことである。このビキニ被災事件こそ、地球規模の核による海洋汚染であった。この事実が今回の福島第一原発の事故直後からマスメディアによって報道されていたら、事故による核汚染水が海に放出されて韓国やロシアから抗議されるという世界的失態を演じなくてもすんだろうし、北茨城沖でコウナゴが放射性物質で汚染され、漁獲中止になることもなかったろうに、と思えてならない。

ビキニ被災事件は、いまから五十七年前の一九五四年三月一日未明に起きた。当時、ソ連との間で核軍拡競争を繰り広げていた米国が太平洋のビキニ環礁で水爆実験を行った。これは、広島に投下された原爆の一千倍の威力をもつ巨大な水爆実験だった。

この実験により珊瑚礁の岩石が粉々になって天高く舞い上がり、放射能を帯びた白い灰となって周辺の海や島々に落下した。米国が指定した危険区域の外、ビキニ環礁から東北へ一六〇キロの海上で操業中だった静岡県焼津港所属のまぐろ漁船「第五福竜丸」の乗組員二十三人が空から降ってきた白い灰を浴び、急性放射能症になった。その一人、無線長の久保山愛吉さんは半年後の同年九月に死亡。福竜丸の他にも一千隻以上の漁船が被災したとの指摘があるが、その実態は明かでない。さらに、ビキニ環礁周辺の島々の住民も空から降ってきた白い灰を浴び、長期にわたって健康面の傷害で苦しむようになる。

これが、ビキニ被災事件である。

事件は、こうした直接的な被害だけで終わらなかった。漁船から日本の港に水揚げされたマグロは放射能に汚染されているとして廃棄された。その量は約五〇〇トンにのぼった。刺身にすると二五〇万人分といわれた。魚屋の店頭や寿司屋からマグロが消え、「原爆マグロ」に日本中がパニック状態に陥った。他の魚についても価格が長い間にわたって暴落し、水産業や飲食業に大打撃を与えた。七十歳以上の人なら、当時の日本人を襲った衝撃を記憶しているはずだ。

こうした騒ぎの中で、家庭の台所を預かっていた、東京・杉並区の主婦たちが、放射能禍への恐怖心から「原水爆反対」の署名運動を興す。これが瞬く間に全国に広がり、ついに署名が三二〇〇万を超し、こうした国民的な盛り上がりを背景に翌一九五五年八月に広島で第一回原水爆禁止世界大会が開催された。いわば、ビキニ被災事件こそ、世界的規模の反核運動を生むきっかけとなった世界史的出来事であり、核による海洋汚染の恐ろしさを世界に知らしめた大事件だったのだ。

この時、遠洋漁業の前途を心配する世論を背景に、日本政府はビキニ環礁周辺の海域の放射能汚染を調査するための科学調査船「俊鶻丸《しゅんこつまる》」（農林省下関水産講習所の練習船）を水爆実験直後の五四年五月十五日から現地に派遣した。世界最初の核実験による環境影響調査だった。乗船者は科学者、船員、漁業関係者、報道関係者ら総勢七十二人。

俊鶻丸は魚類その他の生物及び海水、大気、海水の放射能の測定、海流、気象などの観測に従事し、ビキニ環礁を取り巻く海域で魚類試料の採取を行い、七月四日、帰国した。

調査の結果、太平洋の海水の放射能汚染は予想以上に大きかった。魚は大型、小型の別なく放射能に汚染され、筋肉に比べて内臓の汚染がけたちがいに大きく、肝臓、腎臓、脾臓などの順でわ放射性物質の濃縮がみられた。大型の動物プランクトンのなかには、強い放射能をもつものがあった。

さらに、ビキニ環礁の西方一五〇〇キロから二〇〇〇キロも離れたところでも海水放射能とプランクトン放射能が検出され、放射性物質が太平洋の北赤道海流に乗って西に向かっていることが明らかになった。

俊鶻丸調査顧問団の一人だった三宅泰雄・気象研究所室長（その後、東京教育大教授）が、こう書き残している。

「海洋に廃棄物をすてても、水がたくさんあるから、すぐうすめられてしまう、と人々はかんがえがちだ。しかし、その考えはまちがいである。海洋では、水平の方向にも、密度のちがう異質の水が、たがいにモザイクのようにならんでいる。その境は不連続面でしきられていて、水は交換できない。そのモザイクのなかを、海流がまるで大河の水のようにながれているところもある。海洋では水は、水平の方向にも、かんたんにはまじりあわないのである」（『死の灰と闘う科学者』、岩波新書、一九七二年刊）

俊鶻丸による調査は、水爆実験による海の放射能汚染、魚類への放射能汚染が地球的規模に及んでいたこと、海水の放射能汚染は希釈されることなく、海流によって広範囲に拡散するはないことを明らかにしたのだった。こうした歴史的経験が電力会社、政府、学会、マスメディアにちゃんと継承されていたら、そして、このことが多くの国民共通の常識となっていたら、今回の福島第一原子力発電所の事故で汚染水が海中に投棄されるなんてことはなかったと思われる。

つまり、日本国民にとって広島・長崎に次ぐ「第三の核被害」ともいうべきビキニ被災事件は国民の間ですっかり忘れ去られていたのである。半世紀前の国民的経験を忘却してしまうなんて日本国民はなんて健忘症なんだろう、と思わずにはいられない。

それにしても、メディアまで健忘症になってしまったら救いようがない。メディアに担わされている役割の一つは、市民が健忘症に陥らないために、現実に起こっている事実とともに過去の歴史的事実をも絶えず市民に伝えてゆくことにあると思うからだ。

ビキニ被災事件についても、当時のメディア、とくに新聞は積極的に報道した。現役の新聞記者諸君には、ぜひ当時の新聞をひもといてもらいたいものだ。

（リベラル21・二〇一一年六月一日）

その12 記者室を捨てよ、街に出よう

記者クラブ開放問題に思う

鳩山政権がスタートしてから、記者クラブの開放問題が話題になっている。民主党は「政権を取ったら記者クラブを開放する」と言ってきたが、一部の記者クラブで大臣会見がオープンになったものの、他の記者クラブではそれが実現せず、記者クラブ加盟社のみを対象とする会見と、クラブに加盟していないフリーランスの記者や雑誌記者を対象とする会見という二つの大臣会見が行われるという珍事があったからだ。これまでたびたび批判を浴びてきた記者クラブの閉鎖性が再び問題化したわけだが、今度こそマスメディア側も本格的な対応を迫られそうだ。

私は十四年前まで全国紙の記者をしていた。地方で勤務していた時は記者クラブに所属していたし、東京本社勤務になった時も、一時期、記者クラブに所属していた。そうした経験からいうと、記者クラブとは、中央官庁、地方自治体、警察や司法機関、業界団体などに設置されている記者室を取材拠点とする、特定の報道機関の記者たちによって構成されている組織のことだ。

法人格をもたない自主的な任意団体だが、基本的には日本新聞協会に加盟している新聞社、通信社、放送局などのマスメディアの記者のみが会員である。入会するには、各記者クラブの既存の会員の同意が必要だ。つまり、日本新聞協会に加盟していないフリーライターや週刊誌・雑誌記者は記者クラブから排除されているといってよい（もっとも、地方都市では、新聞協会に加盟していない地元の報道機関の記者も加盟を認められている場合が多い）。

それだけに、記者クラブに対しては「閉鎖的だ」「権力による情報操作の場となっている」「官公庁に設置されている記者室は官公庁から提供されたものだから、いわば税金で運営されていると言ってよい。なのに特定の報道機関が独占的に使用しているのは納得できない」などといった批判がなされてきた。

これに対し、マスメディア側は「日本の報道界は情報開示に消極的な公的機関に対して、記者クラブという形で結集して公開を迫ってきた歴史がある。記者クラブが廃止されれば、情報を出し渋る権力側を牽制する存在が失われ、国民の知る権利が損なわれる」「記者室を広く開放すると、不審な人物が入室しかねない」「記者室の諸経費については、実費を負

担するクラブが増えている」などと主張してきた。

鳩山内閣が発足すると、外務省では九月二十九日から、クラブ外の記者も登録制で大臣会見に参加できるようになった。さらに、報道によると、金融庁では、十月六日、従来通りの記者クラブ主催による大臣の定例記者会見と、フリーランスの記者や雑誌記者向けの大臣会見が行われた。こうなったのは、フリーランスの記者や雑誌記者を記者クラブ主催の大臣会見に参加させるかどうかをめぐって記者クラブ加盟各社の見解が分かれたからだった。

私自身は、記者クラブは開放されるべきだと思う。当面は「外務省方式」でゆけばいいのではないか。が、最終的には廃止されるのが望ましい、と考える。

第一、「権力の監視役」と自称するマスメディアが、記者室を官公庁から無料あるいは安い賃料で提供されていること自体、おかしくはないか。むしろ、マスメディア各社が共同出資して記者会館なりをつくり、官公庁に発表したいことがあるならそのトップなりスポークスマンなりにそこへ来てもらう、というのが筋だろう。業界団体や民間団体による記者会見もここでやってもらえばいい。これでこそ、マスメディアはあらゆる権力から「独立」した存在だ。

ところで、記者クラブのあり方をめぐる論議はこれからも続くだろうが、私はマスメディアが今、真剣に取り組まなければならない問題は別なところにあるような気がする。もちろん、記者クラブと関係が深いが。

それは、取材態勢の問題である。マスメディア各社が最も多くの記者を配置しているのは官公庁だ。なぜなら、情報が最も速く、しかも大量に集まるのは官公庁だからである。そこで、多種多様な情報をいち早く市民に伝えたいマスメディア各社としては、官公庁に大量の記者を常駐させることになる。記者クラブは、そうした記者たちのたまり場なのだ。

このため、新聞紙面ではおのずと官公庁関係の記事や政治・政党関係の記事が多くなる。それにひきかえ、民間団体に関する記事は少ない。要するに、紙面では「官」が主役で「民」はわき役なのだ。民間団体や市民の活動の取材にあたる記者が極めて少ないのだから当然だろう。いうなれば、マスメディアの取材態勢は〝官尊民卑〟なのだ。こうした傾向は昔も今も変わらない。

新聞社を辞めてから痛感したことの一つは、読者の間で「新聞不信」が強いことだった。いわく「官庁関係の記事が多すぎる。しかも発表ものが多い。新聞は行政の広報機関か」「市民社会で進行しているさまざまな動きを伝えようとしない」「庶民が何か言っても取り上げてくれない」「記者が足で書いた記事が少ない」「威張る記者がいる」……。新聞はことあるごとに「新聞づくりは読者の立場で、読者の視線で」と強調しているのだが、読者には「庶民の味方」とは思われていないようなのだ。

新聞の発行部数が減り続けている。この十年の推移を見ても一九九八年には五三、六六九、八六六部だった発行部数が二〇〇八年には五一、四九一、四〇九部（いずれも日本新聞協会調べ）に減っている。なんと四％減である。この間、一世帯あたりの購読部数も一・一六部から〇・九八部に減っている。これは、少子高齢化による世帯減やインターネットの普及による活字離れが原因だろうが、私には新聞への不満も「新聞離れ」を引き起こしている要因の一つではと思えてならない。

今こそ、マスメディアはこれまでの取材態勢を改革する時がきているのではないか。取材にあたっての「官庁＝官僚依存」から脱し、「民」に向けての取材網を広げる時がきているのではないか。

詩人だった寺山修司に『書を捨てよ、町へ出よう』という評論集がある。寺山の代表作の一つだが、そこで彼が言いたかったのは「書斎で読書なんかしていないで町に出よ。町にこそ生きる糧がある」ということではなかったか、と私は思う。

寺山にならって私は記者諸君に言いたい。「今こそ記者クラブを出て、街を歩いてみてほしい。なぜなら、そこには、メディアが伝えるべきニュースがいっぱい転がっているから」と。

（リベラル21・二〇〇九年十月二十五日）

【著者紹介】

岩垂 弘（いわだれ・ひろし）

ジャーナリスト

1935年長野県生まれ。早稲田大学政経学部卒業。1958年朝日新聞社入社、社会部員、首都部次長、社会部次長、編集委員などを経て1995年退職。同年、平和・協同ジャーナリスト基金を創設し代表運営委員を務める。

著書に『核兵器廃絶のうねり』（連合出版）、『「核」に立ち向かった人びと』（日本図書センター）、『核なき世界へ』（同時代社）、『平和と協同を求めて――新聞記者37年』（同）、『青海・チベットの旅』（連合出版）、編著に『日本原爆論大系』（日本図書センター）、『沖縄入門』（同時代社）、『生き残れるか、生協』（同）、『「声なき声」をきけ――反戦市民運動の原点』（同）など。

ジャーナリストの現場
――もの書きをめざす人へ

2011年10月5日　初版第1刷発行

著　者　岩垂弘

発行者　高井隆

発行所　株式会社同時代社
〒101-0065　東京都千代田区西神田2-7-6
電話　03(3261)3149　FAX　03(3261)3237

組版／装幀　有限会社閏月社

印　刷　モリモト印刷株式会社

ISBN978-4-88683-706-6